HÜSLERS

KLETTERSTEIG-ATLAS

HÜSLERS

KLETTERSTEIG ATLAS

ALPEN

481 Klettersteige

Anstiegsskizzen • Schwierigkeitsgrade

Übersichtskarten • über 160 Farbfotos

J.BERG bei Bruckmann

Einband-Titel:
Bert-Rinesch-Steig am Großen Priel, Einstieg.

Einband-Rückseite:
Die »Ferrata de Freissinières«, 1968 erbaut, war der erste Sportklettersteig in Frankreich.

Seite 2:
Neues Dorado für Klettersteigfans: die französischen Alpen.

Umschlaggestaltung: Uwe Richter
Typographie/Layout/Satz: AVAK Publikationsdesign, München
Lektorat: Dr. Helmut Kremling
Herstellung: Peter Schneider

Bildnachweis: Bernhard Barlage, Holzkirchen: 65; Edgar Falterer, München: 164; Franz Hofstätter, München 32, 48; Arne Nordin, Frösön: 55; Theo Pfarr, Wien: 73, 76, 77, 80, 81. Alle übrigen Fotos Hildegard und Eugen E. Hüsler.

Übersichtskarten: Ingenieurbüro für Kartographie
Heidi Schmalfuß, München
Detailkarten: Ingenieurbüro für Kartographie
Heidi Schmalfuß, München;
Geländedarstellung in den Detailkarten sowie Anstiegskizzen und Zeichnungen: Eugen E. Hüsler, Dietramszell

Alle Angaben dieses Werkes wurden vom Autor sorgfältig recherchiert und auf den aktuellen Stand gebracht sowie vom Verlag auf Stimmigkeit geprüft. Für die Richtigkeit der Angaben kann jedoch keine Haftung übernommen werden. Für Hinweise und Anregungen sind wir jederzeit dankbar. Bitte richten Sie diese an den Bruckmann Verlag, Lektorat, Nymphenburger Straße 86, 80636 München.

Gedruckt auf chlorarm gebleichtem Papier

Die Deutsche Bibliothek – CIP-Einheitsaufnahme

Hüsler, Eugen E.:
Hüslers Klettersteig-Atlas Alpen : 481 Klettersteige ; Anstiegsskizzen, Schwierigkeitsgrade, Übersichtskarten. – München : Berg bei Bruckmann, 1996
(Outdoor-Führer)
ISBN 3-7654-2848-5
NE: Hüsler, Eugen E.: Klettersteig-Atlas Alpen; HST

Gesamtherstellung: Bruckmann, München
Druck: Gerber + Bruckmann, München
Printed in Germany
ISBN 3-7654-2848-5

Vorwort

Meinem ersten Klettersteig bin ich Ende der sechziger Jahre begegnet, auf einer Tour in den Dolomiten. Da führte der Zufall Regie, später suchte ich dann diese »eisernen« Wege, die für mich eine große Erlebniswelt aufschlossen: hinauf, senkrecht. Klettersteige als Passion? Nein, nicht ganz, aber immerhin eine von mehreren Möglichkeiten, die Berge, Natur zu erleben: mit dem Radl, beim Wandern, auf Hochtouren und eben auf den Vie ferrate.
Klettersteige, Vie ferrate: Faszination für die einen, Reizworte für andere, seit jeher umstritten, aber zunehmend populärer, fast schon eine eigenständige Art des Bergsteigens. Da helfen auch »offizielle« Beschlüsse alpiner Organisationen wenig (keine neuen Klettersteige mehr!), es wurde und wird weiter gebohrt, montiert in den achtziger und neunziger Jahren; so manche gesicherte Route in diesem Atlas hat das Baujahr 1994 oder 1995.
Sie ist ganz klar ungebrochen, die Popularität der Klettersteige. (Enthusiasten behaupten, sie würde sogar noch zunehmen!) Dabei hatten sie nie eine Lobby, die »Eisenwege«, schon gar nicht in der alpinen Szene, wo man sie eher widerwillig zur Kenntnis nahm. Dem Ferratisten – so heißt es abwertend – fehle das Können zum (Kletter-)Artisten, sein Erlebnis sei ein geborgtes und schließlich: Da wird die Natur verkabelt, versaut, mit Eisen bestückt ...
Wenn's denn so einfach wäre – hier gut, dort schlecht! Doch die (Berg-)Welt ist nicht mehr heil, der Kommerz hat sie längst erobert. Klettern ist zum Wettkampf- und Showsport mutiert, Skipisten walzen die Natur nieder, Liftmasten stecken wie riesige Nägel im Gelände, Straßenwürmer winden sich hinauf zu den EU-subventionierten Almen. Und mittendrin die Alpingemeinde als multiple Freizeit- und Sportgesellschaft, der Leistung verpflichtet: durch die Lüfte schwebend, in die Pedale tretend, mit Seil und Pickel unterwegs, auch am Drahtseil und auf der Eisenleiter – just for fun!
Doch hier ist nicht der Platz, um über Für und Wider zu räsonieren; mein Klettersteig-Buch ist Atlas, ein Nachschlagewerk also, darin sind sie alle versammelt (hoffe ich doch!), die großen Routen und kleinen Steige, »Antiquitäten« und neueste Anlagen: viele Daten, Zahlen, Namen. Erleben wird sie jeder auf seine Art; ich weiß nur, daß mir die Natur, der Berg stets mindestens so wichtig war wie das bißchen Eisen auf seiner zerfurchten, uralten Steinhaut. Aber Spaß macht's allemal, das Klettersteiggehen!

Dietramszell, Frühling 1996 *Eugen E. Hüsler*

Inhalt

Die Klettersteige der Alpen

Im Westen viel Neues! Klettersteigboom in den Französischen Alpen.

Fast noch ein Geheimtip für Klettersteigler: die Julischen Alpen.

»Eiserne« Historie

Hier ist weder von Erzgruben und Hochöfen noch von vergangenen Zeiten der Industrialisierung die Rede, der Handlungsort liegt auch nicht zwischen Liverpool und Manchester, sondern in den Alpen. Eine »eiserne« Geschichte der besonderen Art, die nichts mit der Eisenbahn, dennoch aber viel mit Fortbewegung zu tun hat. Einer speziellen Art mithin: am Drahtseil, auf der Eisenleiter im steilen Fels.

Ein kurzer Blick zurück kann da nicht schaden, denn bekanntlich soll man aus der Geschichte lernen. Uns lehrt die »Ferrata-Historie« vor allem, daß es nur wenig Neues gibt unter der (Alpen-)Sonne: Bereits im 19. Jahrhundert wurde in Bayern, in Tirol, am Dachstein und in der Wiener Gegend emsig gehämmert und gebohrt. Es war die Zeit der Erschließung, und neben dem Hüttenbau galt es, im alpinen Gelände neue Wege anzulegen. So erhielt mancher Dreitausender seinen gesicherten Anstieg. Relikte aus jener Epoche, als es noch jede Menge alpines Neuland gab, kann man beispielsweise am Hohen Dachstein bewundern; andere Routen, wie der »Stüdlgrat« am Großglockner, sind längst wieder verfallen.

Um echte Klettersteige handelte es sich dabei ohnehin nicht; die wurden weder in Tirol noch in den Dolomiten »erfunden«, sondern weitab der großen Alpengipfel. Die Wiener waren es, die in ihren Hausbergen mehrere Kletterrouten ausbauten, schwierige Führen mit Eisen gangbar machten: Der Weg als Ziel …

Um die Jahrhundertwende entstanden auch einige mittlerweile berühmte Wege, der »Heilbronner« in den Allgäuer Alpen beispielsweise oder der »Eggersteig« im Wilden Kaiser. Dabei wurden auch bereits kritische Stimmen laut; als der Grat vom Hochblassen zur Zugspitze – heute als »Jubiläumsweg« bekannt – gesichert werden sollte, sprach man von einer Entweihung der Bergnatur. Und Julius Kugy, Pionier in den Julischen Alpen, war sehr verstimmt, als er von der Absicht erfuhr, »seine« Nordwandroute am Montasch (Jôf di Montasio) in einen Klettersteig zu verwandeln.

In den Schreckensjahren 1915–1917 war vor allem der Krieg Baumeister in den Südalpen; die Soldaten auf beiden Seiten der Front lieferten – eher unfreiwillig – ihren Beitrag zum Wegenetz. Viele dieser Steige sind längst verfallen, andere zu Touristenattraktionen geworden. Man denke nur an den legendären »Alpinisteig« in den Sextener Dolomiten oder an die »Alta via Bepi Zac«, die ehemaligen Frontsteigen südlich der Marmolada folgt.

Einen Markstein in der kleinen »Storia del ferro« bildet das Jahr 1936: Damals begann die Società degli Alpinisti Trentini« (SAT) mit dem Bau des vielleicht schönsten Höhenweges der Alpen, der »Via delle Bocchette«. Heute, ein Vierteljahrhundert nach Fertigstellung des letzten Teilstücks (»Sentiero Benini«), läßt sich die gesamte Brentagruppe auf gesicherten Steigen durchwandern – ein Traumpfad für jeden Bergfreund!

In den sechziger Jahren setzte dann der eigentliche »Ferrata-Boom« ein. Besonderen Fleiß legten die Cortineser Bergführer an den Tag – die Dolomiten entwickelten sich zum Mekka der Klettersteigler. Heute gibt es zwischen Eisack und Piave etwa hundert gesicherte Routen! Doch auch in anderen Regionen der italienischen Ostalpen wurde mehr und mehr gehämmert, gebohrt und montiert: am Gardasee, in den Monti Lessini, in den Karnischen und Julischen Alpen, am Comer See. Und wenig später waren auch diesseits des Alpenhauptkamms entsprechende Aktivitäten zu registrieren: In Tirol entstand in den siebziger und achtziger Jahren eine ganze Reihe mittlerweile schon fast »klassischer« Klettersteige: »Schlicker«, »Arlberger«, »Kaiser Max«.

Nur nach Westen mochte sich der »Virus« Klettersteig nicht so recht ausbreiten. Die Schweiz, dem »echten« Bergsteigen besonders verbunden, blieb verläßliches Bollwerk – bis vor kurzem. 1993 wurde der erste Klettersteig Helvetiens eingeweiht. Zu diesem Zeitpunkt war noch weiter westlich die »Révolution française« bereits in vollem Gang: Zwischen 1991 und 1996 dürften in den Bergen Savoyens, der Dauphiné und der Haute Provence mehr als dreißig Klettersteige – »Via ferrata« heißt das in bestem Französisch – angelegt worden sein – auch ein Rekord. Es handelt sich dabei mehrheitlich um Sportklettersteige, talnah, sehr spektakulär im Verlauf, aber komfortabel gesichert. Von der Exposition her lassen sich manche ohne weiteres mit dem »Kaiser-Max-Steig« oder mit der »Ferrata Pisetta« vergleichen, nicht aber von der Schwierigkeit. Es scheint immerhin, als ob dem (sehr fragwürdigen) Trend zum reinen »Kraft-Sport-Klettersteig« die Spitze abgebrochen wäre. Das belegen auch andere brandneue Routen wie etwa die »Ferrata Che Guevara« im Sarcatal, der »Klettersteig Lehner Wasserfall« im Ötztal oder die »Ferrata dei Cinquanta« in den Karnischen Alpen.

Die jüngste (und schönste) Ferrata der Gardasee-Region führt auf den Monte Casale.

Sicher ist sicher – die Ausrüstung

Auf den Vie ferrate, den »Eisenwegen«, braucht man zwar weder Schweißbrenner noch Drahtzange, aber in jedem Fall die richtige Ausrüstung. Das ist einerseits mehr, als Bergwanderer in ihrem Rucksack haben, aber erheblich weniger, als der Kletterer zum Einstieg schleppt (nur kein Neid!). Geht man beispielsweise auf die Marmolada, ist der Ballast natürlich ungleich größer als beim Training am kurzen Sportklettersteig. Da wird dann der Biwaksack verstaut, werden Pickel und Leichsteigeisen aufgepackt. Taschenlampe und Handschuhe (sehr nützlich an »Drahtseilwegen«) sind ohnehin im Rucksack.

Auch das »Outfit« (so nennt sich das heute) hängt weitgehend von der Jahreszeit und vom Tourenziel ab. Klar, daß im Sommer das Beinkleid eher kurz ausfällt (die Zeiten der Kniebundhose sind lange vorbei ...), daß die Trinkflasche dafür etwas größer sein darf. Auf den »Kaiser-Max-Steig« etwa braucht's kein großes Gepäck, dafür aber die richtigen Schuhe: Kletterpatschen mit elastischer Sohle, die maximale Reibung im Steilfels garantieren. Schwere Bergstiefel, im Hochgebirge auch auf gesicherten Steigen durchaus passend, schneiden hier natürlich schlecht ab. Für talnahe Sportklettersteige à la française eignen sich auch Laufschuhe mit griffiger Gummisohle.

Also wichtig: unten die richtigen Schuhe – und oben eine Kopfbedeckung, für alle Fälle. Auf Gratrouten darf man ja durchaus auf das schweißtreibende Utensil verzichten (ein fesches Stirnband gefällt ohnehin besser), doch in Rinnen und Schluchten, unter Felswänden und auf Bändern gibt man sich doch gerne bedeckt, weiß man den Helm schon zu schätzen. Und dann sind da noch jene Bergkameraden, die sich gerne als »Abräumer« betätigen. Das ist allerdings ein anderes Kapitel – das nächste (»Achtung: Steinschlag!«).
Doch Sicherheit vermittelt dem »Akrobat schöön« am Drahtseil vor allem sein »Klettersteig-Set«, das aus Sitz- und Brustgurt (oder Kombigurt), zwei je einen Meter langen Seilstücken, einer Sturzbremse und zwei Schnappkarabinern mit großer Öffnung besteht. Und übrigens: Das Anlegen will geübt sein!
Auf steilen bis senkrechten Steigen, die nur mit einem durchlaufenden Drahtseil ausgestattet sind, gewährleistet diese Selbstsicherung keinen optimalen Schutz mehr. Versuche haben gezeigt, daß bei Stürzen von nur wenigen Metern bereits Kräfte freiwerden, die zu Karabinerbruch oder Seilabriß führen können. Und sogar wenn die Sicherungen halten, muß man bei solchen Stürzen mit bösen Verletzungen rechnen. Wirkliche Sicherheit bietet da nur die konventionelle Partnersicherung – man begeht die Via ferrata wie eine Kletterroute. Seilverankerungen, Eisenbügel oder Haken dienen als Sicherungspunkte.

Was Hänschen nicht lernt ...

Natürlich will auch Klettersteiggehen gelernt sein, wie überhaupt der »Umgang« mit der (Berg-)Natur. Alpenvereine und Kletterschulen bieten gute Ausbildungsmöglichkeiten; für die Theorie gibt's bewährte Lehrschriften. Eine kleine Auswahl:

- »Bergsteigen« von Pepi Stückl und Georg Sojer (Bruckmann, München)
- »Sicherheit und Risiko in Fels und Eis« von Pit Schubert (Bergverlag Rother)
- »Alpine Seiltechnik« von Pit Schubert (Bergverlag Rother)
- »Bergwandern heute« von Horst Höfler (Bruckmann, München)
- »Bergwetter« von Claus G. Keidel (Bruckmann, München)

Gesichert, versichert – oder aus Eisen?

Klettersteig, Via ferrata, gesicherter oder gar versicherter Steig? Die Verwirrung ist offensichtlich. Handelt es sich bei der »Steiganlage« (noch eine Bezeichnung) denn nun um einen Klettersteig (obwohl der »Steig« gerade das verhindert) oder um einen versicherten Steig? Letzteres darf wohl ausgeschlossen werden, zumal sich kaum jemand finden wird, der die fälligen Prämien zu bezahlen bereit ist. Doch gesichert ist der Steig ja eigentlich auch nicht, wo er doch erst durch das Anbringen von Drahtseilen und Leitern überhaupt zum »Steig« wird. Mir scheint, die Franzosen haben recht: »Via ferrata« (nicht etwa »Voie ferrée«) heißt es neuerdings zwischen Rhone und Mittelmeer in bestem Französisch, und ich kann diese Wahl nur weiterempfehlen: ein Fremdwort zwar, aber es benennt den Kern der Sache: das Eisen. Allerdings, um Straßen handelt es sich dabei ja auch wieder nicht ...

Gleich geht's los!
Am Einstiegsband der »Ferrata Costantini«.

Ein Wort zum Umweltschutz

Über die enormen Belastungen, denen die Alpen als »Playground of Europe« ausgesetzt sind, muß an dieser Stelle nichts weiter gesagt werden. Von den Besuchermassen darf man wohl nur bedingt erwarten, daß sie – entgegen sonstiger Gewohnheiten – das Naturwunder Alpen nicht bloß konsumieren, sondern als Individuum sinnvoll erleben. Diese traurige Erkenntnis entbindet aber gerade den Bergsteiger keineswegs von der Mitverantwortung gegenüber seinen Bergen. Also zumindest dafür sorgen, daß der Müllhaufen nicht weiter anwächst! Was bereits herumliegt, braucht nicht ansteckend zu wirken, im Gegenteil: Ich habe es mir zur Gewohnheit gemacht, nicht nur die eigenen Abfälle, sondern auf jeder Tour auch ein zurückgebliebenes Exponat unserer Wegwerfgesellschaft wieder hinab ins Tal mitzunehmen. Diese kleine »Mühe«, von all jenen praktiziert, die sich als Berg- und Naturfreunde fühlen, müßte eigentlich eine erfreulich reinigende Wirkung auf Gipfel und Wegränder zeitigen …

Achtung: Steinschlag!

Wenn das Leben gefährlich ist (wie der Volksmund behauptet), dann ist es das Herumsteigen im Gebirge sowieso. Das wissen die Bergbauern (sofern sie noch nicht Hoteliers geworden sind), und sie begegnen dem Berg mit Respekt, meiden unnötige Risiken. Der moderne Mensch dagegen, der Natur im Alltag entfremdet, an Computer und Telefon gefesselt, meist auch sitzend unterwegs (im Zug, im Auto), er sucht das Abenteuer, den (spannend-entspannenden) Kontrast zu seiner Alltags-Arbeitswelt. Er begibt sich bewußt auf unbekanntes Terrain – in Gefahr also. Und die kommt im Gebirge meist von oben: Regen, Schnee, Gewitter, Steinschlag. Wer sich gar aufs Gletschereis traut, muß auch mit der Gefahr aus der Tiefe rechnen: Spalten, oft unsichtbar unter dünnem Firn lauernd.

Steinschlag. Er steht in der Liste möglicher Unfallursachen ganz oben; die Statistiken beweisen es. Schuld daran sind leider auch unfreundliche »Bergkameraden«, die durch unsauberes Gehen für gefährlichen »Beschuß« von oben sorgen. In so einem Fall hilft nur: Helm auf und in Deckung gehen. Steilrinnen und Geröllschluchten sollte man nach Möglichkeit ohnehin nur betreten, wenn sie »frei« sind. Natürlich wird man in diesen kritischen Bereichen selber keine Steine lostreten ... Grundsätzlich gilt: Lieber einmal zuviel den Helm aufsetzen. Nur, in der Praxis sieht das halt manchmal etwas anders aus, ich weiß schon. Wie mache ich Hildegard klar, daß Sicherheit vor Schönheit kommt, wo sie den »Kübel« doch so fürchtbar häßlich findet?

Wetter. Immer wieder ist zu beobachten, wie sträflich die Wetterentwicklung von den Bergsteigern (nicht nur von Ferratisten) unterschätzt wird. Wer einmal ein richtiges Gewitter in den Alpen erlebt hat oder bei einem Temperatursturz mit Schneefall über einen Klettersteig abgestiegen ist, wird in Zukunft entschieden vorsichtiger sein. Doch besser ist allemal, sich rechtzeitig über die Wetteraussichten zu informieren. Ein strahlend schöner früher Morgen bietet keinerlei Gewähr, daß es den ganzen Tag über sonnig bleibt, daß weder Gewitter noch Regen oder Schnee drohen. Als Vorboten einer Wetterverschlechterung gelten Morgenrot, fallender Luftdruck (läßt sich am Höhenmesser ablesen), bestimmte Wolkenbilder (z.B. Schäfchenwolken nach längerem Schönwetter, Föhnfische und von Westen aufziehende Federwolken). Bilden sich bereits am Vormittag Haufenwolken, die dann rasch zu mächtigen Türmen anwachsen, sind Schauer, Blitz und Donner zu erwarten. Und das muß jeden Klettersteiggeher ganz besonders interessieren, ist sein liebstes Sportgerät doch ein gigantischer Blitzableiter.
Besonders gefährlich ist das auf »eisernen« Überschreitungen, bei denen man auch den Abstieg über eine Ferrata nehmen muß. Also unbedingt stets auf die Wetterentwicklung achten, rechtzeitig umkehren. Wird man trotzdem von einem Gewitter erwischt, heißt die Devise: weg von Eisenleitern und Drahtseilen (aber natürlich nur, wenn das ohne Absturzgefahr geht)! Zu

Alpines Notsignal

In einer ernsten Notlage kann mit diesem Signal Hilfe herbeigerufen werden: sechs akustische oder optische Zeichen pro Minute. Antwort: drei Signale pro Minute.
Jeder Wanderer oder Bergsteiger, der das »Alpine Notsignal« vernimmt, ist im Rahmen seiner Möglichkeiten zur Hilfeleistung verpflichtet. Muß die Bergrettung auf der Hütte oder im Tal alarmiert werden, sind präzise Angaben von größter Wichtigkeit:

- Was ist passiert (Art des Unfalls, Zahl der Verletzten, evt. Art der Verletzungen)?
- Wo ist es passiert (genaue Ortsangabe)?
- Wann war der Unfall (Zeitpunkt des Unglücks)?
- Wie sieht es am Unfallort aus (Wetter, Gelände, Sichtweite)?
- Wer macht Meldung (Personalien)?

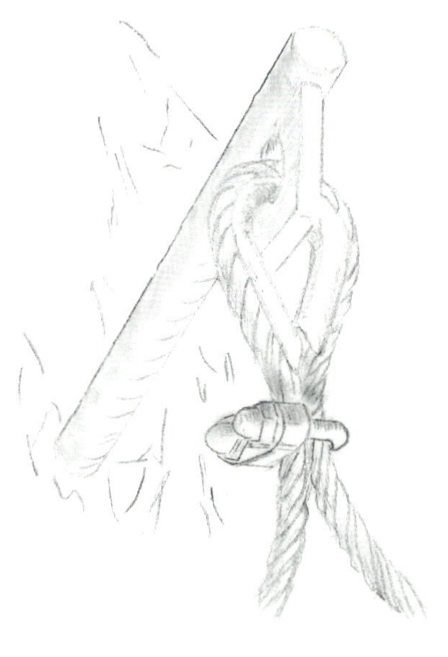

Nicht immer sind die Drahtseile so sauber befestigt.

Glück gehabt

Spätsommer 1988. Ein traumhaft schöner Tag in den Dolomiten. Wir sind über die »Via degli Alleghesi« zur Civetta aufgestiegen, sitzen am Gipfel, knabbern an einer trockenen Semmel und genießen die Aussicht. Bald gesellt sich eine kleine Gruppe von Bergsteigern zu uns, aus Salzburg sind sie, auf der »Tissi« hat's einen kleinen Zwischenfall gegeben. Steinschlag, aber nichts Schlimmes. Das Mädchen hatte den Helm auf, doch ein Stein, vom Fels abgelenkt, traf sie trotzdem am Kopf – nur eine Platzwunde, beschwichtigt ihr Vater. Ja, Kopfweh hat sie auch und etwas schwindlig ist ihr halt.
Wir überreden die Fünf zum Abstieg, verständigen den Hüttenwirt im Rif. Torrani – er hat ein Funktelefon, für Notfälle. Dann gehen wir weiter zur Tissi. »Horch!«, sagt Hildegard, wir sind mitten in der Wand. Ein Hubschrauber, im Anflug zur Torranihütte.

PS: Die »Via ferrata Tissi« war im unteren Teil stark beschädigt; Steinschlag hatte ein Dutzend Eisenklammern weggeschlagen, ein provisorisch angebrachtes Drahtseil half über die glatte, wasserüberronnene Wandstelle hinweg. Ein Jahr später wurde die Route behördlich gesperrt; mittlerweile gibt es eine völlig neu trassierte »Tissi«.

meiden sind herausragende Geländepunkte wie Gipfel, Grate oder isoliert stehende Bäume. Auch Felsnischen bieten keinen sicheren Schutz, da ein Blitzschlag sich über die Wand entladen kann.

Bin nicht schwindelfrei ... Der Blick in die bodenlose Tiefe, er gehört auf Klettersteigen natürlich dazu, macht ja (für manche) ihren besonderen Reiz aus: sicher am Abgrund, das kleine Abenteuer, wohliges Kribbeln im Bauch. Doch die Vorstellung, hoch über dem (sicheren) Boden auf ein paar Eisenklammern zu stehen, kann auch ganz andere Reaktionen auslösen: Bin ich schwindelfrei?
Natürlich gibt es organisch bedingte Störungen des Gleichgewichtssinns, doch wesentlich häufiger ist ein Schwindelgefühl, dessen Wurzeln psychisch bedingt sind: Angst. Und die kann man (manchmal) besiegen, mit viel Geduld und beharrlichem Training. Allmähliche Gewöhnung an die Höhe (bzw. die Tiefe), verbunden mit der langsam wachsenden Gewißheit: Ich schaff's!

Selbstüberschätzung. Bergsteigen lernt man nicht von heute auf morgen, und das gilt auch für Klettersteiggehen. Es ist ein verhängnisvoller Irrtum, zu glauben, das (sichernde) Eisen wäre Versicherung gegen menschliche Unzulänglichkeit; im Gegenteil: Manchmal verleitet es zu gefährlichen Fehleinschätzungen. Deshalb der Rat: klein anfangen, allmählich steigern, nicht zuviel Ehrgeiz entwickeln. Und auf keinen Fall vergessen: Der Spaß an der Sach' ist wichtiger als ein (vielleicht zu hoch gestecktes) Ziel.

Eine Wiener Spezialität: eiserne Steigbäume.

Objektiv – subjektiv: Die Schwierigkeit mit den Schwierigkeiten

Es ist fast wie in der Schule: Noten müssen her, Bewertungen, ein System halt, das den Klettersteigler informiert: leicht, mittel, schwierig, sehr schwierig.
Das hört sich ganz einfach an, ist in Wirklichkeit aber ziemlich kompliziert (siehe Schule). Nur ein Beispiel: Was hat der »Jubiläumsweg« mit der »Via ferrata Pisetta« gemeinsam? Die Eisenteile, richtig. Aber das ist auch schon alles; beim ersteren handelt es sich um eine hochalpine, mehrstündige Gratüberschreitung, während an der »Pisetta« vor allem ein kräftiger Bizeps und absolute Immunität gegen schwindelnde Tiefblicke verlangt werden. Die Begehung des »Jubigrates« setzt alpine Erfahrung voraus, sicheres Gehen in ungesichertem Gelände, etwas Klettererfahrung und eine tadellose Kondition. All das ist auf der Ferrata am Dain Picol überflüssig, noch mehr an den neuen Sportklettersteigen in den Französischen Alpen, die sich jeder angehende Feuerwehrmann zutrauen darf. Doch spätestens auf der »passage de pleins gaz«, an den Bügelreihen der »Ferrata de St-Pierre«, stellt sich beim Blick nach unten erneut die Frage: schwierig, sehr schwierig?
Angst vor der Tiefe. Wer kennt es nicht, das leichte Kribbeln, das einen an sehr ausgesetzten Passagen beschleicht, bei manchen panische Reaktionen auslöst, während es andere als emotionales »Highlight« empfinden – das kalkulierte Risiko, das »sichere« Abenteuer. Wer's ganz extrem auskosten will, springt gleich am Gummiseil von der Brücke. Alles subjektiv, sagt der Verstand – doch das Gefühl?
Klettersteigler sind in der Regel Hobbybergsteiger, keine Profis, auch keine Kletterer. Ihr alpines Rüstzeug variiert mindestens so stark wie die Qualität des Frühstückskaffees auf Berghütten: miserabel bis sehr gut. Manche, die sich am Drahtseil und auf der Leiter völlig sicher fühlen, bekommen bereits im ungesicherten Schrofengelände Schwierigkeiten.
Dennoch, eine Skala muß natürlich her, Noten sind wichtig (nicht nur in der Schule). Also nochmals von vorn. Eine »Via ferrata« ist als Kletterroute mit fest installierten Sicherungen und künstlichen Haltepunkten zu definieren. Entsprechend hängt ihre Bewertung vor allem von zwei Faktoren ab: dem Schwierigkeitsgrad der naturbelassenen Route (nach der Alpenskala) und der Art beziehungsweise dem Umfang der angebrachten Eisenteile (Drahtseile, Haken, Leitern). Mit zwei Ziffern ließe sie sich verhältnismäßig leicht klassifizieren, etwa V/D (eine Route im V. Schwierigkeitsgrad mit Drahtseilsicherungen) oder III/L (ein »Dreier«, ausgerüstet mit Drahtseilen und Leitern. Zu kompliziert? Also doch: leicht, mittel, schwierig, sehr schwierig.

Leicht Natürlich handelt es sich auch hier nicht mehr um einen simplen Wanderweg, der Steig ist aber in der Regel trassiert, die Sicherungen sind in Relation zum Gelände (I, maximal II) komfortabel.

Mittel Dieser Kategorie ist das Gros der Vie ferrate und der gesicherten Steige zuzuordnen. Man bewegt sich abschnittweise bereits im Steilfels (ungesichert bis III, evtl. IV), die Routen sind aber mit Leitern, Eisenklammern und Fixseilen recht aufwendig gesichert.

Schwierig Das Gelände wird steiler, die Sicherungen dagegen spärlicher. Auch exponierte Passagen sind bloß mit Drahtseilen ausgestattet; künstliche Haltepunkte (Eisenbügel, Haken) nur an den schwierigsten Stellen. Leichte Kletterpassagen (I) ohne Sicherungen.

Sehr schwierig Hier sind die »Gänsehautrouten« versammelt: höchste Anforderungen, größte Exposition. Nur für Experten, kräftige Muskulatur (vor allem in den Oberarmen) vorteilhaft.

A Bezeichnet zusätzlich »alpine Routen« mit (ungesicherten) Kletterstellen (in der Regel bis II) und/oder Gletscherbegehung.

S Weist auf Sportklettersteige hin.

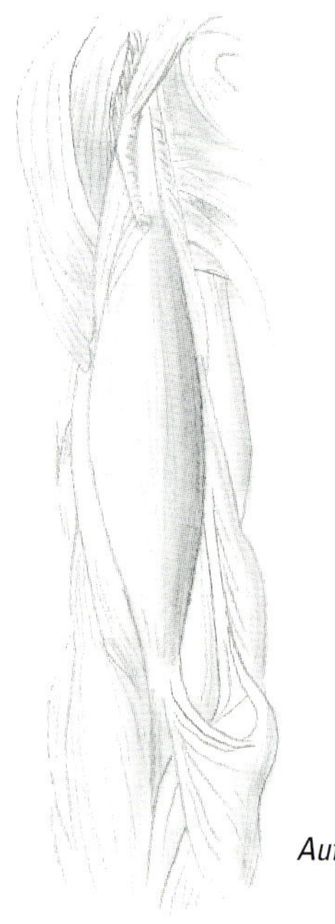

Auf manchen Klettersteigen ist er besonders wichtig: ein starker Bizeps!

Leicht zu merken – 10 Regeln für Klettersteigler

- Vor der Tour: Sich über die Wetteraussichten informieren; bei Gewitterneigung möglichst früh starten, besser Tour verschieben.
- Tourenplanung dem eigenen Können und Konditionsstand anpassen. Nicht gleich mit der schwierigsten Ferrata beginnen!
- Rucksack sorgfältig packen: Nichts vergessen?
- Ausrüstung nicht nur mitnehmen, sondern auch benützen. Der Steinschlaghelm im Rucksack nützt recht wenig …
- Am Klettersteig nach Möglichkeit klettern; das Drahtseil dient in erster Linie der Sicherung. Wo das nicht mehr möglich ist, darauf achten, daß ein Seilabschnitt jeweils nur von einem Bergsteiger benützt wird.
- Sorgfältig gehen, Steinschlag vermeiden. In Rinnen und Schluchten nach Möglichkeit nur einsteigen, wenn das Gelände über einem »frei« ist, also keine anderen Bergsteiger unterwegs sind.
- Stets aufs Wetter achten. Bei Gewittergefahr weg von Graten und Eisenteilen – wer geht schon gerne an einem riesigen Blitzableiter entlang spazieren?
- Bei einem Wettersturz umdrehen! Selbst nur mäßig schwierige Klettersteige verwandeln sich bei Regen oder Schneefall, bei einem Temperatursturz (Vereisung) rasch in gefährliche Fallen.
- Kein blindes Vertrauen in Drahtseile, Haken und Verankerungen; sie können beschädigt sein. Drahtseile nicht unnötig auf Zug belasten.
- Defekte Sicherungen stets in der Hütte oder im Talort (bei der Polizei oder im Verkehrsbüro) melden!

Macht Spaß, der Klettersteig am Latemar!

Zur Erläuterung

Die Beschreibung der Klettersteige besteht aus drei Teilen: Im Tourenkopf sind die wichtigsten Angaben zusammengefaßt, der anschließende Text charakterisiert die Route. Im Kasten findet man alle Angaben zur Tour, von der Lage des Steiges bis zu seiner Einstufung. Ein roter Balken im Tourenkopf steht für »echte« Klettersteige bzw. Vie ferrate; gesicherte Steige, also Wege oder Routen mit mehr oder weniger langen gesicherten Passagen (z.B. Höhenwege, Gratsteige), sind blau gekennzeichnet.

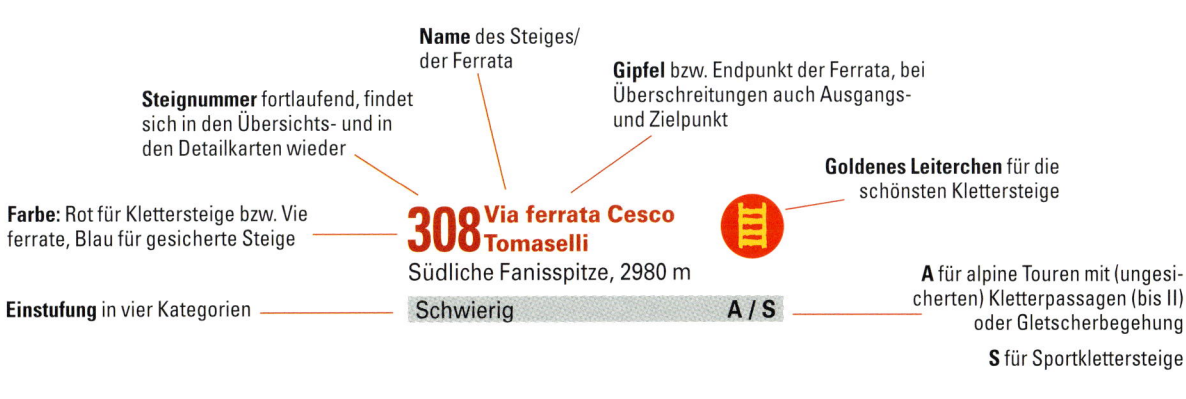

Name des Steiges/ der Ferrata

Steignummer fortlaufend, findet sich in den Übersichts- und in den Detailkarten wieder

Gipfel bzw. Endpunkt der Ferrata, bei Überschreitungen auch Ausgangs- und Zielpunkt

Goldenes Leiterchen für die schönsten Klettersteige

Farbe: Rot für Klettersteige bzw. Vie ferrate, Blau für gesicherte Steige

Einstufung in vier Kategorien

A für alpine Touren mit (ungesicherten) Kletterpassagen (bis II) oder Gletscherbegehung

S für Sportklettersteige

308 Via ferrata Cesco Tomaselli

Südliche Fanisspitze, 2980 m

Schwierig **A / S**

Groborientierung zur Lage des Klettersteigs (vgl. auch Kopfzeile)

Markante Wegpunkte mit Höhenzahlen

Gesamt- und Abschnittszeiten

Zusätzliche Infos zum Klettersteig: alternative Zustiege, Bergbahnen, Gipfel am Weg usw.

Wo? Die Häuser von Listolade (683 m) liegen am Eingang ins Val Corpassa, 4 km von Agordo, 16 km von Alleghe.
Ausgangspunkt Rif. Trieste (1135 m) im Val Corpassa, 4 km ab Listolade.
Wegverlauf Rif. Trieste – Rif. Vazzoler (1714 m) – Van delle Sasse (Einstieg ca. 2600 m) – »Ferrata Tissi« – Rif. Torrani.
Gehzeiten Insgesamt 11 Std.; Rif. Trieste – Rif. Vazzoler 2 Std., Rif. Vazzoler – Van delle Sasse 3 Std., »Ferrata Tissi« – Rif. Torrani 1½ Std., Abstieg auf dem gleichen Weg 4½ Std.
Hinweise Natürlich wird man bei ordentlichem Wetter den Gipfel der Civetta (3220 m) nicht auslassen; ¾ Std. vom Rif. Torrani auf markierter Geröllspur. Nächtigung im Rif. Vazzoler.
Tip Günstiger Ausgangspunkt für die Civetta-Tour, vor allem bei einer Überschreitung »Tissi-Alleghesi«, ist die Alpe della Grava (1627 m); Zufahrt von Chiesa (1242 m) an der Ostrampe der Duran-Paßstraße, 3,5 km (Fahrverbot ein paar hundert Meter nach der Abzweigung, Zufahrt zur Alm wird aber toleriert). Aufstieg über die Forcella delle Sasse (2476 m) ins Van delle Sasse, Markierung 558, knapp 3 Std. bis zum Einstieg der »Ferrata Tissi«.
Hütte Rif. Torrani (2984 m). Rif. Vazzoler (1714 m), bewirtschaftet 15. Juni bis 20. September, Tel. (0437) 66 00 08.
Orientierung CAI-Wege 556, 558 ins Van delle Sasse, Einstieg zur »Tissi« nicht zu übersehen.
Einstufung Schwierig.

Varianten, Tourenziele im Bereich des Klettersteigs, Kombinationsmöglichkeiten mit anderen gesicherten Steigen

Schutzhütten, Biwaks. Öffnungszeiten und Telefon nur im Zusammenhang mit Touren, bei denen eine Nächtigung angezeigt ist.

Markierung, Wegnummern, Hinweise auf mögliche Orientierungsprobleme

Schwierigkeit der Ferrata; dazu steigspezifische Besonderheiten wie Sicherungsart, aktueller Zustand, Gefahren. Evtl. **A** oder **S**

Die Überschreitung der »Fünf Gipfel« (cinque cime) am Pasúbiomassiv bietet viel Abwechslung.

Vom Bodensee bis zur Salzach

Ein weites Feld! Vom Schwäbischen Meer bis zur Mozartstadt sind es fast 250 Kilometer, München ist über 100 Kilometer vom Brennerpaß entfernt – immer in der Luftlinie gemessen. Da hat viel Gebirge Platz, stehen die Dreitausender gleich in mehreren Reihen, ist die ganze nord- und zentralalpine Geologie versammelt, zu deren Erbe auch die vielen Seen vor den Bergen gehören. Eiszeit, am Tegernsee, am Chiemsee ist sie längst Geschichte, in den Ötztaler, Stubaier und Zillertaler Alpen Gegenwart, hat so mancher Gipfel (noch) seinen dicken Eispanzer, greifen Gletscherzungen in die Täler hinab.

Was für eine Vielfalt an Landschaften! Entsprechend weitgespannt ist das »eiserne« Angebot, ein Mix aus Alt und Neu. Da gibt es Wege, die noch im ausgehenden 19. Jahrhundert angelegt wurden (z.B. Zugspitze, »Heilbronner Weg«), aber auch moderne Sportklettersteige (»Kaiser-Max-Steig«), da entdeckt man Höhenwege, bei denen das Landschaftserlebnis die (wenigen) gesicherten Passagen fast vergessen läßt (»Augsburger Höhenweg«), aber auch das Gegenteil: zuviel Eisen, wie beispielsweise an der »Alpspitz-Ferrata«. Das Stubai bietet echte Dolomitenkulisse samt entsprechenden Klettersteigen, und über dem Reschenpaß kann man im dunklen Granit klettern, Gletscherblick inklusive. Und da ist noch der »Jubigrat«, ein absoluter Klassiker (und mehr als nur ein Klettersteig); gesicherte Aussichtspromenaden gibt's im Karwendel (z.B. »Innsbrucker« und »Mittenwalder), recht viel Eisen auch in den Berchtesgadener Alpen, zwischen Watzmann und Persailhorn. Ein weites Feld.

Die Klettersteige am Persailhorn sind optimal gesichert. Die »liegende« Leiter am Südwandsteig.

Meine Favoriten

- »Jubiläumsweg« – oben sein, stundenlang (21)
- »Tiroler Weg« – der schönste Klettersteig am Alpenhauptkamm (42)
- »Schlicker Klettersteig« – Traumroute im Stubai (47)
- Überschreitung der Loferer Steinberge: nirgends ist man dem Mond näher (63, 64, 65)

Karten und Führer

Führerliteratur in Hülle und Fülle (z.B. AV-Führer im Bergverlag Rother); die Klettersteige der »Nördlichen Kalkalpen West« beschreibt Paul Werner in seinem Spezialführer, erschienen beim Bergverlag Rother. Der »Tiroler Klettersteigeführer« ist bei Denzel, Innsbruck, erschienen, verfaßt von Eugen E. Hüsler.

Auch das Angebot an Wanderkarten kann sich sehen lassen; neben den AV-Karten, vielfach im Maßstab 1:25 000, sind vor allem die amtlichen Kartenwerke zu empfehlen, herausgegeben vom Bayerischen Landesvermessungsamt in München (u.a. Blätter »Allgäuer Alpen«, »Karwendel«) bzw. vom Bundesamt für Eich- und Vermessungswesen in Wien. Die gibt es (neben den Normalausgaben 1:50 000) auch als Vergrößerungen im Maßstab 1:25 000 mit Wegmarkierungen.

Eine Buchempfehlung

»Grundwissen in Geologie« von Martin Stirrup und Hans Heierli, erschienen im Ott Verlag Thun. Es kann ja nicht schaden, wenn man weiß, worauf man Jahr für Jahr so herumtrampelt …

001 Drei-Schwestern-Steig

Drei Schwestern, 2052 m

Leicht

Den fotogen-alpinen Hintergrund zum fürstlichen Schloß über Vaduz liefert das Drei-Schwestern-Massiv: eine breite Bergfront, zerfurcht von steilen Gräben. Höchster Punkt ist der Kuhgrat (2123 m), interessant für Klettersteigler sind die drei steinernen Mädels, von denen der Bergstock seinen Namen hat. Der Weg vom Feldkircher Haus bzw. vom Saroyasattel (1628 m) herauf ist nämlich gesichert, ein zwar leichter, landschaftlich aber recht abwechslungsreicher Anstieg. Das mit zwei Leitern und ein paar Drahtseilen ausgestattete Steiglein schlängelt sich durch ein Felslabyrinth bergan zum Gipfel der Großen Schwester. Und da ist die Überschreitung keineswegs zu Ende; vielmehr kann man die Tour über den Kuhgrat fortsetzen und hinter dem Gafleispitz (2000 m) über den »Fürstensteig« zum liechtensteinischen Gaflei absteigen.

Wo? Feldkirch (455 m) liegt am Rand des Rheintals an der Ill, die etwas unterhalb in den Rhein mündet.
Ausgangspunkt Amerlügen (779 m), Zufahrt über Frastanz bis zur Talststation der Materialseilbahn des Feldkircher Hauses (856 m). Parkplatz.
Wegverlauf Amerlügen – Feldkircher Haus (1204 m) – Saroyasattel (1628 m) – Drei Schwestern – Garsella-Alp (1759 m) – Saroyasattel – Feldkircher Haus – Amerlügen.
Gehzeiten Insgesamt 6¾ Std.; Amerlügen – Feldkircher Haus 1 Std., Feldkircher Haus – Saroyasattel 1¾ Std., Saroyasattel – Große Schwester 1¼ Std., Abstieg über die Garsella-Alp 2¾ Std.
Tip Besonders lohnend ist natürlich die Überschreitung des gesamten Drei-Schwestern-Massivs, von Amerlügen bis Gaflei etwa 7 Std.
Hütte Feldkircher Haus (1204 m) am Vorderälpele.
Orientierung Problemlos, die Wege sind bestens markiert.
Einstufung Leicht.

Die Schesaplana wird meist von Osten bestiegen. Blick von der Zimba auf Gipfel und Gletscher.

002 Goppaschrofen, gesicherter Steig

Goppaschrofen, 1761 m

Leicht

Eigentlich handelt es sich beim Goppaschrofen nur um einen Seitenkamm der Hohen Köpfe, der über wilde Tobel ins Saminatal abfällt. Er besitzt einen markierten Zugang; die Gipfelfelsen sind mit etwa 25 Meter Drahtseil gesichert. Eine gesicherte Route gibt es auch an den Hohen Köpfen; sie soll noch 1996 fertiggestellt und ebenfalls markiert werden. Goppaschrofen und Hohe Köpfe lassen sich dann im Zuge einer abwechslungsreichen Tour besteigen.

Wo? Frastanz (494 m) ist Nachbargemeinde von Feldkirch am Eingang in den Walgau. Südlich führt eine Straße hinauf nach Gurtis (904 m).
Ausgangspunkt Bazora-Parkplatz (1050 m) oberhalb von Gurtis.
Wegverlauf Parkplatz – Bazoraalpe (1406 m) – Spitztäle (1545 m) – Goppaschrofen.
Gehzeiten Insgesamt 5 Std.; Aufstieg 3 Std., Abstieg auf dem gleichen Weg 2 Std.
Orientierung Leicht, markierte Wege.
Einstufung Leicht.

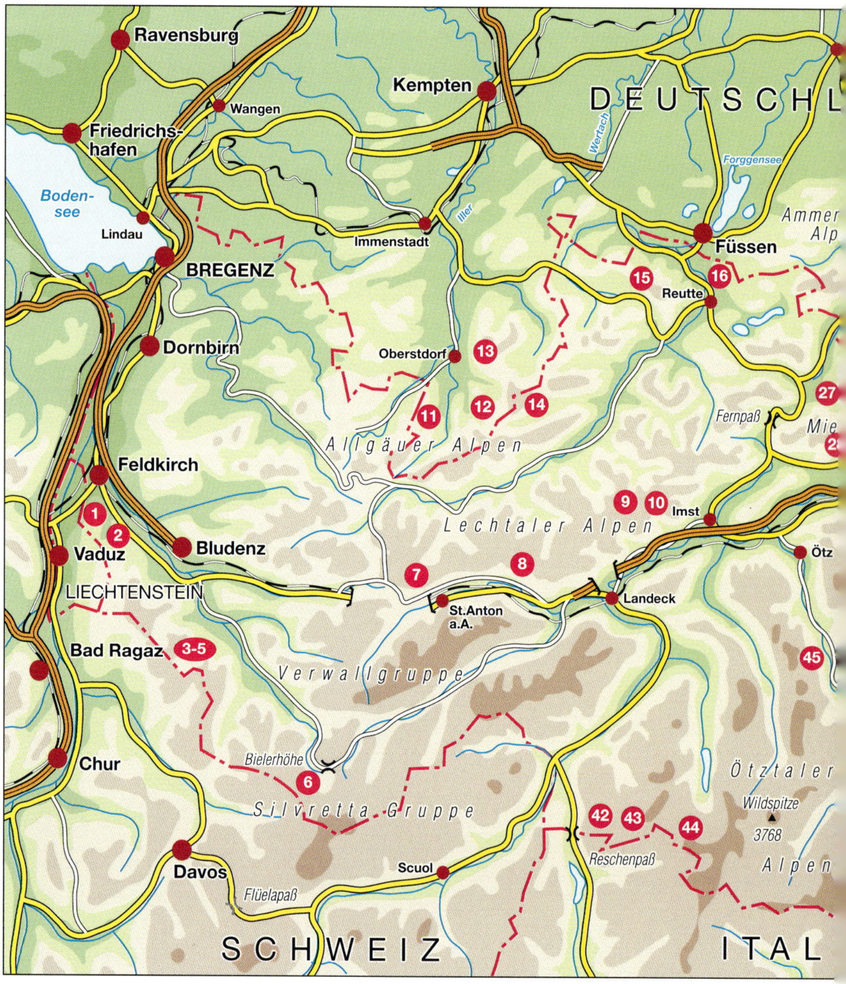

003 Liechtensteiner Höhenweg

004 Straußsteig

Schesaplana, 2965 m

Leicht **A**

Ganz oben, ganz hinten, zwischen Fels und Firn gibt es am »Liechtensteiner Höhenweg« eine kurze gesicherte Passage. Wer da hinaufsteigt, ist kein »Ferrata-Freak«, sondern in erster Linie Bergsteiger, Naturfreund sicher auch und einer mit Ausdauer dazu. Die Tour beginnt originellerweise im »Himmel«, im Nenzinger Himmel, und sechs Stunden später ist man dann dem Bergsteigerhimmel recht nahe, oben auf der Schesaplana. Am Rückweg, das sei Klettersteiglern verraten, wartet der »Straußsteig« nochmals mit ein paar wenigen eisenbestückten Passagen auf. Ungleich beeindruckender ist natürlich das hochalpine Szenario, und die Aussicht vom höchsten Gipfel des Rätikons braucht man nicht weiter anzupreisen. Die muß man bei Schönwetter allerdings mit vielen Gipfelstürmern (die in Scharen vom Lünersee heraufkommen) teilen; daß es nicht noch mehr sind, ist den Naturschützern in Vorarlberg zu verdanken. Sie haben erfolgreich gegen ein Sommerskigebiet am Brandner Gletscher gekämpft. Den (harmlosen) Gletscherboden quert man beim Abstieg zur Mannheimer Hütte, wo dann – spätestens – eine Brotzeit fällig ist.

Wo? Nenzing (510 m) liegt im Walgau, unmittelbar an der Mündung des Gamperdonatals, etwa auf halber Strecke zwischen Feldkirch und Bludenz.

Ausgangspunkt Nenzinger Himmel (1370 m), Jeep-Taxi von Nenzing.

Wegverlauf Nenzinger Himmel – Salarueljoch (Chlei Furgga, 2243 m) – »Liechtensteiner Höhenweg« – Schaflochsattel (2713 m) – Brandner Gletscher – Schesaplana – Brandner Gletscher – Mannheimer Hütte (2679 m) – »Straußweg« – Spusagangscharte (2237 m) – Nenzinger Himmel.

Gehzeiten Insgesamt 9¼ Std.; Nenzinger Himmel – Salarueljoch 2¾ Std., Salarueljoch – »Liechtensteiner Höhenweg« – Schaflochsattel (2713 m) 1¾ Std., Schaflochsattel – Schesaplana 1¼ Std., Abstieg über die Mannheimer Hütte und den »Straußsteig« 3½ Std.

Hütte Mannheimer Hütte (2679 m) am Brandner Gletscher.

Orientierung Wege sind gut markiert, Orientierung am Brandner Gletscher bei Nebel problematisch (meistens ausgetretene Spur).

Einstufung Gesicherte Passagen leicht, insgesamt aber anspruchsvolle Bergtour mit Gletscherbegehung, A. Am »Liechtensteiner Höhenweg« ist die Querung unter dem Salaruelkopf gesichert, am »Straußsteig« eine Leiter, Drahtseile.

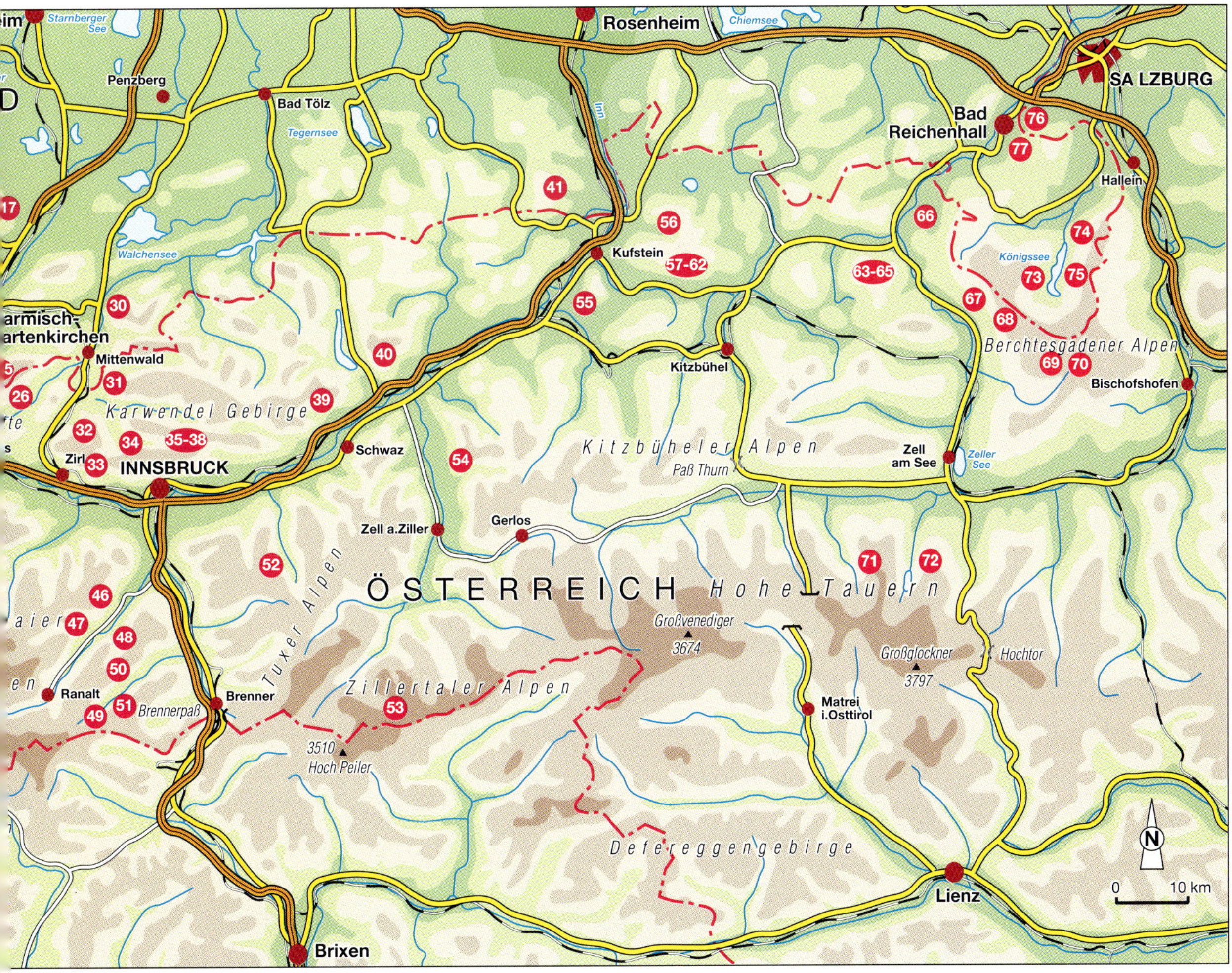

005 Saulakopfsteig
Saulakopf, 2517 m

Leicht

Drahtseile gibt's schon seit langem im innersten Brandner Tal, an der Lüner-See-Bahn, dann am »Saulasteig«, der die Westflanke des Schafgafall (2393 m) horizontal quert, und nun hat auch der Südanstieg zum Saulakopf ein paar eiserne Verzierungen bekommen.

Wo? Ins Brandner Tal führt von Bludenz eine ordentliche Straße, über Brand bis zur Talstation (1565 m) der Lüner-See-Bahn, 18 km. Großer Parkplatz.
Ausgangspunkt Bergstation der Seilbahn am Lüner See (1970 m).
Wegverlauf Lüner See – »Saulasteig« – Saulajoch (2065 m) – Saulakopf.
Gehzeiten Insgesamt 4¼ Std.; Lüner See – Saulajoch 1¼ Std., Saulajoch – Saulakopf 1¼ Std., Abstieg auf dem gleichen Weg 1¾ Std.
Hütte Douglasshütte (1980 m) am Lüner See.
Orientierung Problemlos, gut bezeichnete Steige.
Einstufung Leicht.

006 Kleinlitzner-Südgrat
Kleinlitzner, 2783 m

Mittel

Natürlich wirkt er ziemlich »klein« neben dem Großlitzner (3109 m), der zusammen mit dem eleganten Seehorn (3121 m) das schönste Gipfelduo der Silvretta bildet; recht felsig gibt sich der Kleinlitzner aber auch, und seine Mini-Ferrata ist nicht ohne Pfiff.

Wo? Die Silvretta-Hochalpenstraße verbindet das Montafon mit dem Paznaun, 45 km von Bludenz, 49 von Landeck bis zur Bieler Höhe (2036 m).
Ausgangspunkte Am oberen Ende des Vermunt-Stausees (1747 m) bzw. an der Scheitelhöhe der Hochalpenstraße (Madlener Haus, 1986 m).
Wegverlauf Vermunt-Stausee – Saarbrücker Hütte (2538 m) – Kleinlitzner.
Gehzeiten Insgesamt 5 Std., Hüttenzugang 2½ Std., Kleinlitzner hin und zurück 1 Std., Abstieg 1½ Std.
Hütte Saarbrücker Hütte (2538 m).
Orientierung Leicht; erst kurz Richtung Kromerlücke, dann rechts zum Einstieg.
Einstufung Mittel, nur kurz.

Lustige Kletterei am »Arlberger«: die »Haizähne«

007 Arlberger Klettersteig
Weißschrofenspitze, 2752 m

Schwierig

Jeder Klettersteig hat bekanntlich, wie die Wurst, zwei Enden, und wenn beide in Sichtweite einer Bergbahnstation liegen, ist Skepsis angebracht: Etwas fürs Sommergeschäft ... Nun, diese Überlegung dürfte auch beim »Arlberger« im Spiel gewesen sein, doch das Ergebnis kann sich durchaus sehen lassen: eine ebenso lange wie anspruchsvolle Gratroute, bestens gesichert, aber mit Gefühl fürs Gelände angelegt, ohne »Durchhänger« (wie etwa am »Innsbrucker«), dafür mit einigen Passagen, die das Herz eines Ferrata-Liebhabers schon etwas höher schlagen lassen, etwa jener maximal ausgesetzten Querung in der Südwand der Koppenjochspitze (2680 m), der lustig-luftigen Kraxelei an den »Haizähnen« oder dem kleinen Überhang (nur Mut!) am Ein- bzw. Ausstieg oberhalb von Kapall.
Natürlich bietet die Genußroute der gehobenen Klasse (versteht sich, bei dem Nobelort ...) auch jede Menge Aussicht, und wenn's mit dem Wetter (oder der Kondition) mal nicht klappt, bieten Notabstiege die Möglichkeit, den Blitzableiter am Grat rechtzeitig zu verlassen.

Wo? St. Anton (1284 m) bildet zusammen mit Zürs und Lech das »magische« Skidreieck am Arlberg.
Ausgangspunkt Seilbahnstation Vallugagrat (2664 m). Wer nichts von »Aufstiegshilfen« hält, beginnt die Tour wenig westlich der Arlberg-Paßhöhe (1793 m) an der Wegtafel »Ulmer Hütte« mit dem Aufstieg zum Valfagehrjoch.
Wegverlauf Vallugagrat – Valfagehrjoch (2543 m) – »Arlberger Klettersteig« – Lorfekopf (2689 m) – Lisunspitze (2667 m) – Weißschrofenspitze (2752 m) – Kapall (2333 m).
Gehzeiten Insgesamt 5¼ Std.; Vallugagrat – Weißschrofenspitze 4 Std., Abstieg nach Kapall 1¼ Std.
Hinweis: Startet man am Arlbergpaß, ergibt sich eine Gesamtgehzeit von etwa 8½ Std.
Hütte Ulmer Hütte (2279 m) am Weg zum Valfagehrjoch.
Orientierung Bietet kaum Probleme.
Einstufung Schwierig; die Route ist sehr gut, aber eher sparsam gesichert (Drahtseile, einige wenige Haken), gute Kondition erforderlich. Für den Abstieg Helm!

Die guten Tips für Imst

Imst (827 m) liegt im Inntal, etwa auf halbem Weg von Innsbruck zum Arlberg.

Anreise Mit der Bahn über die Arlberglinie Innsbruck – Feldkirch (– Schweiz), mit dem Auto über die Inntal-Autobahn oder von Garmisch-Partenkirchen bzw. Reutte über den Fernpaß.

Infos Tourismusverband Imst, Johannesplatz 4, A-6460 Imst; Tel. (054 12) 663 22, Fax 658 22.

Unterkunft Gut untergebracht ist man im »Romantik Hotel Post«, 6460 Imst; Tel. (054 12) 665 54.

Sehenswert Gotische Pfarrkirche mit dem höchsten Kirchturm Tirols, einige stattliche Bürgerhäuser. Das Imster Heimatmuseum ist Juni bis Oktober Mo. – Do. 10–12 Uhr, Fr. 10–12, 17–19 Uhr geöffnet.

Nur kurz ist die gesicherte Strecke am Westgratsteig der Hohen Munde.

Bahn- und Busverbindungen Pendelbus vom Zentrum zur Talstation der Imster Bergbahnen (Hochimst), Busverbindungen mit den Tälern und Ortschaften der Umgebung.

Autovermietung Eisenriegler, Th.-Walch-Straße 43; Tel. (054 12) 664 10.

Bergrettung Imster Bergbahnen, Tel. (054 12) 663 22; Gendarmerie, Tel. (054 12) 662 29.

Wetter Alpiner Wetterdienst Mo.–Sa. 13–18 Uhr, Tel. (05 12) 29 16 00.

Radl-Verleih: Camping am Schwimmbad, Schwimmbadweg 10, Imst; Tel. (054 12) 666 112.

Führer Führer über die Lechtaler Alpen, das Wettersteingebirge und die Ötztaler Alpen sind im Bergverlag Rother erschienen. Im Ort bekommt man das »Imster Wanderbuch«.

Landkarten Karten des Bundesamtes für Eich- und Vermessungswesen, Blätter 115, 116, 145, 146 (1:50 000, auch als Vergrößerungen im Maßstab 1:25 000). Überall erhältlich sind die Kompass-Wanderkarten.

008 Augsburger Höhenweg
Dawinkopf, 2968 m

Mittel **A**

Eisen in Form von Drahtseilen, Haken und dergleichen gibt's am »Augsburger Höhenweg« nicht viel, gerade genug, um ihm das Prädikat eines »gesicherten Steigs« zu sichern. Dafür kommt an der Parseierscharte eine Eisenspitze (2859 m) ins Bild: Bergbau. Und daß es in den Lechtalern erzführende Gesteinsschichten gibt, verwundert kaum, hat die Geologie hier doch ohnehin ein paar Purzelbäume geschlagen und eine Landschaft geschaffen, die einem gelegentlich wie eine »erdgeschichtliche Baustelle« vorkommt. Doch gerade diese wilde Kulisse ist es, die den unverwechselbaren Reiz des »Augsburger Höhenweges« ausmacht: kaum das Richtige für »Ferrata-Fans«; hier wird alpine Erfahrung verlangt, kein dicker Bizeps. Die Verhältnisse an der extrem langen Route sind starken Schwankungen unterworfen, Eis und Schnee können sie auch im Sommer unpassierbar machen. Besonders heikel ist der Wegabschnitt von der Dawinscharte (2650 m) hinüber zur Parseierscharte (2604 m): Steinschlag, abschüssige Hartschneefelder, oft beschädigte Sicherungen.

Wo? Zum »Augsburger Höhenweg« kommt man aus dem Stanzer Tal. Schnellstraße Landeck – Arlbergtunnel, Bahnlinie.

Ausgangspunkt Grins (1106 m), Zufahrten von Landeck bzw. Pians (856 m). Parkplatz oberhalb des Dorfes, in der Nähe des Schwimmbads.

Wegverlauf Grins – Augsburger Hütte (2289 m) – »Augsburger Höhenweg« – Dawinkopf (2968 m) – Parseierscharte (2604 m) – Winterjoch (2528 m) – Ansbacher Hütte (2376 m) – Flirsch (1154 m).

Gehzeiten Insgesamt 15 Std.; Grins – Augsburger Hütte 3½ Std., »Augsburger Höhenweg« 9 Std. (bis zur Parseierscharte 5 Std.), Abstieg nach Flirsch 2½ Std.

Hütten Augsburger Hütte (2289 m), Anfang Juli bis Ende September bewirtschaftet, Tel. (0 54 42) 6 36 04. Ansbacher Hütte (2376 m), Anfang Juli bis Ende September bewirtschaftet, Tel. (06 63) 5 42 82. In der Parseierscharte Notbiwak, stets zugänglich.

Orientierung Der »Augsburger Höhenweg« ist gut bezeichnet, AV-Nummern 634, 633. Aus der Dawinscharte Notabstieg südlich zur Dawinalpe (1819 m), nicht markiert!

Einstufung Mittel, A. Hochalpine Überschreitung, gesicherter Steig, kein Klettersteig; Pickel, Steigeisen und Helm gehören zur Ausrüstung, evt. auch ein Seil. Ohne Hüttenübernachtung nicht zu machen.

009 Imster Klettersteig
Maldonkopf, 2632 m

Sehr schwierig

Seit ein paar Jahren ist die Muttekopfhütte eine gute Adresse für Klettersteigler: Es lockt der 1989 eingeweihte »Imster«, eine Route der Spitzenklasse, aber nur etwas für Könner (obwohl die völlig trittlose Platte im obersten Teil der Route mit ein paar Eisenbügeln entschärft wurde), ein zweistündiger Kletterspaß am straff gespannten Seil, steil bis (fast) senkrecht. Nur einen Schönheitsfehler hat die Ferrata: der Abstieg, über einen sehr »beweglichen« Schutthang in einen Trichter mündend. Da ist Steinschlag durch Nachfolgende fast unvermeidlich. Ansonsten hält der »Imster Klettersteig« wirklich, was die Spezln in der Wirtschaft nach dem zweiten Bier erzählt haben ...

Wo? Das Marktstädtchen Imst (827 m) liegt im Oberinntal, Zufahrt nach Hochimst (1050 m).
Ausgangspunkte Vorderes Alpjoch (2050 m), mit dem Sessellift von Hochimst (1050 m) aus bequem erreichbar. Ist die Bahn außer Betrieb, darf man zur Obermarkter Alm hinauffahren, 8 km von Imst. Parkplatz (ca. 1560 m) etwa 10 Min. unterhalb der Latschenhütte (1623 m).
Wegverlauf Vorderes Alpjoch – Muttekopfhütte – Guggersattele (ca. 2095 m) – »Imster Klettersteig« – Maldonkopf – Engelkar – Muttekopfhütte – Vorderes Alpjoch.
Gehzeiten Insgesamt 5¼ Std.; Vorderes Alpjoch – Muttekopfhütte ½ Std., »Imster Klettersteig« – Maldonkopf 2¾ Std., Maldonkopf – Engelkar – Muttekopfhütte – Vorderes Alpjoch 2 Std.
Hinweis Startet man auf der Obermarkter Alm, erhöht sich die Gesamtgehzeit auf etwa 6¼ Std.
Hütte Muttekopfhütte (1934 m).
Orientierung Problemlos.
Einstufung Sehr schwierig, optimal gesichert. Abstieg stark steinschlaggefährdet (Helm)!

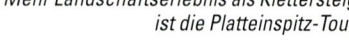

Mehr Landschaftserlebnis als Klettersteig ist die Platteinspitz-Tour.

010 Platteinspitz-Steig
Vordere Platteinspitze, 2562 m

Leicht

Im Vergleich mit dem »Imster Klettersteig« nehmen sich die Drahtseile am Gipfelaufbau der Vorderen Platteinspitze recht mickrig aus. Wer aber nicht nur aufs Eisen guckt, wird an der Tour trotzdem seine Freude haben, bietet der Weg doch viel Abwechslung: die blumigen Platteinwiesen, bizarre Felsformationen aus rötlichem Konglomerat, dann der Schlußanstieg, steil, mit Drahtseilsicherungen zum kreuzgeschmückten Gipfel leitend, eine stimmungsvolle Rundschau. Und wem das nicht reicht, der kann auf markiertem Weg von den Platteinwiesen zur Muttekopfhütte hinüberqueren und gleich noch den »Imster Klettersteig« anhängen. Das ergibt dann einen garantiert ausgefüllten Tag!

Wo? Das Marktstädtchen Imst (827 m) liegt im Oberinntal, Zufahrt nach Oberimst (1050 m).
Ausgangspunkt Untermarkter Alm (1491 m), Sessellift von Hochimst. Sind die Lifte außer Betrieb, darf man zur Obermarkter Alm hinauffahren. Parkplatz (ca. 1560 m) etwa 10 Min. unterhalb der Latschenhütte (1623 m).
Wegverlauf Untermarkter Alm – Latschenhütte – Platteinspitze.
Gehzeiten Insgesamt 5½ Std.; Untermarkter Alm – Latschenhütte ½ Std., Latschenhütte – Platteinwiesen 1¼ Std., Platteinwiesen – Platteinspitze 1¾ Std., Abstieg auf dem gleichen Weg 2 Std.
Hütte Latschenhütte (1623 m) auf der Obermarkter Alm.
Orientierung Problemlos, gut bezeichnete Wege.
Einstufung Leicht, am Gipfelaufbau etwa 60 m gesichert, Steinschlaggefahr durch Voraussteigende.

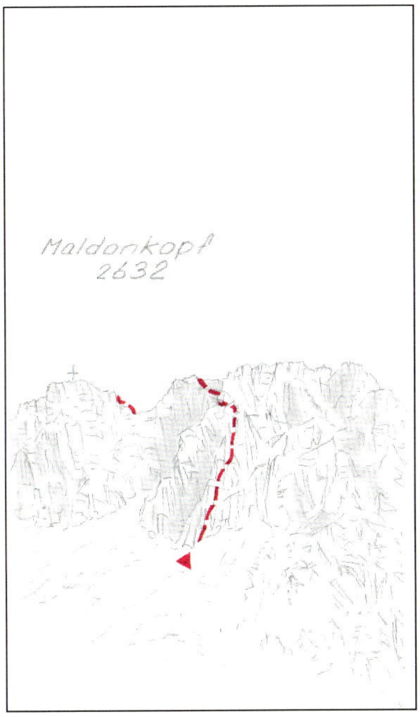

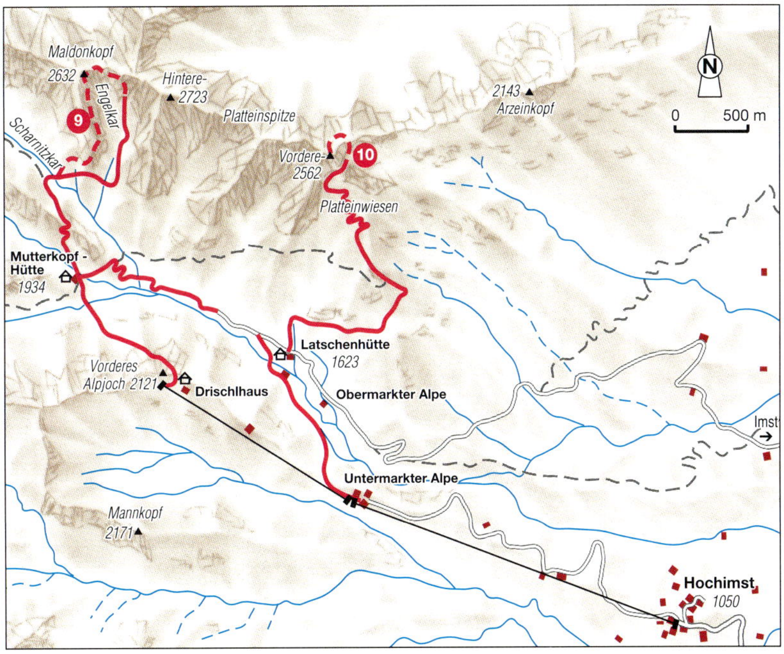

011 Mindelheimer Klettersteig
Fiderepaß – Mindelheimer Hütte

Mittel

Es gibt ihn immer noch, den »Mindelheimer«, auch wenn finstere Gesellen der Ferrata wiederholt per (Eisen-)Säge zu Leibe rückten. Und beim Publikum ist er nach wie vor sehr beliebt; an sommerlichen Schönwettertagen herrscht an der bestens gesicherten Gratroute viel Betrieb, und natürlich sind auch immer Anfänger unterwegs (nicht gleich ungeduldig werden, schließlich hat jede/r einmal angefangen!). Die Überschreitung der Schafalpenköpfe, von der Fiderescharte zur Mindelheimer Hütte immerhin gut zwei Stunden lang, ist recht abwechslungsreich, überall gut gesichert und nur mäßig schwierig, aber nie langweilig. Hübsche Kraxelpassagen wechseln ab mit Gehgelände, die Kulisse wirkt eher heiter denn dramatisch; höchster Punkt ist der Nördliche Schafalpenkopf (2320 m), insgesamt werden vier kleine Gipfel überschritten, doch das Auf und Ab hält sich in Grenzen.

Wo? Ins Kleine Walsertal kommt man von Sonthofen über Oberstdorf auf guter Straße, 28 km bis Mittelberg (1215 m).

Ausgangspunkte Schwendle (ca. 1230 m), Ortsteil von Mittelberg, Zufahrt. Als Ausgangspunkte kommen auch die beiden Seilbahnstation am Fellhorn (1967 m) und an der Kanzelwand (1949 m) in Frage; die Zugänge/Rückwege sind aber, bedingt auch durch Zwischenabstiege, insgesamt länger.

Wegverlauf Schwendle – Fiderepaß-Hütte (2067 m) – Fiderescharte (2214 m) – »Mindelheimer Klettersteig« – Mindelheimer Hütte (2013 m) – Schwendle.

Gehzeiten Insgesamt 7 Std.; Schwendle – Fiderepaß-Hütte 2¾ Std., Fiderepaß – »Mindelheimer Klettersteig« – Mindelheimer Hütte 2¾ Std., Abstieg nach Schwendle 1½ Std.

Hütten Fiderepaß-Hütte (2067 m), Mindelheimer Hütte (2013 m).

Orientierung Problemlos, bestens markierte Wege.

Einstufung Mittel, der Steig ist mit Drahtseilen, Klammern, Leitern und einer Eisenbrücke bestens gesichert.

012 Heilbronner Weg
Rappenseehütte – Östliche Bockkarscharte

Leicht

Wer kennt sie nicht, die klassische »Haute Route« der Allgäuer Alpen? Generationen von Bergfreunden war sie ein Begriff, unzählige Nagelschuhe, Bergstiefel und Trekking-Boots haben den Weg kennengelernt, Steine rundgeschliffen. Und um die lange Leiter am Grat des Steinschartenkopfs (2615 m), der den höchsten Punkt am Weg markiert, ranken sich kleine Legenden, galt sie doch einst als veritables Hindernis, eigentliche »Schlüsselstelle« des Steiges und kleine Mutprobe für ambitionierte Bergwanderer. Als der Steig um die Jahrhundertwende gebaut wurde, gab's »Klettersteigler« noch nicht, nur Bergsteiger. Der »Heilbronner« ist auch keine Ferrata, aber nach wie vor ein großer Höhenweg, da und dort mit Drahtseilsicherungen und halt lang: Ausdauer wird verlangt, unter Umständen auch gute Nerven. Aber nicht auf dem »Heilbronner«, sondern in der Nacht zuvor: die Rappenseehütte (2091 m) ist trotz der Kapazität eines Großhotels gelegentlich rappelvoll, und das bekommt dann den chronischen Leichtschläfern nicht besonders gut …
Ein Tip: Man kann ja auch im Waltenberger Haus übernachten; da ist es in der Regel etwas weniger voll.

Wo? Oberstdorf (815 m) ist Basisort für die Zwei-Tage-Unternehmung.

Ausgangspunkt Die nach Einödsbach (1114 m) führende Straße ist für den öffentlichen Verkehr gesperrt; Pendelbus bis Birgsau.

Wegverlauf Birgsau – Einödsbach – Rappenseehütte – Große Steinscharte (2262 m) – Kleine Steinscharte (2541 m) – Steinschartenkopf (2615 m) – Socktalscharte (2446 m) – Bockkarkopf (2609 m) – Westliche Bockkarscharte – Östliche Bockkarscharte – Waltenberger Haus (2084 m) – Einödsbach – Birgsau. ➡

➡
Gehzeiten Insgesamt 10¾ Std.; Birgsau – Einödsbach ¾ Std., Einödsbach – Rappenseehütte 3 Std., »Heilbronner Weg« 3 Std., Östliche Bockkarscharte – Waltenberger Haus 1 Std., Waltenberger Haus – Einödsbach – Birgsau 3 Std.
Hinweise In seiner gesamten Länge (5½ Std.) verbindet der »Heilbronner Weg« die Rappenseehütte mit der Kemptner Hütte; der Abschnitt zwischen Östlicher Bockkarscharte und Kemptner Hütte ist ein reiner Wanderweg.
Vom »Heilbronner Weg« aus läßt sich das Hohe Licht (2651 m) in etwa 1 Std. besteigen.
Hütten Enzianhütte (1710 m). Rappenseehütte (2091 m), Mitte Juni bis Mitte Oktober bewirtschaftet. Waltenberger Haus (2084 m), bewirtschaftet Mitte Juni bis Anfang Oktober, Tel. (im Tal) (08379)7486.
Orientierung Leicht, bei Schlechtwetter (Nebel, Eis) ist besondere Vorsicht geboten.
Einstufung Leicht.

013 Hindelanger Klettersteig

Nebelhorn – Großer Daumen – Hohe Gänge

Mittel

Der »Hindelanger« bietet – so paradox das klingen mag – beides: Seilbahnanschluß und Einsamkeit. Am Grat vom Nebelhorn zum Großen Daumen ist an Schönwettertagen viel Betrieb, weil die Seilbahn hier für bequemen »Anstieg« sorgt: aus dem Lift, hin zum Drahtseil. Die meisten begehen den aufwendig mit fast einem Kilometer Drahtseil und 100 Leitermetern ausgestatteten, recht zerklüfteten Kamm bis in die Senke vor dem Großen Daumen, drehen dann rechts ab und nehmen den gut markierten Wanderweg zurück zur Nebelhorn-Seilbahn. So fristet das nördliche Teilstück des Klettersteig-Höhenwegs ein Mauerblümchendasein, und in der Gegenrichtung, von Hinterstein herauf, macht ihn fast niemand. Dabei ist die Tour vom Breitenberg (1893 m) über die Hohen Gänge und den Kleinen Daumen zum Großen Daumen sehr abwechslungsreich, mit ein paar gesicherten Passagen und viel Aussicht.

Wo? Oberstdorf (815 m) ist Ausgangspunkt für die Tour. Mit Seilschwebebahn und Gondellift kommt man bequem zum Gipfel des Nebelhorns.
Ausgangspunkt Nebelhorn (2224 m), Bergstation der Gipfelbahn.
Wegverlauf Nebelhorn – »Hindelanger Klettersteig« – Wengenköpfe (2235 m) – Sattel (2170 m) vor dem Großen Daumen – Koblat – Nebelhorn-Seilbahn (Probst-Haus, 1929 m).
Gehzeiten Insgesamt 5¼ Std.; »Hindelanger Klettersteig« 3½ Std., Rückweg über das Koblat 1¾ Std.
Hinweis Für den Weiterweg über den Großen Daumen (2280 m), den Kleinen Daumen (2197 m) und die Hohen Gänge bis zum Breitenberg (1893 m) muß man mit etwa 4 Std. rechnen, bis hinab nach Hinterstein 5¾ Std.
Sehr lohnend ist die folgende Runde: Hinterstein – Breitenberg – »Hindelanger Klettersteig« – Kleiner Daumen – Engeratsgundsee – Möslealpe (1134 m) – Hinterstein, etwa 7½ Std.
Hütte Edmund-Probst-Haus (1929 m) an der Bergstation der Nebelhornbahn.
Orientierung Leicht, gut bezeichnete Wege.
Einstufung Mittel, Nordabschnitt (Großer Daumen – Breitenberg) leicht.

014 Bäumenheimer Weg

Hochvogel, 2592 m

Leicht

Scheinbar schwerelos schwebt das elegante Felsdreieck über dem Gipfelgewirr der Allgäuer Alpen, das »idealste Gebilde eines Kalkberges«, wie der »Hochtourist« einst pathetisch formulierte. Beim Aufstieg über den »Bäumenheimer« fühlt sich allerdings manch einer überhaupt nicht »schwerelos«, wird der Schritt immer schwerer, brennt die Sonne doch gnadenlos in die steile Südflanke. Fliegen tun höchstens die Steine; der Hochvogel ist berüchtigt für schlechten Fels, und so sind auch die Drahtseilsicherungen oft defekt. Dafür entschädigen die packenden Tiefblicke, und oben am Gipfel genießt man eine große Rundschau. Was für ein toller Startplatz wäre der Hochvogel, doch fünf Stunden Aufstieg sind für moderne Ikarusse mit ihren bunten Schirmen wohl zuviel …

Den Abstieg nimmt man dann »hintenherum«, über den Nordwestrücken und durch das Fuchsenkar.

Wo? Hinterhornbach (1101 m) liegt in einem Seitental des Lech. Zufahrt von Reutte über Vorderhornbach, 26 km.
Ausgangspunkt Hinterhornbach, bei Gh. Adler. Parkmöglichkeiten im Ort.
Wegverlauf Hinterhornbach – Schwabegghütte (1699 m) – »Bäumenheimer Weg« – Hochvogel – Fuchsenkar – Fuchsensattel (2039 m) – Schwabegghütte – Hinterhornbach.
Gehzeiten Insgesamt 8¾ Std.; Hinterhornbach – Schwabegghütte 1½ Std., Schwabegghütte – »Bäumenheimer Weg« – Hochvogel 3¼ Std., Hochvogel – Fuchsensattel – Schwabegghütte – Hinterhornbach 4 Std.
Orientierung Oberhalb von Hinterhornbach, wo der Weg mehrfach Forststraßen kreuzt, gut auf Markierungen achten.
Einstufung Leicht, Steinschlaggefahr am »Bäumenheimer Weg«.

Hau ruck!

Daß Klettersteig-Gehen manchmal mit Gehen nur wenig, mit Krampf aber recht viel zu tun hat, ist bekannt. Eine Fünfer-Stelle elegant zu meistern, ist auch am Drahtseil nicht ganz so leicht. Ich weiß, wovon ich rede …

Unterwegs ins Tirol, Zeitungen haben die feierliche Eröffnung eines neuen Klettersteigs (damals, in den achtziger Jahren) vermeldet: nachschauen. Eine große Tafel markiert den Einstieg, ein dickes Drahtseil gibt die Route vor, die eher gemütlich beginnt, erst allmählich steiler wird. Die Tiefe nimmt zu, die Tritte werden weniger, ein Querung ins Leere hat's durchaus in sich. Dann legt sich der Grat etwas zurück, und vom abgeflachten Vorgipfel wird das Kreuz am höchsten Punkt sichtbar. Das Auge sucht den Weiterweg, entdeckt ein Seil, das an einem Pfeiler emporläuft, um ein Eck herum verschwindet, wieder sichtbar wird: eine dünne Linie an einer fast senkrechten Platte, blank wie eine Betonmauer, kein Riß, kein Fingerloch, nicht einmal eine lächerliche Beule hat der Fels. »Schlüsselstelle« nennt sich so etwas. Und der »Schlüssel« dazu ist Kraft, rohe Kraft, vorzugsweise im Bizeps. Eine Verschneidung, zwei, drei Meter links vom Drahtseil, wirkt vergleichsweise einladend, noch einladender der »Auskneifer« rechts hinab ins Geröllkar; laß es, suggeriert ein großer roter Pfeil.

Zehn, fünfzehn Meter nur, beruhige ich mich, das schaffst du leicht, auch an so einer Mauer. Sichern ist wichtig, umhängen, da kriegt man leicht den Krampf, und dann ist an ein Halten nicht mehr zu denken. Meine Hände werden feucht, schweißnaß – alles für ein bißchen Spaß in den Bergen!? Und jetzt klemmt der Karabiner auch noch, das blöde Ding …

Nichts passiert, ich hab's (natürlich!) geschafft, sitze unterm Gipfelkreuz, das Herz schlägt ruhiger, das Nervenflattern hat aufgehört: kurz in den Abgrund geguckt – Schiß gehabt, kleine Grenzerfahrung …

Übrigens: Der Imster Klettersteig wurde nachgebessert, heute helfen ein paar solide Bügel über die »Schlüsselstelle«. Bravo!

015 Friedberger Steig
Schartschrofen, 1968 m

Leicht

Gimpel, Aggenstein, Rote Flüh, Gehrenspitze: das Kletterrevier der Tannheimer Alpen, Dutzende von Routen, viel Eisen auch. Drahtseile gibt's aber nur am Schartschrofen: eine kleine Ferrata, nicht schwierig, und wenn man die Überschreitung der Roten Flüh (2108 m) anhängt, ergibt sich eine schöne Tannheimer Runde.

Am »Mindelheimer Klettersteig« herrscht mitunter großes Verkehrsaufkommen …

Wo? Ins Tannheimer Tal kommt man von Reutte bzw. Hindelang, 21 bzw. 28 km bis Grän. Zufahrt zum Sessellift.

Ausgangspunkt Bergstation des Sessellifts zum Füssener Jöchl (1818 m).

Wegverlauf Füssener Jöchl – Hallergernjoch – Gelbe Scharte (ca. 1870 m) – »Friedberger Klettersteig« – Schartschrofen – Hallergernjoch – Liftstation.

Gehzeiten Insgesamt 2¾ Std.; Füssener Jöchl – Gelbe Scharte 1¼ Std., »Friedberger Steig« – Schartschrofen ¾ Std., Rückweg zum Sessellift ¾ Std.

Hinweis Lohnend ist folgende Runde von Nesselwängle aus: Aufstieg über das Gimpelhaus zur Roten Flüh (2108 m; Drahtseile), weiter zur Gelben Scharte und auf dem »Friedberger Steig« auf den Schartschrofen, dahinter hinab ins Hallergernjoch und nach Haller, Rückweg abseits der Straße nach Nesselwängle; insgesamt etwa 6 Std.

Orientierung Leicht, die Wege sind gut bezeichnet.

Einstufung Leicht.

016 Gelbe-Wand-Steig
Tegelberghaus, 1707 m

Leicht

Der Seilbahnberg über Füssen ist bei Ausflüglern und Paraglidern gleichermaßen beliebt, und vom Tegelberghaus bewegt sich an Schönwettertagen oft ein bunter Tatzelwurm hinüber zum Gipfelkreuz am Branderschrofen. Wesentlich ruhiger ist es da an dem Steig, der durch die zerklüftete Gelbe Wand heraufzieht, abschnittweise gesichert, aber nirgends schwierig. Oben gibt's die berühmte Rundschau hinein ins Gebirge, hinaus ins Flache, hinab zu den Seen am Alpenrand, und beim Abstieg über den Westrücken zur Pöllatschlucht kommt – was für ein Finale! – auch noch das phantastische Märchenschloß des unglücklichen König Ludwig II. ins Blickfeld.

Wo? Füssen (808 m) liegt unmittelbar am Alpenrand, etwa auf halbem Weg zwischen Kempten und Garmisch.
Ausgangspunkt Talstation der Tegelberg-Seilbahn (820 m), Zufahrt von Füssen bzw. Schwangau. Großer Parkplatz.
Wegverlauf Seilbahnstation – »Gelbe Wand-Steig« – Tegelberghaus (1707 m) – Pöllatschlucht – Seilbahnstation.
Gehzeiten Insgesamt 4¼ Std.; Aufstieg über die Gelbe Wand 2¼ Std., Abstieg/Rückweg 2 Std.
Hütte Tegelberghaus (1707 m) bei der Bergstation der Seilbahn.
Hinweis In gut ½ Std. kommt man vom Tegelberghaus zum Branderschrofen (1880 m), Drahtseile. Vorsicht bei Nässe: die Felsen sind gefährlich glattpoliert!
Orientierung Leicht, gut bezeichnete Wege.
Einstufung Leicht.

017 Ettaler-Manndl-Steig
Ettaler Manndl, 1633 m

Leicht

Dieses Mannsbild kennt man im Oberland; die arg rundpolierten Felsen am steilen Gipfelaufbau belegen eindrucksvoll seine Beliebtheit beim bergsteigerischen Fußvolk: zwei Wanderstunden von Ettal herauf, dann 50 Kraxelmeter an soliden Ketten bis zum Vorgipfel, dem »Ettaler Weibl«; das Gipfelkreuz steht an dem nur unwesentlich höheren Manndl.

Wo? Ettal mit seinem berühmten Kloster liegt an der B 23, von Schongau 37 km, von Garmisch-Partenkirchen 16 km.
Ausgangspunkt Ettal (877 m); Parkmöglichkeit an der parallel zur östlichen Klostermauer ansteigenden Straße.
Wegverlauf Ettal – Tiefentalsattel – Ettaler Manndl.
Gehzeiten Insgesamt 3½ Std.; Aufstieg 2¼ Std., Abstieg auf dem gleichen Weg 1¼ Std.
Hinweis Bequemer kommt man mit der von Oberammergau ausgehenden Laberbergbahn zum Ettaler Manndl; da wird aus der Halbtagswanderung dann ein Höhenspaziergang mit Kraxelfinale.
Orientierung Problemlos.
Einstufung Leicht, bei Nässe sind die Gipfelfelsen ziemlich rutschig.

018 Höllentalsteig
Zugspitze, 2962 m

Mittel — A

Der »Hochtourist« bezeichnete den Höllentalsteig vor sieben Jahrzehnten als »anregendsten der üblichen Zugspitzwege«, warnte aber alle »Zufalls- oder Gelegenheitsbergsteiger« vor einer Begehung. Das gilt immer noch, wenn auch die gesicherten Passagen wie etwa das legendäre »Brett« im Vergleich mit modernen Klettersteigen recht »alt« ausschauen. Daß man aber eine ordentliche Kondition braucht, versteht sich bei 2200 Steigungsmetern (!) ab Hammersbach fast von selbst, und am Höllentalferner können Grödeln durchaus nützlich sein. Oben gibt's, wenn das Wetter mitspielt, ein großes Panorama, aber auch viel Betrieb rund um Deutschlands höchstes Gipfelkreuz. Die meisten sind natürlich per Bahn heraufgekommen, was zwar ein paar Mark, aber keine Anstrengung kostet. Einen (kleinen) Obolus müssen auch die echten Gipfelstürmer abliefern, am Eingang zur Höllentalklamm, mit der die lange, aber sehr abwechslungsreiche Tour durchs »höllische« Tal beginnt. ➡

Blick vom »Jubiweg« auf die Zugspitze.

018
Wo? Garmisch-Partenkirchen (708 m) ist der Hauptort des Werdenfelser Landes, von München über die Autobahn A 95 etwa 80 km.
Ausgangspunkt Hammersbach (758 m), an der Mündung des Höllentals. Zufahrt von Garmisch über Grainau, 9 km. Parkplatz.
Wegverlauf Hammersbach – Höllentalklamm – Höllentalanger-Hütte (1379 m) – »Höllentalsteig« – Zugspitze.
Gehzeiten Hammersbach – Höllentalanger-Hütte 2½ Std., Höllentalanger-Hütte – Zugspitze 5 Std.
Tip Etwas weniger anstrengend wird die Tour, wenn man die Osterfelder-Seilbahn benützt und von der Bergstation (2033 m) zur Höllentalanger-Hütte hinabwandert, 1½ Std.
Hinweis Für den Abstieg wird man in der Regel eine der Zugspitzbahnen benützen; auf dem Anstiegsweg etwa 5½ Std. bis Hammersbach.
Hütte Höllentalanger-Hütte (1379 m).
Orientierung Leicht, die Wege sind viel begangen und gut markiert.
Einstufung Mittel, A. Am Gletscher sind Steigeisen und Wanderstöcke nützlich.

019 Riffelweg
Riffelscharte, 2161 m

Leicht

Man kann die Zugspitz-Tour auch mit einer Fahrt zur Haltestelle »Riffelriß« (1639 m) der Bayrischen Zugspitzbahn beginnen und über die Riffelscharte das (obere) Höllental ansteuern: rund 900 Höhenmeter, davon zwei Drittel im Aufstieg, teilweise an Drahtseilen, ein Drittel im Abstieg, dann biegt man unterm »Brett« ein in den »Höllentalsteig«: noch gut 4 Stunden bis zum höchsten Punkt Deutschlands.

Ausgangspunkt Mit der Zugspitzbahn von Garmisch-Partenkirchen (708 m) oder von Eibsee zur Station »Riffelriß« (1639 m).
Wegverlauf Station »Riffelriß« – Riffelscharte – »Höllentalsteig«.
Gehzeiten Station »Riffelriß« – »Höllentalsteig« 2½ Std., Aufstieg zur Zugspitze 4½ Std., Abstieg nach Hammersbach 2 Std.
Orientierung Gut markierter Weg.
Einstufung Leicht.

Das hält garantiert!

020 Zugspitz-Westweg
Zugspitze, 2962 m

Leicht

Kürzer, aber immer noch fast 1800 Meter hoch ist der Westweg auf die Zugspitze, auch er ein echter »Oldie«, im Felsgelände oberhalb des Österreichischen Schneekars sehr eisenhaltig. Originellste Passage ist der »Stopselzieher«, ein natürlicher Tunnel, der auf Eisenbügeln durchstiegen wird. Bei der Bergstation der alten Ehrwalder Zugspitzbahn gewinnt man den Kamm (ca. 2820 m), endet der Westweg, das Bergerlebnis auch. Mehr oder weniger frustriert steuert man auf breitem Pfad die höchstgelegene Dauerbaustelle Deutschlands an – den Zugspitzgipfel.
Wer Wert auf eine geruhsame Gipfelrast legt, nimmt sich mit Vorteil den nahen Schneefernerkopf (2874 m) zum Ziel: zunächst hinab zum Schneeferner, dann über eine gesicherte Felsstufe auf die Nordschulter und flach hinüber zum höchsten Punkt. – PS: Mittlerweile abgebaut sind die Sicherungen am sogenannten »Winterweg« unterhalb der Wiener-Neustädter-Hütte.

Wo? Ins Ehrwalder Becken kommt man von Garmisch-Partenkirchen und von Reutte über gut ausgebaute Straßen, 25 bzw. 21 km.
Ausgangspunkt Talstation der Ehrwalder Zugspitzbahn (1228 m); Zufahrt von Ehrwald (994 m) 3,5 km. Großer Parkplatz.
Wegverlauf Seilbahnstation – Gamskar – Wiener-Neustädter-Hütte (2209 m) – Westweg – Zugspitzgrat – Zugspitze.
Gehzeiten Seilbahnstation – Wiener-Neustädter-Hütte 3¼ Std., Wiener-Neustädter-Hütte – Zugspitze 2¼ Std. Für den Abstecher zum Schneefernerkopf muß man zusätzlich etwa 1½ Std. einplanen.
Hinweis Für den Abstieg wird man in der Regel die neue Ehrwalder Zugspitzbahn benützen; auf dem Westweg gut 3 Std.
Hütte Wiener-Neustädter-Hütte (2209 m).
Orientierung Gut markierte Wege.
Einstufung Leicht, Steinschlag im Österreichischen Schneekar nicht auszuschließen (Helm).

021 Jubiläumsweg
022 Brunntalgrat-Steig
Jubiläumsgrat, Zugspitze – Alpspitze

Schwierig **A**

Um keine Zweifel aufkommen zu lassen: der »Jubigrat«, diese Traumroute im Wetterstein, ist auch Klettersteig, aber noch viel mehr. Und er verlangt auch mehr, einen ebenso erfahrenen wie ausdauernden Bergsteiger, der dem kräfteraubenden Auf und Ab am fast fünf Kilometer langen Grat zwischen Zugspitze und Hochblassen gewachsen ist, der sich auch in ungesichertem Gelände sicher bewegt. Denn ein »Weg« ist diese Route keineswegs, auch wenn die schwierigeren Kletterstellen entschärft bzw. gesichert wurden, die letzten 1986. Passagen, die mit I–II zu bewerten sind, gibt es immer noch, die Länge der Tour geht an die Kondition.
Ganz besonders wichtig ist am »Jubigrat« sicheres Wetter; bei aufkommenden Gewittern, am »eisenhaltigen« Kamm besonders gefährlich, steigt man über den Brunntalgrat südlich zur Knorrhütte ab. Und im Notfall bietet die kleine Höllentalgrat-Hütte eine sichere Zuflucht. ➡

Pro und contra – der »Jubiläumsweg«

Daß Diskussionen rund um die Gangbarmachung von Kletterrouten keineswegs neu sind, beweist folgende Textpassage aus der »Geschichte der Alpenvereinssektion München« (G. Leuchs) vor über acht Jahrzehnten: »Durch Versicherungen werden den Bergen, soweit es sich nicht um reine Aussichtsgipfel handle, gerade das genommen, was zu ihrer Besteigung anreize, die Schwierigkeit. Die große Masse aber sei auch Klettersteigen nicht gewachsen; der Ungeübte werde durch sie auf ein Gelände gelockt, das ihm gefährlich werden könne. Unfälle seien die Folge. Demgegenüber wurde – was zweifellos richtig war – betont, daß gerade der Grat von der Zugspitze zum Hochblassen an hübschen Kletterstellen arm sei ... Wenn auch bindende Beschlüsse über die zum Bau eines ›Jubiläumsweges‹ gesammelten Gelder nicht vorlagen, so war es doch stillschweigende Übereinkunft, daß dieser Jubiläumsweg über die Höllentalspitzen gebaut werden müsse.«

Am »Jubiläumsweg« sind nur die schwierigen Felspassagen gesichert.

Was dann auch geschah, allerdings wurde das Vorhaben nur teilweise verwirklicht; zwischen der Zugspitze und der Inneren Höllentalspitze brachte man zwar ein paar wenige Haken und Drahtseile an, doch die sind später wieder entfernt worden. So blieb der »Jubiläumsweg« ein Unvollendeter – bis 1986. Da erhielt auch der Westteil des Grates seine eisernen Fesseln.

➡ Für die gesamte Überschreitung mit Abstieg von der Alpspitze zur Osterfelder-Seilbahn ist mit einer Gehzeit von etwa 9 Stunden zu rechnen. Also auf jeden Fall mit der ersten Seilbahn hinauf zum Zugspitzgipfel oder noch besser: gleich oben im Münchner Haus übernachten, Sonnenuntergang und -aufgang inklusive.
Bei gutem Wetter bietet der »Jubiläumsgrat« ein großes Erlebnis; trotz der Länge kommt nie Langeweile auf, dafür sorgen auch immer wieder gesicherte Passagen, teilweise recht ausgesetzt, dann die faszinierenden Aus- und Tiefblicke, hinab ins Höllental, hinein in die Alpen und hinaus ins Flache. Mit etwas Glück ist im Norden sogar der glitzernde Spiegel des Starnberger Sees auszumachen.

021/022

Wo? Garmisch-Partenkirchen (708 m) ist der Hauptort des Werdenfelser Landes, von München über die Autobahn A 95 etwa 80 km.

Ausgangspunkt Zugspitze (2962 m). Die erste Bahn fährt in Garmisch-Partenkirchen um 7.35, in Eibsee (Luftseilbahn) um 8 Uhr.

Wegverlauf Zugspitze – Innere Höllentalspitze (2737 m) – Abzweigung Brunntalgrat (ca. 2650 m) – Mittlere Höllentalspitze (2740 m) – Äußere Höllentalspitze (2720 m) – Vollkarspitze (2630 m) – »Falsche Grieskarscharte« (ca. 2560 m) – Grieskarscharte (2463 m) – Alpspitze (2628 m) – »Alpspitz-Ferrata« – Osterfelder-Seilbahn.

Gehzeiten Insgesamt 8½ Std.; Zugspitze – Innere Höllentalspitze 2¾ Std., Innere Höllentalspitze – Grieskarscharte 3¾ Std., Grieskarscharte – Osterfelder-Seilbahn 2 Std. Abstieg über den Brunntalgrat-Steig zur Knorrhütte (2052 m): 1¼ Std.

Hütte Höllentalgrat-Hütte knapp unterhalb der Äußeren Höllentalspitze (2720 m), Notunterkunft, stets zugänglich.

Orientierung Der »Jubiläumsweg« ist gut markiert.

Einstufung Schwierig, A. Nur für erfahrene Alpinisten bei sicherem Wetter. Drahtseilsicherungen und Eisenklammern; mehrere leichte Kletterstellen (I–II). Unter der Hochblassen-Westwand Steinschlaggefahr! Brunntalgrat-Steig leicht, Drahtseilsicherungen.

023 Alpspitz-Ferrata
024 Mathaisenkar-Steig
025 Nordwandsteig/ Schöne Gänge

Alpspitze, 2628 m

Leicht/Mittel

Es soll ja Klettersteigler geben, die beim Stichwort »Alpspitze« die Nase rümpfen oder wenig Schmeichelhaftes von sich geben. Nicht ganz grundlos, denn was diesem formschönen Gipfel zugemutet wurde, ist nur mehr mit Vorbehalt als »Ferrata« zu definieren. Selbst in leichtem Gelände geht man »auf Eisen«, greift die Hand zum Drahtseil. Schade, weniger wäre mehr gewesen; wer anschließend durch das Mathaisenkar absteigt, wird das bestätigen. Dieser Weg ist ganz klar der schönste an der Alpspitze; den Abstieg ins Grieskar dagegen kann man höchstens als Gelenk- und Bändertest (mit ungewissem Ausgang) verstehen. Nur wenig Aufregendes hat auch der (ebenfalls bestens »ausgebaute«) Nordwandsteig zu bieten; ein ebenfalls gesicherter Zugang ins Oberkar führt über die »Schönen Gänge«.

Wo? Garmisch-Partenkirchen (708 m) ist der Hauptort des Werdenfelser Landes, von München über die Autobahn A 95 etwa 80 km. Beschilderte Zufahrt zu den Talstationen der Kreuzeck- und der Osterfelder-Seilbahn.
Ausgangspunkt Bergstation der Osterfelder-Seilbahn (2033 m).
Wegverlauf Osterfelder – »Alpspitz-Ferrata« – Alpspitze oder Osterfelder – »Nordwandsteig« – Oberkar (Zugang vom Kreuzeck über die Hochalm und die »Schönen Gänge«) – Alpspitze; Abstieg ins Mathaisenkar und zur Höllentalanger-Hütte (1379 m), Rückweg durch die Höllentalklamm nach Hammersbach.
Gehzeiten Für die Anstiege von der Osterfelder-Seilbahn auf die Alpspitze 2½ Std., ab Kreuzeck (1650 m) 3¼ Std.; Abstieg durch das Mathaisenkar ins Höllental 2¾ Std., Rückweg nach Hammersbach 2 Std.
Hütte Höllentalanger-Hütte (1379 m).
Orientierung »Alpspitz-Ferrata« nicht zu verfehlen: immer dem Eisen nach; beim Abstieg heißt es im Geröllboden des Mathaisenkars aufpassen, daß man den Weiterweg ins Höllental nicht übersieht.
Einstufung »Alpspitz-Ferrata« und »Nordwandsteig« leicht, »Mathaisenkar-Steig« mittel.

026 Hermann-von-Barth-Weg

Partenkirchner Dreitorspitze, 2633 m

Leicht

Die Sicherungen an der Partenkirchner Dreitorspitze – einige Eisenklammern und ein paar Drahtseile – muß man fast mit der Lupe suchen, und so zieht der »Hermann-von-Barth-Weg« auch kaum Klettersteigler an. Bergsteiger schon eher. Die schätzen den Gipfel als dankbares Tourenziel, mit weiten Wegen, einem felsigen Finale und großem Panorama. Der kürzeste Zustieg verläuft durch das Leutascher Berglental, ein interessanter Rückweg über das Platt und dann steil hinab ins Puittal, was zusammen einen ausgefüllten Bergtag garantiert. Wer von Norden kommt, wird das Pensum in der Regel aufteilen und die Nacht auf der Grenze zwischen Bayern und Tirol, in der Meilerhütte verbringen.

Wo? In die Leutasch kommt man von Mittenwald und von Seefeld auf ordentlichen Straßen, je etwa 10 km.
Ausgangspunkt Beim »Hubertushof« (1054 m) nördlich des Leutascher Ortsteils Reindlau. Kleiner Parkplatz am Sträßchen ins Berglental.
Wegverlauf Leutasch – Berglental – Meilerhütte – »Hermann-von-Barth-Weg« – Partenkirchner Dreitorspitze – Leutascher Platt – Puittal – Leutasch.
Gehzeiten Insgesamt 10½ Std.; Leutasch – Meilerhütte 4½ Std., Meilerhütte – Partenkirchner Dreitorspitze 1½ Std., Abstieg übers Platt ins Puittal und zurück zum Ausgangspunkt 4½ Std.
Mit Ausgangspunkt Elmau ergibt sich eine Gesamtgehzeit von 12 Std.
Hütte Meilerhütte (2375 m).
Orientierung Aufstieg durchs Berglental AV-Markierung 801, Abstieg übers Leutascher Platt Weg 818.
Einstufung Leicht, aber anstrengende Tagestour.

027 Seebener Klettersteig

Seebener Wände, 1560 m

Schwierig **S**

Auf der Fahrt von Garmisch nach Ehrwald tritt hinter der Grenze bald die unwahrscheinlich schlanke Felsgestalt der Ehrwalder Sonnenspitze (2417 m) ins Blickfeld – ein Traumbild und ein dankbares Tourenziel. Ferratisten interessieren sich mehr für den Sockelfels des Massivs, die Seebener Wände, über die sich seit 1990 ein solide verankertes Drahtseil spannt: der »Seebener«, eine sehr sportlich angelegte Route, gut 250 Meter hoch, steil, teilweise auch exponiert. Das macht erfahrenen Klettersteiglern natürlich Spaß; weniger Freude bereitet der mit reichlich Erde und Gras »garnierte«, nicht durchweg feste Fels im oberen Teil der Route.

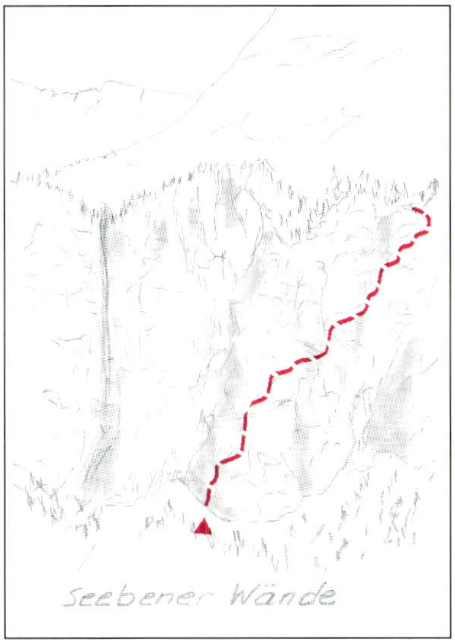

Wo? Nach Ehrwald kommt man von Garmisch und von Reutte auf gut ausgebauten Straßen, 25 bzw. 21 km.
Ausgangspunkt Talstation (1108 m) des Gondelliftes zur Ehrwalder Alm. Parkplatz.
Wegverlauf Liftparkplatz – »Seebener Klettersteig« – Seebenalm (1575 m) – Seebensee (1657 m) – »Hoher Gang« – Liftparkplatz.
Gehzeiten Insgesamt 3¾ Std.; Liftparkplatz – Einstieg ¾ Std., »Seebener Klettersteig« 1 Std., Rückweg/Abstieg via Seebensee und »Hohen Gang« 2 Std.
Orientierung Problemlos.
Einstufung Schwierig, S. Bei Nässe nicht ratsam!

028 Wankspitz-Klettersteig

Südliche Wankspitze, 2209 m

Mittel

Neben der mächtigen steinernen Phalanx der Mieminger Hauptkette wirkt der Zakkengrat der Wankspitzen geradezu filigran. Und im Gegensatz zu den Hauptgipfeln, die durchweg nur auf langen, mit viel Geröll garnierten Wegen erreichbar sind, bietet die Wankspitze mehr Spaß als Mühen: eine hübsche Ferrata am zerklüfteten Nordgrat, oben viel Aussicht und ein gemütlicher Abstiegsweg.

Auftakt zum Wankspitz-Klettersteig.

Wo? Obsteig (991 m) liegt auf dem Mieminger Plateau, an der Strecke Telfs – Nassereith.
Ausgangspunkt Gh. Arzkasten (1151 m), Zufahrt von der B 189, 2 km. Parkplatz.
Wegverlauf Gh. Arzkasten – Lehnberghaus (1554 m) – Stöttltörl (2036 m) – »Wankspitz-Klettersteig« – Südliche Wankspitze – Untere Lucke – Lehnberghaus – Gh. Arzkasten.
Gehzeiten Insgesamt 5¼ Std.; Gh. Arzkasten – Stöttltörl 2½ Std., »Wankspitz-Klettersteig« 1 Std., Abstieg zum Gh. Arzkasten 1¾ Std.
Hütte Lehnberghaus (1554 m).
Orientierung Bis zur Verzweigung unter der Grünsteinscharte AV-Nummer 812, Abstieg zum Lehnberghaus Markierung 22.
Einstufung Mittel; schwierigste Passage gleich am Einstieg.

029 Hohe Munde, Westgratsteig

Hohe Munde, 2662 m

Leicht

Zum »Renner« wird der Berg nie werden, trotz Theaterspektakel am (Neben-)Gipfel, trotz großer Aussicht und obwohl ein Sessellift den Aufstieg aus der Leutasch etwas verkürzt. Dieser »Normalweg« gilt schlicht als langweiliger Hatscher, ganz im Gegensatz zum Westweg von der Niederen Munde (kein Gipfel, sondern ein Übergang ins Gaistal) über den langgestreckten Grat, der dann ganz unvermittelt in einen grandios-wilden Felskessel abbricht. Den quert man ab- und wieder aufsteigend am sichernden Drahtseil – fast ein »Dolomiten«-Finale!
Wer vom Lift über den runden Ostrücken heraufgekommen ist, wird in der Regel über den Westgrat zur Niederen Munde absteigen und durchs Gaistal zum Ausgangspunkt zurückwandern.

Wo? In die Leutasch kommt man von Telfs und Seefeld auf ordentlich ausgebauten Straßen. Bei der Häusergruppe Moos (1180 m) befindet sich die Talstation des Hohe-Munde-Sessellifts.
Ausgangspunkt Bergstation des Liftes bei der Rauthhütte (1605 m).
Wegverlauf Rauthhütte – Hohe Munde – Westgratsteig – Niedere Munde (2059 m) – Tillfussalm (1382 m) – Gaistal – Moos.
Gehzeiten Insgesamt 7¾ Std.; Rauthhütte – Hohe Munde 3 Std., Hohe Munde – Westgratsteig – Niedere Munde 1½ Std., Abstieg ins Gaistal und Rückweg nach Moos 3¼ Std.
Tip Man kann die Hohe Munde auch von Telfs aus besteigen. Anfahrt über die Häusergruppe Lehen bis zu einem Wanderparkplatz 10 Min. vor dem Gh. Straßberg (1191 m). Aufstieg über die Niedere Munde und den Westgratsteig 4½ Std.
Orientierung Leicht; die Wege sind durchweg ordentlich bezeichnet.
Einstufung Leicht, gute Kondition erforderlich.

030 Herzogensteig

Schöttelkar, 1500 m

Leicht

Auf den Wegen in den Soiernkessel, auf die Schöttelkarspitze (2050 m) und zur Soiernspitze (2251 m) ist man während der Wandersaison nur selten allein; den »Herzogensteig« aber kennt offenbar kaum jemand. Das mag auch daran liegen, daß bei der Fischbachalm kein Hinweis auf den Steig zu entdecken ist, weniger wohl daran, daß der Weg nicht ganz ungefährlich ist (wenigstens für manche Urlauber in Krün), das Gelände teilweise abschüssig, der Untergrund recht instabil. Der kaum markierte, weitgehend horizontal verlaufende Weg führt über schmale Bänder, gelegentlich mit Drahtseilsicherung, er quert die Geröllreißen unter dem Schöttelkopf (1902 m) und der Schöttelkarspitze. Über einen neuen Felsausbruch hilft eine solide Holzbrücke hinweg.

Wo? Krün liegt im oberen Isartal, 24 km von Kochel, 9 km von Mittenwald.
Ausgangspunkt Wanderparkplatz bei der großen Sägerei nahe der Isarbrücke (863 m).
Wegverlauf Isarbrücke – Fischbachalm (1402 m) – »Herzogensteig« – Schöttelkar – Einmündung Seinskopfweg (ca. 1570 m) – Isarbrücke.
Gehzeiten Insgesamt 5½ Std.; Isarbrücke – Fischbachalm 1¾ Std., »Herzogensteig« 2½ Std., Abstieg nach Krün 1¼ Std.
Orientierung Der Zugang zum »Herzogensteig« ist unmarkiert: gegenüber der Fischbachalm auf Wegspur bergan in den Wald, dann halbrechts noch ein Stück ansteigend, schließlich ganz flach die licht bewaldeten Hänge schneidend. Im Bereich des Schöttelkars ein paar Markierungen.
Einstufung Leicht; Drahtseilsicherungen, ein paar wenige Eisenhaken. Heikel sind die Querungen mehrerer Geröll- und Sandreißen (Wanderstöcke!). Nach Unwettern kann der Steig unpassierbar sein – umkehren!

Bizarre Kulisse zum Höhenweg: die Freiungen.

031 Mittenwalder Höhenweg
Nördliche Linderspitze, 2372 m – Rotwandlspitze

Leicht

Nicht ganz zufällig haben die Erbauer ihre Gratroute als »Höhenweg« deklariert; der »Mittenwalder«, obwohl mit reichlich Eisen bestückt, deutsch-gründlich gesichert halt, ist für Klettersteigler vor allem Aussichtspromenade, für Anfänger aber eine Idealtour. Die Anforderungen halten sich in Grenzen, der Zustieg ist nur kurz, die Überschreitung bis zur kleinen Tiroler Hütte (2153 m) dafür recht lang, aber nie langweilig: gut zweieinhalb Stunden leichtes Kraxelvergnügen, von der Seilbahnstation in der Karwendelgrube (2224 m) über die Nördliche und die Südliche Linderspitze (2305 m), die Sulzleklammspitze (2321 m) und die Kirchlspitze (2301 m) bis zur kleinen Tiroler Hütte an der Rotwandlspitze (2191 m). Ein Plausch, zu dem man – bei entsprechender Vorsicht – auch Kinder mitnehmen kann. Und wenn der Weg hinab nach Mittenwald lang wird, bietet sich die Brunnsteinhütte (1523 m) für eine Pause an.

Wo? Mittenwald (912 m) liegt am Oberlauf der Isar, auf halber Strecke zwischen Walchensee und Seefeld. Am Ortsrand befindet sich die Talstation der Karwendel-Seilbahn (Zufahrt über die B11).
Ausgangspunkt Bergstation der Seilschwebebahn (2224 m) im Kar unterhalb der Westlichen Karwendelspitze.
Wegverlauf Seilbahnstation – »Mittenwalder Höhenweg« – Tiroler Hütte (2153 m) – Brunnsteinhütte (1523 m) – Mittenwald.
Gehzeiten Insgesamt 5½ Std.; »Mittenwalder Höhenweg« – Tiroler Hütte 2½ Std., Abstieg nach Mittenwald 3 Std.
Hinweis In der Senke zwischen Nördlicher und Südlicher Linderspitze kreuzt man den markierten »Noë-Weg«, der einen (Not-)Abstieg zur Brunnsteinhütte ermöglicht.
Hütten Tiroler Hütte (2153 m), Brunnsteinhütte (1523 m).
Orientierung Einstieg zum »Mittenwalder« vom Rundweg in der Karwendelgrube. Gut markierte Wege.
Einstufung Leicht; der 3 km lange Grat ist mit Leitern, Eisenstiften und Drahtseilen optimal gesichert.

032 Freiungen-Höhenweg
Nördlinger Hütte – Solsteinhaus

Leicht

Keine echte »Ferrata«, aber ein lohnender Höhenweg im Südwesten des Karwendels. Die Freiungen mit ihren steil gestellten Kalkplatten und bizarren Zacken liefern eine romantische Kulisse zur vierstündigen Wanderung, die Gletscherberge im Süden den weiten Horizont und das urbanisierte Inntal den Kontrast. Langweilig wird's bei dem Auf und Ab an der Sonnseite des vielzackigen Grates nie, ein paar tiefe Gräben, die es (am sichernden Drahtseil) zu queren gilt, sorgen für etwas Dramatik, und wer gut drauf ist, kann an der Eppzirler Scharte auf- statt absteigen: über den »Zirler Klettersteig« (siehe 34) auf die Erlspitze und erst dann hinunter zum Solsteinhaus.

Wo? Den renommierten Ferienort Seefeld (1180 m) erreicht man von Zirl bzw. Mittenwald rasch über die B177, 10 bzw. 15 km. An der Ortsumfahrung liegt die Talstation der Standseilbahn zur Roßhütte (1751 m), wo man Anschluß an die Luftseilbahnen zum Seefelder Joch (2060 m) und zum Härmeler hat.
Ausgangspunkt Seilbahnstation am Härmeler (2034 m).
Wegverlauf Härmeler – Reither Spitze (2374 m) – Nördlinger Hütte (2239 m) – »Freiungen-Höhenweg« – Solsteinhaus – Brunntal – Hochzirl (922 m).
Gehzeiten Insgesamt 7¾ Std.; Härmeler – Reither Spitze – Nördlinger Hütte 2 Std., »Freiungen-Höhenweg« – Solsteinhaus 4 Std., Abstieg über die Solenalm nach Hochzirl 1¾ Std.
Hinweise Man kann von der Seilbahnstation Härmeler auch direkt, die Reither Spitze westlich umgehend, zur Nördlinger Hütte wandern, knapp 1 Std. Rückfahrt von Hochzirl mit der ÖBB nach Seefeld.
Hütten Nördlinger Hütte (2239 m), Solsteinhaus (1806 m).
Orientierung Problemlos, »Freiungen-Höhenweg« AV-Nummer 211, Abstieg 213.
Einstufung Leicht; im Frühsommer unter den Freiungspitzen tückische (und rutschige) Schneefelder!

033 Kaiser-Max-Klettersteig
Martinswand, ca. 1020 m

Sehr schwierig **S**

An ihm scheiden sich die Geister, entzünden sich Pro-und-Kontra-Diskussionen zum Thema; für die einen ist der Klettersteig in der Martinswand die Traumroute schlechthin, Nervenkitzel und Kraftakt im senkrechten Fels, für andere unsinnige Turnerei, »geborgtes« Klettervergnügen. Kein Urteil, Fakten: Die Route gliedert sich in zwei Abschnitte. Der erste – als schwierig einzustufen – läuft an der vielbesuchten Maximiliansgrotte aus, wo man sich (absteigend) den Touristen anschließen kann; Kernstück des zweiten Teilstücks ist eine 100-Meter-Vertikale, zu meistern am Fixseil – extrem. Also fleißig mit der Hantel trainieren, der Bizeps ist gefordert, und damit man hinterher keine Alpträume hat, empfiehlt es sich, vorher ein paarmal an einem Hochspannungsmast zu biwakieren. Was das mit Bergsteigen zu tun hat?

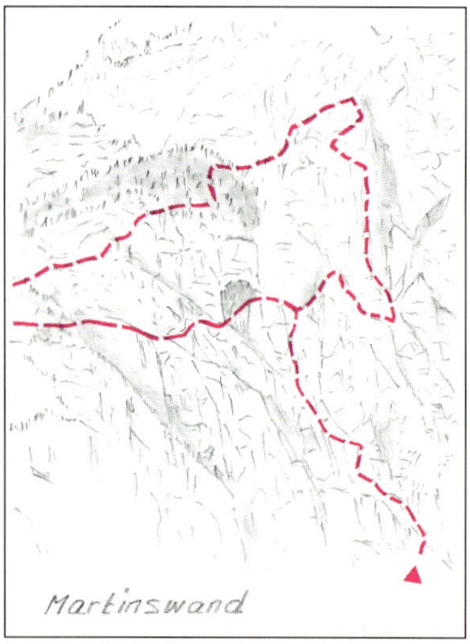

Wo? Zirl (622 m) liegt im Inntal, 12 km westlich von Innsbruck.
Ausgangspunkt An der B 171 kurz vor Zirl. Beim Martinsbichl (616 m) Parkmöglichkeit, an der Straße Hinweis auf den »Kaiser-Max-Klettersteig«.
Wegverlauf Der »Kaiser-Max-Steig« tangiert die Maximiliansgrotte (ca. 840 m); er läuft oberhalb der Martinswand aus. Abstieg (teilweise gesichert) zum Grottenweg, auf ihm zum Zirler Weinberg und zur B 171.
Gehzeiten Für das erste Teilstück mit Abstieg 1¾ Std., für die ganze Ferrata mit Abstieg 3 Std. Angaben mit Vorbehalt, da die Begehungszeiten, je nach Kondition und Können, stark variieren.
Tip Keinen überflüssigen Ballast (z. B. großen Rucksack) mitschleppen; Klettersteigausrüstung, Helm und »High Power« in der Trinkflasche genügen.
Einstufung Erstes Teilstück schwierig, zweiter Teil sehr schwierig, S.

034 Zirler Klettersteig
Erlspitze, 2405 m

Mittel

Nicht verwechseln: Der eine klebt ganz unten am Steilfels, stellt aber höchste Anforderungen, der andere führt auf einen stattlichen Karwendelgipfel, ist aber eher als leicht einzustufen – »Kaiser-Max-Steig« (siehe 33) bei Zirl und »Zirler Klettersteig«. Bei letzterem sorgen höchstens »Bergkameraden«, die Steine lostreten, für unerwünschte Spannung, ansonsten ist der »Zirler« ein Weg für Genießer, man wähnt sich beim Aufstieg angesichts der zahllosen, bizarren Türme, Nadeln und Zacken, die aus den steilen Flanken der Erlspitze ragen, fast in dolomitischen Gefilden. Und beim Abstieg zum Solsteinhaus kommt dann kurz die Gipfelstürmernadel ins Bild – ein richtiger »Twiggy-Felsen«, da erblaßt die Guglia glatt vor Neid ...

Wo? Zirl (622 m) liegt im Inntal, 12 km westlich von Innsbruck.
Ausgangspunkt Bahnhof Hochzirl (922 m), Zufahrt von der Umfahrung Zirl (Richtung Seefeld), 2,3 km. Parkmöglichkeit in Bahnhofsnähe.
Wegverlauf Hochzirl – Brunntal – Eppzirler Scharte (2091 m) – »Zirler Klettersteig« – Erlspitze – Solsteinhaus (1806 m) – Brunntal – Hochzirl.
Gehzeiten Insgesamt 7¼ Std.; Hochzirl – Eppzirler Scharte 3 Std., »Zirler Klettersteig« – Erlspitze 1½ Std., Abstieg zum Solsteinhaus 1 Std., weiter nach Hochzirl 1¾ Std.
Hinweis Kombination mit »Freiungen-Höhenweg« möglich (siehe 32).
Hütte Solsteinhaus (1806 m).
Orientierung Zugang AV-Nummer 213, Klettersteig mit roten Markierungen.
Einstufung Mittel; sparsam, aber ausreichend mit Drahtseilen gesichert. Steinschlaggefahr durch Voraussteigende!

035 Innsbrucker Klettersteig
Hafelekar – Kemacher, 2480 m – Frau-Hitt-Sattel

Schwierig

Innsbruck hat 100 000 Einwohner, sein Goldenes Dachl, ein Olympiastadion – und einen Klettersteig, seit 1986 schon. Er verläuft, fast immer im Blickfeld der Olympiastadt, über den Nordkettengrat, vom Hafelekar bis hinüber zur Frau Hitt. Die Stadt liegt den Ferratisten zu Füßen; das »Goldene« kann man in der Dächerlandschaft drunten zwar nicht ausmachen, das große Olympiastadion aber schon. Die meisten gucken allerdings – ➡

Ausgangspunkt Von Innsbruck (574 m), der Tiroler Landeshauptstadt, mit der Standseilbahn (Talststation Kettenbrücke) oder über die Höhenstraße zur Hungerburg (868 m), 4 km. Weiter mit der Seilschwebebahn über die Umsteigestation Seegrube (1905 m) ins Hafelekar (Bergstation 2269 m). ➡

Viel Luft unter den Sohlen: die Schlüsselstelle des »Innsbrucker Klettersteigs«.

➡ vernünftigerweise – mehr auf den schmalen Weg, der über sieben Gipfel(chen) führt, mit mehr als zwei Kilometern Drahtseil und zahlreichen Eisenbügeln bestens gesichert ist. Für Spannung – und bei manchen etwas Herzklopfen – sorgen Ein- und Ausstieg, beide senkrecht, während die 8 Meter lange »Seufzerbrücke« wohl als Gag gedacht ist. Oder soll sie an die historischen Verbindungen Innsbrucks mit Bella Italia erinnern? Immerhin, vom Kemacher, dem höchsten Punkt des »Innsbruckers«, bietet sich bei gutem Wetter ein klitzekleiner Blick über den Brenner …

➡

Wegverlauf Hafelekar – »Innsbrucker Klettersteig« – Frau-Hitt-Sattel (2234 m) – »Schmidhuberweg« – Seegrube.

Gehzeiten Insgesamt 5¾ Std.; »Innsbrucker Klettersteig« 4½ Std., Frau-Hitt-Sattel – Seegrube 1¼ Std.

Hinweis Markierte Notabstiege bei der Seufzerbrücke und vor dem Kemacher, Zwischenabstieg aus dem Langen Sattel, ¾ Std. bis in die Seegrube.

Hütten Hafelekarhaus (2269 m), Berghotel Seegrube (1905 m).

Orientierung Die Gratroute ist nicht zu verfehlen, Rückweg ebenfalls gut markiert.

Einstufung Ein- und Ausstieg schwierig, sonst mittel. Bei Gewittergefahr Notabstieg nehmen!

036 Großer Bettelwurf, Gipfelsteig
037 Bettelwurf-Gratsteig
Großer Bettelwurf, 2725 m

Schwierig/Leicht

Groß ist er allemal, auch wenn ihn Birkkarspitze (2749 m) und Ödkarspitzen um ein paar lächerliche Meter an Höhe übertreffen. Nimmt man allerdings den Höhenunterschied zwischen (Inn-)Tal und Gipfelkreuz zum Maßstab, ist der Große Bettelwurf der »Größte«, jedenfalls im Karwendel. Und das merkt man spätestens im Anstieg über die 1700 Meter hohe Südflanke über dem Halltal: aufwärts, aufwärts! Das verlangt nach einer ordentlichen Kondition. Spätaufsteher erwischt die Sonne spätestens in den Latschen unterhalb der Bettelwurfhütte, was den Auftrieb nicht unbedingt steigert, den einen oder andern auch schon zu einer längeren Rast in dem gastlichen Haus verleitet hat …

Der Normalweg auf den Großen Bettelwurf wurde bereits vor vielen Jahren gesichert, doch erst seit kurzem ist auch der Verbindungsgrat zum Kleinen Bettelwurf (2650 m) ans Drahtseil gebunden. Das macht die Tour zwar nicht kürzer, aber um vieles reizvoller. Nicht mehr Auf- und Abstieg über den gleichen Weg, dafür zwei Gipfel und ein Intermezzo im Steilfels.

Wo? Hall (574 m) liegt im Inntal, ein paar Kilometer östlich der Landeshauptstadt. Die mautpflichtige Salzbergstraße führt steil ins Halltal.

Ausgangspunkt »Bettelwurfeck« (ca. 1070 m), 6 km von Hall. Parkplatz.

Wegverlauf Halltal – Bettelwurfhütte – Kleiner Bettelwurf (2650 m) – »Bettelwurf-Gratsteig« – Großer Bettelwurf – Eisengattergrat – Bettelwurfhütte – Halltal.

Gehzeiten Insgesamt 9 Std.; Halltal – Bettelwurfhütte 2¾ Std., Bettelwurfhütte – Kleiner Bettelwurf 2 Std., Gratsteig 1 Std., Abstieg ins Halltal 3¼ Std.

Tip Am Vorabend zur Hütte aufsteigen – gemütlicher!

Hütte Bettelwurfhütte (2079 m).

Orientierung Gut markierte Wege.

Einstufung »Bettelwurf-Gratsteig« schwierig, nur mit Drahtseilsicherungen, am Anstieg zum Kleinen Bettelwurf ein paar (leichte) gesicherte Passagen. (Alter) Gipfelsteig auf den Großen Bettelwurf leicht, auf gut 200 Höhenmetern mit Drahtseilsicherungen; viel Schutt auf den Bändern – deshalb Vorsicht beim Abstieg!

038 Felix-Kuen-Weg
Hundskopf, 2243 m

Leicht

Die Hinterhornalm ist vor allem bei den Paraglidern als Startplatz bekannt; mehr Anstrengung, dafür aber weniger Mut als der Flug hinab ins Inntal erfordert der Aufstieg zum Hundskopf. Das markierte Weglein folgt dem zuletzt felsigen Kamm. Weiter, aber auch interessanter ist der »Felix-Kuen-Weg«. Er führt zunächst auf schmaler Spur hoch über dem Vomper Loch um den Hundskopf herum in die Mannl-und-Weibele-Scharte und dann, ordentlich gesichert, über eine kurze, steile Felsstufe zum höchsten Punkt. Kein Vergleich mit den modernen Ikarussen – aber schwindelfrei sollte man schon sein …

Wo? Hall (574 m) liegt im Inntal, ein paar Kilometer östlich der Landeshauptstadt. Eine gut ausgebaute Straße führt in das Erholungsgbiet Gnadenwald, wo die Zufahrt (mautpflichtig) zur Hinterhornalm abzweigt.

Ausgangspunkt Hinterhornalm (1522 m), 12 km von Hall i. T., Parkplatz, Bergrestaurant.

Wegverlauf Hinterhornalm – »Felix-Kuen-Weg« – Hundskopf, Abstieg über den Ostgrat.

Gehzeiten Insgesamt 3¾ Std.; Aufstieg über den »Felix-Kuen-Weg« 2½ Std., Abstieg 1¼ Std.

Orientierung Leicht, die Wege sind gut bezeichnet.

Einstufung Leicht; solange Schnee in der Nordflanke des Hundskopfs liegt, ist eine Begehung des »Kuen-Steigs« gefährlich!

039 Lamsentunnel
Lamsenspitze, 2508 m

Mittel

Münchnern braucht man diesen Karwendelberg nicht vorzustellen; die »Lamsentour« gehört seit jeher zum bayerischen Bergsteiger-Abc. Speckige, abgetretene Felsen und blankpolierte Eisenstifte belegen auch hinreichend die Beliebtheit dieser Route. Die Sicherungen, mit deren Hilfe man die 150 steilen Höhenmeter bis zum Ausstieg aus dem zugigen, dreckigen Lamsentunnel zum Grat problemlos meistert, stammen teilweise noch aus der alpinen Pionierzeit. Etwas jüngeren Datums ist dann das lange Drahtseil, das – ziemlich überflüssigerweise – an den gestuften Felsen des Gipfelaufbaus angebracht wurde.

Heraus aus dem Loch! Der Lamsentunnel.

Wo? In die Eng kommt man von Lenggries über den Sylvenstein-Stausee und Vorderriß (782 m), 50 km.
Ausgangspunkt Parkplätze beim Gh. Eng (1203 m).
Wegverlauf Eng – Westliches Lamsenjoch (1940 m) – Lamsenjochhütte (1953 m) – Lamsentunnel – Lamsscharte (2217 m) – Lamsenspitze, Abstieg von der Lamsscharte zur Lamsenjochhütte auf dem Normalweg.
Gehzeiten Insgesamt 6¾ Std.; Eng – Lamsenjochhütte 2½ Std., Lamsenjochhütte – Lamsentunnel ¾ Std., Weiterweg zum Gipfel 1 Std., Abstieg in die Eng 2½ Std.
Tips Zur Lamsenjochhütte kann man auch von der Gramaialm (1263 m) aufsteigen, 2 Std. Mautpflichtige Zufahrt von Pertisau am Achensee, 9 km.
Vom Lamsentunnel führt ein markierter Weg über Rotwandlspitze (2322 m) und Steinkarlspitze (2460 m; Drahtseilsicherungen) zum Hochnissl (2547 m), 2½ Std. vom Lamsentunnel; Abstieg ins Inntal möglich.
Hütte Lamsenjochhütte (1953 m).
Orientierung Vielbegangene, gut markierte Wege.
Einstufung Mittel, am Lamsentunnel oft bis in den Hochsommer Schnee!

040 Sagzahn, gesicherter Steig
Sagzahn, 2228 m

Leicht

Von einer Via ferrata im Rofan kann keine Rede sein – das gleich vorweg. Doch die abwechslungsreiche Gipfelrunde über Vorderes Sonnwendjoch (2224 m), Sagzahn (2238 m) und Rofanspitze (2259 m) wartet mit einem Mini-Klettersteig auf: knapp 50 Meter in der felsigen Westflanke des Sagzahns, gut gesichert. Der Rest ist Genußwandern hoch über Inntal und Achensee mit Fernsicht bis zum Alpenhauptkamm und zu den Berchtegadener Alpen.

Wo? Maurach (975 m) liegt über dem Südostufer des Achensees, 10 km von der Inntal-Autobahn, 42 km von Lenggries. Wenig oberhalb der B 181 Talstation der Rofan-Seilbahn.
Ausgangspunkt Bergstation der Seilbahn bei der Erfurter Hütte (1831 m).
Wegverlauf Erfurter Hütte – Haidachstellwand (2192 m) – Krahnsattel (2002 m) – Schermsteinalm (1855 m) – Vorderes Sonnwendjoch (2224 m) – Sagzahn (2228 m) – Grubascharte (2102 m) – Erfurter Hütte.
Gehzeiten Insgesamt 5½ Std.; Erfurter Hütte – Sagzahn 4 Std., Sagzahn – Grubascharte ¾ Std., Grubascharte – Erfurter Hütte ¾ Std.
Hinweis Das dichte Wegnetz im Rofan ermöglicht verschiedene Rundtouren; so kann man die Wanderung westlich bis zur Hochiss (2299 m) fortsetzen oder von der Erfurter Hütte den direkten Weg zum Krahnsattel nehmen.
Hütte Erfurter Hütte (1831 m).
Orientierung Problemlos.
Einstufung Leicht.

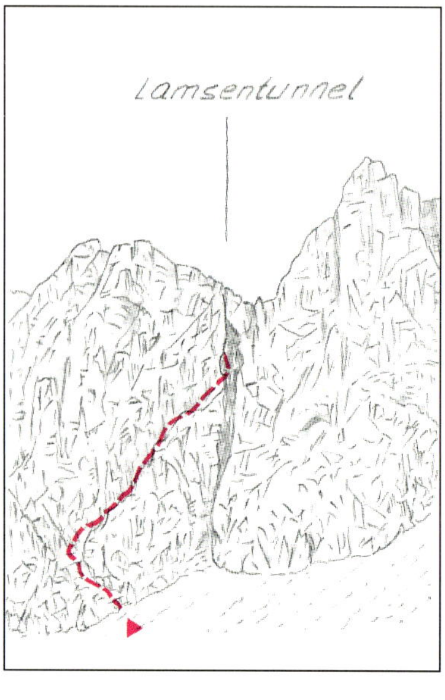

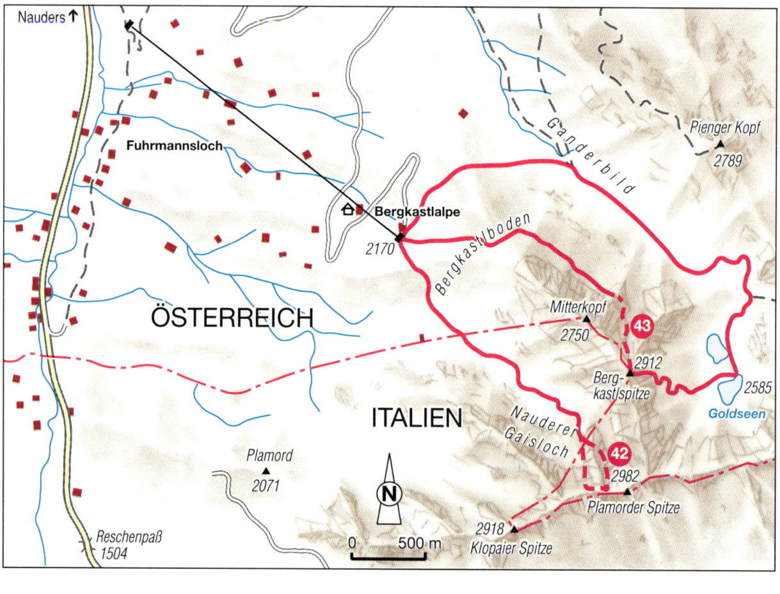

041 Julius-Mayr-Weg
Brünnstein, 1619 m

Leicht

Im Mangfallgebirge, zwischen Tegernsee und Bayrischzell, stehen mehrere bekannte Kletterzacken. Der Brünnstein gehört – etwa im Gegensatz zu den Ruchenköpfen – nicht dazu; ein paar Haken stecken dennoch im »Stein«. Sie gehören zu dem gesicherten Steiglein, das vom Brünnsteinhaus zum Gipfel führt: kurz, leicht und mit einem originellen Durchschlupf.

Wo? Die Sudelfeldstraße (B 307) verbindet Bayrischzell mit Niederaudorf bzw. Degerndorf im Inntal.
Ausgangspunkte Tatzelwurm (764 m) an der Ostrampe der Sudelfeldstraße, 13 km von Bayrischzell, oder Gh. Rosengasse (1125 m), Zufahrt von der B 307, 2,5 km.
Wegverlauf Tatzelwurm bzw. Rosengasse – Brünnsteinhaus – »Julius-Mayr-Weg« – Brünnstein, Abstieg über den Normalweg zum Brünnsteinhaus bzw. zur Himmelmoosalm.
Gehzeiten Ingsesamt 4¼ Std.; Anstiege zum Brünnsteinhaus je 2 Std., »Julius-Mayr-Weg« ¾ Std., Abstiege je 1½ Std.
Hütte Brünnsteinhaus (1342 m).
Orientierung Problemlos.
Einstufung Leicht.

042 Tiroler Weg
Plamorder Spitze, 2982 m

Schwierig

Allein schon der berauschend schöne Tiefblick auf den Reschensee mit der Parade der vergletscherten Ortlerberge am Horizont lohnt den Aufstieg zur Plamorder Spitze, diesen (Fast-)Dreitausender zwischen (Nord-)Tirol und (Süd-)Tirol. Doch Klettersteigler gucken lieber erst einmal nach dem Eisen, nach Drahtseilen an steilem Fels. Und die bietet hier der »Tiroler Weg«. Die Route führt aus dem Nauderer Gaisloch über einen markanten Pfeiler hinauf zum Gipfelgrat, das durchlaufende, solide verankerte Drahtseil weist den Weg, der blockig-dunkle Tonalitgneis bietet wenige, aber dafür erstklassige Tritte. Im oberen, sehr steilen und exponierten Abschnitt der Route sind zusätzlich einige Haken gesetzt. Gesichert ist auch der Abstieg in die Scharte zwischen Plamorder und Klopaier Spitze; nur kurz, aber rasant, und an einer fast senkrechten Platte heißt es kräftig zupacken. Der weitere Abstieg ist dann vor allem eine Herausforderung an die Kniegelenke und den Gleichgewichtssinn – dann steht man wieder drunten im Gaisloch, und eine Halbstunde später kommt bereits die Seilbahnstation ins Blickfeld.

Dunkler Granit statt heller Kalk: am »Tiroler Weg«.

Wo? Nauders (1394 m) liegt in einer weiten Talmulde nördlich des Reschenpasses, 42 km von Landeck. Südlich außerhalb des Ortes befindet sich die Talstation der Bergkastlboden-Gondelbahn.
Ausgangspunkt Liftstation Bergkastlboden (2170 m).
Wegverlauf Bergkastlboden – Nauderer Gaisloch – Einstieg (ca. 2650 m) – »Tiroler Weg« – Plamorder Spitze – Gaisloch – Bergkastlboden.
Gehzeiten Insgesamt 5½ Std.; Bergkastlboden – Einstieg 2 Std., »Tiroler Weg« – Plamorder Spitze 1½ Std., Abstieg zum Bergkastlboden 2 Std.
Orientierung Bestens markierte Wege.
Einstufung Schwierig.

043 Goldweg
Bergkastlspitze, 2912 m

Sehr schwierig

Zwei sind noch besser (für den Umsatz) als einer, haben sich die Bergbahnbetreiber in Nauders wohl gedacht, und auch der Bergkastlspitze einen Klettersteig verpaßt. Doch wie so oft reicht die Kopie nicht an das Original, in diesem Fall den »Tiroler Weg«, heran. Da hilft auch der »goldene« Name nicht viel, drüben an der Plamorder Spitze ist der Grat steiler, so richtig zum Klettern einladend, und das haben wohl auch die Steigbauer gewußt. Also mußte eine spektakuläre »Schlüsselstelle« her (die man locker links umgehen kann). Oben zeigt sich die Ötztaler Bergwelt dann von ihrer schönsten Seite: dunkler Fels und gleißender Firn im Panorama-Bild, in einer weiten Karmulde die zwei fast kreisrunden Goldseen (2585 m). Ob's auch noch ein goldenes Abzeichen gibt, wenn man beide Ferrate geschafft hat, entzieht sich allerdings meiner Kenntnis …

Ausgangspunkt Liftstation Bergkastlboden (2170 m).
Wegverlauf Bergkastlboden – Einstieg (ca. 2350 m) – »Goldweg« – Bergkastlspitze – Goldseen – Bergkastlboden.
Gehzeiten Insgesamt 4¾ Std.; Bergkastlboden – Einstieg 1 Std., »Goldweg« 2¼ Std., Abstieg 1½ Std.
Orientierung Gut markierte Wege.
Einstufung Schlüsselstelle sehr schwierig, sonst mittel.

044 Klettersteig Panoramablick
Hintere Karlesspitze, 3160 m

Mittel

Die Fakten: Rund 80 Kilometer Autofahrt vom Inntal herauf samt happiger Maut, ein ziemlich verdreckter Gletscher, eine Geröllspur und ein blockiger Grat, bespannt mit Drahtseilen, dazu bei schönem Wetter eine (ehrlich!) tolle Aussicht. Doch wer sich auf eine Überschreitung in festem Granit freut, wird böse enttäuscht; das Gelände ist sehr »beweglich«, was weder ➡

Wo? Die »Kaunertaler Gletscherstraße« führt von Feichten am Gepatschsee vorbei bis zum Rand des Weißseeferners, 39 km ab Prutz. Riesiger Parkplatz (2750 m). ➡

→ den Sicherungen (einige Verankerungen sind bereits beschädigt) gut bekommt noch das Vergnügen steigert: balancieren statt klettern. Die Route führt von dem Joch (ca. 3050 m) unter dem Wiesejagglkopf am Grat entlang zur Karlesspitze und dann hinunter ins Karlesjoch; Rückweg über den Dreiländerblickweg. Übrigens: Geplant ist, den Klettersteig bis ins Falginjoch (3101 m) zu verlängern – oder gleich bis auf die Weißseespitze?

→

Ausgangspunkt Straßenendpunkt oder Bergstation des Wiesejaggl-Sessellifts (2980 m).

Wegverlauf Parkplatz Gletscherstraße – Joch (ca. 3050 m) – »Klettersteig Panoramablick« – Hintere Karlesspitze – Karlesjoch – »Dreiländerblickweg« – Parkplatz Gletscherstraße.

Gehzeiten Insgesamt 3 Std.

Orientierung Problemlos.

Einstufung Mittel.

045 Jubiläums-Klettersteig Lehner Wasserfall

Lehner Wasserfall, ca. 1450 m

Mittel **S**

Wer zum Wandern oder Bergsteigen ins Ötztal fährt, denkt in der Regel an große Panoramen, an Fels und Firn, an Gipfelglück und Hüttenzauber. Da bleibt der Lehner Wasserfall bei Längenfeld buchstäblich »auf der Strecke«, am Weg zu den großen Zielen. Ein Zwischenhalt würde sich aber durchaus lohnen, für eine Stunde luftiger Kraxelei am »Jubiläums-Klettersteig«, abwechslungsreich, aber nicht zu schwierig, im Ohr das Rauschen des Wassers. Die bestens gesicherte Route bietet packende Perspektiven, hinunter auf den flachen Talboden und natürlich auf die Kaskaden des Lehner Wasserfalls. Und hinterher kann man ja noch einen kurzen Gang durch das Freilichtmuseum unternehmen: Sport und Kultur, das paßt doch gut zusammen. – Der wohl als Gag gedachte Drei-Meter-Überhang (Variante) kurz vor dem Ausstieg ist etwas für Oberturner: extrem oder gefährlich?

Wo? Längenfeld (1180 m) liegt im mittleren Ötztal, 17 km von Ötz. Wegzeiger »Freilichtmuseum« zum Weiler Lehn (1159 m).

Ausgangspunkt Parkplatz am Waldrand; große Schautafel zum Klettersteig.

Wegverlauf Aufstieg über eine Hängebrücke zum Einstieg (ca. 1280 m) der Ferrata, Abstieg auf kleinem Zickzackweglein.

Gehzeit Für die Runde etwa 1½ Std.

Einstufung Mittel, S.

Am Sportklettersteig »Lehner Wasserfall«.

046 Lustige-Bergler-Steig

Marchreisenspitze, 2620 m

Leicht

Irgendwie paßt der Name zu der Tour, zum heiteren Ambiente rund um Ampferstein und Marchreisenspitze, zum weiten Horizont und zum freundlichen Grün der Täler. Und auch die Türme und Zacken, die den Flanken des Ampfersteins entragen, wirken eher verspielt. Der »Lustige-Bergler-Steig« taucht bald ein in den steinernen Wald, er schlängelt sich listig durch die bizarre Kulisse, da und dort gesichert, aber nie schwierig, und viel zu bald ist man oben, schaut hinaus ins Land und hinüber zur Marchreisenspitze: ein kleiner Zwischenabstieg, noch ein paar Drahtseile, dann ist der zweite Gipfel des Tages gewonnen. Und oben, vor der stimmungsvollen Rundschau, kann man dann überlegen, wie's weitergehen soll: zurück auf dem Anstiegsweg, über den (mit ein paar gesicherten Passagen aufwartenden) »Gsallerweg« weiter zum Hoadl oder aus der Malgrubenscharte hinab in die Axamer Lizum.

Wo? In das Skigebiet der Axamer Lizum kommt man vom Inntal über Axams (874 m) auf gut ausgebauter Straße, 15 km von Innsbruck. Standseilbahn Hoadl (2340 m), Sessellift Birgitzköpfl.

Ausgangspunkt Axamer Lizum (1564 m), großer Parkplatz.

Wegverlauf Axamer Lizum – Halsl – »Lustige-Bergler-Steig« – Ampferstein (2556 m) – Marchreisenspitze (2620 m) – »Gsallerweg« – Malgrubenscharte (2401 m; Abstieg in die Lizum möglich) – Alpenclubscharte (2451 m) – Hoadlsattel (2264 m) – Axamer Lizum.

Gehzeiten Insgesamt 8 Std.; Axamer Lizum – Halsl 1¼ Std., »Lustige-Bergler-Steig« – Marchreisenspitze 2½ Std., Marchreisenspitze – »Gsallerweg« – Alpenclubscharte – Hoadlscharte 3 Std., Hoadlscharte – Axamer Lizum 1¼ Std.
Abstieg über den »Lustige-Bergler-Steig« in die Lizum 2½ Std.; bei einem Abstieg von der Malgrubenscharte ergibt sich eine Gesamtgehzeit von 5½ Std.

Hinweis Wer sich den gut einstündigen Anstieg zum Halsl sparen will, nimmt den Sessellift zum Birgitzköpfl und spaziert anschließend durch die Westflanke der Saile hinüber in den Wiesensattel, 30 Min.

Orientierung Die Wege sind gut bezeichnet. Bei Vereisung ist die nordseitige »Geröllabfahrt« von der Malgrubenscharte gefährlich!

Einstufung Leicht.

047 Schlicker Klettersteig

Große Ochsenwand, 2700 m

Schwierig

Mit Superlativen soll man bekanntlich sparsam umgehen, doch der »Schlicker Klettersteig«, das ist wohl unbestritten, gehört zu den schönsten Eisenrouten zwischen Arlberg und Großglockner. Hier stimmt alles; die großzügige Überschreitung der Großen Ochsenwand bis in die Alpenclubscharte bietet ein mehrstündiges Klettererlebnis, teilweise im steilsten Fels, gut, aber nicht übermäßig gesichert. Und das in einer Kulisse, die durch den Kontrast zwischen hellem Kalk, dunklem Eruptivgestein und gleißendem Firn ihren besonderen Reiz gewinnt. Wenn sich dann auch noch ein blauer Himmel über dem großen Panorama spannt und die Kondition stimmt, wird's mit Sicherheit zu einem unvergeßlichen Tag: Faszination Klettersteig.

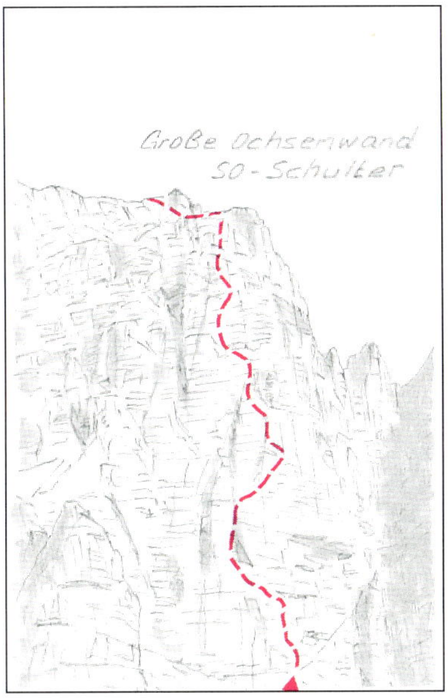

Fast wie in den Dolomiten: die Elfertürme über dem Stubaital.

Wo? Fulpmes (937 m) liegt im Stubaital, 20 km von Innsbruck über die Brenner-Autobahn. Im Ort Hinweistafeln »Schlick 2000« zur Talstation der Sessellifte.
Ausgangspunkt Liftstation Froneben (1362 m).
Wegverlauf Froneben – Schlicker Alm (1643 m) – Einstieg (ca. 2020 m) – »Schlicker Klettersteig« – Große Ochsenwand – Nordgipfel (2685 m) – Alpenclubscharte (2451 m) – Schlicker Alm – Froneben – Fulpmes.
Gehzeiten Insgesamt 8½ Std.; Froneben – Einstieg 2 Std., »Schlicker Klettersteig« – Ochsenwand 3 Std., Abstieg über den Klettersteig in die Alpenclubscharte 1 Std., Alpenclubscharte – Schlicker Alm – Froneben 2 Std., Froneben – Fulpmes ½ Std.
Hinweis Wer's etwas bequemer mag, fährt mit dem Sessellift bis zum Kreuzjoch (2010 m) hinauf und wandert dann ins Tal des Schlicker Bachs hinab, 1 Std. zum Einstieg.
Orientierung Bestens bezeichnete Wege.
Einstufung Schwierig, »Prüfstein« ist der erste Aufschwung, nach etwa 300 Höhenmetern kommt man aus der Wand heraus in gestuftes Felsgelände. Abstieg in die Alpenclubscharte weniger schwierig.

048 Elfer-Klettersteige

Elferspitze, 2505 m

Schwierig/Mittel

Vor dem mächtigen Habicht (3277 m), dessen markantes Profil das mittlere Stubai beherrscht, wirken die Felszacken am Elfer recht mickrig. Doch der erste Eindruck trügt, der filigran gebaute Grat ist ein veritables Klettterrevier und eine gute Adresse für »Ferratisten«, mit dem Elferlift zudem bequem erreichbar. Bei den »Elfer-Klettersteigen« handelt es sich um zwei Routen, die man leicht miteinander kombinieren kann: die schwierige, steile Ferrata auf den »Breiten Elfer« (Westlicher Südturm, ca. 2480 m) und die leichtere Gratroute, die am Zwölfernieder ausläuft. Beide Steige sind bestens gesichert, erfreuen sich auch großer Beliebtheit: kurzer Zugang, viel Spektakel – Bergsteigen in Zeiten wie heute.

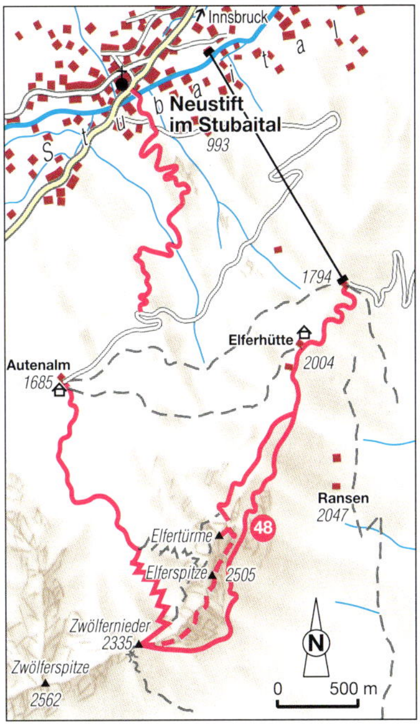

Wo? Neustift (993 m) liegt im Stubaital, 11 km von der Brenner-Autobahn, Ausfahrt »Schönberg«. Kurze Zufahrt zur Talstation des Elfer-Sesselliftes.
Ausgangspunkt Bergstation der Sesselbahn (1794 m).
Wegverlauf Liftstation – Elferhütte (2004 m) – »Gamssteig« – »Nordwandroute« – Breiter Elfer – Elferscharte – »Elferspitzroute« – Zwölfernieder – »Panoramaweg« – Elferhütte – Liftstation.
Gehzeiten Insgesamt 6½ Std.; Liftstation – Einstieg 1½ Std., »Nordwandroute« 1 Std., »Elferspitzroute« 2 Std., Rückweg zum Lift 2 Std.
Begeht man nur die »Nordwandroute«, ergibt sich eine Gesamtgehzeit von knapp 4 Std.
Hütte Elferhütte (2004 m).
Orientierung Das verzweigte Wegnetz am Elfermassiv ist gut markiert.
Einstufung »Nordwandroute« schwierig, »Elferspitzroute« mittel.

049 Lübecker Weg
Wilder Freiger, 3418 m

Leicht **A**

Ein gesicherter Steig am Wilden Freiger? Der große Firngipfel, eines der beliebtesten Ziele im Stubaier Hauptkamm, ans Drahtseil gebunden? Nun, der »Lübecker Weg« stammt aus dem Jahr 1910, er führt von der Sulzenauhütte herauf zur Fernerstube und über die Lübecker Scharte (3146 m) zum Südwestgrat und zum Gipfel; Drahtseilsicherungen und Markierungen sind vor ein paar Jahren erneuert worden. Ganz »gezähmt« ist der Wilde Freiger dadurch nicht; der Aufstieg bleibt eine kombinierte Eis- und Felstour für erfahrene Alpinisten. Leichter ist der über die Seescharte und Nordostrücken verlaufende Weg.

Wo? Ins Stubaital kommt man von Innsbruck über die Brenner-Autobahn, Ausfahrt »Schönberg«; bis Ranalt (1303 m) gut 30 km.
Ausgangspunkt Etwa 5 km hinter Ranalt Parkplatz an der Talstraße (ca. 1590 m), Hinweistafel »Sulzenauhütte«.
Wegverlauf Talstraße – Sulzenaualm – Sulzenauhütte (2191 m) – »Lübecker Weg« – Lübecker Scharte (3146 m) – Südwestgrat – Wilder Freiger – Seescharte (2762 m) – Sulzenauhütte – Talstraße.
Gehzeiten Insgesamt 11¼ Std.; Talstation – Sulzenauhütte 2 Std., Aufstieg über den »Lübecker Weg« 5 Std., Abstieg über die Seescharte zur Sulzenauhütte 3 Std., Sulzenauhütte – Talstraße 1¼ Std.
Hinweis Übernachtung in der Sulzenauhütte.
Hütte Sulzenauhütte (2191 m), bewirtschaftet Anfang Juni bis Ende September; Tel. (0 52 26) 24 32.
Orientierung »Lübecker Weg« markiert, Orientierung bei gutem Wetter einfach.
Einstufung Gesicherte Passagen leicht, A; insgesamt kombinierte Fels-Gletscher-Tour, nur für hochalpin Erfahrene mit entsprechender Ausrüstung!

050 Kirchdachspitze, gesicherter Steig
Kirchdachspitze, 2840 m

Leicht

Mit dem benachbarten Ilmspitz-Klettersteig läßt sich das gesicherte Weglein auf den Spitz des Kirchdachs ja nicht vergleichen – ein paar drahtseilgesicherte Passagen, am Gipfelaufbau Eisenstangen, gemeißelte Tritte und Drahtseile. Erstaunlich ist nur, wie leicht man auf den Gipfel kommt, der sich vom Tal des Pinnisbachs aus ganz und gar abweisend zeigt, kein Vergleich mit den mickrigen Felsen drüben an der Elferspitze. Doch während die luftig-verwegene Eisenroute am Elfer den »Ferratisten« vorbehalten bleibt, darf sich den Weg auf die Kirchdachspitze jeder bergerfahrene Wanderer zutrauen. Und landschaftlich bietet die »Kirch'« ganz eindeutig mehr.

Wo? Neustift-Neder (970 m) liegt im Stubaital, 9 km von der Brenner-Autobahn, Ausfahrt »Schönberg«. Eine für den öffentlichen Verkehr gesperrte Naturstraße führt in das Tal des Pinnisbachs. Jeepzubringer, erste Fahrt um 8 Uhr.
Ausgangspunkt Pinnisalm (1560 m).
Wegverlauf Pinnisalm – Gratscharte (ca. 2760 m) – Kirchdachspitze – Gratscharte – Hammerspitz-Westflanke (ca. 2500 m) – Weggabelung unter der Hammerscharte (ca. 2480 m) – »Rohrauersteig« – Issenangeralm – Neustift-Neder.
Gehzeiten Insgesamt 7½ Std.; Pinnisalm – Kirchdachspitze 3½ Std., Abstieg bis Wegteilung unter der Hammerscharte 1¼ Std., »Rohrauersteig« – Issenangeralm 2 Std., weiter nach Neustift-Neder ¾ Std.
Orientierung Abzweigung zur Kirchdachspitze etwa 10 Min. von der Pinnisalm. Insgesamt ordentlich markierte Wege.
Einstufung Leicht, sechs mit Drahtseilen gesicherte Passagen im Anstieg zur Gratscharte; am Nordgrat weitere Sicherungen. Am »Rohrauersteig« heikle Querung zweier Geröllrinnen (Drahtseile, ein paar Haken).

Am Weg zur Kirchdachspitze bietet sich ein schöner Blick auf den Klettersteiggipfel Ilmspitze.

051 Ilmspitz-Klettersteig
Ilmspitze, 2692 m

Schwierig

Da könnte man sich glatt in den Dolomiten wähnen: senkrechter, markant geschichteter Fels, Eisenbügel, ein straff gespanntes Drahtseil. Doch die Ilmspitze steht in den Stubaier Alpen, in der Nachbarschaft firnbedeckter Dreitausender. Das stört natürlich überhaupt nicht, eher schon der lange, umständliche Zustieg zum »eisernen« Vergnügen: erst 1000 Steigungsmeter zur Innsbrucker Hütte, dann nochmals ein ausgiebiges Auf und Ab, ehe man schließlich am Felsfuß steht. Dafür hält die Route dann auch, was der elegante Felsbau dem Klettersteigler suggeriert: eine tolle Ferrata, bestens gesichert, abschnittweise höchst exponiert und mit einigen originellen Passagen wie etwa einem (gesicherten) Spreizschritt über einen tiefen Felsspalt. Etwa 60 Meter unter dem Gipfel zweigt die ebenfalls gesicherte Abstiegsroute ab.

Am Weg zum Wilden Freiger: Grünausee und Sulzenauhütte.

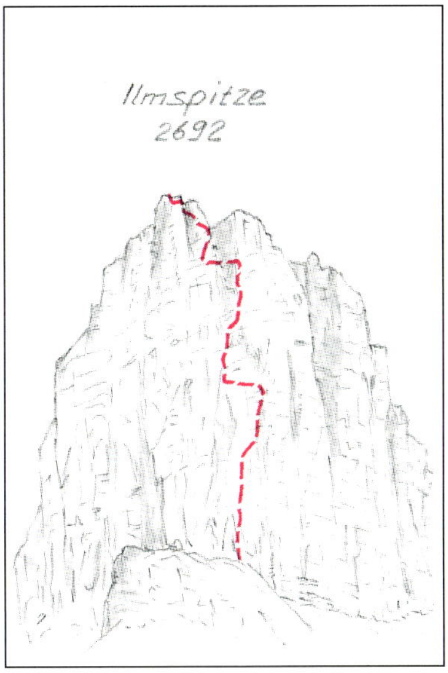

051
Wo? Ins Gschnitztal führt von Steinach am Brenner (1048 m) eine ordentliche Straße.
Ausgangspunkt Gschnitz (1242 m), 11 km von Steinach. Am Ortsende Parkmöglichkeit.
Wegverlauf Gschnitz – Innsbrucker Hütte – Einstieg (ca. 2450 m) – »Ilmspitz-Klettersteig« – Innsbrucker Hütte – Gschnitz.
Gehzeiten Insgesamt 10 Std.; Gschnitz – Innsbrucker Hütte 3 Std., Innsbrucker Hütte – Einstieg 1¼ Std., »Ilmspitz-Klettersteig« – Ilmspitze 1½ Std., Abstieg und Rückweg zum Einstieg 1½ Std., Abstieg nach Gschnitz 2¾ Std.
Tip Von der Pinnisalm (1560 m) kommt man in 2 Std. zur Innsbrucker Hütte; siehe 50.
Hinweis Bei der Innsbrucker Hütte gibt es eine »Übungs-Ferrata« für Ilmspitz-Aspiranten.
Orientierung AV-Weg 123 zur Innsbrucker Hütte, Zugang zur Ferrata gut markiert.
Einstufung Schwierig, mit rund 900 m Drahtseil und zahlreichen Eisenbügeln gesicherte Route. Am Rückweg nach dem Ausstieg nochmals etwa 120 m Gegensteigung!

052 Glungezer-Klettersteig
Glungezer, 2677 m

Mittel

Der Glungezer gilt als dankbarer Skiberg, und an dem markierten Weg vom Patscherkofel hinüber und hinauf zum Gipfel bewegt sich im Sommer bei schönem Wetter viel Wandervolk, so daß der Wirt der Glungezerhütte kaum über mangelnden Umsatz klagen kann. Nur eines ist der Glungezer halt nicht: ein Kletterberg, und so wird es wohl immer ein Geheimnis bleiben, weshalb über die kümmerlichen Felsen, die aus der nordseitigen Geröllflanke ragen, Drahtseile gespannt wurden. Was sich da von Felsblock zu Felsblock schwindelt, ist weder sinnvoll, noch macht es Spaß, und als »Ferrata« wird man es beim besten Willen nicht bezeichnen können. Der Glungezer: ein Wander- und Winterziel, dazu ein schöner Aussichtsgipfel, basta!

Ausgangspunkt Tulfes (923 m) erreicht man von der Inntal-Autobahn, Ausfahrt »Hall« rasch über eine gute Zufahrt, 6,5 km. Wenig oberhalb des Ortes liegt die Talstation der Glungezer-Sesselbahn.
Ausgangspunkt Liftstation auf der Tulfeinalm (2035 m).
Wegverlauf Tulfeinalm – Einstieg (ca. 210 m) – »Klettersteig« – Glungezer – Abstieg auf dem Wanderweg – Tulfeinalm.
Gehzeit Insgesamt etwa 3 Std.
Hütte Glungezerhütte (2610 m).
Orientierung In der Geröllflanke kann man schon vom »richtigen« Weg abkommen – macht aber nichts.
Einstufung Mittel; die Route ist lausig gesichert. Normale Kletterhaken, zum Teil schon angerostet, fixieren die dünnen Drahtseile.

053 Berliner Weg
Schönbichler Horn, 3134 m

Leicht

Die Zillertaler Alpen sind ein herrliches Revier für Hüttenwanderer und Bergsteiger alter Schule: weite Wege, dunkle Granitgrate, Fels und Eis. Klettersteige gibt's (noch?) keine, und auch dem »Berliner Weg«, obwohl am Schönbichler Horn mit ein paar Drahtseilen verziert, kann man bestenfalls das Prädikat »gesicherter Steig« zuordnen. Wer den Dreitausender zwischen Zemm- und Schlegeisgrund überschreitet, tut's sowieso der großen Landschaft und nicht der winzigen Eisenteile wegen. Als Tagespensum ist die Tour nur Schnelläufern zu empfehlen, alle andern übernachten in einer der Hütten im Zemmgrund bzw. über dem Schlegeisgrund.

Wo? Zum Speicher Schlegeis (Dominikushütte, 1805 m) führt von Mayrhofen eine ordentliche, mautpflichtige Straße.
Ausgangspunkt Gh. Breitlahner (1257 m) an der Straße zum Stausee, 15 km ab Mayrhofen. Parkplatz.
Wegverlauf Gh. Breitlahner – Zemmgrund – Berliner Hütte (2042 m) – »Berliner Weg« – Schönbichler Horn – Furtschaglhaus (2293 m) – Speicher Schlegeis (1782 m) – Gh. Breitlahner.
Gehzeiten Insgesamt 12¼ Std.; Gh. Breitlahner – Berliner Hütte 2¾ Std., Berliner Hütte – Schönbichler Horn 4 Std., Abstieg zum Furtschaglhaus und zum Speicher Schlegeis 4 Std., zum Gh. Breitlahner weitere 1½ Std.
Hütten Grawandhaus (1636 m). Alpenrosehütte (1873 m), bewirtschaftet Anfang Juni bis Ende September, Tel. (05286)222. Berliner Hütte, bewirtschaftet Mitte Juni bis Ende September, Tel. (05286)223. Furtschaglhaus (2293 m), bewirtschaftet Anfang Juli bis Ende September, Tel. (Tal) (05224)20585.
Orientierung AV-Wege 523, 502, 530.
Einstufung Bei guten äußeren Bedingungen leicht.

054 Gamssteig

Sagthaler Spitze, 2240 m

Leicht

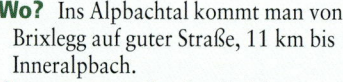

Das Alpbachtal gibt sich mehr lieblich als alpin, auch wenn die dunklen Schieferberge über dem Greither Graben immerhin ein paar Felsen zeigen. Ihrem hohen Grat folgt ein Steig, vom Tristenjoch hinüber zur Sagthaler Spitze, hübsch trassiert und an einigen Stellen mit Drahtseilen und ein paar Eisenbügeln gesichert: keine Via ferrata, aber ein aussichtsreicher Gang mit schönen Aus- und Tiefblicken, zu den Zillertaler Gletscherbergen und hinab ins Tal der Ziller, den sich jeder erfahrene Bergwanderer zutrauen darf.

Halb so wild! Beim »Gamssteig« handelt es sich um einen ziemlich harmlosen Gratweg.

Wo? Ins Alpbachtal kommt man von Brixlegg auf guter Straße, 11 km bis Inneralpbach.
Ausgangspunkt Im Greither Graben, Parkplatz am Talsträßchen gegenüber vom Gh. Leiten (ca. 1090 m).
Wegverlauf Greither Graben – Greitalm (1317 m) – Farmkehr-Niederleger (1517 m) – Tristenjoch (ca. 1975 m) – »Gamssteig« – Gamskopf (2205 m) – Sagthaler Spitze – Hochstand (2057 m) – Moser-Baumgartalm – Greither Graben.
Gehzeiten Insgesamt 6½ Std.; Greither Graben – Tristenjoch 3 Std., »Gamssteig« – Sagthaler Spitze 1¼ Std., Abstieg 2¼ Std.
Hinweis Man kann natürlich auch mit der Gondelbahn auf den Hornboden hinauffahren (Bergstation 1815 m) und die Tour in umgekehrter Richtung machen. Von Inneralpbach per Bus zurück zur Talstation der Bahn.
Orientierung Beim Aufstieg im Graben oberhalb des Farmkehr-Niederlegers gut auf die gelb-roten Markierungen achten.
Einstufung Leicht.

055 Simwel-Klettersteig

Pölvenkreuz, 1478 m

Leicht

»Klettersteig« ist da etwas hoch gegriffen, weckt angesichts der steilen Felsstirn des Pölven falsche Vorstellungen. Das Steiglein läuft über die markante Terrasse, die den Wandabbruch diagonal schneidet und ist auf etwa 100 Höhenmetern gesichert, nirgends exponiert. Vom Pölvenkreuz kann man auf dem gesicherten Weg zurückgehen oder den bewaldeten Pölvenstock zur Scharte zwischen Großem und Kleinem Pölven (1562 m) überschreiten. Der Abstieg erfolgt dann südseitig über die Reither Alm (1155 m). Eine hübsche Halbtagestour, die zudem vom Frühjahr bis zum Wintereinbruch möglich ist.

Wo? Bad Häring (590 m) liegt auf einer kleinen Terrasse über dem Inntal, 12 km von Kufstein.
Ausgangspunkt Unterhalb des Ortsteils Burg, gut 1 km von der Ortsmitte. Kleiner Parkplatz.
Wegverlauf Bad Häring – »Simwel-Klettersteig« – Pölvenkreuz – Großer Pölven (1594 m) – Sattel (1412 m) – Reith – Bad Häring.
Gehzeiten Bad Häring – Pölvenkreuz 2¼ Std., Abstieg auf dem gleichen Weg 1¼ Std., Überschreitung des Großen Pölven mit Rückweg via Reith 3 Std.
Orientierung Abzweigung zum »Simwel-Klettersteig« nach etwa 25 Min. Straßenwanderung; Hinweistafel.
Einstufung Leicht.

056 Pyramidenspitze, gesicherter Steig

Pyramidenspitze, 1997 m

Leicht

Vor dem Wilden kommt der Zahme Kaiser, und so könnte man es auch als Bergsteiger halten. Denn diese »zahmen« Höhen bieten den schönsten Blick auf die nur fünf Kilometer entfernte Felsfront, in der Alpingeschichte geschrieben wurde. Und gerade richtig zur Einstimmung auf »wildere« Klettersteigtouren ist auch der gesicherte Pfad, der nordseitig aus dem Winkelkar heraufzieht, keine Ferrata, aber ein hübscher, recht abwechslungs- ➡

Wo? Durchholzen (690 m) liegt im Norden des Zahmen Kaisers; Zufahrt von der Inntal-Autobahn über Niederndorf, 9 km.
Ausgangspunkt Etwa 1 km südlich vom Ort im Tal des Winkelbachs. Parkplatz (ca. 740 m).
Wegverlauf Durchholzen – Großpointner Alm (928 m) – Winkelkar – gesicherter Steig – Pyramidenspitze. ➡

Am Aufstieg aus dem Winkelkar zur Pyramidenspitze.

Abmontiert: der »Klettersteig« an der Schüsselkarspitze

Kletterern braucht man die Schüsselkarspitze (2537 m) im Wettersteingebirge nicht vorzustellen, ihre prächtigen Südwandrouten, vom Genußvierer bis zum »Hexentanz der Nerven«. Daß da auch recht viele Haken im Fels stecken, versteht sich von selbst, doch vor ein paar Jahren wäre das eiserne Sortiment beinahe um solide Klammern und Eisenstifte ergänzt worden. Ein Klettersteig? Nein, nur ein »Bergrettungsweg«, beschieden zunächst die Initianten aus der Leutasch. Nach einem tirolerisch-bayrischen Ortstermin im Sommer 1989 wurde ein Abbau der (halbfertigen) Anlage beschlossen. Es geschah allerdings nichts, bis dann schließlich die Bayern zur Tat schritten: ruckzuck war der Westgrat der Schüsselkarspitze, ungesichert eine Tour im Schwierigkeitsgrad III+, vom Eisen gesäubert. Belassen wurden dagegen die Fixeisen unterhalb der Wangscharte; dieser Teil der »Ferrata« befindet sich (im Gegensatz zum Gratabschnitt) auf Tiroler Boden, und internationale Verwicklungen mit unabsehbaren Folgen wollten die wackeren Streiter aus Garmisch-Partenkirchen ja dann doch nicht unbedingt riskieren …

Es wurden übrigens auch schon echte Klettersteige demontiert, zwei in den Dolomiten: die extrem steinschlaggefährdete Route auf die Cima dell'Uomo (3010 m) und die »Ferrata Miola« in den Pale di San Lucano.

→ reicher Anstieg. Die zu bewältigende Höhendifferenz von Durchholzen herauf beträgt immerhin etwa 1300 Meter – also sollte man es nicht zu »wild« angehen.

→

Gehzeiten Insgesamt 5¾ Std.; Durchholzen – Winkelkar 2½ Std., Winkelkar – Pyramidenspitze 1 Std., Abstieg auf dem gleichen Weg 2¼ Std. Alternativ kann man zum Höhenweg absteigen, der die Südflanke des Zahmen Kaisers von der Vorderkaiserfelden-Hütte bis zur Hochalm (1403 m) quert, und dann über die Gwirchtalm (1034 m) nach Durchholzen hinabwandern, etwa 4 Std.

Orientierung Rückweg von der Gwirchtalm nach Durchholzen nur teilweise bezeichnet; vom Erzbach auf Güterwegen über die Häuser Am Berg (792 m) hinab ins Tal des Winkelbachs.

Einstufung Leicht, auf etwa 150 Höhenmeter Drahtseile, zuletzt ein paar Eisenklammern.

057 Widauersteig
Scheffauer, 2111 m

Leicht

Der Scheffauer, westlicher Eckpfeiler des Wilden Kaisers, besitzt zwei markierte Anstiege, einen sonnigen und einen schattigen; beide steil, beim nordseitigen handelt es sich »fast« um eine Ferrata. Der »Widauersteig«, bereits 1911 angelegt und bestens gesichert, führt durch eine Schlucht auf den Grat, der Scheffauer und Hackenköpfe verbindet. Bevorzugte Ausgangspunkte für die Besteigung des Zweitausenders sind die Liftstationen über dem Kufsteiner Stadtberg und am Brentenjoch; meine schönste Scheffauertour beginnt am Hintersteiner See und führt zunächst in einem weiten Bogen in den Rücken des Berges zum Einstieg des »Widauersteigs«. Und der Abstieg geht dann über die Steiner Hochalm (1257 m) hinunter zu dem malerischen Alpensee.

Wo? Von Kufstein (499 m) führen Sessellifte auf den Stadtberg und über das Brentenjoch zur Steinbergalm. Scheffau, etwas abseits der B 312 gelegen, ist Ausgangspunkt der Straße zum Hintersteiner See.

Ausgangspunkte Liftstationen beim Gh. Aschenbrenner (1128 m), am Brentenjoch (1204 m) und auf der Steinbergalm (1160 m). Häusergruppe Bärnstatt (918 m), etwa 3 km von Scheffau.

Wegverlauf Brentenjoch – Kaindlhütte (1318 m) – »Widauersteig« – Scheffauer.
Bärnstatt – Wallneralm (1171 m) – Hochegg (1470 m) – Kaindlhütte (1318 m) – »Widauersteig« – Scheffauer – Steiner Hochalm (1257 m) – Bärnstatt.

Gehzeiten Brentenjoch – Kaindlhütte ¾ Std., Kaindlhütte – Scheffauer 2½ Std., Abstieg auf dem gleichen Weg 2 Std.; insgesamt 5¼ Std. Bärnstatt – Kaindlhütte 2½ Std., Kaindlhütte – Scheffauer 2½ Std., Abstieg über die Steiner Hochalm 2½ Std.; insgesamt 7½ Std.

Hütte Kaindlhütte (1318 m).

Orientierung Gut markierte, vielbegangene Wege.

Einstufung Leicht.

058 Gamsängersteig
059 Kaiserschützensteig
Ellmauer Halt, 2344 m

Mittel

Die Ellmauer Halt ist der Klettersteigberg des Wilden Kaisers, zwei Routen führen auf seinen Gipfel, eine schon fast historische, der »Gamsängersteig«, und der viel jüngere »Kaiserschützensteig«. Viel hat wohl nicht gefehlt, und auch der berühmte Kopftörlgrat wäre ans Drahtseil gebunden worden, auch wenn entsprechende Gerüchte in den siebziger Jahren von den Tourismusmanagern dementiert wurden.
Einen »leichten« Weg auf den höchsten Gipfel des Massivs gibt es nicht, gab es nie, und so wurde der Normalweg bereits früh gesichert. Natürlich herrscht bei Schönwetter jeweils viel »Verkehr« auf dieser Route, was, bedingt durch den Wegverlauf, eine erhebliche Steinschlaggefahr nach sich zieht. Dem wollte man unter anderem mit dem Bau einer originellen »Treppe« unterhalb der Rote-Rinn-Scharte begegnen; gefährdet bleibt nach wie vor die lange Querung unter der Südwand der Ellmauer Halt, die »Gamsänger«. Und manchen Stein, der einem hier um die Ohren pfeift, hat ein wenig rücksichtsvoller »Bergfreund« erst angeschoben...
Steinschlaggefahr besteht auch in der Roten Rinne, durch die man zum »Kaiserschützensteig« absteigt, trotz der Drahtseile im oberen, steilsten Abschnitt. Dafür bietet dann die erst 1987 eröffnete, sparsam gesicherte Ferrata einen genußvollen Anstieg vom Hochgrubachkar zur Ellmauer Halt. Mit Aussicht auf den Kopftörlgrat, notabene.
Wer den »Kaiserschützensteig« von Norden, aus dem Kaisertal, angeht, wird auf jeden Fall eine Nächtigung einplanen; von Süden, mit Zwischenabstieg in den Scharlinger Boden, kann man die Überschreitung der Halte in einem Tag machen, allerdings nur bei bestem Konditionsstand: 1900 Höhenmeter und längere gesicherte Passagen sind schon ein ordentliches Pensum. Wichtig ist dabei sicheres Wetter, denn wer möchte schon am Klettersteig von einem Gewitter überrascht werden?

Die schönste Passage am »Gamsängersteig«: steil, aber gut gesichert.

Wo? Von Kufstein (499 m) bzw. aus dem Inntal kommt man über die B173 nach Ellmau (804 m). Hier zweigt die mautpflichtige Zufahrt zur Wochenbrunner Alm (1064 m) ab.
Wegverlauf Kufstein – Kaisertal – Scharlinger Boden (ca. 1670 m) – »Kaiserschützensteig« – Ellmauer Halt – Rote-Rinn- Scharte (2093 m) – Kaisertal – Kufstein.
Wochenbrunner Alm – Gruttenhütte (1620 m) – »Gamsängersteig« – Rote-Rinn-Scharte (2093 m) – Scharlinger Boden (ca. 1670 m) – »Kaiserschützensteig« – Ellmauer Halt – »Gamsängersteig« – Gruttenhütte – Wochenbrunner Alm.
Gehzeiten Kufstein – Kaisertal – Scharlinger Boden 4½ Std., »Kaiserschützensteig« 3½ Std., Ellmauer Halt – Rote-Rinn-Scharte – Scharlinger Boden – Kaisertal 3 Std., Rückweg nach Kufstein 2 Std.; insgesamt 13 Std. Wochenbrunner Alm – Gruttenhütte 1½ Std., Gruttenhütte – Rote-Rinn-Scharte – Scharlinger Boden 2½ Std., »Kaiserschützensteig« 3½ Std., Ellmauer Halt – »Gamsängersteig« – Wochenbrunneralm 2½ Std.; insgesamt 10 Std.
Hinweis Für die Besteigung der Ellmauer Halt über den »Gamsängersteig« muß man mit 4 Std. rechnen.
Hütten Hinterbärenbad (829 m) und Kaisertalhaus (936 m), bewirtschaftet Mitte Mai bis Mitte Oktober; Tel (05372) 62575. Gruttenhütte (1620 m).
Orientierung Ordentlich markierte Wege.
Einstufung Mittel; »Gamsängersteig« üppig gesichert, teilweise aber stark abgewetzte Felsen, »Kaiserschützensteig« nur mit Drahtseilsicherungen. Steinschlaggefahr!

060 Eggersteig
061 Jubiläumssteig
Ellmauer Tor, 1995 m

Leicht

Die Steinerne Rinne, flankiert von Totenkirchl und Predigtstuhl, ist so etwas wie das Herz des Wilden Kaisers, und da verwundert es kaum, daß der (arg steinschlaggefährdete) Weg vom Stripsenjoch (1577 m) herauf ins Ellmauer Tor bereits Anfang dieses Jahrhunderts auf Initiative des Kufsteiner Bürgermeisters Johann Egger gesichert wurde. Einige der damals angebrachten Eisen stecken noch heute im Fels, dem Generationen von Bergsteigern ein glattes Rundprofil verpaßt haben, Tritt um Tritt.
Weit jüngeren Datums ist der »Jubiläumssteig«, der die Gruttenhütte mit dem Ellmauer Tor verbindet, dabei gut gesichert eine wilde Klamm ab- und wieder aufsteigend traversiert. Zusammen ergeben die beiden Steige eine großartige, höchstens mäßig schwierige Wanderung durch das »steinerne Herz« des Gebirges, mit einer Überschreitung der Ellmauer Halt das Kaisererlebnis (siehe 058/059) schlechthin – aus des Ferratisten bescheidener Perspektive natürlich.

Wo? Von Kössen oder St. Johann i. T. kommt man über die Häusergruppe Griesenau (732 m) ins Kaiserbachtal. Ellmau (804 m), südlich vor dem Wilden Kaiser gelegen, ist Ausgangspunkt der Zufahrt zur Wochenbrunner Alm (1064 m).
Ausgangspunkte Griesener Alm (988 m), 6 km von Griesenau; Wochenbrunner Alm (1064 m).
Wegverlauf Griesener Alm – Stripsenjoch (1577 m) – »Eggersteig« – Ellmauer Tor – Im Kübel – »Jubiläumssteig« – Gruttenhütte (1620 m) – Wochenbrunner Alm.
Gehzeiten Insgesamt 5¾ Std.; Griesener Alm – Stripsenjoch 1¾ Std., »Eggersteig« 2 Std., »Jubiläumssteig« – Gruttenhütte 1 Std., Abstieg zur Wochenbrunner Alm 1 Std.
Hütten Stripsenjoch-Haus (1577 m), Gruttenhütte (1620 m).
Orientierung Problemlos.
Einstufung Leicht, in der »Steinernen Rinne« große Steinschlaggefahr!

062 Ackerlspitze, gesicherter Steig

Ackerlspitze, 2329 m

Mittel **A**

Kein Steig und (fast) kein Eisen. Aber als »ungesicherten« Klettersteig möchte man den Weg auf die Ackerlspitze ja nicht bezeichnen (was das wohl wäre?), und wer genau hinguckt, entdeckt schließlich doch noch ein paar Haken, Eisenringe und -bügel: fertig ist die »Anti-Alpspitz«-Variante einer gesicherten Route. Sichernde Drahtseile fehlen vollständig, womit bereits angedeutet ist, daß die Besteigung des formschönen Felsgipfels mehr Berg- als Eisenerfahrung voraussetzt. Und der Abstieg, den man in der Regel über die benachbarte Maukspitze (2231 m) nimmt, kommt dann überhaupt ohne Sicherungen aus – da bleiben die »Ferratisten« wohl besser gleich drüben an der Ellmauer Halt …

Ausgangspunkt Wochenbrunner Alm (1064 m), Zufahrt von Ellmau.
Wegverlauf Wochenbrunner Alm – Gaudeamushütte (1263 m) – Baumgartenköpfl (1572 m) – »Niedersessel« – Ackerlspitze – Maukspitze (2231 m) – »Niedersessel« – Wochenbrunner Alm.
Gehzeiten Insgesamt 8¼ Std.; Wochenbrunner Alm – Felseinstieg 2¼ Std., Aufstieg zur Ackerlspitze 2¼ Std., Übergang zur Maukspitze 1¼ Std., Abstieg über das Kar »Niedersessel« 2½ Std.
Hinweis Man kann auch von Going (773 m) zur Ackerlspitze aufsteigen, markierter Weg über die (meist geschlossene) Ackerlhütte.
Hütte Gaudeamushütte (1263 m).
Orientierung Ordentlich markierte Wege.
Einstufung Mittel, A.

063 Mitterhorn-Klettersteig
064 Nacketer-Hund-Klettersteig
065 Rothörnl-Klettersteig

Mitterhorn, 2506 m

Leicht/Schwierig

Steinberge, staubtrocken. Schön? Nun, das ist Ansichtssache, nicht jeder wird die Mondlandschaft der Loferer Steinberge mögen. Hier gibt es nur lange Wege, die ausgebleichten Gräben, Karwinkel und Felsen stehen in der prallen Sonne, der Bergsteiger meistens auch. Wasser muß man mitbringen, denn oben gibt's das kostbare Naß nur bei Schlechtwetter oder im Frühsommer, wenn da und dort noch ein Schneerest seinem Ende entgegenschmilzt. Das Faszinierende an jeder Tour in den Loferern ist der Kontrast: fünf Stunden Aufstieg, keine zwei Kilometer über den grünen Tälern, und die Welt hat sich in eine lebensfeindliche Wüste verwandelt. Da merkt man erst, wie dünn die Haut unseres Planeten ist, wie begrenzt der Lebensraum des Homo sapiens. Das hindert uns natürlich nicht daran, hinaufzusteigen. Und das kann man auf mehreren Wegen, alle markiert, teilweise auch gesichert. Der Südanstieg durch das Lastal hat ein Klettersteig-Finale bekommen, was ihn zwar nicht kürzer, aber kurzweiliger macht, und vom Wehrgubenjoch zum Gipfel des Mitterhorns verläuft die »Nacketer-Hund-Ferrata«, schon um einiges anspruchsvoller. Schließlich gibt es noch eine gesicherte Route am Rothörnl (2395 m), die man meist in Verbindung mit dem schönsten Weg im Lofer dem »Nurracher Höhenweg« begehen wird. Der wiederum ist kein Klettersteig, aber bei so mancher Tour in den Loferern einfach nicht zu umgehen – und bereut hat das bestimmt noch niemand. Aber eben: die Wege sind alle lang, anstrengend – aber auch großartig, wild und einsam.

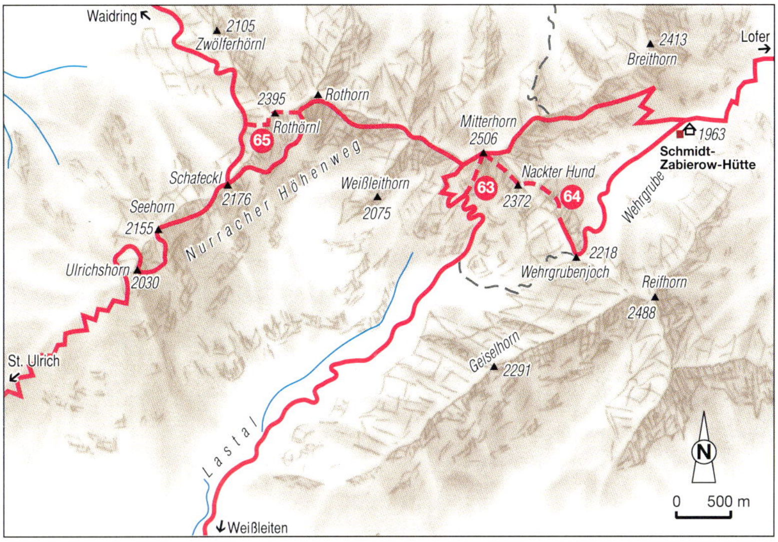

Wo? Basisorte für Touren in den Loferern sind vor allem Lofer und St. Ulrich am Pillersee.
Ausgangspunkte Weißleiten (928 m), Häusergruppe 2 km östlich von St. Ulrich. – Loferer Hochtal (ca. 830 m), Zufahrt von der B312, ca. 2 km (Truppenübungsplatz).
Wegverlauf **Variante Süd:** Weißleiten – Lastal – »Mitterhorn-Klettersteig« – Mitterhorn – »Nurracher Höhenweg« – Ulrichshorn (2030 m) – St. Ulrich.
Variante Nord: Loferer Hochtal – Schmidt-Zabierow-Hütte (1963 m) – Wehrgrubenjoch (2218 m) – »Nacketer-Hund-Klettersteig« – Mitterhorn – Schmidt-Zabierow-Hütte – Loferer Hochtal.
Gehzeiten **Variante Süd:** Insgesamt 10½ Std.; Weißleiten – Mitterhorn 5 Std., »Nurracher Höhenweg« – Ulrichshorn 3½ Std., Abstieg nach St. Ulrich 2 Std.
Variante Nord: Insgesamt 9¾ Std.; Loferer Hochtal – Schmidt- Zabierow-Hütte 3½ Std., Schmidt-Zabierow-Hütte – Wehrgrubenjoch 1½ Std., »Nacketer-Hund-Klettersteig« – Mitterhorn 1¾ Std., Abstieg ins Loferer Hochtal 3 Std.
Hinweis Eine Begehung des »Rothörnl-Klettersteigs« läßt sich vom »Nurracher Höhenweg« aus durchführen (sonst muß man von Waidring aufsteigen!). Kurzbeschreibung: Vom Schäflegg (2175 m), verblaßten Markierungen folgend, in die Nordwestflanke des Rothörnls, ein paar Rinnen querend, bis man auf den deutlich bezeichneten Weg stößt, der von Waidring heraufkommt. Nun den Drahtseilen folgend, durch ein grandioses Felslabyrinth zum Gipfel. Dahinter kurz abwärts zum »Nurracher Höhenweg«. Zeitmehraufwand etwa 1 Std.
Hütte Schmidt-Zabierow-Hütte ➡

➞
(1963 m), bewirtschaftet Anfang Juli bis Ende September, Tel. (06588) 7284.
Orientierung Die Wege sind (bis auf die Querung zum »Rothörnl-Klettersteig«) ordentlich markiert, AV-Nummern 613, 612, 601.
Einstufung »Mitterhorn-Klettersteig« und »Rothörnl-Klettersteig« leicht, »Nacketer-Hund-Klettersteig« schwierig. Gute Kondition auf allen Wegen unerläßlich.

Kurz und »schmerzlos«: der Klettersteig auf das Wagendrischlhorn.

066 Wagendrischlhorn-Klettersteig

Wagendrischlhorn, 2251 m

Leicht

Ein Grenzgang ist die Besteigung des Wagendrischlhorns auf jeden Fall; egal welchen Ausgangspunkt man auch wählt, sie wird zu einer (schönen) bayrisch-tirolerischen Runde. Doch im einen Europa gibt es ohnehin nur noch Grenzen zwischen Arm und Reich, allerdings nicht auf der Reiteralpe ... Zum Wagendrischlhorn kommt man auf verschiedenen Wegen, die Zustiege von Ramsau – »Schaflsteig« und »Böslsteig« – weisen kurze gesicherte Abschnitte auf; da der kleine, harmlose Klettersteig aber von der AV-Sektion Lofer zu ihrem Hundertjährigen angelegt worden ist, sei hier dem Tiroler Zugang der Vorzug gegeben. Von Mayrberg aus ergibt sich zudem eine besonders schöne Runde, in die das zerfurchte, allmählich im Latschengestrüpp versinkende Karrenplateau der Reiteralpe den besonderen Akzent setzt.

Wo? Lofer (626 m) liegt im Tal der Saalach zwischen Loferer Steinbergen und Reiteralpe.
Ausgangspunkt Gh. Mayrberg (900 m), 5 km von der Loferer Umfahrungsstraße. Parkplatz.
Wegverlauf Gh. Mayrberg – Hochgscheid (ca. 1720 m) – Mayrbergscharte (2053 m) – Klettersteig – Wagendrischlhorn – Reiteralpe – Alte Traunsteiner Hütte – Alpasteig – Obermayrberg – Gh. Mayrberg.
Gehzeiten Insgesamt 8½ Std.; Gh. Mayrberg – Mayrbergscharte 3¼ Std., Klettersteig – Wagendrischlhorn ¾ Std., Wagendrischlhorn – Alte Traunsteiner Hütte 1¾ Std., Rückweg 2¾ Std.
Hinweis Unternimmt man die Überschreitung des Wagendrischlhorns von Ramsau aus, ergibt sich eine Gesamtgehzeit von etwa 8 Std.
Hütte Gut ¼ Std. von der (geschlossenen) alten Hütte steht die Neue Traunsteiner Hütte (1557 m).
Orientierung Bei Nebel oder Schneefall kann die Reiteralpe zur gefährlichen Falle werden! Unterhalb der Alpawand steinschlaggefährdete Passage mit jungem Ausbruch. Im Tal weiter absteigen bis auf breite Schotterpiste und Wegzeiger »Obermayrberg«, zuletzt auf markiertem Hangweg zurück zum Ausgangspunkt (nicht zur Talstraße absteigen).
Einstufung Leicht, gute Kondition erforderlich.

067 Wildental-Klettersteig
068 Südwand-Klettersteig

Persailhorn, 2330 m

Mittel

Ein schöner Gipfel, zwei propere Klettersteige, eine gemütliche Hütte – wenn das Wetter mitspielt, reicht dies für einen Bergtag, an den man gerne zurückdenken wird. Den Auftakt macht der – überwiegend schattige – Anstieg zur Wiechenthaler Hütte mit Fernsicht bis zu den Hohen Tauern und erstem Blickkontakt mit dem markanten Felsdreieck des Persailhorns. Vom gemütlichen Refugium ist es dann nicht mehr weit bis zum ersten Drahtseil: auf ins »eiserne« Vergnügen! Und die Runde macht wirklich Spaß, wartet auf mit einigen recht originellen, auch spannenden Passagen wie der luftigen Querung (»Wastl-Promenade«). Hoch am Westgrat (ca. 2270 m) treffen die beiden Ferrate zusammen, zum (Vor-)Gipfel mit Kreuz leiten noch ein paar weitere Drahtseile. Statt abzusteigen, kann man die Tour über den »Saalfeldener Höhenweg« zum Riemannhaus fortsetzen, eine große Überschreitung, aber nur teilweise gesichert, mit zwei Gipfeln (Mitterhorn, 2491 m; Breithorn, 2504 m), bis zum Riemannhaus etwa 3 Stunden. Na, wie wär's?

Wo? Saalfelden (744 m) liegt an der B311, etwa auf halber Strecke zwischen Lofer und Zell am See. Am nördlichen Ortsende Abzweigung zum Weiler Bachwinkl.
Ausgangspunkt Parkplatz im Wald, etwas oberhalb der Häuser von Bachwinkl.
Wegverlauf Bachwinkl – Wiechenthaler-Hütte (1707 m) – »Wildental-Klettersteig« – Persailhorn – »Südwand-Klettersteig« – Wiechenthaler-Hütte – Bachwinkl.
Gehzeiten Insgesamt 8 Std.; Bachwinkl – Wiechenthaler-Hütte 2¼ Std., »Wildental-Klettersteig« – Persailhorn 2¼ Std., »Südwand-Klettersteig« – Wiechenthaler-Hütte 2 Std., Abstieg nach Bachwinkl 1½ Std.
Hütte Peter-Wiechenthaler-Hütte (1707 m).
Orientierung Problemlos, alles gut markiert.
Einstufung Mittel; der »Wildental-Klettersteig« ist etwas anspruchsvoller. »Alter Weg« (ehemaliger Normalweg auf das Persailhorn) teilweise gesperrt.

069 Mooshammersteig
Hochseiler, 2793 m

Mittel A

Während sich um Gipfelkreuz und Matrashaus drüben am Hochkönig an sommerlichen Schönwettertagen stets viel Volk versammelt, erhält der Hochseiler vergleichsweise wenig Besuch. Dabei braucht sich der stattliche Felsgipfel keineswegs zu verstecken, und der »Mooshammersteig«, in den Felsen über dem Schneekar und am Gipfel spärlich, am Nordgrat überhaupt nicht gesichert, sticht den recht biederen »Birgkarsteig« am Hochkönig locker aus. Deshalb steigen manche über den »Mooshammersteig« zu den Teufelslöchern auf, wenden sich dann aber nach rechts und steuern via Übergossene Alm das Matrashaus an – so kommt man ebenfalls auf den höchsten Gipfel zwischen Zugspitze und Dachstein.

Wo? Hintertal (1016 m) liegt am Südfuß des Steinernen Meers, 14 km von Saalfelden.
Ausgangspunkt Parkplatz hinter dem Ort.
Wegverlauf Hintertal – Bertgenhütte (1845 m) – Teufelslöcher (2694 m) – Hochseiler – Niedere Torscharte (2247 m) – Hintertal.
Gehzeiten Insgesamt 9 Std.; Hintertal – Bertgenhütte 2½ Std., Bertgenhütte – Teufelslöcher 2½ Std., Überschreitung des Hochseiler zur Torscharte 2 Std., Abstieg nach Hintertal 2 Std.
Hinweis Von den Teufelslöchern kommt man in 1 Std. über den Gletscherrest der »Übergossenen Alm« zum Hochköniggipfel. Große Runde ab Erichhaus mit Querung zur Bertgenhütte und Abstieg über den »Birgkarsteig« möglich, etwa 11 Std. ab Dientner Sattel.
Orientierung Die Wege sind ordentlich markiert.
Einstufung Mittel, A; der Aufstieg zu den beiden Teufelslöchern ist sparsam, aber ausreichend gesichert. Am Grat zum Gipfel wenige Eisenstifte, Abstieg ohne Sicherungen.

Die Überschreitung des Hochseiler in die Niedere Torscharte ist dann bereits als leichte Klettertour einzustufen (I–II); wer zu sehr an Eisen gewöhnt ist, tut gut daran, den Gipfel auszulassen und von den Teufelslöchern über den gesicherten »Herzogsteig« in die Torscharte (2247 m) abzusteigen.

070 Birgkarsteig
Hochkönig, 2941 m

Leicht

Als höchste Erhebung der Berchtesgadener Alpen erhält der Hochkönig natürlich viel Besuch. Die meisten nehmen den zwar weiten, aber recht bequemen Normalweg vom Arthurhaus (1502 m) herauf; beliebt ist auch der südseitige Anstieg durchs Birgkar: kürzer, steiler und auf einigen Passagen gesichert. Besonders lohnend in Verbindung mit dem »Mooshammersteig«, aber dann nur für sehr Ausdauernde (siehe 069). Ganz Schlaue übernachten gleich auf dem Gipfel im bewirtschafteten Matrashaus, genießen die faszinierend-romantischen Dämmerstimmungen abends und am frühen Morgen.

Wo? Südlich des Hochkönigs verläuft eine kleine Paßstraße: von Saalfelden nach Hintertal, dann über den Filzensattel (1291 m) weiter nach Dienten (Zufahrt aus dem Pinzgau), schließlich über den Dientner Sattel (1357 m) ins Salzachtal.
Ausgangspunkt Dientner Sattel (1357 m); in der Nähe das Birgkarhaus (1379 m). Der Weg zur Erichhütte zweigt etwa 500 m westlich der Scheitelhöhe ab; Hinweistafel.
Wegverlauf Dientner Sattel – Erichhütte (1546 m) – »Birgkarsteig« – Hochkönig.
Gehzeiten Insgesamt 8¾ Std.; Dientner Sattel – Erichhütte ¾ Std., Erichhütte – Hochkönig 4½ Std., Abstieg auf dem gleichen Weg 3½ Std.
Hinweis Man kann auch auf dem Normalweg zum Arthurhaus absteigen, 3 Std. Für den Rückweg zum Dientner Sattel benötigt man dann nochmals gut 2 Std.
Hütten Erichhütte (1546 m), Matrashaus am Hochkönig (2941 m).
Orientierung Vielbegangene, ordentlich markierte Wege. Bei Nebel kann man sich auf der Übergossenen Alm leicht verlaufen.
Einstufung Leicht, im Birgkar Drahtseilsicherungen. Gute Kondition unerläßlich.

071 Kitzsteinhorn, gesicherter Steig
Kitzsteinhorn, 3203 m

Leicht A

Wissen Sie, was eine »Funirata« ist? Nein? Nun, die Kitzsteinhorn-Tour lehrt es einen beiläufig, während der Fahrt mit der Seilschwebebahn (= Funivia, 2015 Höhenmeter) und beim Hinaufturnen an den Drahtseilen (= Ferrata, 179 Höhenmeter) zum Gipfel des stolzen Dreitausenders. Oben kann man (bei gutem Wetter) hundert herrliche Gipfel (garantiert seilfrei) bestaunen; wer über den (ebenfalls gesicherten) Nordgrat zum Schmiedinger Kees und zur Seilbahn-Zwischenstation am Zeferetkopf absteigen will, sollte auf jeden Fall die entsprechende Ausrüstung dabeihaben.

Wo? Ins Kapruner Tal kommt man von Zell am See über Kaprun (786 m), etwa 10 km bis zur Talstation der großen Kitzsteinhorn-Seilbahn.
Ausgangspunkt Bergstation (2924 m) am Nordwestgrat des Kitzsteinhorns.
Wegverlauf Seilbahnstation – Kitzsteinhorn – Nordgrat – Kammerkees – Schmiedinger Kees – Zeferetkopf (Seilbahn-Umsteigestation).
Gehzeiten Zum Gipfel und zurück 1 Std., Abstieg über das Schmiedinger Kees zur Seilbahn-Zwischenstation etwa 2 Std.
Orientierung Drahtseilgeländer von der Seilbahnstation zum Gipfel.
Einstufung Gipfelsteig leicht, Abstieg über das Schmiedinger Kees nicht ohne Gletscherausrüstung, A.

072 Gleitwitzer Höhenweg

Hoher Tenn, 3368 m

Mittel **A**

Das pure Gegenteil zum »Seilbahn-Klettersteig« drüben am Kitzsteinhorn ist der Weg auf den Hohen Tenn: eine große, ernstzunehmende Tour mit 2500 Steigungsmetern, mit längeren Felspassagen, abschüssigen Schrofenhängen, mit Schnee und Firn, einer wirklich phantastischen Gratüberschreitung jenseits der Dreitausendergrenze und einer Firnschneide zum Finale.

Angesichts des gewaltigen Höhenunterschieds wird man am Vorabend zur Gleiwitzer Hütte (2174 m) aufsteigen; für die Tour braucht's dann vor allem eines: sicheres Wetter. Denn die schrofigen Grashänge, die schmalen Bänder sind bei Nässe oder gar Schnee schlicht saugefährlich, zumal manche Drahtseile mehr moralische Stütze als zuverläßige Sicherung bieten. Dafür gibt's dann oben das Tüpfchen aufs »i«: eine Rundumschau der Superlative!

Wo? Von Zell am See kommt man über Bruck rasch ins Fuscher Tal.
Ausgangspunkt Fusch (811 m) an der »Großglockner-Hochalpenstraße«, 12 km von Zell.
Wegverlauf Fusch – Gleiwitzer Hütte (2174 m) – Spitzbrettkopf (2511 m) – Bauernbrachkopf (3125 m) – Kleiner Tenn (3158 m) – Hoher Tenn.
Gehzeiten Insgesamt 13½ Std.; Fusch – Gleiwitzer Hütte 3¾ Std., Gleiwitzer Hütte – Hoher Tenn 4¾ Std., Abstieg auf dem gleichen Weg 5 Std.
Hütte Gleiwitzer Hütte (2174 m), bewirtschaftet Mitte Juni bis Anfang Oktober, Tel. (0663) 69039.
Orientierung Gratweg ist nicht zu verfehlen. Vorsicht auf Wächten!
Einstufung Klettersteigpassagen mittel, teilweise ausgesetzt, A. Hochalpine Tour, Steigeisen, Pickel und Seil gehören zur Tourenausrüstung.

073 Watzmann-Überschreitung

Watzmann, 2713 m

Mittel **A**

Das Wahrzeichen des Berchtesgadener Landes besaß seinen Gratsteig schon, als noch niemand wußte, was eine »Via ferrata« ist. So sichern heute solide »Antiquitäten« die vor allem zwischen Mittelspitze (2713 m) und Südspitze (2712 m) recht luftige Überschreitung: ein faszinierender Gang am Saum des Himmels mit entsprechenden Tiefblicken ins Wimbachtal und natürlich über die berühmte Ostwand hinab zum Königssee, auf dem winzige Spielzeugschiffchen weiße Linien ins Wasser ziehen. Es lohnt sich allerdings, auch ab und zu einen Blick ins Panorama zu werfen – und aufs Wetter. Denn an dem langen Grat möchte man doch nicht unbedingt von einem Gewitter überrascht werden.

Eine Tagestour ist die Watzmann-Überschreitung nur für echte Dauerläufer. Alle anderen übernachten im Watzmannhaus; nach zweistündigem Aufstieg steht man bereits am Hocheck (2651 m), wo die Gipfelwanderer umdrehen, für die »Ferratisten« – endlich! – das »eiserne« Vergnügen beginnt.

Wo? Der berühmte Urlaubsort Berchtesgaden (571 m) liegt am Fuß des Watzmanns, wenige Kilometer vom Königssee.
Ausgangspunkt An der B305, 8 km westlich von Berchtesgaden. Parkplatz an der Wimbachbrücke (624 m).
Wegverlauf Wimbachbrücke – Watzmannhaus (1914 m) – Hocheck (2651 m) – Watzmanngrat – Südspitze (2712 m) – Wimbachgries-Hütte (1326 m) – Wimbachtal – Wimbachbrücke.
Gehzeiten Insgesamt 13 Std.; Wimbachbrücke – Watzmannhaus 4 Std., Watzmannhaus – Hocheck 2 Std., Gratüberschreitung 2 Std., Abstieg zur Wimbachgries-Hütte 3 Std., »Talhatscher« (9 km) 2 Std.
Hütte Watzmannhaus (1914 m), bewirtschaftet Anfang Juni bis Ende September, Tel. (08652) 1310.
Orientierung Im Abstieg zur Wimbachgries-Hütte bei Nebel Orientierungsprobleme.
Einstufung Mittel, A. Nächtigung im Watzmannhaus; nur bei sicherem Wetter gehen!

074 Mannlsteig
075 Schustersteig

Hoher Göll, 2522 m

Mittel

Der kürzeste Weg zum Hohen Göll verläuft über den Mannlgrat; er ist in den fünfziger Jahren zu einer hübschen, nur mäßig schwierigen Ferrata ausgebaut worden. So kommt man in drei Stunden leicht zum Gipfel; die erste Weghälfte mit ihren gut gesicherten Felspassagen an dem zerklüfteten Felskamm ist allerdings wesentlich interessanter als der anschließende Geröllhatscher. Bezaubernd dafür die Rundschau, eine gelunge Mischung von Nah-, Fern- und Tiefblicken, hinein in die Alpen, hinaus ins offene Land, hinab zum Königssee.

➡

Wo? Der berühmte Ferienort Berchtesgaden (571 m) liegt am Fuß des Watzmanns, wenige Kilometer vom Königssee. Zufahrt bis Obersalzberg (970 m), dann mit dem Postbus auf der (für den allgemeinen Verkehr gesperrten) Kehlsteinstraße zu ihrem Endpunkt.
Ausgangspunkte Kehlsteinstraße (1710 m). Wer die beiden Klettersteige als Runde begehen will, startet an der Roßfeld-Ringstraße bei der Schifferer Hütte (ca. 1160 m).

➡

Am Mannlgrat muß man ein paarmal ordentlich zupacken.

Kids am Klettersteig

Daß Kinder öfter von Bäumen fallen oder aus selbstgebastelten Hochsitzen purzeln, beweist vor allem eines: sie klettern gern. Daß sie dabei nicht immer die erforderliche Vorsicht walten lassen, kann man leicht an zerschrammten Knien und ähnlichen Blessuren ablesen. Wer also mit der Familie ins Gebirge geht, muß den Aufpasser spielen – erst recht auf Klettersteigen. Die liebt der Nachwuchs nämlich ganz besonders, Korbinian und Maria werden es bestätigen: Spannung, verbunden mit dem Gefühl der Sicherheit. Nur der Anmarsch sollte halt nicht zu weit sein, und wenn's oben dann auch gleich noch eine Wirtschaft mit Spezi und Pommes gibt – umso besser!

Guck nicht so ernst, Karoline! Den Steig schaffst Du leicht.

Grundsätzlich spricht nichts dagegen, Kinder schon sehr früh ins Gebirge mitzunehmen, auch auf gesicherte Steige, aber bitte mit entsprechender Vorsicht! Die Kleinen gehören an die kurze Leine (Seilstück); wenn sie größer sind, kann man Kinder leicht mit der Selbstsicherung vertraut machen. Nur: Sicherung muß sein, denn die Kids gehen in der Regel zwar traumwandlerisch sicher, sie träumen aber halt manchmal auch nur. Und dann soll ja nicht gleich etwas passieren.

➡ Für den Abstieg bietet sich alternativ der »Schustersteig« an, eine kleine gesicherte Route, die am Grenzkamm zwischen Bayern und Salzburg hinabläuft zum Purtschellerhaus (1692 m) am Eckerfirst.

➡

Wegverlauf Kehlsteinstraße – Kehlsteinhaus (1837 m) – Mannlgrat – Hoher Göll.

Gehzeiten Insgesamt 5¼ Std.; Kehlsteinstraße – Hoher Göll 3 Std., Abstieg auf dem gleichen Weg 2¼ Std.

Tip Für die Runde von der Schifferer Hütte aus mit Aufstieg über den Mannlgrat, Abstieg auf dem »Schustersteig« ergibt sich eine Gesamtgehzeit von 7½ Std.

Hütte Purtschellerhaus (1692 m).

Orientierung Problemlos.

Einstufung Mittel; der Mannlgrat ist auf einer Länge von etwa 1 km gesichert. Am »Schustersteig« knapp 100 m Sicherungen.

076 Dopplersteig
077 Mittagsschartensteig
Salzburger Hochthron, 1853 m

Leicht

Eine Überschreitung des Untersbergs vom »Dopplersteig« über den Salzburger Hochthron zur Mittagsscharte (1671 m) gehört zu den beliebtesten Bergtouren im Nahbereich der Mozartstadt; im Felsgelände bewegt man sich dabei beim Auf- wie beim Abstieg, auf »Klettersteigen« allerdings nicht. Sowohl der »Dopplersteig«, der durch die malerische Klamm des Rosittenbachs zum Zeppezauer Haus bzw. zum Geiereck (1805 m) hinaufzieht, als auch der »Mittagsschartensteig« sind ausgebaute Pfade. In die Wand unterhalb des Geierecks wurden über 400 Stufen geschlagen, und der Steig zur Mittagsscharte verläuft gar teilweise im Berg, wobei Tunnelfenster für Licht und packende Ausblicke sorgen.

Wo? Der Untersberg (Berchtesgadener Hochthron, 1972 m) erhebt sich südlich von Salzburg.

Ausgangspunkte Zufahrten u.a. über die Autobahn nach Glanegg (zum »Dopplersteig«), St. Leonhard (456 m; Talstation der Seilbahn auf den Untersberg) und (über die Grenze zu Bayern) zum historischen Paßturm Schellenberg (zum »Mittagsschartensteig«).

Wegverlauf Glanegg – »Dopplersteig« – Zeppezauer Hütte (1664 m) – Geiereck (1805 m; Seilbahn) – Salzburger Hochthron (1853 m) – Mittagsscharte (1671 m) – »Mittagsschartensteig« – Toni-Lenz-Hütte (1551 m) – Schellenberg.

Gehzeiten Insgesamt 6¼ Std.; Glanegg – Geiereck 3 Std., Geiereck – Mittagsscharte 1 Std., Abstieg über »Mittagsschartensteig« 2¼ Std.

Hinweis Die Schellenberger Eishöhle in der Nähe der Toni-Lenz-Hütte kann besichtigt werden; Führungen von Pfingsten bis Ende Oktober.

Hütten Zeppezauer Hütte (1664 m), Toni-Lenz-Hütte (1551 m).

Orientierung Problemlos.

Einstufung Leicht.

Von Salzburg bis zum Hochschwab

Kontraste. Sie prägen die Landschaft zwischen Salzburg und dem Gesäuse, machen Wanderungen und Bergtouren immer wieder zu einem besonderen Erlebnis: dem Saum der Alpen nahe, doch mit Blick bis zu den Gletscherbergen am Horizont. Und was rund um die Salzkammergutseen noch fast operettenhafte Heiterkeit verströmt, mit Kalenderbildern prunkt, das gefriert nur ein paar Kilometer weiter südlich zu leblosem Fels: Auf dem Stein, Dachstein, Totes Gebirge, Hochschwab.

Gegensätze. Sie bestimmen auch das Klettersteigangebot: Von allem ein bißchen. Da finden sich Anlagen aus der Pionierzeit des Alpinismus neben brandneuen Routen, kleine gesicherte Steige neben ausgewachsenen »Vie ferrate«. Die älteste Anlage überhaupt ist der

Eine Erstbesteigung – an diesem Tag. Frühmorgens auf der Bischofsmütze; Blick ins Salzburger Alpenvorland.

Meine Favoriten

- »Naturfreundesteig« – richtig für Genießer (85)
- »Ramsauer Klettersteig« – der unbekannte Osten (des Dachsteinmassivs) (94)
- »Bert-Rinesch-Steig« – einfach Spitze (101)
- »Triftsteig« – der ganz andere Steig (107)

Normalweg zum Hohen Dachstein, sage und schreibe 1843 erbaut! Auch noch vor der Jahrhundertwende entstand der »Wasserfallweg« im Gesäuse. Den »Ferrata-Boom« der sechziger Jahre verschlief man hier allerdings gründlich; erst in jüngster Zeit sind einige schöne Routen angelegt worden, etwa der »Ramsauer Klettersteig« im Dachsteingebirge und – er vor allem! – der »Bert-Rinesch-Steig« am Großen Priel, eine Superferrata für Könner. Aber auch jene, die's lieber etwas

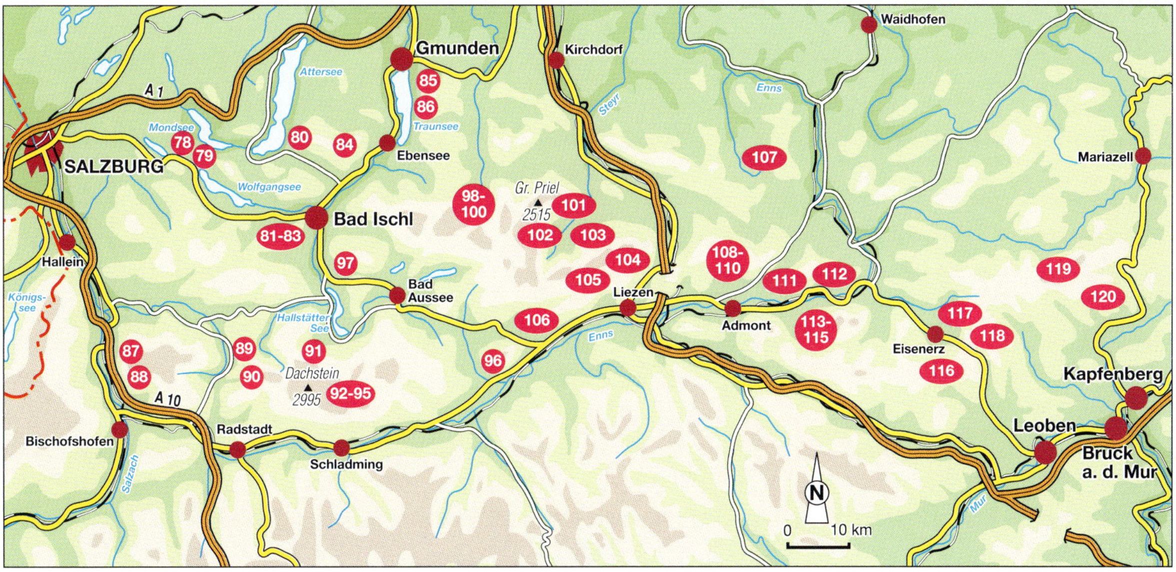

Der Steig aufs Warscheneck ist bestens gesichert.

gemäßigter mögen, kommen nicht zu kurz. Am Warscheneck gibt es einen hübschen, wenig schwierigen Steig, schon ein paar Jahre mehr auf dem Buckel hat der »Naturfreundesteig« über dem Traunsee.

Karten und Führer

Wander- und Kletterführer, auch über einzelne Regionen, gibt es in großer Zahl. Die Klettersteige der »Nördlichen Kalkalpen Ost« beschreibt Franz Hauleitner (Bergverlag Rother, München), in seinem Selbstverlag befaßt sich Kurt Schall sehr detailverliebt mit »Klettersteigen & leichtem Fels, Österreich Ost« (Verlag Kurt Schall, Wien).
Die besten Karten liefert das Bundesamt für Eich- und Vermessungswesen in Wien; sehr übersichtlich sind die Vergrößerungen der 50000er Karte (1:25000) mit Wegmarkierungen.

Eine Buchempfehlung

Beim Bergsteigen kann man ja nicht vorsichtig genug sein. Was dabei alles passiert, beschreibt Pit Schubert ebenso anschaulich wie kenntnisreich in seinem Buch »Sicherheit und Risiko in Fels und Eis«, das zum 25jährigen Jubiläum des Sicherheitskreises des DAV im Bergverlag Rother erschienen ist.

078 Schober, gesicherter Steig
Schober, 1328 m

Leicht

Sein felsiger Kopf lugt gerade noch aus den Waldflanken heraus, aber immerhin hoch genug, um eine für die meisten Berge des Salzkammerguts typische Rundumschau zu bieten: blau-grün-grau-weiß: Seen – Wälder – Fels. Letzteren entdeckt man vor allem im Süden, wo das Dachsteinmassiv steht, das auch für den kleinen weißen (Gletscher-)Fleck im Panorama sorgt. Besonders hübsch ist natürlich der Blick auf den nahen Fuschlsee (664 m), und an seinem Ostufer, in Fuschl, beginnt auch die Schober-Tour, ganz bequem mit der Fahrt hinauf zum Wirtshaus Wartenfels (924 m). Dann kommt erst einmal die gleichnamige Burgruine (1021 m) ins Blickfeld. Und der Klettersteig? Ein paar Drahtseile sichern den »Gipfelsturm«, ebenso den Übergang zum etwas niedrigeren Nebengipfel, dem Frauenkopf.

Wo? Fuschl (670 m) erreicht man von Salzburg bzw. St. Gilgen über die B158, 23 bzw. 7 km.
Ausgangspunkt Wh. Wartenfels (924 m), Zufahrt von Fuschl, 6 km. Parkplatz.
Wegverlauf Wh. Wartenfels – Schober – Frauenkopf (1308 m) – Wh. Wartenfels.

Gehzeit Für die gesamte Runde etwa 2 Std.
Orientierung Problemlos, gut markierte Wege.
Einstufung Leicht; Drahtseilsicherungen, an den Gipfelfelsen ein paar Eisenklammern.

079 Drachenwand, gesicherter Steig
Drachenwand, 1060 m

Leicht

Auf der Fahrt von Mondsee zum Wolfgangsee steht die markante Felsbarriere der Drachenwand direkt vor einem. Ein gesichertes Steiglein führt, den Absturz links umgehend, auf den Ostgipfel.

Wo? Mondsee (493 m) liegt am westlichen Ende des gleichnamigen Sees.
Ausgangspunkt Gh. Drachenwand (498 m) an der B154, 6 km von Mondsee.
Wegverlauf Gh. Drachenwand – Theklakapelle (550 m) – Klausbachklamm – Drachenwand.

Gehzeiten Insgesamt 2½ Std.; Aufstieg 1½ Std., Abstieg auf dem gleichen Weg 1 Std.
Orientierung Markierte und beschilderte Wege.
Einstufung Leicht; das Steiglein ist mit Drahtseilen und drei Leitern gesichert.

080 Brennerriesesteig
Brennerin, 1559 m

Leicht

See oder Gletscherberg? Die Brennerin bietet beides, beim Anstieg zur Brennerriese erst einmal Wasser, natürlich vor allem drunten im Attersee (469 m), salziges auch auf der Stirn des Gipfelstürmers, denn der Weg ist ganz schön steil. Dafür heißt es oben: Vorhang auf! Und da steht dann der vergletscherte Dachstein (2995 m) am südlichen Horizont – ein Traumbild! Beim Abstieg südwestlich über den langen Grat der Mahdlschneid – ebenfalls an einigen Stellen mit Drahtseilsicherungen – kann man beides ausgiebig genießen, die Aussicht ins Hochgebirge wie den Tiefblick zur weiten Wasserfläche. Und niemand hindert einen daran, nach der »heißen« Tour ein erfrischendes Bad im Attersee zu nehmen …

Wo? Zum Attersee kommt man bequem über die Westautobahn A1, Ausfahrt Seewalchen. Am oberen Ostufer liegen die Ferienorte Seefeld (480 m) und Weißenbach, 14 bzw. 19 km.
Ausgangspunkt Forstamt (470 km) auf halber Strecke zwischen Seefeld und Weißenbach. Parkplatz an der B152.
Wegverlauf Forstamt – »Brennerriesesteig« – Brennerin – Mahdlschneid – Weißenbach – Forstamt.

Gehzeiten Insgesamt 6 Std.; Forstamt – Brennerin 3 Std., Abstieg nach Weißenbach 2 Std., Rückweg abseits der Straße 1 Std.
Orientierung Leicht, gut bezeichnete Wege, AV-Nummern 821, 820.
Einstufung Leicht, an der Brennerriese lange Leiter, einige Drahtseile; beim Abstieg über die Mahdlschneid kurze gesicherte Passagen.

081 Sparber, gesicherter Steig
Sparber, 1502 m

Leicht

Wer am Wolfgangsee nicht bloß nach dem »Weißen Rößl« oder nach einem nicht minder berühmten Feriengast schielt, kann ihn eigentlich nicht übersehen, den isoliert aufragenden, bewaldeten Kegel mit dem steinernen, doppelgipfligen Kopf. Er steht südlich über dem Voralpensee; der einzige markierte Anstieg, steil, aber nicht allzu weit, verläuft durch das Tälchen des Schärferbachs und über die Ostflanke. Am felsigen Gipfelaufbau helfen dann Leitern und Drahtseile auf den kreuzgeschmückten Nordgipfel.

Wo? Strobl (544 m) liegt am Ostende des Wolfgangsees, je 12 km von St. Gilgen und Bad Ischl.
Ausgangspunkt Weißenbach (565 m) an der Mündung des gleichnamigen Tals; evtl. Zufahrt zum Gh. Kleefeld (690 m).
Wegverlauf Weißenbach – Kleefeld – Dürrentalalm (977 m) – Scharte (ca. 1450 m) – Nordgipfel.

Gehzeiten Insgesamt 4¼ Std.; Aufstieg 2¾ Std., Abstieg auf dem gleichen Weg 1½ Std.
Orientierung Problemlos.
Einstufung Leicht.

082 Rinnkogel, gesicherter Steig

Rinnkogel, 1823 m

Leicht

Über dem Unkelkar stehen drei Gipfel, die annähernd gleich hoch sind und – noch eine Übereinstimmung – alle einen gesicherten Zugang aufweisen. So ist der Verbindungsgrat zwischen Rettenkogel und Bergwerkskogel mit etwas Eisen gangbar gemacht (siehe 83), und auch am Aufstieg zum Rinnkogel erleichtern Drahtseile den Zugang zum Grat und den Weiterweg zum höchsten Punkt. Oben gibt es eine stimmungsvolle Rundschau mit dem St.-Wolfgang-See im Nordwesten und dem vergletscherten Dachsteinmassiv im Südosten.

Wo? Ins Weißenbachtal kommt man von Strobl über die (mautpflichtige) Postalmstraße.
Ausgangspunkt Simonhütte (723 m) an der Postalmstraße, 7,5 km von der B 158. Parkplatz.
Wegverlauf Simonhütte – Sulzaustube (758 m) – Gratscharte (1328 m) – Rinnkogel.
Gehzeiten Insgesamt 5½ Std., Aufstieg 3½ Std., Abstieg auf dem gleichen Weg 2 Std.
Orientierung Leicht; AV-Markierung 889.
Einstufung Leicht.

083 Bergwerkskogel – Rettenkogel, Überschreitung

Bergwerkskogel, 1781 m

Mittel

Oft bieten sie die größten, auf jeden Fall die überraschendsten Kontraste: die Berge in Stadtnähe. Wie beispielsweise die »Zwillinge« westlich des Katergebirges, nur ein paar Kilometer von der Bad Ischler Kurpromenade, von Casino und teuren Boutiquen entfernt – eine wilde Bergregion, einsam, still. Daran haben auch die beiden markierten Wege und die (spärlichen) Sicherungen nicht viel geändert; für die Kurgäste ist der Berg eh' zu hoch, der Abgrund zu tief und das nächste Kaffeehaus zu weit ...
Kernstück der Runde ist die Gratüberschreitung, die man mit Vorteil vom Bergwerkskogel zum gleich hohen Rettenkogel (1780 m) durchführt; andernfalls muß die schwierigste Passage – ein 10-Meter-Wandl – im Abstieg genommen werden. Ein paar Sicherungen (Drahtseile, Klammern) weist auch der Anstieg zum Bergwerkskogel auf.

Wo? Nach Bad Ischl (469 m) kommt man von der Westautobahn über St. Gilgen bzw. Gmunden, 37 bzw. 46 km.
Ausgangspunkt Der Weiler Ramsau, auf halber Strecke zwischen Strobl und Bad Ischl an der B 158. Parkplatz beim Gh. Wacht. Kurze Zufahrt in den Graben des Schöffaubachs.
Wegverlauf Ramsau – Schöffau (805 m) – Laufenbergalm (1300 m) – Bergwerkskogel (1781 m) – Rettenkogel (1780 m) – Sonntagkaralm – Schöffau – Ramsau.
Gehzeiten Insgesamt 7 Std.; Ramsau – Bergwerkskogel 3¾ Std., Grat zum Rettenkogel ¾ Std., Abstieg 2½ Std.
Orientierung Problemlos, AV-Wege 891, 893.
Einstufung Mittel, schwierigste Stelle am Gipfelaufschwung des Rettenkogel.

084 Schafluckensteig

Brunnkogel, 1708 m

Leicht

Natürlich sind allein schon die beiden malerischen Langbathseen, dunkel und waldumsäumt, einen Besuch wert. Doch den Klettersteigler interessiert vor allem die breite Felsfront im Talschluß, die vom Eiblgupf (1813 m) bis zum Hinteren Spielberg (1538 m) zieht und nur einen Durchstieg aufweist, den »Schafluckensteig«. Mit Drahtseilen gesichert, steigt er vom Hinteren Langbathsee (732 m) über die Rampe hinauf zum Latschenplateau des Höllengebirges. Da gibt's kaum Aussicht, und deshalb lohnt es sich, noch den kleinen Abstecher zum Brunnkogel zu unternehmen.

Wo? Zu den Langbathseen kommt man von Ebensee (443 m), das am oberen Ende des Traunsees liegt, 17 km von Gmunden.
Ausgangspunkt Vorderer Langbathsee (664 m), 8 km ab Ebensee. Parkplatz.
Wegverlauf Vorderer Langbathsee – Hinterer Langbathsee – »Schafluckensteig« – Brunnkogel.
Gehzeiten Insgesamt 5½ Std.; Aufstieg 3½ Std., Abstieg auf dem gleichen Weg 2 Std.
Orientierung AV-Wege 828, 829.
Einstufung Leicht; Wandhöhe etwa 400 m, Drahtseilsicherungen.

085 Naturfreundesteig

086 Hernlersteig

Traunstein, 1691 m

Mittel

Keine Frage, er ist der »Schönste im ganzen Land«, zumindest im Salzkammergut: der »Naturfreundesteig«, eine richtige Ferrata, nicht schwierig, aber sehr abwechslungsreich und über 1000 Meter hoch. Da ist natürlich viel Gehgelände dazwischen, doch die Route überrascht immer wieder mit originellen Passagen. Sehr animiert der Auftakt mit steilen 165 Leitersprossen, nach halber Wegstrecke, am Überstieg auf die Südwestabdachung des Traunsteins (»Lenzingerleiter«) kommt das Fels-Eis-Ensemble des Dachsteins ins Bild. Knapp unter dem Traunkirchner Kogel (1575 m) führt die Eisenroute noch durch ein Felsenfenster, in dem sich – zurückblickend – die glitzernde Wasserfläche des Traunsees zeigt: Klick! Und dann steht man auch schon vor der Traunsteinhütte, aber noch nicht am Gipfel: weitere 100 Höhenmeter bis zum riesigen Kreuz und zur großen Rundschau.
Für den Abstieg hat man die Wahl zwischen dem Wanderweg, der gemütlich →

»Schwedensteige« – der ganz besondere Tourentip

Klettersteige – das hat sich inzwischen herumgesprochen – gibt es nicht nur in den Alpen, auch andernorts wurde die Lücke zwischen Wandern und Klettern mit Eisen geschlossen, so etwa im Climber-Paradies des Yosemite Valley (am Half Dome). Doch wer weiß schon, daß es im hohen Norden, in einem Winkel Europas, wo das an Drei- und Viertausender gewöhnte Auge des Alpenbergsteigers keine Berge, kaum Felsen entdecken kann, viel näher am Polarkreis als an der Zugspitze, Klettersteige gibt? Angeregt durch mehrere Ausflüge ins Ferrata-Paradies der Dolomiten, haben zwei Schweden die Idee kurzerhand an den Bottnischen Meerbusen exportiert. In den Jahren 1987–89 wurde gebohrt, gehämmert, und nun zieren zwei propere Klettersteige die rund 250 Meter hohe Granitwand des Skuleberget (294 m). Die Ausrüstung kann man mieten, und davon machen die Leute aus dem Norden regen Gebrauch, über 2000mal jeden Sommer – fast schon alpine Verhältnisse …

Schweden-steil!

Aber die Alpen sind weit, der Skuleberget steht gut 500 Kilometer nördlich von Stockholm an der »Hohen Küste«. Beide Routen sind durchgehend mit Fixseilen gesichert, dazu kommen ein paar Eisenstifte und Klammern. Die ältere, 1987 erbaute Anlage mit einem Höhenunterschied von etwa 200 Metern gilt als nur mäßig schwierig, zu vergleichen vielleicht mit dem »Gamsängersteig« an der Ellmauer Halt. Von ganz anderem Kaliber ist die zweite Ferrata, ungesichert wäre die Route ein »Fünfer«! Und das in rauhem schwedischem Granit, direkt über dem Meer – schon ein Kletter(steig)erlebnis der besonderen Art.

085/086

Wo? Gmunden (440 m) liegt am Nordende des Traunsees.

Ausgangspunkt Parkplatz am Fuß des Traunsteins; Zufahrt über die Ostuferstraße, 6 km (Sperrschranke).

Wegverlauf Traunseeufer – »Naturfreundesteig« – Traunsteinhütte – Traunstein – Lainaugraben – Traunseeufer.

Gehzeiten Insgesamt 6½ Std.; »Naturfreundesteig« 3¼ Std., Traunsteinhütte – Traunstein ½ Std., Abstieg über den Lainaugraben 2¾ Std. Abstieg von der Gmundner Hütte über den »Hernlersteig« zum Seeufer 2 Std.

Hütten Traunsteinhütte (1570 m), Gmundner Hütte (1661 m).

Orientierung Problemlos, die Steige sind gut markiert.

Einstufung »Naturfreundesteig« mittel, »Hernlersteig« leicht, aber bei Nässe gefährlich, zudem steinschlaggefährdet (Helm!).

➡ hinabläuft in den Lainaugraben, und dem »Hernlersteig«. Der wiederum rangiert in meiner »Hitliste« ziemlich weit hinten, und wen's schon mal im Knie gezwickt hat, sollte ihn auf jeden Fall auslassen. Recht viel zu bieten hat diese »Direttissima« durch den extrem steilen Brandgraben (Drahtseile, drei Leitern) ohnehin nicht, und hinterher erinnert man sich wohl vor allem an einen veritablen Knieschnackler …

Blickfang am »Naturfreundesteig« ist der Traunsee.

087 Hochkogel-Klettersteig
Hochkogel, 2281 m

Leicht

Die Sensation des Hochkogels sitzt im Berg, zieht alljährlich Tausende an: die Eisriesenwelt. Da kann der Klettersteig natürlich nicht mithalten; gemeinsam haben Höhle und Eisensteig nur den Zugang, bequem per Seilbahn. An der Bergstation wendet sich das Gros der Fahrgäste ins Bergesinnere, wo Wasserfälle im kalten Zugwind zu Eiskaskaden erstarrt sind, während ein paar wenige am Weg hinauf zum Karrenplateau des Tennengebirges Schweißtropfen vergießen...
Die Route, auf kürzeren Abschnitten recht exponiert, aber bestens gesichert, fasziniert vor allem durch packende Tiefblicke ins Tal der Salzach, wo die Festung Hohenwerfen deutlich zu erkennen ist.

Wo? Werfen (548 m) liegt im Salzachtal, 45 km südlich von Salzburg. Zufahrt zur Seilschwebebahn in die Eisriesenwelt, 6 km. Parkplatz.
Ausgangspunkt Bergstation (1582 m) der Seilbahn beim Ödl-Haus.
Wegverlauf Seilbahnstation – Klettersteig – Jagdhütte (2092 m) – Hochkogel.
Gehzeiten Insgesamt 3¼ Std.; Aufstieg 2 Std., Abstieg auf dem gleichen Weg 1¼ Std.
Orientierung Problemlos, AV-Weg 212 bis zur Jagdhütte am Hochkogeltief.
Einstufung Leicht, mit Drahtseilen, Eisenstiften und einer Leiter gesichert. Steinschlaggefahr (Helm).

088 Raucheck, gesicherter Steig
Raucheck, 2431 m

Leicht

Eine Schwalbe macht noch keinen Sommer – und eine Leiter keinen Klettersteig! Was aber keineswegs heißen soll, daß sich die Raucheck-Tour nicht lohnen würde, ganz im Gegenteil. Nur »Eisenfresser« sind hier an der falschen Adresse. Der recht lange Weg zum Gipfel verlangt zwar eine ordentliche Kondition und die senkrechte Eisenkonstruktion, die oberhalb der Werfener Hütte über eine Felsbarriere hinweghilft, natürlich Schwindelfreiheit, doch der Rest ist vor allem Landschaftsgenuß, kontrastreich, eine Wanderung aus dem Talgrün hinauf zur grau-öden Felswüste des »Tennendachs«.

Wo? Werfen (546 m) liegt im Salzachtal, 45 km südlich von Salzburg.
Ausgangspunkt Gh. Mahdegg (1202 m), Zufahrt von Werfen via Werfenweg (901 m), 10 km. Parkplatz.
Wegverlauf Gh. Mahdegg – Werfener Hütte (1969 m) – Throntörl – Raucheck – Hochthrontal – Gh. Mahdegg.
Gehzeiten Insgesamt 7 Std.; Gh. Mahdegg – Werfener Hütte 2¼ Std., Werfener Hütte – Throntörl 1¼ Std., Throntörl – Raucheck 1 Std., Abstieg durch das Hochthrontal 2½ Std.
Hinweis Hochkogel und Raucheck ergeben zusammen mit der Überschreitung des Tennen-Plateaus eine schöne Zwei-Tage-Tour; Aufstieg über den Hochkogel-Klettersteig (siehe 87).
Hütten Werfener Hütte (1969 m), Edelweißhütte (2360 m) am Mittleren Streitmandl; Notunterkunft, nur mit AV-Schlüssel zugänglich.
Orientierung AV-Wege 221, 227. Im Kar des Hochthrontals gut auf (dürftige) Markierungen achten! Bei Nebel kann man sich am Hochplateau des Tennengebirges leicht verlaufen.
Einstufung Leicht, im Bereich der »Thronleiter« Steinschlaggefahr.

089 Steiglkogel, gesicherter Steig
Steiglkogel, 2205 m

Leicht

Ein klassisches Alpensujet, tausendfach schon abgelichtet: die freundlich-grüne Hügellandschaft des Tennengaus, darüber der wildgezackte Gosaukamm mit dem unverkennbaren Profil der »Mütze«. Kletterträume. Ferratisten fahren in der Regel weiter zum Dachstein, wo es »eisenhaltigere« Ziele gibt. Der Gosaukamm bietet bloß ein paar wenige Drahtseile, am Donnerkogel (2055 m) und am Steiglkogel. Letzterer macht Appetit auf mehr, garantiert, denn gleich »nebenan« ragt die Bischofsmütze (2459 m) in den Himmel. Ihre Besteigung setzt allerdings schon etwas Kletterfertigkeit voraus, ist auch ungesichert, während am Weg zum Steiglkogel Drahtseile auf den gleichnamigen Paß und durch eine Steilrinne zur Gipfelabdachung leiten.

Faszinierende Hochalpen: am Dachstein.

Wo? Filzmoos (1055 m) liegt im Südwesten des Dachsteins, Zufahrt von der Tauernautobahn A 10, 12 km.
Ausgangspunkt Oberhofalm (1268 m) im Tal der Warmen Mandling, 6 km von Filzmoos.
Wegverlauf Oberhofalm – Hofpürglhütte (1705 m) – Steiglpaß (2016 m) – Steiglkogel.
Gehzeiten Insgesamt 5¼ Std.; Oberhofalm – Hofpürglhütte 1¼ Std., Hofpürglütte – Steiglkogel 2 Std., Abstieg auf dem gleichen Weg 2 Std.
Hütte Hofpürglhütte (1705 m).
Orientierung Weg zum Steiglpaß AV-Nummer 612, dann nur mehr verblaßte rote Markierung.
Einstufung Leicht.

090 Linzer Weg
Hofpürglhütte – Adamekhütte, 2196 m

Leicht

Zweifellos gehört der »Linzer Weg« zu den schönsten markierten Höhenwegen der Ostalpen: ein Dachstein-Bilderbuch, in das die malerischen Gosauseen, die elegante Bischofsmütze (2459 m), der wuchtige Torstein (2948 m) und der Gosaugletscher Glanzlichter setzen. Als Tagesziel taugt der »Linzer Weg« allerdings nicht; also wird man am Vortag zur Hofpürglhütte (1705 m) wandern, am besten über den »Austriaweg«, und dann ausgeruht den »Linzer Weg« angehen. Er ist auf kürzeren Abschnitten gesichert und bei guten äußeren Bedingungen nur wenig schwierig. Liegen allerdings Eis oder Schnee in den schattigen Felswinkeln, kann die Tour gefährlich werden; bei unsicherem Wetter ist von einer Begehung abzuraten.

Wo? Zum Vorderen Gosausee (933 m) kommt man von Hallstatt auf guter Straße, 20 km. Talstation der Gosaukamm-Seilbahn.
Ausgangspunkt Bergstation der Seilbahn (1485 m) unweit der Gablonzer Hütte (1550 m).
Wegverlauf Bergstation der Seilbahn – Gablonzer Hütte (1550 m) – »Austriaweg« – Theodor-Körner-Hütte (1460 m) – Hofpürglhütte (1705 m) – »Linzer Weg« – Adamekhütte (2196 m) – Hinterer Gosausee (1154 m) – Vorderer Gosausee.
Gehzeiten Insgesamt 12 Std.; Gablonzer Hütte – Hofpürglhütte 4 Std., »Linzer Weg« – Adamekhütte 5 Std., Abstieg zum Vorderen Gosausee 3 Std.
Hütten Gablonzer Hütte (1550 m), Theodor-Körner-Hütte (1460 m), Adamekhütte (2196 m). Hofpürglhütte (1705 m), bewirtschaftet Pfingsten bis Mitte Oktober, Tel. (0 36 87) 8 13 23.
Orientierung AV-Wege 611, 601, 614.
Einstufung Gesicherte Passagen leicht.

091 Schöberl-Klettersteig
Schöberl, 2422 m

Mittel — S

Wie sich die Zeiten doch ändern! Früher, vor dem Bau der großen Dachstein-Seilbahnen, begann der Weg auf den Fast-Dreitausender in Hallstatt, und da war man dankbar um einen Stützpunkt unterm Dachsteingletscher. Der ist mittlerweile ziemlich stark geschrumpft, wie auch die Distanz zum Hohen Dachstein: keine drei Stunden von der Seilbahn bis zur Simonyhütte (2206 m). Und manche steuern dann nicht etwa den »großen« Dachstein an, sondern den »kleinen« Schöberl, den Hüttengipfel mit zahlreichen Kletterrouten und – seit jüngstem – einer 100-Meter-Ferrata.

Wo? Zum Hallstätter See (508 m) kommt man von Bad Ischl über Bad Goisern, 25 km bis zur Talstation der Dachstein-Seilbahnen.
Ausgangspunkt Seilbahnstation auf der Gjaidalm (1788 m).
Wegverlauf Gjaidalm – Schwalbengruben – Simonyhütte – Schöberl.
Gehzeiten Insgesamt 5¾ Std.; Gjaidalm – Simonyhütte 2¾ Std., Schöberl-Klettersteig ¾ Std., Abstieg und Rückweg zur Seilbahn 2¼ Std.
Hütte Simonyhütte (2206 m).
Orientierung AV-Weg 650. Von der Hütte auf Steigspuren zum Felsfuß, Einstieg bezeichnet.
Einstufung Mittel, S.

092 Dachstein-Überschreitung
Hoher Dachstein, 2995 m

Mittel — A

Für Klettersteigler mit Geschichtsbewußtsein ist der Hohe Dachstein nicht irgendein Berg; der Normalweg wurde bereits 1843 – zwischen Nürnberg und Fürth verkehrte gerade die erste Eisenbahn Deutschlands, die elektrische Glühlampe war noch nicht erfunden – mit soliden Eisen versehen: eine echte Pioniertat! Einige dieser Antiquitäten stecken noch heute im Fels, und 1878 erhielten der Ostgrat und das »Mecklenburgband« ihre Fesseln, bestehend aus 133 Kilogramm Eisen und 500 Meter Schiffstau. Seile gibt's noch mehr am Dachstein, jene der »Dachsteinsüdwand-Seilbahn«, die für viel Betrieb auf und um den Gletscher sorgt. Daß die Zahl der Gipfelstürmer ebenfalls sprunghaft angestiegen ist, versteht ➡

Den Überstieg vom Gosauer zum Hallstätter Gletscher am Dachstein erleichtert eine solide Leiter.

➡ sich da fast von selbst; daß die bequeme Anfahrt bis in die Hochgbirgsregion der Dachstein-Tour einiges von ihrem Erlebniswert genommen hat, leider auch. Kolonnengehen vom Hunerkogel in der Firnspur hinüber zum »Randkluftanstieg« ist an Schönwettertagen fast der Normalfall, auch der eine oder andere kleine Stau im Fels. Die Drahtseile am Einstieg zu dem etwas schwierigeren »Ostgrat-Felsensteig« wurden sogar entfernt, um Ungeübte fernzuhalten. Etwas ruhiger ist es am Westgrat, der ebenfalls gesichert ist, und mit der Überschreitung der Steinerscharte (2721 m) schließt die Runde.

092

Wo? Von Schladming (749 m) bzw. Filzmoos (1055 m) kommt man über die mautpflichtige Dachsteinstraße zur Talstation (1705 m) der Seilschwebebahn, 17 km. Großer Parkplatz.

Ausgangspunkt Bergstation der Seilbahn am Hunerkogel (2694 m).

Wegverlauf Hunerkogel – Hallstätter Gletscher – »Felsensteig« – Hoher Dachstein – Westgrat – Gosaugletscher – Steinerscharte (2721 m) – Hallstätter Gletscher – Hunerkogel.

Gehzeiten Insgesamt 4¼ Std.; Hunerkogel – Hoher Dachstein 1½ Std., Westgrat ¾ Std., Rückweg über die Steinerscharte 2 Std.

Orientierung Auf den Gletschern in der Regel gute Spur. Nur bei sicherem Wetter gehen!

Einstufung Mittel, A. Am »Randkluftanstieg« Steinschlaggefahr; Zustieg über den Ostgrat lohnender. Westgrat auf etwa 200 m gesichert, an der Steinerscharte senkrechte Leiter. Bei Vereisung gefährlich!

093 Koppenkarstein, gesicherter Steig

Großer Koppenkarstein, 2865 m

Leicht

Im Anschluß an die Dachstein-Überschreitung kann man – wenn die Zeit bis zur letzten Seilbahn-Talfahrt es erlaubt – noch den Koppenkarstein besuchen. Der Anstieg über den Westgrat ist bestens gesichert, für Geübte leicht, und vom Gipfel genießt man einen faszinierenden Blick auf den »Stein«, der sich kilometerweit nach Osten erstreckt. Weniger ansprechend ist die »Gipfelverzierung« des österreichischen Bundesheeres.

Ausgangspunkt Bergstation der »Dachsteinsüdwand-Seilbahn« am Hunerkogel (2694 m).

Wegverlauf Hunerkogel – Austriascharte – Koppenkarstein.

Gehzeit 2½ Std. hin und zurück.

Orientierung Leicht.

Einstufung Bei guten äußeren Bedingungen (keine Vereisung) leicht. Randkluft.

Wanted!

Keine Angst, hier wird kein Bösewicht gesucht, tot oder lebendig etwa. Ganz im Gegenteil, der Aufruf gilt sehr beweglichen, aktiven Zeitgenossen, die eine Schwäche für Vie ferrate haben, viel unterwegs sind auf Eisenwegen. Mit anderen Worten: Autor und Verlag brauchen Ihre Hilfe. Denn auch mit erheblichem Fleiß, mit detektivischer Spurensuche wird es mir, dem Autor, nie gelingen, allen Veränderungen im alpinen Klettersteig-Inventar auf die Spur zu kommen, jede neue Ferrata rechtzeitig zu orten.

Deshalb meine Bitte: Schreiben oder faxen Sie mir, teilen Sie Neuigkeiten, Änderungen mit – zum Vorteil aller, die mit einer nächsten Auflage auf den Klettersteigen der Alpen unterwegs sein werden. Und ganz umsonst soll Ihre Mühe natürlich nicht sein: Für jeden nützlichen Tip, der zur Verbesserung des Buches führt, auch für konstruktive Kritik wird sich der Bruckmann-Verlag erkenntlich zeigen.

Meine Anschrift: Eugen E. Hüsler, Ostener Straße 5, D-83623 Dietramszell, Tel. und Fax (08027) 1369.

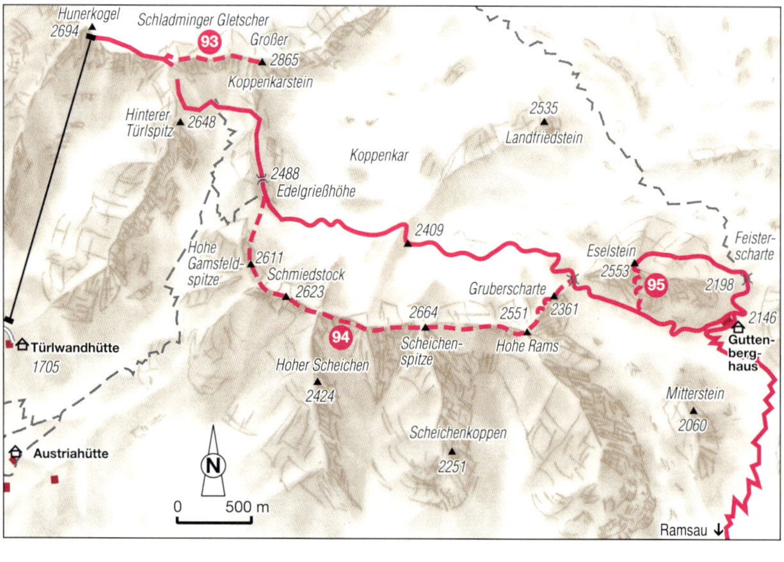

094 Ramsauer Klettersteig

Scheichenspitze, 2664 m

Mittel

Der Ostteil des Dachsteinmassivs fristete – zumindest alpinistisch betrachtet – seit jeher ein Mauerblümchendasein: keine berühmten Namen, keine großen Wände. Gamsfeldspitz (2611 m), Schmiedstock (2623 m), Scheichenspitze, Hohe Rams (2551 m) – wer kennt sie schon? Immerhin, seit ein paar Jahren erhalten diese (namenlosen) Berge vermehrt Besuch: der »Ramsauer Klettersteig«, 1986 eröffnet, verbindet die Gipfel und Scharten von der Edelgrießhöhe bis hinüber zur Gruberscharte, eine faszinierend-spannende Überschreitung, nicht extrem schwierig, mit rund einem Kilometer Drahtseil und ein paar Eisenbügeln bestens gesichert. Unpraktisch nur, daß man abends in Ramsau ankommt, weitab vom Ausgangspunkt.
Wer die Dachsteinseilbahn samt dem Rummel um Hunerkogel und Dachstein links liegen läßt und am Vorabend gleich zum Guttenberghaus aufsteigt, ist da besser dran: frühmorgens hinauf zur Gruberscharte und hinüber zur Edelgrießhöhe, wo das »eiserne Vergnügen« beginnt. Und anderntags könnte man ja noch den Eselstein angehen. Zwei Tage »im Stein«, grantiert erlebnisreich und sehr eisenhaltig!

Ausgangspunkt Bergstation der »Dachsteinsüdwand-Seilbahn« am Hunerkogel (2694 m).
Wegverlauf Hunerkogel – Hunerscharte – Rosmarie-Stollen – »Austria-Scharten-Weg« – Edelgrießhöhe (2488 m) – »Ramsauer Klettersteig« – Gruberscharte (2361 m) – Guttenberghaus (2146 m) – Gh. Feisterer (1150 m).
Gehzeiten Insgesamt 7 Std.; Hunerkogel – Edelgrießhöhe 1 Std., »Ramsauer Klettersteig« – Gruberscharte 3½ Std., Gruberscharte – Guttenberghaus – Gh. Feisterer 2½ Std.
Alternative: Insgesamt 11½ Std.; Gh. Feisterer – Guttenberghaus 3 Std., Guttenberghaus – Gruberscharte – Edelgrießhöhe 2½ Std., »Ramsauer Klettersteig« – Gruberscharte – Guttenberghaus 4 Std., Abstieg zum Gh. Feisterer 2 Std. Nächtigung im Guttenberghaus!
Hütte Guttenberghaus (2146 m), bewirtschaftet Anfang Juni bis Mitte Oktober, Tel. (0 36 87) 2 27 53.
Orientierung Gut bezeichnete Steige; »Ramsauer Klettersteig« durchgehend rot markiert. Im »Rosmarie-Stollen« ist eine Taschenlampe nützlich.
Einstufung Mittel; anspruchsvollste Passagen beiderseits der Hohen Gamsfeldspitze. Gute Kondition erforderlich.

095 Jubiläums-Klettersteig

Eselstein, 2553 m

Schwierig

Noch so ein »Namenloser«, erst jüngst aus dem alpinen Dornröschenschlaf wachgeküßt: der Eselstein. Seit 1991 spannt sich ein fest verankertes Drahtseil über seinen Südgrat, steil, luftig, so richtig nach dem Geschmack routinierter Klettersteigler.

Wo? Ramsau (1135 m), auf einer Sonnenterrasse am Fuß des Dachsteinmassivs gelegen, erreicht man von Schladming über eine gute Straße.
Ausgangspunkt Gh. Feisterer (1150 m) an der Mündung des Feisteregrabens. Parkplatz.
Wegverlauf Gh. Feisterer – Guttenberghaus (2146 m) – Eselstein – Feisterscharte (2198 m) – Guttenberghaus – Gh. Feisterer.
Gehzeiten Insgesamt 7½ Std.; Gh. Feisterer – Guttenberghaus 3 Std., »Jubiläums-Klettersteig« – Eselstein 1¾ Std., Abstieg über die Feisterscharte zum Guttenberghaus ¾ Std., Guttenberghaus – Gh. Feisterer 2 Std.
Hütte Guttenberghaus (2146 m).
Orientierung Leicht, Abzweigung zur Ferrata am Weg 618 zur Gruberscharte. Abstieg vom Gipfel über die Ostflanke (Steigspuren, Steinmännchen).
Einstufung Schwierig, exponiert. Drahtseilsicherungen, ein paar Klammern im Mittelteil der Route.

096 Grimming, Südanstieg

Grimming, 2351 m

Leicht

Schwierig ist der Weg auf den Grimming nicht, aber weit: 1700 Höhenmeter sind nicht jedermanns Sache, und die kurzen gesicherten Passagen werden kaum viele Klettersteigler anlocken. Der mächtige, isoliert zwischen Dachsteinmassiv und Totem Gebirge stehende Bergstock ist ein Revier für Naturfreunde, für Liebhaber stiller Wege. Und wer sich im IIer Gelände sicher zu bewegen weiß, kann alternativ über den (ungesicherten) Südostgrat aufsteigen und über den gesicherten Normalweg absteigen: die ganz große Grimming-Tour!
Und noch eine Variante: der Nordanstieg auf den Grimming, nicht ganz so »grimmig« lang, aber ebenfalls mit etwas Eisen.

Wo? Die Ennstal-Bundesstraße führt direkt am Fuß des Grimming vorbei.
Ausgangspunkt Niedersuttern (649 m), Weiler an der B146, zwischen Irdning und St. Martin am Grimming.
Wegverlauf Niedersuttern – Grimminghütte (966 m) – Kasten – Multereck (2176 m) – Grimming.
Gehzeiten Insgesamt 9¼ Std.; Niedersuttern – Grimminghütte ¾ Std., Grimminghütte – Multereck 3¾ Std., Multereck– Grimming 1 Std., Abstieg auf dem gleichen Weg 3¾ Std.
Tip Etwas kürzer ist der Nordanstieg auf den Grimming; Zufahrt von der B145 bis zur Jausenstation Kulm (962 m), Aufstieg ins Schartenkar mit Drahtseilsicherungen, insgesamt etwa 4½ Std., AV-Mark. 683.
Hinweis In der Schneegrube (ca. 1750 m) links Abzweigung zum Südostgrat, Hinweistafel, rote Markierungen. Leichte Kletterei, I–II, Schlüsselstelle II+ (Wandl).
Hütten Grimminghütte (966 m), Biwakschachtel am Gipfel, stets zugänglich.
Orientierung AV-Steig 681.
Einstufung Leicht, kurze gesicherte Passagen (Drahtseile, Leiter), gute Kondition unerläßlich. Steinschlaggefahr unterhalb des Kastenkars.

097 Sandling-Klettersteig
Sandling, 1717 m

Leicht

Nicht seine Höhe, vielmehr die günstige Lage im Ausseer Land macht den Sandling zu einem lohnenden Tourenziel. Vom Gipfel bietet sich eine bezaubernde Rundschau mit viel Grün, mit Felsen und Wassern: Altausseer, Hallstätter und Wolfgangsee (ein Zipfel im Nordwesten). Der gesicherte Anstieg, etwas hochtrabend als »Sandling-Klettersteig« bezeichnet, verläuft links der markanten Westwand durch steile, felsige Latschengassen, mit Drahtseilen und ein paar Eisenklammern bestens gesichert. Nicht bei Nässe gehen!

Wo? Die Pötschenhöhe (992 m) verbindet Bad Goisern mit Bad Aussee, je 10 km.
Ausgangspunkt Gh. Sarsteinblick (900 m), Zufahrt von der Pötschen-Ostrampe via Oberluppitsch (882 m), 2,5 km. Parkplatz.
Wegverlauf Gh. Sarsteinblick – Vordere Sandlingalm (1334 m) – Klettersteig – Sandling – Ausseer Sandlingalm (1221 m) – Gh. Sarsteinblick.
Gehzeiten Insgesamt 5 Std.; Gh. Sarsteinblick – Vordere Sandlingalm 1¼ Std., Vordere Sandlingalm – Sandling 1¼ Std., Abstieg über die Ausseer Sandlingalm 2½ Std.

Eine der steilen Latschengassen.

Orientierung Gut markierte Wege, AV-Mark. 250, 251, 252.
Einstufung Leicht.

098 Grießkarsteig
099 Sepp-Huber-Steig
100 Rotgschirr, gesicherter Steig
Rotgschirr, 2261 m

Leicht

Nach Norden bricht das Tote Gebirge über Steilwände in wilde Karwinkel ab, prägen Fels und Geröll ein ganz anderes Bild als oben auf dem schier endlos weiten Plateau. Dadurch wird hier jede Wanderung zum unvergeßlichen Landschaftserlebnis, und das gilt ganz besonders für die »Almtaler Felsensteige«: idyllisch der Auftakt am waldumsäumten Almsee (589 m), dramatisch der Wanddurchstieg, einer Mondlandschaft ähnlich das »Dach« des Toten Gebirges.
Als Tagestour eignet sich die Runde allerdings nicht, und wenn man gleich noch das Rotgschirr besteigen will, ist auf jeden Fall eine Übernachtung in der Pühringer Hütte angezeigt. Größere Schwierigkeiten bieten die drei Steige nicht; im Grießkar sind knapp 100 Höhenmeter seilgesichert, der »Sepp-Huber-Steig« weist unterhalb des Ahornkars zahlreiche gesicherte Passagen auf (Drahtseile, kurze Leitern), und aufs Rotgschirr helfen ebenfalls Drahtseile.

Wo? Ins Almtal kommt man über die B120 Gmunden – Kirchberg an der Krems; Abzweigung bei Mühldorf (526 m).
Ausgangspunkt Almsee (589 m) am Endpunkt der Talstraße, 21 km von Mühldorf. Parkplatz.
Wegverlauf **1. Tag:** Almsee – In der Röll – »Grießkarsteig« – Grießkarscharte (1927 m) – Elmgrube (1622 m) – Pühringer Hütte.
2. Tag: Pühringer Hütte – Roßschweif – Röllsattel (1755 m) – »Sepp-Huber-Steig« – Almsee.
Gehzeiten **1. Tag:** Insgesamt 6 Std.; Almsee – Grießkarscharte 4 Std., Grießkarscharte – Elmgrube – Pühringer Hütte 2 Std. **2. Tag:** Insgesamt 6½ Std.; Pühringer Hütte – Rotgschirr 2 Std., Abstieg in den Röllsattel 1½ Std., »Sepp-Huber-Steig« – Almsee 3 Std.
Hinweis Kombination mit den Klettersteigen an Großem Priel und Spitzmauer möglich.
Hütte Pühringer Hütte (1637 m), bewirtschaftet Anfang Juni bis Anfang Oktober, Tel. (0663) 833241.
Orientierung AV-Wege 213, 201, 214. Anstieg auf das Rotgschirr rot bezeichnet. Bei Nebel Vorsicht auf dem Karrenplateau des Toten Gebirges!
Einstufung Leicht.

101 Bert-Rinesch-Steig
Großer Priel, 2515 m

Sehr schwierig

Die Nordostalpen haben ein neues Mekka für Klettersteigler: das Priel-Schutzhaus. Da treffen sie am Spätnachmittag ein, mit Klettergurt und Helm bewaffnet; am Abend kommen Eisen und Bier und viel Erlebtes zusammen, in der Früh geht's los: erst auf gutem Weg, dann von roten Punkten geleitet durch Latschen- und Karrengelände und schließlich über eine Geröllreiße zum Einstieg am Ausläufer des Südostgrats, der Kühkar und Goldkar trennt. Gleich der erste, steile Aufschwung siebt aus; wer nicht leicht drüberkommt, sollte die Übung abbrechen, im eigenen Interesse. Denn hinter der »Lokomotive« (Scharte, ca. 2000 m) in den Wänden über dem Goldkar, zeigt die neue Ferrata ihre ganze Klasse: nach einer langen Querung auf leicht geneigten Platten führt sie pfeilgerade hinauf, über Leitern und Eisenbügel. Steil bis senkrecht – und gelegentlich ein bißchen darüber. Die Turnerei ist ziemlich kraftraubend, und die Tiefe, über der sie sich abspielt, kann ganz schön an die Nerven gehen. Manch eine/r dürfte sich dann mit leicht zittriger Hand im Wandbuch verewigen; immerhin, im weiteren Verlauf nehmen die Schwierigkeiten sukzessive ab, und zuletzt wird aus dem Klettersteig ein Weglein.

Wo? Nach Hinterstoder (591 m) kommt man über die Pyhrn-Autobahn via Steyrbrücke oder Windischgarsten, 10 bzw. 17 km.
Ausgangspunkt Parkplatz Johannishof (605 m) hinter dem Ort, an der Abzweigung der Forststraße ins Tal der Krummen Steyr.
Wegverlauf Hinterstoder – Priel-Schutzhaus (1420 m) – Einstieg (ca. 1850 m) – »Bert-Rinesch-Steig« – Großer Priel – Brotfallscharte – Kühkar – Priel-Schutzhaus – Hinterstoder.

➡

➡
Gehzeiten Insgesamt 10¾ Std.; Hinterstoder – Priel-Schutzhaus 2¾ Std., Priel-Schutzhaus – Einstieg 1¼ Std., »Bert-Rinesch-Steig« 3 Std., Abstieg über die Brotfallscharte zum Priel-Schutzhaus 2 Std., ins Tal weitere 1¾ Std.
Hinweis Nächtigung im Priel-Schutzhaus dringend angeraten. Die fast senkrechten Wände über dem Goldkar liegen spätestens ab Mittag im Schatten – schlecht fürs Foto!
Hütte Priel-Schutzhaus (1420 m), bewirtschaftet Anfang April bis Ende Oktober, Tel. (0 75 64) 53 47.
Orientierung Problemlos, bestens bezeichnete Wege; Zugang zum Priel-Schutzhaus AV-Nummer 201.
Einstufung Sehr schwierig, anstrengend. Hervorragend gesichert (über 1 km Drahtseil, 16 Leitern, gegen 200 Trittbügel), aber extrem ausgesetzte Passagen.

Von Hinterstoder aus zeigt sich die Spitzmauer als eleganter Felsbau.

102 Stodertaler Klettersteig
Spitzmauer, 2446 m

Mittel

Wenn man von Hinterstoder ins Tal der Krummen Steyr wandert, ist es zunächst die Spitzmauer, die alle Blicke auf sich zieht: ein eleganter, hoher Felsdom. Der (Wander-)Weg zum Gipfel läuft folgerichtig um den Berg herum und steuert den schmalen Grat von Westen her an. Diesen Umweg kann sich allerdings sparen, wer den »Stodertaler« begeht, einen sehr gut gesicherten, nur mäßig schwierigen Klettersteig. Er führt durch die Nordwand zu dem Kamm, der Spitzmauer und Weitgrubenkopf (2259 m) verbindet, etwa 200 steile, mit reichlich Eisen entschärfte Höhenmeter.

Wo? Nach Hinterstoder (591 m) kommt man über die Pyhrn-Autobahn via Steyrbrücke oder Windischgarsten, 10 bzw. 17 km.
Ausgangspunkt Parkplatz Johannishof (605 m) hinter dem Ort, an der Abzweigung der Forststraße ins Tal der Krummen Steyr.
Wegverlauf Hinterstoder – Priel-Schutzhaus (1420 m) – Klinserschlucht – »Stodertaler Klettersteig« – Spitzmauer – Klinserscharte – Priel-Schutzhaus – Hinterstoder.
Gehzeiten Insgesamt 10¼ Std.; Hinterstoder – Priel-Schutzhaus 2¾ Std., »Stodertaler Klettersteig« – Spitzmauer 3¼ Std., Abstieg über den Normalweg zum Priel-Schutzhaus 2½ Std., weiter nach Hinterstoder 1¾ Std.
Hinweis Nächtigung im Priel-Schutzhaus, Kombination mit der Super-Ferrata am Großen Priel möglich.
Hütte Priel-Schutzhaus (1420 m).
Orientierung AV-Weg 201 bis in die Klinserschlucht, »Stodertaler Steig« mit gelb-roter Kreismarkierung, Abstieg AV-Nummer 264.
Einstufung Mittel.

103 Hans-Rubenzucker-Weg
Schrocken, 2281 m

Leicht

Höchstens einen halben Tag füllt die Wanderung zum Schrocken aus, wenn man den Lift hinauf zur Huttererhöß nimmt, und wegen der paar Sicherungen am Grat brauchen auch weniger Geübte nicht zu erschrocken, pardon: erschrecken. Man kann die Tour auch an den Huttererböden (1420 m) starten, und vom Schrocken lohnt es sich bei gutem Wetter, noch hinüberzuwandern zu dem etwas höheren Hochmölbing (2336 m). Am Gipfel genießt man einen traumhaften Blick auf Spitzmauer (2446 m) und Großen Priel (2515 m), zu den echten »Ferrata-Zielen«.

Wo? Nach Hinterstoder (591 m) kommt man über die Pyhrn-Autobahn via Steyrbrücke bzw. Windischgarsten, 10 bzw. 17 km.
Ausgangspunkte Huttererhöß (1830 m), Bergstation des von Hinterstoder ausgehenden Sesselliftes. Huttererböden (1420 m), Mautstraße von Hinterstoder, 10 km. Großer Parkplatz.
Wegverlauf Huttererhöß – »Hans-Rubenzucker-Weg« – Schrocken.
Gehzeiten Insgesamt 2¾ Std.; Aufstieg 1½ Std., Abstieg auf dem gleichen Weg 1¼ Std.
Huttererböden – Huttererhöß – Schrocken – Hochmölbing: 6 Std. hin und zurück.
Hinweis Der uralte Übergang von Hinterstoder ins Ennstal, der »Salzsteig«, weist nördlich des Salzsteigjochs (1733 m) gesicherte Passagen auf. Hübsche Talwanderung, etwa 3 Std. von der Talstation (656 m) des Schafferkogel-Liftes. AV-Markierung 216.
Orientierung Problemlos; die Wege sind gut markiert.
Einstufung Leicht.

104 Warscheneck-Südostgrat
Warscheneck, 2388 m

Leicht

Durch den Bau der Standseilbahn zur Wurzeralm (1427 m) ist das Warscheneck ein ganz schönes Stück nähergerückt, die Überschreitung vom (neuerdings gesicherten) Südostgrat zum »Toten Mann« und weiter zur Roten Wand eine dankbare Runde, nicht zu weit und nicht zu schwierig. Auch weniger (Eisen-)Erfahrene dürfen sich die Runde zutrauen; die Liftfahrt ins Frauenkar kann man sich dabei sparen, zumal der Wanderweg am Fuß des Widerlechnersteins (2107 m) über bizarrgroteske Karren läuft. Zu diesem Vorgipfel des Warschenecks schwindelt sich die rot-weiß-rot vorgezeichnete Spur dann im Zickzack hinauf, Felsaufschwüngen jeweils elegant ausweichend. Erst am Südostgrat wird's »eisenhaltig«, helfen Drahtseile und ein paar Eisenbügel über den gestuften Fels. Der Gipfel bietet ein großes Panorama, viel Aussicht auch die Kammwanderung bis in die Scharte unter der Roten Wand (1872 m), und zuletzt setzen der Brunnsteiner See (1422 m) und der mäandernde Teichlbach noch ein paar idyllische Tupfer in das schöne Landschaftserlebnis.

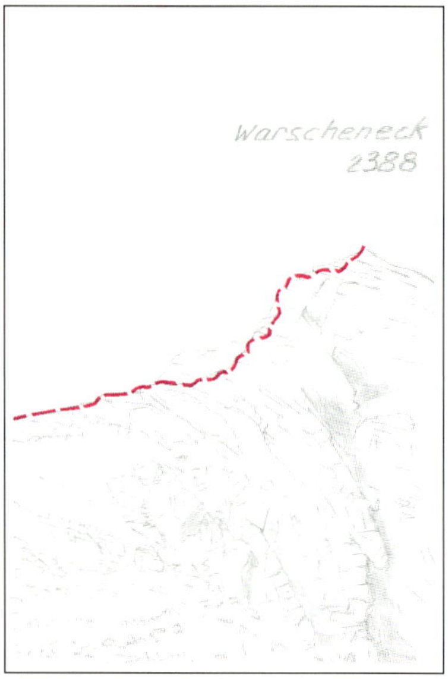

Wo? Die Talstation der Wurzeralm-Standseilbahn (807 m) liegt wenig nördlich des Pyhrnpasses (954 m). Großer Parkplatz.
Ausgangspunkt Wurzeralm (1427 m), Bergstation der Bahn.
Wegverlauf Wurzeralm – Talstation Frauenkarlift (1397 m) – Frauenkar – Widerlechnerstein (2107 m) – Klettersteig – Warscheneck – »Toter Mann« – Rote-Wand-Scharte (ca. 1850 m) – Brunnsteiner See (1422 m) – Wurzeralm.
Gehzeiten Insgesamt 5¾ Std.; Wurzeralm – Talstation Frauenkarlift ¼ Std., Liftstation – Frauenkar 1½ Std., Frauenkar – Warscheneck 1½ Std., Abstieg zum Brunnsteiner See 2 Std., Rückweg zur Wurzeralm ½ Std.

»Totes Gebirge«

Hinweis Fährt man mit dem Lift hinauf ins Frauenkar, so verkürzt sich die Gesamtgehzeit um knapp 1½ Std.
Hütte Linzer Hütte (1371 m) nördlich unterhalb der Wurzer Alm.
Orientierung Klettersteig rot-weiß-rot markiert, Abstiegsweg AV-Weg 201.
Einstufung Leicht.

105 Tonisteig
Hochtausing, 1823 m

Mittel **A**

Auf der Fahrt durchs Ennstal fällt der markante, hochgewölbte Felsgipfel sogleich ins Auge. Und daß er wandernderweise nicht zu besteigen ist, merkt man spätestens am Weg zum »Toni-Steig«. Der führt nämlich in einem weiten Bogen um den Berg herum, so daß man ausreichend Gelegenheit hat, ihn in Augenschein zu nehmen: erst die breiten, felsigen Südabstürze, dann die fast senkrechte Nordwand und schließlich seinen steilen Westgrat. Über ihn läuft der »Toni-Steig«, eine nur kurze, aber doch recht rassige Ferrata, mit Drahtseilen, einer Leiter und einem Mini-Leiterchen gesichert. ➡

Wo? Wörschach (650 m) liegt im Ennstal, 9 km westlich von Liezen. Am Ortsanfang zweigt rechts die Straße zum Wörschachberg ab.
Ausgangspunkt Wörschachberg, Parkplatz knapp vor dem Schönmoos (ca. 1130 m), 6 km ab Wörschach. ➡

Mit einer gesicherten Querung beginnt der »Tonisteig«.

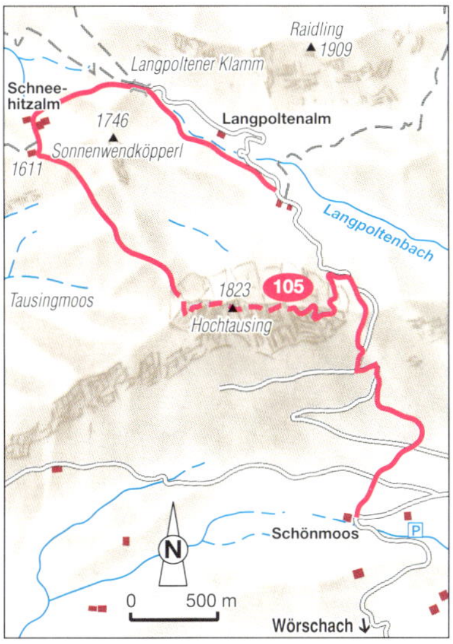

→ Leichte Kletterstellen und ein paar Drahtseilsicherungen weist auch der Abstieg auf, der erst dem langgestreckten Grat folgt, dann zwischen den Felsabstürzen talwärts läuft. Und wenn man sich in dem Steilgelände an (soliden) »Bio-Sicherungen« hinabhangelt, versteht man endlich, was die Bergpoeten meinten, wenn sie von »Wurzeln« schrieben …

→

Wegverlauf Schönmoos – Langpoltner Klamml – Schneehitzalm (1611 m) – Westgrat – »Toni-Steig« – Hochtausing – Schönmoos.

Gehzeiten Insgesamt 4½ Std.; Schönmoos – Schneehitzalm – Sattel unter dem Hochtausing 2 Std., »Toni-Steig« 1 Std., Abstieg 1½ Std.

Hinweis Keinesfalls (abkürzend) durch das Tausingkar aufsteigen (Jagdgebiet)!

Orientierung Bis zur Schneehitzalm AV-Wege 281, 278, dann unmarkierter, aber deutlicher Weg in den Sattel unter dem Hochtausing. Rote Markierungen zur Ferrata, Abstiegsweg rot-weiß-rot markiert.

Einstufung Mittel, A. Am Zustieg zum »Toni-Steig« ungesicherte IIer Stelle (oft feucht), Klettersteig gut gesichert. Abstieg mit zahlreichen Stellen I, I–II, viel Dreck und Wurzeln. Bei Nässe gefährlich!

106 Burgstall-Klettersteig

Burgstall, ca. 800 m

Leicht **S**

Bei den Kletterern hat Pürgg seit längerem einen guten Namen, der bestens eingerichtete Klettergarten an der Südwand des Burgstall wird auch entsprechend rege frequentiert. Und damit die Climber auch rasch und gefahrlos wieder zum Einstieg kommen, ist der Rückzug gesichert worden: full service! Ähnlich wie in Arco (siehe »Colodri«, siehe 391) wird die Route inzwischen auch von Klettersteiglern (mit-)benützt; etwa 100 Höhenmeter rechts des Klettergartens, mit kurzen Leitern, ein paar Drahtseilen und hübschen Tiefblicken.

Wo? Pürgg (790 m) liegt im Ennstal auf einer Hangterrasse, 16 km von Liezen.

Ausgangspunkt Untergrimming (667 m), etwas abseits der neuen B145. Zum Klettergarten durch die Straßenunterführung nordöstlich des Dörfchens.

Wegverlauf Untergrimming – »Burgstall-Klettersteig« – Pürgg – Untergrimming.

Gehzeit 1½ Std. für die Runde.

Orientierung Waldweg vom Ausstieg nach Pürgg, im Ort Hinweistafel »Untergrimming«.

Einstufung Leicht, S.

107 Triftsteig
Reichraminger Hintergebirge

Leicht

Reichraminger Hintergebirge. Das klingt ein wenig nach »End' der Welt«, da denkt man an Schneewittchen und die sieben Zwerge, und romantisch-verwunschen ist die Kulisse des alten Triftsteigs auch. Weit weniger romantisch war die Arbeit der Flößer, die für den Wassertransport des Holzes durch die Schluchten des Großen Bachs und des Reichramingbachs verantwortlich waren. Vom alten Triftsteig ist nicht mehr viel übriggeblieben, dafür hat man für den Rückweg eine komfortable Trasse mit mehreren Tunnels, ursprünglich eine Schmalspurbahn (Betrieb erst 1971 eingestellt), jetzt Forstpiste. Der Klettersteig selbst, vor ein paar Jahren angelegt, folgt dem Triftsteig auf einer Länge von etwa zwei Kilometern, vom Schleierfall talabwärts bis zum Annerlsteg (515 m), stets knapp über dem Wasser verlaufend und bestens gesichert.

Wo? Windischgarsten (602 m) an der Pyhrn-Autobahn und Altenmarkt (467 m) an der Enns sind die beiden Endpunkte der Straße über den Hengstpaß (985 m). An seiner Ostzufahrt liegt der Flecken Unterlaussa (539 m), 8 km von Altenmarkt.
Ausgangspunkt Im Tal des Weißwassers; Zufahrt von Unterlaussa über die Mooshöhe (846 m) bis zu einem Parkplatz (ca. 680 m), 5 km. Wegweiser »Großraming/Reichraming«.
Wegverlauf Vom Parkplatz bachabwärts (ca. 5 km) bis zum Schleierfall – »Triftsteig« – Annerlsteg – Straße – Schleierfall – Parkplatz.

Gehzeiten Insgesamt 3¾ Std.; Zugang bis Schleierfall 1 Std., »Triftsteig« 1¼ Std., Rückweg 1½ Std.
Tip Vom Annerlsteg kann man alternativ über die Anlaufalm (982 m) zum Parkplatz zurückwandern, sehr lohnend; Gesamtgehzeit dann etwa 5 Std.
Hinweis Die Forststraßen der Region dürfen von Anfang Mai bis Ende Oktober jeweils an Sa., So. und Feiertagen befahren werden – nur mit Bikes natürlich!
Orientierung Problemlos.
Einstufung Leicht.

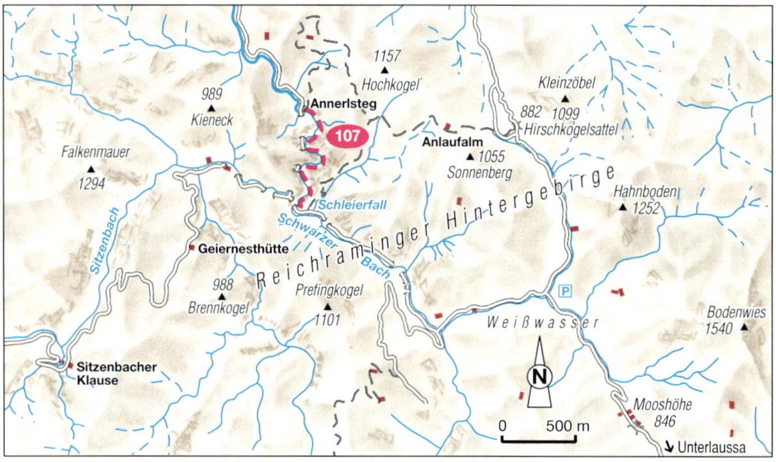

Vom Warscheneck hat man einen besonders schönen Blick auf den Großen Pyhrgas.

108 Großer Pyhrgas, Überschreitung
Großer Pyhrgas, 2244 m

Leicht

Höchste Erhebung der Haller Mauern ist der Große Pyhrgas, ein dankbarer Aussichtsberg, den man von Norden nach Süden auf markierten Wegen überschreiten kann: Aufstieg aus dem Holzerkar zum Nordgrat, Abstieg über den »Hofersteig« zum Rohrauerhaus. Felsige, mit Drahtseilen gesicherte Passagen gibt's beiderseits des Gipfels, im und über dem Holzerkar sowie am Nordgrat, dann (kurz) beim südseitigen Abstieg. Insgesamt eine dankbare Runde, bei der die landschaftlichen Eindrücke klar überwiegen – das Eisen ist hier Zugabe.

Wo? Spital am Pyhrn (640 m) liegt ein paar Kilometer nördlich des Pyhrnpasses. Bahnstation der Linie Lienz – Graz, Autobahnausfahrt.
Ausgangspunkt Gh. Pyhrgasblick (1017 m), Zufahrt von Spital, 6 km. Parkplatz.
Wegverlauf Gh. Pyhrgasblick – Holzeralm – Gowilalmhütte (1375 m) – Holzerkar – Nordgrat – Großer Pyhrgas – Pyhrgasgatterl (1308 m) – Hofalmhütte (1305 m) – Gh. Pyhrgasblick.
Gehzeiten Insgesamt 7¾ Std.; Gh. Pyhrgasblick – Gowilalmhütte 1¼ Std., Gowilalmhütte – Großer Pyhrgas 3 Std., Abstieg ins Pyhrgasgatterl 1½ Std., Pyhrgasgatterl – Hofalmhütte 1 Std., Hofalmhütte – Gh. Pyhrgasblick 1 Std.
Hinweis Die Gesamtgehzeit verkürzt sich um etwa 1 Std., wenn man vom Großen Pyhrgas direkt zur Hofalmhütte absteigt, AV-Weg 614.
Hütten Gowilalmhütte (1375 m), Rohrauerhaus (1308 m) am Pyhrgasgatterl, Hofalmhütte (1305 m).
Orientierung Leicht, gut bezeichnete Wege; AV-Numern 618, 616, 615.
Einstufung Leicht.

Die guten Tips für Admont

Admont (640 m) liegt im Tal der Enns, unmittelbar am Eingang ins Gesäuse.

Anreise Mit der Bahn über Salzburg–Bischofshofen oder von Linz über Windischgarsten und durch den Bosruck-Tunnel, mit dem Auto über die Tauernautobahn und die Ennstal-Bundesstraße oder von Linz über die Pyhrn-Autobahn.

Infos Tourismusverband Admont, A-8911 Admont; Tel. (0 36 13) 21 64, Fax (0 36 13) 36 48.

Unterkunft Ein gut geführtes Mittelklassehotel ist die »Traube«, zentral gelegen an der Hauptstraße 8, gleich neben dem Stift; Tel. (0 36 13) 24 40, Fax (0 36 13) 2 44 06. Als Österreichs schönste Jugendherberge gilt Schloß Röthelstein; Tel. (03 36 13) 24 32. Gut untergebracht ist man im Gästehaus Weißensteiner – Adi Weißensteiner ist Bergführer mit Nepal-Erfahrung; 8911 Hall bei Admont, Tel. (0 36 13) 27 87.

Sehenswert Das 1074 gegründete Benediktinerstift mit seiner neugotischen Basilika und vor allem der barocken Bibliothek, die als größte Klosterbibliothek der Welt gilt.

Am »Wenger Weg« auf den Großen Buchstein.

Bahn- und Busverbindungen Mit den Ortschaften der Umgebung.

Autovermietung Buchbinder, Gesäusestraße 18, 8940 Liezen; Tel. (0 36 12) 2 20 15.

Bergführer Bergsteigerschule Gesäuse, Lois Huber, 8911 Hall bei Admont; Tel. (0 36 13) 26 26. Bergführerring Gesäuse, Adi Weißensteiner, 8911 Hall bei Admont; Tel. (0 36 13) 27 87.

Bergrettung Bergrettungsdienst Gesäuse, Tel. (06 63) 91 37 065.

Radl-Verleih: Bahnhof Admont, Tel. (0 36 13) 2 23 00.

Führer Umfassend informiert der AV-Führer »Gesäuse« von Willi End, erschienen im Bergverlag Rother.

Landkarten Karten des Bundesamtes für Eich- und Vermessungswesen, Blätter 98, 99 und 100 (1:50 000, auch als Vergrößerungen im Maßstab 1:25 000).

109 Gratüberschreitung Natterriegel – Hexenturm

Hexenturm, 2172 m

Leicht

Im Osten der langgestreckten Haller Mauern sind vor allem Natterriegel und Hexenturm beliebte Gipfelziele. Und die Kammüberschreitung vom Admonter Haus kann sich jeder trittsichere und schwindelfreie Berggänger vornehmen. Der mit ein paar Felsen besetzte Grat zwischen Natterriegel und Hexenturm wird nordseitig am Rand des Roßkars umgangen; über die steilen Gipfelfelsen des Hexenturms helfen fest verankerte Drahtseile.

Wo? Der alte Markt Admont (640 m) liegt am Eingang ins Gesäuse, 18 km von Liezen.

Ausgangspunkt Buchauer Sattel (861 m), 8 km nordöstlich von Admont. Parkmöglichkeit am Paß.

Wegverlauf Buchauer Sattel – Admonter Haus (1723 m) – Natterriegel (2065 m) – Hexenturm (2172 m).

Gehzeiten Insgesamt 8¼ Std.; Buchauer Sattel – Admonter Haus 2¾ Std., Admonter Haus – Hexenstein 2¼ Std., Abstieg auf dem gleichen Weg 3¼ Std.

Hütten Grabneralmhaus (1391 m), Admonter Haus (1723 m).

Orientierung Leicht, die Wege sind gut bezeichnet, AV-Nummern 636, 634.

Einstufung Leicht.

110 Grabnerstein-Klettersteig

Grabnerstein, 1847 m

Mittel

Seit ein paar Jahren sind auch östlich des Admonter Hauses einige Gratfelsen gesichert: Jungfrauenscharte und Grabnerstein können so leicht überschritten werden, und mit dem Abstieg zur Grabneralm ergibt sich eine hübsche Runde, etwas »Ferrata-Feeling« inklusive.

Ausgangspunkt Buchauer Sattel (861 m), 8 km nordöstlich von Admont. Parkmöglichkeit am Paß.

Wegverlauf Buchauer Sattel – Grabneralmhaus (1391 m) – Admonter Haus (1723 m) – »Grabnerstein-Klettersteig« – Grabneralmhaus – Buchauer Sattel.

Gehzeiten Insgesamt 5¾ Std.; Buchauer Sattel – Admonter Haus 2¾ Std., »Grabnerstein-Klettersteig« 1 Std., Abstieg via Grabneralmhaus zum Buchauer Sattel 2 Std.

Hütten Grabneralmhaus (1391 m), Admonter Haus (1723 m).

Orientierung Markierte Wege.

Einstufung Mittel.

111 Wenger Weg
Großer Buchstein, 2224 m

Mittel

Groß ist er wirklich, der Buchstein, um mehr als anderthalb Kilometer überragt er das Gesäuse, und damit ist bereits gesagt, was Gipfelanwärter vor allem benötigen: eine ordentliche Kondition. Und einen Helm. Die Geröllschlucht, durch die der Abstieg geht, ist ziemlich steinschlaggefährdet, doch auch am »Wenger Weg« ist man unter Umständen um die schützende Kopfbedeckung froh. Der sparsam gesicherte Klettersteig führt durch Rinnen, Kamine und über leichte Felsen hinauf zum Rand des großen, nur leicht geneigten Gipfeldachs: etwa 200 Höhenmeter vom Einstieg am Fuß der Westwand.

Wo? Gstatterboden (577 m) liegt mitten im Gesäuse an Enns, Straße und Bahnlinie, etwa auf halber Strecke zwischen Admont und Hieflau.
Ausgangspunkt Bahnhof Gstatterboden; Parkplatz.
Wegverlauf Gstatterboden – Buchsteinhaus (1546 m) – Einstieg Westwand (ca. 2000 m) – »Wenger Weg« – Großer Buchstein – Westschlucht – Buchsteinhaus – Gstatterboden.
Gehzeiten Insgesamt 8½ Std.; Gstatterboden – Buchsteinhaus 3 Std., Buchsteinhaus – Großer Buchstein 2½ Std., Abstieg durch die Westschlucht zum Buchsteinhaus 1½ Std., weiter bis Gstatterboden 1½ Std.
Hütte Buchsteinhaus (1546 m).
Orientierung Leicht, die Wege sind ordentlich bezeichnet, AV-Nummer 641. »Wenger Weg« blau markiert.
Einstufung Mittel, Steinschlaggefahr (Helm)!

112 Tieflimauer, gesicherter Steig
Tieflimauer, 1820 m

Leicht

Zur Besteigung der Tieflimauer (Teufelsmauer) paßt ganz gut das Motto: langer Weg zu kurzem (Kletter-)Steig. Also nichts für »Eisenfresser«, aber auf jeden Fall eine lohnende Tour, im Hochsommer bis zur Ennstaler Hütte recht schweißtreibend, mit Aussicht auf die Schokoladeseite der Gesäuseberge rund um das Hochtor (2369 m).

Wo? Gstatterboden (577 m) liegt mitten im Gesäuse an Enns, Straße und Bahnlinie, etwa auf halber Strecke zwischen Admont und Hieflau.
Ausgangspunkt Bahnhof Gstatterboden; Parkplatz.
Wegverlauf Gstatterboden – Ennstaler Hütte (1544 m) – Tieflimauer.
Gehzeiten Insgesamt 6¾ Std.; Gstatterboden – Ennstaler Hütte 3 Std., Ennstaler Hütte – Tieflimauer 1 Std., Abstieg auf dem gleichen Weg 2¾ Std.
Hütte Ennstaler Hütte (1544 m).
Orientierung Von der Wegteilung am Sattel westlich der Ennstaler Hütte zunächst auf Weg 645 unter der »Lucketen Mauer« hindurch zur Weggabelung, dann rechts auf den Grat und zum Gipfel.
Einstufung Leicht, an den Gipfelfelsen Drahtseile.

113 Bergführersteig
Planspitz-Nordgratpfeilerfuß, 1523 m

Mittel **A**

Angelegt wurde der »Bergführersteig« vor zwei Jahrzehnten, um den Zugang zu den Kletterrouten an der Planspitze (2117 m) etwas bequemer zu machen. Er zweigt an der Mündung der Roßkuppenschlucht vom markierten Peternpfad ab und läuft quer durch die von Gräben zerfurchte Nordwestflanke des Bergstocks, an den schwierigen Stellen mit Drahtseilen, Eisenstiften und einer Leiter versehen, aber immer noch eine Route mit IIer Stellen. Wer allerdings kein Seil im Rucksack oder den Bergführer dabei hat, läßt die Gipfel oben, genießt das abenteuerliche Ambiente, und steigt vom Ansatzpunkt des Nordgratpfeilers über den »Höllersteig« ab zum Gstatterboden: das »ganz andere« Bergerlebnis.
Ein Tip noch: Über den »Peternpfad«, die Roßkuppe (2152 m) und das Dachl zum Hochtor (2369 m) – ganz gewiß eine der schönsten Touren im Gesäuse (Stellen I–II).

Wo? Gstatterboden (577 m) liegt mitten im Gesäuse an Enns, Straße und Bahnlinie, etwa auf halber Strecke zwischen Admont und Hieflau.
Ausgangspunkt Knapp 2 km westlich von Gstatterboden, an der Mündung des Haindlkars. Parkplatz (603 m) an der B 112.
Wegverlauf Gesäusestraße – Haindlkarhütte (1121 m) – Peternpfad – »Bergführersteig« – Planspitz-Nordgratpfeilerfuß – »Höllersteig« – Gstatterboden.
Gehzeiten Insgesamt 5¾ Std.; Gesäusestraße – Haindlkarhütte 1½ Std., Haindlkarhütte – Peternpfad – Roßkuppenschlucht 1½ Std., »Bergführersteig« 1¼ Std., Abstieg über den »Höllersteig« 1½ Std.
Hütte Haindlkarhütte (1121 m).
Orientierung Am Peternpfad weist ein Schild zum (unmarkierten) »Bergführersteig«; die Route ist aber leicht zu finden (Spuren, Sicherungen). »Höllersteig« ebenfalls unbezeichnet, aber deutlich ausgetreten, zuletzt Forstpiste.
Einstufung Mittel, A. Ungesicherte Geröllbänder, Kletterstellen I und II.

Dem »Sausen« der Enns verdankt das Gesäuse seinen Namen.

114 Wasserfallweg
115 Josefinensteig
Hochtor, 2369 m

Leicht/Mittel

Natürlich ist die Besteigung des höchsten Gesäuseberges ein Klassiker, doch »Wasserfallweg« und »Josefinensteig« sind es nicht minder. Immerhin handelt es sich um die ältesten Klettersteige im Gesäuse, bereits vor der Jahrhundertwende erbaut und noch heute die populärste Route zum hohen Ziel. Die Sicherungen am »Wasserfallweg« sind erst 1991, zum Hundertjährigen des Steigs, erneuert worden. Kürzer ist der Anstieg dadurch nicht geworden, und so übernachten viele in der Heßhütte (1699 m), um erst anderntags den Gipfel anzugehen. In diesem Fall läßt sich eine Überschreitung der Planspitze (2117 m) mit einbeziehen, gut 2 Stunden vom Ebersanger auf ordentlichem, markiertem Weg.

Wo? Gstatterboden (577 m) liegt mitten im Gesäuse an Enns, Straße und Bahnlinie, etwa auf halber Strecke zwischen Admont und Hieflau.

Ausgangspunkt Kummerbrücke (572 m), 3 km östlich von Gstatterboden. Haltestelle der Bahnlinie, Parkplatz.

Wegverlauf Kummerbrücke – »Wasserfallweg« – Ebersanger – Heßhütte – »Josefinensteig« – Gugelgrat – Hochtor.

Gehzeiten Insgesamt 10½ Std.; Kummerbrücke – »Wasserfallweg« – Heßhütte 3½ Std., Heßhütte – »Josefinensteig« – Hochtor 2½ Std., Abstieg auf dem gleichen Weg 4½ Std.

Hütte Heßhütte (1699 m) am Ennseck, bewirtschaftet Ende Mai bis Ende Oktober, Tel. (0663) 398 88.

Orientierung Leicht, die Wege sind bestens bezeichnet; AV-Nummern 660, 664.

Einstufung »Wasserfallweg« leicht, mehrere Aluleitern; »Josefinensteig« mittel, Aufstieg zum Gugelgrat mit zahlreichen Drahtseilen, am Grat selbst nur mehr wenige gesicherte Passagen.

Der Westgrat des Pfaffensteins ist nur an einer Stelle mit Sicherungen versehen.

116 Grete-Klinger-Steig
Vordernberger Zinken, 2005 m

Mittel

Der berühmteste »Gipfel« rund ums Präbichl (1232 m) ist der einzige, der immer kleiner wird, Jahr für Jahr: der Erzberg, im Tagbau allmählich abgetragen, nach jüngsten Messungen gerade noch 1465 Meter hoch und (natürlich) sehr eisenhaltig. Auf Eisen in Form von Drahtseilen stößt man auch am langgestreckten Grat der Vordernberger Mauern, am »Grete-Klinger-Steig«. Im Jahr 1965 angelegt, folgt er dem Kammrücken, der über steile Felsen nach Vordernberg abfällt, vom Barbarakreuz (1058 m) bis ins Rottörl (ca. 1870 m), eine gut dreistündige Überschreitung, teilweise am sichernden Drahtseil. Schwierigste Passage ist ein Steilaufschwung oberhalb des Fahnenköpfls (1648 m), am dicken Aluseil zu meistern. Und im Rottörl muß man sich dann entscheiden: hinauf oder hinab, mit oder ohne Reichenstein (2165 m). Der Gipfel beschert nicht nur ein großes Panorama mit Tiefblick auf den abgetreppten Erzberg und zum Leopoldsteiner See (628 m), sondern noch etwas Eisen an der sogenannten »Stiege« knapp unterhalb der bewirtschafteten Reichensteinhütte.

Wo? Ins Vordernberger Tal kommt man vom Gesäuse über den Präbichl (1232 m) auf hervorragend ausgebauter Straße, von Hieflau 29 km bis Vordernberg, 37 km bis Trofaiach.

Ausgangspunkte Vordernberg (839 m), Parkmöglichkeiten im Ort. Hirnalm (934 m), Zufahrt von Trofaiach bzw. Hanfing durch den Gößgraben, bis zum Gh. Hirnalm etwa 6 km von der B 115. Parkplatz.

Wegverlauf Hirnalm – Barbarakreuz (1058 m) – »Grete-Klinger-Steig« – Vordernberger Zinken (2005 m) – Rottörl (ca. 1870 m) – Krumpalm – Gh. Hirnalm.

Gehzeiten Insgesamt 6¼ Std.; Hirnalm – Barbarakreuz ¾ Std., »Grete-Klinger-Steig« 3½ Std., Rottörl – Krumpalm – Hirnalm 2 Std.
Von Vordernberg aus ergibt sich ungefähr die gleiche Gesamtgehzeit.

Hinweis Die schwierigsten Passagen am »Klingersteig« können auf AV-Weg 689 links umgangen werden; Verzweigung wenig unterhalb des Fahnenköpfls.

Tip An den »Grete-Klinger-Steig« kann man den Eisenerzer Reichenstein »anhängen«: vom Rottörl quer durch die Nordflanke zum markierten »Theklasteig«, dann hinauf zur Hütte und zum Gipfel. Abstieg zum Reichhals und durch die Südwestflanke zum Krumphals (1700 m), dann hinunter zum Krumpensee (1416 m) und talauswärts zur Hirnalm, insgesamt etwa 9 Std.

Orientierung Von der Hirnalm kurz hinauf zur querführenden Forststraße, wo die Markierungen beginnen. Umgehungsvariante am Grat ist ausgeschildert.

Einstufung Mittel.

117 Markussteig
118 Schrabachersteig
Pfaffenstein, 1865 m

Leicht

Sensationen hat der Pfaffenstein keine zu bieten, aber eine ungewöhnliche Nachbarschaft: der Erzberg, seiner wirtschaftlichen Bedeutung wegen einst als »Steirischer Brotlaib« bezeichnet. Auch heute wird noch mit schwerem Gerät an der flachen Pyramide gebaggert, obwohl die europäische Eisenindustrie von einer Krise in die nächste schlittert …
Natürlich gibt's am Weg zum Pfaffenstein noch mehr zu sehen, auch wenn der Erzberg mit seinen Terrassen immer wieder den Blick auf sich zieht. Da ist der Reichenstein (2165 m) im Süden, da sind die Gesäuseberge im Westen, und am Fuß des Hochblaser liegt der Leopoldsteiner ➡

Wo? Eisenerz (736 m) liegt am Fuß des Präbichl (1232 m), 16 km von Hieflau.

Ausgangspunkt Am Ausgang des Augrabens (ca. 930 m); Zufahrt von der B 115 durch die Siedlung Trofeng.

Wegverlauf Eisenerz – »Schrabachersteig« – Pfaffenstein – »Markussteig« – Eisenerz. ➡

Am Hochschwab, Blick nach Süden mit dem (unverkennbaren) Profil des Beilsteins.

➡ See (628 m). Also durchaus eine lohnende Runde: Aufstieg über den steilen »Schrabachersteig« (Südwandsteig), der auf immerhin etwa 150 Höhenmeter gesichert ist, Abstieg dann auf dem leichteren »Markussteig«. Und wem das zu wenig ist, der kann sich ja am Westgrat versuchen: eine leichte Kletterei im II. Grad.

➡
Gehzeiten Insgesamt 5 Std.; Aufstieg über den »Schrabachersteig« 3 Std., Abstieg 2 Std.
Orientierung Leicht, AV-Wege 826, 825.
Einstufung Leicht, am »Schrabachersteig« Steinschlaggefahr (Helm!), »Markussteig« mit ganz wenigen gesicherten Passagen.

119 Das »G'hackte«
Hochschwab, 2277 m

Leicht

Einer der populärsten Wege auf den Hochschwab führt durch das »G'hackte«. Die aufwendig gesicherte, wenig schwierige Route verläuft am linken Rand der rund 250 Meter hohen Südwand; ihr Nachteil: Steinschlaggefahr, auch durch Vorraussteigende! Völlig gefahrlos, aber sehr reizvoll ist der Zugang durch das Trawiestal; ganz andere Landschaftseindrücke vermittelt dann der Rückweg über das Kalkplateau des Hochschwabmassivs.

Wo? Aflenz-Kurort (763 m) liegt im Süden des Hochschwab-Massivs, 15 km von Mürzzuschlag.
Ausgangspunkt Gh. Bodenbauer (884 m), Zufahrt von Aflenz bzw. von der B20, 12 km. Großer Parkplatz.
Wegverlauf Gh. Bodenbauer – Trawiestal – G'hacktbrunn (1785 m) – »G'hacktes« – Hochschwab – Häuselalm (1526 m) – Gh. Bodenbauer.
Gehzeiten Insgesamt 7 Std.; Gh. Bodenbauer – G'hacktbrunn 2½ Std., »G'hacktes« – Hochschwab 1½ Std., Rückweg über die Häuselalm 3 Std.
Hütte Fleischer-Biwakschachtel (ca. 2140 m) unweit vom Ausstieg aus dem »G'hackten«, stets zugänglich.
Orientierung Vorsicht bei Nebel auf dem Hochschwab-Plateau! AV-Wege 839, 801.
Einstufung Leicht, Steinschlaggefahr (Helm!).

120 Feistringstein, Westanstieg
Großer Feistringstein, 1836 m

Schwierig

Ganz hinten steht er, der Feistringstein, äußerster linker Backenzahn der breiten Gschirrmauer, über die das Karrenplateau der Mitteralm zum Seetal abfällt. Eine Scharte trennt ihn von der Hochfläche, gut 50 Meter tief, gangbar gemacht durch eine »Mini-Ferrata«.

Wo? Aflenz-Kurort (763 m) liegt im Süden des Hochschwab-Massivs, 15 km von Kapfenberg.
Ausgangspunkt Bürgeralm (1555 m), Sessellift und Mautstraße von Aflenz.
Wegverlauf Bürgeralm – Zlackensattel (1743 m) – Mitteralm – Großer Feistringstein.
Gehzeit Hin und zurück 3½ Std.
Orientierung Markierte Wege, bis Zlacken AV-Nummer 862.
Einstufung Schwierig, 40-m-Kamin am Feistringstein mit Drahtseil, Schartenabstieg von der Mitteralm ganz leichte Kletterei (ungesichert, I).

Wiener Bergland

Klein, aber fein! So läßt sich diese nordöstlichste Ecke des Alpenbogens umschreiben, auch aus Sicht des Klettersteiglers. Nicht nur, daß es im Ausflugsbereich der Millionenstadt über 30 gesicherte Steige gibt, hier wurde Pionierarbeit geleistet. So dürfen sich die Wiener guten Gewissens als »Erfinder« des Sportklettersteigs bezeichnen. Zu einer Zeit, als man andernorts noch bestenfalls mit der Gangbarmachung von Normalwegen beschäftigt war, setzten berggewandte Handwerker wie August Cepl oder der Schlossermeister Johann Hansel ein Zeichen: Sie sicherten an der Hohen Wand und in der Rax Kletterrouten und machten sie damit einem breiteren Publikum zugänglich. Und die »Vie ferrate« nach Wiener Art (möglichst mit Steigbaum) haben bis heute nichts von ihrer Beliebtheit eingebüßt. Kurz, zum Teil aber ganz ordentlich »gepfeffert« sind die Routen an der Hohen Wand; alpiner, länger jene in der Rax. Die wiederum hat zwei Klettersteigseiten, eine für die Romantiker (Höllental) und eine für die sportlicher Eingestellten (Preiner Wand).

Karten und Führer

Die Klettersteige der Region hat Kurt Schall detailliert beschrieben (»Klettersteige & Leichter Fels, Österreich Ost«, erschienen im Kurt-Schall-Verlag, Wien).
Als Karten sind die Vergrößerungen der Landeskarte im Maßstab 1:25 000 zu empfehlen (sehr übersichtlich), Blätter 74, 75, 76, 104, 105.

Eine Buchempfehlung

Den Polyglott »Wien« kaufen und zum Heurigen fahren …

Meine Favoriten

- Die Höllentalsteige, der Kulisse wegen (121–126)
- »Haidsteig« – fast eine Dolomitenroute (134)

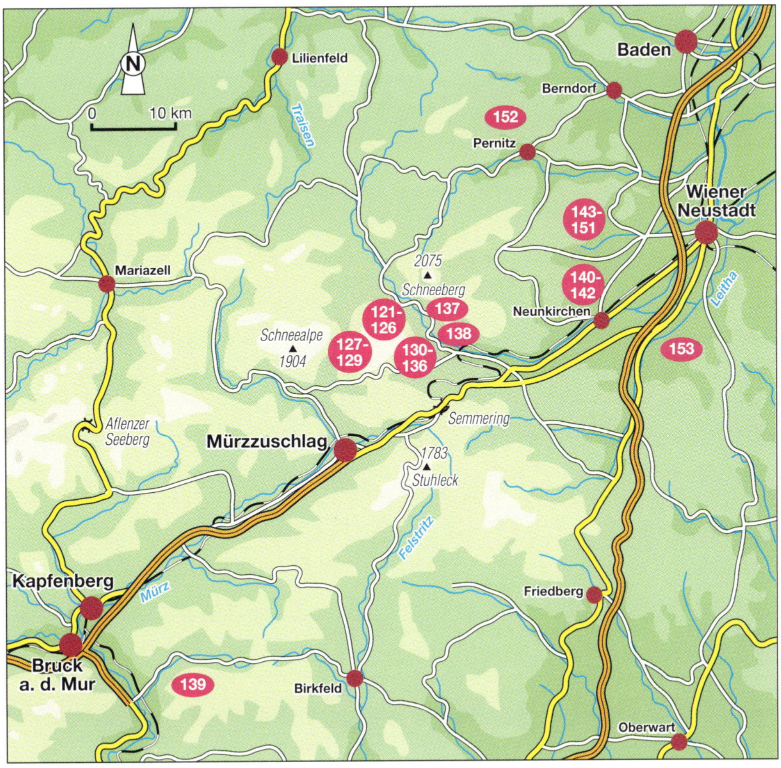

Kühne Konstruktion am »Haidsteig«. Die Steigbäume sind typisch für die Klettersteige der Wiener Gegend.

121 Teufelsbadstubensteig
Wachthüttlkamm, ca. 1250 m

Leicht

Teufelsbadstube. Das klingt nach Gänsehaut, da lauern nicht bloß alpine Gefahren – ein Weg, der vom (Höllen-)Tal aus jenen düsteren Felswinkel ansteuert, in dem der Gehörnte sein Bad zu nehmen pflegte ... Behauptet zumindest die Legende. Doch keine Angst, wer einigermaßen trittsicher und dazu schwindelfrei ist, der wird an diesem »teuflischen« Steig seine Freude haben. Die grandios-romantische Kulisse liefert das Große Höllental mit seinen steilen, stark gegliederten Felsflanken. Der Weg zieht durch die Loswand hinauf zum bewaldeten Wachthüttlkamm, der dann den kürzesten Abstieg bietet. Man kann den »Teufelsbadstubensteig« aber auch mit den anderen gesicherten Wegen rund um das Große Höllental kombinieren, z. B. mit dem »AV-Steig« (siehe 123) oder mit dem »Gustav-Jahn-Steig«.

Wo? Ins Höllental kommt man von Wiener Neustadt bequem (teilweise Autobahn) über Neunkirchen und Gloggnitz, etwa 50 km.
Ausgangspunkt Weichtalhaus (547 m) an der Höllental-Straße, 9 km ab Reichenau. Parkmöglichkeiten beim Gasthaus und nahe der Abzweigung des Weges ins Große Höllental.
Wegverlauf Höllentalstraße – Großes Höllental (ca. 840 m) – »Teufelsbadstubensteig« – Wachthüttlkamm (ca. 1250 m); Abstieg nördlich über den Wachthüttlkamm (siehe 122) oder Weiterweg zum Otto-Schutzhaus.
Gehzeiten Höllentalstraße – »Teufelsbadstubensteig« – Wachthüttlkamm 2¼ Std., Abstieg über den Wachthüttlkamm 1½ Std., Weiterweg zum Ottohaus 1¼ Std.
Orientierung Problemlos, »Teufelsbadstubensteig« durchgehend rot bezeichnet.
Einstufung Leicht, mehrere Leitern. Helm ratsam!

122 Wachthüttlkamm, gesicherter Steig
Ottohaus, 1644 m

Leicht

Noch so ein »Oldie«, Jägern und Holzfällern als Aufstieg zum Raxplateau längst bekannt, ehe er mit viel Eisen auch für Touristen gangbar gemacht wurde. Der Weg steigt an der Mündung des Großen Höllentals über den bewaldeten Wachthüttlkamm an; er bietet auch weniger Geübten kaum Schwierigkeiten, dafür aber packende Ein- und Tiefblicke in den felsumrahmten Graben. In Verbindung mit dem »Hoyossteig« (siehe 126) ergibt sich eine abwechslungsreiche Runde um das Große Höllental. Halbweg markiert dabei das Ottohaus.

Ausgangspunkt Weichtalhaus (547 m) an der Höllental-Straße, 9 km ab Reichenau. Parkmöglichkeiten beim Gasthaus und nahe der Abzweigung des Weges ins Große Höllental.
Wegverlauf Höllentalstraße – Wachthüttlkamm – Ottohaus.
Gehzeiten Höllentalstraße – Ottohaus 3¼ Std., Abstieg 2 Std.
Hinweis Der Weg über den Wachthüttlkamm wird meistens in Verbindung mit einem der anderen Steige rund um das Große Höllental begangen, vorzugsweise im Abstieg.
Tips Vom Ottohaus kann man alternativ auch über die Brandschneide absteigen, ordentlich markierte Wege. Der »Camillo-Kronich-Steig« (einige Sicherungen) bietet hübsche Aus- und Tiefblicke; er läuft bei Kaiserbrunn an der Höllental-Straße aus.
In der Nähe des Ottohauses ist ein Klettergarten eingerichtet; neben zahlreichen Übungsrouten gibt es da auch einen 40-Meter-Klettersteig (schwierig).
Hütte Ottohaus (1644 m).
Orientierung Bietet kaum Probleme, durchweg blaue und rote Markierungen.
Einstufung Leicht, viele (meist kurze) Leitern.

123 Alpenvereinssteig
Höllentalaussicht, 1620 m

Leicht

Bewunderung weckt die aufwendige, trotz ihres Alters (1912 erbaut) noch recht robust wirkende Eisenkonstruktion am Einstieg zum Alpenvereinssteig; faszinierend dann der Tiefblick von der »Höllentalaussicht«, an der die Route ausläuft. Dazwischen wechseln Gehgelände mit Felspassagen, die durchweg gut gesichert sind. Insgesamt überwindet der AV-Steig einen Höhenunterschied von rund 600 Metern, einige Abschnitte sind steinschlaggefährdet (Helm!). In Verbindung mit dem »Teufelsbadstubensteig« ergibt sich eine attraktive Runde, der es – trotz verhältnismäßig geringer technischer Schwierigkeiten – nicht an starken Eindrücken mangelt. Eine andere Kombinationsmöglichkeit besteht mit dem »Gustav-Jahn-Steig«, siehe 124.

Wo? Ins Höllental kommt man von Wiener Neustadt bequem (teilweise Autobahn) über Neunkirchen und Gloggnitz, etwa 50 km.
Ausgangspunkt Weichtalhaus (547 m) an der Höllental-Straße, 9 km ab Reichenau. Parkmöglichkeiten beim Gasthaus und nahe der Abzweigung des Weges ins Große Höllental.
Wegverlauf Höllentalstraße – Großes Höllental (ca. 990 m) – »Alpenvereinssteig« – Höllentalaussicht; Weiterweg zum Ottohaus oder Abstieg zur (unbewirtschafteten) Dirnbacherhütte (1477 m).
Gehzeiten Höllentalstraße – Höllentalaussicht 3½ Std., Weiterweg zum Ottohaus ½ Std., Abstieg über den »Gaislochsteig« ins Große Höllental etwa 2¼ Std.
Orientierung Problemlos, AV-Steig blau bezeichnet.
Einstufung Leicht; Schlüsselstelle ist die fast senkrechte Leiter bei der »Elsarast«, auf die eine exponierte Querung folgt (Wandbuch).

Die guten Tips für die Rax

Die Rax, ein Plateauberg mit steilen, felsigen Flanken, gerade 2000 Meter hoch, steht zwischen dem Höllental und dem obersten Mürztal. Talorte sind im Westen Kapellen (702 m), im Osten Prein (680 m) und Reichenau (484 m).

Anreise Über Mürzzuschlag bzw. über Wiener Neustadt. Reichenau hat Bahnverbindung mit Wien, ebenso Mürzzuschlag (Semmering-Linie).

Infos Kurverwaltung, Hauptstraße 63, A-2651 Reichenau an der Rax; Tel. (02666) 2865, Fax 4266.

Unterkunft Gut aufgehoben ist man im »Gasthaus Poldi«. Arnold Schrittwieser ist nicht nur ein erstklassiger Koch (und Weinkenner); er geht auch gern in die Berge und nimmt seine Gäste auf die Rax-Klettersteige mit. A-8691 Kapellen, Preiner-Gscheid-Straße 4; Tel. (03857) 2270.

An der Rax-Südflanke liegt das Waxriegelhaus (1361 m), ab Herbst 1996 mit neuem Pächter, der für eine gute Küche garantiert. Tel. (02665) 237. Für Touren in der Rax ideal gelegen.

Das Karl-Ludwig-Haus auf der Rax.

Essen und Trinken Beste Hausmannskost bietet die »Edelweißhütte« am Preiner Gscheid; die Wirtin »Lieserl« ist so etwas wie eine »kulinarische Institution« in der Gegend. Tel. (02665) 295.

Beliebter Bergsteigertreff ist die kleine Seehütte (1643 m), der Wirt kennt jeden Felsen in der Preiner Wand. Keine Nächtigung!

Sehenswert Schimuseum in Mürzzuschlag, Wiener Straße 79; geöffnet Di.–So. 9–12, 14–17 Uhr.

Busverbindungen Zwischen Mürzzuschlag, Preiner Gscheid und Reichenau; ferner ins Höllental.

Bergführer Michael Schiek, Aue 118, A-2641 Schottwien, Tel. (0664) 3406421 oder (02663) 428.

Bergrettung Ortsstelle Reichenau, Tel. (02666) 2512.

Radl-Verleih: Mobil-Tankstelle in Reichenau, Hauptstraße 92; Tel. (02666) 2424.

Landkarten Das beste Kartenblatt stammt vom Bundesamt für Eich- und Vermessungswesen, 104 »Mürzzuschlag« (1:25000). Daneben gibt es auch eine 50000er Karte von Freytag & Berndt, »Semmering/Rax/Schneeberg«.

124 Gustav-Jahn-Steig
125 Gaislochsteig
Hintere Loswand, ca. 1350 m

Mittel

»Höhenwandern« ist angesagt auf dem »Gustav-Jahn-Steig«, der die Abstürze der Hinteren Loswand quert, den »Alpenvereinssteig« mit dem »Gaislochsteig« verbindet und so das eigentliche Kernstück einer interessanten »Eisenrunde« bildet. Die erst vor ein paar Jahren gründlich sanierte Route wartet mit mehreren ausgesetzten Traversen auf; dazwischen hat man immer wieder Gehgelände. Aufsteigen wird man in der Regel über den »AV-Steig«, für den Rückweg ins Tal nimmt man den (weniger attraktiven) Weg durchs Gaisloch, der ebenfalls mit ein paar gesicherten Passagen aufwartet.

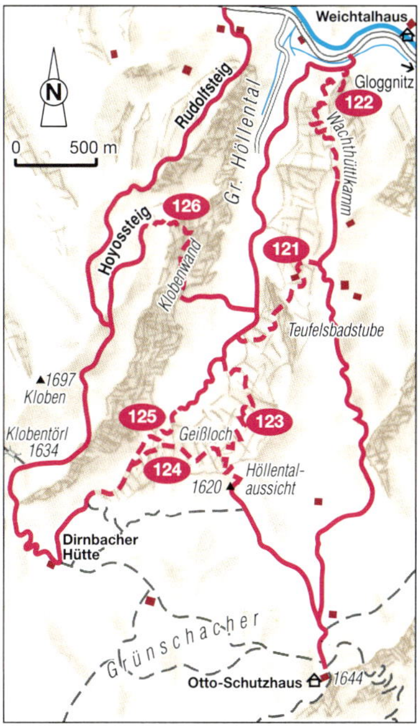

Wo? Ins Höllental kommt man von Wiener Neustadt bequem (teilweise Autobahn) über Neunkirchen und Gloggnitz, etwa 50 km.

Ausgangspunkt Weichtalhaus (547 m) an der Höllental-Straße, 9 km ab Reichenau. Parkmöglichkeiten beim Gasthaus und nahe der Abzweigung des Weges ins Große Höllental.

Wegverlauf Höllentalstraße – Großes Höllental – »Alpenvereinssteig« (siehe 123) – Elsarast – »Gustav-Jahn-Steig« – »Gaislochsteig« – Großes Höllental – Höllentalstraße.

Gehzeiten Insgesamt $5\frac{3}{4}$ Std.; Höllentalstraße – Elsarast $2\frac{3}{4}$ Std., »Gustav-Jahn-Steig« 1 Std., Abstieg über den »Gaislochsteig« 2 Std.

Orientierung Leicht, die Steige sind gut bezeichnet.

Einstufung Mittel, am »Jahn-Steig« einige exponierte Querungen, »Gaislochsteig« mit oft feuchten, erdigrutschigen Passagen.

Herbst über dem Wiener Bergland; links die Preiner Wand. An der Madonna endet der anspruchsvolle Teil des »Haid-Steigs«.

126 Graf-Hoyos-Steig
Klobentörl, 1634 m

Leicht

Auch die Klobenwand hat ihren Weg, einen ehemaligen Jagdsteig, der bereits 1912 ausgebaut wurde, dann aber wieder verfiel und erst jüngst eine gründliche Sanierung erfuhr: ein wenig schwieriger Anstieg zum Klobentörl, mit hübschen Einblicken in den Canyon des Großen Höllentals. Als Abstiege bietet sich neben dem Rudolfsteig der (ebenfalls gesicherte) »Gaislochsteig« (siehe 125) an; möglich ist auch, in Verbindung mit dem »AV-Steig« oder dem »Teufelsbadstubensteig«, eine große Runde um das Höllental.

Ausgangspunkt Weichtalhaus (547 m) an der Höllental-Straße, 9 km ab Reichenau. Parkmöglichkeit beim Gasthaus und nahe der Abzweigung des Weges ins Große Höllental.

Wegverlauf Höllentalstraße – Großes Höllental – »Hoyos-Steig« – Klobentörl – Dirnbacherhütte (1477 m) – »Gaislochsteig« – Großes Höllental – Höllentalstraße.

Gehzeiten Insgesamt 5½ Std.; Höllental – »Hoyos-Steig« – Klobentörl 3¼ Std., Abstieg über den »Gaislochsteig« 2¼ Std.

Hinweis Am Nordrücken des Kloben mündet der »Rudolfsteig«, eine (bequeme) Alternative für den Rückweg; Gesamtgehzeit 4½ Std.

Orientierung Problemlos, gut markierte Wege.

Einstufung Leicht; die Sicherungen sind erst 1993 völlig erneuert worden.

127 Wildfährte
128 Bärenlochsteig
Heukuppe, 2007 m

Mittel/Leicht

Durch die Kahlmäuer, die das Reißtal eindrucksvoll abriegeln, führen zwei markierte und gesicherte Routen auf die Rax. Sie lassen sich zu einer interessanten Runde über den höchsten Punkt der Rax, die Heukuppe, verbinden. Wer nur aufs Eisen aus ist, kann den Gipfel auch auslassen und von der »Wildfährte« über die Franzlbauerhütte (1650 m) zum Bärenloch (Felsentor) absteigen. Beide Routen wurden schon früh gangbar gemacht; sie haben bis zu Punkt 1410 einen gemeinsamen Verlauf. Dann quert der »Bärenlochsteig« nach links zum Bärengraben, während die »Wildfährte« einer markanten, nach rechts ansteigenden Terrasse folgt, zuletzt steil zum Ausstieg (1667 m) über den Kahlmäuern führt.

Wo? In den Nordwesten der Rax kommt man von Wiener Neustadt bequem über die Höllental-Bundesstraße, gut 50 km über Neunkirchen und Gloggnitz; Abzweigung links ins Naßtal.

Ausgangspunkt Hinternaßwald (712 m). Parkplatz am Eingang ins Reißtal.

Wegverlauf Reißtal – Rehboden – »Wildfährte« – Heukuppe – Karl-Ludwig-Haus (1804 m) – Habsburghaus (1786 m) – »Bärenlochsteig« – Rehboden – Reißtal.

Gehzeiten Insgesamt 8 Std.; Reißtal – Rehboden 1 Std., »Wildfährte« – Heukuppe 3½ Std., Heukuppe – Karl-Ludwig-Haus – Habsburghaus 1½ Std., Habsburghaus – »Bärenlochsteig« – Reißtal 2 Std.

Hinweise Gesamtgehzeit für die »kleine« Runde (ohne Heukuppe) 5 Std.

Hütten Karl-Ludwig-Haus (1804 m), Habsburghaus (1786 m).

Orientierung Wenig schwierig, die Wege sind gut bezeichnet.

Einstufung »Wildfährte« mittel, nicht übermäßig gesichert, mit einigen ausgesetzten Passagen. »Bärenlochsteig« leicht.

129 Gamsecksteig
Heukuppe, 2007 m

Leicht

Wer über die »Wildfährte« zur Heukuppe aufsteigt, kann für den Abstieg den »Gamsecksteig« wählen; auf fast 150 Höhenmetern ebenfalls gesichert, führt er westlich um das Gamseck herum, mit Aussicht auf die benachbarte Schneealpe (1903 m). Abzweigung in der Senke (1849 m) zwischen Gamseck und Heukuppe; am Naßkamm wechselt man wieder zurück zum Graben des Reißbachs.

Ausgangspunkt Hinternaßwald (712 m). Parkplatz am Eingang ins Reißtal.

Wegverlauf Reißtal – Rehboden – »Wildfährte« – Heukuppe – Sattel (1849 m) – »Gamsecksteig« – Gupfsattel (ca. 1490 m) – Naßkamm (1210 m) – Reißtal.

Gehzeiten Insgesamt 7½ Std.; Reißtal – »Wildfährte« – Heukuppe 4½ Std., Heukuppe – »Gamsecksteig« – Reißtal 3 Std.

Orientierung Der »Gamsecksteig« ist gut markiert.

Einstufung Leicht, mit Drahtseilen und zwei Leitern gut gesichert. Steinschlaggefahr!

130 Reißtalersteig
131 Gretchensteig
Heukuppe, 2007 m

Leicht

Am bequemsten kommt man von Süden auf die Rax, vom Preiner Gescheid (1070 m) aus, nicht einmal 1000 Höhenmeter bis zur Heukuppe und zur großen Aussicht über die östlichsten Ostalpen. Ein halbes Dutzend Wege führt hier auf die Hochfläche, darunter die »Zwillinge« Reißtaler-Gretchen; beide überwinden die stark gegliederten Raxenmäuer mit Hilfe von Drahtseilen und einiger Klammern; am »Reißtalersteig« hilft zudem eine lange, verbogene Eisenleiter über eine Steilstufe.

Wo? Das Preiner Gscheid (1070 m) ist ein Straßenpaß im Süden der Rax, 13 km von Reichenau, 16 km von Mürzzuschlag.

Ausgangspunkt Preiner Gescheid (1070 m). Parkplatz auf der Paßhöhe.

Wegverlauf Preiner Gscheid – Reißtalerhütte (1447 m) – »Reißtalersteig« – Heukuppe – Karl-Ludwig-Haus – »Gretchensteig« – Preiner Gscheid.

Gehzeiten Insgesamt 5 Std.; Preiner Gscheid – Heukuppe 3 Std., Abstieg über den »Gretchensteig« 2 Std.

Hütte Karl-Ludwig-Haus (1804 m).

Orientierung Leicht, »Reißtalersteig« gelb, »Gretchensteig« grün bezeichnet.

Einstufung Leicht.

132 Karl-Kantner-Steig
133 Bismarcksteig
Karl-Ludwig-Haus – Waxriegel

Leicht

Noch eine Runde über dem Preiner Gscheid, erst hinauf zum Karl-Ludwig-Haus, dann quer durch die breite ➡

Ausgangspunkt Preiner Gscheid (1070 m). Parkplatz im Bereich der Scheitelhöhe.

Wegverlauf Preiner Gscheid – Siebenbrunnenkessel – »Karl-Kantner-Steig« – Karl-Ludwig-Haus (1804 m) – »Bismarcksteig« – Waxriegel – Waxriegelhaus (1361 m) – Preiner Gscheid.

Gehzeiten Insgesamt 4¾ Std.; Preiner Gscheid – Karl-Ludwig-Haus 2¼ Std., »Bismarcksteig« 1 Std., Abstieg über das Waxriegelhaus 1½ Std.

➡

➞ Südwand des Predigtstuhls (1902 m) zum Waxriegel, wo ein weiterer, vielbegangener Raxweg mündet. Beide Steige sind ordentlich gesichert, der »Bismarcksteig« wurde erst vor ein paar Jahren völlig saniert, die Anforderungen halten sich in engen Grenzen. Die lange Querung hinüber zum Waxriegel bietet hübsche Ausblicke auf die waldreichen Alpenausläufer im Südosten, bis in die Bucklige Welt.

Am Karl-Kantner-Steig.

➞
Hütten Karl-Ludwig-Haus (1804 m), Waxriegelhaus (1361 m).
Orientierung Problemlos.
Einstufung Leicht. Am »Bismarcksteig« im Frühsommer gefährliche Altschneereste!

134 Hans-von-Haid-Steig
Preiner Wand, 1783 m

Schwierig

Die Rax hat viele Mauern, fast wirkt sie wie ein grünes Gegenstück zum Sellastock, doch nur eine richtige Kletterwand, an ihrer Südseite: die Preiner Wand. Und folgerichtig finden sich auch hier zwei »richtige« Klettersteige, die einen Vergleich mit den Vie ferrate der Dolomiten durchaus aushalten: der »Königschußwand-Klettersteig« und der »Haidsteig«, beide aus der Pionierzeit des Alpinismus stammend. Im Gegensatz zur Königschußwand, die nur teilweise gesichert ist, bietet der 1913 eröffnete »Haidsteig« ein lupenreines Ferrata-Vergnügen auf gut 400 Höhenmetern, steil bis senkrecht, aber gut gesichert. Und für den besonderen »Wiener Touch« sorgen die beiden eisernen Steigbäume, 15 Meter hoch der erste, in eine sehr luftige Querung mündend der zweite. Durch eine kaminartige, fast vertikale Rinne gewinnt man schließlich ein Band, das unter mächtigen Überhängen nach links zu einer markanten Schulter (1585 m) mit Madonnen-Statue und Wandbuch ansteigt. Der Rest ist dann vergleichsweise gemütlich, Ier Gelände, noch ein paar Drahtseile und Pfadspuren.

Wo? Prein (680 m) liegt östlich unterhalb des Preiner Gscheid, 7 km von Reichenau.
Ausgangspunkt Parkplatz wenig oberhalb des Gh. Griesleitenhof (843 m); kurze Zufahrt von der Preiner-Gscheid-Straße (Hinweis »Klettergebiet Preiner Wand«).
Wegverlauf Griesleiten – Bachingerbründl (1279 m) – »Holzknechtsteig« – Einstieg (ca. 1360 m) – »Haidsteig« – Preiner Wand – Seehütte (1643 m) – »Holzknechtsteig« – Bachingerbründl – Griesleiten.
Gehzeiten Insgesamt 4½ Std.; Griesleiten – Bachingerbründl – Einstieg 1½ Std., »Haidsteig« 1½ Std., Abstieg 1½ Std.
Hinweise Der erste Abschnitt der Ferrata kann rechts auf dem »Alten Haidsteig« umgangen werden; blau markiert, Einstieg bei etwa 1300 m am Beginn der Preiner Schütt (Hinweistafel). Mündet am ersten Wandabsatz in den »neuen« Steig (ca. 1500 m). Für den Abstieg bietet sich alternativ auch der Preiner-Wand-Steig an; siehe 136.
Hütte Seehütte (1643 m).
Orientierung Leicht, gut bezeichnete Wege.
Einstufung Schwierig, teilweise sehr exponiert. Die Sicherungen sind in gutem Zustand. Der Abstieg über das Preiner Schütt (»Holzknechtsteig«) erweist sich als harte Prüfung für Gelenke und Bänder (Wanderstöcke!).

135 Königschußwand-Klettersteig
Preiner Wand, 1783 m

Sehr schwierig A

Die Route durch die Königschußwand hat einen Schönheitsfehler: Sie ist nicht durchgehend gesichert. Und weil Ferratisten halt, trotz ihres ähnlichen Outfits, keine Kletterer sind, wird dieser Zwitter – halb leichte Kletterführe, halb Ferrata – nie die Popularität des benachbarten »Haid« erreichen. Fünf Seillängen, vom Einstieg (ca. 1450 m) bis zu einer markanten Verschneidung, folgt man dem »Malersteig«, bei dem es sich um eine Kletterroute handelt, dann erst beginnt das »eiserne« Vergnügen: eine Rampe, geröllbedeckt, aber nur mäßig schwierig, anschließend – ein Kraftakt sondergleichen – etwa 40 Meter senkrecht bis leicht überhängend, zunächst luftig-hoch über dem Preiner Schütt, dann in einen Höhlenkamin mündend. Dem entsteigt man ziemlich geschafft; den atemberaubenden Tiefblick auf die Preiner Schütt werden wohl nur wenige so richtig genießen. Immerhin, das Schwierigste liegt hinter einem, aus der Extremroute wird ein ganz normaler Klettersteig, und wenig später steht man oben beim großen Gipfelkreuz.

Ausgangspunkt Parkplatz wenig oberhalb des Gh. Griesleitenhof (843 m); kurze Zufahrt von der Preiner-Gscheid-Straße (Hinweis »Klettergebiet Preiner Wand«).
Wegverlauf Griesleiten – Bachingerbründl (1279 m) – »Holzknechtsteig« – Einstieg (ca. 1460 m) – »Königschußwand-Klettersteig« – Preiner Wand – Seehütte (1643 m) – »Holzknechtsteig« – Griesleiten.
Gehzeiten Insgesamt 5¼ Std.; Griesleiten – Einstieg 1¾ Std., »Königschußwand- Klettersteig« 2 Std., Abstieg 1½ Std.
Orientierung Wenig schwierig, Einstieg am oberen Rand der Preiner Schütt. »Malersteig« rot, »Königschußwand« blau bezeichnet.
Einstufung Sehr schwierig, A. Nur als Seilschaft begehen; im Zustieg Passagen II+, Klettersteig mit Drahtseilen und ganz wenigen Klammern, oberhalb der Rampe senkrechte Passage, fast trittlos.

136 Preiner-Wand-Steig
Preiner Wand, 1783 m

Leicht

Einen vergleichsweise gemütlichen Anstieg durch die Preiner Wand gibt es auch; er verläuft im Osten des Abbruchs und schlängelt sich, an einigen Stellen mit Drahtseilen versehen, durch die hier stark gegliederte Wand: kein Vergleich mit dem »Haidsteig« natürlich, aber eine durchaus reizvolle Route, die sich nach schwerer »Eisenarbeit« auch für den Abstieg anbietet.

Ausgangspunkt Parkplatz wenig oberhalb des Gh. Griesleitenhof (843 m); kurze Zufahrt von der Preiner-Gscheid-Straße (Hinweis »Klettergebiet Preiner Wand«).

Wegverlauf Griesleiten – Bachingerbründl (1279 m) – Preiner-Wand-Steig – Preiner Wand – Seehütte (1643 m) – »Holzknechtsteig« – Griesleiten.

Gehzeiten Insgesamt 4 Std.; Griesleiten – Bachingerbündl 1¼ Std., Preiner-Wand-Steig 1¼ Std., Abstieg über die Seehütte 1½ Std.

Hütte Seehütte (1643 m).

Orientierung Wenig schwierig; die Markierungen am Preiner-Wand-Steig würden eine Auffrischung vertragen.

Einstufung Leicht.

WIENER BERGLAND

137 Weichtalklamm
138 Turmstein-Ostkante
Turmstein, 1416 m

Leicht/Schwierig

Neben dem »Klettersteig-Dorado« der Rax nimmt sich das Angebot im benachbarten Schneeberg ziemlich mager aus: ein landschaftlich reizvoller Schluchtweg, mit ein paar Leitern, Ketten und Eisenklammern gangbar gemacht, dazu eine »Hüttenferrata«, luftig, aber gut gesichert. Beides zusammen, der Klammsteig und der Turmstein-Klettersteig, ergeben ein gemütliches Tagespensum; von der Hütte besteigt man in knapp 2 Stunden auf markiertem Weg den Klosterwappen (2076 m), den höchsten Punkt des Schneebergs.

Wo? Ins Höllental kommt man von Wiener Neustadt bequem (teilweise Autobahn) über Neunkirchen und Gloggnitz, etwa 50 km.

Ausgangspunkt Weichtalhaus (547 m) an der Höllental-Straße, 9 km ab Reichenau. Parkmöglichkeit beim Gasthaus.

Wegverlauf Weichtalhaus – Weichtalklamm – Kienthaler Hütte – »Ferdinand-Mayr-Weg« – Weichtalklamm.

Gehzeiten Insgesamt 4 Std., Aufstieg 2½ Std., Abstieg 1½ Std. Turmstein 15 Min. hin und zurück.

Hinweis Von der Kienthaler Hütte guter, vielbegangener Weg auf den Klosterwappen, Markierung 801.

Hütte Kienthaler Hütte (1380 m).

Orientierung Problemlos.

Einstufung Weichtalklamm leicht, Turmstein schwierig, aber nur sehr kurz.

139 Naturfreundesteig
Hochlantsch, 1722 m

Mittel

Bekannt ist der Hochlantsch vor allem als Aussichtsberg im Grazer Hinterland; der in den siebziger Jahren angelegte, aber erst vor kurzem auch ausgeschilderte »Naturfreundesteig« dagegen hat sich (noch) nicht zum Renner entwickelt. Dabei ist die lediglich mit Drahtseilen versehene Route durchaus reizvoll, und die Schlußvariante an exponiertem Gratkantenfels etwas für Genießer. Einziger Schönheitsfehler: Steinschlaggefahr in den steilen Geröllrinnen, die zu queren sind.

Der »Naturfreundesteig« am Hochlantsch bietet einige hübsche Kletterstellen.

Wo? Zum Hochlantsch kommt man von Bruck an der Mur bzw. Graz über die Schnellstraße S 35. Bei Traföß zweigt die Straße nordöstlich ins Breitenauer Tal ab. Man folgt ihr bis St. Jakob (607 m) bzw. zu einer weiteren Abzweigung: »Jausenstation Zirbisegger«.

Ausgangspunkt Parkplatz wenig unterhalb vom »Zirbisegger« (ca. 1020 m).

Wegverlauf Parkplatz – Einstieg (ca. 1400 m) – »Naturfreundesteig« – Hochlantsch – Gh. Steirischer Jockel (1398 m) – Parkplatz.

Gehzeiten Insgesamt 4 Std.; Parkplatz – Einstieg 1¼ Std., »Naturfreundesteig« 1¼ Std., Abstieg 1½ Std.

Orientierung Die ersten Markierungen findet man oberhalb des Parkplatzes am Waldrand; Weiterweg dann leicht zu finden, rote Markierungen und Steinmännchen.

Einstufung Mittel, Gratvariante schwierig. Helm!

140 Jubiläumssteig
141 Fürststeig
142 Ternitzersteig
Flatzer Wand, 790 m

Leicht

Man könnte die Felsen, die oberhalb von Flatz aus dem Föhrenwald gucken, durchaus als »Dependance« der Hohen Wand bezeichnen, und folgerichtig gibt es auch hier Höhlen, ein paar kurze Kletterführen und drei gesicherte Steige. Sie lassen sich leicht miteinander verbinden: Aufstieg über den »Jubiläumssteig«, dann Querung zum »Fürststeig«, über den man bis zu den »Schwiebbögen« (Felslöcher) absteigt, anschließend am »Ternitzersteig« hinauf zum Flatzer Loch und Spaziergang zum Neunkirchner Naturfreundehaus (772 m).

Wo? Nach Flatz (461 m) kommt man von Wiener Neustadt über Neunkirchen, 22 km.
Ausgangspunkt Flatz (461 m), Parkmöglichkeit am Ortsende Richtung Naturfreundehaus.
Wegverlauf Die drei kurzen gesicherten Steige liegen nahe beieinander, Zugang direkt vom Parkplatz bzw. vom Weg zum Neunkirchner Haus; Abstieg auf einem bequemen Wanderweg vom Naturfreundehaus.
Gehzeiten Bei Aufstieg über einen der gesicherten Steige, Rückweg vom Naturfreundehaus auf dem Wanderweg je etwa 1½ Std.; verbindet man (wie oben vorgeschlagen) alle drei Steige miteinander, ergibt sich eine Gesamtgehzeit von etwa 2¼ Std.
Hütte Neunkirchner Naturfreundehaus (772 m).
Orientierung Leicht, die Wege sind gut bezeichnet und ausgeschildert. »Jubiläumssteig« grüne Markierungen, »Fürststeig« rote Farbtupfer, »Ternitzersteig« blaue Markierungen.
Einstufung Leicht, am »Jubiläumssteig« senkrechte Leiter, »Ternitzersteig« etwas anspruchsvoller (eine Stelle I+).

Rechte Seite: Im Gegensatz zur Hohen Wand bietet die Rax durchaus alpine Eindrücke. Zum zweiten Steigbaum quert man am »Haidsteig« unter mächtigen Überhängen.

143 Naturfreundesteig
144 Waldeggersteig
Waldeggerhaus, 1000 m

Leicht

Im bewaldeten, buckligen Rücken der Hohen Wand entdeckt man zwei kleine Schluchten, die Kleine und die Große Klause, beide sind mit etwas Eisen begehbar gemacht: eine hübsche Runde, die so ganz andere Eindrücke vermittelt als die dem Steinfeld zugewandte »Schokoladeseite« des kleinen Kalkmassivs.

Wo? Nach Dürnbach kommt man von Wiener Neustadt durch das Piestingtal, Abzweigung bei Waldegg (402 m), 21 km.
Ausgangspunkt Dürnbach, Parkplatz beim Gh. Nazwirt (ca. 520 m).
Wegverlauf Dürnbach – Kleine Klause – »Naturfreundesteig« – Waldeggerhaus – Saugraben – Große Klause – »Waldeggersteig« – Dürnbach.
Gehzeiten Für die Runde etwa 3 Std., Aufstieg durch die Kleine Klause zum Waldeggerhaus 1½ Std.
Hütte Waldeggerhaus (1000 m).
Orientierung Leicht, die Steige sind gut markiert bzw. ausgeschildert.
Einstufung Leicht.

145 Wagnersteig
146 Springlessteig
Große Kanzel, 1052 m

Leicht

Zwei gesicherte, aber wenig schwierige Anstiege im Südteil der Hohen Wand, die sich leicht zu einer kleinen Runde verbinden lassen: Aufstieg über den »Springlessteig« zum Hubertushaus (946 m), dann am Plateaurand westlich zur Großen Kanzel mit hübscher Aussicht, Abstieg über den »Wagnersteig«.

Wo? Nach Oberhöflein kommt man von Wiener Neustadt oder Neunkirchen via Willendorf. Station Unterhöflein der Bahnlinie Wiener Neustadt – Grünbach am Schneeberg.
Ausgangspunkt Oberhöflein (550 m), Parkmöglichkeiten im Ort.
Wegverlauf Wie oben skizziert.
Gehzeiten Für die Runde etwa 2½ Std.
Hütten Hubertushaus (946 m), Wilhelm-Eichert-Hütte an der Großen Kanzel (1052 m).
Orientierung Leicht, die Steige sind gut bezeichnet, »Springlessteig« rote, »Wagnersteig« gelbe Markierungen.
Einstufung Leicht, an beiden Steigen Drahtseile und kurze Leitern.

147 Wildenauersteig
Hubertus-Haus, 946 m

Sehr schwierig **A**

Von ganz anderem Kaliber als die benachbarten Steige ist der »Wildenauer«, ein echter Knaller: 100 Höhenmeter, fast senkrecht und extrem ausgesetzt, dabei nur mit Klammern und Tritteisen versehen! Und da die Erbauer der Route ➡

Wo? Nach Oberhöflein kommt man von Wiener Neustadt oder Neunkirchen via Willendorf. Station Unterhöflein der Bahnlinie Wiener Neustadt – Grünbach am Schneeberg.
Ausgangspunkt Oberhöflein (550 m), Parkmöglichkeiten im Ort.
Wegverlauf Oberhöflein – »Springlessteig« – Querung nach links (Abzweigung knapp unterhalb der Leiter) – »Wildenauersteig« – Hubertushaus – »Springlessteig« – Oberhöflein.
Gehzeiten Gesamtgehzeit 2 bis 2½ Std. ➡

→ offenbar sparsame Leute waren, sind diese Steighilfen recht weit auseinander gesetzt; das mag vielleicht den Adrenalinspiegel anheben, dient aber kaum dem Sicherheitsbedürfnis. Originell der etwa 10 Meter hohe Höhlenschlot, den es zu durchsteigen gilt.

Nur mit Partnersicherung! Am »Wildenauersteig« fehlt – trotz größter Exposition – ein Fixseil.

→

Hinweis Absteigen kann man auch über den »Turmsteig«, der links vom »Wildenauersteig« verläuft, Stellen II, eine Passage mit Drahtseilsicherung.
Hütte Hubertushaus (946 m) auf der Hohen Wand.
Orientierung Problemlos.
Einstufung Sehr schwierig, A; nur als Seilschaft gehen (keine Fixseile, Klammern teilweise weit auseinander).

148 Völlerin-Frauenluckensteig
Gasthaus Postl, 892 m

Mittel

»Honi soit qui mal y pense!« Bei der Frauenlucke handelt es sich um einen senkrechten, gegen 15 Meter hohen Höhlenschacht, der mit Hilfe einer Leiter gemeistert wird – spektakuläres Finale dieses Wanddurchstiegs. Den Zugang vermittelt der bereits 1897 angelegte Völlerin-Steig, über den man nachher auch absteigt. Und für ganz Extreme gibt es seit jüngstem noch eine 30-Meter-Kraft- und Mutprobe mit passender Bezeichnung: »Blutspur«. Wohlan!

Wo? Zur Hohen Wand kommt man von Wiener Neustadt über Winzendorf. Die an Wochenenden mautpflichtige »Hohe-Wand-Straße« führt in ein paar Serpentinen auf das Kalkplateau.
Ausgangspunkt »Sonnenuhr-Parkplatz« an der ersten Kehre (580 m) der Hohe-Wand-Straße.
Wegverlauf Parkplatz – »Völlerin« – »Frauenluckensteig« – Gh. Postl, Abstieg über die »Völlerin«.
Gehzeiten Für die Runde etwa 1¾ Std.
Hütte Gh. Postl (892 m).

Orientierung Leicht; Zustieg am Milak-Klettergarten vorbei zum grün markierten »Völlerin-Steig«, blauer Hinweis am Abzweig zur Frauenlucke, Abstieg über den »Völlerin-Steig«.
Einstufung »Völlerin« leicht, »Frauenluckensteig« mittel, Variante »Blutspur« sehr schwierig, S.

149 Hanselsteig
Hanselsteighaus, 850 m

Leicht

Einen vergleichsweise gemütlichen Anstieg durch den nördlichen Teil der Hohen Wand vermittelt der 1911 von einem Schlossermeister mit Namen Johann Hansel angelegte Steig; in Verbindung mit dem »Leiterlsteig«, der ebenfalls einige Sicherungen aufweist, ergibt sich eine kleine Runde. Und Einkehrmöglichkeiten oben auf der Wand finden sich im Bereich der Straße gleich mehrere.

Wo? Zur Hohen Wand kommt man von Wiener Neustadt über Winzendorf, von Markt Piesting über Dreistetten.
Ausgangspunkt Parkplatz bei Loderhof (528 m); Zufahrt von Gaaden oder Stollhof.
Wegverlauf Loderhof – »Hanselsteig« – Hanselsteighaus – Kohlröserl-Haus – »Leiterlsteig« – Loderhof.
Gehzeiten Für die Runde etwa 2½ Std.

Hütte Kohlröserl-Haus (840 m). Hanselsteighaus nicht mehr bewirtschaftet!
Orientierung Leicht, »Hanselsteig« rot, »Leiterlsteig« gelb bezeichnet.
Einstufung Leicht, am »Hanselsteig« Drahtseile, Klammern und Leiter.

150 Ganghofersteig
Herrgottschnitzerhaus, 826 m

Schwierig

Mini-Ferrata am nördlichsten Eck der Hohen Wand, steil, mit Klammern und Drahtseilen gesichert. Angelegt wurde der Steig von drei Mitgliedern der Alpinen Gesellschaft »D'Herrgottschnitzer« bereits 1928, benannt haben sie ihn nach dem Heimatdichter Ludwig Ganghofer.
Natürlich wird man den Abstecher auf die Hohe Wand nicht wegen bescheidenen vierzig Klettersteigmetern unternehmen. Es bieten sich aber verschiedene Kombinationsmöglichkeiten an, so etwa mit dem »Währingersteig« (siehe 151); möglich ist auch eine Überschreitung der Hohen Wand nach Dürnbach unter Einbeziehung des (gesicherten) Steiges durch die Große Klause (»Waldeggersteig«, siehe 144).

Ausgangspunkt Am Endpunkt der Hohe-Wand-Straße steht das Herrgottschnitzerhaus (826 m).
Wegverlauf Kurzer Abstieg über den »Zischkasteig«, Aufstieg über den »Ganghofersteig« zum Herrgottschnitzerhaus.
Gehzeit 20 Min.
Orientierung Problemlos.
Einstufung Schwierig.

151 Währingersteig
Hirnflitzstein, 611 m

Schwierig

»Kurz, aber knackig.« Das Motto gilt auch für die gesicherte Route in dem Felsabbruch des Hirnflitzsteins: 60 Meter, überwiegend steil bis senkrecht, mit Klammern und Drahtseilen gesichert. Die Einstiegswand diktiert gleich den Tarif, im mittleren Wandteil muß man am Seil zu der senkrechten Leiter hinausqueren – nicht nach unten schauen!

Wo? Dreistetten (528 m) liegt an der Straße Markt Piesting – Muthmannsdorf – Winzendorf.
Ausgangspunkt Parkplatz am westlichen Ortsrand.
Wegverlauf Dreistetten – Wandfuß – »Währingersteig« – Hirnflitzstein – Abstieg zur Einhornhöhle – Dreistetten.
Gehzeit Für die Runde etwa 1½ Std.
Hinweise Die »Einhornhöhle« kann an Sonn- und Feiertagen besichtigt werden.
Der »Währingersteig« läßt sich auch in eine größere Runde einbeziehen: Aufstieg zum Herrgottschnitzerhaus (826 m) – »Ganghofersteig« – Abstieg über den »Drobilsteig« (kurze gesicherte Passagen), insgesamt etwa 3 Std.
Orientierung Problemlos.
Einstufung Schwierig, sehr exponierter Routenverlauf.

WIENER BERGLAND

152 Rudolf-Decker-Steig
Steinwandklamm, Gh. Jagasitz, 710 m

Leicht

Die romantische Steinwandklamm ist ein Ausflugsziel mit Tradition; nicht umsonst ließ der ÖTK bereits 1884 einen Klammsteig anlegen, und über ein halbes Jahrhundert hat auch der »Rudolf-Decker-Steig« schon auf dem Buckel. Er steigt durch stark gegliedertes Felsgelände links der Klamm an, passiert dabei drei Höhlen und ein Felsentor, alles gut gesichert. Man merkt schon: kein schwieriger, aber ein sehr interessanter Pfad, ideal für Kinder und Bubenträume: Winnetou läßt grüßen!

Wo? In die Steinwandklamm kommt man durch das Triestingtal, 14 km von der Südautobahn bis Weißenbach. Hier links über Schromenau in den Steinwandgraben.
Ausgangspunkt Jausenstation Reischer (549 m).
Wegverlauf Steinwandgraben – »Rudolf-Decker-Steig« – Gh. Jagasitz – Abstieg durch die Steinwandklamm.
Gehzeit Für die Runde etwa 1½ Std.
Orientierung Problemlos, Wege bestens bezeichnet.
Einstufung Leicht, mehrere Leitern. Die lange, steile Leiter zum »Wildschützenloch« kann man links umgehen. Taschenlampe nützlich, vor allem am »Türkenloch«.

153 Pittentaler Steig
Türkensturz, 610 m

Sehr schwierig **S**

Der Name des Felsens, der oberhalb von Gleißenfeld über dem Pittental aufragt, erinnert an die Zeit der Türkeneinfälle; im 16. Jahrhundert sollen hier Bauern einer Schar brandschatzender Osmanen zu einem raschen Abgang aus dieser Welt verholfen haben. Erst sehr viel später, 1826, wurde die Ruine – als Mahnmal – auf dem Türkensturz errichtet, und 1930 kam die ÖTK-Sektion Pittental auf die Idee, durch den nahezu senkrechten 100-Meter-Absturz eine Ferrata, pardon: einen Klettersteig zu bauen. Daß es sich hier um eine Wiener Erfindung handelt, zeigt schon der Steigbaum gleich zum Auftakt; auch in der Folge halten Verlauf und Exposition aber jeden Vergleich mit den Sportklettersteigen in Bella Italia aus. Schwierigste Passage ist eine senkrechte Verschneidung im oberen Teil der Wand.

Wo? Gleißenfeld (360 m) liegt an der Straße zum Wechsel, etwa 18 km südlich von Wiener Neustadt.
Ausgangspunkt Gleißenfeld, Brücke über den Pittenbach. Parkplatz.
Wegverlauf Gleißenfeld – Einstieg (ca. 530 m) – »Pittentaler Steig« – Türkensturz, Abstieg über Wanderweg.
Gehzeit Für die Runde 2 Std.
Orientierung Problemlos.
Einstufung Sehr schwierig, S; im unteren Wandteil keine Drahtseile, deshalb Selbstsicherung problematisch. Evtl. als Seilschaft gehen.

Noch so ein »luftiger« Wiener: der »Pittentaler Steig« in der Buckligen Welt.

Über die Rinke verläuft ein teilweise ausgesetzter Steig.

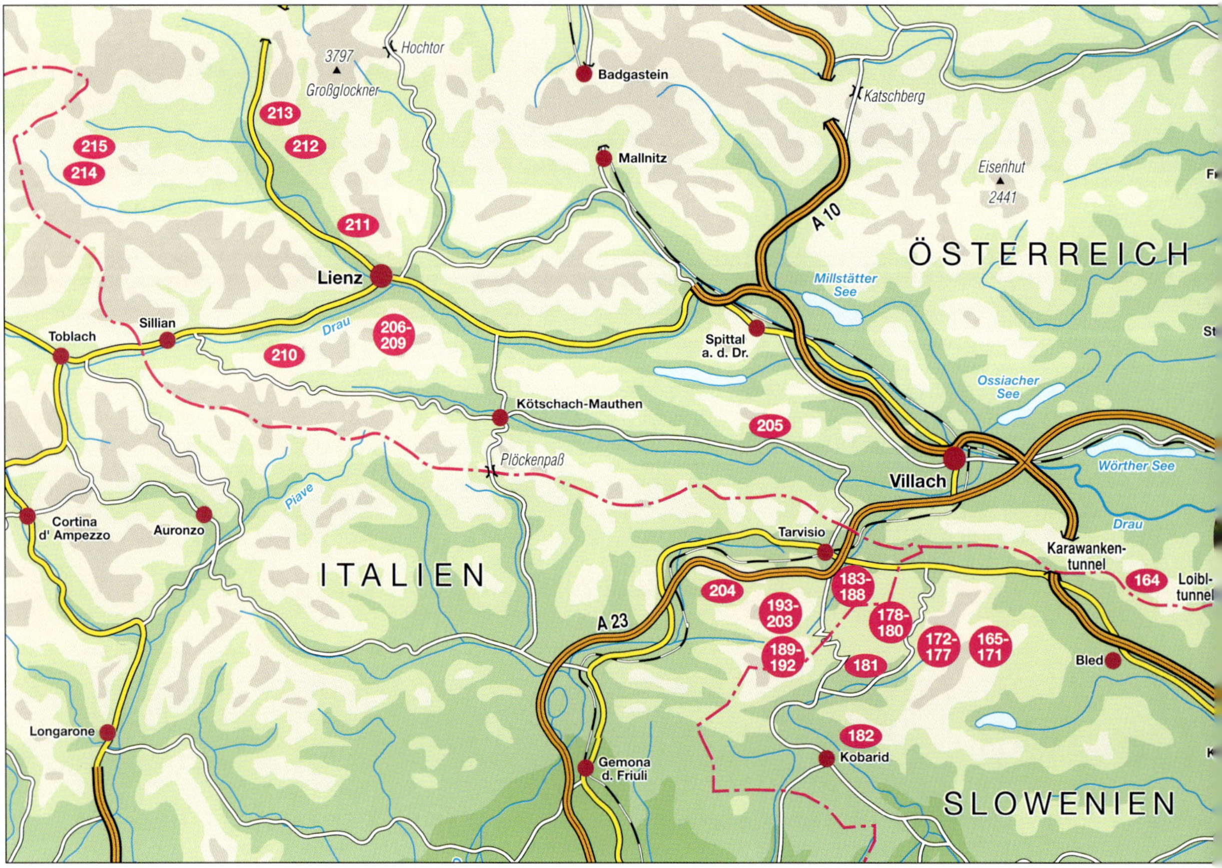

Von den Steiner Alpen zu den Hohen Tauern

Ganz am Rand der Alpengeographie, näher dem Balkan als dem Großglockner, stehen – noch hinter den Karawanken – die Steiner Alpen. Und fast ebenso weit ist es bis in die Julischen Alpen, die etwa je zur Hälfte in Slowenien und in Italien liegen.

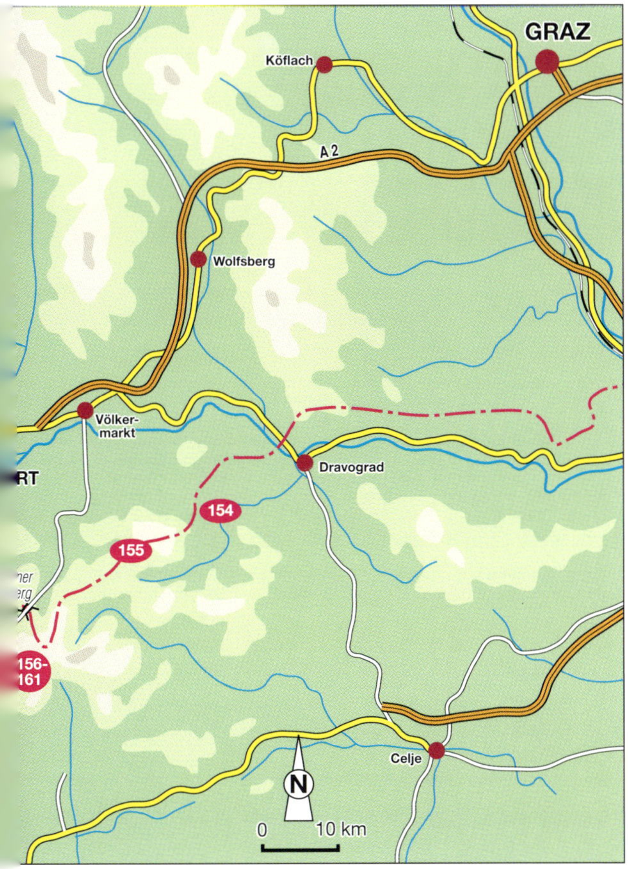

Karawanken, Steiner und Julische Alpen: drei Gebirgsgruppen, drei Länder – und ein ergiebiges Revier für Klettersteigler mit fünfzig gesicherten Routen. Slowenisch oder italienisch, ist hier allerdings die erste Frage. Nicht nur, weil es in den (Kärntner) Karawanken bloß zwei Klettersteige gibt. An der politischen Grenze stoßen auch sehr unterschiedliche Auffassungen über das Sichern von Wegen zusammen. Die Slowenen sind Meister im »Understatement«, ihre Routen sind dem Gelände, dem Berg angepaßt und meist nur sparsam gesichert; der Italiener dagegen liebt das Spektakuläre, weshalb die Ferrate rund um Mangart, Wischberg, Montasch und Kanin ein ganz anderes Profil zeigen: steiler, vielfach sehr kühn trassiert und entschieden eisenhaltiger.

Meine Favoriten

- »Ojstrica-Steig« – hinfinden ist schwieriger als hinaufkommen (156)
- Bovški Gamsovec – Aussichtstour und Blumenzauber vor dem Triglav (172)
- Prisojnik – welchen Weg mag ich denn am liebsten? (175, 176, 177)
- »Via della Vita« – Traum- oder Alptraumroute? (185)
- »Sentiero attrezzato Goitan« – Schaupfad in den westlichen Juliern (196)
- »Rote Saile-Klettersteig« – Granit im Panorama, Schiefer am Weg (214)

Klettersteig-Paradies Julische Alpen: am »Sentiero Goitan«

Osttirol als Klettersteig-Dorado zu bezeichnen, wäre wohl eine gelinde Übertreibung, auch wenn in den Lienzer Dolomiten und in den Hohen Tauern ein paar Anstiege gesichert sind. Die einzige echte Ferrata neben dem »Schluga-Steig« (im Kärntner Gailtal) führt auf die Hohe Saile. Dafür liefern die Hohen Tauern bei mancher Tour einen majestätisch-grandiosen Landschaftsrahmen.

Karten und Führer

Wander- und Kletterführer über die Steiner Alpen und die Julischen Alpen gibt es mehrere, leider fast durchweg in slowenisch bzw. italienisch. Eine Ausnahme bildet das (sehr empfehlenswerte) Buch »Der Triglav-Nationalpark«, herausgebracht von der Nationalpark-Verwaltung und mit einer Fülle von Informationen aufwartend. Die Klettersteige der Region sind bei Hanns Heindl im »Klettersteigführer Julische und Steiner Alpen mit Karawanken und Karnischem Hauptkamm« beschrieben (Bergverlag Rother, München).

Walter Mair bietet dem Wanderer in Osttirol die beste Anleitung, sachkundig und ausführlich: »Osttiroler Wanderbuch« (Tyrolia, Innsbruck).

Der Slowenische Alpenverein (Planinska Zveza Slovenije) hat für sein Gebiet gute Wanderkarten herausgebracht. Blätter im Maßstab 1:50 000 umfassen Steiner Alpen, Karawanken und Julische Alpen; die meisten Klettersteige der Julischen Alpen finden sich im Blatt »Triglav« (1:25 000).

Für den italienischen Teil der Julier nimmt man am besten die »Tabacco-Karten« 1:25 000, Blätter 18 und 19.

Für Osttirol gibt es neben den amtlichen österreichischen Karten die soliden 50 000er von Freytag & Berndt.

Eine Buchempfehlung

»Wanderungen und Klettersteige in den Julischen Alpen«, von Eugen E. Hüsler und Franz Hofstätter (Bruckmann-Verlag, München).

154 Zavarovana pot
Kordeschkopf/Kordeževa glava, 2126 m

Leicht

Letzter (oder erster?) Zweitausender des Karawankenzuges ist der massige Petzen (Peca), ein Grenzberg mit berühmt weiter Aussicht. Seine drei Gipfel – Feistritzer Spitze, 2114 m; Knieps, 2110 m; Kordeschkopf, 2126 m – können auf markierten Wegen leicht bestiegen werden. Zum höchsten Punkt kommt man von der slowenischen Seite auch über einen hübschen, wenig schwierigen Klettersteig (= Zavarovana pot). Die Route verläuft durch Schluchten, Rinnen und über Bänder, sie ist mit Drahtseilen ausreichend gesichert.

Wo? Mežica (470 m) liegt im Tal der Meža, nur wenige Kilometer von der österreichisch-slowenischen Grenze. Zufahrt über Poljana, 13 km von Bleiburg.

Ausgangspunkt Mihev (910 m) erreicht man vom Städtchen Mežica über Črna (573 m) und Pristava, 17 km. Parkplatz bei der Talstation der Materialseilbahn zur Peči-Hütte.

Wegverlauf Mihev – Dom na Peči (1654 m) – Zavarovana pot – Kordeschkopf – Abstieg über den Wanderweg zum Dom na Peči – Mihev.

Gehzeiten Insgesamt 6½ Std.; Mihev – Dom na Peči 2¼ Std., Klettersteig – Kordeschkopf 2 Std., Abstieg 2¼ Std.

Hinweise Man kann die Tour auch von der (Kärntner) Nordseite aus machen: Aufstieg von Siebenhütten (Mautstraße) über den Kniepssattel (2034 m) zum Kordeschkopf, dann Abstieg zum Dom na Peči, (zweiter) Aufstieg über den Klettersteig; insgesamt etwa 6 Std.
Grenzgebiet, deshalb Ausweispapiere mitführen!

Hütte Dom na Peči (1654 m) am Südhang des Petzen.

Orientierung Ordentlich markierte Wege; Vorsicht bei Nebel!

Einstufung Leicht, gut gesicherter Steig.

155 Uschowa-Felsentore, gesicherter Steig
Uschowa-Felsentore, 1508 m

Leicht

Gerade »am Weg« liegen sie nicht, die Uschowa-Felsentore, zumindest für das Gros der Bergsteiger, sondern ganz hinten, buchstäblich am »End' der (Alpen-)Welt«: in den östlichen Karawanken, nahe der slowenischen Grenze. Deswegen lohnt sich ein Abstecher nicht weniger, und wenn man schon einmal in diesem südlichsten Zipfel Kärntens ist, kann man auch gleich noch ganz in den Berg vordringen: Seit ein paar Jahren sind die Obir-Tropfsteinhöhlen bei Eisenkappel zugänglich. Der Besuch lohnt sich!

Faszination Berge: Felsenfenster an der Uschowa.

Wo? Eisenkappel (558 m), ein hübscher Marktflecken, liegt an der Straße zum Kärntner Seeberg, 24 km von Völkermarkt.

Ausgangspunkt Im Süden des Ortes mündet der waldreiche Remscheniggraben. Ein schmales Sträßchen führt talein bis zur Weggabelung unterhalb des St.-Margrethen-Kirchleins (925 m), 6 km. Parkmöglichkeit an der Straße.

Wegverlauf Remscheniggraben – Felsentore – Heiligengeistgatterl (1432 m) – St. Leonhard (1334 m) – Schelesnigsattel (1130 m) – Remscheniggraben.

Gehzeiten Insgesamt 5 Std.; Remscheniggraben – Felsentore 2½ Std., Abstieg via St. Leonhard 2½ Std.

Tip Die Obir-Tropfsteinhöhlen sind von April bis Dezember geöffnet; Zufahrt von Eisenkappel per Bus.

Orientierung Ordentlich markierte Wege.

Einstufung Leicht, kürzere gesicherte Passagen im Bereich der drei Felsentore.

156 Ojstrica, gesicherter Steig
Ojstrica, 2350 m

Leicht

Für die Bewohner der slowenischen Hauptstadt ist das Logarska dolina nicht weiter entfernt als die »Eng« für die Münchner Ausflügler: alpines Hinterland. Darüber zu räsonieren, welcher Talschluß denn schöner sei, erübrigt sich; immerhin, im Logarska dolina stehen an den Wochenenden (noch) nicht so viele Autos …
Zu den lohnendsten Gipfelzielen über dem »Tal der Haine« gehört die Ojstrica, ein eleganter Felsbau, der die Hauptkette der Steiner Alpen (Kamniške Alpe) im Osten abschließt. Für den Aufstieg bietet sich der Steig über die Nordostflanke an, nach slowenischer Art sparsam, aber ausreichend gesichert. Den Abstieg nimmt man dann über die »Schere« (Skarje, 2141 m), eine Scharte am Westgrat der Ojstrica. Dabei zeigt sich die elegante Nordwestkante des Gipfels besonders schön – verführerisch!

Wo? Ins Logarska dolina zu gelangen, ist nicht ganz einfach, die Zufahrten führen sozusagen »um sieben Ecken herum«. Am leichtesten kommt man in das Tal der Savinja von der gut ausgebauten Hauptstraße Ljubljana – Celje – Maribor, Abzweigung bei Polzela, dann über Luče und Solčava bis zum Straßenende etwa 65 km.

Ausgangspunkt Logarska dolina, beim Dom planincev (838 m), 9 km hinter Solčava.

Wegverlauf Logarska dolina – Koča pod Ojstrico (1206 m) – Klettersteig – Ojstrica – Skarje (2141 m) – Koča pod Ojstrico – Logarska dolina.

Gehzeiten Insgesamt 6½ Std.; Logarska dolina – Koča pod Ojstrico ¾ Std., Klettersteig – Ojstrica 3 Std., Abstieg über Skarje 2¾ Std.

Hütte Koča pod Ojstrico na Klemenci planini (1206 m).

Orientierung Wege ordentlich markiert.

Einstufung Leicht.

VON DEN STEINER ALPEN ZU DEN HOHEN TAUERN

157 Turska gora, gesicherte Steige

Turska gora, 2251 m

Leicht

Der Hauptkamm der Steiner Alpen (Kamniške Alpe), ziemlich genau in Ost-West-Richtung verlaufend, ist etwa 10 Kilometer lang, trägt ein Dutzend Gipfel – und kann auf markierten, abschnittweise gesicherten Steigen überschritten werden, von der Ojstrica (2350 m) zur Jezerska Kočna (2540 m). Der Weg läuft auch über den Turska gora. Vom Logarska dolina bzw. vom Frischaufov dom (1378 m) aus läßt sich die Turska gora als Tagestour »machen«: Aufstieg durch die »Türkenrinne« (Turski žleb), Abstieg von der Kamniška koča (Steinerhütte, 1885 m), alles gut markiert und, wo erforderlich, auch gesichert. Von der Turska gora überschaut man den gesamten Hauptkamm der Steiner Alpen (Kamniške Alpe).

Wo? Ins Logarska dolina kommt man am besten von der gut ausgebauten Hauptstraße Ljubljana – Celje – Maribor, Abzweigung bei Polzela, dann über Luče und Solčava zum Straßenende etwa 65 km.

Ausgangspunkt Koča pod slap Rinka (975 m) im Talschluß von Logarska dolina. Parkplatz.

Wegverlauf Koča pod slap Rinka – Frischaufov dom (1378 m) – Turski žleb (2114 m) – Turska gora – Kamniško sedlo (1903 m) – Frischaufov dom – Koča pod slap Rinka.

Gehzeiten Insgesamt 6½ Std.; Koča pod slap Rinka – Frischaufov dom 1¼ Std., Frischaufov dom – Turska gora 2½ Std., Abstieg über den Kamniško sedlo ins Tal 2¾ Std.

Hütten Frischaufov dom (1378 m), Kamniška koča (1885 m).

Orientierung Ordentlich bezeichnete Steige.

Einstufung Leicht, Steinschlaggefahr in der Turski žleb (Helm!).

158 Rinke-Überschreitung

Kranjska Rinka, 2453 m

Schwierig A

Noch eine Gipfelrunde über dem innersten Logarska dolina, anspruchsvoller, auch etwas länger als die Turska-gora-Tour, mit einigen »eisernen« Wegabschnitten, teilweise ziemlich ausgesetzt. Man überschreitet dabei die drei Rinke, oberhalb vom Turski žleb die Steirer Rinka (Stajerska Rinka, 2289 m), dann – ein kleiner »Seitensprung« – die Krainer Rinka (Kranjska Rinka, 2453 m) und schließlich noch die Kärntner Rinka (Koroška Rinka, 2433 m). Die Namensgebung ist nicht zufällig, hat aber bloß noch historische Bedeutung, erinnert an die drei Landschaften, die hier einst zusammenstießen: Untersteiermark, Krain, Kärnten.

Wo? Ins Logarska dolina kommt man am besten von der gut ausgebauten Hauptstraße Ljubljana – Celje – Maribor, Abzweigung bei Polzela, dann über Luče und Solčava zum Straßenende etwa 65 km.

Ausgangspunkt Koča pod slap Rinka (975 m) im Talschluß von Logarska dolina. Parkplatz.

Wegverlauf Koča pod slap Rinka – Frischaufov dom (1378 m) – Turski žleb (2114 m) – Stajerska Rinka – Kranjska Rinka – Koroška Rinka – Mrzli dol – Frischaufov dom – Koča pod slap Rinka.

Gehzeiten Insgesamt 8 Std.; Koča pod slap Rinka – Turski žleb 3¼ Std., Rinke-Überschreitung 2 Std., Abstieg über das Frischaufov dom 2¾ Std.

Hütte Frischaufov dom (1378 m) am Okreselj-Kar.

Orientierung Nicht ganz einfach; die Markierungen an den Rinke bedürften dringend einer Auffrischung. Im Frühsommer am Fuß der Kärntner Rinke harte Altschneefelder.

Einstufung Schwierig, am Nordostgrat der Koroška Rinka längere gesicherte Passagen; A.

159 Skuta, Überschreitung

Skuta, 2532 m

Mittel/Schwierig

Am Hauptkamm der Steiner Alpen ist die Skuta nach dem Grintovec der mächtigste Gipfel, ein ungefüger Klotz, nach Norden über Steilwände abbrechend, südseitig in ein Karrenplateau übergehend. Seine Überschreitung, zusammen mit jener des Dolgi hrbet (Langkofel, 2454 m), vermittelt starke Eindrücke, wartet auch mit recht viel Eisen auf, vor allem beim Anstieg von den Mali podi. Für Klettersteigler ist vor allem eine Kombination mit den Steigen an den Rinke von Interesse, mit Ausgangspunkt bei der Tschechischen Hütte ein ausgefüllter Bergtag.

Die anspruchsvollsten Passagen hat man dann allerdings nicht an der Skuta, sondern im Aufstieg über den steilen Nordgrat der Koroška Rinka (siehe 158).

Wo? Zgornie Jezersko (880 m) liegt jenseits des Kärntner Seeberges (1218 m) im obersten Seebachtal, knapp 50 km von Völkermarkt.

Ausgangspunkt Parkplatz (ca. 950 m) bei der Talstation eines kleinen Skilifts, etwa 1 km südöstlich von Jezersko. Weiterfahrt auf stark geschotterter Forstpiste noch etwa 2 km weit möglich.

Wegverlauf Jezersko – Češka koča (1540 m) – Kranjska koča (1698 m) – Koroška Rinka – Skuta – Mlinarsko sedlo – Češka koča – Jezersko.

Gehzeiten Insgesamt 12½ Std.; Jezersko – Češka koča 2 Std., Češka koča – Kranjska koča 1½ Std., Kranjska koča – Koroška Rinka 2½ Std., Koroška Rinka – Skuta 2¼ Std., Skuta – Mlinarsko sedlo 1¼ Std., Mlinarsko sedlo – Češka koča 1½ Std., Češka koča – Jezersko 1½ Std.

Hütten Češka koča (1540 m), bewirtschaftet Mitte Mai bis Ende September; Tel. (0609) 615624. Kranjska koča (1698 m).

Orientierung Steige ordentlich markiert, mit Ausnahme der Rinke-Überschreitung. Erfahrung in weglosem Gelände unerläßlich!

Einstufung Skuta mittel, Rinke-Überschreitung mit schwierigen Passagen, A.

160 Grintovec, Nordwandsteig
161 Jezerska Kočna, gesicherter Steig

Grintovec, 2558 m

Mittel

Die erste Überraschung wartet oben am Kärntner Seeberg auf den von Norden Anreisenden: Vorhang auf! Und da stehen sie, die Hauptgipfel der Steiner Alpen: Rinke (2433/2453 m), Skuta (2532 m), Dolgi hrbet (2454 m), Grintovec (2558 m), Jezerska Kočna (2540 m) eine mächtige steinerne Phalanx über dem Graben von Ravena. Was für ein Prachtbild! Es lohnt sich auf jeden Fall, vor der Talfahrt kurz anzuhalten und genauer hinzuschauen. Immerhin kann man die gesamte Kette auf gesicherten Steigen überschreiten, was natürlich mehr als nur einen Tag in den »Steinern« bedeutet. Aber auch die beliebteste »Eisentour« ist von Zgornje Jezersko aus – Aufstieg zur Jezerska Kočna, Traverse zum Grintovec, Abstieg über die gestufte Nordwand ins Ravni-Kar – fast zu lange für ein Tagespensum: etwa 1800 Steigungsmeter, längere Klettersteigpassagen. Die sind typisch »slowenisch«: nicht so schwierig, wie's auf den ersten Blick ausschaut.
Wer in der kleinen Ceška koča übernachtet, hat mehr Muße, die faszinierend-wilde Felslandschaft am Saum des Alpenbogens zu genießen; zudem kann man in diesem Fall einen Abstecher zur Skuta einplanen (siehe 159) oder – das totale Klettersteigerlebnis – gleich die Rinke dranhängen.

Wo? Zgornie Jezersko (880 m) liegt jenseits des Kärntner Seebergs (1218 m) im obersten Seebachtal, knapp 50 km von Völkermarkt.
Ausgangspunkt Parkplatz (ca. 950 m) bei der Talstation eines kleinen Skilifts, etwa 1 km südöstlich von Jezersko. Weiterfahrt auf stark geschotterter Forstpiste noch etwa 2 km weit möglich.
Wegverlauf Jezersko – Ceška koča (1540 m) – Jezerska Kočna – Verbindungsgrat zum Grintovec – Mlinarsko sedlo (2334 m) – Ravni-Kar – Ceška koča – Jezersko.
Gehzeiten Insgesamt 11 Std.; Jezersko – Ceška koča 2 Std., Ceška koča – Klettersteig zum Hauptkamm (ca. 2350 m) 2¾ Std., Abstecher zur Jezerska Kočna ¾ Std., Hauptkamm – Grintovec – Mlinarsko sedlo 2½ Std., Abstieg zur Ceška koča 1½ Std., Ceška koča – Jezersko 1½ Std.
Hinweis Läßt man die Jezerska Kočna (2540 m) aus, reduziert sich die Gesamtgehzeit auf 10¼ Std.
Hütte Ceška koča (1540 m) im Ravni-Kar.
Orientierung Insgesamt wenig schwierig; die Steige sind gut bezeichnet.
Einstufung Jezerska Kočna und Gratsteig zum Grintovec mittel, Grintovec-Nordwand (Steinschlaggefahr!) leicht.

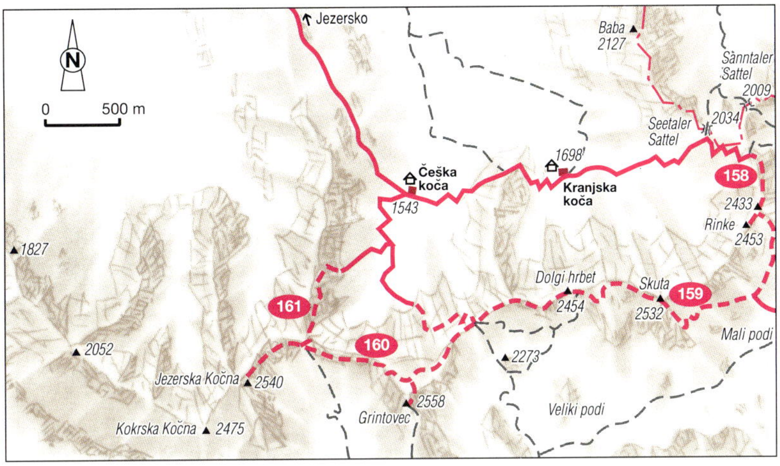

162 Storžič, Steig »durch den Schlund«

Storžič, 2132 m

Leicht

Auf der Fahrt durchs obere Savetal ist die felsige, ebenmäßig gebaute Pyramide nicht zu übersehen, die weit vor dem Karawanken-Hauptkamm in den Himmel ragt. Da glaubt man gerne, daß der Storžič ein großes Panorama bietet, und das hat ihm auch schon die Bezeichnung »Oberkrainer Rigi« eingetragen. Zwar fehlen die Seen in der Rundschau, und Bergbahnen gibt es hier auch keine. Dafür aber einen Klettersteig, der aus dem innersten Lomtal zum Westgrat hinaufzieht, »durch den Schlund« (= skozi žrelo), wie die slowenische Bezeichnung suggeriert. Das stimmt allerdings nicht ganz, die ordentlich markierte und gesicherte Route verläuft am rechten Rand der Schlucht, mit einem rasanten Beginn: aufwärts! Erst allmählich nimmt die Steilheit ab, und zuletzt steuert das Steiglein eine kleine Scharte im Westgrat der Storžič an (Drahtseile). Der Weiterweg zum Gipfel ist dann mehr Wandern als Kraxeln, auch nicht mehr gesichert. Dafür erleichtern ein paar Drahtseile den Abstieg durch eine Geröllrinne zum Nordgrat.

Wo? Tržič (515 m) liegt auf halbem Weg von Kranj zum Loiblpaß, 41 km von Klagenfurt.
Ausgangspunkt Dom pod Storžičem (1123 m), 8,7 km von Tržič, größtenteils schmale und geschotterte Straße. Parkplatz vor dem Haus.
Wegverlauf Dom pod Storžičem – »skozi žrelo« – Storžič – Škarjev rob – Dom pod Storžičem.
Gehzeiten Insgesamt 5½ Std., Aufstieg 3¼ Std., Abstieg 2¼ Std.
Orientierung Problemlos, gut markierte Wege.
Einstufung Leicht.

Am Grat zwischen der Jezerska Kočna und dem Grintovec – im Nebel.

163 Koschutnikturm, ÖTK-Steig

Koschutnikturm/Košutnikov turn, 2136 m

Mittel

Die langgestreckte Mauer der Koschuta, über dem bewaldeten Mittelgrund in den Himmel ragend, ist alpiner Background der Kärntner Landeshauptstadt: grün-grau-blau – eine sehr effektvolle Anordnung. Leicht zu übersehen sind bei diesem Postkartensujet die mächtigen Schuttreißen, doch spätestens am Weg zu den Gipfeln macht man garantiert Bekanntschaft mit dem groben Schotter – auch am Koschutnikturm. Erst die Arbeit, dann das (Klettersteig-)Vergnügen. Das allerdings ist recht kurz, 100 Höhenmeter bis zum Ausstieg am Grat. Etwas Eisen gibt's dann auch noch am Abstieg durch die Ostschlucht; empfehlenswert ist dieser »Weg« allerdings nur, wenn kein Schnee mehr in der Klamm liegt und man annehmen kann, daß einem niemand nachsteigt (Steinschlag!).

Wo? Zell-Pfarre (948 m) auf einem Wiesensattel vor dem Karawanken-Hauptkamm, 12 km von Ferlach.
Ausgangspunkt Koschutahaus (1280 m), 3,6 km von Zell Pfarre über ein mautpflichtiges Sträßchen. Parkplatz.
Wegverlauf Koschutahaus – »ÖTK-Steig« – Koschutnikturm – Ostschlucht – »Karawanken-Höhenweg« – Koschutahaus.
Gehzeiten Insgesamt 5 Std.; Koschutahaus – Koschutnikturm 3 Std., Abstieg durch die Ostschlucht 1 Std., Rückweg über den Vilzesattel 1 Std.
Orientierung Zugang und Rückweg von der Ostschlucht AV-Nummer 603, Zugang zur Ferrata gut bezeichnet.
Einstufung Mittel, Steinschlaggefahr am Auf- und Abstieg (Helm!).

Vom Hochstuhl genießt man ein großes Panorama. Im Osten zeigen sich die Steiner Alpen.

164 Hochstuhl-Klettersteig

Hochstuhl/Stol, 2237 m

Leicht

Sein Profil ist typisch für den gesamten Karawankenzug: grün und rund die Südflanke, mehr Blumen als Fels, schroff die Nordabstürze. Und folgerichtig führen aus dem Savetal bequeme Wege auf den Stol, während man aus Jörg Haiders Bärental seit 1967 über einen Klettersteig zum Gipfel kommt. Letztere Route ist fraglos interessanter, bestens gesichert und eignet sich auch für Anfänger unter den »Ferrata-Freaks«. Das Panorama am höchsten Berg der Karawanken ist für Wanderer und Bergsteiger das gleiche, sehr stimmungsvoll und weit.

Wo? Feistritz im Rosental (490 m) liegt an der Drau, 29 km von Villach, 21 km von Klagenfurt.
Ausgangspunkt Ins Bärental führt von Feistritz ein schmales Sträßchen, bis zur Stou-Hütte (970 m) asphaltiert, dann ziemlich rauh, 10 km bis zu Parkplatz (ca. 1150 m) unterhalb der Johannsenruhe.
Wegverlauf Bärental – Klettersteig – Hochstuhl – Bielschitza-Sattel (1840 m) – Klagenfurter Hütte (1664 m) – Bärental.
Gehzeiten Insgesamt 5½ Std.; Bärental – Einstieg Klettersteig (ca. 1610 m) 1½ Std., Klettersteig – Hochstuhl 2 Std., Abstieg über die Klagenfurter Hütte 2 Std.
Hinweis Grenzgipfel, Ausweispapiere mitnehmen!
Hütte Klagenfurter Hütte (1664 m).
Orientierung Leicht; Abzweigung zum Klettersteig am Güterweg zur Klagenfurter Hütte deutlich bezeichnet (in einer Linkskehre, ca. 1430 m).
Einstufung Leicht.

Kartographen und andere »Griffelspitzer«

Kartographie ist – wer möchte das bezweifeln? – eine exakte Wissenschaft, und als Beweis wird gerne die Arbeit der helvetischen Landkartenzeichner angeführt: ein Wunder an Genauigkeit, Höhenzahlen wie 4477,5 (Matterhorn) sind vermerkt, und wer ein Auge dafür hat, den springt das Landschaftsbild buchstäblich an.

Stimmt. Doch nach dem Studium einiger hundert Landkarten sehr unterschiedlicher Provenienz, dem suchenden Herumblättern in zahllosen Führer(chen) und Broschüren, immer Namen und Höhenzahlen nachspürend, ist mein Glaube doch etwas erschüttert (Ausnahmen bestätigen die Regel, siehe oben): da wird oft begradigt, abgerundet (bei Weg- oder Straßenverlauf), aufgerundet (bei Höhenzahlen), da fehlen manche Wege, andere sind sträflich falsch eingetragen, Grenzgipfel werden in den amtlichen Kartenwerken unterschiedlich kotiert, neuere Karten verzeichnen leicht abweichende Zahlen usw.

Deshalb: Falls Sie beim Kartenstudium auf Höhenzahlen, auf Ortsnamen stoßen, die von jenen im Klettersteig-Atlas abweichen, üben Sie Nachsicht. Zunächst einmal mit den Kartographen (sind auch nur Menschen), aber auch mit dem Autor dieses Buches. Das Computer-Zeitalter beschert uns vielleicht dereinst die absolute kartographische Daten(r)einheit ...

165 Rjavina, Klettersteig

Rjavina, 2532 m

Mittel

Nur gerade vier Kilometer (in der Luftlinie) trennen den Triglav von der Rjavina – und eine halbe Welt. Wenn drüben am schmalen Ostgrat des höchsten slowenischen Berges Stau angesagt ist, sich ganze Menschentrauben um das eigenwillig-antike Gipfelzeichen drängen, ist man am »Braunen« (rjav = braun) meist allein, kann man das bemerkenswerte Panorama in Ruhe genießen. Und den Aufstieg samt Gratüberschreitung zum Dovška vratca (2254 m): Ferrata auf »slowenisch«, also mit viel Gespür für den leichtesten Weg angelegt, sparsam, aber ausreichend gesichert.

Wo? Mojstrana (641 m) liegt im Savetal, 13 km von Kranjska gora, 11 km von Jesenice. Nach Süden führt eine kleine Straße ins Kot-Tal (Hinweistafeln »Radovna, Kot«).

Ausgangspunkt Waldlichtung (ca. 930 m) im Talboden von Kot, 7 km ab Mojstrana.

Wegverlauf Kot – Pekel – Klettersteig – Rjavina – Dovška vratca (2254 m) – Dom Staniča (2332 m) – Pekel – Kot.

Gehzeiten Insgesamt 10 Std.; Kot – Pekel 3¼ Std., Pekel – Rjavina 2 Std., Rjavina – Dom Staniča 1¾ Std., Abstieg ins Kot-Tal 3 Std.

Hinweis Bei der Länge dieser Tour empfiehlt sich eine Übernachtung im Stanig-Haus; anderntags kann man dann die Gratüberschreitung zur Vrbanova špica anhängen oder den Triglav besteigen; siehe 166, 168.

Hütte Dom V. Staniča (2332 m), bewirtschaftet Anfang Juli bis Ende September, Tel. (Tal) (06 09)61 47 72.

Orientierung Nicht schwierig; die Wege sind ordentlich bezeichnet.

Einstufung Mittel, einige recht luftige Passagen. Mit (vielen) Eisenstiften und (wenigen) Drahtseilen gesichert.

166 Vrbanova špica, Klettersteig

Vrbanova špica, 2408 m

Mittel

Im »Höllenwinkel« (pekel = Hölle), nach etwa dreistündigem Aufstieg aus dem Kot-Tal, kann man sich auch nach rechts wenden. Das Gegenüber der Rjavina, die Vrbanova špica, ist zwar nicht ganz so hoch, besitzt aber ebenfalls einen gesicherten Anstieg, der am Vorgipfel, der Spranja Vrbanova špica (2299 m) dann zum Gratweg wird, mit packenden Aus- und Tiefblicken, mit längeren gesicherten, teilweise ziemlich ausgesetzten Passagen. Und am höchsten Punkt dieses felsigen Kamms kommt schließlich der höchste Gipfel der Julier ins Bild: der Triglav (2864 m).

Wo? Mojstrana (641 m) liegt im Savetal, 13 km von Kranjska gora, 11 km von Jesenice. Nach Süden führt eine kleine Straße ins Kot-Tal (Hinweistafeln »Radovna, Kot«).

Ausgangspunkt Waldlichtung (ca. 930 m) im Talboden von Kot, 7 km ab Mojstrana.

Wegverlauf Kot – Pekel – Klettersteig – Vrbanova špica – Dom Staniča – Pekel – Kot.

Gehzeiten Insgesamt 9¼ Std.; Kot – Pekel 3¼ Std., Pekel – Vrbanova špica – Dom Staniča 3 Std., Abstieg ins Kot-Tal 3 Std.

Hinweis Läßt sich leicht mit einer Überschreitung der Rjavina verbinden; Nächtigung in der Stanig-Hütte.

Hütte Dom V. Staniča (2332 m), bewirtschaftet Anfang Juli bis Ende September, Tel. (06 09) 61 47 72.

Orientierung Nicht ganz einfach; die Markierungen würden eine Auffrischung vertragen. Im Pekel nur ein winziges Hinweisschild.

Einstufung Mittel.

167 Tominšek-Steig
168 Triglav-Ostgrat
169 Bamberg-Weg
Triglav, 2864 m

Leicht/Mittel

Der schönste Weg auf den Triglav führt sozusagen »außen herum«, über den langgestreckten Grat von Plemenice und die Triglav-Scharte: abwechslungsreich, vor einer grandiosen Kulisse und auf längeren Abschnitten gesichert. Die Luknja-Scharte (1758 m), Übergang von der Vrata in die Trenta, ist Ausgangspunkt des »Bamberg-Weges«. Der Name, das sei hier festgehalten, hat nichts mit der Stadt Bamberg zu tun. Vielmehr ehrte die DuÖAV-Sektion Krain, die den Steig 1913 anlegte, damit eines ihrer Mitglieder – eine Ferrata aus der guten alten Zeit.

Rasant der Auftakt, nahe der Vertikale; dann geht's über Schrofen und Felsbänder weiter, Aufschwünge sind verläßlich gesichert, einigen Grattürmen weicht man südseitig aus. Atemberaubend der Blick in die gigantische Nordwand des Triglav. Hinter dem Hochkar des »Flitscher Schnees« (Triglavski podi) geht's dann nochmals steil, teilweise gesichert, hinauf in die Triglavska škrbina, und eine gute Halbstunde später ist man ganz oben, am höchsten Berg Sloweniens: Triglav, 2864 Meter – vor einem grandiosen Panorama notabene, das an klaren Tagen bis zum Großglockner und in die Dolomiten geht, tief nach Slowenien hineinreicht. Die meisten Gipfelstürmer kommen allerdings von der anderen Seite, über den üppig gesicherten Ostgrat, der dem (unschuldigen) Berg die wenig schmeichelhafte Bezeichnung »Stachelschwein« eingetragen hat …

Hinunter in das Vrata führen dann zwei markierte Steige, die sich am Rand des Kotel-Kars verzweigen; interessanter ist der »Tominšek«, der die schöneren Einblicke in die Triglav-Nordwand bietet und mit einigen gesicherten Passagen aufwartet. Doch Vorsicht: Der Weg ist extrem steil, ein richtiger Schinder, und drunten beim Aljažev dom dürften die Socken ganz schön rauchen: Tominšek, der Wadenschreck!

Wo? Mojstrana (641 m) liegt im Savetal, 13 km von Kranjska gora, 11 km von Jesenice. Südwestlich führt eine Straße ins Vrata-Tal.

Ausgangspunkt Aljažev dom (1015 m) im Talschluß, 11 km ab Mojstrana. Großer Parkplatz 5 Min. vor dem Aljaz-Haus.

Wegverlauf Aljažev dom – Luknja (1758 m) – »Bamberg-Weg« – Triglavska škrbina (2659 m) – Triglav – Triglavski dom – »Tominšek-Steig« – Aljažev dom.

Gehzeiten Insgesamt 10 Std.; Aljažev dom – Luknja 2½ Std., Luknja – »Bamberg-Weg« – Triglav 4 Std., Triglav – Ostgrat – Triglavski dom ¾ Std., Triglavski dom – »Tominšek-Steig« – Aljažev dom 2¾ Std.

Hinweise Angesichts der Länge dieser Tour empfiehlt sich eine Übernachtung im Triglav-Haus.
Bequemer, aber nicht kürzer als der »Tominšek« ist der Prag-Weg (Abstiegsvariante).

Hütte Triglavski dom (2515 m), bewirtschaftet Anfang Juli bis Ende September, Tel. (0609) 61 12 21.

Orientierung Leicht, die Steige sind durchwegs gut bezeichnet. An Schönwettertagen herrscht zwischen Triglavski dom und Gipfel viel »Verkehr« …

Einstufung »Bamberg-Weg« mittel, Ostgrat und »Tominšek-Steig« leicht. Gute Kondition erforderlich.

170 Komarsteig
171 Kanjavec-Nordwestwand-Steig
Zasavska koča na Prehodavcih, 2071 m

Leicht

Natürlich ist der Kanjavec (2568 m) keine Cima Brenta, und die Trenta liegt nicht im Trentino, trotz Namensähnlichkeit. Doch wenn man quer durch die riesige Nordwestwand spaziert, links scheinbar himmelhoch ragende Felsen, rechts über tausend Meter Tiefe, ist der Vergleich mit dem berühmten Bänderweg nicht weit: eine »Via delle Bocchette« in den Julischen Alpen.

Die Route (noch eine Parallele zur Brenta) ist weit weniger schwierig, als dies aus der Froschperspektive erscheint, gut markiert und an den exponierten Stellen mit Drahtseilen versehen. Aber erst einmal muß man hinauf, immerhin stattliche 1200 Höhenmeter aus der Zadnjica, bequem auf dem alten, in zahllosen Serpentinen verlaufenden Kriegsweg, steiler und direkter über das abschnittweise gesicherte Komar-Steiglein. Es wartet mit ein paar reizvollen Passagen auf, etwa in und über einer engen Schlucht, auf luftigen Bändern. An der 2000-Meter-Höhenmarke steigt man dann ein in die slowenische »Via delle Bocchette«.

Wo? In das Trenta-Tal kommt man von Kranjska gora über den Vršič-Sattel (1611 m), 23 km bis zum Weiler Na Logu (622 m).

Ausgangspunkt Von Na Logu führt ein Schottersträßchen in die Zadnjica, 3 km bis zu einem Parkplatz.

Wegverlauf Zadnjica – Komarsteig – Kanjavec-Nordwestwand-Steig – Koča na Prehodavcih – Čez Dol – Zadnjica.

Gehzeiten Insgesamt 7¾ Std.; Zadnjica – Komarsteig 3 Std., Kanjavec-Nordwestwand-Steig – Koča na Prehodavskih 2¼ Std., Abstieg über den Sattel Čez Dol 2½ Std.

Hütte Zasavska koča na Predhodavcih (2071 m) über dem Tal der Sieben Seen.

Orientierung Der Komarsteig ist schlecht markiert, auch der Einstieg nicht ganz einfach zu finden: von der bezeichneten Abzweigung zum Čez Dol noch kurz Richtung Luknja, bei einer Hüttenruine rechts ab und zum Wandfuß, wo eine deutliche Pfadspur ansetzt. Links etwas höher kleine Kapelle. – Die übrigen Wege sind gut bezeichnet.

Einstufung Leicht; den Nordwestwandsteig sollte man nicht zu früh im Jahr angehen (Schneereste). Helm!

Kalenderbild der Julischen Alpen: die riesige Nordwand des Triglav.

172 Bovški Gamsovec, Überschreitung

Bovški Gamsovec, 2392 m

Leicht

Ganz im Banne der Triglav-Nordwand steht die Überschreitung seines (vergleichsweise) kleinen Nachbars. Von keinem anderen Hochpunkt aus bietet sich ein ähnlich packender Blick in die monumentale Nordwand des Triglav, diese rund drei Kilometer breite und gut 1000 Meter hohe steinerne Arena, überragt vom gewölbten Gipfelaufbau. Doch gibt es natürlich noch mehr zu sehen auf der Runde: Steinböcke in der Sovatna (mit etwas Glück), Edelweiß en masse und andere Müsterchen der Julier-Flora (wenn man auch hinguckt), die Mondlandschaft der Kriški podi (bei Vollmond besonders reizvoll) und – last, not least – einige gesicherte Passagen beiderseits der Bovški Gamsovec. Und morgen geht's auf den Triglav!

Wo? Mojstrana (641 m) liegt im Savetal, 13 km von Kranjska gora, 11 km von Jesenice. Südwestlich führt eine Straße ins Vrata-Tal.

Ausgangspunkt Aljažev dom (1015 m) im Talschluß, 11 km ab Mojstrana. Großer Parkplatz 5 Min. vor dem Aljaz-Haus.

Wegverlauf Aljažev dom – Dovška vrata (2178 m) – Bovški Gamsovec – Luknja (1756 m) – Aljažev dom.

Gehzeiten Insgesamt 7½ Std.; Aljažev dom – Dovška vrata 3¾ Std., Dovška vrata – Bovški Gamsovec ¾ Std., Bovški Gamsovec – Luknja 1½ Std., Luknja – Aljažev dom 1½ Std.

Hütte Pogačnikov dom (2050 m), gut eine halbe Stunde vom Dovška vrata auf den Kriški podi.

Orientierung Problemlos, die Wege sind ordentlich markiert.

Einstufung Leicht.

173 Škrlatica, gesicherter Steig

Škrlatica, 2740 m

Leicht

Das bißchen Klettersteig an der Škrlatica muß man sich sauer verdienen, fast 1500 Höhenmeter, bis man – endlich! – das erste Drahtseil zu fassen bekommt. Da überlegt es sich manche/r schon, ob es anderswo nicht etwas leichter geht, vor allem im Hochsommer, ist doch fast der gesamte Anstieg der Sonne ausgesetzt, und Wasser, das weiß jeder, der viel in Kalkbergen unterwegs ist, gibt's ohnehin kaum. Nun, die Škrlatica ist gerade richtig für jene Spezies Bergsteiger, die große, anstrengende Touren mag und den Modebergen lieber ausweicht. Und die Aussicht vom Gipfel steht jener, die der (umschwärmte) Triglav bietet, nur wenig nach. Faszinierend der Blick in die Nordwand des höchsten Julierberges. Ach ja, der Klettersteig: eine Steilrinne, eine etwas luftige Querung – aus.

Wo? Mojstrana (641 m) liegt im Savetal, 13 km von Kranjska gora, 11 km von Jesenice. Südwestlich führt eine Straße ins Vrata-Tal.

Ausgangspunkt Aljažev dom (1015 m) im Talschluß, 11 km ab Mojstrana. Großer Parkplatz

Wegverlauf Aljažev dom – Biwak IV (1980 m) – Prednji Dolek – Škrlatica .

Gehzeiten Insgesamt 10 Std.; Aljažec dom – Biwak IV 3 Std., Biwak IV – Škrlatica 3 Std., Abstieg auf dem gleichen Weg 4 Std.

Hinweis Weniger anstrengend ist die Škrlatica-Tour, wenn man sie auf zwei Tage verteilt. Erster Tag: Aufstieg vom Aljažev dom über das Dovška vrata zum Pogačnikov dom (2050 m), 4 Std. Zweiter Tag: Über das Bovška vratica (ca. 2375 m) und die Rdeča škrbina (ca. 2500 m) zur Škrlatica, 4 Std. Abstieg auf dem Normalweg.

Hütte Biwak IV (1980 m), Notunterkunft, stets zugänglich.

Orientierung Wenig schwierig, die Wege sind gut markiert.

Einstufung Leicht; die Tour verlangt aber eine tadellose Kondition!

174 Kriška stena, gesicherter Steig

Kriška stena, 2289 m

Leicht

Ganz hinten in der Krnica ist das Tal wie vernagelt, ein felsiges Halbrund als »End' der Welt«. Doch nur scheinbar, denn die findigen Wegbauer des slowenischen Alpenvereins haben auch hier einen verhältnismäßig leichten Durchstieg gefunden. Er schlängelt sich, die Struktur der Wand vorbildlich nutzend, durch Rinnen, über Bänder und kleine Absätze hinauf zum Nordrand der Kriški podi. Und da sind dann die Gipfel auch nicht mehr weit: der Križ (2410 m) eine Halbstunde höher, dahinter der Stenar (2501 m), eine Stunde vom Ausstieg aus der Kriška stena.

Wo? Kranjska gora (810 m) ist ein beliebter Ferienort im obersten Savetal.

Ausgangspunkt Mihov dom (1085 m), 6 km südlich von Kranjska gora an der Vršič-Paßstraße.

Wegverlauf Mihov dom – Koča v Krnici (1113 m) – Kriška stena.

Gehzeiten Insgesamt 6½ Std.; Mihov dom – Koča v Krnici ½ Std., Koča v Krnici – Kriška stena 3½ Std., Abstieg auf dem gleichen Weg 2½ Std.

Hinweise Lohnende Gipfelabstecher: vom Rand der Kriška stena über das Bovška vratica zum Križ (2410 m) ½ Std., südlich unter dem Križ hindurch ins Stenarska vratca (2295 m) zum Stenar 1 Std. Nordöstlich über der Krnica erhebt sich der Špik (2472 m), ein dankbares Gipfelziel mit markiertem Anstieg von der Koča v Krnici, etwa 4 Std. Am Übergang von der Lipnica (2418 m) zum Špik ein paar Drahtseile.

Hütte Auf den Kriški podi steht etwa ½ Std. südlich des Bovška vratica das Pogačnikov dom (2050 m).

Orientierung Bei Nebel im Bereich der Kriški podi nicht einfach.

Einstufung Leicht.

175 Prisojnik, Nordwand-Klettersteig

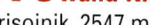

Prisojnik, 2547 m

Schwierig

Der Prisojnik ist nicht unbedingt ein schöner, auch kein besonders hoher, aber ein sehr beliebter Berg, vor allem bei Klettersteiglern, für die es hier drei gesicherte Routen gibt, alle beachtlich lang und nicht ganz einfach. Das gilt insgesondere für die Nordwandroute, den »Jesenisca pot«. Sozusagen »Maß nehmen« kann man bereits auf der Anfahrt, rückt die mächtige, stark gegliederte Felsenmauer doch auf jeder Serpentine der Vršič-Straße ein Stückchen näher, und ganz oben, knapp unter dem Grat, zeigt der Berg ein mächtiges Loch: das vordere Prisojnik-Fenster, etwa 50 Meter hoch und ungewöhnliches Finale der Ferrata. Doch dabei handelt es sich keineswegs um die einzige spektakuläre Passage dieser Route; eigentliche »Schlüsselstelle« ist ein steiles, überdachtes Band, das man kriechend (dabei den Rucksack vor sich herschiebend) meistert. Fast noch mehr als die Schwierigkeiten des Steiges beeindruckt die Kulisse in ihrer überwältigenden Wildheit. Was für ein Kontrast, wenn man aus der düsteren, zerklüfteten Mauer durch das Fenster in die sonnigwarme Südseite des Prisojnik entsteigt!

Wo? Die Vršič-Straße verbindet das oberste Savetal mit der Trenta, 11 km von Kranjska gora, 33 km von Bovec.

Ausgangspunkt Vršič-Paß (1611 m). Parkplätze im Bereich der Scheitelhöhe.

Wegverlauf Vršič – Sovna glava (1750 m) – Einstieg zum Nordwand-Klettersteig (ca. 1670 m) – Felsenfenster – Prisojnik – Vršič.

Gehzeiten Insgesamt 5¾ Std.; Vršič – Nordwand-Klettersteig – Prisojnik 3¾ Std., Abstieg über Gladki rob 2 Std.

Hinweis Es empfiehlt sich, für den Abstieg nicht den (mit viel Geröll garnierten) Normalweg zu nehmen, sondern den Steig, der vom Felsenfenster hinabläuft nach Gladki rob.

Hütten Mehrere Schutzhäuser in der Umgebung des Vršič-Sattels.

Orientierung Leicht; die Wege sind gut markiert.

Einstufung Schwierig, steinschlaggefährdet. Bei Vereisung oder Schnee ist die Route gefährlich.

176 Jubiläumsweg
Prisojnik, 2547 m

Mittel

Der schönste Weg auf den Prisojnik ist ein »Umweg«, ein ganz beträchtlicher sogar: Man wandert um das ganze Bergmassiv herum, mit einem Höhenverlust von etwa 150 Metern hinter Gladki rob, steigt dann hinauf zum Grat und steuert den Gipfel von hinten an, über den »Jubiläumsweg«, den Jubilenja pot, der 1953 zum Sechzigsten des Slowenischen Bergsteigerverbandes eingeweiht wurde. Ein wenig erinnert die bestens gesicherte Route an die legendäre »Via delle Bocchette«; auch hier sind es Fels- und Geröllbänder, denen der Steig über längere Strecken folgt. Den nachhaltigsten Eindruck aber liefert ein Bild: das hintere Felsenfenster (Zadnje okno) etwa 30 Meter hoch – schlicht überwältigend!

Wo? Die Vršič-Straße verbindet das oberste Savetal mit der Trenta, 11 km von Kranjska gora, 33 km von Bovec.
Ausgangspunkt Vršič-Paß (1611 m). Parkplätze im Bereich der Scheitelhöhe.
Wegverlauf Vršič – Gladki rob – Škrbina – »Jubiläumsweg« – Prisojnik – Gladki rob – Vršič.
Gehzeiten Insgesamt 7 Std.; Vršič – Škrbina 2¼ Std., Škrbina – »Jubiläumsweg« – Prisojnik 2¾ Std., Prisojnik – Vršič 2 Std.
Orientierung Problemlos, gut markierte Steige.
Einstufung Mittel; im Frühsommer liegt auf den Bändern oft harter Altschnee (Steigeisen).

Der »Jubiläumsweg« führt durch das grandiose hintere Fenster des Prisojnik.

177 Hanza-Steig
Prisojnik, 2547 m

Mittel A

Bevorzugter, weil hoch gelegener Ausgangspunkt für die Prisojnik-Tour ist natürlich der Vršič: fast alle Wege und Steige gehen direkt vom Paßscheitel aus. Darüber ist eine andere Route fast in Vergessenheit geraten: der »Hanza-Steig«. Zu Unrecht, zählt diese gesicherte Route doch fraglos zu den schönsten, dazu auch längsten »Eisenwegen« der Julischen Alpen. Fast 1200 Meter Höhenunterschied und gut 4½ Stunden liegen zwischen Einstieg und Gipfel, der Steig schlängelt sich listig durch die stark gegliederte Wand, findet immer wieder einen Durchschlupf, einen gangbaren Weg. Gesicherte Passagen wechseln mit Gehgelände ab; im Rücken des Teufelspfeilers (Hudičev steber, 2237 m) durchsteigt man eine fast senkrechte Verschneidung. Anschließend folgt die Route einem breiten Band in die Westflanke des Prisojnik-Nordgrates. In leichter Kletterei (I–II, ungesichert) hinauf zum Felsenrücken und über ihn zum Gipfel.

Wo? Kranjska gora (810 m) ist ein bekannter Ferienort im obersten Savetal.
Ausgangspunkt Koča na Gozdu (1226 m) an der Straße zum Vršič, 7 km von Kranjska gora. Parkplatz vor dem Haus.
Wegverlauf Koča na Gozdu – »Hanza-Steig« – Prisojnik – Felsenfenster – Gladki rob – Vršič – Koča na Gozdu.
Gehzeiten Insgesamt 8 Std.; »Hanzasteig« 5 Std., Abstieg zum Vršič 2 Std., »Straßenhatscher« zum Ausgangspunkt 1 Std.
Hinweis Etwa in der Wandmitte Verzweigung: über die mächtige Geröllterrasse kann man zum Nordwand-Klettersteig hinüberwechseln (Hinweis am Fels »okno«).
Orientierung »Hanza-Steig« rot markiert; Einstieg gegenüber der Koča na Gozdu an einem Murkegel (Zickzackspur).
Einstufung Mittel, A. Leichte (ungesicherte) Kletterstellen; nur für gut trainierte Bergsteiger!

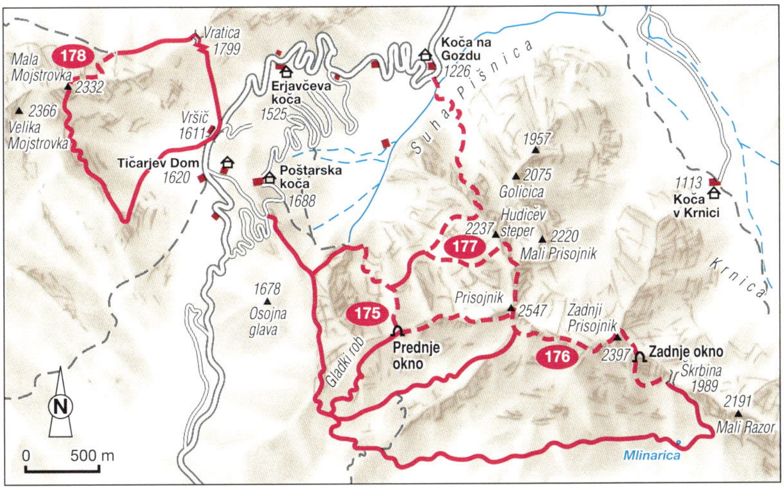

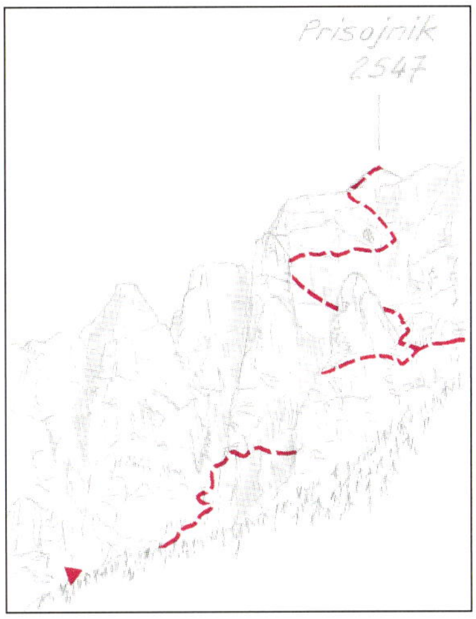

178 Mala Mojstrovka, Nordwand-Klettersteig

Mala Mojstrovka, 2332 m

Mittel

Nicht zufällig ist die Ferrata auf die Kleine Mojstrovka so beliebt: kurzer Anmarsch, eine abwechslungsreiche, gut gesicherte Kraxelei, und oben kann man dann Ausschau halten nach weiteren Klettersteigzielen – davon gibt es in den Juliern ja genug.

Wo? Die Vršič-Straße verbindet das oberste Savetal mit der Trenta, 11 km von Kranjska gora, 33 km von Bovec.
Ausgangspunkt Vršič (1611 m). Parkplätze im Bereich der Scheitelhöhe.
Wegverlauf Vršič – Vratica (1799 m) – Klettersteig – Mala Mojstrovka – Vršič.
Gehzeiten Insgesamt 3¾ Std.; Vršič – Mala Mojstrovka 2½ Std., Abstieg 1¼ Std.
Orientierung Leicht, gut bezeichnete Wege.
Einstufung Mittel.

179 Jalovec, gesicherter Steig
180 Jalovec, Nordwestgratroute

Jalovec, 2643 m

Mittel

Ein Berg mit Profil, ohne Frage. Wie eine Riesenskulptur steht er über dem Talschluß von Planica, messerscharf zeichnen sich seine Gratlinien gegen den Himmel ab. Da möchte man hinauf, und das geht (fast) ohne Kletterei, in einem weiten Bogen linksherum oder über den Nordostgrat. Beide Routen sind ordentlich gesichert, nicht besonders schwierig und lassen sich (was den Klettersteigler natürlich freut) zu einer tollen Runde verbinden. Da wird dann viel geboten, aber auch einiges verlangt: eine tadellose Kondition, ein sicherer Tritt und etwas Ferrata-Routine. Am Aufstieg über die Jalovska škrbina und den Südgrat sind mehrere längere Passagen gesichert; der Abstieg am Nordwestgrat ist mit ein paar Drahtseilen entschärft.

Wo? Planica, berühmt durch seine Skiflugveranstaltungen, liegt in der nordwestlichsten Ecke Sloweniens, nur ein paar Kilometer von der italienischen bzw. österreichischen Grenze entfernt.
Ausgangspunkt Dom Tamar (1108 m) in der Planica, Zufahrt von Rateče, 7 km. Parkplatz.
Wegverlauf Dom Tamar – Jalovska škrbina (2138 m) – Südgrat – Jalovec – Nordwestgrat – Kotovo sedlo (2138 m) – Dom Tamar.
Gehzeiten Insgesamt 9 Std.; Dom Tamar – Jalovska škrbina 3½ Std., Jalovska škrbina – Jalovec 2 Std., Jalovec – Kotovo sedlo 1½ Std., Kotovo sedlo – Dom Tamar 2 Std.
Orientierung Aufstiegsweg gut markiert; den Markierungen am Nordwestgrat würde eine Auffrischung nicht schaden!
Einstufung Mittel, sehr lange Tour.

181 Bavški Grintavec, gesicherter Steig

Bavški Grintavec, 2344 m

Mittel

Den Berg gibt's (auch wenn ihn keiner kennt) und er besitzt sogar einen Klettersteig. Aber keine Angst, auf den langen Wegen zum Bavški Grintavec ist die Chance, ein paar Gemsen zu Gesicht zu bekommen, immer noch erheblich größer als die einer Begegnung mit bergsteigenden Zweibeinern. Wer die hinterste Trenta besucht, tut das meistens der (sehenswerten) Sočaquelle wegen, und wenn's ein Gipfel sein muß, dann bestimmt der Jalovec. Liebhaber langer, stiller Touren werden dem »Runzeligen« (= Grintavec) aber durchaus seine schönen Seiten abgewinnen, Natur pur genießen und am Nordgrat zum Gipfel hinaufturnen.

Wo? In die Zadnja Trenta kommt man von Bovec bzw. über die Vršič-Paßstraße. Bei der ersten Kehre der Südrampe (Kugy-Denkmal) zweigt die Zufahrt in die Hintere Trenta ab.
Ausgangspunkt Etwa 2 km hinter der Koča pri izviru Soče (886 m; Sperrschranke).
Wegverlauf Zadnja Trenta – Planina Zapotok – Kanja (2030 m) – Nordgratsteig – Bavški Grintavec.
Gehzeiten Insgesamt 7½ Std.; Zadnja Trenta – Planina Zapotok 1¾ Std., Planina Zapotok – Bavški Grintavec 2¾ Std., Abstieg 3 Std.
Hinweis Beim Abstieg kann man alternativ auf halber Grathöhe rechts ins Kar absteigen.
Orientierung Aufstieg über die Kanja ordentlich markiert.
Einstufung Mittel; über den aktuellen Zustand der Sicherungen erkundige man sich in der Koča pri izviru Soče.

182 Krn-Klettersteig

Krn, 2245 m

Mittel

Eine Wanderung auf den Krn ist stets Gipfeltour, botanische Exkursion und Geschichtslektion in einem: Der Berg war im Ersten Weltkrieg ein Angelpunkt der Isonzofront und entsprechend hart um- ➡

Wo? Das Krnmassiv erhebt sich südlich des Triglav über dem Tal der Soča (Isonzo). Zufahrt vom Predilpaß über Bovec bis Kobarid. Hier zweigt ein Sträßchen nach Drženica ab.
Ausgangspunkt Drženica (553 m); Parkmöglichkeit hinter dem Dörfchen.
Wegverlauf Drženica – Na Svinjah (867 m) – Einstieg (ca. 1450 m) – Klettersteig – Krn – Drženica.
Gehzeiten Insgesamt 8½ Std.; Drženica – Krn 5½ Std., Abstieg 3 Std.
➡

➡ kämpft. Noch heute stößt man allenthalben auf Überreste aus jener unseligen Zeit. Der Klettersteig, der über die Westflanke den Gipfel ansteuert, ist wesentlich jüngeren Datums; ganz nach slowenischer Art bietet er einen anregenden, höchstens mäßig schwierigen Felsgang. Und oben am Gipfel hat man – mit etwas Glück – nicht nur unzählige Zacken im Panorama, sondern auch freie Sicht hinaus aufs Meer.

➡

Hinweis Beim Abstieg folgt man zunächst dem bequemen, in großen Schleifen verlaufenden Kriegspfad Richtung Krn (Ort). Bei der Höhenkote 1670 zweigt rechts der Weg hinunter nach Drženica ab.

Hütte Knapp unter dem Gipfel des Krn steht die (bescheidene) Gomiščkovo zavetišče (2185 m), einfach bewirtschaftet.

Orientierung Zugang zum Klettersteig und Abstiegsweg sind markiert.

Einstufung Mittel, insgesamt lange Tour.

183 Via ferrata Ponza Grande
184 Visoka Ponca, slowenischer Klettersteig

Ponza Grande/Visoka Ponca/
Hohe Ponza, 2274 m

Mittel

Im großen Felshalbrund über den Laghi di Fusine (Weißenfelser Seen) steht die Hohe Ponza links außen, ein ebenmäßig gebautes Dreieck aus Stein, das den langgestreckten Ponzakamm abschließt, weniger schroff als Mangart und Veunza. Steil ist der Weg zur Hohen Ponza aber schon, fast 900 Meter von der Zacchihütte herauf, und mit einem »eisernen« Finale, das sich sehen lassen kann: An neuen Draht-

Erst jüngst renoviert wurden die Sicherungen an der Ferrata auf die Hohe Ponza.

seilen entsteigt man der Geröllschlucht, die zwischen Hoher und Mittlerer Ponza herabzieht, erst unter mächtigen Überhängen, dann mit viel Luft unter den Sohlen. Am Weiterweg wird's dann gemütlicher, die höheren Felsetagen sind deutlich gestuft, und in weniger als einer Stunde steht man am Gipfel. Dort kann man Maß nehmen für weitere Ferrata-Touren: Škrlatica, Triglav, Prisojnik, Jalovec, Mangart, Wischberg, Montasio.

Beim Abstieg folgt man den roten Kreismarkierungen des slowenischen Anstiegs, der seinen Ausgangspunkt in der Planica hat und abschnittweise ebenfalls gesichert ist. Aus der Forca Planiza leiten Spuren durch die markante Geröllschlucht hinunter zum Anstiegsweg.

Wo? Zu den Laghi di Fusine (Weißenfelser Seen, 924 bzw. 929 m) kommt man von Travisio über Fusine in Valromana (Wegzeiger »Slovenia«) auf gut ausgebauten Straßen, 11 km.

Ausgangspunkt Parkplatz am oberen der beiden Seen (im Sommer gebührenpflichtig).

Wegverlauf Laghi di Fusine – Rif. Zacchi – Ferrata – Ponza Grande – Slowenischer Steig – Forca Planiza (2156 m) – Rif. Zacchi – Laghi di Fusine.

Gehzeiten Insgesamt $6\frac{1}{2}$ Std.; Laghi di Fusine – Rif. Zacchi $1\frac{1}{4}$ Std., Rif. Zacchi – Einstieg 2 Std., Ferrata $\frac{3}{4}$ Std., Abstieg über die Forca Planiza $2\frac{1}{2}$ Std.

Hinweise Statt direkt durch die Geröllschlucht abzusteigen, kann man auch auf dem slowenischen Steig zur Ponza di Mezzo queren und hier über Schrofenhänge absteigen (Steinmännchen, verblaßte rote Markierungen). Bei etwa 2000 m stößt man wieder auf den Anstiegsweg (Hinweistafel).
Aufstieg vom Dom Tamar (1108 m) in der Planica über die Mittlere Ponza (Srednja Ponca, 2230 m) auf die Hohe Ponza: $4\frac{1}{2}$ Std.

Hütte Rifugio Zacchi (1380 m).

Orientierung Problemlos. Variante über die Westflanke der Ponza di Mezzo nur schwach markiert. CAI-Nummer 512 (bis zum Rif. Zacchi).

Einstufung Mittel, kurze gesicherte Abschnitte oberhalb von 1600 m, fast durchgehend gesichert vom eigentlichen Einstieg (ca. 2100 m) zum Gipfel.

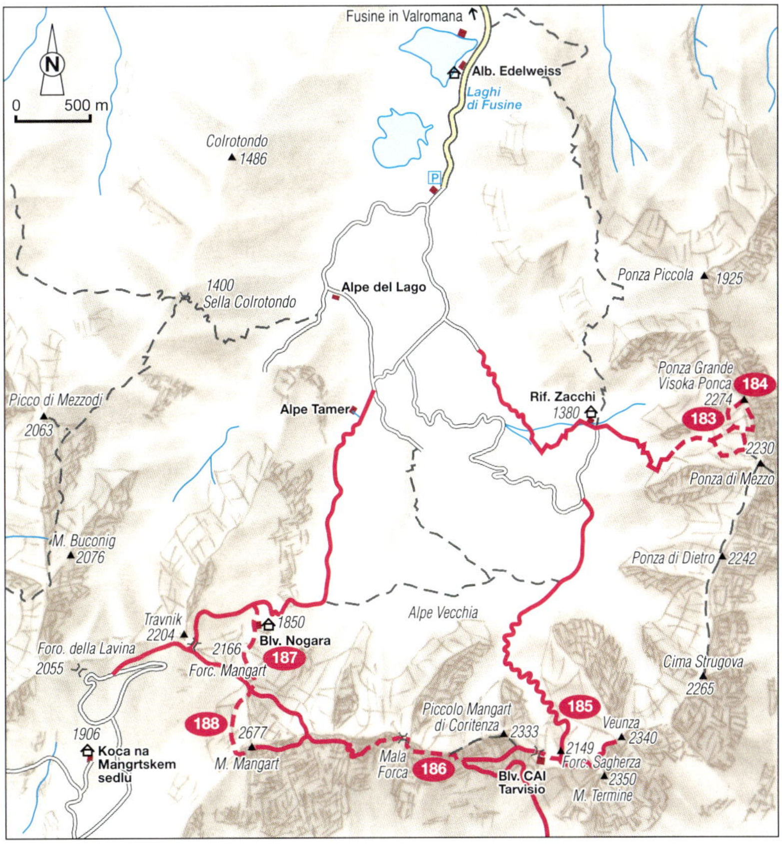

185 Via della Vita
Forcella Sagherza, 2149 m

Schwierig **A**

Es mag schwierigere Klettersteige geben als die »Via della Vita«, aber ich kenne kaum eine Route, die ein so starkes Erlebnis vermittelt. Der düstere Felswinkel – ein kaltes Schattenloch, fast nie von der Sonne in freundlicheres Licht getaucht – mit seinen geröllbeladenen Bändern, ständig von Steinschlag bedroht, macht dich richtig klein; senkrechte Mauern über dir, unter den Sohlen der Abgrund. Da krabbelt man durch Kamine, krampft an den lose herabhängenden Ketten hinauf zur senkrechten Bügelreihe, schiebt sich über schmale Bänder. Großes Aufatmen am Ausstieg, der Adrenalinspiegel fällt zusammen: geschafft!
Immerhin, die Route befindet sich zur Zeit in gutem Zustand, was in den vergangenen Jahrzehnten nicht immer der Fall war. Und daß die eiserne »Antiquität«, 1920 erbaut, ursprünglich »Via della Morte« hieß, braucht man seinen BegleiternInnen ja vor der Tour nicht unbedingt zu erzählen …

Wo? Zu den Laghi di Fusine (Weißenfelser Seen, 924 bzw. 929 m) kommt man von Tarvisio über Fusine in Valromana (Wegweiser »Slovenia«) über gut ausgebaute Straßen, 11 km.
Ausgangspunkt Parkplatz am oberen der beiden Seen (im Sommer gebührenpflichtig).
Wegverlauf Laghi di Fusine – Alpe Vecchia (1307 m) – »Via della Vita« – Forcella Sagherza.
Gehzeiten Laghi di Fusine – Alpe Vecchia 1½ Std., »Via della Vita« 3 Std.
Hinweis Abstieg über die »Via della Vita« natürlich möglich (2½ Std.); empfehlenswerter ist aber eine Fortsetzung der Tour zum Mangart; siehe 186.
Hütte Biv. CAI Tarvisio (2149 m) in der Forcella Sagherza, stets zugänglich.
Orientierung Leicht; am Ausstieg in das Kar unter der Veunza (2340 m) bei der Wegteilung rechts zum Bivacco (links zum Gipfel). CAI-Nummer 513 (bis Alpe Vecchia).
Einstufung Schwierig, A. Nur bei guten äußeren Bedingungen gehen; Helm, evtl. Steigeisen für Randkluft.

186 Gratsteig Forcella Sagherza – Mangart
Mangart-Ostschulter, 2485 m

Mittel

Logische Fortsetzung der »Via della Vita« ist der Weiterweg am Kamm zum Mangart, auch er mit gesicherten Passagen, aber vergleichsweise harmlos, seit ein paar Jahren bestens markiert. Gefahren lauern hier allerdings im Frühsommer, wenn auf den schmalen (ungesicherten) Bändern harter Altschnee liegt. Unterhalb des Weges gehen die steilen (haltlosen) Wiesenhänge in senkrechte Felsabbrüche über! Probleme kann auch der »Grenzgang« machen, das Überwechseln von der (italienischen) Biwakschachtel zum (slowenischen) Weg, vor allem bei Nebel. Der Rest ist dann Schauerlebnis, gewürzt mit ein paar gesicherten Passagen, von denen jene an der Mala Forca (ca. 2320 m) kräftiges Zupacken verlangt. Doch wer über die »Via della Vita« aufgestiegen ist, den schrecken solche »Peanuts« kaum mehr …

Wegverlauf Forcella Sagherza – Mala Forca – Mangart-Ostschulter, Abstieg über das Biv. Nogara und die Alpe Tamer.
Gehzeiten Insgesamt 9½ Std.; Aufstieg von den Laghi di Fusine über die »Via della Vita 4½ Std. Forcella Sagherza – Mangart-Ostschulter 2 Std., Abstieg zu den Laghi di Fusine 3 Std.
Hinweis Es gibt auch eine direkte Gratroute über den Piccolo Mangart di Coritenza (2393 m), schwach markiert (rote Punkte) mit einer Stelle (im Aufstieg) III–.
Hütte Biv. Nogara (1850 m) unterhalb der Forcella Mangart.
Orientierung Bis auf die »Nahtstelle« oberhalb der Forcella Sagherza leicht. Kurzbeschreibung: Vom Biv. CAI Tarvisio etwa 50 m am Grat aufwärts (Drahtseil) auf eine Kanzel, dann links, einer undeutlichen Spur (verwaschene Markierungen, zwei, drei Steinmännchen) in die Südflanke des Kleinen Mangart queren, bis man auf den bestens bezeichneten slowenischen Weg stößt.
Einstufung Mittel, im Frühsommer Steigeisen empfehlenswert.

187 Via Italiana
188 Mangart, slowenischer Klettersteig
Mangart, 2677 m

Schwierig/Leicht

Die Laghi di Fusine (Weißenfelser Seen) gehören zum Mangart wie der Königssee zum Watzmann; hier wie dort liefert der Berg die große Kulisse zum Postkartenbild. Und die kann sich wirklich sehen lassen: eine geschlossene Felsfront, von der Forcella Sagherza (2149 m) bis zur Forcella Mangart (2166 m) etwa drei Kilometer breit, darüber der gerundete Gipfelaufbau, auf einer mächtigen Geröllterrasse fußend. Rechts, dem Betrachter etwas näher, der Travnik (2204 m), an ➡

Wo? Zu den Laghi di Fusine (Weißenfelser Seen, 924 bzw. 929 m) kommt man von Tarvisio (Wegweiser »Slovenia«) über Fusine in Valromana auf guten Straßen, 11 km.
Ganz nahe an den Berg heran führt die Mangart-Straße, 13 km vom Passo del Predil (1156 m) bis zur Lahnscharte/Klanska škrbina (2055 m).
Ausgangspunkte Parkplatz am oberen Weißenfelser See bzw. Straßenschleife unter der Lahnscharte. ➡

Leicht, aber keineswegs reizlos ist der Aufstieg zum Mangart über den slowenischen Klettersteig.

→ seinem grünen Rücken das Bivacco Nogara (1850 m), Ausgangspunkt eines verwegenen Klettersteigs, der »Via Italiana«. Sie verdankt ihre Entstehung der Grenzziehung von 1945, die Italien den Normalzugang zum Mangart nahm. Heute, ein halbes Jahrhundert nach dem Krieg, funktioniert der »kleine Grenzverkehr« oben am Berg wieder ohne behördliche Schikanen, sehr zur Freude aller Mangart-Besucher. Die genießen bei gutem Wetter am Gipfel ein immenses Panorama, fast grenzenlos weit ist der Horizont.
»Tiefe bodenlos« bietet dazu die italienische Ferrata: sie führt nahe an die Vertikale heran mit einer atemberaubend luftigen Querung als Finale und Höhepunkt, alles bestens gesichert. Nur gegen die Tiefe schützen Fixseile und Eisenbügel halt nicht ...
Am Kamm stößt man auf den slowenischen Normalweg, an Wochenenden auch auf Ausflüglergruppen, die den »Artisten« in der Steilwand interessiert zuschauen.

→

Wegverlauf Laghi di Fusine – Biv. Nogara – »Via Italiana« – Slowenischer Steig – Mangart – Abstieg über den Normalweg zur Forcella Mangart, weiter zum Biv. Nogara und via Alpe Tamer zu den Laghi di Fusine.
Gehzeiten Insgesamt 9½ Std.; Laghi di Fusine – Biv. Nogara 3 Std., »Ferrata Italiana« 1½ Std., Slowenischer Klettersteig – Mangart 1½ Std., Normalweg – Biv. Nogara – Laghi di Fusine 3½ Std.
Von der Lahnscharte aus sind sowohl die »Via Italiana« (3½ Std.) als auch die Mangart-Besteigung über den slowenischen Klettersteig (3¼ Std.) Halbtagstouren.
Hütten Koča na Mangrtskem (1906 m) an der Mangart-Straße. Biv. Nogara (1850 m) am Fuß der Mangart-Nordwand, stets zugänglich.
Orientierung Bietet keine besonderen Probleme; die Abzweigung an der Forcella Mangart hinab zum Biv. Nogara ist nur undeutlich bezeichnet (Inschrift an Fels). CAI-Nummern 513, 517A, 517.
Einstufung »Via Italiana« schwierig, sehr exponiert; slowenischer Klettersteig leicht. Steinschlaggefahr!

Sie kommen von der Mangart-Straße, deren Endpunkt an der Lahnscharte (2055 m) nur einen Katzensprung entfernt ist. Und auch bloß ein paar Minuten geht man weiter zum Einstieg des slowenischen Klettersteigs, der durch die Westflanke zum Mangartgipfel verläuft: kein schwindelnder Gang über jähen Abgründen, aber ein abwechslungsreicher Pfad in stark gegliedertem Fels, bestens gesichert.

189 Via ferrata Julia
190 Via delle Cenge
Kanin/Monte Canin, 2587 m

Mittel

»Ein krummer und ein gerader Weg.« So lassen sich die beiden Anstiege durch die steile Nordwand des Kanin charakterisieren, wobei »krumm« keineswegs abwertend gemeint ist. Ganz im Gegenteil, die Wegführung der »Via delle Cenge« weckt Bewunderung, nutzt sie die Gegebenheiten des Geländes doch optimal. Da gingen die Erbauer der »Via Julia« anders zu Werke: »hinauf« hieß die Devise, und wo der Fels nicht ausreichend Griff und Tritt lieferte, half man mit Eisen nach – fast eine »Direttissima«. Reizvoller, auch weniger steinschlaggefährdet (durch Voraussteigende) ist der »Bänderweg« allemal, neben dem neueren Klettersteig leider etwas in Vergessenheit geraten, ein »Spaziergang zwischen Himmel und Erde«, teilweise sehr luftig, aber ausreichend gesichert.

Wo? Die Hotelsiedlung Sella Nevea (1150 m) am gleichnamigen Übergang vom Seebachtal (Val Rio del Lago) ins Raccolanatal erreicht man von Tarvisio bzw. von Chiusaforte, 21 bzw. 18 km. Talstation der Kanin-Seilschwebebahn.
Ausgangspunkt Bergstation (1831 m) der Seilbahn, etwa 5 Min. vom Rif. Gilberti (1850 m).
Wegverlauf Rif. Gilberti – Sella Bila Pec – »Via Julia«/»Via delle Cenge« – Kanin.
Gehzeiten Rif. Gilberti – »Via Julia« – Kanin 3 Std., über die »Via delle Cenge« etwas mehr.
Hinweis Felshöhe etwa 140 m. Der Zustieg zur »Via Julia« über den (stark geschrumpften) Kanin-Gletscher kann u. U. problematisch sein (Steigeisen).
Hütte Rif. Gilberti (1850 m).
Orientierung Bei Nebel im Geröll unterhalb des winzigen Gletschers nicht ganz einfach (kaum markiert, Abzweigung etwa 20 Min. hinter der Sella Bila Pec (Tafel).
Einstufung Mittel, Steinschlaggefahr.

191 Alta via Resiana
192 Slowenischer Höhenweg
Kanin/Monte Canin, 2587 m

Mittel/Leicht A

Der Kanin ist mehr als nur ein Berg, er ist das »Steinerne Meer« der Julier, eine Mondlandschaft unter südlicher Sonne, zerfurcht, vom Wasser zernagt, öd und kahl, ein Labyrinth von Buckeln, Karwinkeln, Gräben und Mulden, darüber ein langgestreckter Felskamm, nach Norden steil abfallend. Die Überschreitung von West nach Ost, von der Sella di Grubia bis in die Sella Prevala, darf als →

Wo? Die Hotelsiedlung Sella Nevea (1150 m) am gleichnamigen Übergang vom Seebachtal (Val Rio del Lago) ins Raccolanatal erreicht man von Tarvisio bzw. von Chiusaforte, 21 bzw. 18 km. Talstation der Kanin-Seilschwebebahn.
Ausgangspunkt Bergstation (1831 m) der Seilbahn, etwa 5 Min. vom Rif. Gilberti (1850 m).
Wegverlauf Rif. Gilberti – Sella di Grubia (2041 m) – »Alta via Resiana« – Kanin – Slowenischer Höhenweg – Škrbina pod Prestreljenik (2298 m) – Sella Prevala (2067 m) – Rif. Gilberti.
Gehzeiten Insgesamt 6¾ Std.; Rif. Gilberti – Sella di Grubia 1½ Std., »Alta via Resiana« – Kanin 2 Std., Kanin – Slowenischer Höhenweg – Sella Prevala 2½ Std., Sella Prevala – Rif. Gilberti ¾ Std.
Hinweis Alle vier Steige am Kanin lassen sich natürlich beliebig miteinander kombinieren; siehe Touren 189, 190.
Tip Der Aufstieg zur Sella di Grubia und zum Kanin ist identisch mit einem Abschnitt der »Alta via Resiana«. Es handelt sich dabei um eine großartige Höhenroute über dem Val Résia: zwei volle Tourentage weitab →

➡ schönste Tour am Kaninstock bezeichnet werden, lang, aber keineswegs langweilig, sogar mit etwas Eisen sowie ein paar (ungesicherten) leichten Kletterstellen. Und wenn man Glück hat, gibt's oben ein großes Panorama, hinein in den Alpenbogen und hinaus zur Adria, eine »Schau in Sonne, Glanz und Licht«, wie es Kugy, Alpinpionier in den Julischen Alpen, einmal ausdrückte.

➡ ausgetretener Pfade mit einem halben Dutzend Gipfel.
Hütte Rif. Gilberti (1850 m). Biv. Marussich (2040 m) an der Sella di Grubia, stets zugänglich.
Orientierung Durchwegs ordentlich bezeichnete Wege. Die Markierungen an der »Alta via Resiana« (rote Triangel) werden z. Zt. erneuert. CAI-Nummern 632, 636.
Einstufung Aufstieg zum Kanin mittel, A; Slowenischer Höhenweg leicht, nur ein paar kurze gesicherte Passagen.

193 Sentiero del Re di Sassonia

Canale della Trincea, ca. 1400 m

Leicht

Romantisch. Ein arg strapazierter Ausdruck, Kurzformel für Gemütvolles, was ans Herz greift. Bergpoeten – aber nicht nur sie – lieben dieses Beiwort, wenn es darum geht, Kulissen, Stimmungen zu beschreiben. Also Vorsicht! Und trotzdem: Es gibt einen »romantischen« Weg in den westlichen Juliern, mehr Gemspfad als Steig, an einigen Stellen mit Drahtseilen gesichert: der »Sentiero del Re di Sassonia«. Er quert die Sockelfelsen der Weißenbachspitzen (Cime di Riobianco, 2257 m), auf und ab geht's dabei, die Spur schlängelt sich listig um Felsabbrüche, läuft steile Rinnen aus, versteckt sich unter Überhängen, führt über schmale Bänder. Packend die Tiefblicke ins Seebachtal (Val Rio del Lago), steinernes Gegenüber ist das Kaninmassiv. Daß man hier mit etwas Glück auch Gemsen zu Gesicht bekommt, verwundert kaum; im August blüht in den Felsmauern überall die (andernorts in den Alpen sehr rare) Teufelskralle (Physoplexis comosa). Romantisch?

Wo? Ins Seebachtal (Val Rio del Lago) kommt man von Tarvisio über Cave del Predil, 15 km (Wegweiser »Sella Nevea«).
Ausgangspunkt Etwa 3 km westlich vom Raibler See (Lago del Predil, 959 m) an der Mündung des Weißenbachs (Rio Bianco). Parkmöglichkeit unterhalb der Straße (Schotterzufahrt).
Wegverlauf Seebachtal – Rif. Brunner (1432 m) – »Sentiero del Re di Sassonia« – Canalone della Trincea – Seebachtal.
Gehzeiten Insgesamt 4¼ Std.; Aufstieg zum Rif. Brunner 1¼ Std., »Sentiero del Re di Sassonia« 2¼ Std., Abstieg zur Talstraße ¾ Std.
Hütte Rif. Brunner (1432 m) im Weißenbachtal, unbewirtschaftet, stets zugänglich.
Orientierung Leicht, gut markierte Wege; CAI-Nummern 625, 629, 650.
Einstufung Leicht, mehrere gesicherte Passagen.

194 Sentiero del Centenario

Cime Piccole di Riobianco/ Kleine Weißenbachspitzen, 2206 m

Leicht

Über dem Tal des Rio Bianco stehen zwar nicht die höchsten Gipfel der westlichen Julier, doch die Kulisse kann sich trotzdem sehen lassen: Dolomitenzauber. Man ahnt, spürt ihn bereits am Weg zu dem kleinen, unbewirtschafteten Rifugio Brunner; da leuchten zwischen den Bäumen die weißen Felsen heraus, und daß einer der Türme Vetta Bella (Schönkopf, 2049 m) heißt, paßt ganz gut. »Bella« ist auch der Klettersteig am Kamm der Weißenbachspitzen, gut gesichert, nicht schwierig, mit hübschen Ausblicken auf die östliche Wischberggruppe, auf Mangart und Kanin. Nur einen Schönheitsfehler hat der »Sentiero del Centenario«: der lange Zustieg, 1000 Steigungsmeter hoch, im Sommer ganz schön heiß; daß er ehemaligen Frontwegen aus dem Ersten Weltkrieg folgt, ist in diesem Teil der Julier nicht ungewöhnlich.

Wo? Ins Seebachtal (Val Rio del Lago) kommt man von Tarvisio über Cave del Predil, 15 km (Wegweiser »Sella Nevea«).
Ausgangspunkt Etwa 3 km westlich vom Raibler See (Lago del Predil, 959 m) an der Mündung des Weißenbachs (Rio Bianco). Parkmöglichkeit unterhalb der Straße (Schotterzufahrt).
Wegverlauf Seebachtal – Rif. Brunner – Forcella del Vallone – »Sentiero del Centenario« – Forcella Alta di Riobianco – Biv. Gorizia – Seebachtal.
Gehzeiten Insgesamt 6½ Std.; Seebachtal – Forcella del Vallone 3½ Std., »Sentiero del Centenario« 1¼ Std., Forcella Alta di Riobianco – Seebachtal 1¾ Std.
Tip Der »Sentiero del Centenario« läßt sich mit dem »Goitan-Steig« zu einer prächtigen Zwei-Tage-Runde verbinden; siehe 196.
Hütten Rif. Brunner (1432 m), Biv. Gorizia (1950 m), beide im Weißenbachtal, unbewirtschaftet und stets zugänglich.
Orientierung Leicht, für Tunnel am »Sentiero del Centenario« Taschenlampe nützlich.
Einstufung Leicht.

Am »Sentiero del Centenario«.

195 Wischberg, gesicherter Normalweg

Wischberg/Jôf Fuart, 2666 m

Leicht

Der Triglav mag der höchste, der Jalovec schönster Gipfel der Julier sein; der Wischberg hat meine besondere Sympathie. Weshalb? Schwer zu sagen; seine »kriegerische« Vergangenheit ist es nicht, vielleicht seine Gestalt, ganz sicher aber seine Bänder, die ihn umziehen und »Spaziergänge« zwischen Himmel und Erde über manchmal schier bodenlosen Abgründen erlauben. »Cengia degli Dei« – in dem Namen klingt jenes Gefühl an, das einem auf diesen erdgeschichtlichen Jahrringen beschleicht – abgehoben, fern vom Alltagsgrau. Und etwas von dem Zauber vermittelt auch bereits der Südanstieg zum Wischberg, an ein paar Stellen gesichert und nicht schwierig.

Wo? Ins Seebachtal (Val Rio del Lago) kommt man von Tarvisio über Cave del Predil, 16 km (Wegweiser »Sella Nevea«).

Ausgangspunkt An der Straße zur Sella Nevea, 5 km von der Abzweigung zum Predilpaß. Hinweistafel »Rif. Corsi, 628«.

Wegverlauf Seebachtal – Rif. Corsi – Wischberg.

Gehzeiten Insgesamt 8½ Std.; Seebachtal – Rif. Corsi 2¾ Std., Rif. Corsi – Wischberg 2¾ Std., Abstieg auf dem gleichen Weg 3 Std.

Hütte Rif. Corsi (1874 m) am Südfuß des Wischbergs.

Orientierung Leicht, markierte Wege; CAI-Nummer 628, 625.

Einstufung Leicht, gute Kondition erforderlich.

196 Sentiero attrezzato Anita Goitan

Wischberg-Südflanke, ca. 2480 m

Mittel

Für mich ist sie die schönste gesicherte Route in den Julischen Alpen, nicht schwierig, dafür lang, aber keinen Augenblick langweilig. Die Sicherungen sind weder üppig gesetzt noch zu sparsam, dazwischen mutiert die Ferrata immer wieder zum Höhenweg und zur Schaupromenade mit Aus- und Tiefblicken hinüber zum Kanin, zu den fernen Firnketten der Hohen Tauern, hinab ins Seebachtal und in die Saisera. Der Steig sucht (und findet) stets den leichtesten Weg in dem oft unübersichtlichen Felsgelände; weniger Geübten macht höchstens der Kamin im Steilabstieg zur Scharte hinter der Innominata etwas Probleme. Diese »Schlüsselstelle« kann man nordseitig umgehen, auf (ungesicherten) Geröllbändern, was aber nur empfehlenswert (und ungefährlich) ist, wenn die letzten Schnee- und Eisreste aus der Schattenseite der »Namenlosen« verschwunden sind.

Der »Sentiero Goitan« folgt abschnittweise alten Kriegssteigen.

Wo? Ins Seebachtal (Val Rio del Lago) kommt man von Tarvisio über Cave del Predil, 16 km (Wegweiser »Sella Nevea«).

Ausgangspunkt An der Straße zur Sella Nevea, 5 km von der Abzweigung zum Predilpaß. Hinweistafel »Rif. Corsi, 628«.

Wegverlauf Seebachtal – Rif. Corsi – Kaltwasserscharte (Forcella di Riobianco, 2240 m) – »Sentiero Anita Goitan« – Wischberg-Südflanke (ca. 2450 m) – Mosesscharte (Forcella Mosä, 2271 m) – Rif. Corsi – Seebachtal.

Gehzeiten Insgesamt 8¾ Std.; Val Rio del Lago – Rif. Corsi 2¾ Std., Rif. Corsi – Kaltwasserscharte 1 Std., »Sentiero Goitan« 2¾ Std., Mosesscharte – Rif. Corsi ¾ Std., Rif. Corsi – Seebachtal 1½ Std.

Hinweise Mit der Besteigung des Wischbergs über die Südflanke erhöht sich die Gesamtgehzeit um etwa 1 Std. Der »Sentiero Goitan« setzt sich westwärts über die Kastreinspitzen (Cime Castrein, 2502 m) noch bis in die Bärenlahnscharte (Forcella Lavinal dell'Orso, 2138 m) fort, ca. 1¾ Std.

Hütte Rif. Corsi (1874 m) am Südfuß des Wischbergs.

Orientierung Ordentlich markierte Steige; bei Nebel in der Südflanke des Wischbergs Wegfindung evtl. etwas problematisch.

Einstufung Mittel, als Tagestour nur bei guter Kondition.

197 Wischberg-Nordostschlucht

Wischberg/Jôf Fuart, 2666 m

Schwierig **A**

Helm und Steigeisen sind an dieser Route wichtiger als der Klettergurt: die Gefahr kommt von oben, und die Unterlage ist an manchen Stellen zwar hart, aber ebenso rutschig. Für erfahrene Bergsteiger, die Terrain und Verhältnisse einzuschätzen wissen, deren alpines Selbstverständnis nicht ans Drahtseil gefesselt ist, bildet der Aufstieg durch die steile Nordost- ➡

Wo? Ins Valbruna kommt man vom Kanaltal (Val Canale) auf einer ordentlichen Asphaltstraße. Autobahnausfahrt »Malborghetto/Valbruna«.

Ausgangspunkt Knapp 3 km hinter dem Dörfchen Valbruna (807 m) zwischen Talstraße und (breitem) Bachbett. Kurze geschotterte Anfahrt zu einem Holzladeplatz (ca. 860 m). Parkmöglichkeit.

Wegverlauf Valbruna – Rif. Pellarini – Nordostschlucht – Wischberg – Rif. Corsi.

Gehzeiten Valbruna – Rif. Pellarini 2 Std., Rif. Pellarini – Wischberg 4 Std., Abstieg zum Rif. Corsi auf dem Normalweg 1½ Std.
Rückweg über die Bärenlahnscharte (2138 m) ins Valbruna ca. 4 Std.

Hütte Rif. Pellarini (1499 m), z.Zt. geschlossen (wegen Umbaus); Wiedereröffnung für 1996/97 geplant (?). ➡

➡ schlucht mit ihren ungesicherten IIer Passagen eine echte Herausforderung, eine Tour so nach Art der »Alten«. Die nahmen ihren Weg bekanntlich gerne über Eis- und Schneerinnen, ungeachtet der Steinschlaggefahr. Die ist auch hier durchaus gegeben, was den Sicherungen im Mittelteil der Route nicht gerade gut bekommt. Sie wird auch recht wenig begangen, die Markierungen sind ziemlich verblaßt, die Abzweigung oberhalb vom Rifugio Pellarini (1499 m) ist nur undeutlich bezeichnet. Das mag damit zusammenhängen, daß die Hütte seit ein paar Jahren geschlossen ist. So muß man von der Saisera aus gehen, und das ergibt dann stattliche 1800 Höhenmeter. Am Südfuß des Wischbergs steht das Rif. Corsi (1874 m).

➡

Orientierung Für erfahrene Berggänger nicht schwierig. Markierungen erneuerungsbedürftig, Seilsicherungen starkem Verschleiß ausgesetzt. Abstieg südseitig am besten über den Normalweg (siehe 195).

Einstufung Schwierig, A. Klettersteigpassagen nur mäßig schwierig, die Tour insgesamt aber anspruchsvoll. Helm, Steigeisen, Stöcke, evtl. auch Seil mitnehmen; nur bei einwandfreien äußeren Bedingungen gehen!

198 Sentiero attrezzato Ceria-Merlone

Foronon del Buinz, 2531 m

Mittel

Zwischen Montasch und Wischberg zeigt der Hauptkamm der westlichen Julier kaum markante Gipfel, der Fels ist horizontal geschichtet, die Südflanke fällt nur mäßig steil zum Altipiano del Montasio ab: ideale Voraussetzungen für die Anlage eines Höhenweges, der zwar lang ist, aber keine extremen Schwierigkeiten aufweist. Gesicherte Passagen wechseln ab mit bequemem Gehgelände (Bänder), abschnittweise folgt der »Sentiero Ceria-Merlone« alten Kriegswegen. Ein Relikt aus dem Ersten Weltkrieg ist auch der Anstiegsweg hinauf zum Kamm; in bequemen Schleifen zieht er vom Rifugio Brazzà (1660 m) bergan gegen die Cima di Terrarossa (2420 m), passiert die Abzweigung des »Sentiero Leva« und läuft dann flach hinüber zur Forca de lis Sieris (2274 m; Quelle). Hinter der Scharte beginnt die gesicherte Route mit dem Aufstieg zum Foronon del Buinz (2531 m); in der Folge wechseln kürzere »eiserne« Abschnitte mit Wegpassagen. Unter der Punta Plagnis (2411 m) muß man sich dann entscheiden: rechts abwärts über einen alten (unmarkierten) Kriegssteig zur Casera Cregnedul di sopra (1515 m) oder auf der Originalroute um den Berg herum und in seinem Rücken – teilweise gesichert – hinunter in die Bärenlahnscharte (Forcella Lavinal dell'Orso, 2138 m): gut 1 Stunde weiter.

Wo? Die Hotelsiedlung Sella Nevea (1150 m) am gleichnamigen Übergang vom Seebachtal (Val Rio del Lago) ins Val Raccolana erreicht man von Tarvisio über Cave del Predil bzw. von Chiusaforte im Canal del Ferro, 21 bzw. 18 km. Schmale, asphaltierte Zufahrt zum Altipiano del Montasio, nochmals 4 km.

Ausgangspunkt Parkplatz am Rand des Hochplateaus (1500 m).

Wegverlauf Altipiano – Rif. Brazzà – Forca de lis Sieris – »Sentiero Ceria-Merlone« – Bärenlahnscharte – Passo degli Scalini (2022 m) – Casera Cregnedul di sopra (1515 m) – Alpe di Pecòl.

Gehzeiten Insgesamt 8¾ Std.; Altipiano – Forca di lis Sieris 2¾ Std., »Sentiero Ceria Merlone« 3½ Std., Bärenlahnscharte – Casera Cregnedul 1½ Std., Rückweg zum Parkplatz 1 Std.

Hinweis Bei einem Direktabstieg vom »Sentiero Ceria-Merlone« zur Casera Cregnedul verkürzt sich die Gesamtgehzeit auf knapp 8 Std.

Tip Kombinationsmöglichkeiten mit dem »Sentiero Leva« und dem »Sentiero Goitan« möglich; siehe 196, 199.

Hütten Rif. Brazzà (1660 m) auf dem Montasch-Plateau.

Orientierung Bei Nebel auf dem Höhenweg gelegentlich etwas problematisch.

Einstufung Mittel, gute Kondition erforderlich.

199 Sentiero Leva

Montasch-Südflanke, 2360 m

Mittel

Jahrelang blieb er unvollendet, der »Leva-Steig«, und man war unterhalb der Forca del Palone (2242 m) zu einem zeitraubenden Zwischenabstieg gezwungen. Doch jetzt ist sie endlich geschlossen, die letzte Lücke im Höhenwegnetz zwischen Montasch und Wischberg, das Klettersteig-Dorado perfekt: »Amalia« – »Leva« – »Ceria-Merlone« – »Goitan« – »Centenario«. Der »Sentiero Leva« läuft, vom Normalanstieg zum Montasch abzweigend, auf mehr oder weniger komfortablen Bändern durch die Südflanke des Modeon del Montasio, dabei leicht an Höhe verlierend, quert eine steile Schlucht und steigt dann durch Rinnen und über leichte Felsen ab zur Forca del Palone (2242 m). Jenseits der zugigen Scharte geht's gleich wieder steil aufwärts; einen kurzen Überhang meistert man mit Hilfe einer solide verankerten Strickleiter. Unterhalb der Cima di Terrarossa mündet der »Sentiero Leva« in den vom Rifugio Brazzà heraufkommenden Serpentinenweg (siehe auch 198).

Wo? Die Hotelsiedlung Sella Nevea (1150 m) am gleichnamigen Übergang vom Seebachtal (Val Rio del Lago) ins Raccolanatal erreicht man von Tarvisio über Cave del Predil bzw. von Chiusaforte im Canal del Ferro, 21 bzw. 18 km. Schmale, asphaltierte Zufahrt zum Altipiano del Montasio, nochmals 4 km.

Ausgangspunkt Parkplatz am Rand des Hochplateaus (1500 m).

Wegverlauf Altipiano – Rif. Brazzà (1660 m) – Normalweg zum Montasch – Abzweigung »Sentiero Leva« (ca. 2360 m) – Forca del Palone (2242 m) – Einmündung unter der Cima di Terrarossa – Rif. Brazzà – Altipiano.

Gehzeiten Für die Runde insgesamt 5½ Std.; »Sentiero Leva« etwa 1¼ Std.

Hinweis In der Regel wird der »Leva-Steig« in Verbindung mit den anderen gesicherten Steigen am Montasch begangen.

Hütte Rif. Brazzà (1660 m) am Altipiano del Montasio.

Orientierung Bei Nebel nicht ganz einfach; Markierungen recht diskret.

Einstufung Mittel, neue Sicherungen.

Durch die Nordflanke des Montasch verlaufen zwei gesicherte Routen: die »Via Amalia« und der »Kugy-Weg«.

200 Montasch, gesicherter Normalweg

Jôf di Montasio/Montasch, 2753 m

Leicht

Wenn es einen leichten Weg auf den Montasch gibt, dann ist es jener des Giovanni di Brazzà (1881) über die Südflanke hinauf zur Forca Verde und am Ostgrat entlang zum Gipfel: wenig Felsen, nicht viel Geröll und nur kurze, leicht ausgesetzte Passagen am Gratrücken. Der Anstieg ist kaum zu verfehlen, wird auch viel begangen; wer allerdings die Variante über die schwankende, gut 50 Meter hohe Leiter vorzieht, muß schon schwindelfrei sein. Zugang über ein steiles Wandl (Haken), Steinschlaggefahr aus dem darüberliegenden Geröllhang inklusive. Sicherer ist der Weg über die Forca Verde (2587 m), die ihren Namen von einem Wiesenfleck knapp unterhalb des Grates hat. Oben gibt's dann ein ganz großes Panorama, eines der schönsten der Julier mit viel Tiefe rundum und einem weiten Horizont, von den Dolomiten über die Hohen Tauern und die Bergketten Kärntens bis zum Triglav (2864 m).

Wo? Die Hotelsiedlung Sella Nevea (1150 m) am gleichnamigen Übergang vom Seebachtal (Val Rio del Lago) ins Raccolanatal erreicht man von Tarvisio über Cave del Predil bzw. von Chiusaforte im Canal del Ferro, 21 bzw. 18 km. Schmale, asphaltierte Straße zum Altipiano del Montasio, nochmals 4 km.
Ausgangspunkt Parkplatz am Rand des Hochplateaus (1500 m).
Wegverlauf Altipiano – Rif. Brazzà (1660 m) – Forca dei Disteis (2241 m) – »Scala Pipan«/Forca Verde – Montasch.
Gehzeiten Insgesamt 5½ Std.; Altipiano – Forca Disteis 2 Std., Forca Disteis – Montasch 1½ Std., Abstieg auf dem gleichen Weg 2 Std.
Hütte Rif. Brazzà (1660 m) auf dem Montasch-Plateau.
Orientierung Vielbegangene Wege; die Markierungen könnten allerdings eine Auffrischung vertragen.
Einstufung Leicht, Steinschlaggefahr auf der »Pipan-Leiter«.

201 Kugy-Weg

Jôf di Montasio/ Montasch, 2753 m

Sehr schwierig **A**

Mit dem Montasch, so befand Kugy (und er mußte es wissen), kann sich kein anderer Gipfel der Julischen Alpen messen. Von welcher Seite man sich ihm auch nähert, stets ist er der »Größte«. Sein Scheitel überragt die Sohle des Dognatals um nicht weniger als 2300 Meter, und auch von Norden, aus der Saisera, bietet er mit seiner wuchtig-breiten Felsfront einen imposanten Anblick. Dem markanten, deutlich vortretenden Mittelpfeiler in der Riesenmauer folgt die »Via Kugy«, die erste, von dem Julier-Pionier mit Gefährten 1902 eröffnete Nordwandführe. Keine zehn Jahre später wurde sie durch die Sektion Villach des DuÖAV gesichert (sehr zum Unwillen Kugys), mit über 1000 Eisenhaken und 340 Meter Drahtseil in eine Via ferrata verwandelt!
Zur Zeit ist die Route – trotz gelegentlichen Renovierungsversuchen – in ziemlich desolatem Zustand, vor allem im unteren, stark dem Steinschlag ausgesetzten Teil. So präsentiert sich die »Via Kugy« wieder als Kletterführe. Geblieben ist das typische Nordwand-Ambiente, auch die Länge des Anstiegs, immerhin fast 800 Meter vom Einstieg zum Gipfelgrat.

Wo? In die Saisera kommt man vom Kanaltal (Val Canale) auf einer ordentlichen Asphaltstraße, Autobahnausfahrt »Malborghetto/Valbruna«.
Ausgangspunkt Malga Saisera (1004 m), 5 km vom Dörfchen Valbruna.
Wegverlauf Malga Saisera – Biv. Stuparich (1578 m) – »Via Kugy« – Montasch. Abstieg siehe 200.
Gehzeiten Insgesamt 7 Std.; Malga Saisera – Biv. Stuparich 2 Std., »Via Kugy« 5 Std.
Hütte Biv. Stuparich (1578 m), stets zugänglich.
Orientierung Einstieg am linken Rand des (arg geschrumpften) Montasch-Gletschers, ca. 2050 m.
Einstufung Sehr schwierig, A. Kletterei im II. und III. Grad (Einstiegswand), Zustieg stark steinschlaggefährdet. Zustand der Sicherungen (letzte Renovierung 1960) unsicher.

202 Via Amalia

Bivacco Suringar, 2430 m

Mittel **A**

Weniger schwierig als der »Kugy-Weg«, aber dennoch recht anspruchsvoll ist die »Via Amalia«, ursprünglich bekannt als »Via dei Cacciatori Italiani« – Weg der italienischen Jäger. Es handelt sich dabei nicht um eine direkte Nordwandroute; vielmehr steigt die Ferrata durch eine allmählich breiter werdende Schlucht, die in eine Schrofenflanke übergeht, an gegen den Torre Nord (2680 m), quert am Felsfuß rechts hinaus zum Drachengrat (Cresta dei Draghi, 2458 m) und leitet schließlich auf die markanten Bänder an der Westflanke des Montasch (Grande Cengia).

Wo? In die Saisera kommt man vom Kanaltal (Val Canale) auf einer ordentlichen Asphaltstraße, Autobahnausfahrt »Malborghetto/Valbruna«.
Ausgangspunkt Malga Saisera (1004 m), 5 km vom Dörfchen Valbruna.
Wegverlauf Malga Saisera – Biv. Stuparich (1578 m) – »Via Amalia« – Biv. Suringar; Abstieg über das große Band (Grande Cengia) zur Forca dei Disteis (Montasch-Normalweg, einige Drahtseile).
Gehzeiten Insgesamt 5½ Std.; Malga Saisera – Biv. Stuparich 2 Std., »Via Amalia« – Biv. Suringar 3½ Std. Abstieg zum Rif. Brazza 1¾ Std.
Hinweis Vom Biv. Suringar kommt man über die »Via Findenegg« in gut 1 Std. zum Gipfel des Montasch. Kletterroute, überwiegend I, Schlüsselstelle II+, rot markiert (keine Sicherungen!).
Hütten Biv. Stuparich (1578 m), Biv. Suringar (2430 m), Notunterkünfte, stets zugänglich.
Orientierung Nicht ganz problemlos; Zugang zur »Via Amalia« zwar rot markiert, ab Drachengrat kaum mehr Bezeichnung, Vorsicht bei Nebel.
Einstufung Mittel, A. Im unteren Teil der Route ungesicherte IIer Stellen.

Die »Via Amalia« beginnt steil; sie ist nur an den schwierigen Stellen gesichert.

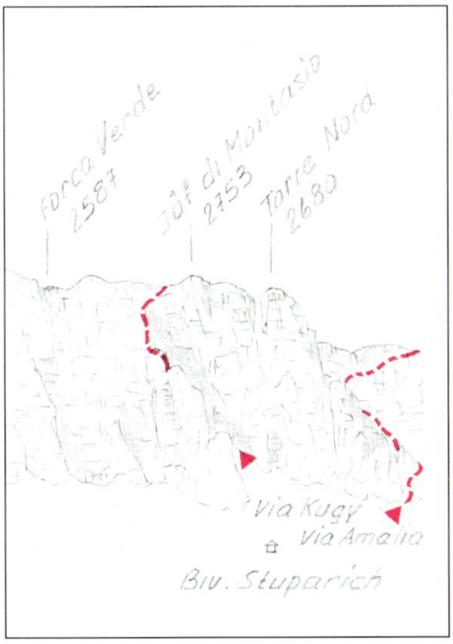

203 Via ferrata Norina
Cresta de la Viene, 2121 m

Leicht

Es gibt in den Juliern keine Ferrata, die mit mehr Liebe fürs Detail angelegt worden ist, doch das Zeug zum »Renner« hat die »Norina« trotzdem nicht: zu abgelegen, zu weit der Anmarsch aus dem Val Dogna. Über 1000 Steigungsmeter und eine lange Querung am Wandfuß hat man bereits hinter sich, ehe das erste Drahtseil in Sicht kommt, und dann läuft die Route nicht einmal am Gipfel aus. Macht nichts, uns hat sie trotzdem gefallen, und das liegt auch an der grandios-einsamen Kulisse. Die Route, nördlich des Viene-Kamms auf etwa 350 Höhenmetern gesichert, führt, das Terrain optimal nutzend, unmittelbar an den Höllenschlund der Vandùl- ➡

Wo? Dogna (425 m) liegt im Canal del Ferro, unmittelbar am Eingang ins Val Dogna, 35 km von Gemona, 30 km von Tarvisio.

Ausgangspunkt Kilometer 4 der Val-Dogna-Straße, an einer scharfen Linkskurve. Parkmöglichkeit gleich dahinter.

Wegverlauf Val Dogna – Biv. Cividale (1414 m) – »Ferrata Norina« – Viene-Kamm (2121 m).

Gehzeiten Val Dogna – Biv. Cividale 2¾ Std., »Ferrata Norina« 3 Std.; Abstieg auf dem gleichen Weg 4 Std. oder südöstlich zum Montasch-Plateau 1¾ Std.

➡

➞ Schlucht heran; durch einen engen Spalt steigt man aus auf den Wiesenkamm, gut eine Stunde noch vom Gipfel des Cimone del Montasio (2379 m) entfernt. Rascher kommt man auf den Wiesenrükken vom Montaschplateau, von der »Via Alta« über ein Zickzackweglein, oberhalb der Forca di Vandùl am Drahtseil.

➞

Tips Vom Viene-Kamm aus kommt man in einer Stunde zum Gipfel des Cimone, markiert (I).
Die lange Querung zum Einstieg der Ferrata kann man umgehen; markierter Alternativzustieg von Pleziche (820 m) im Val Dogna, CAI-Nummer 655. Abenteuerpfad, nur scheinbar kürzer.

Hütte Biv. Civdiale (1414 m), Notunterkunft, stets zugänglich.

Orientierung Leicht, gut markierte Wege; CAI-Nummer 640.

Einstufung Gesicherte Passagen leicht, hervorragende Sicherungen; Querung am Nordwandfuß des Cimone kann, je nach Jahreszeit, problematisch sein (Lawinenreste, Eis).

Optimale Sicherungen zeichnen die »Ferrata Norina« aus.

204 Ziffer-Weg
Due Pizzi, 2046 m

Leicht

Aussicht und Rückblicke, historische. Beides bieten die Wege zwischen Jôf di Dogna (1961 m) und Mittagskofel (Jôf di Miezegnot, 2087 m), Aussicht nördlich bis zum Alpenhauptkamm, vor allem aber auf den riesigen, nahen Bergstock des Montasch (Jôf di Montasio, 2753 m). Und die Stellungsreste, denen man hier überall begegnet, erinnern daran, daß die Alpenfront im Ersten Weltkrieg über diese Höhen ging, daß hier vor einer großen Kulisse gekämpft und gestorben wurde. Aus jener unseligen Zeit stammt auch der »Sentiero Ziffer«, quer in die steilen Felsflanken der Due Pizzi trassiert, in den siebziger Jahren rekonstruiert und mit Drahtseilsicherungen versehen. Kein Klettersteig, aber eine luftige (gut gesicherte) Promenade. Zum höheren der beiden »Pizzi« kommt man dann über einen Latschenweg.

Wo? Ins Val Dogna kommt man von Dogna (425 m) auf einer ordentlichen, kurvenreichen Asphaltstraße, 20 km bis zur Sella di Somdogna.

Ausgangspunkt Brücke (1268 m), etwa 2 km vor der Sella di Somdogna.

Wegverlauf Straße – Forchia di Cjanalot (1830 m) – »Sentiero Ziffer« – Cima Alta.

Gehzeiten Insgesamt 5¾ Std.; Straße – Forchia di Cjanalot 2¼ Std., »Sentiero Ziffer« – Cima Alta 1¼ Std., Abstieg auf dem gleichen Weg 2¼ Std.

Hinweis An der Mittagskofelkette sind kürzere und lange Höhenwanderungen möglich, auch unter Einbeziehung des »Sentiero Ziffer«; Ausgangspunkte an der Straße zur Sella di Somdogna.

Hütte Ricovero Bernardinis (ca. 1950 m) oberhalb der Forchia di Cjanalot, Notunterkunft, stets zugänglich.

Orientierung Problemlos, gut markierte Steige; CAI-Nummern 648, 649.

Einstufung Leicht.

205 Norbert-Schluga-Steig
Hohe Wand, 1002 m

Mittel

Wenn drüben im Karnischen Hauptkamm die Gipfel noch (oder wieder) ihre Schneekappen aufhaben, kann man an der Sonnseite des Gailtals dem »eisernen« Vergnügen auf dem »Schluga-Klettersteig« in den Steilabstürzen der Hohen Wand nachgehen: kurzer Zustieg, ein paar rassige, sparsam gesicherte (Draht-)Seillängen zum Auftakt, dann läuft die Route diagonal durch die gegliederte Wand, Steilpassagen wechseln ab mit Querungen. Dabei bieten sich immer wieder packende Tiefblicke in den breiten Talboden und zum Pressegger See (560 m). Jenseits des breiten Talgrabens stehen die markanten Gipfelprofile von Gartnerkofel und Trogkofel.

Wo? Hermagor (603 m), ein hübscher Marktflecken, ist Hauptort des Untergailtals, 31 km von Kötschach-Mauthen, 42 km von Villach.

Ausgangspunkt Beim Weiler Obervellach (603 m); Zufahrt von der B111, Abzweigung beim Gh. Schluga (2 km östlich von Hermagor). Kleiner Parkplatz.

Wegverlauf Obervellach – »Schluga-Steig« – Hohe Wand – Obervellach.

Gehzeiten Insgesamt 3 Std.; Aufstieg über den Klettersteig 2 Std., Abstieg 1 Std.

Hinweis In etwa 850 m Höhe Wandbuch; hier kann man rechts über ein unmarkiertes Weglein absteigen.

Orientierung Einfach; beim Ausstieg die Markierungen genau beachten!

Einstufung Mittel; unterwegs keine Steine ablassen!

206 Rudl-Eller-Weg
Hohes Törl, 2233 m

Leicht

Zweifellos der schönste Zugang zur Karlsbader Hütte führt über das Hohe Törl: überwiegend Wanderpfad, ein bißchen Klettersteig und vor allem Aussichtspromenade. Da stehen sie Parade, die Kletterzacken rund um den Laserzkessel; ganz nah und scheinbar in den Himmel greifend, die Laserzwand (2614 m), jenseits des Laserztals Bloßkofel, Gamswiesenspitzen, Kerschbaumer Törlkopf, Teplitzer Spitzen, im Talhintergrund der doppelgipflige Simonskopf. Für etwas Pfiff auf der dreistündigen Wanderung sorgen die gesicherten Passagen gleich zu Beginn am Weißstein (1751 m) sowie beiderseits des Hohen Törls, und am Aueringköpfl (2026 m) stehen die kleinen Sehenswürdigkeiten am Weg: Blumen ohne Zahl.

Wo? Lienz (672 m) liegt im Drautal an der Mündung der Isel. Eine mautpflichtige Straße führt über Tristach bzw. Lavant hinauf zur Lienzer Dolomitenhütte (1616 m).
Ausgangspunkt Parkplatz knapp vor der Lienzer Dolomitenhütte.
Wegverlauf Parkplatz – »Rudl-Eller-Weg« – Hohes Törl – Karlsbader Hütte – Lienzer Dolomitenhütte (Abstieg auf der Straße, Kehren können abgekürzt werden).
Gehzeiten Insgesamt 4½ Std., Aufstieg 3 Std., Abstieg 1½ Std.
Hütte Karlsbader Hütte (2260 m).
Orientierung Leicht, Wege gut bezeichnet.
Einstufung Leicht, im Frühsommer hinter dem Hohen Törl oft harter Altschnee.

Die Julier waren im Ersten Weltkrieg Frontgebiet, der »Sentiero Ziffer« ein Nachschubweg.

Vom »Rudl-Eller-Weg« hat man Aussicht auf die Felskulisse des Laserzkessels.

207 Ari-Schübel-Weg
Große Sandspitze, 2772 m

Mittel

Die höchste Erhebung der Lienzer Dolomiten, das sei hier nicht verschwiegen, hat ihren Namen zu Recht: Sand, Geröll – davon gibt's an diesem Weg mehr als genug; er liegt auf den Bändern, macht den Aufstieg zum Schartenschartl (2575 m), wo eine Bronzetafel den Beginn der Ferrata markiert, zum Geduldspiel nach dem Motto: zwei vor, ein Schritt zurück. Aber bekanntlich kommt die Arbeit ja vor dem Vergnügen, und wer bei gutem Wetter oben am Gipfel sitzt, den weiten Horizont um sich und keine Gewitterwolken in der Nähe, ist dem Bergsteigerhimmel recht nah. Der »Ari-Schübel-Weg« ist ordentlich gesichert; er führt westlich um die Kleine Sandspitze (2762 m) herum in die Scharte zwischen den beiden Gipfeln und dann über steile, aber gestufte Felsen zum höchsten Punkt.

Ausgangspunkt Parkplatz knapp vor der Lienzer Dolomitenhütte (ca. 1600 m).
Wegverlauf Lienzer Dolomitenhütte – Karlsbader Hütte – Schartenschartl (2575 m) – »Ari-Schübel-Weg« – Große Sandspitze.
Gehzeiten Insgesamt 7 Std.; Lienzer Dolomitenhütte – Karlsbader Hütte 2 Std., Karlsbader Hütte – Schartenschartl ¾ Std., »Ari-Schübel-Weg« – Große Sandspitze 1¼ Std., Abstieg auf dem gleichen Weg 3 Std.
Hinweis Beim »Gebirgsjägerweg« handelt es sich um eine mit Thenius-haken versehene leichte Kletterroute, die teilweise parallel mit dem »Ari-Schübel-Weg« verläuft; grüne Markierung.
Hütte Karlsbader Hütte (2260 m).
Orientierung Straßenhatscher mit Abkürzungen bis zur Karlsbader Hütte, dann blau markiert.
Einstufung Mittel, viel Geröll.

208 Kerschbaumer Törlspitz, Südostgrat-Steig

Kerschbaumer Törlspitz, 2389 m

Mittel

Im Felshalbrund des Laserzkessels ist er nur ein kleiner, aber formschöner Zacken, direkt über dem Kerschbaumer Törl stehend. Wer über den »Rudl-Eller-Weg« zur Karlsbader Hütte aufgestiegen ist, kann die kleine Ferrata am Südostgrat des Törlspitz leicht anhängen: ein paar wenige (Draht-)Seillängen, etwas Kletterei, schon ist man oben.

Wo? Lienz (672 m) liegt im Drautal an der Mündung der Isel. Eine mautpflichtige Straße führt von Tristach bzw. Lavant hinauf zur Lienzer Dolomitenhütte (1616 m).

Ausgangspunkt Parkplatz knapp vor der Lienzer Dolomitenhütte.

Wegverlauf Lienzer Dolomitenhütte – Karlsbader Hütte – Kerschbaumer Törl (2285 m) – Kerschbaumer Törlspitz – Kerschbaumer Törl – Lienzer Dolomitenhütte.

Gehzeiten Insgesamt 5 Std.; Lienzer Dolomitenhütte – Karlsbader Hütte 2 Std., Karlsbader Hütte – Kerschbaumer Törl ¾ Std., Kerschbaumer Törlspitz ¾ Std. hin und zurück, Abstieg vom Kerschbaumer Törl zur Lienzer Dolomitenhütte 1½ Std.

Hinweis Steigt man über den »Rudl-Eller-Weg« zur Karlsbader Hütte auf, erhöht sich die Gesamtgehzeit auf 6 Std.

Orientierung Leicht, gut markierte Wege. Vom Kerschbaumer Törl auf blau markierter Spur um den Törlspitz herum zum Ansatzpunkt des Südostgrats. Hier entdeckt man das erste Drahtseil. Weiterweg nicht zu verfehlen.

Einstufung Mittel, kurz. Solide Drahtseilsicherungen, zwei Haken.

Felseinstieg am »Ari-Schübel-Weg«.

209 Spitzkofel, gesicherter Steig

Spitzkofel, 2717 m

Leicht

Ein paar lausige Höhenmeter fehlen ihm zur Krone des höchsten Lienzer Dolomitengipfels, doch das macht nichts. Seine Besteigung gehört auf jeden Fall zu den »Klassikern« in den Lienzer Hausbergen, auch auf dem Normalweg. Kletterer interessieren sich allerdings mehr für den fünftürmigen Nordgrat, was man nach einem ersten Blick auf die steilgestellten Felsschichten leicht verstehen kann. Da bietet der Normalweg von der Kerschbaumer Hütte herauf vergleichsweise geringe Schwierigkeiten; kurze Felspassagen vor und hinter der Linderhütte sind gesichert.

Wo? Lienz (672 m) liegt im Drautal an der Mündung der Isel. Fährt man auf der B 100 in Richtung Sillian, kommt hinter Leisach links die Galitzenklamm ins Blickfeld; wenig weiter zweigt die schmale Straßenzufahrt ins Kerschbaumertal ab.

Ausgangspunkt Klammbrückl (1096 m) oberhalb der Galitzenklamm. Wanderparkplatz.

Wegverlauf Klammbrückl – Kerschbaumer Hütte (1902 m) – Hallebachtörl (2399 m) – Linderhütte (2684 m) – Spitzkofel.

Gehzeiten Insgesamt 8¼ Std.; Klammbrückl – Kerschbaumer Hütte 2¼ Std., Kerschbaumer Törl – Hallebachtörl 1½ Std., Hallebachtörl – Spitzkofel 1½ Std., Abstieg auf dem gleichen Weg 3 Std.

Hütten Kerschbaumer Hütte (1902 m); Linderhütte (2684 m), unbewirtschftet, stets zugänglich.

Orientierung Leicht; die Wege sind ordentlich bezeichnet; Weg zum Hallebachtörl AV-Nummer 213, Gipfelsteig blau markiert.

Einstufung Leicht, gute Kondition erforderlich.

210 Spitzenstein, gesicherter Steig

Spitzenstein, 2265 m

Leicht

Westlicher Eckpfeiler der Lienzer Dolomiten, ihr erster felsiger Zacken ist der Spitzenstein. Und seinen Namen hat er durchaus zu Recht, zeigt er sich doch von allen Seiten als »spitzer Stein«. Da verwundert es nicht, daß kein Wanderweg auf den Gipfel führt, der leichteste Anstieg mit dem Schwierigkeitsgrad II bewertet wird. Falsch: bewertet wurde; seit kurzem ist der Anstieg von Südosten mit ein paar Drahtseilen entschärft.

Wo? Der Kartitscher Sattel (1526 m) verbindet das Drau- mit dem Lesachtal, 11 km von Sillian, 47 km von Kötschach-Mauthen über die (sehr kurvenreiche) B 111.

Ausgangspunkte Der Kartitscher Sattel; alternativ kann man die Tour auch an der Straße Richtung Obertilliach beginnen, wo zwei Wege zum »Gailtaler Höhenweg« abgehen, Markierungen 48 und 49.

Wegverlauf Kartitscher Sattel – Dorfberg (2115 m) – Folmasihöhe (2113 m) – Spitzenstein.

Gehzeiten Insgesamt 6 Std.; Kartitscher Sattel – Dorfberg 2¼ Std., Dorfberg – Folmasihöhe ¾ Std., Folmasihöhe – Spitzenstein ¾ Std., Abstieg auf dem gleichen Weg 2¼ Std.

Orientierung Leicht, gut bezeichnete Wege.

Einstufung Leicht.

Die Schlüsselstelle am Schleinitz-Klettersteig verlangt einen kräftigen Bizeps.

211 Schleinitz-Klettersteig
Schleinitz, 2904 m

Mittel **A**

Eigentlich sind schon die Neualplseen, zwischen Granitbuckeln in den Karboden unter der Schleinitz getupft, ein lohnendes Ziel, doch spätestens, wenn der lange Grat der vier Sattelköpfe (2697 m) und die zerfurchte Ostflanke der Schleinitz ins Blickfeld kommen, ist klar: hinauf! Das geht bis zum kreuzgeschmückten Östlichen Sattelkopf (2651 m) ganz leicht, verlangt an der Überschreitung zur Trelebitsch-Scharte (2663 m) einen sicheren Tritt, am Aufstieg zur Schleinitz etwas Kletterfertigkeit – oder einen starken Bizeps. Vor allem die kompakte Platte hoch am zerschrundenen Ostgrat ist bloß mit kräftigem Armzug zu meistern. Der Schönheitsfehler ist nur: man kann sie, wie fast alle gesicherten Passagen, leicht umgehen. Wozu also diese »Ferrata«?

Wo? Lienz (672 m) liegt im Drautal an der Mündung der Isel. Über Thurn (885 m) führt eine mautpflichtige Serpentinenstraße hinauf zum Zettersfeld (1812 m), 11,5 km. Die Chalet- und Hotelsiedlung erreicht man auch bequem mit der Zettersfeld-Seilschwebebahn; ein Sessellift führt weiter zum Steinermandl (2213 m).

Ausgangspunkt Knapp unterhalb der Rottmannalm (1894 m). Kleiner Parkplatz neben der Straße (ca. 1860 m).

Wegverlauf Rottmannalm – Schoberköpfl (2281 m) – Neualplschneid – Neualplseen – Sattelköpfe – Trelebitsch-Scharte (2663 m) – Schleinitz – Neualplseen – Schoberköpfl – Rottmannalm.

Gehzeiten Insgesamt 7½ Std.; Rottmannalm – Neualplseen 2 Std., Aufstieg zum Östlichen Sattelkopf ¾ Std., Überschreitung der Sattelköpfe und Aufstieg zur Schleinitz 2¼ Std., Abstieg zu den Neualplseen 1 Std., Neualplseen – Rottmannalm 1½ Std.

Hinweis Benützt man den Sessellift zum Steinermandl, verkürzt sich die Gesamtgehzeit um etwa 1½ Std.

Orientierung Sehr gut markierte Wanderwege; der Klettersteig ist mangelhaft bezeichnet, lediglich ein paar alte blau-weiße Farbkleckse. Die Route umgeht den zweiten Sattelkopf südseitig, die »Köpfe« drei und vier werden überschritten.

Einstufung Mittel, die Schlüsselstelle (kann umgangen werden) schwierig, A. Ungesicherte Stellen I–II, wenig zuverlässiger Fels, viel Geschröf. Keinesfalls gehen, wenn noch Altschnee in den Rinnen liegt.

Schieferberge vor Tauerneis: am Gipfel der Kreuzspitze.

212 Blauspitzgrat

Blauspitze, 2575 m

Mittel

Die Blauspitze ist ein beliebtes Wanderziel mit großem Tauernpanorama, von der Liftstation Glocknerblick bequem erreichbar. Man kann den Gipfel aber auch über den Ostgrat ansteuern: kein Wanderweg, auch kein »normaler« Klettersteig, vielmehr eine mit sogenannten »Thenius-Haken« versehene Route im blockigen Granit. Wer über etwas Kletterfertigkeit verfügt, meistert die Führe problemlos, auch den etwa 12 Meter hohe Grauen Turm, in dem acht solide Haken stecken.

Wo? Kals (1325 m) liegt am Südfuß des Großglockners. Zufahrt von der Felber-Tauern-Route, ab Huben 13 km.

Ausgangspunkt Bergstation des Glocknerblick-Sesselliftes (1970 m).

Wegverlauf Liftstation – »Aussig-Teplitzer-Weg« – Ostgrat – Blauspitze – Weißer Knopf (2593 m) – Hochtor (2477 m) – »Aussig-Teplitzer-Weg« – Liftstation.

Gehzeiten Für die gesamte Runde etwa 3¾ Std.

Orientierung Leicht, gut bezeichnete Wege.

Einstufung Mittel. An der Route nur Sicherungshaken, d. h. man geht als Seilschaft oder verzichtet weitgehend auf Selbstsicherung (keine Drahtseile).

213 Vordere Kendlspitze, gesicherter Steig

Vordere Kendlspitze, 3088 m

Leicht

Ein Dreitausender in den Hohen Tauern mit Aussicht auf einige der höchsten Gipfel Österreichs, dazu ein gesicherter Anstieg: genug für einen Bergtag. Die Hälfte des Anstiegs kann man luftig am Liftseil zurücklegen, auf den letzten 250 Höhenmetern zum eigenwillig gestalteten Gipfelkreuz helfen ebenfalls Drahtseile, dazu ein paar »Thenius-Haken«. Dazwischen liegt eine aussichtsreiche Höhenwanderung, links bzw. rechts um den Weißen Knopf (2593 m) und die Blauspitze (2575 m) herum ins Hochtor und zum Fuß des Tschadinhörndl.

Wo? Matrei (975 m) liegt an der Felber-Tauern-Route, etwa auf halber Strecke zwischen dem Scheiteltunnel und Lienz im Iseltal, Kals (1325 m) erreicht man über eine gut ausgebaute Straße, die in Huben von der Felber-Tauern-Route abzweigt.

Ausgangspunkte Bergstation der beiden von Matrei bzw. Kals ausgehenden Sessellifte Goldried (2150 m) und Glocknerblick (1970 m).

Wegverlauf Goldried – Kals-Matreier-Törl (2207 m) – Hochtor (2477 m) – Tschadinhörndl – Südgratsteig – Vordere Kendlspitze – »Saazerweg« – Dürrenfeldscharte (2823 m) – Hochtor (2477 m) – Kals-Matreier-Törl – Goldried.

Gehzeiten Insgesamt 8 Std.; Goldried – Hochtor 2½ Std., Hochtor – Vordere Kendlspitze 2¼ Std., Abstieg 3¼ Std.

Hinweis Von der Bergstation des Glocknerblick-Sessellifts (1970 m) aus muß man mit einer Gesamtgehzeit von etwa 6½ Std. rechnen; Aufstieg 3¾ Std.

Hütte Kals-Matreier-Törlhaus (2207 m).

Orientierung Leicht, die Wege sind bestens bezeichnet.

Einstufung Leicht, auch am »Saazerweg« (Abstieg) kurze, mit Drahtseilen gesicherte Passagen.

214 Rote-Saile-Klettersteig
Rote Saile, 2822 m

Schwierig

Ein Felserlebnis der besonderen Art bietet die gesicherte Route an der Roten Saile: Kein griffiger Kalk, auch keine blockigen Granitklötze bauen den steilen Grat auf, sondern Glimmerschiefer, der im frischen Bruch bleigrau erscheint, dann gelb oder rötlich-braun verwittert, oft mit (erzführenden) Ganggesteinen durchsetzt ist. Typisch für diese Schiefer sind mächtige, blanke Plattenschüsse, in Tirol »Bratschen« genannt. Eine absolut glatte, etwa 15 Meter hohe Platte ist denn auch »Pièce de résistance« der Route; eine solide Leiter hilft über die Vertikale hinweg. Im weiteren Verlauf hat man bloß noch das fix verankerte Drahtseil, das über den steilen, rundgeschliffenen Fels leitet. Selbstsicherung ist hier absolut unerläßlich, zumal das Gestein ziemlich bröselig, die Ausgesetztheit an einigen Stellen leicht atemberaubend ist.

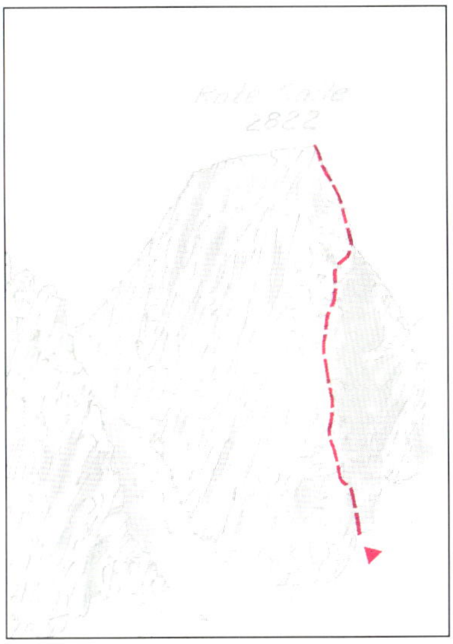

An der senkrechten Leiter des Rote-Saile-Klettersteigs.

Wo? Ins Virgental kommt man von Matrei auf guter Straße, 16 km bis Prägraten.
Ausgangspunkt Bichl (1495 m), Ortsteil von Prägraten (Zufahrt knapp 2 km).
Wegverlauf Bichl – Sajathütte (2570 m) – Rote-Saile-Klettersteig – Abstieg auf markiertem Weg – Sajathütte – Bichl.
Gehzeiten Insgesamt 6½ Std.; Bichl – Sajathütte 3 Std., Rote-Saile-Klettersteig 1 Std., Abstieg zur Hütte ½ Std., weiter ins Tal 2 Std.
Orientierung Leicht, die Wege sind gut markiert, der Einstieg zum Klettersteig (links) am Eingang ins Sajat-Hochkar nicht zu übersehen.
Einstufung Schwierig.

215 Kreuzspitze, gesicherter Steig
Kreuzspitze, 3164 m

Leicht

Wo? Ins Virgental kommt man von Matrei auf guter Straße, 16 km bis Prägraten.
Ausgangspunkt Bichl (1495 m), Ortsteil von Prägraten (Zufahrt knapp 2 km).
Wegverlauf Bichl – Sajathütte (2570 m) – Kreuzspitze.
Gehzeiten Insgesamt 7¾ Std.; Bichl – Sajathütte 3 Std., Sajathütte – Kreuzspitze 2 Std., Abstieg auf dem gleichen Weg 2¾ Std.
Hütte Sajathütte (2570 m).
Orientierung Leicht; die Wege sind gut markiert.
Einstufung Leicht.

Das Steiglein auf die Kreuzspitze hält keinen Vergleich aus mit der luftig-verwegenen Ferrata am Ostgrat der Roten Saile; es ist mehr (gesicherter) Wanderweg. Dafür bietet der Gipfel das große Tauernpanorama, freie Sicht auf den Hauptkamm inklusive. Die Felsbarriere zwischen Karwinkel und Grat überwindet man auf komoden Bändern, die zudem mit Drahtseilen versehen sind. Wer in der gemütlichen, auch architektonisch ansprechenden Sajathütte übernachtet, kann den leichten Steig an der Kreuzspitze mit der steilen Route an der Roten Saile verbinden. Das geht zwar als Tagestour vom Tal aus auch, ist dann aber ein rechter »Schinder« (2000 Höhenmeter).

Karnische Alpen

Die Karnischen Alpen liegen halt »hinter den sieben Bergen«, zumindest aus unserer Perspektive. Den Venezianern sind sie alpine Nachbarschaft, ideal für Wochenendtouren – ganz wie das Karwendel für die Münchner. Und noch eine Parallele gibt es: das Gestein, heller Kalk über grünen Tälern. Die sind allerdings wilder, oft fast unzugänglich, die Gipfel zwar nicht höher, aber abweisend schroff, und bevor man endlich zum Fels kommt, ist in der Regel harte Arbeit erforderlich: Unterholz, verstraucht und kratzig, mächtige Schuttreißen, typisch für die Karnischen Berge.

Das mindert den Reiz dieser südlichen Gebirgsregion, die sich über rund 3500 Quadratkilometer zwischen den Dolomiten und den Julischen Alpen im Osten erstreckt, aus der Sicht jener Bergsteiger, die vor allem kurze Zustiege und rasche Gipfelerfolge suchen – für Naturfreunde ist die Càrnia ein Paradies: Da kann man (mitten in den Alpen) auf Entdeckungsreise gehen. Wer kennt schon einen Zuc dal Bôr, wer war in den »Pesariner Dolomiten«, hat die Schluchten der Cellina besucht, ist dem Monte Pramaggiore aufs Haupt gestiegen? Und was ist mit den Klettersteigen der Gegend, immmerhin etwa 40 an der Zahl? Manche sind zwar eher kurz, bei anderen handelt es sich um restaurierte Kriegssteige, einige sind ganz neu (und sehr anspruchsvoll), doch eines haben sie alle gemeinsam: den großen Landschaftsrahmen. Die Càrnia – terra incognita?

Karten und Führer

An Führerliteratur gibt es (in italienischer Sprache) einiges; vor allem bei »Tamari« sind Führer über mehrere Regionen der Karnischen Alpen in der Reihe »Itinerari

Meine Favoriten

- »Sentiero attrezzato D'Ambros Corrado« – ein romantischer Weg (217)
- »Klabautersteig« – Wasserspiele (231)
- »Via ferrata dei Cinquanta« – der Dolomitensteig in der Càrnia (245)
- »Percorso Osvaldo Zandonella« – weit, mühsam, eisenarm, großartig (251)

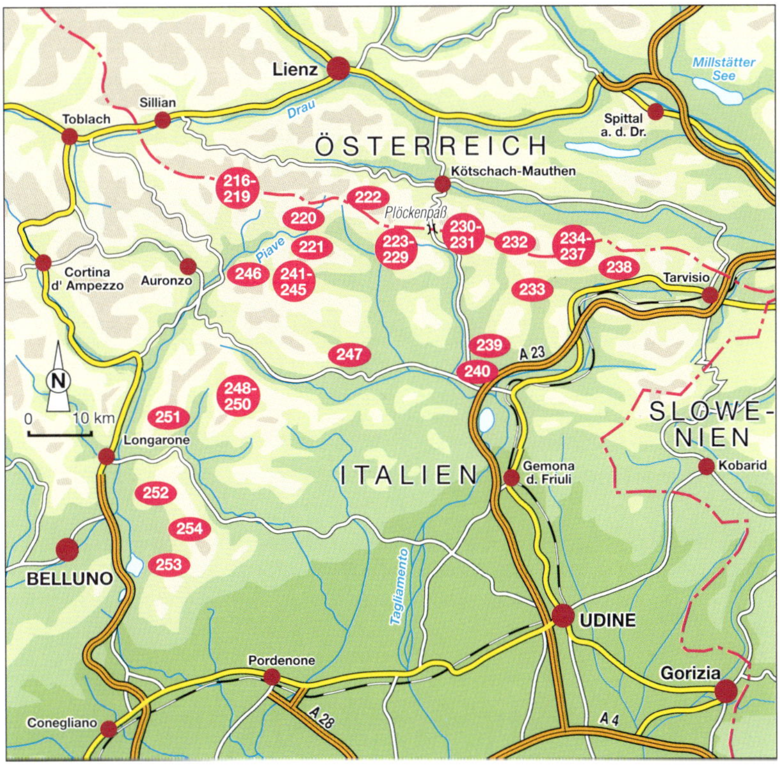

Rauhes, unbekanntes Bergland: die Càrnia. Am ersten (leichten) Abschnitt der »Ferrata dei Cinquanta«.

Alpini« erschienen. Die Klettersteige am Karnischen Hauptkamm finden sich im Klettersteigführer »Julische und Steiner Alpen mit Karawanken und Karnischem Hauptkamm« von Hanns Heindl, im Bergverlag Rother, München.
Sehr gute, auch aktuelle Landkarten im Maßstab 1:25 000 bietet »Tabacco«: Blätter 01, 02, 09, 012, 013, 018, 021. Vor Ort überall erhältlich.

Eine Buchempfehlung

»Pianeta Rifugio«, erschienen bei Tamari Montagna Edizioni 1995 in der Reihe »Itinerari Alpini«. Der »Planet Hütte« bietet eine Fülle von Informationen und Anregungen, von kulinarischen Tips bis zu Tourenbeschreibungen. Auch für Leute, die nie über den Italienisch-Grundkurs hinausgekommen sind, durchaus nützlich.

Ganz neu, ganz groß: die »Ferrata dei Cinquanta«.

216 Große Kinigat, gesicherte Steige

Große Kinigat/Monte Cavallino, 2689 m

Leicht

Ganz im Westen des Karnischen Hauptkamms, den Sextener Dolomiten bereits recht nah (Aussicht!), stehen Königswand (2686 m), Große und Kleine Kinigat. Den schönsten Anblick bietet die Königswand von Osten, ein elegantes Felsdreieck über dem Filmoor. Die beiden ehemaligen, von den »Dolomitenfreunden« rekonstruierten und gesicherten Kriegswege tangieren diesen Gipfel aber nicht; sie führen von Westen bzw. Süden auf die Große Kinigat. Während der Gratweg vom »Sandigen Boden« herauf für leichtes Ferrata-Feeling sorgt, wartet der (meist im Abstieg begangene) Südweg lediglich mit ein paar (ziemlich verlotterten) Drahtseilen auf, die Stand und Halt auf dem mächtigen Diagonalband garantieren soll(t)en. Wer sein Augenmerk mehr aufs Eisen als auf die Landschaft richtet, wird eher enttäuscht sein. Es empfiehlt sich deshalb, die Kinigat-Besteigung mit einer Überschreitung des Cresta della Pitturina (siehe 217) zu verbinden. Ausdauernde können auch noch die Porze mitnehmen (siehe 218/219).

Wo? Zum Kartitscher Sattel (1526 m) kommt man von Sillian bzw. von Kötschach-Mauthen über die (sehr kurvenreiche) B 111, 11 bzw. 47 km.
Ausgangspunkte/Zugang Am besten durch eines der Karnischen Nordtäler im Bereich des Kartitscher Sattels (Winkler-, Erschbaumer, Schön- oder Leitnertal). Recht holprige Güterwege, jeweils auf ein paar Kilometer befahrbar; markierte Anstiege zum Grenzkamm, 2 bis 2½ Std.
Wegverlauf Schöntal – Standschützenhütte (2350 m) – Filmoorsattel (2453 m) – Grenzweg, Mark. 160 – »Sandiger Boden« (2515 m) – Westgratsteig – Große Kinigat – Südabstieg – Filmoorsattel – Schöntal.
Gehzeiten Insgesamt 6 Std.; Aufstieg 3¾ Std., Abstieg 2¼ Std.
Tip Kombinationsmöglichkeit mit »Sentiero attrezzato D'Ambros Corrado«, siehe 217.
Orientierung Problemlos, ordentlich bezeichnete Wege.
Hütte Standschützenhütte (2350 m) im Filmoor.
Einstufung Leicht.

217 Sentiero attrezzato D'Ambros Corrado

Cresta della Pitturina/Filmoorhöhe, 2457 m

Leicht

Gipfelstürmer entdecken zwischen Kinigat und Porze am Karnischen Hauptkamm kaum ein lohnendes Ziel; dafür gibt es aber eine hübsche gesicherte Route, den »Sentiero attrezzato D'Ambros Cor- ➡

Wo? Obertilliach (1450 m) liegt am Oberlauf der Gail, erreichbar von Sillian via Kartitscher Sattel bzw. von Kötschach-Mauthen durch das Lesachtal, 18 bzw. 40 km. In das hier von Süden mündende Obertilliacher Tal führt eine kleine Straße.
Ausgangspunkt Beim Klapfweiher (ca. 1700 m), 7 km von Obertilliach. Weiterfahrt zur Porzehütte nur an Wochenenden gestattet.
Wegverlauf Klapfweiher – Porzescharte (2362 m) – »Sentiero attrezzato D'Ambros Corrado« – Filmoorsattel (2453 m) – Standschützenhütte – Heretriegel (2170 m) – Klapfweiher.

➡

Eine Gratroute mit wenig Eisen, aber viel Aussicht: der »Sentiero Corrado«. Blick zur Königswand.

➡ rado«. Er folgt dem Grat von der Filmoorscharte östlich bis zum Wildkarleck/Cima Vallona (2532 m), wenig schwierig, gut gesichert. Und neben Ausblicken, die westlich bis zu den Dolomiten gehen, südlich im Gipfelgewirr der Cárnia hängenbleiben, gibt es ein paar recht originelle Passagen. So entsteigt man etwa an der Filmoorhöhe aus einem alten, steil ansteigenden Kriegsstollen direkt auf den Grat.

➡

Gehzeiten Insgesamt 5¾ Std.; Klapfweiher – Porzescharte 2 Std., Porzescharte – »Sentiero Corrado« – Filmoorsattel 2 Std., Rückweg über den Heretriegel 1¾ Std.

Hinweis Markierter Notabstieg vom Gratsteig nördlich zum Oberen Stuckensee (2036 m). Kombinationsmöglichkeiten mit den Steigen an der Kinigat und an der Porze, siehe Touren 216, 218 und 219.

Hütten Porzehütte (1942 m) unterhalb vom Tilliacher Joch; Standschützenhütte (2350 m) im Filmoor. Bivacco Piva (2216 m) am Südgrat des Wildkarlecks (Costone delle Mandrette).

Orientierung Problemlos, durchweg gut markierte Wege, AV-Nummern 461, 403.

Einstufung Leicht, einige etwas luftige Gratpassagen.

218 Via dei Camosci
219 Austriaweg
Porze/Cima Palombino, 2599 m

Leicht

Sie hat zwei Gesichter, die Porze. Von Süden gibt sie sich eher unauffällig, wenig Fels, steile Grashänge, dafür dominiert ihre Nordwand, immerhin 300 Meter hoch und fast einen Kilometer breit, das Obertilliacher Tal: ideales Gelände für gesicherte Routen. Davon gibt es hier gleich zwei, beide aus dem Ersten Weltkrieg stammend, in jüngster Zeit restauriert. Die eine führt aus dem obersten Val Dignas über ein breites Gamsband (»Via dei Camosci«) und leichte Felsen auf den Ostgrat der Porze; Bändern folgt auch der ➡

Über das »Gamsband« kommt man vom Tilliacher Joch leicht auf die Porze.

Wo? Obertilliach (1450 m) liegt am Oberlauf der Gail, erreichbar von Sillian via Kartitscher Sattel bzw. von Kötschach-Mauthen durch das Lesachtal, 18 bzw. 40 km. In das hier von Süden mündende Obertilliacher Tal führt eine kleine Straße.

Ausgangspunkt Beim Klapfweiher (ca. 1700 m), 7 km von Obertilliach. Weiterfahrt zur Porzehütte nur an Wochenenden gestattet.

Wegverlauf Klapfweiher – Porzehütte (1942 m) – Tilliacher Joch (2094 m) – »Via dei Camosci« – Porze – »Austriaweg« – Porzescharte – Klapfweiher.

➡

➡ »Austriaweg« aus der gleichnamigen Scharte hinauf zum Westgrat. Daraus resultiert eine hübsche Runde, zwar nicht das ganz große »eiserne« Erlebnis, doch mit viel Aussicht und üppigem Blumenschmuck am Weg. Mit etwas Glück kann man rund um die Porzescharte Murmeltiere beim Herumtollen beobachten. Und in der Porzehütte gibt's erst noch eine ordentliche Brotzeit – wenn das nicht ausreicht für einen Tag im Gebirge ...

➡

Gehzeiten Insgesamt 4¾ Std.; Klapfweiher – Tilliacher Joch 1¼ Std., Tilliacher Joch – »Via dei Camosci« – Porze 1¾ Std., »Austriaweg« ½ Std., Porzescharte – Klapfweiher 1¼ Std.

Hinweis Mit Ausgangspunkt Porzehütte verkürzt sich die Gesamtgehzeit auf etwa 3¾ Std.

Tip Kombinationsmöglichkeit mit dem »Sentiero attrezzato D'Ambros Corrado«, siehe Tour 217.

Hütte Porzehütte (1942 m) unter dem Tilliacher Joch.

Orientierung Problemlos, die Wege sind erst jüngst vom Wirt der Porzehütte neu markiert worden, AV-Nummern 459, 461.

Einstufung »Via dei Camosci« und »Austriaweg«: leicht, bestens gesichert.

220 Via ferrata Sartor

Hochweißstein/Monte Peralba, 2694 m

Leicht

Der Hochweißstein ist vor allem ein Aussichts- und Kletterberg; vom Gipfel genießt man ein großes Panorama, und im festen Fels der Südseite stecken viele Haken. Noch mehr Eisen entdeckt man im Ostteil der Wand: die »Ferrata Sartor«, ein gesicherter Aufstieg, wenig schwierig, aber als Kernstück einer Überschreitung sehr lohnend. Die kann man hüben (im Kärntner Frohntal) oder drüben (im Val di Sesis) beginnen. Kürzer ist der Zugang von Süden, was den Vorteil hat, daß man die »Ferrata Monte Chiadenis« gleich noch anhängen kann: zwei Klettersteige an einem Tag!

Wo? St. Lorenzen (1128 m) liegt im Lesachtal, 23 km von Kötschach-Mauthen auf der B 111. Gleich hinter der Brücke über den Radegundebach zweigt die Zufahrt in das zum Karnischen Hauptkamm ansteigende Frohntal ab.
Sappada (Bladen, 1218 m), einst deutsche Enklave am Oberlauf des Piave, ist heute ein vielbesuchter Ferienort, 48 km von Innichen via Kreuzbergsattel und Santo Stefano di Cadore. Im Ortsteil Cima Sappada (1298 m) zweigt die Zufahrt nach Norden ins Val di Sesis ab.

Ausgangspunkte Im Frohntal kann man über die Abzweigung nach Frohn hinaus bis zu einem kleinen Parkplatz (ca. 1605 m) vor der Ingridhütte (1646 m) fahren. Die letzten 3 km sind allerdings sehr rauh, nicht gerade das Richtige für die Familienlimousine.
Das Asphaltsträßchen ins Val di Sesis endet beim Rif. Sorgenti del Piave (1830 m), 9 km ab Cima Sappada. Knapp 1 km vorher Parkplatz (1815 m) an der Abzweigung des Hüttenweges (Schotterpiste) zum Rif. Calvi.

Wegverlauf Frohntal – Hochalpljoch (2280 m) – Passo Sesis (Bladner Joch, 2312 m) – »Ferrata Sartor« – Hochweißstein – Abstieg über den Nordostrücken – Hochalpljoch – Frohntal.
Val di Sesis – Rif. Calvi (2164 m) – »Ferrata Sartor« – Hochweißstein – Hochalpljoch – Passo di Sesis (Bladner Joch, 2312 m) – Rif. Calvi – Val di Sesis.

Gehzeiten Frohntal – Passo di Sesis 2½ Std., »Ferrata Sartor« – Hochweißstein 1½ Std., Abstieg ins Hochalpljoch 1 Std., Hochalpljoch – Frohntal 1 Std.; insgesamt 6 Std.
Val di Sesis – Rif. Calvi 1 Std., »Ferrata Sartor« 1¾ Std., Abstieg zum Hochalpljoch 1 Std., Hochalpljoch – Val di Sesis 1½ Std.; insgesamt 5¼ Std.

Hütte Hochweißsteinhaus (1867 m) am Weg zum Hochalpljoch, Rif. Calvi (2164 m) unter der Südostwand des Hochweißsteins.

Orientierung Gut markierte Wege, AV-Nummer 448, CAI-Nummer 132.

Einstufung Leicht, Steinschlag durch Voraussteigende möglich (Helm!).
Im Frühsommer am Abstiegsweg oft harter Altschnee.

221 Via ferrata Monte Chiadenis

Monte Chiadenis, 2459 m

Schwierig

Als steiler Zahn steht der Monte Chiadenis über den Quellen des Piave: ein Kletterberg par excellence. Doch nicht alle, die in seinen Flanken herumturnen, sind auch »richtige« Steilwandartisten; manche halten sich ans Fixseil der Ferrata. Die führt zwar nicht ganz auf den (Süd-)Gipfel, bietet aber dennoch ein veritables Felserlebnis. Teilweise folgt die abwechslungsreiche Route alten Kriegssteigen, hoch in ➡

Ganz schön eng! Passage am Chiadenis-Klettersteig.

Wo? Sappada (Bladen, 1218 m), einst deutsche Enklave am Oberlauf des Piave, ist heute ein vielbesuchter Ferienort, 48 km von Innichen via Kreuzbergsattel und Santo Stefano di Cadore. Im Ortsteil Cima Sappada (1298 m) zweigt die Zufahrt nach Norden ins Val di Sesis ab.

Ausgangspunkt Das Asphaltsträßchen ins Val di Sesis endet beim Rif. Sorgenti del Piave (1830 m), 9 km von Cima Sappada. Knapp 1 km vorher Parkplatz (1815 m) an der Abzweigung des Hüttenweges (Schotterpiste) zum Rif. Calvi.

➡

der Ostwand und im Abstieg durch eine Steilrinne. Da tut man dann gut daran, einen Helm aufzusetzen: Manche Klettersteigler können einfach nicht sauber gehen, müssen immer etwas »abräumen«. Und in dem Canalone gibt's für Steine nur eine Richtung – also Vorsicht! Leichter und auch nicht steinschlaggefährdet ist der Aufstieg vom Rifugio Calvi, dafür scheint der Berg Blitz und Donner anzuziehen wie ein Zwetschgendatschi die Wespen. Oder wie soll man es sich sonst erklären, daß die Erbauer der »Ferrata« ins durchlaufende Drahtseil gleich einen Bakelit-Isolator eingebaut haben, der einer Hochspannungsleitung alle Ehre machen würde?

Wegverlauf Val Sesis – Rif. Calvi (2164 m) – »Ferrata Monte Chiadenis« – Passo di Sesis (2312 m) – Rif. Calvi – Val Sesis.

Gehzeiten Insgesamt 4¼ Std.; Val Sesis – Rif. Calvi 1 Std., »Ferrata Chiadenis« – Passo di Sesis 2¼ Std., Abstieg ins Val di Sesis 1 Std.

Hinweis Will man die schwierigsten Passagen lieber im Aufstieg begehen, empfiehlt sich Gegenuhrzeigerrichtung: hinauf zum Passo di Sesis, dann auf Pfadspuren unter dem Felsfuß hindurch zum ostseitigen Einstieg.

Tip Man kann die Tour auch vom (Kärntner) Frohntal aus machen, siehe »Ferrata Sartor«.

Hütte Rif. Calvi (2164 m) unter der Südostwand des Hochweißsteins.

Orientierung Leicht; bei Nebel ist der Weg vom Ausstieg hinüber zum Passo di Sesis nicht ganz leicht zu finden, AV-Nummer 132.

Einstufung Aufstieg vom Rif. Calvi mittel, Abstieg schwierig (Ketten, ein paar Haken).

222 Raudenspitz, gesicherter Steig

Raudenspitz/Monte Fleons, 2507 m

Leicht

Was für ein Kontrast: hier heller Riffkalk, dort dunkle Schiefer. Nicht ungewöhnlich für die Karnischen Alpen, die ohnehin aus den verschiedensten Gesteinen zusammengewürfelt sind. Besonders augenfällig wird das beim Anstieg vom Öfner Joch zum Raudenspitz; der Kamm besteht aus fast schwarzen Schiefern des Devon, doch rundum treten immer mehr bleiche Kalkzacken ins Bild, das sich am Gipfel zu einem großen Panorama verbindet. Und wer zum ersten Mal eine Bergtour im Karnischen Hauptkamm unternimmt, wird nicht schlecht staunen, was sich alles »dahinter« verbirgt: Gipfel ohne Zahl, für die meisten aber auch ohne Namen – die Cárnia.

Die Überschreitung der Raudenspitze, auf kürzeren Abschnitten gesichert, ist reines Vergnügen, für Geübte eher ein alpiner Spaziergang. Einziger Schönheitsfehler: Nach dem Abstieg ins Obergailtal wartet auf jene, die zum Ausgangspunkt im Frohntal zurück müssen, der Schinder über die Schreibachhöhe (ca. 2070 m), erst einmal elend steil, im Abstieg ebenfalls wenig bequem mit Querungen in steilen Grashängen. Glücklich, wer im Obergailtal abgeholt wird …

Ruck, zuck! Der letzte, steile Aufschwung vor dem Gipfel der Raudenspitze.

Wo? St. Lorenzen (1128 m) liegt im Leschatal, 23 km von Kötschach-Mauthen auf der B 111. Gleich hinter der Brücke über den Radegundebach zweigt die Zufahrt in das zum Karnischen Hauptkamm ansteigende Frohntal ab.

Ausgangspunkt Im Frohntal kann man über die Abzweigung nach Frohn hinaus bis zu einem kleinen Parkplatz (ca. 1605 m) vor der Ingridhütte (1646 m) fahren. Es empfiehlt sich, das Fahrzeug unterhalb der Zollhütte abzustellen (ca. 1570 m; kleiner Parkplatz).

Wegverlauf Frohntal – Hochweißsteinhaus (1867 m) – Öfner Joch (2011 m) – Raudenspitz – Schönjöchl – Obergailtal (ca. 1750 m) – Schreibachhöhe – Frohntal.

Gehzeiten Insgesamt 6½ Std.; Frohntal – Öfner Joch 1¼ Std., Öfner Joch – Raudenspitz 1¾ Std., Raudenspitz – Obergailtal 1¼ Std., Rückweg über die Schreibachhöhe 2¼ Std.

Hütte Hochweißsteinhaus (1867 m) im innersten Frohntal.

Orientierung Weg über den Raudenspitz sehr gut markiert. Beim Abstieg ins Obergailtal heißt es aufpassen, daß man die Abzweigung hinauf zur Schreibachhöhe nicht verpaßt (ca. 1750 m; Brunnen). AV-Nummern 448, 445, 403.

Einstufung Leicht, im Auf- und Abstieg ein paar gesicherte Passagen (Drahtseile).

223 Gratsteig Edigon – Letterspitzl

Edigon, 2511 m; Steinwand, 2520 m; Letterspitzl, 2463 m

Mittel

Weg und Steg gab's hier früher schon, doch die stammten aus einer Zeit, an die man sich weniger gerne erinnert: die Kriegsjahre 1915–17. Die Front verlief über den Karnischen Kamm, beiderseits wurde gegraben, befestigt. Noch heute, drei Generationen später, sind die Spuren unübersehbar, auch am neuen Höhenweg, der die Raudenscharte (Schönjöchl, 2295 m) mit dem Obergailjoch (2216 m) verbindet. Er folgt dem mehrgipfligen Grat, gelegentlich in die Nord- oder Südflanke ausweichend, ein Auf und Ab vor großer Kulisse, nicht üppig, aber doch ausreichend gesichert und auch markiert. Und wer im Hochweißsteinhaus (1867 m) übernachtet, kann die Aussichtstour um die Überschreitung des Raudenspitz (siehe 222) verlängern und anschließend in die Wolaye weiterwandern: noch mehr Klettersteige, an der Hohen Warte und rund um den Plöckenpaß.

Wo? Liesing (1044 m) und Klebas sind zwei kleine Ortschaften im Kärntner Lesachtal, 20 bzw. 21 km von Kötschach-Mauthen. Gleich hinter den Häusern von Klebas zweigt links ein kurvenreiches Sträßchen nach Obergail (1094 m) ab; es setzt sich in das zum Karnischen Hauptkamm ansteigende Tal des Obergailbachs fort.

Ausgangspunkt Obergail (1094 m), Parkmöglichkeit beim »Mühlenstüberl«, ca. 3 km von der B111.

Wegverlauf Obergail – Obergailalm (1426 m) – Raudenscharte – Gratsteig über Edigon zum Letterspitzl – Obergailjoch (2216 m) – Obergailalm – Obergail.

Gehzeiten Insgesamt 9¼ Std.; Obergail – Obergailalm 1 Std., Obergailalm – Raudenscharte 2½ Std., Raudenscharte – Obergailjoch 3½ Std., Obergailjoch – Obergailalm 1½ Std., Obergailalm – Obergail ¾ Std.

Hütte Letterspitz-Biwak (2080 m), östlich unterhalb des Letterspitzls am »Karnischen Höhenweg«, stets zugänglich.

Hinweis Kombination mit Raudenspitz-Überschreitung; siehe 222.

Orientierung Wenig schwierig. Aufstieg zur Raudenscharte rot-weiß markiert, am Klettersteig rot-gelbe Markierungen, Abstieg auf einem Teilstück des »Karnischen Höhenwegs«.

Einstufung Mittel, Schlüsselstelle schwierig (trittarme Passage an einer Scharte). Am Letterspitzl einige leichte (ungesicherte) Kraxelstellen.

224 Prusiksteig

Austriascharte/Tacca di Sasso Nero, ca. 2350 m

z. Zt. nicht begehbar

Finden muß man ihn erst einmal, den Weg hinauf in die Scharte mit dem großen Namen. Und zur Zeit lohnt sich die Sucherei nicht, da der Steig seit einigen Jahren im mittleren Abschnitt durch einen Felssturz zerstört ist. Wiederherstellung geplant, aber noch nicht realisiert. Schade, denn der »Prusiksteig« eröffnet die Möglichkeit, einen schönen Gipfel des Biegengebirges, den Wolayer Kopf/Monte Wolaia (2470 m), aus der Wolaye zu besteigen. Der Zugang erfolgt über den breiten, vom Österreichischen Bundesheer erbauten Versorgungsweg der Pichlhütte. Ist man auf dem flachen Boden der Oberen Wolayer Alm angekommen, heißt es: Augen auf! Denn sonst übersieht man das kleine Schildchen, gut 50 Meter vom breiten Weg an einen Baum genagelt, garantiert. Links dahinter entdeckt man die erste rot-weiße Markierung. Der Aufstieg führt in das Kar unter der Austriascharte, dann über Geröll zum Felsfuß. Den Vorbau muß man ohne Sicherungen meistern (Stellen I–II); ab 2220 Meter wird's dann eisenhaltig: über leichte Felsen, ein markantes Band und durch eine steile Verschneidung in die Grenzscharte, wo der italienische (Wander-)Weg heraufkommt. Zum Gipfel hat man dann noch etwa eine halbe Stunde (Kriegssteig).

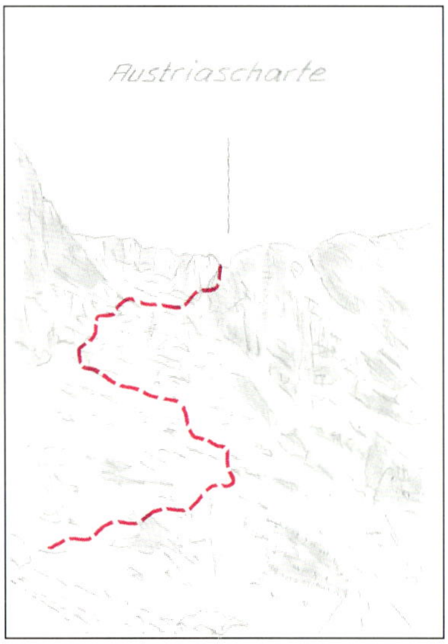

Wo? Birnbaum liegt im Kärntner Lesachtal, 14 km von Kötschach-Mauthen auf der B111. Hinter dem Ort zweigt das schmale Serpentinensträßchen nach Nostra (1038 m) ab; es setzt sich ungeteert und recht rauh ins Wolayer Tal fort.

Ausgangspunkt Bei der Hubertuskapelle (1114 m) oder an der Unteren Wolayer Alm (1218 m) auf zuletzt schlechter Piste, 9 km ab Birnbaum. Parkplatz.

Wegverlauf Untere Wolayer Alm – Obere Wolayer Alm – Austriascharte – Wolayer Kopf.

Gehzeiten Insgesamt 6½ Std.; Untere Wolayer Alm – Obere Wolayer Alm 1½ Std., Obere Wolayer Alm – Austriascharte 2 Std., Weiterweg zum Wolayer Kopf ½ Std., Abstieg auf dem gleichen Weg 2½ Std.

Hütte Eduard-Pichl-Hütte (1967 m) am Wolayer See.

Orientierung Abzweigung des Weges auf der Oberen Wolayer Alm schwer zu finden, Markierungen im oberen Teil des Steigs z. Zt. mangelhaft. AV-Nummer 437.

Einstufung Steig war im Sommer 1995 nicht begehbar, soll aber 1996 gerichtet werden.

Die guten Tips für Kötschach-Mauthen

Kötschach-Mauthen (705 m) liegt im Oberen Gailtal, nahe der italienischen Grenze.

Anreise Mit der Bahn über Villach–Hermagor, mit dem Auto über die Tauernautobahn oder (meistens günstiger) über die Felbertauernstraße nach Lienz und weiter über den Gailbergsattel (981 m).

Infos Fremdenverkehrsverein, Postfach 30, A-9640 Kötschach-Mauthen; Tel. (04715) 8516, Fax 851331.

Unterkunft Gut und preiswert untergebracht ist man im Gasthaus »Zebedin« in Würmlach; Tel. (04715) 443. Für Bergsteiger gibt's ab 6 Uhr Frühstück.
Echte Abenteuer offeriert das Hotel »Post« in Kötschach, auch für Familien (Indianerdorf, Rafting, Bergsteigen usw.), Tel. (04715) 2210, Fax 22253.

Essen und Trinken Falls es im Urlaub etwas zu feiern gibt; bei Sissy Sonnleitner im Restaurant »Kellerwand« wird Spitzenküche geboten – Kreditkarte nicht vergessen! Tischreservierung Tel. (04715) 269.

Sehenswert Die spätgotische Pfarrkirche in Kötschach (1518–1527). Museum 1915–18 im Rathaus, geöffnet Mitte Mai bis Mitte Oktober, Mo.–Fr. 10–13, 15–18 Uhr, Sa., So. 14–18 Uhr.

Busverbindungen In die Täler und Ortschaften der Umgebung; Abfahrt beim Bahnhof und am Hauptplatz in Kötschach.

Bergrettung Ortsstelle, Tel. (04715) 8543, oder Gendarmerie, Tel. (04715) 233.

Wetter Tel. (0512) 1567.

Radl-Verleih: Fahrradgeschäft Ertl in Würmlach; Tel. (04715) 341.

Landkarten Am besten fährt man mit den Karten des Bundesamtes für Eich- und Vermessungswesen, 1:50000 (oder den Vergrößerungen 1:25000), Blätter 196, 197, 198. Daneben gibt es auch die 50000er von Freytag & Berndt.

225 Hohe Warte, Nordwandsteig
226 Sentiero Spinotti

Hohe Warte/Monte Coglians, 2780 m

Mittel **A**

Drunten im Tal, bei den Einheimischen, genießt die Nordwand der Hohen Warte keinen allzu guten Ruf. Das mag daran liegen, daß die Bergwacht immer mal wieder ausrücken muß, weil Touristen in der mächtigen Felsflanke nicht vor und nicht zurück wissen. Denn was bei guten äußeren Bedingungen für Erfahrene ein ebenso genußvolles wie problemloses Unterfangen bildet, wird bei einem Wettersturz schnell zum gefahrvollen Abenteuer. Dazu kommt die Länge der Tour (bzw. des Zustiegs), die weniger Trainierte bald einmal an ihr persönliches Limit führt. Warum nicht in der gemütlichen Pichlhütte übernachten und anderntags früh zum Klettersteig starten: statt fast drei nur eine halbe Stunde zum Einstieg?
Der mittlerweile schon recht betagte Steig läuft über die mächtige Geröllterrasse in der Wandmitte, die, nach steilem Zustieg, von links nach rechts gequert wird. Mit Hilfe von Drahtseilen kommt man auf den Westgrat und über ihn zum Gipfel. Beim Abstieg wandelt (treffender: rutscht) man auf den Spuren der Erstbesteiger (Paul Grohmann, 1865) südseitig zu Tal. Dafür gibt's dann am »Sentiero Spinotti« nochmals solides Eisen, eine kurze Kraxelei unterhalb des Costone Stella, ehe am Wolayer Törl die Pichlhütte mit ihrem See wieder ins Blickfeld kommt. Dann heißt es: hinab oder hinauf. Wer auf der Unteren Wolayer Alm gestartet ist, kann's gemütlich auslaufen lassen, für die anderen wartet erst noch die gut halbstündige Gegensteigung zum Valentintörl (2138 m), ehe es endgültig bergab geht.

Wo? Der Plöckenpaß/Passo di Monte Croce Carnico (1357 m) verbindet das Kärntner Gailtal mit dem Tal des But, 14 km von Kötschach-Mauthen, 33 km von Tolmezzo.
Von der Nordrampe Zufahrt zur Unteren Valentinalm (1218 m), knapp 2 km.

Ausgangspunkte Untere Valentinalm; man kann die Tour auch vom Wolayer Tal aus machen, siehe 224.

Wegverlauf Untere Valentinalm – Valentintörl – Nordwandsteig – Hohe Warte – Abstieg über den südseitigen Normalweg – »Sentiero Spinotti« – Wolayer Törl – Valentintörl – Untere Valentinalm.

Gehzeiten Insgesamt 9½ Std.; Untere Valentinalm – Valentintörl 2½ Std., Nordwandsteig 2½ Std., Abstieg über die Südseite und den »Sentiero Spinotti« 2½ Std., Pichlhütte – Valentintörl – Untere Valentinalm 2 Std.
Mit Ausgangspunkt auf der Unteren Wolayer Alm beläuft sich die Gesamtgehzeit auf etwa 9 Std.

Hütte Eduard-Pichl-Hütte (1967 m) am Wolayer See.

Orientierung Ordentlich markierte Wege, AV-Nummer 403, CAI-Nummern 143, 145.

Einstufung Mittel, A.

Nicht zu unterschätzen: die schattige Nordwand der Hohen Warte.

227 Kollinkofel, gesicherter Kriegssteig

Kollinkofel/Creta di Collina, 2689 m

Leicht

Viel Aussicht, aber nur wenig Eisen bietet der Aufstieg zum Kollinkofel, dazu ein paar militärhistorische Reminiszenzen. Aus den Kriegsjahren 1915–17 stammt auch der Südanstieg; er überwindet den Felsgürtel oberhalb der Scaletta und führt schließlich über den mäßig steilen Südrücken zum Gipfel. Absteigen kann man (aber nur bei guter Sicht!) nach Osten zur Grünen Schneid/Cresta Verde (2086 m) im Rücken des Cellon; die Route ist zwar (spärlich) markiert, weist aber einige leichte Kletterstellen auf (II, keine Sicherungen).

Wo? Der Plöckenpaß/Passo di Monte Croce Carnico (1357 m) verbindet das Kärntner Gailtal mit dem Tal des But, 14 km von Kötschach-Mauthen, 33 km von Tolmezzo.
Ausgangspunkt Parkplatz auf der Paßhöhe.
Wegverlauf Plöckenpaß – Casera Collinetta di sopra (1641 m) – Scaletta – Kollinkofel, Abstieg auf dem gleichen Weg oder über die Ostflanke (Kletterstellen, II).
Gehzeiten Insgesamt 6½ Std.; Plöckenpaß – Kollinkofel 4 Std., Abstieg 2½ Std.
Orientierung Problemlos; Abstieg zur Grünen Schneid nicht leicht zu finden. CAI-Nummern 146, 171, 147.
Einstufung Leicht, knapp 100 Höhenmeter sind gesichert.

228 Weg ohne Grenzen/Ferrata senza confine

Cellon/Frischenkofel, 2241 m

Schwierig

Der Plöckenpaß gilt nicht nur als Geheimtip für Urlaubsfahrer, die dem großen Stau bei der Fahrt über die Alpen ausweichen möchten; die Umgebung des Passes ist mittlerweile ein großes militärhistorisches Freilichtmuseum. Auf den Spuren des Gebirgskrieges 1915/17 wandelt man aber nicht nur drüben am Kleinen Pal (1867 m), sondern auch am Cellon, der ebenfalls stark befestigt war. Davon zeugt u. a. der vor einigen Jahren freigelegte Cellon-Stollen, den man als Auftakt zur neuen Ferrata durchsteigt: erst in, dann auf den Berg. Die mit rund 700 m Stahlseil und einigen Trittstiften gesicherte Route führt zunächst in die plattige Südostschlucht, schwingt sich dann an dem steilluftigen Grat hinauf zum Gipfelkamm (ca. 2120 m; Einmündung »Steinbergerweg«).

Wo? Der Plöckenpaß/Passo di Monte Croce Carnico (1357 m) verbindet das Kärntner Gailtal mit dem Tal des But, 14 km von Kötschach-Mauthen, 33 km von Tolmezzo.
Ausgangspunkt Parkplatz auf der Paßhöhe.
Wegverlauf Plöckenpaß – Cellon-Stollen – Südostgrat-Ferrata – Cellongipfel – Grüne Schneid – Plöckenpaß.
Gehzeiten Insgesamt 5½ Std.; Plöckenpaß – Südostgrat-Ferrata – Cellon 3½ Std., Abstieg über die Grüne Schneid 2 Std.
Tip Man kann natürlich auch über den »Steinbergerweg« absteigen (siehe 229), aber vorsichtig: keine Steine lostreten!
Hinweise Trotz EU: Ausweispapiere mitnehmen! Für den fast 200 m langen Cellon-Stollen benötigt man eine Taschenlampe.
Orientierung Der Zugang zum Cellon-Stollen ist bestens markiert, Weiterweg nicht bezeichnet, aber problemlos zu finden.
Einstufung Schwierig; Höhenunterschied der Ferrata etwa 350 m.

229 Steinbergerweg

Cellon/Frischenkofel, 2241 m

Leicht

Mit dem Bau des neuen Klettersteigs am Südostgrat des Cellon hat der »Steinbergerweg« stark an Attraktivität verloren: Gratklettern am straff gespannten Drahtseil statt mehr oder weniger mühsames Hochsteigen in der markanten Ostrinne. Dazu kommt, daß man auf der »alten« Route stets mit Steinschlag rechnen muß, ausgelöst meistens durch freundliche »Bergkameraden«. Dafür entschädigt der Zustieg über steile Wiesenhänge, auf denen der ganze Blumenreichtum der Karnischen Alpen versammelt zu sein scheint, und oben am Gipfel genießt man eine stimmungsvolle Rundschau, gewürzt mit packenden Tiefblicken ins Tal des Valentinbachs.

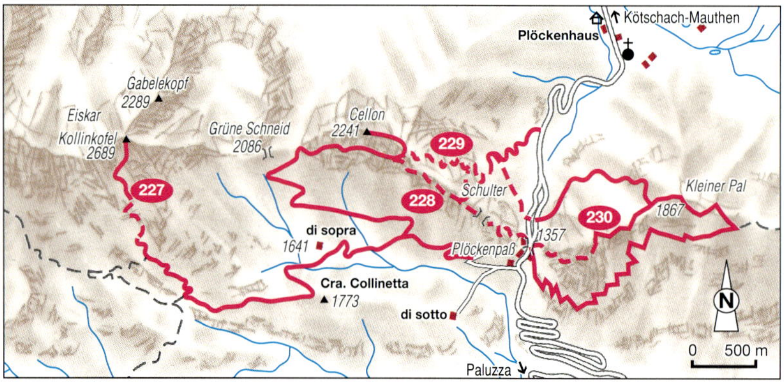

Wo? Der Plöckenpaß/Passo di Monte Croce Carnico (1357 m) verbindet das Kärntner Gailtal mit dem Tal des But, 14 km von Kötschach-Mauthen, 33 km von Tolmezzo.
Ausgangspunkt Parkplatz auf der Paßhöhe.
Wegverlauf Plöckenpaß – »Steinbergerweg« – Cellon – Grüne Schneid – Plöckenpaß.
Gehzeiten Insgesamt 5 Std.; Plöckenpaß – Cellon 3 Std., Abstieg über die Grüne Schneid 2 Std.
Hinweis Trotz EU: Ausweispapiere mitnehmen!
Tip Wen's interssiert: Mehr über die Alpenfront erfährt man im Plöckenmuseum »Karnische Front 1915–1918« im Rathaus von Kötschach-Mauthen.
Orientierung Leicht, markierte Wege. Abstieg CAI-Nummer 147.
Einstufung Leicht, Drahtseilsicherungen. Helm nicht vergessen!

230 Oberst-Gressel-Gedenkweg

Kleiner Pal/Pal Piccolo, 1867 m

Schwierig

Berühmt geworden ist er durch den Krieg, als Teil des Freilichtmuseums am Plöckenpaß wird er heute viel besucht. Bergsteiger ließen ihn allerdings bisher meist links liegen, und Klettersteig-Liebhaber steuerten zielsicher den Cellon an. Das wird sich wohl ändern; seit dem Sommer 1995 zieht eine veritable Ferrata, mit etwa 500 Metern Drahtseil ausgestattet, durch die Nordwestwand hinauf zur Westkuppe (1703 m) des Kleinen Pal. Steilaufschwünge wechseln dabei ab mit leichterem Gelände; eigentliche Schlüsselstelle ist ein kurzer Überhang knapp vor dem Ausstieg, der vollen Einsatz und einen kräftigen Bizeps verlangt. Absteigen kann man dann sowohl über Kärntner als auch über Friauler Gebiet (markierte Wege).

Wo? Der Plöckenpaß/Passo di Monte Croce Carnico (1357 m) verbindet das Kärntner Gailtal mit dem Tal des But, 14 km von Kötschach-Mauthen, 33 km von Tolmezzo.

Ausgangspunkt Parkplatz auf der Paßhöhe.

Wegverlauf Plöckenpaß – Klettersteig – Westschulter (1703 m) – Kleiner Pal; Abstieg westlich zur »Maschinengewehrnase« und zum Plöckenpaß oder südwestlich über italienisches Gebiet, CAI-Markierung 401.

Gehzeiten Insgesamt 3 Std.; Plöckenpaß – Klettersteig – Westschulter 1½ Std., Westschulter – Gipfel ½ Std., Abstieg über den Wanderweg 1 Std.

Hinweise Der Kleine Pal ist Kernstück des kriegshistorischen Freilichtmuseums. Bei Abstieg über italienisches Gebiet: Ausweispapiere mitnehmen!

Orientierung Der Klettersteig ist nicht markiert, Einstieg nur 50 m von der Grenzstelle.

Einstufung Schwierig; es sollen noch ein paar Haken angebracht werden.

Ein Klettersteig-Erlebnis der besonderen Art bietet die Mauthner Klamm.

231 Klabautersteig

Mauthner Klamm, 965 m

Mittel

Ein Klettersteigerlebnis der besonderen Art: Ziel ist weder eine Steilwand noch ein Felsgipfel, sondern eine veritable Schlucht, der Horizont eng, und für besondere Effekte sorgt das Wasser, mal mehr, mal weniger, gelegentlich auch hüfttief. Mit trockenen Füßen kommt man gerade ein paar Meter weit, weshalb es auch wenig Sinn hat, das feuchte Vergnügen mit teuren Bergstiefeln in Angriff zu nehmen. Turnschuhe mit griffiger Sohle reichen absolut, dazu etwas Unerschrockenheit. Einige Passagen haben es nämlich durchaus in sich. Den Auftakt machen die Erste und Zweite Finsternis, dann folgen sechs Wasserfälle, die man über gesicherte Felsen umgeht, dazwischen die Klabauterplatten, der Sonnenstrand und die »Märchenhafte Moosdusche« (ganz schön rutschig). Zum Routenbuch kommt man auch nur »übers Wasser«, und der Aufschwung gleich dahinter ist durchaus für ein unfreiwilliges Bad geeignet … Natürlich macht das Ganze nur im Hochsommer richtig Spaß (da trocknet die naße Hose auch recht bald wieder); bei hohem Wasserstand ist die Klamm ungangbar, ein Versuch kann lebensgefährlich sein!

Wo? Der Doppelort Kötschach-Mauthen (705 m) liegt im Kärntner Gailtal am Nordfuß der Plöckenpaß-Straße.

Ausgangspunkt Mauthen, Parkplatz beim Schwimmbad.

Wegverlauf Mauthen – alter Klammweg – »Klabautersteig«, Abstieg rechts des Valentinbachs auf dem Römerweg (teilweise Forststraßen).

Gehzeiten Insgesamt 4 Std.; alter Klammweg ½ Std., »Klabautersteig« 2 Std., Rückweg 1½ Std.

Hinweis Man kann vom »Klabautersteig« auch auf die Plöckenstraße aussteigen. Ein paar Minuten talauswärts das Gh. Eder (965 m). Schlechte Busverbindung mit Kötschach.

Orientierung »Auswegslos« einfach: aufwärts!

Einstufung Mittel. Bei starker Wasserführung siehe oben!

232 Hoher Trieb, Klettersteig
Hoher Trieb/Cuestalta, 2199 m

Mittel

Nicht ohne Reiz, aber halt recht kurz ist der neue Klettersteig am Hohen Trieb. Und da man auf einer mautpflichtigen Schotterstraße bis zur Steinwender-Hütte (1738 m) fahren kann, ergibt sich höchstens ein halber Bergtag. Mein Vorschlag: Abstieg vom Gipfel über den (teilweise recht exponierten, aber ungesicherten) Südostgrat zur Creta Rossa und weiter zum Rifugio Fabiani (1539 m), Rückweg übers Zollner Törl (1797 m). Das ergibt eine Gesamtgehzeit von immerhin etwa 4½ Std., viel Aussicht und ein paar leichte Kraxelstellen dazu. Zusammen mit einer ausgiebigeren Rast in der Fabiani-Hütte (mit Polenta und Vino rosso) ergibt das (fast) ein Tagespensum, oder nicht?

Wo? Weidenburg (683 m) liegt im Oberen Gailtal, etwa 5 km östlich von Mauthen.
Ausgangspunkt Die Steinwender-Hütte (1738 m), Etappenort am »Karnischen Höhenweg«, erreicht man von Weidenburg über eine 14 km lange, mautpflichtige Schotterstraße (Schlüssel für Sperrschranke im »Gratzerhof«). Parkplatz wenig unterhalb der Hütte.
Wegverlauf Steinwender-Hütte – Kleiner Trieb – Hoher Trieb -Südostgrat – Rif. Fabiani – Zollner Törl – Steinwender-Hütte.
Gehzeiten Insgesamt 4½ Std.; Steinwender-Hütte – Kleiner Trieb 1 Std., Kleiner Trieb – Klettersteig – Hoher Trieb 1 Std., Abstieg zum Rif. Fabiani 1½ Std., Rückweg über das Zollner Törl 1 Std.
Hütten Steinwender-Hütte (1738 m) westlich vom Zollner See, Rif. Fabiani (1539 m) auf der oberen Chiaula-Alm; beide im Sommer bewirtschaftet.
Orientierung Ordentlich markierte Wege. CAI-Nummern 448, 454.
Einstufung Mittel, einige recht ausgesetzte Passagen am Nordostgrat des Hohen Trieb.

233 Monte Zermula, Nordwand-Ferrata
Monte Zermula, 2143 m

Leicht

Wo? Der Monte Zermula liegt – gut versteckt – wenig südlich des Karnischen Hauptkamms über dem innersten Canale d'Incaroio. Anfahrt von Tolmezzo über Paularo bzw. von Pontebba über schmale Bergstraßen, 36 bzw. 15 km.
Ausgangspunkt Passo del Cason di Lanza (1552 m), Almsattel im Norden des Monte Zermula.
Wegverlauf Passo del Cason di Lanza – Nordwand-Ferrata – Monte Zermula, Abstieg über die Forca di Lanza (1831 m) auf markierten Wanderwegen.
Gehzeiten Insgesamt 3¼ Std.; Nordwand-Ferrata 2 Std., Abstieg 1¼ Std.
Orientierung Leicht; die Route verläuft durch das markante Kar unter der Nordwand. CAI-Nummer 442, 442A.
Einstufung Leicht, Felshöhe etwa 250 m.

Böse Zungen mögen lästern, daß man für die Fahrt zum Passo del Cason di Lanza – mit dem Auto, wohlgemerkt! – länger brauche als für den Aufstieg zum Gipfel über die Nordwand-Ferrata. Und da ist etwas dran, denn selbst wenn die Route nicht gerade wegen eines Bergrutsches gesperrt wurde, beschleicht einen auf der Fahrt hinauf zu den Almen im Süden des Karnischen Hauptkamms das Gefühl, zum »End' der Welt« unterwegs zu sein. Oben angelangt, hat man – etwas überspitzt formuliert – das Gröbste schon hinter sich. Bloß die Steinschlaggefahr ist noch nicht ganz gebannt, vor allem, wenn viel »Verkehr« auf dem Klettersteig ist (was aber selten vorkommt). Nennenswerte Schwierigkeiten weist die 1983 eröffnete Route nicht auf, der Riffkalk bietet überall ausreichend Tritt und Griff, das durchlaufende Fixseil sorgt für Sicherheit. Am Gipfel darf dann jeder an dem Spiel »Welcher Berg ist das?« teilnehmen, für Nordländer in der Cárnia eine ziemlich aussichtslose Angelegenheit. Wer kennt schon die Creta Grauzaria, einen Zuc dal Bôr oder den Monte Flop?

234 Uiberlacherweg
235 Trogkofel, Rampa Sud
Trogkofel/Creta di Aip, 2280 m

Leicht

Wer im Gailtal unterwegs ist, kann sein unverwechselbares Profil nicht übersehen: das mächtige, leicht abgeschrägte Dach, die steilen Felsflanken. Wanderanstiege ➡

Den Trogkofel kann man auf gesicherten Steigen überschreiten.

Wo? Aus dem Gailtal führt eine Schotterstraße hinauf zur Rudnigalm (1622 m), 13 km ab Tröpolach.
Ausgangspunkt Parkplatz auf der Rudnigalm.
Wegverlauf Rudnigalm – Kammhöhe – »Karnischer Höhenweg« – »Ferrata della Rampa Sud« – Trogkofel – »Uiberlacherweg« – Rudnigalm.

➡

➡ gibt es am Trogkofel keine, dafür zwei (leichte) Klettersteige: den »Uiberlacherweg«, der sich von Osten zum Dach hinaufschwindelt, und die kurze italienische Ferrata, die in origineller Wegführung die »Rampa Sud« überwindet. Beide lassen sich leicht zu einer Runde verbinden; von der anfahrbaren Rudnigalm aus gerade ein Halbtagspensum. Wem das zu wenig ist, der kann ja noch den Roßkofel (2239 m) anhängen, siehe 236.

➡

Gehzeiten Insgesamt 3¼ Std.; Aufstieg über italienische Ferrata 2¼ Std., Abstieg über den »Uiberlacherweg« 1¼ Std.

Orientierung Leicht; bei Nebel kann man sich auf der Gipfelabdachung leicht verlaufen. Die südseitige Ferrata ist rot-blau markiert, der »Uiberlacherweg« rot-weiß, AV-Nr. 413.

Einstufung Leicht, italienische Ferrata (1980–2080 m) mit Ketten gesichert; am »Uiberlacherweg« ein paar Drahtseile, zwei Leitern.

236 Ferrata Enrico Contin

Roßkofel/Monte Cavallo di Pontebba, 2239 m

Mittel

Seine Nordwand genießt bei Kletterern einen guten Ruf, die Überschreitung vom Monte Malvueric (1899 m) zum Rudnigsattel beschert ein prächtiges Landschafterlebnis (nebst ein paar kurzen Kraxelstellen) – und die Ferrata? Sie ist hier bloß Zugabe, war ursprünglich wohl auch als bequemer Rückweg ins Winkeltal (nach der Klettertour) gedacht. Inzwischen hat sich der Klettersteig als kürzester (und entsprechend beliebter) Weg zum Roßkofel etabliert. Die Gipfelabdachung – groß genug für ein Polospiel, aber halt etwas steinig – bietet Aussicht auf viele weitere schöne Ziele in der Cárnia, zwischen Montasch und Hochweißstein. Warum sich nicht verführen lassen?

Wo? Die Straße über das Naßfeld (Passo di Pramollo, 1530 m) verbindet das Kärntner Gailtal mit dem Val Canale, 12 km von der B111, 12,5 km von Pontebba.

Ausgangspunkt An der Südrampe der Paßstraße, Kehre (ca. 1460 m) bei der Abzweigung des Schottersträßchens ins Winkeltal.

Wegverlauf Naßfeldstraße – Winkeltal – »Ferrata Contin« – Roßkofel – Sella della Pridola (1644 m) – Winkeltal – Naßfeldstraße.

Gehzeiten Insgesamt 4¼ Std.; Aufstieg über die Ferrata 2½ Std., Abstieg 1¾ Std.

Orientierung Leicht; am Klettersteig rote Markierungen, Gipfelüberschreitung mit Abstieg in den Pridola-Sattel als Teilstück der »Alta via CAI Pontebba« rot-blau markiert.

Einstufung Mittel, am Abstiegsweg einige kurze (ungesicherte) Kletterstellen (I).

KARNISCHE ALPEN

237 Garnitzenklamm, gesicherter Steig

Garnitzenklamm, Klause, 1107 m

Leicht

Eine Schluchtwanderung ist (fast) wie ein Einkaufsbummel unter Lauben: das Wetter spielt keine große Rolle. Wenn die hohen Berge sich in Wolken hüllen, Nullsicht am Gipfel angesagt ist, kommt beim Besuch der Garnitzenklamm garantiert kein Frust auf. Immer neue Blickpunkte tun sich auf an dem Klammweg: Mauern links wie rechts, mitunter den Himmel fast verschließend, dazu die verwegenen Wasserspiele des Garnitzenbachs, der mal über Felsstufen herabstiebt, dann wieder stille Gumpen bildet, zwischen Steinen gurgelt, und zum Schluß, im obersten, erst vor ein paar Jahren erschlossenen Teil der Schlucht sogar ein paar (gesicherte) Kraxelfelsen. Und darüber, was sich hier in den letzten Jahrmillionen so alles abgespielt hat, geben ein paar Schautafeln des Geo-Trail Auskunft. Keine »Via ferrata« also, aber garantiert ein toller Spaß, auch mit Kindern!

Wo? Hermagor (603 m) liegt im Kärntner Gailtal, 31 km von Kötschach-Mauthen.

Ausgangspunkt Klammwirt (612 m) am Eingang in die Garnitzenklamm, erreichbar von der B111 über Möderndorf auf der Straße zur Egger Alm, 3 km. Parkplatz.

Wegverlauf Klammwirt – Garnitzenklamm (4 Teilstrecken) – Klause (1107 m), Abstieg durch die Klamm oder Rückweg über die Kühweger Alm (1480 m).

Gehzeiten Klammsteig 2½ Std., Abstieg durch die Schlucht knapp 2 Std., Rückweg über die (bewirtschaftete) Kühweger Alm etwa 3¼ Std.

Tip Nach der Klammwanderung kann man das Gailtaler Heimatmuseum besuchen – es lohnt sich!

Hinweis Für die Begehung der Klamm wird eine Gebühr erhoben. Auf halber Wegstrecke Notunterstand.

Orientierung Problemlos, AV-Nummern 409, 410.

Einstufung Leicht, im obersten Teil der Klamm einige gesicherte Passagen, die einen sicheren Tritt und Schwindelfreiheit verlangen.

238 Sentiero attrezzato Rio degli Uccelli

Sella del Monte Brisiach, 1421 m

Mittel

Lust auf eine große Landschaft, auf Bergeinsamkeit nur wenige Kilometer vom Betonband der A23, auf etwas Kraxelei am (sichernden) Drahtseil? All das kann man im und über dem Vallone degli Uccelli erleben, an einem kleinen Abenteuerweg. Er verläuft hoch über der wilden Klamm, ist abschnittweise sehr ausgesetzt (und an diesen Stellen auch gesichert), also nichts für Ungeübte. Das Gelände wirkt insgesamt sehr »lebendig«, was man dann ➡

Wo? Pontebba (561 m) liegt im Tal der Fella, 22 km von Tarvisio, 41 km von Gemona.

Ausgangspunkt Pontebba, Straße hinter dem Güterbahnhof.

➡

→ im Aufstieg gegen den Monte Bruca nochmals überdeutlich erfährt: zwei Schritte vor, einer zurück. Vor dieser »Prüfung« steht allerdings der Abstieg in den Vallone degli Uccelli (ca. 900 m). Hier quert man zweimal den Bach, was im Frühling (oder nach Schlechtwetter) kaum ohne nasse Füße abgeht. Dafür bietet das Flußbett mit seinen mächtigen Felsblöcken und hübschen Gumpen herrliche Rast- und Badeplätze. Ins Schwitzen kommt man garantiert beim (bereits angesprochenen) Anstieg, und am Weg zur Sella del Monte Brisiach (1421 m) ist dann nochmals eine heikle Passage (Kette) zu meistern. Die Runde schließt mit dem Abstieg über den »Sentiero Della Schiava«.

→

Wegverlauf Pontebba – Vallone degli Uccelli – Rio degli Uccelli (ca. 910 m) – Sella di Monte Brisiach (1421 m) – Pontebba.

Gehzeiten Insgesamt 6¼ Std.; Pontebba – »Sentiero attrezzato Rio degli Uccelli« – Rio degli Uccelli 2½ Std., Aufstieg und Querung in die Sella di Monte Brisiach 2 Std., Abstieg 1¾ Std.

Orientierung Problemlos, wenn man den Weganfang einmal hat (keine Hinweistafel, nur Markierung). CAI-Nummern 521, 501.

Einstufung Mittel, einige exponierte Querungen in Rutschgelände.

239 Sentiero Romano Cimenti

240 Monte Amariana, Südanstieg

Monte Amariana, 1905 m

Leicht

Auf der Fahrt vom Mauriapaß hinab nach Ampezzo taucht über der Talmündung ein elegantes, hohes Felsdreieck auf: der Monte Amariana. Und wenn man frühmorgens unterwegs ist, stilisiert das Gegenlicht den Berg zur vollkommenen Silhouette. Das täuscht, wer ihn je an einem Sommertag bestiegen hat, möglicherweise gar über die Südflanke (etwas für Alpin-Masochisten!), wird vor allem eines in Erinnerung behalten: Hitze, Schweiß – eine üble Plackerei. Neben der Hitze gibt es noch einen guten Grund, den Monte Amariana im Sommer zu meiden: das Gipfelpanorama. Den Blick bis zur Adria, auf die tausend Gipfel rundum, all das erlebt man (vielleicht) im Herbst, aber fast nie im Sommer. Da ist die Chance ungleich größer, von einem veritablen Gewitter erwischt, vom Berg heruntergespült zu werden.

Wegen des »Eisens« braucht man den Amariana auch nicht unbedingt anzugehen: ein paar eher kümmerliche Drahtseile am »Sentiero Cimenti«, nicht viel mehr am Südanstieg. So bleiben eine Postkartenansicht und ein großes Panorama, zwei fast normale Gipfelwege – und eine Geröllreiße, die mit über 1000 Meter(!) Höhe selbst für die Alpensüdabdachung ungewöhnliche Dimensionen aufweist. Ihr Geschiebe bildet mittlerweile einen riesigen Kegel im Tal.

Wo? Der Monte Amariana erhebt sich östlich über der Kleinstadt Tolmezzo (323 m), 50 km von Udine.

Ausgangspunkte Der Nordanstieg beginnt in Illegio (576 m), etwa 7 km von Tolmezzo.
Amaro (322 m) ist Basis für den (heißen!) Südanstieg. Ein geschottertes Serpentinensträßchen führt hinauf bis gegen den Cristo di Forchia (1058 m); für normale Pkw (und Fahrer) nur bis zu einer Brücke 2 km hinter Amaro praktikabel.

Wegverlauf Illegio – Ricovero Cimenti (1080 m) – »Sentiero Cimenti« – Monte Amariana.
Amara (Brücke, 406 m) – Cristo di Forchia (1058 m) – Canalone Sud – Monte Amariana.

Gehzeiten Illegio – Monte Amariana 4 Std., Abstieg auf dem gleichen Weg 2½ Std.
Amaro – Cristo di Forchia 2 Std., Cristo di Forchia – Monte Amariana 2¾ Std., Abstieg auf dem gleichen Weg 2¾ Std.

Tip Jeweils am 8. Dezember wird am Gipfel eine Messe zelebriert.

Orientierung Einfach, ordentlich markierte Wege; CAI-Nummern 443 (»Sentiero Cimenti«) bzw. 414.

Einstufung Leicht; nichts für den Sommer! Der Südanstieg ist im Bereich des Canalone steinschlaggefährdet (Helm).

241 Sentiero attrezzato di Geu

Casera Geu alta, 1785 m

Mittel

Wenn auf der Fahrt durch den Canale di Gorto links die hellen Kalkzinnen der »Pesariner Dolomiten« auftauchen, bricht leicht Gipfelfieber aus: Monte Siera (2443 m), Monte Creta Forata (2462 m) und Monte Cimon (2422 m) sind interessante Ziele, weitgehend allerdings ohne Weg und Steg. Dafür gibt es hier jede Menge Natur, karnische Bergnatur und das heißt: rauh, aber herzlich! Gestrüpp, dichtes Unterholz und viel Geröll machen so manchen Anstieg zum unvergeßlichen Erlebnis. Einen kleinen Eindruck vermittelt der Anstieg zur Malga Geu (1785 m), als Zugabe mit einer kurzen, drahtseilgesicherten Steilstufe unterhalb der Terrazzi del Pra Sartor. Die Mini-Ferrata geht in einen ziemlich »verwachsenen« Hang über, und schließlich krabbelt man im Bachbett des Rio Geu zwischen Felstrümmern hinauf zur (aufgegebenen) Alm. Hier kann, wer die Lust noch nicht verloren hat, zur Creta Forata (2462 m) starten.

Wo? Sappada (Bladen, 1218 m), einst deutsche Enklave am Oberlauf des Piave, ist heute ein vielbesuchter Ferienort, 48 km von Innichen via Kreuzbergsattel und Santo Stefano di Cadore, 46 km von Tolmezzo.

Ausgangspunkt Talstation des Siera-Sesseliftes (1276 m) wenig außerhalb des Ortsteils Cima Sappada.

Wegverlauf Cima Sappada – »Sentiero attrezzato Geu« – ex-Malga Geu (1785 m); Rückweg über den Passo Geu bassa (1876 m) und die Casera Tuglia (1597 m) oder über die Terrazzi del Pra Sartor zur Bergstation des Siera-Liftes (Rif. Siera, 1621 m).

Gehzeiten Cima Sappada – ex-Malga Geu 2 Std., Rückweg via Casera Tuglia oder Rif. Siera je 1¾ Std.

Tip Von der Geu-Alm besteigt man in etwa 2 Std. die Creta Forata. Markiert, eine kurze gesicherte Passage.

Orientierung Problemlos, markierte Wege. CAI-Nummern 320, 230, 321.

Einstufung Mittel, aber nur kurz. Helm!

242 Ferrata Hoberdeirer

Forcella Hoberdeirer, ca. 2150 m

Mittel

Der Name paßt auf den ersten Blick gar nicht in die italienische Cárnia, ein zweiter Blick (zurück in die Geschichte) liefert die Erklärung: Sappada ist eine Osttiroler Gründung des Spätmittelalters, hieß früher Bladen (und besitzt immer noch einen deutschsprachigen Bevölkerungsteil). Manche Flur- und Bergnamen haben sich, oft ziemlich verballhornt, erhalten, so auch »Hoberdeirer«. Der Gipfel zur Scharte ist nur unwesentlich höher, ganz leicht zu besteigen und ein bemerkenswertes »Belvedere« mit großer Schau auf die Gebirgskulisse von Sappada. Da staunt man dann nicht schlecht über die Dolomitenzacken, die im weiten Halbrund aufragen, von der Terza Grande (2586 m) im Westen über den Creton di Clap Grande (2487 m) bis zum Monte Siera (2443 m) im Osten. Insgesamt bietet die Runde aus dem »Hinteren Kar« (Cadin di Dentro) ins Cadin di Elbel und hinab in die Enghe starke Eindrücke. Und das »Sahnehäubchen« aufs Eis liefert der gut gesicherte Steig, der den nahezu senkrechten Westabbruch an der Forcella Hoberdeirer recht luftig umgeht.

Wo? Sappada (Bladen, 1218 m) ist ein vielbesuchter Ferienort am Oberlauf des Piave, 48 km von Innichen via Kreuzbergsattel und Santo Stefano di Cadore, 46 km von Tolmezzo.

Ausgangspunkt Am Piave; kurze Zufahrt von der Hauptstraße (Abzweigung bei der Pfarrkirche) hinab zum Flußbett. Parkplatz.

Wegverlauf Sappada – Biv. Del Gobbo (1980 m) – Forcella Hoberdeirer – Cadin di Elbel – Enghe – Sappada.

Gehzeiten Insgesamt 6¾ Std.; Sappada – Biv. Del Gobbo 3 Std., Biv. Del Gobbo – Forcella Hoberdeirer 1 Std., Abstieg in die Enghe 1½ Std., Rückweg nach Sappada 1¼ Std.

Hinweis Mini-Abstecher zum Gipfel des Monte Hoberdeirer (2208 m), 15 Min. hin und zurück.

Hütte Biv. Del Gobbo (1980 m) im Cadin di Dentro, stets zugänglich.

Orientierung Nicht ganz einfach. Verzweigung 317–322 am Weg zum Biv. Del Gobbo ohne Hinweis (ca. 1520 m), hier rechts über ein ausgetrocknetes Bachbett. Beim Biv. kein Hinweis auf den Weiterweg Richtung Hoberdeirer (Spur aber deutlich zu erkennen). Beim Abstieg ins Cadin di Elbel muß man gut auf die spärlichen Markierungen achten. CAI-Nummern 317, 322, 315, 314.

Einstufung Mittel, kurz.

Großes Landschaftserlebnis mit (kurzer) Klettersteigeinlage: an der »Ferrata Hoberdeirer«.

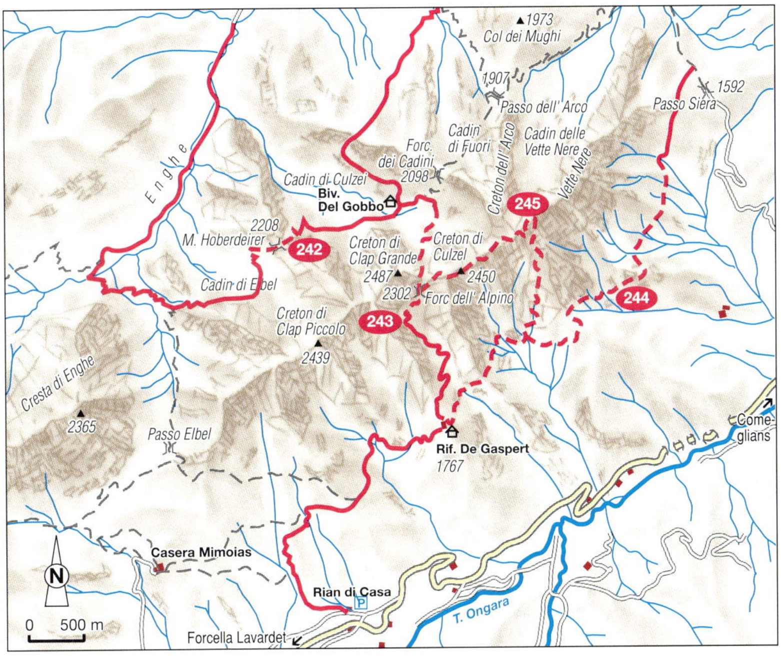

243 Forca dell'Alpino, gesicherter Übergang

Forca dell'Alpino, 2302 m

Mittel

Daß die Gipfel zwischen Sappada und dem Val Pesarina mitunter als »Pesariner Dolomiten« bezeichnet werden, verdanken sie natürlich ihrem Zackenprofil, das stark an die berühmten Berge westlich des Piave erinnert. Und davon kann man sich am Weg »über den Berg«, in diesem Fall über die Forca dell'Alpino, überzeugen: Felsfluchten rundum, bizarre Zacken und Türme. Noch eindrucksvoller sind allerdings die Geröllreißen beiderseits der hochgelegenen Scharte, und da wird sich wohl mancher frustriert fragen, ob »karnisch« nicht vielleicht doch von (Geröll-)Kar kommt ... Stimmt nicht, mit den Alpi Carniche sind die Berge der Cárnia gemeint, die Landschaft am Oberlauf des Tagliamento und seiner Zuflüsse. Egal; der Übergang aus dem Cadin di Dentro zum ➡

Wo? Sappada (Bladen, 1218 m) ist ein vielbesuchter Ferienort am Oberlauf des Piave, 48 km von Innichen via Kreuzbergsattel und Santo Stefano di Cadore, 44 km von Tolmezzo.

Ausgangspunkt Am Piave; kurze Zufahrt von der Hauptstraße (Abzweigung bei der Pfarrkirche) hinab zum Flußbett. Parkplatz. ➡

➡ Rifugio De Gasperi verdient auf jeden Fall das Prädikat »rauh«, setzt gute Kondition und eine stabile Psyche voraus. Der – meist ziemlich lädierten – Eisenteile wegen wird man ihn kaum begehen, schon eher in Verbindung mit dem »Sentiero Corbellini«, was dann eine interessante Runde ergibt (»Giro dell'Arco«). Und nach einer Übernachtung geht's am nächsten Tag auf die »Ferrata dei Cinquanta«, den Hit unter allen Klettersteigen der Karnischen Alpen!

➡

Wegverlauf Sappada – Biv. Del Gobbo (1980 m) – Forca dell'Alpino (2302 m) – Rif. De Gasperi (1767 m).
Gehzeiten Insgesamt 5¼ Std.; Sappada – Biv. Del Gobbo 3 Std., Biv. Del Gobbo – Forca dell'Alpino 1 Std., Forca dell'Alpino – Rif. De Gasperi 1¼ Std.
Hütte Rif. De Gasperi (1787 m) am Clap Grande. Biv. Del Gobbo (1980 m) im Cadin di Dentro.
Orientierung Leicht; CAI-Nummern 317, 232.
Einstufung Mittel, ganz kurze gesicherte Passagen beiderseits der Scharte. Steinschlaggefahr!

244 Sentiero Corbellini
Passo Siera, 1592 m

Leicht

Ein Weg für Genießer, mehr Kulisse als Eisen, im Frühsommer von der üppigen Karnischen Flora gesäumt, mit Aus- und Einblicken: übers Val Pesarina auf die sanftwelligen Bergrücken im Süden, zum Monte Siera (2443 m), in die wilden Karwinkel unter dem Creton di Culzei (2458 m) und der Cima di Riobianco (2400 m), in Gräben und Schluchten. Ursprünglich wohl eine komfortable Promenade, hat der Zahn der Zeit dem Weg ziemlich zugesetzt, doch ist er problemlos zu begehen. Zahlreiche Passagen sind gesichert, meist Querungen, teilweise auch etwas ausgesetzt. In knapp zwei Stunden wandert man von der De-Gasperi-Hütte in den weiten Wiesensattel des Passo Siera (1592 m); hier gibt es einen markierten Abstieg südlich ins Val Pesarina. Zurück zum Ausgangspunkt bei der Bar »Pian di Casa« hilft der ausgestreckte Daumen am besten, sonst steht ein langer Straßenhatscher (5 km) an …

Wo? Ins Val Pesarina kommt man aus dem Canale di Gorto bzw. über die Forcella Lavardet auf der Strada Statale No. 465, 18 km von Comeglians, 20 km von Santo Stefano di Cadore.
Ausgangspunkt Bar »Pian di Casa« (1236 m) im oberen Val Pesarina. Großer Parkplatz.
Wegverlauf Pian di Casa – Rif. De Gasperi – »Sentiero Corbellini« – Culzei (970 m).
Gehzeiten Insgesamt 4½ Std.; Pian di Casa – Rif. De Gasperi 1½ Std., »Sentiero Corbellini« – Passo Siera 1¾ Std., Abstieg nach Culzei 1¼ Std.
Tip Man kann natürlich auch auf dem »Sentiero Corbellini« zurückgehen. Eine interessante Variante: Rif. De Gasperi – Forca dell'Alpino – Passo dell'Arco – Passo Siera – »Sentiero Corbellini« – Rif. De Gasperi, 6½ Std.
Hütte Rif. De Gasperi (1767 m) am Clap Grande.
Orientierung Problemlos.
Einstufung Leicht.

245 Via ferrata dei Cinquanta
Creton di Culzei, 2458 m

Schwierig

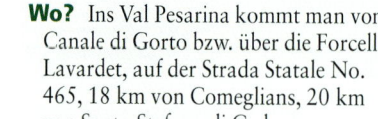

Seit 1994 gibt es sie in den »Pesariner Dolomiten«: eine Super-Ferrata, die jeden Vergleich mit Vorbildern in den benachbarten »Bleichen Bergen« spielend aushält. Da fordert nicht nur die »zackige« Kulisse Vergleiche mit berühmten Zinnen westlich des Piave heraus, auch Verlauf, Länge und Anforderungsprofil der »Ferrata dei Cinquanta« lassen keine Wünsche offen. Der Zustieg von der Hütte ist angenehm kurz. Vier Stunden (mindestens!) ist man am Drahtseil unterwegs, auf Bändern und in Rinnen, an Graten und im Steilfels; nach gut einem Drittel der Wegstrecke gibt es einen Zwischenabstieg – falls das Wetter nicht mitspielt oder man sich von der Tour überfordert fühlt. Denn die »Ferrata Cinquanta« zeigt erst auf dem zweiten Abschnitt so richtig ihre Zähne; da wird der Fels entschieden steiler, die Abgründe gähnen tiefer, man muß gelegentlich kräftig zupacken, gleich oberhalb der Forca Alta di Culzei und vor allem am »Pilastro dei Cinquanta«. Leichteres Gelände dann am Übergang von der Cima di Riobianco (2400 m) zur Creton di Culzei (2458 m); der Abstieg in die Forca dell'Alpino, teilweise gesichert, folgt weitgehend dem alten Normalweg. Und zuletzt geht's steil hinab zum Rif. De Gasperi.

Wo? Ins Val Pesarina kommt man vom Canale di Gorto bzw. über die Forcella Lavardet, auf der Strada Statale No. 465, 18 km von Comeglians, 20 km von Santo Stefano di Cadore.
Ausgangspunkt Bar »Pian di Casa« (1236 m) im oberen Val Pesarina. Großer Parkplatz.
Wegverlauf Pian di Casa – Rif. De Gasperi – »Sentiero Corbellini« – »Ferrata dei Cinquanta« – Forca dell'Alpino – Rif. De Gasperi – Pian di Casa.
Gehzeiten Insgesamt 8½ bis 9 Std.; Pian di Casa – Rif. De Gasperi 1½ Std., Rif. De Gasperi – Einstieg zur Ferrata am »Sentiero Corbellini« ½ Std., »Ferrata dei Cinquanta« – Forca Alta di Culzei 1¾ Std., Forca Alta – Creton di Culzei – Forca dell'Alpino 2½ bis 3 Std., Abstieg zum Rif. De Gasperi 1¼ Std., Rif. De Gasperi – Pian di Casa 1 Std.
Hütte Rif. De Gasperi (1767 m) am Clap Grande.
Hinweis Zwischenabstieg an der Forca Alta di Culzei nicht markiert, aber leicht zu finden: erst im Geröll abfahren, dann durch das Cadin delle Vette Nere hinaus (leicht rechts halten, Spuren). Schließlich stößt man auf ein Weglein (ziemlich verwachsen), das fast horizontal in die weite Senke des Passo Siera (1592 m) führt.
Orientierung Weitgehend problemlos; keine Hinweistafel am Einstieg zur »Ferrata«, aber deutliche Spur nach dem markanten Zwischenabstieg am »Corbellini-Steig«. Am Klettersteig rote Triangel-Markierung.
Einstufung Erster Teil mittel, zweiter Abschnitt schwierig. Hervorragend gesichert, sehr lang (Kondition).

Grandiose Kulisse am »Corbellini-Steig«.

246 Sentiero attrezzato al Cornòn

Bivacco Caimi, 2047 m

Leicht

Noch stiller als drüben in den »Pesariner Dolomiten« ist es in der Brentoni-Gruppe. Auch hier gibt es eine kleine gesicherte Route, quer durch die Ostflanke des Cornòn zum Biv. Caimi. Weg und Hütte gehen auf den Ersten Weltkrieg zurück, dienen aber längst zivilen Zwecken. Und warum nicht gleich in der Holzhütte übernachten und anderntags den Monte Cornòn (2378 m) besteigen? Die Anstiegsroute auf den markanten Zacken ist allerdings nicht bezeichnet und weist zudem einige leichte Kletterstellen (II) auf.

Wo? Das Val Frison trennt die Brentoni-Gruppe von den benachbarten »Pesariner Dolomiten«. Am ihrem Südrand verläuft die Strada Statale No. 619.
Ausgangspunkt Sella Ciampigotto (1790 m) an der Staatsstraße Nr. 619, 14 km von Lozzo di Cadore, 7 km von der Forcella Lavardet. Wenig östlich der Scheitelhöhe steht das Rif. Fabbro (1783 m).
Wegverlauf Sella Ciampigotto – Forcella Camporosso – Forcella Valgrande (2044 m) – »Sentiero al Cornòn« – Biv. Caimi.
Gehzeiten Sella Ciampigotto – Forcella Valgrande 2¾ Std., Forcella Valgrande – Biv. Caimi 1 Std., Rückweg 3¼ Std.; alternativ auch Abstieg ins Val Frison möglich, 1½ Std.
Hütte Biv. Caimi (2045 m), stets zugänglich.
Orientierung Problemlos, bezeichnete Wege; CAI-Nummern 332, 334.
Einstufung Leicht, nur kurze gesicherte Passagen.

247 Monte Tinisa, Überschreitung

Monte Tinisa, 2120 m

Leicht

Wer sich in diesen abgelegenen Bergwinkel nordwestlich von Ampezzo verirrt, erlebt eine kleine Überraschung. Nein, den Stausee mit seiner kühn zwischen die Felswände verankerten Betonmauer meine ich nicht (obwohl's an ihr eine luftige »Via ferrata« gibt, immerhin etwa 100 Meter hoch und extrem steil), sondern die Kirche von Sauris: Tiroler Gotik. Hier siedelten nämlich im Spätmittelalter Bauern aus Osttiol. Einige Häuser in Ober- und Unterzahre (heute amtlich: Sàuris) zeigen ebenfalls noch unverkennbar nordische Formen, und es soll sogar noch ein paar alte Leute geben, die ihre Muttersprache nicht verlernt haben ...
Überraschendes hält auch die Flora bereit, die einen selbst für südalpine Verhältnisse ungewöhnlichen Artenreichtum aufweist. Erleben kann man diese »kleinen« Sehenswürdigkeiten auf einem markierten Naturlehrpfad (»Sentiero Tiziana Weiss«). Er bildet gewissermaßen die Verlängerung der abschnittweise gesicherten Kammroute am Monte Tinisa: etwas Ferrata-Feeling, ein tolles Panorama und jede Menge Natur – genug für einen schönen Bergtag, oder?

Wo? Sàuris (1205 m) liegt in einem Seitentals des Tagliamento, 14 km von Ampezzo durch die wilde Klamm des Lumiei-Bachs. Man erreicht den Ort auch über eine ehemalige Militärstraße (Ampezzo – Passo della Pura – Sauris, 22 km).
Ausgangspunkt Rif. Tita Piaz (1417 m) wenig nördlich des Passo della Pura.
Wegverlauf Rif. Tita Piaz – Rio della Calcina – Monte Tinisa – Forcella Malpasso (ca. 1960 m) – Casera Tintina (1495 m) – Rif. Tita Piaz.
Gehzeiten Insgesamt 5¼ Std.; Rif. Tita Piaz – Monte Tinisa 3 Std., Rückweg über die Forcella Malpasso 2¼ Std.
Verlängert man die Runde um den »Sentiero Tiziana Weiß« über die Forca di Montôf (1822 m), ergibt sich eine Gesamtgehzeit von etwa 7½ Std.
Hütte Rif. Tita Piaz (1417 m) am Passo della Pura.
Orientierung Problemlos, gut markierte Wege. CAI-Nummern 215, 240, 233.
Einstufung Leicht, ein paar gesicherte Passagen am Kamm des Monte Tinisa.

248 Ferrata Cassiopea

Torrione Comici, ca. 2220 m

Sehr schwierig

Nur etwa 100 Höhenmeter ist sie hoch, die Ferrata mit dem galaktischen Namen, doch die haben es in sich: naturbelassen eine Route im oberen IV. Grad, mit durchlaufender Drahtseilsicherung und einer (wesentlich leichteren) Abstiegsvariante. Leider sind die Fixseile keineswegs straff gespannt, sie hängen teilweise erheblich durch, was entweder zu sauberem Klettern oder artistischen Einlagen zwingt. Ersteres ist beabsichtigt, dürfte aber eher eine Illusion bleiben; da halten sich die meisten (schon aus Gewohnheit) lieber am Drahtseil fest.
Der Torrione Comici steht im hinteren Val di Suola. Den schönsten Blick auf die kühn aufstrebende Nordostkante des Turms hat man vom erst jüngst renovierten Rifugio Flaiban-Pancherini (1587 m). Am Aufstieg zum Passo del Mus kommt dann auch die Nordflanke ins Bild – »solo per esperti«!

Wo? Forni di Sopra (894 m) liegt am Oberlauf des Tagliamento, 32 km von Pieve di Cadore, 43 km von Tolmezzo.
Ausgangspunkt Am Tagliamento, unmittelbar bei der Mülldeponie (Brücke, 837 m). Kurze Zufahrt vom Ortsteil Andrazza, Parkmöglichkeit.
Wegverlauf Tagliamento-Brücke – Rif. Flaiban-Pacherini (1587 m) – Passo del Mus (2063 m) – »Ferrata Cassiopea« – Torrione Comici.
Gehzeiten Insgesamt 6½ bis 7 Std.; Tagliamento-Brücke – Rif. Flaiban-Pacherini 2 Std., Rif. Flaiban-Pacherini – Passo del Mus 1½ Std., »Ferrata Cassiopea« ½ bis ¾ Std., Abstieg auf dem gleichen Weg 2½ bis 2¾ Std.
Hütte Rif. Flaiban-Pacherini (1587 m) im Val di Suola.
Orientierung Einfach, CAI-Nummer 362. Am Weg von der Hütte zum Passo del Mus aufpassen, daß man bei einer (nur undeutlich) bezeichneten Verzweigung nicht geradeaus läuft!
Einstufung Sehr schwierig, Abstieg leichter.

249 Sentiero attrezzato Vittorio Barini

Forcella La Sidon, 2280 m

Leicht

Es muß ja nicht immer ein verwegen-luftiges Steilwandabenteuer sein! Das Tourenrevier rund ums Val di Suola bietet auch leichtere Ziele, große dazu wie den Monte Pramaggiore (2478 m). Und der (lange) Anstieg auf den höchsten Gipfel der gleichnamigen Berggruppe hält sogar ein paar gesicherte Passagen bereit, im neu trassierten Anstieg zur Forcella La Sidon. Er mündet etwas oberhalb des düsteren Schlundes (alter Zugang, steinschlaggefährdet, aber noch begehbar) auf den Kamm; wenig später ist die Forcella Pramaggiore (2295 m) erreicht, und eine halbe Stunde danach steht man ganz oben, am gleichnamigen Gipfel, genießt die faszinierende Rundschau. Und wer dann noch nicht versteht, weshalb die Berge im Winkel zwischen Tagliamento und Piave »Dolomiti d'oltre Piave« heißen!

Wo? Forni di Sopra (894 m) liegt am Oberlauf des Tagliamento, 32 km von Pieve di Cadore, 43 km von Tolmezzo.
Ausgangspunkt Am Tagliamento, unmittelbar bei der Mülldeponie (Brücke, 837 m). Kurze Zufahrt vom Ortsteil Andrazza, Parkmöglichkeit.
Wegverlauf Tagliamento-Brücke – Rif. Flaiban-Pacherini – Passo di Suola – »Sentiero Barini« – Forcella La Sidon – Forcella Pramaggiore (2295 m) – Monte Pramaggiore (2478 m). Für den Abstieg bietet sich zwischen der Forcella Pramaggiore und dem Passo di Suola alternativ Weg 363 an, eine recht wilde, leider auch steinschlaggefährdete Route.
Gehzeiten Insgesamt 8¼ Std.; Tagliamento-Brücke – Rif. Flaiban-Pacherini 2 Std., Rif. Flaiban-Pacherini – Forcella La Sidon 2¼ Std., Forcella La Sidon – Monte Pramaggiore ¾ Std., Abstieg auf dem gleichen Weg 3¼ Std.
Hütte Rif. Flaiban-Pacherini (1587 m) im Val di Suola.
Orientierung Einfach, durchweg gut markierte Wege; CAI-Nummern 362, 363, 363A, 366.
Einstufung Leicht, Tour insgesamt sehr lang.

Felsbänder, oft schuttbeladen, zeichnen den Verlauf des »Sentiero Olivato« vor.

250 Sentiero attrezzato Olivato

Bivacco Vaccari, 2050 m

Leicht

Kein Weg für Himmelsstürmer! Wer sein Glück darin findet, oben zu sein, am Gipfel, möglichst am größten, höchsten, dem kann der »Sentiero Olivato« wenig bieten. Denn hier ist der Weg das Ziel, und der führt fatalerweise sogar leicht abwärts, vom Einstieg am Höhenrücken La Balota auf Geröll- und Felsbändern quer durch die Westabstürze des Cresta di Miaròn. Etwas für Genießer, die gerne unterwegs sind, die sich von einer Landschaft verzaubern lassen und auch kleine Sehenswürdigkeiten, wie etwa die Schopfige Teufelskralle, die hier überall im senkrechten Fels blüht, nicht übersehen. Da macht es dann auch nichts, daß man fast 150 Meter tiefer aus der malerisch-verwunschenen Kulisse entlassen wird, und diese »verlorene« Höhe beim Anstieg zur Forca del Cridola wieder eingeholt werden muß. Und wer ganz gut drauf ist, kann ja doch noch seinen Gipfel »abholen«: Über dem Karwinkel steht die Cridola (2581 m), eine verführerische Felsgestalt ...

Wo? Der Passo della Máuria (1298 m) verbindet die Täler des Piave und des Tagliamento, 21 km von Pieve di Cadore, 31 km von Ampezzo.
Ausgangspunkt Passo della Máuria (1298 m). Großer Parkplatz.
Wegverlauf Passo della Máuria – La Balota (ca. 1850 m) – »Sentiero Olivato« – Biv. Vaccari (2050 m) – Forca del Cridola – Forcella della Méscola (1967 m) – Passo della Máuria.
Gehzeiten Insgesamt 6¼ Std.; Passo della Máuria – La Balota 1¾ Std., »Sentiero Olivato« – Forca del Cridola 2¾ Std., Abstieg zum Mauriapaß 1¾ Std.
Hinweis Wer vom Biv. Vaccari aus die Cridola (2581 m) besteigen will, muß mit einer Gehzeit (hin und zurück) von etwa 3 Std. rechnen; markierter Weg (I).
Hütte Biv. Vaccari (2050 m) im obersten Valle del Cridola, stets zugänglich.
Orientierung Problemlos, die Wege sind gut markiert; CAI-Nummern 325, 340, 348.
Einstufung Leicht, Steinschlaggefahr.

251 Percorso alpinistico Osvaldo Zandonella

Spalla del Duranno, 2234 m

Mittel **A**

Eine Warnung vorab: Die Berge östlich des Piave, »le Dolomiti d'oltre Piave«, sie sind so wild wie einsam, lange, rauhe Wege überall. Wer große Touren mag, sich weder von Latschendickicht noch von sehr »lebendigen« Geröllreißen abschrecken läßt, wer ewiges Auf und Ab an Graten als Herausforderung empfindet und nicht gleich wegen ein paar fehlender Markierungen in Panik gerät, der ist hier goldrichtig. Willkommen im »Club«!
Exakt eine Prüfung dieser Art hält der »Percorso Zandonella« bereit: zum Auftakt ein langer Talhatscher, dann gut tausend Höhenmeter hinauf zum Kamm, wo die fünfstündige Überschreitung erst beginnt, weitgehend weglos, aber ordentlich markiert, da und dort auch gesichert. Eine Traumroute, die man sogar noch verlängern kann, über La Palazza (2210 m) hinaus bis zum Monte Borga (2228 m) – gut 10 Stunden oben, Tiefe rundum, im Panorama tausend Zacken, einfach grandios. Da trifft es sich gut, daß wenigstens am Fuß des Monte Duranno (2652 m) ein bewirtschaftetes Rifugium steht, die Maniago-Hütte (1730 m) …

Wo? Longarone (473 m), nach der Vajont-Katastrophe von 1963 (über 3000 Todesopfer!) völlig neu aufgebaut, liegt im Piavetal, auf halbem Weg zwischen Belluno und Pieve di Cadore. Östlich führt die Strada Statale No. 251 durch die Vajontschlucht nach Erto und weiter über den Passo di San Osvaldo (828 m) ins Cellinatal.
Ausgangspunkt Erto (778 m). Parkmöglichkeiten über dem Ort an der ins Valle Zemola führenden Straße.
Wegverlauf Erto – Rif. Maniago (1730 m) – Forcella della Spalla (2127 m) – »Percorso Zandonella« – Forcella Pagnàc di Dentro (1938 m) – Casera Bedin di Sopra (1711 m) – Erto.
Gehzeiten Insgesamt 11 Std.; Erto – Rif. Maniago 3 Std., Rif. Maniago – Forcella della Spalla 1¼ Std., »Percorso Zandonella« – Forcella Pagnàc di Dentro 4 Std., Forcella Pagnàc di Dentro – Erto 2¾ Std.
Hinweis Der zweite (ungesicherte) Abschnitt des »Percorso alpinistico Zandonella« führt von der Forcella di Zita (1958 m) auf teilweise schmalen Bändern durch die Westabstürze der Palazza und des Buscada-Kamms in die Forcella Borga (1793 m): zusätzlich etwa 4 Std., markiert.
Orientierung Die Route ist zwar markiert, bei Nebel muß man aber im teilweise weglosen Gelände gut auf die roten Farbtupfer achten. Biwakausrüstung!
Einstufung Mittel, A. Nur für erfahrene, konditionsstarke Bergsteiger!

252 Percorso attrezzato Rino Costacurta

Cresta di Fagoreit, ca. 2080 m

Schwierig **A**

Noch so ein Abenteuertrip, weit und einsam, die Runde um den Monte Teverone (2345 m). Mit viel Gesellschaft unterwegs darf man nicht rechnen, Belluno und seine Piazza Grande sind Lichtjahre weit weg, und »hinter« dem Teverone, auf den Gamsbändern und Felswinkeln, ist einem sogar der Blick hinunter auf die ins Grün getupften Dörfer des Alpago verwehrt. Doch tut man auch gut daran, sich auf die dünne Wegspur zu konzentrieren; einige Passagen sind sehr exponiert, die Sicherungen eher sparsam gesetzt. Nichts für jene, die das schnelle Felsabenteuer am straffen Drahtseil lieben – hier ist der »altmodische« Bergsteiger gefordert, dem der Tag nicht lang genug, der Weg nie zu weit sein kann.

Wo? Östlich von Belluno, über dem Lago di Santa Croce, liegen vor einem Kranz hoher Berge die Dörfer des Alpago. Hauptort ist Pieve d'Alpago (691 m), kurvenreiche, aber gut ausgebaute Zufahrten von der Autobahn A27.
Ausgangspunkt Casera Stabali (1049 m) am Eingang in den Venal di Montanes, Zufahrt ab Pieve d'Alpago über Plòis (888 m) und das Rif. Carota (1002 m) 7 km.
Wegverlauf Casera Stabali – Forcella Bassa dietro il Teverone (1928 m) – »Percorso Costacurta« – Cresta di Fagoreit (ca. 2080 m) – Casera Venal (1260 m) – Degnona (1102 m) – Casera Stabali (teilweise Straße).
Gehzeiten Insgesamt 7½ Std.; Casera Stabali – Forcella Bassa 2¼ Std., »Percorso Costacurta« 2¼ Std., Cresta di Fagoreit – Casera Venal 1½ Std., Rückweg via Degnona 1½ Std.
Orientierung Schwierig; Aufstieg bis zur verfallenen Alm Scalet Alta (1590 m) gut markiert, Weiterweg in die Forcella Bassa dietro il Teverone kaum bezeichnet, ebenso Abstieg zur Casera Venal. Rückweg zwar nicht markiert, mit Hilfe der Karte aber leicht zu finden.
Einstufung Schwierig, A. Einige sehr exponierte Passagen, Sicherungen nicht immer in bestem Zustand. Im Frühsommer ist die Route gefährlich (Altschnee, Steinschlag).

Nur selten stößt man auf so liebevoll gestaltete Wegschilder …

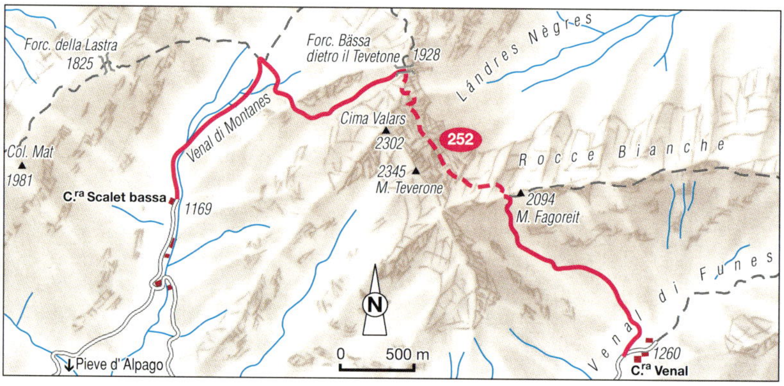

253 Monte Cavallo, Ferrata Sud

Monte Cavallo, 2251 m

Leicht

Es gibt gleich mehrere Gründe, auf den »Pferdeberg« zu steigen: die Aussicht, von so einem Belvedere am (Süd)Alpenrand natürlich riesig, und – besonders im Frühsommer – die Flora, schlicht überwältigend. Und dann ist da noch eine Via ferrata, nichts Aufregendes; gut 100 Höhenmeter kraxelt man am Drahtseil aus dem innersten Winkel des Val Sughet über die steile Gras-Fels-Flanke hinauf zum Gipfel.

Keine Ähnlichkeit mit einem Pferd: der Monte Cavallo, vom Weg zum Rif. Semenza.

Wo? Piancavallo (1283 m) ist ein Retortenskiort im Hinterland von Pordenone – zum Wegschauen. Breite Straßenzufahrt, knapp 20 km von Aviano.

Ausgangspunkt Piancavallo, beim großen Sportzentrum.

Wegverlauf Piancavallo – Val Sughet – »Ferrata Sud« – Monte Cavallo – Südwestgrat – Forcella del Cavallo (2055 m) – Val Sughet – Piancavallo.

Gehzeiten Insgesamt 5 Std.; Piancavallo – Ferrata Sud – Monte Cavallo 3 Std., Abstieg über die Forcella del Cavallo 2 Std.

Tip Eine sehr dankbare Runde, allerdings fast ohne Eisen, hat ihren Ausgangspunkt oberhalb von Tambre (Alpago) am Col Indes (1161 m, Parkplatz). Aufstieg zum Rif. Semenza (2020 m), dann über den Nordgrat (eine Passage gesichert) zum Monte Cavallo, Abstieg über den Südwestgrat und um den Cimon di Palantina (2190 m) herum zum Col del Cuc (1627 m); etwa 5½ Std., Stellen I.
Und noch eine wilde Tour: die Überschreitung des langen Grates über dem Val Salatis, vom Rif. Semenza (2020 m) zum Biv. Toffolón (1990 m) ein halbes Dutzend Gipfel, Kletterstellen bis II, zahlreiche exponierte Passagen, teilweise gesichert, gut 8 Std. Wouwh!

Orientierung Leicht, ordentlich markierte Steige; CAI-Nummer 924.

Einstufung Mittel, am Südwestgrat des Monte Cavallo ungesicherte Stellen I.

254 Sentiero alto del Prescudin

Monte-Messer-Nordostgrat, ca. 1490 m

Mittel **A**

Diesen Winkel in den Karnischen Voralpen braucht man als »tedesco« nun wirklich nicht zu kennen; die Venezianer allerdings wußten den hochstämmigen Wald in ihrem Hinterland sehr zu schätzen, wie ein Dokument aus dem 14. Jahrhundert beweist: Holz für den Schiffsbau. Heute steht der Bosco del Prescudin unter Naturschutz, im Talinnern gibt es zwei Biwaks und einen markierten Höhenweg. Er schneidet die nach Nordosten gerichteten Bergflanken in Höhen zwischen 1200 und 1500 Metern, zwischen Wald und Fels. Ein gemütlicher »Sentiero«? Keineswegs, die Route ist ein einziges Auf und Ab, sie läuft in felsige Winkel, folgt schmalen Bändern, man traversiert abschüssige Rinnen auf sehr beweglichem Untergrund, arbeitet sich über Geröllreißen, im Frühsommer gelegentlich über beinharte Lawinenkegel. Kein Wanderweg, aber auch keine »Via ferrata«, obwohl längere Passagen mit Drahtseilen entschärft sind, ein Abenteuerpfad halt, der garantiert keine Langeweile aufkommen läßt, versprochen!

Wo? In den Bosco del Prescudin kommt man vom Val Cellina, 30 km von Longarone, 18 km von Maniago.

Ausgangspunkt Westlich der Häuser von Arcola, an der Brücke (428 m) über die Cellina. Parkmöglichkeit, Weiterfahrt ins Val Prescudin nicht gestattet (Sperrschranke).

Wegverlauf Cellina-Brücke – Palazzo Prescudin (640 m; Straße) – Val del Tasseit – Sentiero alto del Prescudin – Biv. Val Zea (1245 m) – Val Prescudin – Cellina-Brücke.

Gehzeiten Insgesamt 8¾ Std.; Cellina-Brücke – Palazzo Prescudin 1¼ Std.; Palazzo Prescudin – Val del Tasseit (Abzweigung Biv. Pastour, ca. 1270 m) 2 Std., Sentiero alto del Prescudin – Biv. Val Zea 3 Std., Abstieg zum Palazzo Prescudin 1½ Std., Rückweg zum Val Cellina 1 Std.

Hütten Biv. Val Zea (1245 m), stets zugänglich.

Orientierung Ordentlich markierte Wege; CAI-Nummern 978, 978A, 980, 969.

Einstufung Mittel, A.

KARNISCHE ALPEN

Kleiner Steig, ganz groß: die (Hütten-)«Ferrata del Canalone«.

Die Dolomiten

Hier die berühmten Eisenwege der Dolomiten anzupreisen, hieße tatsächlich, Eulen nach Athen zu tragen. Wer kennt sic nicht, die »Costantini«, den »Pößnecker«, die »Tomaselli«, um nur einige zu nennen? Die Dolomiten sind – auch heute noch, trotz alpenweitem Boom – das Dorado für Klettersteiggeher, bieten sie doch weit mehr als nur einen schlichten Drahtseilakt. Der mag anderswo immer waghalsiger zelebriert werden, bleibt aber halt trotzdem Kopie. Was für ein Hochgefühl, über den steilen Grat der Punta Anna zu turnen, quer durch die Westflanke des Elferkofels zu spazieren, den zerklüfteten Südabsturz der Moiazza zu durchklettern! Einzudringen in die Felswinkel rund um die Riesenskulptur des Sass Maor, die

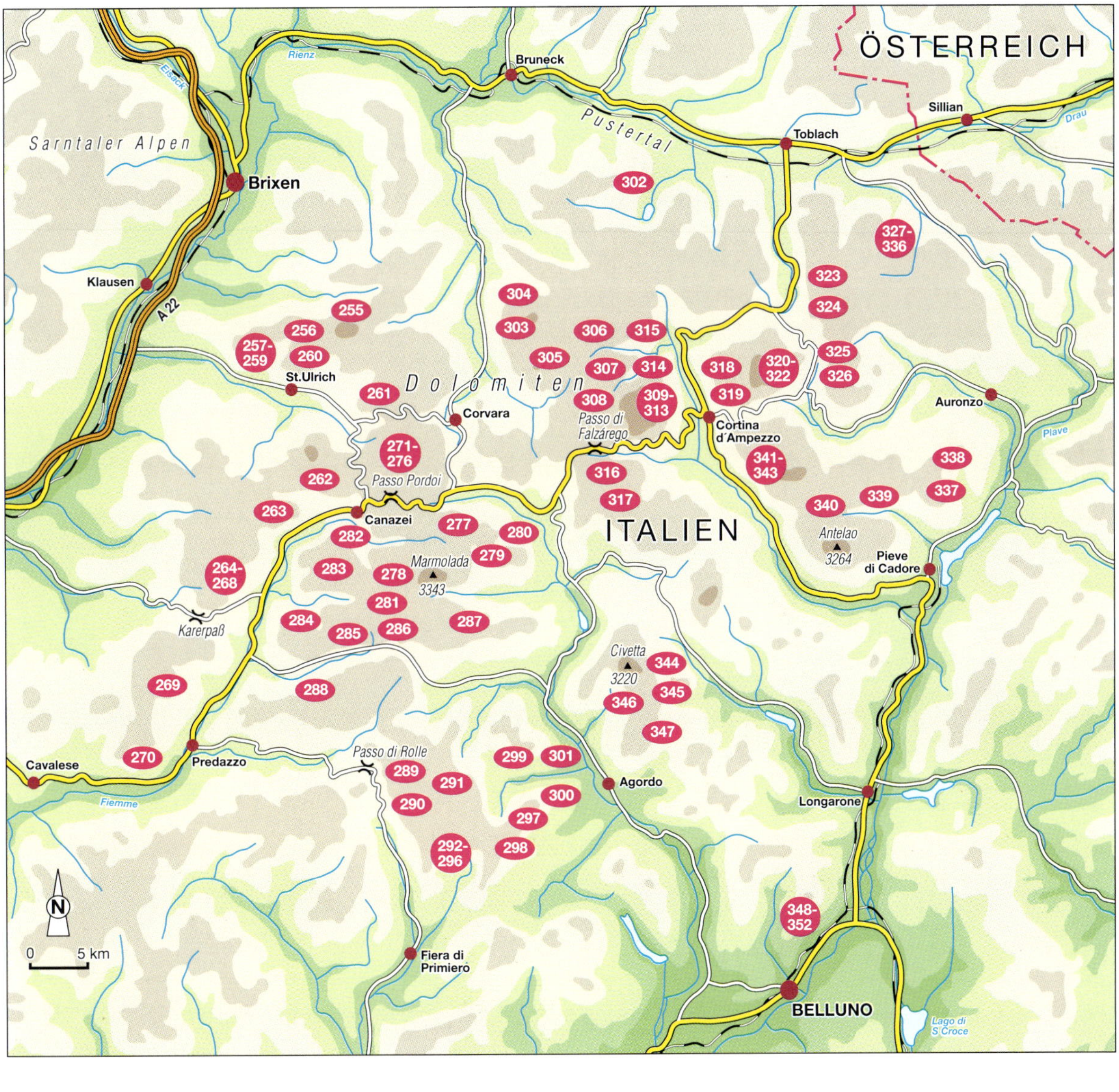

Meine Favoriten

- »Ferrata Bolver-Lugli« – fast eine Kletterroute (290)
- »Via ferrata del Portòn« – »Sentiero del Cacciatore« – ein steiler Landschaftstraum (293–295)
- »Via ferrata Olivieri« – was für ein Grat! (311)
- »Via ferrata degli Alleghesi« – »Via ferrata Tissi« – die schönste Überschreitung (344–345)
- »Via ferrata Costantini« – Kommentar überflüssig (347)
- etc., etc. …

Sellaburg am Drahtseil zu entern oder der Civetta aufs Haupt zu steigen.
Genug geschwärmt! Natürlich gibt es auch zwischen Eisack und Piave manche Eisenroute, die besser nie gebaut worden wäre, etwa rund um das Fassatal, ist mancherorts des Guten zuviel getan worden. Und so heil ist die (Berg-)Welt schon lange nicht mehr: zu viele Drahtseile, vor allem aber solche fürs Wintergeschäft!

Karten und Führer

Die Wander- und Kletterführer über die Dolomiten füllen ein ganzes Buchregal. Als Landkarten sind neben den »Tabacco« 1:25 000 auch die genauen und sehr plastischen Karten von LagirAlpina, ebenfalls im Maßstab 1:25 000, zu empfehlen. Nur vor Ort erhältlich.
Führer über die Klettersteige der Dolomiten gibt es zwei: von Paul Werner (Bergverlag Rother) und von Eugen E. Hüsler (Denzel-Verlag).

Eine Buchempfehlung

Die schönsten Gipfel der Dolomiten, vom Rosengarten bis in die Sextener Dolomiten, sind versammelt in »Gipfelziele der Dolomiten« von Eugen E. Hüsler, erschienen im Bruckmann-Verlag.

255 Peitlerkofel, gesicherter Steig

Peitlerkofel, 2875 m

Leicht

Viel Aussicht, aber wenig Eisen bietet dieser Gipfel im Nordwesten der Dolomiten. Da taucht der Blick tief ein ins Zackenmeer der »Bleichen Berge«, und im Norden und Nordwesten stehen die Dreitausender des Alpenhauptkamms Parade. Für den Aufstieg braucht es nicht mehr als einen sicheren Tritt – und etwas Geduld am felsigen, mit ein paar eisernen Antiquitäten versehenen Gipfelaufbau. Denn an Schönwettertagen im Sommer ist der Ansturm bisweilen beträchtlich, was dann zu Staus führt. Wer schlau ist, quert in diesem Fall gleich hinüber zum Kleinen Peitlerkofel, genießt den Blick in die senkrechte Nordwand des »Großen« und wartet auf eine günstige Gelegenheit fürs Finale.

Wo? Die etwas hochtrabend als »Brixner Dolomitenstraße« (Brixen – Gadertal) bezeichnete Route läuft direkt am Peitlerkofel vorbei.
Ausgangspunkt Würzjoch (1987 m), 29 km ab Brixen, 13 km von St. Martin in Thurn.
Wegverlauf Würzjoch – Peitlerscharte (2357 m) – Peitlerkofel; Abstieg auf dem gleichen Weg.
Gehzeiten Insgesamt 5¼ Std; Würzjoch – Peitlerscharte 1¾ Std., Peitlerscharte – Peitlerkofel 1¼ Std., Abstieg 2¼ Std.
Tip Als Ausgangspunkte für die Peitlerkofel-Tour kommen auch die Zannser Alm im Villnößtal sowie Campill in Frage.
Orientierung Problemlos.
Einstufung Leicht.

256 Günther-Messner-Gedächtnissteig

Aferer Geiseln, 2646 m

Leicht

Die Aferer Geiseln teilen das Schicksal so vieler Berge in unmittelbarer Nachbarschaft berühmter Gipfel: alpine Stiefmütterchen, kaum beachtet, wenig begangen. Wenn sich drüben am felsigen Kopf des Peitlerkofels die Gipfelstürmer gegenseitig auf die Zehen (oder Finger) treten, ist man auf der abschnittweise gesicherten Höhenroute, die nach dem im Himalaya tödlich verunglückten Bruder von Reinhold Messner benannt ist, meistens allein, allein mit der großen Schau auf die renommierten Nachbaren, die Geislerspitzen. Große alpinistische Anforderungen stellt die Route nicht, nur etwas Ausdauer muß sein. Kein spektakuläres Ferrata-Abenteuer, aber eine dankbare Runde, größtenteils auf gebahnten Wegen, gut markiert (auch Abstecher zum Tullen, 2653 m; 20 Min.).

Wo? Die Aferer Geiseln erheben sich zwischen dem Aferer und dem Villnößtal. Zufahrten über die »Brixner Dolomitenstraße« und durch das Villnößtal zum Halsl (1863 m).
Ausgangspunkt Russiskreuz (1729 m), 22.5 km von Brixen, 19 km von Klausen via St. Peter in Villnöß.
Wegverlauf Russiskreuz – Kofelwiesen – Furtschelle (2168 m) – »Günther-Messner-Steig« – Peitlerscharte (2357 m) – Russiskreuz.
Gehzeiten Insgesamt 7½ Std.; Russiskreuz – »Günther-Messner-Steig« – Peitlerscharte 5¼ Std., Rückweg nördlich der Aferer Geiseln zum Russiskreuz 2¼ Std.
Hütte Schlüterhütte (2297 m), 20 Min. südwestlich der Peitlerscharte.
Orientierung Problemlos, Steig mit »GM« markiert.
Einstufung Leicht, Ausdauer erforderlich.

Dolomitenprofil: am »Günther-Messner-Steig«.

257 Sass Rigais, gesicherter Normalweg
258 Sass Rigais, gesicherter Ostanstieg
259 Villnösser Einstieg
Sass Rigais, 3025 m

Leicht/Mittel

Langkofelgruppe, Sellastock und Geislerspitzen bilden die berühmte Felskulisse des Grödner Tals, ihre Hauptgipfel sind seit Luis Trenkers Jugendzeit beliebte Tourenziele. Aus jener Epoche dürften auch die ersten Sicherungen am Sass Rigais stammen. Er steht wuchtig über den weiten Almböden von Cisles; seine massig-breite Gestalt signalisiert vergleichsweise leichte Durchstiegsmöglichkeiten. Und der Normalweg über die Südwestflanke verlangt auch bloß einen sicheren Tritt.
Etwas anspruchsvoller, aber auch abwechslungsreicher ist die Überschreitung des mächtigen »Steins« von Ost nach West, aus dem Wasserrinnental zur Mittagscharte: Da bekommt man mehr Eisen in die Finger, der Fels ist steiler und einige ausgesetzte Passagen sorgen für angenehm leichten Kitzel. Der Aufstieg aus der Wasserrinnenscharte wartet mit einer fast senkrechten, aber bestens gesicherten 10-Meter-Rampe auf; am »Villnösser Einstieg« sorgen einige Querungen für etwas Spannung. Angelegt wurde der »Einstieg« 1983, um für die aus dem Villnößtal Kommenden den lästigen Zwischenabstieg zum südseitigen Normalweg auszuschalten.

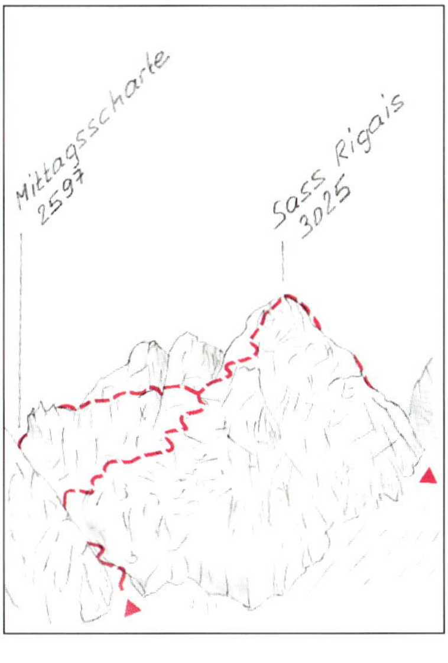

Wo? Ins Grödner Tal kommt man von der Brenner-Autobahn, Ausfahrt »Klausen«, 25 km bis St. Christina.

Ausgangspunkt Talstation des Gondelliftes zum Col Raiser, 1 km nördlich von St. Christina am Eingang ins Cislestal. Parkplatz.

Wegverlauf Col Raiser (2104 m) – Geislerhütte (Regensburger Hütte, 2037 m) – Cislesalm – gesicherter Normalweg – Sass Rigais.
Col Raiser – Geislerhütte – Wasserrinnental – Ostanstieg – Sass Rigais – »Villnösser Einstieg« – Mittagscharte – Col Raiser.

Gehzeiten **Normalweg:** Insgesamt 5¼ Std.; Col Raiser – Cislesalm 1 Std., Cislesalm – Sass Rigais 2¼ Std.; Abstieg auf dem gleichen Weg 2 Std. (bis St. Christina 3 Std.).
Ost-West-Überschreitung: Insgesamt 6¼ Std.; Col Raiser – Wasserrinnenscharte 3 Std., Ostanstieg 1 Std.; Abstieg zur Mittagscharte 1 Std, weiter zum Col Raiser 1¼ Std.

Hütte Geislerhütte (Regensburger Hütte, 2037 m).

Orientierung Problemlos, gut markierte, vielbegangene Wege.

Einstufung Normalweg leicht, Ostanstieg und »Villnösser Einstieg« mittel.

260 Piz Duledes, gesicherter Steig

Piz Duledes, 2909 m

Leicht

Einen Schönheitspreis bekommen die Puezspitzen ganz bestimmt nicht; Liebhaber archaisch-wilder Landschaften werden einen Abstecher auf die Höhen über dem Langental aber bestimmt genießen. Die kurze gesicherte Route unterhalb der Nivesscharte (2740 m), die einen Zugang von Westen ermöglicht, ist dabei eher Zugabe, sie verleiht der Besteigung des Piz Duledes aber etwas Pfiff. Für den Abstieg/Rückweg bietet sich die markierte und an einigen Stellen ebenfalls gesicherte Route über den Siëllesgrat an, und wer an der Forcella Forces de Siëlles (2505 m) dann noch nicht genug hat, kann den Col dla Pieres (2747 m) auch noch »mitnehmen«.

Wo? Ins Grödner Tal kommt man von der Brenner-Autobahn, Ausfahrt »Klausen«, 25 km bis St. Christina.
Ausgangspunkt Talstation der Gondelbahn zum Col Raiser, 1 km nördlich von St. Christina am Eingang ins Cislestal. Parkplatz.
Wegverlauf Col Raiser (2104 m) – Geislerhütte (Regensburger Hütte, 2037 m) – Val dla Roa – Forcella Nives (2740 m) – Piz Duledes (2909 m); Abstieg auf dem gleichen Weg oder zur Forcella Forces de Siëlles.
Gehzeiten Insgesamt 5¾ Std.; Col Raiser – Piz Duledes 3½ Std., Abstieg über den Siëllesgrat zum Col Raiser 2¼ Std.
Orientierung Bietet kaum Probleme; AV-Wegnummern 3, 2.
Einstufung Leicht.

261 Cirspitze V, Klettersteig

Cirspitze V, 2520 m

Mittel

Der Sägezahnkamm über dem Grödner Joch, filigranes Gegenstück zur Felsenfestung des Sellamassivs, ist beliebtes Fotomotiv der Dolomiten-Touristen, ihr höchster Zacken, der Gran Cir (Große Cirspitze, 2592 m), ein frequentiertes Gipfelziel mit kontrastreicher Aussicht und ein ganz klein wenig »Ferrata-Feeling«: zwei, drei Drahtseile erleichtern den Aufstieg über die teilweise ziemlich rundgetretenen Felsen. Einen richtigen Klettersteig bietet dagegen die Cirspitze V: kurz, aber steil, gut gesichert und recht luftig, zusammen mit dem Gran Cir ein Halbtagspensum.

Wo? Die Grödner-Joch-Paßstraße verbindet das Grödner Tal mit dem Hochabtei, 11 km von Wolkenstein, 10 km von Corvara.
Ausgangspunkt Grödner Joch (2121 m). Parkplätze beiderseits der Scheitelhöhe.
Wegverlauf Grödner Joch – Liftstation Dantercepies (2298 m) – Cirspitze V, Abstieg auf dem gleichen Weg.
Gehzeiten Insgesamt 2 Std.; Grödner Joch – Cirspitze V 1¼ Std., Abstieg 40 Min.
Tip Natürlich lohnt sich auch die Besteigung der Großen Cirspitze, ab Grödner Joch aus etwa 2 Std. hin und zurück. Von Dantercepies kann man hinüberqueren zum markierten Gipfelsteig.
Orientierung Problemlos.
Einstufung Mittel.

262 Oscar-Schuster-Steig

Plattkofel, 2964 m

Leicht A

Platt ist er, aber nur auf der einen Seite: eine riesige Schräge, nach oben hin weiß, kalk- oder schneeweiß, je nach Jahreszeit. Kein sehr einladender Anblick, und den Aufstieg wird man wohl nur im Winter gerne auf sich nehmen, der tollen Abfahrt wegen. Ganz anders dagegen die Innenseite des Plattkofels; da konkurriert er mit den bizarren Felsbauten von Zahnkofel, Innerkoflerturm, Langkofelkarspitze. Und durch dieses Dolomitenszenario der Spitzenklasse schlängelt sich der »Oscar-Schuster-Steig« gipfelwärts, insgesamt sechs Passagen sind gesichert, im übrigen ist man auf seinen sicheren Tritt angewiesen. Der ist wichtig, vor allem in der Linksquerung oberhalb der engen Scharte, die der Steig nur tangiert: keine Steine ablassen, es könnte ja noch jemand auf der Einstiegsrampe unterwegs sein!

Wo? Ins Grödner Tal kommt man von der Brenner-Autobahn, Ausfahrt »Klausen«, 25 km bis St. Christina.
Ausgangspunkt Monte Pana (1636 m), 2 km südlich über St. Christina. Asphaltierte Zufahrt, Parkplatz.
Wegverlauf Monte Pana – »Santnersteig« – Langkofelhütte (2253 m) – Plattkofelkar – »Oscar-Schuster-Steig« – Plattkofel – Plattkofelhütte (2300 m) – Piza da Urdil (2101 m) – Monte Pana.
Gehzeiten Insgesamt 8 Std.; Monte Pana – Langkofelhütte 2½ Std., Langkofelhütte – Plattkofel 2½ Std., Abstieg über die Plattkofelhütte zum Monte Pana 3 Std.
Hinweis Die Gondelbahn ins Langkofelkar ist außer Betrieb; der einst beliebte Zugang über die Langkofelscharte zur Langkofelhütte dadurch um 1¾ Std. länger. Für die Besteigung des Plattkofels vom Sellajoch aus (mit Rückweg über den »Friedrich-August-Weg«) muß man mit einer Gesamtgehzeit von etwa 8 Std. rechnen.
Orientierung Gut markierte Steige.
Einstufung Leicht, A. Im schattigen Plattkofelkar bleibt der Schnee bis weit in den Sommer hinein liegen. Steigeisen (nebst Wanderstöcken) mitnehmen!

Chronik der laufenden Ereignisse

- **1843** Am Normalweg zum Hohen Dachstein werden die ersten Sicherungen angebracht.
- **1869** Der Stüdlgrat am Großglockner wird gesichert.
- **1892** Eröffnung des »Wasserfallweges« in den Gesäusebergen.
- **1899** Der »Heilbronner Weg« wird fertiggestellt.
- **1903** Der Westgrat der Marmolada erhält seinen Klettersteig.
- **1906** Mit dem »Königschußwand-Steig« wird eine erste Kletterroute in der Rax zur Ferrata ausgebaut.
- **1915–1917** Im Ersten Weltkrieg werden entlang der Alpenfront zahllose Felsensteige gebaut; viele von ihnen sind inzwischen als Vie ferrate rekonstruiert, vor allem in den Dolomiten, am Karnischen Hauptkamm und in den Julischen Alpen.
- **1936** Das erste Teilstück der »Via delle Bocchette«, des großen Brenta-Höhenweges, ist fertiggestellt.
- **1938** Die »Ferrata Tissi« wird eingeweiht.
- **1952** Mit der »Ferrata Zacchi« entsteht der erste der Schiara-Klettersteige.
- **1967–1969** Einige der berühmten Dolomiten-Klettersteige werden gebaut: die »Lipella« an der Tofana di Rozes, die »Pisciadù« in der Sella und die »Tomaselli« in der Fanis.
- **1968** Mit der »Ferrata de Freissinières« bekommt Frankreich seinen ersten Klettersteig.
- **1970** Der Cimòn della Pala erhält zum Hundertsten seiner Erstbesteigung eine Ferrata: die »Bolver-Lugli«.
- **1972** Das letzte Teilstück am Bocchette-Weg, der »Sentiero Benini«, wird eröffnet.
- **1974** Die Super-Ferrata der Dolomiten: »Via ferrata Costantini«.
- **1976** Mit dem »Monte Albano« wird einer der ersten Sportklettersteige gebaut.
- **1986** Eröffnung des »Innsbrucker Klettersteigs«.
- **1987** Die Ferrata auf die Cima dell'Uomo in den Dolomiten wird wieder abgebaut.
- **1991** Nach der Eröffnung der beiden Klettersteige oberhalb von Les Vigneaux setzt in den Französischen Alpen ein Ferrata-Boom ein.
- **1993** Die Schweiz hat ihre erste Via ferrata: Tälli-Klettersteig.

263 Maximilianweg
Roterdspitze, 2655 m

Leicht

Zwischen dem mächtigen Schlern und den eleganten Felsbauten des Rosengartens wirken die Roßzähne bestenfalls wie der kümmerliche Rest eines stolzen (Fels-)Gebisses. Ein richtiger Gipfel läßt sich nicht ausmachen; die Karte verzeichnet – nahezu gleich hoch – einen Großen Roßzahn (2653 m) und die Roterdspitze (2655 m). Beide überschreitet man aus dem abschnittweise gesicherten »Maximilianweg«, einer weinig anspruchsvollen, aber recht reizvollen und druchgehend gut markierten Gratroute, die viel Aussicht auf die »richtigen« Dolomitengipfel rundum bietet.

Wo? Die Seiser Alm liegt am Westrand der Dolomiten, hoch über dem Eisacktal. Zufahrten via Kastelruth oder Völs, 20 km von Waidbruck, 26 km von Blumau.
Ausgangspunkt Hotelsiedlung Kompatsch (1844 m) am Endpunkt der Seiser-Alm-Straße. Großer Parkplatz.
Wegverlauf Kompatsch – Roßzähne-Scharte (2499 m) – Tierser-Alpl-Hütte (2440 m) – »Maximilianweg« – Schlernrücken – »Touristensteig« – Saltnerhütte – Kompatsch.
Gehzeiten Insgesamt 7¾ Std.; Kompatsch – Tierser-Alpl-Hütte 2¾ Std., »Maximilianweg« 2 Std., Schlernrücken – Kompatsch 3 Std.
Tip Für Konditionsstarke kommt auch Weißlahnbad (1173 m) als Ausgangspunkt für die Überschreitung der Roßzähne in Frage; Aufstieg durch das Tschamintal, Abstieg durch die »Bärenfalle« (ein paar Sicherungen, sehr steil). Gesamtgehzeit etwa 9½ Std.
Hütten Tierser-Alpl-Hütte (2440 m), Schlernhäuser (2450 m).
Orientierung Am Schlernrücken kann man sich bei Nebel leicht verlaufen. Insgesamt gut markierte Wege. Westlich des Großen Roßzahns markierter Abstieg zur Seiser Alm.
Einstufung Leicht.

264 Santnerpaß-Klettersteig
Santnerpaß, 2734 m

Leicht

Er gilt als Klassiker unter den Rosengarten-Klettersteigen, ist keine »moderne« Ferrata, aber beim Südtirol-Publikum nach wie vor sehr beliebt: Dolomiten pur, Fels zum Anfassen, Postkartensujets en masse. Und der Knaller zum Schluß: das Felstriumvirat der Vajolettürme. Beim Anblick der schlanken Felstürme, die ➡

Wo? Die »Rosengartenstraße« verläuft parallel zum Hauptkamm der Dolomitengruppe, von Tiers herauf zum Nigerpaß und weiter zur ➡

Vom Kesselkogel schaut man hinüber zur Rosengartenspitze (2981 m) und zum Santnerpaß, an dem ein beliebter Klettersteig ausläuft.

➡ hoch in den azurblauen Himmel wachsen, ist man dem siebten (Bergsteiger-)Himmel dann recht nahe ... Und der Abstieg/Rückweg durchs Gartl zur Vajolethütte und über das Tschagerjoch (2630 m) zurück zur Rosengartenhütte (2339 m) und zur Gondelbahn bietet dann nochmals viel fürs Auge (und die Kamera).

➡ »Großen Dolomitenstraße, 35 km ab Bozen bis zur Frommer Alm (1740 m).

Ausgangspunkt Mit dem Laurinlift schwebt man bequem hinauf zur Rosengartenhütte (2339 m), Ausgangspunkt mehrerer Höhen- und Paßwege.

Wegverlauf Rosengartenhütte – Santnerpaß – Gartl – Vajolethütte (2243 m) – Tschagerjoch (2630 m) – Rosengartenhütte.

Gehzeiten Insgesamt 5½ Std.; Rosengartenhütte – Santnerpaß 2 Std., Santnerpaß – Vajolethütte ¾ Std., Vajolethütte – Tschagerjoch – Rosengartenhütte 2¾ Std. Abstieg über den Klettersteig zur Rosengartenhütte 1½ Std.

Tip Wer in der Vajolet- oder Preußhütte übernachtet, kann anderntags eine Kesselkogel-Überschreitung (siehe 266) unternehmen oder den anspruchsvollen Laurenzi-Klettersteig (siehe 267) begehen.

Hütten Rosengartenhütte (2339 m), Santnerpaßhütte (2734 m), Gartlhütte (2621 m), Vajolethütte (2243 m), Preußhütte (2243 m).

Orientierung Problemlos, gut bezeichnete, vielbegangene Wege, CAI-Nummern 542, 541, 550.

Einstufung Leicht. Im Frühsommer in den Steilrinnen Hartschnee (Steigeisen).

265 Sentiero delle Scalette
Passo di Lausa, 2720 m

Leicht

Seit der Sperrung der Straße ins Vajolettal ist es rund um die Gardeccia etwas ruhiger geworden: die Blechlawine bleibt ausgesperrt. Nichts geändert hat sich dagegen auf den Wegen im Larsec-Massiv; da war man auch früher schon fast immer allein, allein in einer faszinierenden Bergregion: türmebesetzt ihre Mauern, Mondlandschaft im Innern. Den Einstieg erleichtert der Scalette-Weg, ein gesicherter Steig, aber unschwierig, etwas für echte Genießer, die den Reiz einer Route nicht bloß am »Eisengehalt« messen. Am Scalette-Weg braucht's keinen starken Bizeps, dafür eine gute Kondition, ist die Runde doch ganz schön lang. Noch anstrengender wird es, wenn man eine Überschreitung des Kesselkogels (3002 m) – einziger Dreitausender des Rosengartens – mit einbezieht; siehe 266.

Wo? Ins Fassatal kommt man von Bozen über den Karerpaß (1745 m), aus dem Grödner Tal über das Sellajoch, 41 bzw. 39 km bis Pera di Fassa (1326 m). Sessellift ins Vajolettal.

Ausgangspunkt Bergstation der Liftkette im Bosch de Larjes (2010 m).

Wegverlauf Bosch de Larjes – Gardeccia (1950 m) – »Sentiero delle Scalette« – Passo di Lausa – Antermojapaß (2770 m) – Grasleitenpaß (2599 m) – Vajolethütte (2243 m) – Bosch de Larjes.

Gehzeiten Insgesamt 6½ Std.; Bosch de Larjes – Gardeccia ½ Std., »Sentiero delle Scalette« – Passo di Lausa 3 Std., Passo di Lausa – Antermojapaß – Vajolettal – Bosch de Larjes 3 Std. – Mit Abstieg nach Pera di Fassa 7¾ Std. Gesamtgehzeit; bei einer Überschreitung des Kesselkogels kommt man auf etwa 9 Std.

Hütten Grasleitenpaßhütte (2599 m), Vajolethütte (2243 m), Preußhütte (2243 m), Rif. Gardeccia (1950 m).

Orientierung Im Larsecmassiv kann man sich bei Nebel leicht verlaufen, CAI-Wege 583, 584, 546.

Einstufung Leicht.

266 Kesselkogel, Überschreitung

Kesselkogel, 3002 m

Leicht

Er ist der einzige Dreitausender im Rosengarten und – etwas provokant ausgedrückt – der häßlichste Gipfel zwischen Rotwand und Molignon: oben flach, wie ein zerbeulter Kesselboden eben, massig, mit zerfurchten Flanken. Diesen »Furchen« folgen die beiden gesicherten Anstiege, vom Grasleitenpaß herauf über das markante, von weither sichtbare Westband, und aus dem Antermojakessel, auch über ein Diagonalband. Daraus ergibt sich eine Überschreitung, die neben packenden Dolomitenbildern auch etwas »Ferrata-Feeling« vermittelt. Letzteres muß man sich allerdings verdienen, sind die Zugangswege doch durchweg lang. Wer auf einer Hütte übernachtet, hat da bessere Karten: z.B. am nächsten Tag über die »Laurenzi-Ferrata« in den Karboden von Antermoia und anschließend via »Scalette-Weg« zurück ins Vajolet- und ins Fassatal (siehe 267 und 265).

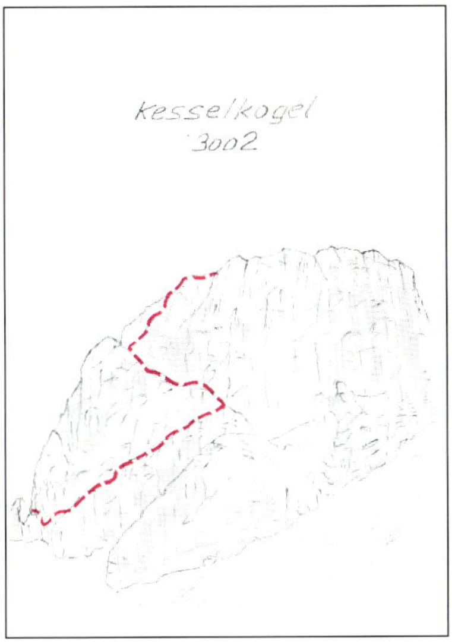

Wo? Pozza di Fassa und Pera (1326 m) liegen im Val di Fassa, 40 km von Bozen auf der »Großen Dolomitenstraße«.

Ausgangspunkt Ins Vajolettal kommt man mit dem Sessellift. Talstation bei Pera, Umsteigestation auf Pian Pecei (1806 m), Bergstation Bosch de Larjes (2010 m).

Wegverlauf Bosch de Larjes – Vajolethütte – Grasleitenpaß (2599 m) – Westweg – Kesselkogel – Ostweg – Antermojapaß (2770 m) – Grasleitenpaß – Vajolethütte – Pera.

Gehzeiten Insgesamt 8½ Std.; Bosch de Larjes – Grasleitenpaß 2½ Std., Grasleitenpaß – Kesselkogel 1½ Std., Ostweg – Antermojapaß – Grasleitenpaß 1¼ Std., Grasleitenpaß – Gardeccia – Pera 3¼ Std.

Hinweis Man braucht ostseitig nicht bis in den Karboden von Antermoja abzusteigen, sondern kann am Felsfuß gleich gegen den Antermojapaß hinüberqueren. Markierte Spur.

Hütten Vajolethütte (2243 m), Preußhütte (2243 m), Grasleitenpaßhütte (2599 m), Rif. Gardeccia (1950 m).

Orientierung Problemlos, gut bezeichnete Wege.

Einstufung Leicht, gute Kondition erforderlich. Steinschlaggefahr auf den Bändern des Kesselkogels.

267 Laurenzi-Klettersteig

Molignon, 2852 m

Schwierig

Ganz »hinten« im Rosengarten, fernab vom Rummel rund um Rotwand, Santnerpaß und Vajolettürme, erhebt sich der massige, dreigipflige Molignon, kein Modeberg, und das wird er auch nie werden, trotz der Drahtseile, die ihm vor ein paar Jahren angelegt wurden. Es handelt sich dabei um keine »Super-Ferrata«, doch die Gratüberschreitung ist nicht ohne Pfiff, vor allem ein großes Erlebnis mit der Überschrift »Rosengarten«. Und am Äußeren Molignon (2779 m) sowie beim Abstieg vom Inneren Molignon hat man doch einige recht rassige Klettersteigpassagen.

Wo? Ins Fassatal kommt man von Bozen über den Karerpaß (1745 m), von Gröden über das Sellajoch.

Ausgangspunkte Man kann die Tour sowohl im Val Duron als auch im Vajolettal beginnen. Von Campitello (1414 m) kurze Zufahrt bis zu einem Wanderparkplatz (ca. 1550 m), knapp 2 km. Von Pera di Fassa (1326 m) führt eine Liftkette ins Vajolettal, Bergstation Bosch de Larjes (2010 m).

Wegverlauf Val Duron – Malga Miravalle – Passo Ciarégole (2282 m) – Rif. Antermoia (2497 m) – »Laurenzi-Klettersteig« – Tierser-Alpl-Hütte (2440 m) – Mahlknechtjoch (2168 m) – Val Duron. Bosch de Larjes – Gardeccia (1950 m) – Grasleitenpaß (2599 m) – Molignonpaß (2598 m) – »Laurenzi-Klettersteig« – Val Antermoia – Antermojapaß (2770 m) – Grasleitenpaß – Gardeccia – Bosch de Larjes.

Gehzeiten Insgesamt 9½ Std.; Val Duron – Rif. Antermoia 4 Std., »Laurenzi- Klettersteig« – Tierser-Alpl-Hütte 3 Std., Abstieg ins Duron-Tal 2½ Std.
Insgesamt 8¾ Std.; Bosch de Larjes – Gardeccia ½ Std., Gardeccia – Molignonpaß 3 Std., »Laurenzi-Klettersteig 2½ Std., Rückweg über den Antermojapaß 2¾ Std.

Hütten Vajolethütte (2243 m), Preußhütte (2243 m), Grasleitenpaßhütte (2599 m), Rif. Antermoia (2497 m), Tierser-Alpl-Hütte (2440 m), Rif. Gardeccia (1950 m).

Orientierung Leicht, die Wege sind gut markiert, CAI-Nummern 532, 578, 580, 584, 594, 554.

Einstufung Schwierig, gute Kondition unerläßlich

268 Masarè-Rotwand-Klettersteig

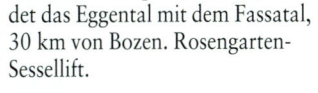

Rotwand, 2806 m

Mittel

Der Santnerpaß mag das klassische Traumbild des Rosengartens bieten, der vielzackige Felsgrat von der Punta Masarè (2585 m) zur Rotwand ist dafür das schönste Klettersteigrevier mit einer originell angelegten Route. Sie läuft um, über und zwischen den Türmen und Türmchen, ein lustiges, nie schwieriges Auf und Ab, das stets neue, überraschende Blick- ➡

Wo? Der Karerpaß (1745 m) verbindet das Eggental mit dem Fassatal, 30 km von Bozen. Rosengarten-Sessellift.

➡

→ punkte bietet, Fernsicht nach beiden Seiten inklusive. Unter dem Fensterlturm (2670 m) kann man die Übung abbrechen und zur Rotwandhütte absteigen; der zweite Abschnitt der Ferrata führt über die Rotwand in den Vajolonpaß, mit der steilen Schlüsselstelle gleich am Anfang. Der Rest ist dann mehr Wandern als Klettern, trotz fast durchlaufender Drahtseilsicherungen am zahmen Nordgrat. Doch was der Route hier an Pfiff fehlt, macht (zumindest bei klarer Sicht) das Gipfelpanorama wett.

→

Ausgangspunkt Bergstation des Liftes beim Rif. Paolina (2125 m). Man kann natürlich am Paß starten; die Gesamtgehzeit erhöht sich dadurch um etwa 1½ Std.

Wegverlauf Rif. Paolina – Rotwandhütte (2280 m) – Punta Masarè (2585 m) – »Masarè-Rotwand-Klettersteig« – Rotwand – Vajolonpaß – Rif. Paolina.

Gehzeiten Insgesamt 6 Std.; Rif. Paolina – Rotwandhütte – Punta Masarè 1¾ Std., »Masarè-Rotwand-Klettersteig« – Vajolonpaß 3 Std., Abstieg zum Lift 1¼ Std.

Hütten Rif. Paolina (2125 m), Rotwandhütte/Rif. Roda de Vael (2280 m).

Orientierung Bietet keine Probleme, ordentlich bezeichnete Wege; CAI-Nummern 549, 551, 552.

Einstufung Masarè mittel, Rotwand mit Ausnahme des Wandls gleich hinter dem Fensterlturm leicht.

Viel Kletterspaß bietet die Überschreitung von der Punta Masarè zur Rotwand. Am Horizont die Pala-Zacken.

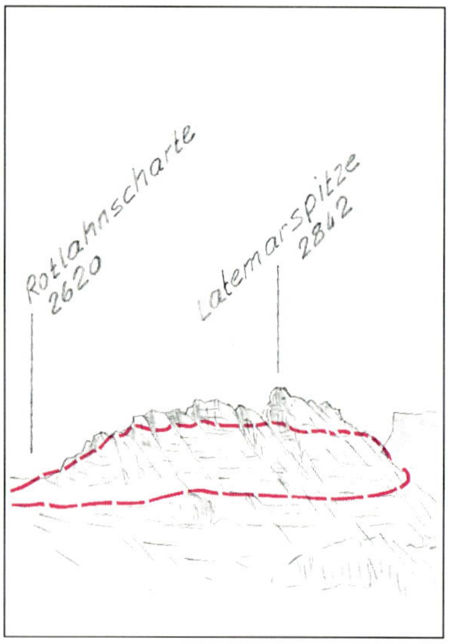

269 Sentiero attrezzato »Campanili del Latemar«

Rotlahnscharte – Große Latemarscharte, 2650 m

Leicht

Zweifellos gehört das Latemar, Felskulisse des Karersees, zu den meistfotografierten Bergen der Dolomiten, doch – Hand aufs Herz! – wer war schon oben, hat hinuntergeguckt zu dem bedauernswerten, im Sommer regelmäßig von Touristenhorden heimgesuchten Gewässer? Es lohnt sich, auch wenn das wenig zuverläßige Gestein kaum Kletterer anzieht; dafür hüpft auf der Rückseite des hohen Zackengrates ein Steig von Scharte zu Scharte, gut gesichert und wenig schwierig, für Geübte ein Panoramapfad erster Klasse mit zwar langen, aber nie langweiligen Zustiegen.

Wo? Den Ferienort Obereggen (1561 m) erreicht man von Bozen durchs Eggental über Birchabruck, 23 km. Sesselift Oberholz.

Ausgangspunkt Bergstation des Liftes (Oberholz, 2150 m). Alternativ kann man auf dem Reiterjoch-Sträßchen bis zum Epircher Lahner (1826 m) fahren; die Gesamtgehzeit erhöht sich dadurch um etwa 1 Std.

Wegverlauf Oberholz – Gamsstallscharte (2636 m) – Rotlahnscharte (2620 m) – »Sentiero attrezzato »Campanili del Latemar« – Große Latemarscharte – Gamsstalljoch – Oberholz.

Gehzeiten Insgesamt 5¾ Std.; Oberholz – Rotlahnscharte 2¼ Std., Sentiero attrezzato »Campanili del Latemar« 1 Std., Große Latemarscharte – Gamsstallscharte 1¼ Std., Gamsstallscharte – Oberholz 1¼ Std.

Hinweis Für den Hin- oder Rückweg empfiehlt sich der Umweg über das Rif. Torre di Pisa (2671 m) – sehr lohnend. Gesamtgehzeit knapp 7 Std.

Hütten Biv. Rigatti (2650 m) an der Großen Latemarscharte, Notunterkunft, stets zugänglich. Rif. Torre di Pisa (2671 m).

Orientierung Leicht, die Steige sind ordentlich bezeichnet. Wegnummern 18, 516.

Einstufung Leicht, luftigste Stelle eine senkrechte Leiter.

270 Sentiero Attilio Sieff
Punta Polse, 1450 m

Mittel

Man kann den kreuzgeschmückten Felsen, der oberhalb von Ziano di Fiemme aus dem Wald herausguckt, leicht übersehen. Wie auch das kleine Hinweisschild an der Hauptstraße, gleich gegenüber der Kirche: »Sentiero attrezzato«. Der Weiterweg ist dann kaum mehr zu verfehlen, und nach einer Stunde steht man am Einstieg: etwa 100 Höhenmeter am Drahtseil, mit einer originellen »Untendurch-Passage« und einem hübschen Blick aufs Fleimstal vom Gipfel.

Wo? Ziano di Fiemme (954 m) liegt im Fleimstal (Val di Fiemme), 9 km von Cavalese, 4 km von Predazzo.
Ausgangspunkt Ziano di Fiemme; Parkplatz bei der Kirche.
Wegverlauf Ziano di Fiemme – »Sentiero Sieff« – Punta Polse.
Gehzeiten Insgesamt 2½ Std., Aufstieg 1½ Std., Abstieg auf dem gleichen Weg 1 Std.
Orientierung Problemlos.
Einstufung Mittel, bei Nässe rutschig.

Auf diese stabile Hängebrücke mündet der beliebte Pisciadù-Klettersteig.

271 Pisciadù-Klettersteig
Rifuigo Pisciadù, 2585 m

Mittel

Zahlen gibt's zwar keine, aber in einer »Hitliste« der Dolomiten-Klettersteige wäre dem »Pisciadù« (»Via ferrata Brigata Tridentina«) ein Spitzenplatz sicher: Kaum eine andere Ferrata erfreut sich einer ähnlichen Popularität, und an dem Parkplatz beim Einstieg kann man bei Schönwetter schon mal hundert Autos zählen. Auf den vielen Eisensprossen kommt es dann leicht zu Staus, ein bunter Tatzelwurm ringelt sich um den aus festem Schlerndolomit aufgebauten Exner Turm, Karabiner klicken, schleifen an den fest verankerten Drahtseilen, die Tiefe nimmt rasch zu und den finalen Gag liefert eine solide Hängebrücke (die übrigens von der Grödner-Joch-Straße aus zu sehen ist), die aus dem Steilfels überleitet ins Flache: ein zweistündiger Kraxelspaß auf hervorragend gesicherter Route, vor einer großen Kulisse.

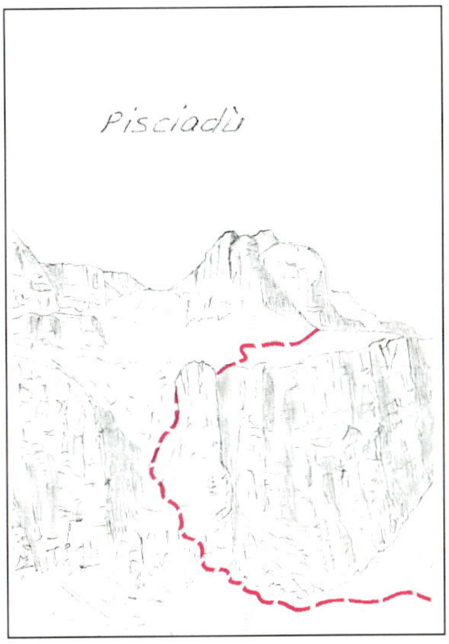

Wo? Das Grödner Joch (2121 m) verbindet Grödner Tal und Hochabtei (Alta Badia), 18 km von St. Ulrich, 10 km von Corvara.
Ausgangspunkt Parkplatz in einer Schottergrube (1956 m) an der Ostrampe der Paßstraße.
Wegverlauf Grödner-Joch-Straße – »Pisciadù-Klettersteig« – Rif. Pisciadù – Val Setus – Grödner-Joch-Straße.
Gehzeiten Insgesamt 3½ Std.; »Pisciadù-Klettersteig« – Rif. Pisciadù 2½ Std., Abstieg 1 Std.
Hütte Rif. Pisciadù (2585 m).
Orientierung Problemlos.
Einstufung Mittel, zweite Routenhälfte exponiert, mit Eisenbügeln und Drahtseilen aber komfortabel gesichert.

272 Pößnecker Klettersteig
Piz Selva, 2941 m

Schwierig

Daß Klettersteige keine Erfindungen unserer Zeit sind, belegt der »Pößnecker« auf eindrucksvolle Weise: Bereits 1910 angelegt, ist er eine reinrassige Ferrata, kühn in den fast senkrechten Sellafels trassiert. Und die rund 250 Höhenmeter bis zu dem großen Gerölltrichter unter dem Piz Ciavazes (2831 m) haben es wirklich in sich, von dem neuen Einstieg zu einer winzigen Kanzel und über die kaum gegliederte Wand. Da greift man gern zum dicken Seil, und nicht jede/r genießt den Blick in die schwindelnde Tiefe. Der zweite Abschnitt – hinauf zum Piz Selva – ist dann wesentlich leichter, vollzieht sich auch nicht mehr »außen« an der Sella-Burgmauer. Und anschließend: eine Höhenwanderung am Rand der Festung entlang, ein Gipfelchen nach dem andern bis zur Gamsscharte. Da muß man sich dann entscheiden: rechts hinab ins Val Lasties und hinaus zur Sellajoch-Straße oder nördlich hinunter zur Pisciadù-Hütte und zum Grödner Joch. Zurück zum Ausgangspunkt hilft dann der ausgestreckte Daumen …

Wo? Die Sellajoch-Straße verbindet Grödner und Fassatal, 18 km von St. Ulrich, 12 km von Canazei.
Ausgangspunkt Scheitelhöhe (2244 m) der Paßstraße.
Wegverlauf Sellajoch – »Pößnecker Steig« – Piz Selva – Gamsscharte (Forcella dai Ciamorces, 2923 m) – Val Lasties – Sellajoch.
Gehzeiten Insgesamt 7½ Std.; Sellajoch – Einstieg ¼ Std., »Pößnecker Steig« – Piz Selva 3 Std., Piz Selva – Piz Gralba (2972 m) – Piz Beguz (2974 m) – Gamsscharte 1¼ Std., Abstieg durch das Val Lasties und Rückweg zum Sellajoch 3 Std.
Hinweis Bei einem Abstieg zum Grödner Joch ergibt sich eine Gesamtzeit von 6½ Std.
Orientierung Bei Nebel auf dem Altopiano delle Meisules gut auf Markierungen achten! CAI-Nummern 649, 647, 656.
Einstufung Schwierig, am Morgen kann die westexponierte Route u. U. vereist sein.

DIE DOLOMITEN

273 Via ferrata Cesare Piazzetta

Piz Boè, 3152 m

Sehr schwierig **A**

Etwas für die »Extremen« unter den Klettersteiglern, für Leute mit Schmalz in den Armen und ohne jede Angst vor der Tiefe. Kraft (oder exzellente Klettertechnik) braucht's auf der jüngst verlängerten Route allemal, ein flaues Gefühl im Magen oder gar zittrige Knie kann man beim Gang durch den Steilfels überhaupt nicht gebrauchen. Konzentriertes Steigen, voller Einsatz wird verlangt, auch da, wo kein Drahtseil mehr weiterhilft. Die in jeder Beziehung äußerst anspruchsvolle Route läßt sich auch nur bedingt etwa mit der »Pisetta« vergleichen; man bewegt sich hier in hochalpinen Regionen, Schnee und Eis sind auch im Sommer möglich. Auf jeden Fall nur bei trockenem Wetter einsteigen! Und einen Notabstieg (falls man sich überfordert fühlt) gibt es hier nicht.

Wo? Das Pordoijoch (2239 m) verbindet das Fassatal mit dem Buchenstein (Livinallongo), 12 km von Canazei, 10 km von Arabba.

Ausgangspunkt Ossario del Pordoi (2229 m), etwa 1,5 km östlich vom Pordoijoch. Parkplatz.

Wegverlauf Ossario – Val de Joèl – Einstieg (ca. 2640 m) – »Ferrata Piazzetta« – Piz Boè – Forcella Pordoi – Pordoijoch – Ossario.

Gehzeiten Insgesamt 5¾ Std.; Ossario – Einstieg 1½ Std., »Ferrata Piazzetta« – Piz Boè 2½ Std., Abstieg 1¾ Std.

Hütten Capanna Fassa (3152 m) am Piz Boè, Rif. Forcella Pordoi (2829 m).

Orientierung Wenig schwierig, die Ferrata mündet unter dem Gipfelaufbau des Piz Boè in Weg 638.

Einstufung Sehr schwierig, A; größte Exposition, ungesicherte IIer Stellen.

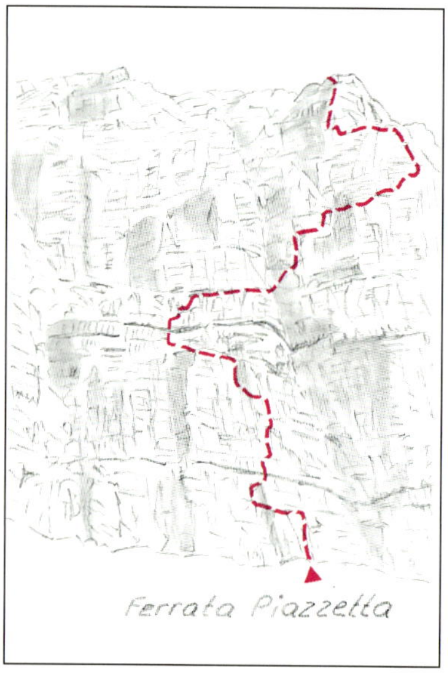

»Solo per esperti«: der senkrechte Einstieg zur »Ferrata Piazzetta« in der Sella.

274 Lichtenfelser Steig
275 Vallon-Klettersteig

Piz Boè, 3152 m

Leicht

Auf den Piz Boè kommt man nicht nur über senkrechten Fels, sondern auch gemütlich wandernd, und das tun Tausende jeden Sommer, vorzugsweise von der Seilbahnstation am Sass Pordoi (2950 m) aus. Nicht viel schwieriger, aber ungleich schöner ist der Anstieg von Osten, über den »Lichtenfelser Steig«: Ausdauer und ein sicherer Tritt genügen auf dem Weg, den einst die Sektion Lichtenfels des DuÖAV anlegte. Wem die große Kulisse und ein paar Drahtseile zu wenig sind, kann alternativ aus dem Vallon-Kessel zum »Lichtenfelser« aufsteigen: etwas mehr Eisen, sogar eine kleine Brücke und ein paar steilere Felsen. Unter der Eisseespitze (3009 m) stoßen die beiden Routen zusammen, und spätestens am Piz Boè ist es dann aus mit der »Bergesruh'«: unter dem übergroßen, mehr als nur häßlichen Reflektor herrscht rund um die Capanna Fassa gelegentlich ein Auftrieb wie am Stachus …

Wo? Corvara (1555 m) ist ein renommierter Ferienort im Hochabtei (Alta Badia), 36 km von Bruneck, 47 km von der Brenner-Autobahn über das Grödner Joch (2121 m). Eine Seilbahn führt südlich hinauf zum Crep de Mont (2198 m), ein Sessellift dann weiter an den Rand des Vallon-Kessels.

Ausgangspunkt Bergstation des Liftes (2537 m).

Wegverlauf Vallon – »Lichtenfelser Steig« – Eisseespitze (3009 m) – Piz Boè – Abstieg über Weg 638 – Vallon

Gehzeiten Insgesamt 4 Std.; Vallon – Piz Boè 2½ Std., Abstieg 1½ Std. Bei einem Aufstieg über den Vallon-Klettersteig erhöht sich die Gesamtgehzeit nur unwesentlich; absteigen tut man dann mit Vorteil über den »Lichtenfelser Steig«.

Hinweise Natürlich kann man die Tour auch am Crep de Mont beginnen; die schönste Runde beginnt allerdings am Pordoijoch (2239 m) mit der Panoramawanderung auf der großen Geröllterrasse (ca. 2600 m) zur Kostner-Hütte. Vom Gipfel steigt man dann über die Pordoischarte ab zum Paß, ca. 7 Std.

Hütte Franz-Kostner-Hütte (2517 m) am Col de Stagn.

Orientierung Leicht, die Wege sind gut markiert; CAI-Nummer 672, 638.

Einstufung Leicht; am »Lichtenfelser Steig« kürzere, mit Drahtseilen gesicherte Passagen, Vallon-Klettersteig mit einer etwas anspruchsvolleren Stelle gleich hinter der kurzen Eisenbrücke.

276 Boèseekofel, Südwand-Klettersteig

Boèseekofel, 2911 m

Mittel

Kein gesicherter Wanderweg wie der »Lichtenfelser«, aber auch keine Extremroute wie die »Piazzetta«: der Klettersteig am Boèseekofel ist solides Mittelmaß. Solide verankert sind auch Drahtseile, Trittbügel und die beiden fast senkrechten, sehr exponierten Leitern hoch in der Wand, über die man von einem schmalen Felsband in leichteres Gelände entsteigt. Sie bilden die Schlüsselstelle der Via ferrata. Zum Gipfel ist es dann nicht mehr weit, und für den Abstieg nimmt man den aussichtsreichen »alten« Weg, über den Ostrücken, zuletzt nochmals über ein Felswandl (Eisenbügel).

Wo? Corvara (1555 m) ist ein renommierter Ferienort im Hochabtei (Alta Badia), 36 km von Bruneck, 47 km von der Brenner-Autobahn über das Grödner Joch (2121 m). Eine Seilbahn führt südlich hinauf zum Crep de Mont (2198 m), ein Sessellift weiter an den Rand des Vallon-Kessels.

Ausgangspunkt Bergstation des Liftes (2537 m).

Wegverlauf Vallon – Südwand-Klettersteig – Boèseekofel – Ostrücken – Vallon.

Gehzeiten Insgesamt 3 Std.; Südwand-Klettersteig 2 Std., Abstieg über den Ostrücken 1 Std.

Hinweis Man kann die Tour natürlich auch am Crep de Mont oder gleich am Passo di Campolongo (1875 m) beginnen; Gesamtgehteit 4½ bzw. 6 Std.

Hütte Am Col de Stagn steht die Franz-Kostner-Hütte (2517 m).

Orientierung Leicht, die Wege sind ordentlich markiert.

Einstufung Mittel, Höhe der Ferrata etwa 300 m; einige Passagen sehr ausgesetzt.

Stets im Blickfeld an der »Ferrata delle Trincee«: das Marmolada-Massiv, hier die Punta Serauta. Über die Riesenschräge läuft die »Via Eterna«.

277 Via ferrata delle Trincee

La Mésola, 2727 m

Schwierig

Trincee – Schützengräben. Ihnen begegnet man an dieser Route allenthalben, doch das ist für Dolomiten- Klettersteige kaum ungewöhnlich. Viel ungewöhnlicher ist das Gestein: kein heller, griffiger Kalk, sondern Tuffe vulkanischen Ursprungs bauen den Padònkamm auf. Der Fels ist dunkel, fast schwarz, wirkt wie vernarbt. Was für ein Kontrast zum hell schimmernden Firnschild der Marmolada, zur doppelstöckigen Riesenburg der Sella!
Die »Ferrata delle Trincee« folgt dem zerklüfteten Kamm von der Porta Vescovo östlich bis in den Passo Padòn. Kernstück ist dabei die Überschreitung der Mésola; auch erfahrene Klettersteigler werden ordentlich gefordert, die Exposition ist teilweise beträchtlich, und das Vulkangestein erweist sich als ausgesprochen grifffarm.
Hinter dem Mésola-Ostgipfel kann man die Übung abbrechen und über Wiesenhänge zur Porta Vescovo zurückspazieren. Die Fortsetzung der gesicherten Route bis zum Padònpaß stellt keine vergleichbaren Anforderungen mehr, ist aber sehr lohnend und führt mehr als einmal ins (Tunnel-)Dunkel. Da ist man dann um ein Lichtlein froh – also Taschenlampe mitnehmen!

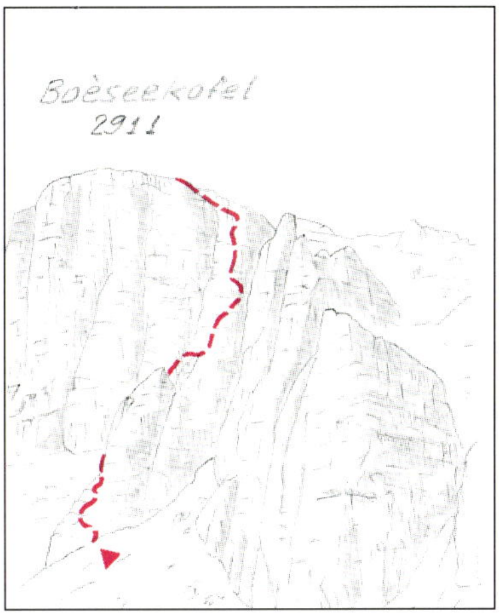

Wo? Der Padònkamm erhebt sich zwischen den großen Dolomitenmassiven der Sella und der Marmolada. Nördlich verläuft die »Große Dolomitenstraße« (Pordoijoch) südlich die Straße über den Passo di Fedaia (2056 m).

Ausgangspunkte Lago di Fedaia (2054 m), 12 km von Canazei bis zur Staumauer bzw. zum Rif. Castiglioni. Parkplatz.
Porta Vescovo (2478 m), Bergstation der von Arabba ausgehenden Seilschwebebahn.

Wegverlauf Rif. Castiglioni – Porta Vescovo – »Ferrata delle Trincee« – Passo Padòn (2369 m) – Lago di Fedaia.

Gehzeiten Insgesamt 5¾ Std.; Rif. Castiglioni – Porta Vescovo 1¼ Std., »Ferrata delle Trincee« – Passo Padòn 3¼ Std., Passo Padòn – Lago di Fedaia 1¼ Std.
Geht man von der Porta Vescovo aus, reduziert sich die Gesamtgehzeit auf 4½ Std. bzw. 2½ Std. (für den ersten Wegabschnitt).

Tip Länger, aber sehr aussichtsreich ist der Zugang vom Pordoijoch (2239 m) aus über die »Alta via del Padòn«, die als Kammroute sozusagen »eine Etage« über dem »Bindelweg« verläuft (den man für den Rückweg nehmen kann); Gesamtgehzeit 8½ Std.

Hinweis Die kurze Ferrata am Sas Ciapel (2557 m) ist nie fertiggestellt worden; es stecken aber noch ein paar Haken im Fels. Unbegehbar!

Hütten Rif. Padòn (2369 m); Biv. Bontadini (2550 m), Notunterkunft, stets zugänglich.

Orientierung Die Gratroute ist nicht zu verfehlen. Zugänge ordentlich markiert.

Einstufung Erster Abschnitt schwierig, sehr luftig; zweites Teilstück leicht.

278 Westgrat-Klettersteig
Marmolada, 3343 m

Mittel **A**

Die Marmolada, ladinisch Marmoleda, ist ein Berg der Superlative: höchster Gipfel der Dolomiten mit dem größten Gletscher, mit der größten (Süd-)Wand, der längsten Seilbahn – und dem ältesten Klettersteig. Zumindest in den Dolomiten, denn der »Hans-Seyffert-Weg« wurde bereits kurz nach der Jahrhundertwende (also vor dem »Pößnecker«) angelegt: Noch heute ist der Aufstieg an den langen Bügelreihen ein Erlebnis, nicht zuletzt natürlich aufgrund der großen Kulisse, zur Linken der Gletscher, rechts die 800-Meter-Mauer. Wer aus dem Contrintal heraufkommt, hat kaum Eisberührung, nur ganz oben läuft man in der ausgetretenen Firnspur zur Capanna Punta Penia und zum Kreuz, das den Gipfel der Dolomiten markiert. Der alte Gletscherweg vom Pian dei Fiacconi herauf, vielfach als Abstieg benutzt, darf nicht unterschätzt werden: Erfahrung in kombiniertem Gelände ist da unerläßlich (Eisausrüstung).

Wo? Zur Marmolada kommt man von Canazei über die Fedaiastraße, 12 km bis zum Stausee bzw. zur Talstation der Marmolada-Gondelbahn.

Ausgangspunkte Bergstation des Liftes am Pian dei Fiacconi (2626 m). Alba (1517 m), Parkplatz der Ciampac-Seilschwebebahn.

Wegverlauf Pian dei Fiacconi – Forcella della Marmolada (2896 m) – »Westgrat-Klettersteig« – Marmolada (Punta di Penia, 3343 m) – Abstieg auf dem gleichen Weg oder über den Marmolada-Gletscher.
Von Alba kommt man über das Rif. Contrin (2016 m) zur Marmolada-Scharte.

Gehzeiten Insgesamt 6½ Std.; Pian dei Fiacconi – Forcella della Marmolada 1¾ Std., »Westgrat-Klettersteig« 2 Std., Abstieg auf dem gleichen Weg 2¾ Std.
Gesamtgehzeit ab Alba mit Abstieg über den Gletscher 8½ Std., mit Abstieg auf dem Anstiegsweg etwa 11 Std.; Alba – Rif. Contrin 2 Std., Rif. Contrin – Forcella della Marmolada 2½ Std.

Hütten Rif. Contrin (2016 m); Capanna Punta Penia (3343 m), stets zugänglich, aber nur zeitweise bewirtschaftet.

Orientierung Klettersteig problemlos; Zugangswege gut markiert, CAI-Nummern 606, 602. Auf den Gletschern in der Regel ausgetretene Spur, am stark geschrumpften Vernel-Gletscher kaum Spalten.

Einstufung Mittel, A. Hochalpine Tour, nur bei sicherem Wetter gehen, von Alba aus mit Nächtigung im Rif. Contrin. Seil, Pickel und Steigeisen für den Gletscher!

279 Via Eterna
Punta Serauta, 2962 m

Schwierig

Eterna steht für »endlos«, und das paßt ganz gut zu der neuen Ferrata. Auf der Fahrt von Canazei zum Fedaiapaß, vorbei am gleichnamigen See, hat man ihn direkt vor sich, den hohen Gratrücken, der eine kleingezackte Linie zur Punta Serauta zieht, dann über gewaltige Plattenschüsse zum Pian di Lobia abfällt. Wer am Drahtseil die gut 800 Höhenmeter vom Einstieg wenig oberhalb des Passo di Fedaia zur Punta hinaufgekraxelt ist, kann's nachvollziehen: endlos. Und oben heißt in diesem Fall keineswegs, daß man am Ziel ist, ganz im Gegenteil, der rund einen Kilometer lange Kamm wartet mit ein paar sehr exponierten Passagen auf, da zeigt die Ferrata, daß sie nicht nur ungewöhnlich lang ist, sondern auch Klasse besitzt. Wen der Anstieg aber zu sehr geschlaucht hat, wer müde ist, kann dem (gesicherten) Tanz über dem Abgrund nicht mehr viel abgewinnen. Deshalb mein Vorschlag: einmal anders herum gehen. Die Seilbahn von Malga Ciapela zur Forcella Serauta nicht – wie es die meisten tun – für den Abstieg nehmen, sondern gleich mit der ersten Bahn hinauffahren und die »Eterna« von oben angehen: zuerst der Genußgrat, dann »abseilen« zum Fedaiapaß. Und zurück zum Ausgangspunkt hilft garantiert der ausgestreckte Daumen …

Wo? Über den Passo di Fedaia (2056 m) führt eine gut ausgebaute Straße, 14 km von Canazei, 17 km von Caprile.

Ausgangspunkt Scheitelhöhe bzw. viertoberste Straßenkehre an der Ostrampe der Paßstraße (ca. 1890 m).

Wegverlauf Passo di Fedaia – »Via Eterna« – Punta Serauta – Seilbahnstation Serauta (2930 m).

Gehzeiten Passo di Fedaia – Punta Serauta 4 Std., Punta Serauta – Seilbahnstation Serauta 2 Std.; in umgekehrter Richtung insgesamt etwa 4½ Std.

Orientierung Ein riesiges »F«, auf den Fels gemalt, markiert den Einstieg (2160 m) zur »Via Eterna«. Von der Forcella Serauta kann man durch den Vallon d'Antermoia absteigen, Markierungen und Wegzustand unsicher!

Einstufung Schwierig, sehr anstrengend. Auf den Plattenschüssen Steinschlaggefahr durch Voraussteigende (Helm).

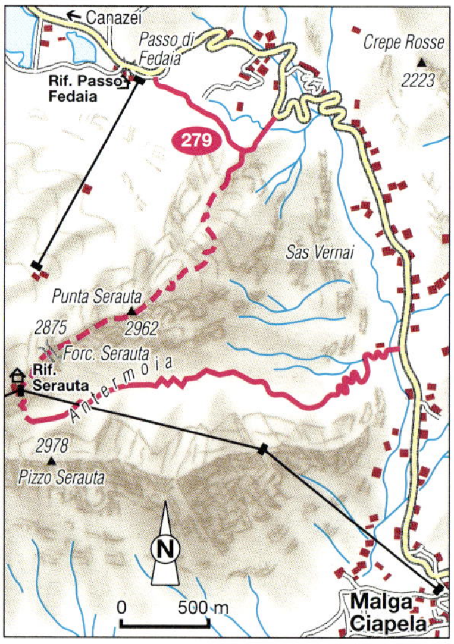

Auf den langen Klammerreihen des Marmolada-Klettersteigs.

280 Sass da Rocia, Via ferrata
Sass da Rocia, 1614 m

Leicht

Sie ist so kurz wie originell – und nicht leicht zu finden, die »Ferrata«. Denn beim Sass da Rocia handelt es sich um einen vergleichsweise winzigen Felsturm im Niemandsland zwischen Marmolada und Civetta. Gerade mal gut 50 Meter hoch sind Fels und Steig; der steinerne Würfel ist aber mehrfach gespalten. Daraus resultiert ein ungewöhnlicher Wegverlauf: zuerst zwängt man sich durch eine enge Felsklamm, dann leiten Eisenklammern senkrecht hinauf zu einer ersten soliden Brükke; eine zweite, längere »ponte« leitet hinüber zum Gipfelplateau. Und da steht eine schmucke (Selbstversorger-)Hütte mit dem poetischen Namen »Bivacco delle Stelle«, was die Vermutung nahelegt, daß der abgelegene Platz unter den Sternen wohl nicht nur tagsüber Besuch bekommt …

Die kleinste Ferrata der Dolomiten: Sass da Rocia.

Wo? Zufahrt von der Strada Statale No. 563 (Salesei – Caprile). Am Ortsrand von Digonera (1157 m) zweigt eine Serpentinenstraße hinauf nach Laste ab; sie setzt sich von Val bis zum Weiler Ronc (1508 m) fort, 5 km.

Ausgangspunkt Kleiner Parkplatz am Straßenende. Hinweistafel »Ferrata«.

Gehzeit Für den kleinen Abstecher gut 30 Min. hin und zurück.

Einstufung Leicht.

281 Ferrata Ombretta
Cima Ombretta di Mezzo, 2983 m

Mittel

Über die Nordflanke kommt man leicht auf den west-ost gerichteten Kamm der Cime d'Ombretta, eine Stunde Gerölltreten vom Passo Ombretta (2702 m). Einen markierten Zugang gibt es auch von Südwesten; er führt über den zwischen Ombretta und Sasso Vernale (3058 m) eingebetteten Karwinkel mit seinem winzigen Gletscher. Die rund 60 Meter hohe Felsbarriere am Westgrat des Vernale wird mit Hilfe solider Sicherungen überwunden; eine Stunde später steht man vor der grandiosen Südansicht der Marmolada.

Wo? Canazei (1450 m) ist ein berühmter Ferienort im obersten Fassatal, am Fuß der Paßstraßen zum Pordoi und zur Sella.
Ausgangspunkt Alba (1517 m), 3 km von Canazei. Großer Parkplatz bei der Talstation der Ciampac-Seilbahn.
Wegverlauf Alba – Rif. Contrin (2016 m) – Val de le Cirele – »Ferrata Ombretta« – Cima Ombretta di Mezzo – Passo Ombretta (2702 m) – Rif. Contrin – Alba.
Gehzeiten Insgesamt 8 Std.; Alba – Rif. Contrin 2 Std., Rif. Contrin – Wegverzweigung im Val de le Cirele 1½ Std., »Ferrata Ombretta« – Cima Ombretta 1½ Std., Cima Ombretta – Passo Ombretta – Rif. Contrin 1½ Std., Rif. Contrin – Alba 1½ Std.
Hütte Rif. Contrin (2016 m).
Orientierung Die Wege sind ordentlich markiert, CAI-Nummern 602, 607, 650, 610.
Einstufung Mittel.

282 Via ferrata dei Finanzieri
Colàc, 2715 m

Schwierig

Einst ein echtes »Mauerblümchen« in der großen Dolomitenkulisse von Canazei, ist der Colàc mittlerweile »sportlich« bestens erschlossen: im Winter baggert die große Seilbahn Skiläufer hinauf nach Ciampac (2147 m), im Sommer sind es die Klettersteigler, die mit der Funivia bequem bis fast zum Einstieg der »Ferrata dei Finanzieri« kommen. Die Route ist klar vorgezeichnet; sie folgt der mächtigen Verschneidung in der Westwand des Colàc gegen den Nordostgrat, gewinnt dann über gestuften Fels den Gipfel – ein rasanter Klettersteigspaß für Geübte. Und der Abstieg, der »hintenherum« in die Forcia Neigra führt, wartet ebenfalls mit etwas Eisen auf – Zugabe!

Wo? Canazei (1450 m) ist ein berühmter Ferienort im obersten Fassatal, am Fuß der Paßstraßen zum Pordoi und zur Sella. In Alba (1517 m), 3 km, liegt die Talststation der Ciampac-Seilbahn.
Ausgangspunkt Bergstation Ciampac (2147 m).
Wegverlauf Ciampac – »Ferrata dei Finanzieri« – Colàc – Forcia Neigra (2509 m) – Ciampac.
Gehzeiten Insgesamt 3¾ Std.; »Ferrata dei Finanzieri« – Colàc 2½ Std., Abstieg über die Forcia Neigra 1¼ Std.
Tip Man kann alternativ auch über den Passo di San Nicolò (2338 m) ins Val Contrin absteigen, vom Gipfel bis Alba 3½ Std., sehr lohnend.
Orientierung Problemlos.
Einstufung Schwierig, Steinschlaggefahr (Helm).

283 Sentiero attrezzato Lino Pederiva
Sass de Roces, 2618 m

Leicht

Was für ein Kontrast zum Fassatal! Wenn sich auf der »Großen Dolomitenstraße« die Autos stauen und ihre Abgase in den blauen Himmel blasen, in Vigo und Pozza ein rechtes Gewusel herrscht, ist man droben im hintersten Sankt-Nikolaus-Tal (fast) allein, allein mit einer großartigen Kulisse. Marmolada, Civetta, Pelmo, Langkofel und Rosengarten, Uomo und Cimòn della Pala, sie alle stehen ➡

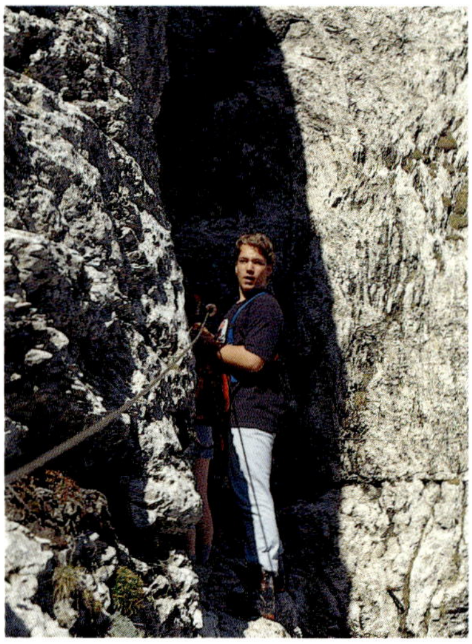

Die »Ferrata Gadotti« beginnt mit einer recht exponierten Querung.

Wo? Der Sass de Roces erhebt sich zwischen den Tälern von San Nicolò und Contrin. Zufahrt von Pozza di Fassa oder mit der von Alba (1517 m) ausgehenden Ciampac-Seilbahn.
Ausgangspunkte Ciampiè (1855 m) im innersten Val di San Nicolò, 7,5 km. Bergstation der Ciampac-Seilbahn (2147 m).
Wegverlauf Vom Val di San Nicolò aus: Ciampiè – Passo di San Nicolò (2338 m) – »Sentiero Pederiva« – Forcella Roseal (ca. 2440 m) – Foscac – Ciampiè.
Ausgangspunkt Ciampac: Ciampac – Sella Brunec (2428 m) – ➡

→ Parade bei der hübschen Höhenwanderung quer durch die abschüssigen Südhänge des Sass de Roces. Daß dabei ein paar Drahtseile über die Grasbänder leiten, nimmt man eher beiläufig zur Kenntnis: nichts für eingefleischte Ferratisten, aber eine schöne Promenade für Naturfreunde. Als Ausgangspunkte bieten sich das Val di San Nicolò und die Seilbahnstation Ciampac an; eine Kombination mit der »Ferrata dei Finanzieri« (siehe 282) ist möglich.

→ »Sentiero Pederiva« – Forcia Neigra (2509 m) – Ciampac.
Gehzeiten Gesamt ab Ciampiè 3½ Std., ab Ciampac 4½ Std.
Hinweis Der Sass de Roces (2618 m) wird vom »Sentiero Pederiva« nur tangiert; Besteigung über den Westgrat mit heikler IIer Stelle, unmarkiert.

Hütte Rif. Passo di San Nicolò (2338 m).
Orientierung Die Wege sind überwiegend gut markiert, CAI- Nummern 608, 613B, 613. Nicht bezeichnet ist der Abstieg aus der kleinen Gratsenke vor der Roseal-Kuppe; es handelt sich dabei um alte Almwege (leicht zu finden).
Einstufung Leicht.

284 Via ferrata Franco Gadotti
Sass Aut, 2555 m, und Valacia, 2637 m

Leicht

Etwas für Klettersteigler, denen nach mehr oder weniger ausgiebigem Kolonnengehen im Rosengarten der Sinn nach ruhigeren Berggefilden steht. Und da ist der Klettersteig auf der anderen Seite des Fassatals gerade richtig: nie überlaufen, aber eine interessante, wenig schwierige Überschreitung mit ein paar originellen Passagen, etwa am »Teufelsloch«, dazu einer fußballfeldgroßen Gipfelwiese (am Sass Aut) und einem grandiosen Panorama, mit massenhaft Edelweiß. Und der Gewißheit hinterher, einen ebenso schönen wie ausgefüllten Bergtag erlebt zu haben. Sicherungen gibt's nur am Sass Aut, in seinen Sockelfelsen, am Anstieg vom Nordgrat zum Gipfelplateau und in der langen, steilen Geröllrinne, durch die man absteigt, um anschließend über Geröllterrassen, Schneefelder und Karwinkel die Valacia anzusteuern.

Wo? Ins Val di San Nicolò kommt man von Pozza di Fassa auf einer ordentlichen Straße, 4 km bis zur Malga Crocefisso (1526 m).
Ausgangspunkt Parkplatz bei der Malga Crocefisso; beschränkte Parkmöglichkeit auch an der ins Valle dei Monzoni führenden Straße (Sperrschranke an der ersten Kehre, ca. 1600 m).
Wegverlauf Malga Crocefisso – Baita Monzoni (1792 m) – Biv. Zeni (2090 m) – »Ferrata Gadotti« – Sass Aut – Valacia – Rif. Valacia (2275 m) – Baita Monzoni – Malga Crocefisso.
Gehzeiten Insgesamt 7¼ Std.; Malga Crocefisso – Biv. Zeni 2 Std., »Ferrata Gadotti« – Valacia 3½ Std., Valacia – Malga Crocefisso 1¾ Std.
Hinweis Zum Biv. Zeni kann man auch vom Rif. Soldanella über eine »Direttissima« aufsteigen: sehr steil, 1½ Std.
Hütte Baita Monzoni (1792 m), Rif. Valacia (2275 m); Biv. Zeni (2090 m), Notunterkunft, stets zugänglich.
Orientierung Bei der Querung von der Baita Monzoni zum Biv. Zeni verläßt man die Forststraße nach etwa einer Halbstunde links; hier gut auf Markierungen achten! CAI-Nummern 603, 637, 630, 624.
Einstufung Leicht.

285 Alta via Bruno Federspiel
Spiz di Tariciogn, 2647 m

Leicht

Die Monzoni waren seit jeher das Ziel der Geologen, der Naturfreunde, nicht der Bergsteiger, und wenn man es in den schrofigen Bergflanken hämmern hört, hat das nichts mit Klettern zu tun: Mineraliensucher. Schon Alexander von Humboldt wußte um den Mineralienreichtum der Monzoni, die sich auch optisch stark von den benachbarten Dolomitgruppen unterscheiden. Also kein Kletterrevier, aber immerhin gibt es einen Gratweg, abschnittweise gesichert – und unvollendet. Die »Alta via Federspiel« sollte den Pas da le Sele (2528 m) mit der Costela (2491 m) verbinden, doch über den Spiz di Malinvern (2630 m) hinaus ist das Projekt nie verwirklicht worden. Was heißt: Zwischenabstieg ins »Trockene Kar« (Cadin Brut) und anschließend wieder hinauf zum Grat. Vor ein paar Jahren ist zwar versucht worden, den Grat der Pale Rabbiose zu sichern und zu markieren, doch das Gestein ist hier so bröselig, gefährlich brüchig, daß vor einer Begehung entschieden abgeraten werden muß: die Monzoni sind eben keine richtigen Dolomitenberge! Ein Tip: Die Kombination von »Bepi Zac«, »Federspiel« und »Gadotti« ergibt eine große Zwei-Tage-Überschreitung.

Wo? Ins Val di San Nicolò kommt man von Pozza di Fassa auf einer ordentlichen Straße, 4 km bis zur Malga Crocefisso (1526 m).
Ausgangspunkt Parkplatz bei der Malga Crocefisso; beschränkte Parkmöglichkeit auch an der ins Valle dei Monzoni führenden Straße (Sperrschranke an der ersten Kehre, ca. 1600 m).
Wegverlauf Malga Crocefisso – Baita Monzoni (1792 m) – Rif. Taramelli (2040 m) – Pas da le Sele (2528 m) – »Alta via Federspiel« – Sforcela de Ricoleta (2431 m) – Spiz del Malinvern (2630 m) – Cadin Brut – La Costela (2491 m) – Baita Monzoni – Malga Crocefisso.
Gehzeiten Insgesamt 8¾ Std.; Malga Crocefisso – Pas da le Sele 2¾ Std., »Alta via Federspiel« – Spiz del Malinvern – La Costela 4½ Std., La Costela – Malga Crocefisso 1½ Std.
Hinweise Aus der Sforcela de Ricoleta kann man nordseitig weglos ins innerste Monzonital absteigen. Gesamtgehzeit dann etwa 7 Std. Von einer Überschreitung der Pale Rabbiosa zur Costela kann ich nur abraten: Bruch!
Hütten Rif. Taramelli (2040 m), Rif. Passo le Selle (2530 m), Rif. Valacia (2275 m).
Orientierung Gut markierte Wege, CAI-Nummern 603, 616, 624.
Einstufung Leicht, aber sehr weit.

286 Alta via Bepi Zac
Cima di Costabella, 2762 m

Leicht

Sie gehören nicht zu den Modebergen, die Gipfel und Grate der südlichen Marmolada-Gruppe, die meisten fristen seit jeher ein Mauerblümchendasein, werden nur selten besucht. Wie der langgestreckte Kamm, der von den Monzoni über die Cima di Costabella ostwärts zieht und schließlich in dem Koloß der Cima dell'Uomo (3010 m) kulminiert. Nur einmal, für ein paar Jahre, lieferten diese Berge (traurige) Schlagzeilen: In Europa herrschte Krieg, die Front ging quer durch die Dolomiten. Und noch heute ist es der Kontrast zwischen der großen Landschaft und den Relikten jener unseligen Zeit, der den Wanderer besonders beeindruckt: dunkle Löcher im Fels, Schützengräben, Kavernen. Die wenigen Drahtseilsicherungen sind eher Nebensache, zumindest seit dem Abbau der Ferrata auf die Cima dell'Uomo. Und auch der gesicherte Zustieg zur Cima Colbel ist mittlerweile recht verlottert, weshalb man mit Vorteil aus der Forcella de Ciadin zum Passo di San Pellegrino absteigt.

Wo? Der Passo di San Pellegrino (1919 m) verbindet das Fassatal mit dem Tal des Biois, 12 km von Moena, 18 km von Cencenighe Agordino.

Ausgangspunkt Passo di San Pellegrino (1919 m); Parkplätze im Bereich der Scheitelhöhe. Bei Benützung des Sesselliftes »Paradiso« verkürzt sich der Anstieg zum Pas da le Sele um ¾ Std.

Wegverlauf Passo di San Pellegrino – Pas da le Sele (2528 m) – »Alta via Bepi Zac« – Cima di Costabella – Forcella de Ciadin (2664 m) – Passo di San Pellegrino.

Gehzeiten Insgesamt 6 Std.; Passo di San Pellegrino – Pas da le Sele 1¾ Std., »Alta via Bepi Zac« – Forcella de Ciadin 3 Std., Abstieg zum San-Pellegrino-Paß 1¼ Std.

Hinweis Man kann die Tour in östliche Richtung über die Cima delle Vallate (2837 m) bis zur Cima del Colbel (2809 m) fortsetzen und dann über den Om Picol (2483 m) zum San-Pellegrino-Paß absteigen, teilweise gesichert; Gesamtgehzeit 7¾ Std. Siehe oben!

Hütte Rif. Passo le Selle (2530 m).

Orientierung Die Wege sind ordentlich markiert.

Einstufung Leicht.

287 Via ferrata Paolin-Piccolin
Cima dell'Auta Orientale, 2624 m

Mittel

Der ebenmäßig gebaute Doppelgipfel der Cime dell'Auta – ein unverkennbares Profil – ist von vielen Dolomitenhöhen aus zu sehen; ihren Namen weiß aber kaum jemand. Dafür stehen zahlreiche berühmte Dolomitenberge im Panorama der »Hohen« (= auta) Zinnen. Und schon allein der faszinierenden Aussicht wegen lohnt sich ihre Besteigung, doch da sind noch die Blumenwiesen am Felsfuß, südalpin-üppig – und eine Via ferrata. Die wiederum zieht nicht unbedingt Blumenfreunde an, dafür Klettersteigler. Die Ferrata gehört zwar nicht zu den großen Klassikern in den »Bleichen Bergen«, rundet eine Gipfelüberschreitung aber angenehm ab. Und der Einstieg, 25 Meter in der Vertikalen, sorgt immerhin für etwas Kitzel; wer ohne zittrige Knie drüberkommt, hat schon bestanden, kann sich auf die Gipfelschau freuen – siehe oben.

Wo? Caviola (1127 m) ist ein kleiner Ferienort im Valle del Biois, 8 km von Cencenighe Agordino.

Ausgangspunkt Colmean (1274 m), Häusergruppe nördlich von Caviola, 2 km. Parkplatz.

Wegverlauf Colmean – Baita dei Cacciatori (1751 m) – »Ferrata Paolin-Piccolin« – Forcella del Medìl (ca. 2470 m) – Cima dell'Auta Orientale – Ostgrat – Weggabelung am Corn Negher – Baita dei Cacciatori – Colmean.

Gehzeiten Insgesamt 7 Std.; Colmean – Baita dei Cacciatori 1½ Std., Baita dei Cacciatori – »Ferrata Paolin-Piccolin« – Cima dell'Auta 3 Std., Abstieg 2½ Std.

Hütte Baita dei Cacciatori (1751 m).

Orientierung Die Wege sind ordentlich bezeichnet.

Einstufung Mittel, Steinschlaggefahr in der Rinne unterhalb der Forcella del Medìl.

288 Via attrezzata del Gronton
Gronton, 2622 m

Leicht

Porphyr ist kein Dolomit, die rote Farbe verrät es gleich, und zum Klettern eignet sich dieser Fels auch nur bedingt. Genaugenommen, zumindest aus der Sicht des Geologen, gehört die Bergkette südlich des San-Pellegrino-Passes ohnehin nicht mehr zu den Dolomiten, sondern zu dem (ebenfalls aus Porphyr aufgebauten) Lagorai. Und bei der »Via attrezzata« handelt es sich auch bloß um einen Höhenweg, mit ein paar Drahtseilen ausgestattet, keineswegs um eine echte »Ferrata«. Was soll's, auch wenn jetzt mancher eingefleischte Klettersteigler die Nase rümpft; die Gratüberschreitung von der Sforcela del Cajerin bietet vielleicht wenig Eisen, aber dafür viel Aussicht auch auf die »richtigen« Dolomiten; und die drei Lúsiaseen, stille Augen im Grün und Braun einer langgestreckten Karmulde, verleiten möglicherweise zu einem (kühlen) Bad ...

Wo? Zum Passo di Lúsia (2055 m) kommt man von Moena über die San-Pellegrino-Straße. Nach 2,5 km zweigt rechts die geschotterte und abschnittweise steile Zufahrt ab, weiter 6 km. Alternativ bietet sich eine Fahrt mit der »Funivia di Lúsia« an; von ihrer Bergstation Le Cune (2202 m) steigt man in ¼ Std. ab zum Passo di Lúsia.

Wegverlauf Passo di Lúsia – Sforcela del Cajerin (2363 m) – »Via attrezzata del Gronton« – Gronton – Sforcela de Boce (2543 m) – Laghi di Lúsia – Passo di Lúsia.

Gehzeiten Insgesamt 4 Std.; Passo di Lúsia – Sforcela del Cajerin 1¼ Std., »Via del Gronton« 1¼ Std., Abstieg 1½ Std.

Tip Von der Sforcela de Boce aus besteigt man in knapp ¾ Std. di Cima Bocche (Cimon de Boce, 2745 m).

Orientierung Problemlos, bis zur Sforcela de Boce CAI-Nummer 633.

Einstufung Leicht.

289 Sentiero attrezzato del Canalino

Passo Mulaz, 2619 m

Mittel

Zur Mulaz-Hütte kommt man auf verschiedenen Wegen: herauf aus dem Tal des Biois, vom Passo Costazza (2170 m) und seit ein paar Jahren auch über den »Sentiero del Canalino«. Der Ausgangspunkt (Passo di Valles) liegt verführerisch hoch, der Zugang ist eine einzige Aussichtspromenade, gesäumt von südalpinem Blumenzauber, der Aufstieg durch den Canalino dann rauh, steil, aber ordentlich gesichert. Mit Steinschlag muß man in dem engen Felskanal allerdings rechnen, ein riesiger Klemmblock zwingt zu einer akrobatischen Turnübung an soliden Eisenbügeln. Und am Paß heißt es dann: Fünf Minuten hinab zur Hütte oder noch eine Dreiviertelstunde hinauf zur Gipfelglocke auf dem Monte Mulaz (2906 m). Da bietet sich dann die große Rundschau: Blickfang und ganz nah ist die Nordkette der Pala mit Cima del Focobon (3054 m), Campanile di Val Grande und Cima dei Bureloni (3130 m).

Wo? Der Passo di Valles (2031 m) verbindet die Täler des Travignolo und des Biois, 20 km von Predazzo, 19 km von Cencenighe Agordino.
Ausgangspunkt Passo di Valles (2031 m); Parkplatz.
Wegverlauf Passo di Valles – Forcella Venegia (2217 m) – »Sentiero del Canalino« – Passo Mulaz – Focchetti di Focobon (2291 m) – Passo di Venegiota (2303 m) – Forcella Venegia – Passo di Valles.
Gehzeiten Insgesamt 5 Std.; Passo di Valles – Einstieg zum Canalino (ca. 2400 m) 2 Std., »Sentiero del Canalino« – Passo Mulaz ¾ Std., Rückweg über die Focchetti di Focobon 2¼ Std.

Tip Vom Passo Mulaz besteigt man in gut ¾ Std. den Monte Mulaz, markierter Weg.
Hütte Rif. Mulaz (2571 m) am gleichnamigen Paß.
Orientierung Bis hinter die Forcella Venegia CAI-Mark. 749, dann rote Pfeile, erst üppig, hinter dem Vallon della Venegiota teilweise undeutlich (schräg ansteigend zu einer auffallenden Kuppe). Rückweg CAI-Nummer 751.
Einstufung Mittel, Steinschlaggefahr im Canalino. Sicherungen teilweise beschädigt.

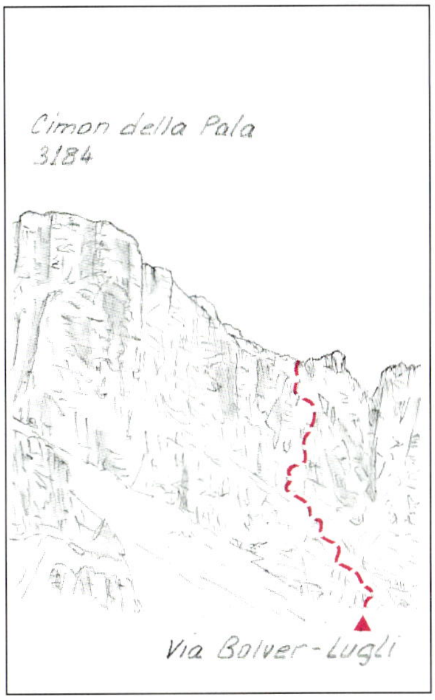

290 Via ferrata Bolver-Lugli

Bivacco Fiamme Gialle, 3005 m

Schwierig

Wenn's einen Klettersteig gibt, den ich besonders mag in der Pala, dann den »Bolver-Lugli«. Nicht nur wegen der großen Kulisse, der weiten Aussicht nach Westen, dem überraschenden Szenenwechsel oben am Grat; diese Route läßt einen klettern, das Drahtseil schaut zu, sichert – und aus dem »Ferratisten« wird unversehens ein »Climber«, der den III. Grad locker meistert. Die Route beginnt am schrofigen Wandvorbau eher gemütlich, zeigt erst oberhalb der 2500-Meter-Marke ihre Klasse. Im festen Schlerndolomit steigt man rasch höher, der Fels liefert überall gute Haltepunkte, nur an einer einzigen Stelle, dem Überstieg aus einer winzigen Scharte in die Wand, ist (zu Recht) ein Eisenstift angebracht. Die »Bolver-Lugli« zeichnet die Originalführe der Gebrüder Langes von 1921 elegant nach, wer gut drauf ist, genießt Tiefblicke, Aussicht und die Kletterei gleichermaßen. Am Grat (ca. 2950 m) läuft die Ferrata aus, und unvermittelt sieht man sich einer völlig neuen Szenerie gegenüber: ein weiter Geröllkessel, zum Valle dei Cantoni abfallend, darüber der massige Bau der Cima della Vezzana (3192 m) mit einer dünnen Wegspur, schräg ansteigend; halblinks, unter den Gipfelfelsen des Cimòn della Pala, hockt das Bivacco Fiamme Gialle.

Wo? San Martino di Castrozza (1466 m) liegt an der Südrampe der Rolle-Paßstraße, 30 km von Predazzo. Zufahrt zur Talstation des Col-Verde-Sessellifts.
Ausgangspunkt Col Verde (1965 m), Bergstation des Sesselliftes.
Wegverlauf Col Verde – »Ferrata Bolver-Lugli« – Biv. Fiamme Gialle – Passo del Travignolo (2925 m) – Valle dei Cantoni – Passo Bettega (2630 m) – Rif. Rosetta (2581 m) – Col Verde.
Gehzeiten Insgesamt 6¾ Std.; Col Verde – Einstieg (ca. 2280 m) 1 Std., »Ferrata Bolver-Lugli« 3 Std., Abstieg zum Col Verde 2¾ Std.
Hinweise Man kann die Tour auch an der Rolle-Paßstraße beginnen (Malga Fosse, 1936 m); Aufstieg über den »Sentiero dei Finanzieri«, Markierung 712.
Vom Passo del Travignolo (2925 m) besteigt man in ¾ Std. die Cima della Vezzana (3192 m), den höchsten Gipfel der Pala; Markierung 716.
Beim Abstieg kann man sich den Umweg über das Rif. Rosetta sparen; vom Passo Bettega gibt es einen markierten Abkürzer.
Hütten Rif. Rosetta (2581 m), Biv. Fiamme Gialle (3005 m), Notunterkunft, stets offen.
Orientierung CAI-Wege 706, 716, 701.
Einstufung Schwierig.

291 Via ferrata Gabitta D'Ignoti
Cima della Vezzana, 3192 m

Leicht

Als »Dach« der Pala bekommt die Cima della Vezzana natürlich recht häufig Besuch. Die meisten steigen von der Rosettahütte auf, da hilft die Seilbahn bis zum Pala-Plateau, andere nehmen den eleganten Weg über die »Ferrata Bolver-Lugli« (siehe 290). Schließlich gibt es auch noch einen nordseitigen Anstieg aus dem Val Grande, der das (arg geschrumpfte) Firnfeld des Val-Strut-Gletschers tangiert und über eine kompakte, wenig steile Felsrampe den Gipfel ansteuert – viel Geröll (Steinschlag!) und wenig Eisen, lediglich bei einer Überschreitung des großen Gipfels als Abstieg zu empfehlen. Die Drahtseilsicherungen befinden sich in einem recht desolaten Zustand.

Wegverlauf Col Verde (1965 m) – »Ferrata Bolver-Lugli« – Biv. Fiamme Gialle – Passo del Travignolo (2925 m) – Cima della Vezzana (3192 m) – »Ferrata Gabitta D'Ignoti« – Val Strut – »Sentiero delle Farangole« – Rif. Rosetta (2581 m) – Col Verde – San Martino di Castrozza.
Gehzeiten Insgesamt 9¾ Std.; Col Verde – »Ferrata Bolver-Lugli« – Biv. Fiamme Gialle 4 Std., Biv. Fiamme Gialle – Cima della Vezzana 1 Std., Cima della Vezzana – »Ferrata D'Ignoti« – Rif. Rosetta 3 Std., Rif. Rosetta – San Martino di Castrozza 1¾ Std.
Hütten Rif. Rosetta (2581 m); Biv. Brunner (2665 m) im Val Strut, Notunterkunft, stets zugänglich.
Orientierung CAI-Wege 706, 716, 703, 701.
Einstufung »Ferrata D'Ignoti« leicht, aber steinschlaggefährdet.

292 Sentiero Nico Gusella
Forcella Stephen, 2650 m

Leicht

Mehr Höhenweg als Klettersteig, bezaubert der »Sentiero Gusella« vor allem durch Bilder der unvergleichlichen Pala-Architektur: Fels bizarr. Und wenn dann unvermittelt das Traumduo Cima della Madonna-Sass Maor ins Bild kommt, ist man der Faszination dieser Berge wohl endgültig verfallen. Daß die gesicherten Passagen beim Aufstieg zur Forcella Stephen und in der Westflanke der Cima di Ball (2802 m) den erfahrenen Klettersteigler kaum besonders fordern, stört nicht; schließlich läßt sich der »Sentiero Gusella« ja bestens mit der überaus eisenhaltigen »Ferrata del Portòn« (siehe 293) kombinieren.

Wo? San Martino di Castrozza (1466 m) liegt an der Südrampe der Rolle-Paßstraße, 30 km von Predazzo. Mit Sessellift und Seilbahn kommt man bequem auf das Pala-Plateau.
Ausgangspunkt Bergstation (2609 m) der Rosetta-Seilbahn.
Wegverlauf Rosetta – Passo di Ball (2443 m) – »Sentiero Gusella« – Forcella Stephen (2680 m) – Forcella del Portòn (2480 m) – »Ferrata del Velo« – Rif. Velo della Madonna (2358 m) – San Martino di Castrozza.
Gehzeiten Insgesamt 6½ Std.; Rosetta – Passo di Ball 1½ Std., »Sentiero Gusella« – Forcella del Portòn 2 Std., »Ferrata del Velo« ¾ Std., Abstieg nach San Martino 2¼ Std.
Hinweis Vom Portòn kann man auch direkt in das Cadin sora Ronz absteigen; siehe 293/294.
Hütte Rif. Velo della Madonna (2358 m).
Orientierung CAI-Wege 702, 714, 739, 713, 721.
Einstufung Leicht; in der Schlucht unterhalb der Forcella Stephen Steinschlaggefahr.

293 Via Ferrata del Portòn
294 Via ferrata del Velo
Forcella del Portòn, 2450 m

Schwierig

»Fels pur.« Das bietet der Übergang von der Pradidali-Hütte zum Rifugio Velo della Madonna, hier ist man mitten im Kletterdorado Pala, rundum steiler Fels, dazu eine gesicherte Route, die kaum Wünsche offen läßt. Schon die erste »Himmelsleiter«, mit der die »Ferrata del Portòn« startet, läßt das Herz höher schlagen – oder ein Stückchen nach unten rutschen. Fast 120 Meter gewinnt man auf den Hakenreihen an Höhe, dann wendet sich die Route in die steinschlaggefährdete Klamm, die vom Portòn herabzieht. Im Rücken hat man die Cima Canali (2900 m), den Pradidali-Kessel dominierend, oben an der »Pforte« kommt die »Magic line« der Pala ins Blickfeld: die berühmte Schleierkante, italienisch Velo della Madonna. Die Fortsetzung der Klettersteigroute heißt denn auch logischerweise »Schleierweg«; vor dem Bau der Hütte führte der Klettersteig hinab zu den Wiesen von Ronz: »Ferrata della Vecchia« heißt die – mit etwas Vorsicht noch begehbare – alte (= vecchia) Route. Am Rifugio Velo della Madonna hat man dann die Qual der Wahl: hinab oder noch mehr Klettersteig, am »Sentiero Buzzati« oder am »Jägerweg«?

Ausgangspunkt Bergstation (2609 m) der Rosetta-Seilbahn.
Wegverlauf Rosetta – Passo di Ball (2443 m) – Rif. Pradidali (2278 m) – »Ferrata del Portòn« – »Ferrata del Velo« – Rif. Madonna del Velo (2358 m) – San Martino di Castrozza.
Gehzeiten Insgesamt 6¼ Std.; Rosetta – Rif. Pradidali 1¾ Std., »Ferrata del Portòn« 1½ Std., »Ferrata del Velo« ¾ Std., Abstieg nach San Martino 2¼ Std.
Hinweis Man kann die Tour auch im Val Canali beginnen und über den »Sentiero Buzzati« oder den »Jägerweg« absteigen (siehe 295/296).
Hütten Rif. Pradidali (2278 m), Rif. Velo della Madonna (2358 m).
Orientierung CAI-Wege 715, 739, 713, 721.
Einstufung Schwierig, Steinschlaggefahr.

Dolomitenzauber: Sass Maor (2814 m) und Cima Canali (2900 m).

295 Sentiero del Cacciatore
296 Sentiero attrezzato Dino Buzzati

Cima della Stanga, 2550 m

Leicht

Jagdsteige sind Schleichwege, und folgerichtig schleicht sich der »Sentiero del Cacciatore« über Bänder und kleine Felsstufen, durch Karwinkel und über Schrofenhänge hinauf zur Cima della Stanga: keine Ferrata, aber ein Dolomitenerlebnis par excellence, eine einzige Abfolge schönster Bergbilder: Kalenderwandern. Und das Frontbild liefert der Sass Maor (2814 m), eine Titanenskulptur.
Noch mehr »Art natur« bietet der »Buzzati-Steig«, ideale Ergänzung zum »Sentiero del Cacciatore«. Er läuft zunächst hinüber zum Cimerlo und steigt dann zwischen den Zacken und Türm(ch)en ab zu den Prati del Cimerlo. Und wenn leichte Nebel aufziehen, verwandelt die tiefstehende Sonne den steinernen Wald in ein phantastisches Szenario – da denkt man unwillkürlich an die Bilder und Geschichten des einheimischen Dichters, Malers und Alpinisten Dino Buzzati.

Wo? Fiera di Primiero (713 m) liegt im Tal des Cismon, am Südfuß des Rollepasses. Von Nordosten mündet das malerische Val Canali.
Ausgangspunkt Straßengabelung unterhalb der Prati Fosne (ca. 1320 m), Zufahrt von Fiera di Primiero über Piereni oder das Rif. Cant del Gal (1160 m), 10 km.
Wegverlauf Prati Fosne – »Troi de Ródena« – Pedemonte (1627 m) – »Sentiero del Cacciatore« – Cima della Stanga – »Sentiero Buzzati« – Prati Fosne.
Gehzeiten Insgesamt 7¼ Std.; Prati Fosne – Pedemonte 1¼ Std., »Sentiero del Cacciatore« – Cima della Stanga 3 Std., Abstieg über den »Sentiero Buzzati« 3 Std.
Orientierung CAI-Wege 719, 742, 747.
Einstufung Leicht.

DIE DOLOMITEN

297 Via ferrata Fiamme Gialle

Bivacco Reali, 2615 m

Mittel

So allmählich, ich merk' es schon, kommt mir die Objektivität abhanden: noch so eine Traumrunde. Aufstieg aus dem hintersten Val Canali über die »Ferrata Fiamme Gialle«, dann auf schmaler Spur um die Cime dei Vani Alti herum, im Vorblick den Sass d'Ortiga (2634 m) mit seiner Westkante, Abstieg auf der (Beinahe-)Ferrata durch die Vani Alti. Schöner, behaupte ich mal, sind die Dolomiten nirgendwo. Die Runde ist weit länger als der Klettersteig schwierig, und wenn man auch noch die Croda Granda (2849 m) besteigen will, ist eine Nächtigung in der Treviso-Hütte auf jeden Fall angebracht. Anderntags kann man ja den Sass d'Ortiga besteigen. Da gibt's allerdings keine Sicherungen, dafür ein paar leichte Kletterstellen (I, II).

Wo? Fiera di Primiero (713 m) liegt im Tal des Cismon, am Südfuß des Rollepasses. Von Nordosten mündet das malerische Val Canali.
Ausgangspunkt Wanderparkplatz knapp unterhalb der Malga Canali (1302 m), 8,5 km von Fiera.
Wegverlauf Val Canali – Rif. Treviso (1631 m) – »Ferrata Fiamme Gialle« – Biv. Reali; Abstieg auf dem gleichen Weg oder über die Forcella Vani Alti und den »Sentiero dei Vani Alti«.
Gehzeiten Insgesamt 7¼ Std.; Val Canali – Rif. Treviso 1¼ Std., Rif. Treviso – »Ferrata Fiamme Gialle« – Biv. Reali 3¼ Std., Abstieg auf dem gleichen Weg 2¾ Std.
Abstieg über den »Sentiero Vani Alti« 3½ Std.
Hinweis Für die Besteigung der Croda Granda muß man ab Biv. Reali 2 Std. rechnen (hin und zurück).
Hütten Rif. Treviso (1631 m); Biv. Reali (2615 m), Notunterkunft, stets zugänglich.
Orientierung CAI-Weg 707 bis zur (markierten) Abzweigung der »Ferrata Fiamme Gialle«. Klettersteig rot bezeichnet, ebenso der Abstieg über die Forcella Vani Alti. Croda-Granda-Anstieg grün markiert.
Einstufung Klettersteig mittel, Abstieg durch die Vani Alti mit IIer Stellen. Die Route sollte ursprünglich zum Klettersteig ausgebaut werden, Haken stecken im Fels (Partnersicherung möglich).

298 Ferrata del Canalone
Punta della Disperazione, Westgrat 1730 m

Schwierig

Viel mehr als eine Marginalie sind sie nicht, die etwa 50-Klettersteigmeter an dem Westpfeiler der Punta della Disperazione. Aber zu verzweifeln (= disperare) braucht darüber niemand; die Hüttenferrate, publikumswirksam in Sichtweite der Terrasse verlaufend, ist mit Sorgfalt angelegt, steil zwar (durchlaufendes Drahtseil, Eisenhaken), aber bestens gesichert. Und ob man zuschauen oder selber glänzen will, bleibt ja schließlich jedem/jeder überlassen …

Ausgangspunkt Wanderparkplatz knapp unterhalb der Malga Canali (1302 m), 8,5 km von Fiera di Primiero.
Wegverlauf Val Canali – Rif. Treviso – »Ferrata del Canalone« – Abstieg durch eine Geröllrinne (»Canalone«) – Rif. Treviso – Val Canali.
Gehzeit Insgesamt 2½ Std.; Val Canali – Rif. Treviso 1¼ Std., »Ferrata del Canalone« mit Abstieg ½ Std., Rif. Treviso – Val Canali ¾ Std.
Hütte Rif. Treviso (1631 m).
Orientierung Problemlos.
Einstufung Schwierig.

299 Sentiero del Dottor
Forcella dell'Orsa, 2330 m

Mittel

Die Wanderung von Col di Prà durch das Valle d'Angheraz hinauf zur »Bärenscharte« ist ein einziger Steigerungslauf, optisch zumindest: Aus einer Talumrahmung, die Kenner zu den schönsten der Dolomiten (schon wieder!) zählen, wird am Weg zum Bivacco Dordei (1370 m) ein grandioses Gipfelhalbrund, aus dem Wanderpfad ein Klettersteig, der die Felsbarriere luftig, aber mit soliden Sicherungen überwindet. Atemberaubend der Blick in den Talschluß und hinüber auf die von der Croda Granda zum Agner ziehende Kette. Der weitere Aufstieg vollzieht sich durch den steilen Schlauch des Valle d'Orsa, und am Drahtseil gewinnt man schließlich den schmalen Einschnitt der Forcella dell'Orsa. Und da gibt's dann den finalen Blick übers Val Canali, auf Sass Maor und Sass d'Ortiga. Bergsteigerherz, was willst du mehr?

Wo? Ins Valle di San Lucano kommt man von Taibon Agordino (618 m) auf einem ordentlichen Sträßchen.
Ausgangspunkt Col di Prà (843 m), 7 km von Taibon. Parkmöglichkeit.
Wegverlauf Col di Prà – Biv. Dordei (1370 m) – »Sentiero del Dottor« – Forcella dell'Orsa – Passo di Canali (2469 m) – Forcella del Miel (2520 m) – Col dei Fagher (1658 m) – Col di Prà.
Gehzeiten Insgesamt 8½ Std.; Col di Prà – Biv. Dordei 1¾ Std., Biv. Dordei – Forcella dell'Orsa 3 Std., Forcella dell'Orsa – Forcella del Miel 1 Std., Forcella del Miel – Col di Prà 2¾ Std.
Hinweise Knapp vor der »Bärenscharte« zweigt rechts der markierte »Sentiero Furlan« zur Forcella del Miel ab, rot-weiß-gelb markiert, etwas kürzer als der Weg über den Passo Canali. Von der Forcella dell'Orsa steigt man

in 1¼ Std. ab zum Rif. Treviso; vgl. 297.
Orientierung CAI-Wege 767, 707, 705.
Einstufung Mittel, gute Kondition erforderlich.

300 Via ferrata Stella Alpina
Monte Agnèr, 2872 m

Sehr schwierig **A**

Der »Edelweißsteig« ist ganz klar die anspruchsvollste Ferrata in der Pala, ein echter Leckerbissen, aber »solo per esperti!«. Rund 300 Höhenmeter im Steilfels, durch Risse und Verschneidungen, über Platten und durch Kamine, teilweise extrem ausgesetzt und ohne künstliche Tritte, nur mit einem straff gespannten Drahtseil – das verlangt Kletterfertigkeit, Kraft und Kondition. Anschließend quert man über Edelweißwiesen und riesige Plattenhänge (= Lastei), nur mehr mäßig steigend, in die Forcella del Pizzon (2623 m). Hier mündet der »Sentiero del Gran Canalone«, beginnt der – teilweise gesicherte, aber höchstens mäßig schwierige – Gipfelanstieg.
Beim Abstieg tut man gut daran, den schlecht markierten und stark von Steinschlag bedrohten »Sentiero del Gran Canalone« zu meiden; etwas weiter, aber ungleich schöner ist der »Weg der Erstbegeher«.

Wo? Der kleine Ferienort Frassenè (1084 m) liegt an der Strada Statale No. 347, 10 km von Agordo, 23 km von Fiera di Primiero. Mitten im Ort befindet sich die Talstation des Sesselliftes zum Rif. Scarpa.
Ausgangspunkt Bergstation (1704 m) des Liftes.
Wegverlauf Rif. Scarpa (1735 m) – Einstieg (ca. 2000 m) – »Ferrata Stella Alpina« – Forcella del Pizzon (2623 m) – Monte Agnèr – Forcella del Pizzon – »Weg der Erstbesteiger« – Colle Colander – Rif. Scarpa.
Gehzeiten Insgesamt 7 Std.; Rif. Scarpa – Forcella del Pizzon 3½ Std., Forcella del Pizzon – Monte Agnèr 1 Std., Abstieg über den »Weg der Erstbesteiger« 2½ Std.
Geht man von Frassenè aus, erhöht sich die Gesamtgehzeit auf etwa 10 Std.
Hütten Rif. Scarpa (1735 m); Biv. Biasin (2650 m) an der Forcella del Pizzon, Notunterkunft, stets zugänglich.
Orientierung Zugang zur Ferrata rot bezeichnet; »Weg der Erstbesteiger« deutlich gelb markiert, zweigt unterhalb der Forcella del Pizzon vom »Sentiero del Canalone« links ab (bei ca. 2480 m).
Einstufung Sehr schwierig, »Weg der Erstbesteiger« A.

Ausgerutscht – nichts passiert!

So etwas kommt (leider) immer wieder vor, sei es durch Unaufmerksamkeit, weil der Fels vereist oder das Gras feucht war: ausgerutscht. Passiert ist nichts (hoffen wir), die Sicherung hat gehalten. Doch wie sicher ist der Klettersteigler eigentlich, und was für Kräfte werden bei einem solchen Fehltritt frei?
Der Alpenverein hat Untersuchungen angestellt; die Ergebnisse sind bedenkenswert: Bei einem freien Fall aus geringer Höhe entstehen Zugkräfte, die bis zum 20fachen des Körpergewichts betragen können. Ohne Fangstoßdämpfer ist ein Bruch des Karabiners oder des Seilstücks wahrscheinlich. Die normalerweise verwendeten Drahtseile dagegen besitzen eine Bruchkraft von 5000 bis 9000 Kilopond. Das garantiert natürlich keine absolute Sicherheit, wenn auch bisher nur ganz wenige Unfälle durch (Draht-)Seilabriß bekannt geworden sind. Versteckte, weil nicht sichtbare Gefahr droht hier allerdings von der (immer wieder praktizierten) Unsitte, beschädigte Seilstellen mit Klebeband zu umwickeln. In der Folge ensteht unter dem Band ein feuchtes Mikroklima, das zu einer intensiven Korrosion, letzlich zum Bruch des Drahsteil führt. Ganz abzulehnen ist die Verwendung plastikummantelter Seile.

301 Sentiero Miola
Bivacco Bedin, 2220 m

Schwierig

Auch in den Dolomiten, nicht nur in exotischen Ländern, kann man sie noch finden, die »letzten Paradiese«. Wer je über den »Sentiero Miola« hinaufgestiegen ist zum Plateau der Pale di San Lucano, vielleicht sogar die Nacht im mustergültig eingerichteten, blitzsauberen Bivacco Bedin verbracht hat, wird es bestätigen. Daß der Weg weit, auch nicht ganz einfach ist, so manchen Bogen schlägt und im innersten Valle della Besausega unversehens zur Ferrata wird, paßt ganz gut zu diesem weltabgeschiedenen Winkel der berühmten (überlaufenen?) Dolomiten. Klettersteiglern könnte allerdings das bißchen Eisen zuwenig, dafür die rund 1600 Höhemeter zuviel sein – und ob sie all die Wunder rundum auch sehen?

Wo? Forno di Val (635 m) liegt am Eingang ins Valle di San Lucano, 4 km von Agordo.
Ausgangspunkt Kieswerk (659 m) rechts der Straße am Ortsende. Parkmöglichkeit.
Wegverlauf Forno di Val – »Sentiero Miola« – Biv. Bedin (2220 m) – Forcella Besausega (2131 m) – Malga d'Ambrosogn (1700 m) – Pradimezzo (873 m) – Cencenighe (774 m).
Gehzeiten Insgesamt 9½ Std.; Forno di Val – Biv. Bedin 6½ Std., Abstieg nach Cencenighe 3 Std.
Hinweis Die »Ferrata Miola«, die eine Überschreitung des Monte San Lucano (2409 m) erlaubte, ist längst wieder abgebaut!
Hütte Biv. Bedin (2220 m), Notunterkunft, stets zugänglich.

Am »Sentiero Miola«.

Orientierung Der »Sentiero Miola«, CAI-Nummer 765, ist zwar markiert, gelegentliche Wegsuche aber dennoch unvermeidlich. Abstieg nach Cencenighe CAI-Weg 765, 764.
Einstufung Ferrata schwierig, aber kurz (nur knapp 100 Höhenmeter). Nur für Konditionsstarke, im Sommer sehr heiß!

302 Olanger Klettersteig
Hochalpenkopf, 2542 m

Mittel

Man kann den »Olanger Klettersteig« natürlich von Olang aus angehen; doch das wird dann auf jeden Fall zum tagfüllenden Unternehmen. Und weil die Ferrata nur recht kurz, auch nicht besonders spektakulär ist, plädiere ich für die kürzere Variante: erst motorisiert zum Pragser Wildsee, dann »per pedes« hinauf zum Kühwiesenkopf (2140 m) und am Grat entlang zum Drahtseil. Beim Kaserkopf (2414 m) steigt man über den Grat auf die sonnige Südflanke aus, und am Hochalpenkopf gibt's das große Panorama.

Wo? Zum Pragser Wildsee (1492 m) kommt man vom Pustertal über eine gut ausgebaute Zufahrt, 9 km.
Ausgangspunkt Parkplatz vor dem Nordufer des Wildsees.
Wegverlauf Pragser Wildsee – Kühwiesenkopf (2140 m) – »Olanger Klettersteig« – Hochalpenkopf – Pragser Furkel (2225 m) – Pragser Wildsee.
Gehzeiten Insgesamt 5¼ Std.; Pragser Wildsee – Kühwiesenkopf 2 Std., »Olanger Klettersteig« – Hochalpenkopf 1½ Std., Abstieg über die Pragser Furkel 1¾ Std.

Orientierung AV-Wegmarkierungen 20, 61.
Einstufung Mittel, bei Nässe unangenehm rutschig.

303 Heiligkreuzkofel, gesicherter Steig
304 Zehner-Klettersteig

Heiligkreuzkofel, 2907 m, und Zehner, 3026 m

Leicht/Mittel

Gleich einem Schiffsbug steht das kantige Profil des Heiligkreuzkofels über dem Hochabtei, senkrecht fällt der Fels ab zu den Lärchen und Almböden rund um das Wallfahrtskirchlein Heiligkreuz (2045 m). Ein Revier nur für die Extremen der Bergsteigerzunft? Keineswegs, immerhin schlängelt sich ein rot-weiß markiertes Weglein, gelegentlich mit Drahtseilen versehen, durch die riesige Mauer. Nach gut zwei Stunden steht man oben am Kreuzkofeljoch (2612 m), nach einem verblüffend leichten »Felsgang«, der nicht viel mehr als einen sicheren Tritt sowie Schwindelfreiheit voraussetzt. Während des Aufstiegs wird jede Menge Aussicht geboten, über das Hochabtei geht der Blick zu den Geislerspitzen, zu Langkofel, Sella, Marmolada. Und am Grat tut sich eine neue, ganz andere Landschaft auf: das Zauberreich der Fanes.
Wem der Sinn nach so viel Formen und Farben noch nach einem »sportlichen« Finale steht, wandert hinüber zum Zehner, wo ein straff gespanntes Drahtseil über den steilen Gipfelgrat zum höchsten Punkt leitet: 3026 Meter.

Wo? Ins Hochabtei kommt man vom Pustertal über die Strada Statale No. 244, 29 km bis Pedratsches (1330 m).
Ausgangspunkt Bergstation des Sesselliftes Pedratsches – Heiligkreuz (1840 m).
Wegverlauf Liftstation – Hospiz Heiligkreuz (2045 m) – Kreuzkofelscharte (2612 m) – Heiligkreuzkofel.
Gehzeiten Insgesamt 6 Std.; Liftstation – Hospiz Heiligkreuz ½ Std., Heiligkreuz – Kreuzkofelscharte 2 Std., Kreuzkofelscharte – Heiligkreuzkofel 1 Std., Abstieg auf dem gleichen Weg 2½ Std.
Abstecher zum Zehner: hin und zurück 1¼ Std.
Hinweise Landschaftlich sehr reizvoll ist der Rückweg/Abstieg von der Kreuzkofelscharte über die Lavarella-Scharte (2533 m); markiert, knapp 1 Std. länger.
Hütte Hospiz Heiligkreuz (2045 m).
Orientierung AV-Wegnummer 7, von der Kreuzkofelscharte zum Gipfel rote Farbtupfer.
Einstufung Heiligkreuzkofel leicht, Zehner mittel, kurz.

305 Tru Dolomieu

Piz dles Cunturines, 3064 m

Leicht

Wer Sinn hat für epische Szenerien, große, dramatische Landschaften, der kommt hier voll auf die Kosten. Und der gesicherte Steig, obwohl nur kurz und wenig schwierig, liefert das Finale zur großen Tour. Als »Ferrata« kann man ihn allerdings kaum bezeichnen, auch deshalb nicht, weil die Steighilfen überwiegend aus Holz bestehen. Eine »Via legnata«?

Wo? Zur Capanna Alpina kommt man über die Valparola-Straße, 6,5 km von Stern bis zur Brücke über den Sarèbach (1652 m), 9 km vom Falzáregopaß (2105 m), dann Schotterpiste zum Plan da l'Ega, 1,5 km.
Ausgangspunkt Capanna Alpina (1720 m); großer Parkplatz.
Wegverlauf Capanna Alpina – Passo Tadega (2157 m) – Vallon de Lavares – »Tru Dolomieu« – Piz dles Cunturines.
Gehzeiten Insgesamt 8¾ Std.; Capanna Alpina – Passo Tadega 2 Std., Passo Tadega – Grathöhe (ca. 2900 m) 2½ Std., »Tru Dolomieu« 1 Std., Abstieg auf dem gleichen Weg 3¼ Std.
Hinweis Der markierte Weg führt in die Senke nördlich der Zweischartenspitze (2929 m); beim Rückweg kann man abkürzend von der südlichen Scharte direkt ins Tal »abfahren« (Spur).
Orientierung AV-Weg 11 bis zum Tadegapaß, rot-weiße Markierungen zum Piz dles Cunturines.
Einstufung Leicht, etwa 100 Höhenmeter gesichert.

306 Via della Pace
307 Furcia-Rossa-Klettersteig

Cime di Furcia Rossa, 2792 m

Leicht/Mittel

Den Spuren des Gebirgskrieges folgen die beiden gesicherten Steige am Kamm der Furcia-Rossa-Spitzen; in den Jahren 1973–75 wurden hier mehrere Wege von den »Dolomitenfreunden« rekonstruiert, neue Sicherungen angebracht. Der Abstecher zum Monte Vallon Bianco (2687 m) ist mehr Wanderung als Kletterei, für die Überschreitung des Furcia-Rossa-Kamms braucht's schon etwas Erfahrung mit gesicherten Routen. Da die Zugänge sehr lang sind, empfiehlt es sich – falls man nicht eine Übernachtung einplant – per Jeep-Taxi aus dem Rautal zur Faneshütte (2060 m) hinaufzufahren.

Wo? Ins Rautal kommt man vom Pustertal über St. Vigil (1193 m), 30 km von Bruneck. Im Sommer verkehren regelmäßig Jeeps zwischen Pederü (1540 m) und den Hütten auf der Kleinen Fanesalpe.
Ausgangspunkt Faneshütte (2060 m) nördlich unter dem Limojoch.
Wegverlauf Faneshütte – Limojoch (2172 m) – Große Fanesalpe – »Via della Pace« – Monte Vallon Bianco (2687 m) – Biv. Baccon-Barborka (2620 m) – »Furcia-Rossa-Klettersteig« – Biv. della Pace (2760 m) – Große Fanesalpe – Faneshütte.
Gehzeiten Insgesamt 9¼ Std.; Faneshütte – Große Fanesalpe 1 Std., »Via della Pace« – Monte Vallon Bianco 2½ Std., Monte Vallon Bianco – Abzweigung Furcia Rossa 1 Std., »Furcia-Rossa-Klettersteig« – Biv. della Pace 2¾ Std., Rückweg zur Faneshütte 2 Std.
Hinweise Ohne Monte Vallon Bianco ergibt sich eine Gesamtgehzeit von 6¾ Std. – Von der dritten Furcia-Rossa-Spitze führt ein Zwischenabstieg nördlich hinunter zur Großen Fanesalpe (markiert, ein paar Drahtseile).
Orientierung Straßenwanderung zur Großen Fanesalpe, »Via della Pace« mit VB markiert, »Furcia-Rossa-Klettersteig« mit FR. Abstieg zur Großen Fanesalpe AV-Wegnummer 17.
Einstufung »Via della Pace« leicht, »Furcia-Rossa-Klettersteig« mittel.

Unverwechselbares Profil: der Heiligkreuzkofel über dem Hochabtei.

Die guten Tips für Stern im Hochabtei

Stern/La Villa (1420 m) liegt verkehrsgünstig im Hochabtei (Alta Badia), am Fuß der Paßstraßen zum Valparolajoch, zum Grödner Joch und zum Passo Campolongo.
Anreise Bahnverbindung bis Bruneck, weiter per Bus zu den Ortschaften des Hochabtei. Anreise mit dem Auto über die Ausfahrt »Brixen« der Brenner-Autobahn A 22 und durch das Pustertal oder von Klausen über das Grödner Joch.
Infos Tourismusverein Alta Badia, I-39030 Stern; Tel. (0471) 847037, Fax 847277.
Unterkunft Gut aufgehoben ist man im Hotel »La Majun«; der Besitzer geht (wenn er Zeit hat) auf Klettersteige und ist ein begeisterter Bergradler, gibt gerne Tips (Kellner Charly ebenfalls). Sehr gute, regional geprägte Küche. Liegt im Zentrum von La Villa; Tel. (0471) 847030, Fax 847074.
Sehenswert In dem »Pic Museo Ladin« in St. Kassian sind Überreste jener Höhlenbären (Ursus Spelaeus) ausgestellt, die 1987 in den Cunturines entdeckt wurden.
Busverbindungen Mit den Ortschaften im Alta Badia und den Nachbartälern.
Autovermietung Auto Alta Badia, Pedratsches; Tel. (0471) 839865.
Bergführer Andrea Oberbacher, Kolfuschg; Tel. (0471) 836258.
Bergrettung »Aiüt Alpin Dolomites«, Tel. (0471) 836500.
Radl-Verleih Im Hotel »La Majun« (siehe oben).
Führer Einen Wanderführer über die Region Alta Badia bekommt man beim Tourismusverein.
Landkarten Empfehlenswert ist die »Tabacco« 1:25000, Blatt 07.

308 Via ferrata Cesco Tomaselli

Südliche Fanisspitze, 2980 m

Schwierig

Sie gehört zu den echten »Klassikern« unter den Dolomiten-Klettersteigen, in dem Vierteljahrhundert seit ihrem Bau hat sie nichts von ihrer Popularität eingebüßt. Wen wundert's, vermittelt die »Tomaselli« doch ein höchst intensives Erlebnis. Die zweistündige Kletterei am sichernden Drahtseil, gelegentlich nahe der Vertikalen, und eine grandiose Kulisse ergeben jenen herrlichen Mix, aus dem nicht nur Träume, sondern gelegentlich auch (besonders schöne) Bergtage sind. Bereits der Auftakt sorgt für höchste Anspannung: eine trittarme Querung über dem gähnenden Abgrund. Das große Horizontalband erlaubt ein Verschnaufen, nur kurz, ehe die Route erneut in die Senkrechte geht. Droben am Gipfel freut man sich über die eigene Leistung, die Tiefblicke vom hohen Turm und ein Pamorama, in dem fast alle großen Dolomitengipfel stehen. Der Abstieg verlangt nochmals Konzentration, zwei kurze, senkrechte Passagen vollen Einsatz, ehe die Ferrata über ein Felsband ausläuft.

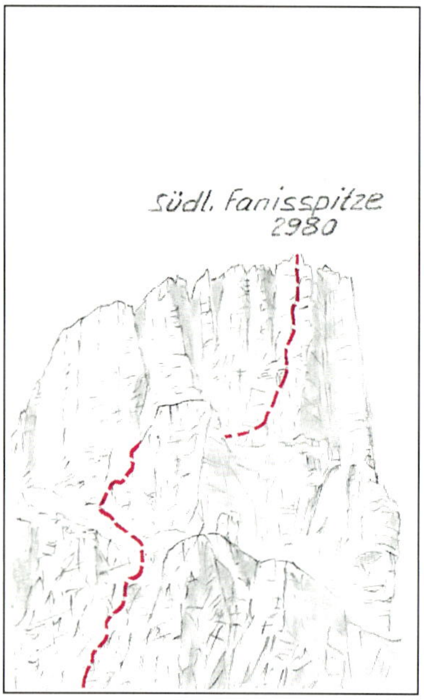

Wo? Über den Passo Falzárego führt die berühmte »Große Dolomitenstraße«, 17 km von Cortina, 21 km von Arabba. Parkplatz, Seilbahn zum Lagazuoi Piccolo (2778 m).

Ausgangspunkte Passo Falzárego (2105 m) oder Bergstation der Lagazuoi-Seilbahn (2750 m).

Wegverlauf Passo Falzárego – Forcella Travenanzes (2507 m) – Biv. Della Chiesa (2640 m) – »Ferrata Tomaselli« – Selletta Fanis (ca. 2820 m) – Forcella Travenanzes – Passo Falzárego.

Gehzeiten Insgesamt 6¼ Std.; Passo Falzárego – Biv. Della Chiesa 2 Std., »Ferrata Tomaselli« 2¾ Std., Rückweg zum Falzárego 1½ Std.
Fährt man mit der Seilbahn hinauf zum Lagazuoi Piccolo, verkürzt sich die Gesamtgehzeit um 1 Std.

Tip Von der Seilbahnstation am Lagazuoi kann man durch die »Galleria del Lagazuoi«, einen 1100 m langen, ehemaligen Kriegsstollen, zum Falzárego-Paß absteigen, 1½ Std. Markiert, Galerie mit Drahtseilen versehen. Taschenlampe unerläßlich!

Hinweis Die »Alta via Fanis«, in den sechziger Jahren gesichert, ist abgebaut worden.

Hütte Biv. Della Chiesa (2640 m) auf der Forcella Grande, Notunterkunft, stets zugänglich.

Orientierung CAI-Wegnummer 402 bis in die Forcella Travenanzes, dann Weg 20B zum Biv. Della Chiesa.

Einstufung Schwierig, lediglich mit Fixseilen gesichert.

309 Via ferrata Giovanni Lipella

Tofana di Rozes, 3225 m

Schwierig

Die Vordere Tofana hat drei Seiten, und jede ihr Publikum: der Südabsturz, Postkartensujet auf der Fahrt über die »Große Dolomitenstraße« zum Falzáregopaß, ist das Revier der Kletterer, da gibt es ein paar berühmte Routen; über die schrofige Nordflanke kann man (bei guten Verhältnissen) zum Gipfel hinaufwandern; die mächtig gebänderte Westflanke dagegen gehört den Klettersteiglern. Für sie gibt es hier die »Ferrata Lipella«, eine ebenso lange wie großartige Route, mit einem »finsteren« Auftakt – 500 Meter im Bergesinnern –, schier endlosen Felsbändern, meist bequem breit, und einem fulminanten Finale, hinauf zum Nordostgrat und zum Ausstieg knapp über der Dreitausendmeterlinie. Eine gute halbe Stunde später steht man ganz oben, vor einem Panorama, das mindestens die Klasse der »Lipella« hat. Wouwhh!

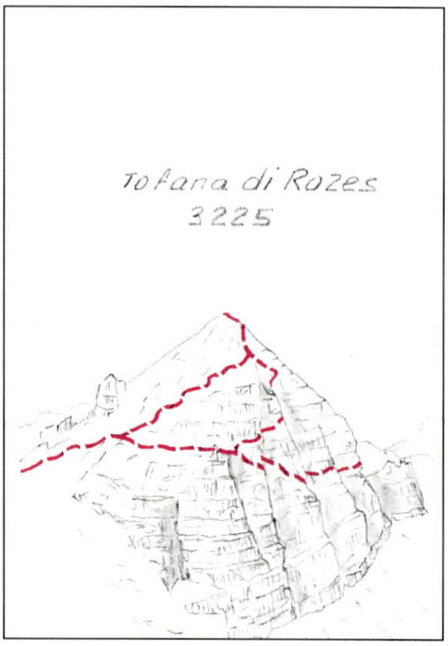

Wo? Der berühmte Ferienort Cortina d'Ampezzo (1210 m) liegt im Tal des Boite, am Fuß der Paßstraßen zum Tre Croci (1805 m) und zum Falzárego (2105 m). Von letzterer zweigt die schmale Zufahrt zu den Berghütten Dibona und Duca d'Aosta ab, 4 km.

Ausgangspunkt Rif. Dibona (2030 m); großer Parkplatz.

Wegverlauf Rif. Dibona – Grotta della Tofana – »Ferrata Lipella« – Tofana di Rozes – Rif. Giussani – Rif. Dibona.

Gehzeiten Insgesamt 7 Std.; Rif. Dibona – Einstieg Ferrata 1½ Std., »Ferrata Lipella« – Tofana di Rozes 3½ Std., Abstieg 2 Std.

Hinweis Von den Tre Dita (2694 m), 2 Std. vom Alpinistollen, kann man auf einer Wegspur durch die Nordflanke der Tofana hinüberqueren zum Rif. Giussani, ½ Std.

Hütte Rif. Giussani (2561 m) an der Forcella Fontananegra.

Orientierung Zugang CAI-Wegnummern 442, 404; Abstieg zum Rif. Giussani blau markiert, Weiterweg CAI-Nummer 403. Für den Alpinistollen unbedingt Taschenlampe mitnehmen!

Einstufung Bis Tre Dita mittel, dann schwierig. Helm! Der Abstieg über die Nordflanke kann bei Schneelage und schlechter Sicht problematisch sein.

310 Sentiero Astaldi
Rifugio Pomedes, 2280 m

Leicht

Das Weglein ist in erster Linie Aussichtspromenade, dazu Naturlehrpfad (Geologie!), trotz ein paar Drahtseilen bestimmt keine Ferrata. Doch das stört nicht, denn für Klettersteigler ist der »Sentiero Astaldi« ohnehin nur Auftakt zum großen Eisenabenteuer, hinauf zur Punta Anna und auf die Tofana di Mezzo (siehe 311/312).

Wo? Der berühmte Ferienort Cortina d'Ampezzo (1210 m) liegt im Tal des Boite, am Fuß der Paßstraßen zum Tre Croci (1805 m) und zum Falzárego. Von letzterer zweigt die schmale Zufahrt zu den Berghütten Dibona und Duca d'Aosta ab, 4 km.
Ausgangspunkt Rif. Dibona (2030 m); großer Parkplatz.
Wegverlauf Rif. Dibona – Vallon – »Sentiero Astaldi« – Rif. Pomedes – Rif. Dibona.
Gehzeit 1¾ Std. für die kleine Runde.
Hütte Rif. Pomedes (2208 m).
Orientierung CAI-Wege 403, 421, »Sentiero Astaldi« mit roten Markierungen.
Einstufung Leicht, Steinschlaggefahr unter der Südwand der Punta Anna.

311 Via ferrata Giuseppe Olivieri
Punta Anna, 2731 m

Schwierig

Eine Klasseroute, so richtig nach dem Geschmack erfahrener Klettersteiggeher, gut gesichert, aber ohne künstliche Tritte, exponiert und logisch im Verlauf, dazu rund 300 Meter hoch. Man quert vom Einstieg oberhalb der Pomedeshütte zunächst links hinaus zum Südgrat, wo das »steile Vergnügen« beginnt. Eine gute Klettertechnik steigert den Spaß noch, da bleibt das Fixseil Sicherung, der Fels liefert ausreichend Tritt und Griff. Größere Absätze bieten immer wieder Gelegenheit, kurz innezuhalten und die große Dolomitenkulisse zu genießen, den Blick hinab auf das Talbecken von Cortina, hinüber zu den »Riesen« Cristallo, Sorapìs und Antelao.
Man kann die Tour beim Rifugio Dibona beginnen oder mit der großen Tofana-Seilbahn zur Zwischenstation Ra Valles (2470 m) hinauffahren und dann – teilweise gesichert – über den Dos de Tofana absteigen zum Rifugio Pomedes.

Ausgangspunkte Rif. Dibona (2030 m), Zufahrt von der »Großen Dolomitenstraße«. Ra Valles (2470 m), Zwischenstation der Tofana-Seilbahn (»Freccia nel cielo«).
Wegverlauf Rif. Dibona – »Sentiero Astaldi« – Rif. Pomedes (2280 m) – »Ferrata Olivieri« – Punta Anna – Vallon – Rif. Dibona.
Ra Valles – Doss de Tofana – Rif. Pomedes (2280 m) – »Ferrata Olivieri« – Punta Anna – Ra Valles.
Gehzeiten **Ab Rif. Dibona:** Insgesamt 4¾ Std.; »Sentiero Astaldi« – Rif. Pomedes 1 Std., »Ferrata Olivieri« – Punta Anna 2 Std., Punta Anna – Rif. Dibona 1¾ Std.
Ab Ra Valles: Insgesamt 4¼ Std.; Abstieg zum Rif. Pomedes 1 Std., »Ferrata Olivieri« 2 Std., Abstieg nach Ra Valles 1¼ Std.
Hinweis Man kann die Klettersteigtour natürlich über die »Ferrata Aglio« zum Gipfel der Tofana di Mezzo fortsetzen (siehe 312).
Hütte Rif. Pomedes (2280 m).
Orientierung Die Steige sind ordentlich bezeichnet; die Abstiegswege zweigen am Kamm hinter der Punta Anna, im Bereich des Torre Pomedes III ab, rote Markierung ins Vallonkar, blaue Bezeichnung nach Ra Valles.
Einstufung Schwierig.

312 Via ferrata Gianni Aglio
Tofana di Mezzo, 3244 m

Schwierig

Durch den Bau des »Himmelspfeils« ist die Mittlere Tofana als Tourenziel einigermaßen entwertet, obwohl man sich – das sei nicht unterschlagen – nach dem kräftezehrenden Anstieg ganz gerne sanft und bequem wieder zu Tal tragen läßt, und das schont ja auch noch die Gelenke. Nicht gerade schonend sind die Seilbahnbauer mit ihrem Gipfel umgegangen: Massentourismus in hochalpinen Gefilden. Das wird Klettersteigler aber nicht davon abhalten, von der Punta Anna zumindest zum Torre Aglio und zum großen Felsenfenster »Bus de Tofana« weiterzugehen, hält dieser Routenabschnitt doch ein paar besonders spektakuläre Passagen bereit. Wer etwa an der Querung der leicht überhängenden Ostwand des Torre Aglio ➡

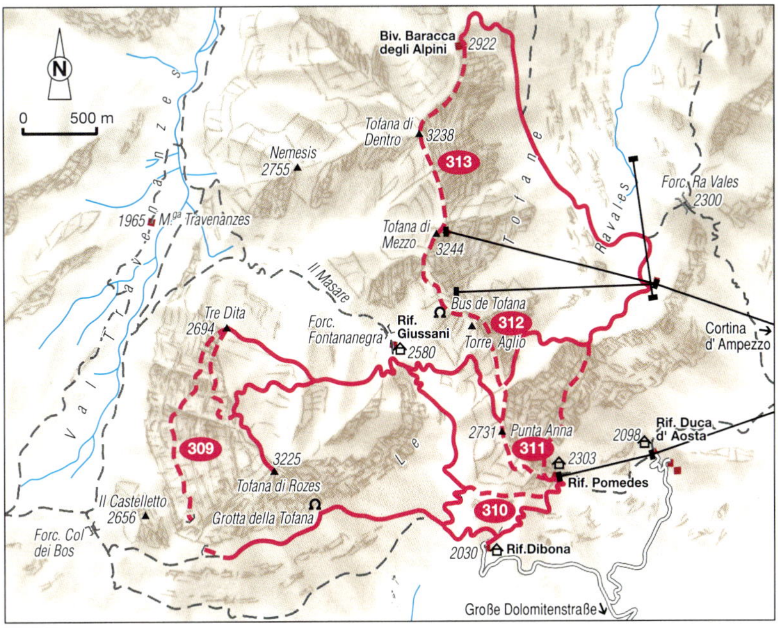

Wegverlauf Rif. Dibona (2030 m) – »Sentiero Astaldi« – Rif. Pomedes (2280 m) – »Ferrata Olivieri« – Punta Anna – »Ferrata Aglio« – Bus de Tofana (ca. 2900 m) – Tofana di Mezzo. »Abstieg« mit der Seilbahn.
Gehzeiten Rif. Dibona – Rif. Pomedes – Punta Anna 3 Std., Punta Anna – Bus de Tofana 1¾ Std., Bus de Tofana – Tofana di Mezzo 1¼ Std. Vom Bus de Tofana steigt man in 1½ ab zum Rif. Dibona. ➡

➡ (den man am Drahtseil »besteigen« kann) beim Blick in die Tiefe nicht wenigstens ein kleines Kribbeln verspürt, sollte eine Karriere als Trapezkünstler ins Auge fassen. Am Tofana-Fenster kann man links in den Vallon »abfahren«, für Geübte eine schnelle Rutschpartie, oder – den Sicherungen folgend – über den gestuften Grat weiter zum Gipfel des großen Dreitausenders aufsteigen.

Nicht nach unten gucken! Die atemberaubend luftige Querung am Torre Aglio.

➡
Hinweis Nur in Verbindung mit den anderen Klettersteigen an der Tofana di Mezzo; siehe 311, 313.
Orientierung Problemlos: immer den Eisenteilen nach.
Einstufung Schwierig, kurze Passagen maximal exponiert!

313 Tofana di Dentro, Überschreitung

Tofana di Dentro, 3238 m

Mittel

Als (fast unvermeidliche) Folge des Seilbahnbaus hat auch die Hintere Tofana ihren Eisenweg erhalten: Kein Vergleich mit der großen Ferrata über die Punta Anna und den »Bus de Tofana« (siehe 311/312). Und natürlich tummeln sich auf der Route nun auch immer wieder »Seilbahntouristen«, die von Cortina heraufgefahren sind und dann plötzlich Geschmack am Abenteuer bekommen …
Als Tourenziel taugt die Route wenig; wer früh aufgestanden ist, über sehr viel Ausdauer verfügt und den Biwaksack dabeihat, kann – den Versuchungen des modernen Tourismus widerstehend – die Tour nach dem langen, anstrengenden Aufstieg über die Punta Anna via Tofana di Dentro und den Formenton-Rücken hinab nach Ra Valles (2470 m) fortsetzen. Da hat die Seilbahn ihren Betrieb (für diesen Tag) wohl längst eingestellt, also bleibt nur der weitere Abstieg »auf Schusters Rappen«, mindestens bis zum bewirtschafteten Rifugio Col Druscie (1779 m). Ob nicht nur die Kondition, sondern auch die Motivation für eine solche Riesentour ausreicht?

Ausgangspunkt Tofana di Mezzo (3244 m), Bergstation der großen Seilbahn »Freccia nel cielo« von Cortina herauf.
Wegverlauf Tofana di Mezzo – Tofana di Dentro – Biv. Baracca degli Alpini (2922 m) – Ra Valles (2470 m).
Gehzeiten Tofana di Mezzo – Tofana di Dentro 1 Std., Abstieg nach Ra Valles 2½ Std.
Hinweis Wer eine Überschreitung der Mittleren und Hinteren Tofana auf den Klettersteigen (z. B. vom Rif. Dibona aus) plant, muß seinen individuellen Zeitplan aufstellen. Tempo ist da (fast) alles …
Hütte Bivacco Baracca degli Alpini (2922 m) am Formenton-Rücken, Notunterkunft, stets zugänglich.
Orientierung Bei guten äußeren Bedingungen (kein Schnee oder Eis) nicht schwierig, Steige markiert.
Einstufung Mittel.

314 Via ferrata Ettore Bovero

Col Rosà, 2166 m

Mittel

Das kecke Felshorn des Col Rosà zählt nur zu den »Kleinen« in der berühmten Gebirgskulisse von Cortina, ist eigentlich bloß ein Anhängsel des Tofanamassivs. Dafür gehört die Ferrata an seiner steilen Südwestflanke zum »eisernen« Inventar des Dolomitenortes, seit mittlerweile drei Jahrzehnten: Mit 320 Meter Drahtseil gesichert, bietet sie ein anregendes Klettersteigerlebnis, gewürzt mit packenden Tiefblicken. Und dank des sonnseitigen Verlaufs, verbunden mit der verhältnismäßig geringen Gipfelhöhe, kann man am Col Rosà meist schon früh im Jahr herumkraxeln.

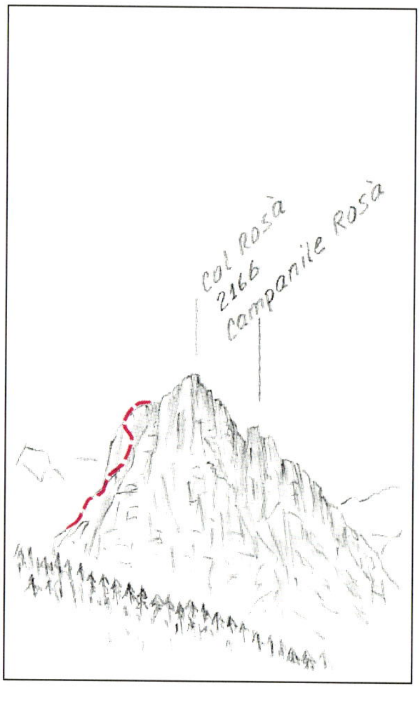

Wo? Der berühmte Ferienort Cortina d'Ampezzo (1210 m) liegt im Tal des Boite, am Fuß der Paßstraßen zum Tre Croci (1805 m) und zum Falzárego (2105 m), 32 km von Toblach.
Ausgangspunkt Camping Olympia (1283 m), knapp 5 km nördlich von Cortina etwas abseits der Straße nach Toblach. Parkplatz am Eingang.
Wegverlauf Camping – Passo Posporcora (1711 m) – »Ferrata Bovero« – Col Rosà – Abstieg über den Nordrücken – Camping.
Gehzeiten Insgesamt 4¾ Std.; Camping – Passo Posporcora 1½ Std., »Ferrata Bovero« 1¼ Std., Abstieg 2 Std.
Orientierung Zum Passo Posporcora CAI-Weg 408, Abstieg 447.
Einstufung Mittel.

315 Via ferrata Giovanni Barbara

Cascata di Fanes, ca. 1400 m

Leicht

Dolomitenkenner wissen um die Schönheit des Fanestals, seine malerisch-versteckten Winkel, sie kennen den Zauber dieser stillen Dolomitenlandschaft. Dazu gehören natürlich auch die Wasser, Gumpen, Tümpel und zwei kleine Seen am Oberlauf des Fanesbachs, zwei prächtige Wasserfälle weiter flußabwärts. Beide kann man auf markierten Steigen besuchen; besonders lohnend ist der Abstecher vom Pian de Loa zur Cascata di Fanes, im Bereich der Kaskade sogar zur Mini-Ferrata ausgebaut. Und daß man dabei leicht ein paar Wasserspritzer abbekommen kann, mindert das Vergnügen keineswegs.

Wo? Der berühmte Ferienort Cortina d'Ampezzo (1210 m) liegt im Tal des Boite, am Fuß der Paßstraßen zum Tre Croci (1805 m) und zum Falzárego (2105 m). Rund 6 km nördlich zweigt von der Strada Statale No. 51 die Zufahrt ins Fanestal ab, 2,5 km bis zum Pian de Loa (1350 m).
Wegverlauf Pian de Loa – Cascata di Fanes – Ponte Alto (1460 m) – Pian de Loa.
Gehzeit 2¼ Std. für die kleine Runde.
Tip Etwa eine Stunde weiter talaufwärts stößt man an der alten Militärstraße auf die Abzweigung des kurzen, gesicherten Steigs zum oberen Wasserfall.
Orientierung Problemlos.
Einstufung Leicht.

316 Via ferrata Averau

Averau, 2647 m

Mittel

Auf den markanten »Stockzahn« des Averau, höchste Erhebung der kleinen Nuvolao-Gruppe, führt aus der Forcella Nuvolao eine Mini-Ferrata. Im Gegensatz zum benachbarten Steiglein an der Ra Gusela (siehe 317) muß man hier aber doch ordentlich zupacken; Schüsselstelle ist ein kurzer, senkrechter Kamin.

Wo? Die Nuvolao-Gruppe wird verkehrsmäßig von den beiden Paßstraßen zum Falzárego und zum Giau und durch den Cinque-Torri-Sessellift erschlossen.
Ausgangspunkte Passo Falzárego (2105 m) bzw. Passo Giau (2233 m), je 17 km von Cortina d'Ampezzo. Bergstation des Cinque-Torri-Sessellifts (2230 m).
Wegverlauf Passo Falzárego – Forcella Nuvolao (2413 m) – »Ferrata Averau« – Averau.
Gehzeiten Insgesamt 3½ Std.; Passo Falzárego – Forcella Nuvolao 1¼ Std., »Ferrata Averau« 1 Std., Abstieg auf dem gleichen Weg 1¼ Std.
Geht man vom Cinque-Torri-Sessellift aus, ergibt sich eine Gesamtgehzeit von 2¼ Std.
Hütte Rif. Averau (2413 m) in der Forcella Nuvolao.
Hinweis Die »Ferrata Averau« läßt sich leicht mit dem gesicherten Steig am Ra Gusela verbinden; siehe 317.
Orientierung Zugang vom Passo Falzárego CAI-Weg 441, vom Sessellift 439.
Einstufung Mittel, nur kurz.

DIE DOLOMITEN

317 Sentiero attrezzato Ra Gusela

Nuvolao, 2574 m

Leicht

Ein kleiner Klettersteig, jede Menge Aussicht, ein Gipfel mit (bewirtschafteter) Hütte – das ergibt locker einen halben Wandertag, da reicht es sogar noch für den kleinen »Seitensprung« zum Averau (siehe 316), und wer lieber drei statt zwei Gipfel(chen) besteigt, kann auch die Ra Gusela (2595 m) noch »mitnehmen«. Das gesicherte Steiglein, wegen eines Bergsturzes vor ein paar Jahren im untersten Abschnitt neu trassiert, mündet über eine solide Leiter direkt auf die Hütte am Nuvolao-Gipfel.

Ausgangspunkte Passo Giau (2233 m), Straßenübergang von Cortina ins Cordevole-Tal, bzw. Bergstation des Cinque-Torri-Sesselliftes (2230 m).
Wegverlauf Passo Giau – »Sentiero Ra Gusela« – Nuvolao – Forcella Nuvolao (2413 m) – Passo Giau.
Cinque-Torri-Lift – Forame – »Sentiero Ra Gusela« – Nuvolao – Forcella Nuvolao – Cinque-Torri-Lift.
Gehzeit Insgesamt je etwa 3 Std.
Hütten Rif. Nuvolao (2574 m), Rif. Averau (2413 m).
Orientierung CAI-Wege 438, 439, 452, 443, 439.
Einstufung Leicht.

318 Via ferrata Albino Michielli »Strobel«

Punta Fiames, 2240 m

Mittel

In der Conca d'Ampezzo setzt der Pomagagnon, obwohl eigentlich nur Vorbau des Cristallomassivs, einen markanten Akzent. Die südseitige Exposition der steilen, auffallend gebänderten Felsabstürze verrät, daß man hier schon früh im Jahr ➡

Wo? Der berühmte Ferienort Cortina d'Ampezzo (1210 m) liegt im Tal des Boite, am Fuß der Paßstraßen zum Tre Croci (1805 m) und zum Falzárego (2105 m).
Ausgangspunkt Albergo Fiames (1293 m), etwa 5 km nördlich von Cortina an der Straße nach Toblach.
Wegverlauf Albergo Fiames – »Ferrata Michielli« – Punta Fiames – Forcella del Pomagagnon (2178 m) – Albergo Fiames.
Gehzeiten Insgesamt 4½ Std.; Aufstieg über den Klettersteig 3 Std., Abstieg 1½ Std.
Hinweis Läßt sich gut mit der »Passegiata di Croda« kombinieren; siehe 319. ➡

Eine Panoramaroute der Spitzenklasse: der »Sentiero Dibona«. Im Hintergrund die Hohe Gaisl.

➡ klettern kann. Schneefrei ist auch bald einmal die gesicherte Route auf die Punta Fiames, die »Michielli-Strobel«, und beim Abstieg durch die mächtige Geröllschlucht kann ein bißchen Schnee sogar ganz angenehm sein, hält er doch den sehr »beweglichen« steinigen Untergrund zusammen ...

Die »Michielli-Strobel« ist eine Route der Mittelklasse, nicht besonders schwierig, aber teilweise ziemlich exponiert, nicht lang und auch ohne ermüdend weiten Zustieg.

➡

Orientierung Zugang zum Klettersteig ordentlich bezeichnet; beim Abstieg unterhalb der großen Geröllschlucht gut auf die roten Markierungen achten; CAI-Nummer 202 führt nach Cortina.

Einstufung Mittel.

Sonnenverwöhnt: die Felsen des Pomagagnon, hier an der »Ferrata Michielli«.

319 Passegiata di Croda

Pomagagnon-Grat, ca. 2220 m

Mittel

Nach der »Abfahrt« durch die mächtige Pomagagnon-Geröllschlucht kann man gleich in das »dritte Band« einsteigen: noch ein luftiger Gang, schräg durch die Wände von Testa und Costa Bartoldo (2435 m) sowie der Croda Cestelis (2342 m) verlaufend, nur sparsam gesichert. Das Diagonalband, gelegentlich komfortabel breit, dann wieder beängstigend schmal, am Einstieg latschenbewachsen, meist geröllbedeckt, ermöglicht Geübten einen faszinierenden Gang quer durch die Klettermauern des Pomagagnon, mit schwindelerregenden Tiefblicken auf Cortina, Aussicht auf die Tofana und zu den Dreitausendern des Zoldano; am Grat kommt auch der Südwestflügel des Cristallostocks ins Blickfeld und mit ihm ein besonders schöner Höhenweg: der »Dibona-Steig« (siehe 320).

Wo? Der berühmte Ferienort Cortina d'Ampezzo (1210 m) liegt im Tal des Boite, am Fuß der Paßstraßen zum Tre Croci (1805 m) und zum Falzárego (2105 m).

Ausgangspunkt Chiave (1319 m), Häusergruppe nördlich von Cortina, Zufahrt über die Strada Statale No. 51, 2,5 km ab Ortsmitte.

Wegverlauf Chiave – »Passegiata di Croda« – Pomagagnon-Kamm – Forcella Zumeles (2072 m) – Chiave.

Gehzeiten Insgesamt 5½ Std.; Chiave – Einstieg (ca. 1880 m) 1½ Std., »Passegiata di Croda« – Forcella Zumeles 2½ Std., Abstieg nach Chiave 1½ Std.

Orientierung Zustieg CAI-Weg 202, »Passegiata« neu bezeichnet und ausgeschildert, Abstieg CAI-Nummer 204.

Einstufung Mittel, sehr exponiert, Steinschlaggefahr!

320 Sentiero ferrato Ivano Dibona

Forcella Staunies – Col dei Stombi

Leicht

Den Aufstieg, immerhin über 1000 Höhenmeter vom Passo Tre Croci, nimmt einem die Seilbahn ab, und der Rückweg erfolgt auf der Straße, motorisiert natürlich. Dazwischen liegt ein langer Weg, ein großes Dolomitenerlebnis: der »Sentiero Dibona«, eine abschnittweise gesicherte Route, die dem Westgrat des Cristallomassivs folgt, hinüber und hinab bis zu seinem letzten Ausläufer, dem Col dei Stombi, dabei fast durchweg alte, teilweise rekonstruierte Kriegspfade benützend. Fulminant der Auftakt, über Leitern zum Kamm und gleich anschließend auf die schwankende »Cristallo-Hängebrücke« führend. Dahinter kann man am Drahtseil kurz zum Cristallino d'Ampezzo (3008 m) hinüberturnen; weitere Stationen an der Panoramaroute sind dann die Scharten Grande (2874 m), Padeon (2760 m), Alta (2640 m), Bassa (2417 m), die Gipfel(chen) Zurlon (2379 m) und Col dei Stombi (2168 m). Abschließend wandert man durch das Val Padeon hinaus und hinab zur »Strada d'Alemagna« oder hinauf und zurück zur Liftstation Somforca (2215 m).

Wo? Der berühmte Ferienort Cortina d'Ampezzo (1210 m) liegt im Tal des Boite, am Fuß der Paßstraßen zum Falzárego (2105 m) und zum Tre Croci (1805 m). Letzterer folgt man bis zur Talstation der Cristallo-Lifte bei der Capanna Rio Gere (1698 m), 6 km.
Ausgangspunkt Liftstation an der Forcella Staunies (2918 m); nahebei das Rif. Lorenzi (2932 m).
Wegverlauf Forcella Staunies – Cristallino d'Ampezzo (3008 m) – Forcella Grande – Forcella Padeon (2760 m) – Forcella Alta – Forcella Bassa (2417 m) – Zurlon (2379 m) – Col dei Stombi (2168 m) – Val Padeon – Ospitale.
Gehzeiten Insgesamt 6 Std.; Forcella Staunies – Forcella Alta 2½ Std., Forcella Alta – Col dei Stombi 2 Std., Col dei Stombi – Ospitale 1½ Std.
Hinweis Von der Forcella Bassa (2417 m) kann man ins oberste Val Padeon absteigen (rauhe Spur) und die Tour so abkürzen. Bei einem Abstieg vom Col dei Stombi ins Val Padeon und Rückweg zur Liftstation Somforca ergibt sich eine Gesamtgehzeit von etwa 7½ Std.
Hütte An der Forcella Padeon offener Notunterstand.
Orientierung Problemlos, markierter Gratsteig.
Einstufung Leicht.

321 Via ferrata Marino Bianchi

Cima di Mezzo, 3154 m

Mittel

Im Gegensatz zum Hauptgipfel des mächtigen Dolomitenstocks bekommt die Cima di Mezzo viel Besuch. Des Rätsels Lösung? Zwei Lifte und ein Klettersteig. So werden die gut 200 Meter Höhenunterschied von der Forcella Staunies zum Gipfel des Dreitausenders zu einer anregenden Kraxelei am Drahtseil, teilweise ausgesetzt. Schlüsselstelle der Route ist ein fast senkrechter, gelblicher Aufschwung (Leiter); am Gipfel genießt man natürlich eine phantastische Dolomitenschau. Und ganz nah, noch etwas höher, ragt still der Monte Cristallo (3221 m) in den blauen Himmel.

Ausgangspunkt Liftstation an der Forcella Staunies (2918 m); nahebei das Rif. Lorenzi (2932 m).
Wegverlauf Forcella Staunies – »Ferrata Bianchi« – Cima di Mezzo.
Gehzeiten Insgesamt 2½ Std., »Ferrata Bianchi« 1½ Std., Abstieg über den Klettersteig 1 Std.
Orientierung Am Klettersteig problemlos.
Einstufung Mittel.

322 Via ferrata Renè De Pol

Punta Ovest del Forame, 2385 m

Mittel

Ähnlich wie drüben am »Sentiero Dibona« (siehe 320) folgt die »Ferrata De Pol« ehemaligen Frontsteigen; hier sind es die österreichischen Stellungen am Foramestock. Angesichts der dunklen Löcher im Fels, verfallener Kavernen und Gräben tut man sich schwer, die eindrucksvolle Felskulisse richtig zu würdigen, zumal der offene, heitere Horizont fehlt. Der ordentlich gesicherte Steig kann – wie der »Dibona-Weg« – im Abstieg begangen werden.

Ausgangspunkte Liftstation an der Forcella Staunies (2918 m). – Ospitale (1490 m) an der Strada Statale No. 51, 11 km von Cortina d'Ampezzo, 21 km von Toblach.
Wegverlauf Forcella Staunies – »Sentiero Dibona« – Forcella Grande – Gravon del Forame – Forcella Verde (2380 m) – »Ferrata Renè De Pol« – Ospitale.
Ospitale – »Ferrata Renè De Pol« – Forcella Verde (2380 m) – Ospitale.
Gehzeiten **Ab Forcella Staunies:** Insgesamt 4½ Std.; Forcella Staunies – Forcella Grande ¾ Std., Forcella Grande – Forcella Verde 1 Std., Abstieg über die »Ferrata De Pol« 2¾ Std.
Ab Ospitale: Insgesamt 5¼ Std., Aufstieg über die »Ferrata De Pol« bis zur Forcella Verde 3¾ Std., Abstieg 1½ Std.
Orientierung Bei Nebel im Gravon del Forame nicht ganz einfach. Abstieg von der Forcella Verde schlecht bezeichnet; »Einstieg« ins Latschendickicht am rechten Rand des Geröllkessels.
Einstufung Mittel.

Spuren des Krieges: Überreste eines verwegen angelegten Steiges am Foramestock.

DIE DOLOMITEN

323 Hauptmann-Bilgeri-Gedächtnissteig
324 Heeresbergführer-Steig
Monte Piana, 2324 m

Leicht

Er ist viel mehr als nur ein großartiger Aussichtsgipfel, er ist Mahnmal und Freilichtmuseum, hier begegnet einem der Wahnsinn des Krieges auf Schritt und Tritt. Die teilweise rekonstruierten Stellungen lassen sich auf dem »Historischen Rundweg« besichtigen; wiederhergestellt wurden auch zwei gesicherte Nachschubwege, der »Bilgeri-Steig« und der »Heeresbergführer-Steig«. Die kann man allerdings auch aus dem Tal angehen, vom Dürrensee (1403 m), was zwar viel weiter, aber auch wesentlich schöner ist. Der »Pioniersteig«, der sich für den Aufstieg anbietet, zickzackt in vielen Kehren durch die Steilflanke des Monte Piana.

Wo? Zum Lago di Misurina (1751 m) kommt man von Cortina d'Ampezzo über den Passo Tre Croci (1805 m), von Toblach via Schluderbach, 14 bzw. 20 km. Wenig nördlich vom See zweigt die »Drei-Zinnen-Straße« ab, von ihr wiederum die Zufahrt zum Monte Piana.

Ausgangspunkt Rif. Angelo Bosi (2205 m) am Endpunkt der Straße, 7,5 km vom Misurinasee. Parkplatz, große Informationstafel zum Freilichtmuseum »Monte Piana«.

Wegverlauf Rif. Bosi – Monte-Piana-Südkuppe (2324 m) – Forcella dei Castrati (2272 m) – »Heeresbergführer-Steig« – »Pioniersteig« (Abstieg bis ca. 2180 m) – »Bilgeri-Steig« – Monte-Piana-Nordkuppe (Toblacher Kreuz, 2305 m) – Forcella dei Castrati – Rif. Bosi.

Tip Viel weiter, aber sehr lohnend, ist eine Besteigung des Monte Piana vom Dürrensee (1403 m) aus; Ausgangspunkt beim Gasthaus Alpenrose, Aufstieg über den »Pioniersteig« und den »Bilgeristeig« zum Toblacher Kreuz (2305 m), dann über den »Heeresbergführer-Steig« zum »Touristensteig«, der den Abstieg Richtung Schluderbach vermittelt. Tagestour, Gesamtgehzeit 6 bis 7 Std.

Orientierung Im »Weggestrüpp« am Monte Piana kann man leicht von der richtigen Fährte abkommen, zumal Wegzeiger und Markierungen nicht gerade optimal gesetzt sind.

Einstufung Leicht, Steinschlaggefahr am »Bilgeri-Steig«.

325 Sentiero Bonacossa
Col de Varda – Forcella Longeres

Leicht

Mehr Höhenweg als Ferrata – und dennoch ein Hit. Denn was dem »Sentiero Bonacossa« an spektakulären Klettersteigpassagen fehlen mag, macht die Kulisse hier locker wett. Und wenn irgendwo das Wort von der »filigranen« Dolomitenarchitektur zutrifft, dann in den Cadini: ein Zackenwald, Stein neben Stein, Zinnen und Türme wie aus dem Versandhauskatalog – alle Formen, alle Größen und im Dutzend billiger. So wird das Eisen auf dem Weg quer durch diesen »versteinerten Garten« zur Nebensache, und wenn am Grat zum Monte Campedelle (2362 m), nach einem Leiternanstieg, auch noch die Drei Zinnen ins Bild kommen, bleibt selbst dem Dolomitekenner nur Staunen: Zauber der Berge.

Wo? Zum Lago di Misurina (1751 m) kommt man von Cortina d'Ampezzo über den Passo Tre Croci (1805 m), von Toblach via Schluderbach, 14 bzw. 20 km. Am Südufer liegt die Talstation des Col-de-Varda-Sesselliftes; Parkplatz.

Ausgangspunkt Liftstation Col de Varda (2128 m).

Wegverlauf Col de Varda – Forcella di Misurina (ca. 2370 m) – Cadin della Neve – Forcella del Diavolo (2480 m) – Rif. Fonda Savio (2367 m) – Forcella Rimbianco (2176 m) – Monte Campedelle (2346 m) – Forcella Longeres (Drei-Zinnen-Straße, 2320 m) – Lago d'Antorno (1866 m) – Lago di Misurina.

Gehzeiten Insgesamt 5½ Std.; Col de Varda – Rif. Fonda Savio 2 Std., Rif. Fonda Savio – Forcella Longeres 2 Std., Abstieg zum Misurinasee 1½ Std.

Tip Der »Bonacossa-Weg« läßt sich mit dem »Sentiero Durissini« zu einer zauberhaften Runde durch und um die südlichen Cadini verbinden, etwa 5 Std. vom Col de Varda.

Hinweis Vom Rif. Fonda Savio kann man einerseits zum Misurinasee absteigen, anderseits die Cima Cadin Nord-Est (2788 m) über die »Ferrata Merlone« besteigen (siehe 326).

Hütte Rif. Fonda Savio (2367 m).

Orientierung CAI-Wege 117, 101.

Einstufung Leicht, mit Drahtseilen und Leitern gesicherte Passagen an den Scharten Misurina und Diavolo sowie am Anstieg zum Campedelle-Kamm.

326 Via ferrata Merlone
Cima Cadin di Nord-Est, 2788 m

Mittel

In den sechziger Jahren wurde heftig gehämmert und gebohrt in den Alpen, »künstliches Klettern« nannte man das. Und aus jener Zeit stammt – wen wundert's? – auch die »Ferrata Merlone«, ein ziemlich »künstliches« Gebilde: über 300 Leiternsprossen im Steilfels, samt Ausstieg auf einen Geröllhang. Das erhöht die Spannung zusätzlich, hat natürlich auch schon zu Unfällen geführt. Wenn mehrere Gruppen unterwegs sind, ist ein Beschuß fast garantiert! Also erst einmal gucken, wer sich so alles auf den Feuerwehrleitern tummelt und erst dann einsteigen. Oben darf man dann nicht nur aufatmen; die Rundschau ist von erlesener Schönheit, man steht in und über dem Zackenwald der Cadini, in der zweiten Reihe setzen sich die Sextener mit den Drei Zinnen, dem Cristallo und dem Sorapìs wirkungsvoll ins Bild, und vom fernen Horizont lugen sogar ein paar Dreitausender des Alpenhauptkamms herein.

Wo? Zum Lago di Misurina (1751 m) kommt man von Cortina d'Ampezzo über den Passo Tre Croci (1805 m), von Toblach via Schluderbach, 14 bzw. 20 km. Wenig nördlich vom See, am Col Sant'Angelo (1757 m), zweigt die »Drei-Zinnen-Straße« ab.

Ausgangspunkt Abzweigung eines Waldsträßchens, gut 1 km auf der »Drei-Zinnen-Straße«; Wegzeiger »Rif. Fonda Savio«.

➡

➞

Wegverlauf Drei-Zinnen-Straße – Rif. Fonda Savio – »Ferrata Merlone« – Cima Cadin di Nord-Est.

Gehzeiten Insgesamt 4¾ Std.; Drei-Zinnen-Straße – Rif. Fonda Savio 1½ Std., »Ferrata Merlone« 1¼ Std., Abstieg auf dem gleichen Weg 2 Std.

Hütte Rif. Fonda Savio (2367 m).
Orientierung Hüttenweg CAI-Nummer 115.
Einstufung Mittel.

327 Innerkofler-De Luca-Steig
328 Sentiero delle Forcelle
Paternkofel, 2744 m

Mittel

Noch so ein »historischer«, vom Gebirgskrieg gezeichneter Gipfel, einst hart umkämpft, durch die Italiener zur Felsenfestung ausgebaut. Heute sind die Gipfelstürmer unbewaffnet, ihre Absichten friedlich, und wenn sie dennoch einmal schießen, dann (unabsichtlich) mit Steinen. Diese Gefahr ist am Paternkofel allerdings vergleichsweise gering, da man oberhalb der Drei-Zinnen-Hütte, unweit vom »Frankfurter Würstl«, gleich eintaucht ins Bergesinnere. Der Helm erweist sich (nebst der Taschenlampe) trotzdem als praktisch, verhindert er doch allzu harten Kontakt mit der niedrigen Decke der »Galleria Paterna«. An der Gamsscharte (ca. 2650 m) verzweigt sich der Weg gleich doppelt: hinauf, hinab oder hinüber, am Drahtseil zum Gipfel des Paternkofels, zum Paternsattel oder auf dem »Sentiero delle Forcelle« (Schartenweg) am Zackengrat der Bödenknoten entlang zum Büllelejoch. Für Klettersteigler eigentlich keine Frage: erst hinauf zum Paternkofel, dann über die Scharten.

Wo? Die mautpflichtige »Drei-Zinnen-Straße« hat ihren Ausgangspunkt wenig nördlich vom Misurinasee.
Ausgangspunkt Endpunkt der Straße beim Rif. Auronzo (2320 m), 7 km. Riesige Parkplätze.
Wegverlauf Rif. Auronzo – Paternsattel (2454 m) – Drei-Zinnen-Hütte (2405 m) – »Innerkofler-De Luca-Steig« – Paternkofel – »Sentiero delle Forcelle« – Büllelejoch (2522 m) – Pian di Cengia – Rif. Auronzo.
Gehzeiten Insgesamt 6½ Std.; Rif. Auronzo – Drei-Zinnen-Hütte 1½ Std. »Innerkofler-De Luca-Steig« – Paternkofel 1¼ Std., »Sentiero delle Forcelle« – Büllelejoch 2¼ Std., Rückweg 1½ Std.
Hinweise Läßt sich mit dem »Leiternsteig« am Toblinger Knoten verbinden; siehe 329.
Als Ausgangspunkt für eine Besteigung des Paternkofels mit Überschreitung zum Büllelejoch kommt auch das Fischleintal in Frage; Gesamtgehzeit 8 Std.
Hütten Rif. Lavaredo (2344 m), Drei-Zinnen-Hütte (2405 m), Büllelejochhütte (2528 m).
Orientierung CAI-Wege 101, 104.
Einstufung Mittel. Taschenlampe nicht vergessen!

329 Leiternsteig
330 Feldkurat-Hosp-Steig
Toblinger Knoten, 2617 m

Mittel/Leicht

Wer gerne auf Leitern herumturnt, kommt am Toblinger Knoten voll auf seine Kosten: eine Serie von nicht weniger als 17 solide verankerten Eisenleitern führt von der schattigen Nordseite durch mehrere Kamine zum Gipfel, dessen Profil an Wildwestfilme von John Ford erinnert. Doch das Death Valley ist weit, und gestorben wird (Gott sei Dank!) in diesen Bergen schon lange nicht mehr. Trotzdem, der Geschichte kann man auch in den Sextenern nicht ausweichen, und so ist der Blick in die phantastische Felskulisse halt auch immer ein Blick zurück: nie wieder!

Ausgangspunkt Endpunkt der Drei-Zinnen-Straße beim Rif. Auronzo (2320 m). Riesige Parkplätze.
Wegverlauf Rif. Auronzo – Paternsattel (2454 m) – Drei-Zinnen-Hütte – »Leiternsteig« – Toblinger Knoten – »Hosp-Steig« – Drei-Zinnen-Hütte – Rif. Auronzo.
Gehzeiten Insgesamt 4½ Std.; Rif. Auronzo – Drei-Zinnen-Hütte 1½ Std., Überschreitung des Toblinger Knoten 1½ Std., Drei-Zinnen-Hütte – Rif. Auronzo 1½ Std.
Hütten Rif. Lavaredo (2344 m), Drei-Zinnen-Hütte (2405 m).
Orientierung Der Einstieg zum »Leiternweg« befindet sich – von der Drei-Zinnen-Hütte aus gesehen – im Rücken des Toblinger Knoten; Zugang über Weg 105.
Einstufung Mittel, »Hosp-Steig« leicht.

Weltberühmtes Profil: die Drei Zinnen.

DIE DOLOMITEN

331 Klettersteig Sextener Rotwand

Sextener Rotwand, 2936 m

Leicht

In der berühmten Sextener Sonnenuhr ist die Sextener Rotwand der »Zehner«; wer den Gipfel über die Nordwandroute besteigen will, tut allerdings gut daran, die Tour zu beginnen, bevor die Sonne über dem Gipfel steht. Der Rotwandwiesen-Gondellift verkürzt die Tour zwar angenehm; bis zur Rotwand hat man trotzdem noch rund 1000 Höhenmeter. Gesichert sind längere Passagen an den Rotwandköpfen und am Gipfelaufbau. Der höchste Punkt (Vinatzerturm, 2965 m) wird nicht betreten; die leichte Via ferrata läuft an der Nordkuppe aus.
Den Abstieg nehmen die meisten über den gesicherten Steig; für erfahrene Klettersteigler mit viel Ausdauer bietet sich eine Kombination mit der »Ferrata Zandonella« und dem »Alpinisteig« an.

Wo? Der bekannte Ferienort Sexten (1316 m) liegt an der Straße von Innichen zum Kreuzbergsattel. Bei Bad Moos (1356 m) befindet sich die Talstation des Rotwandwiesenliftes.
Ausgangspunkt Bergstation (1910 m) der Gondelbahn.
Wegverlauf Rotwandwiesen – Rotwandköpfe – Sextener Rotwand.
Gehzeiten Insgesamt 6 Std.; Aufstieg 3½ Std., Abstieg auf dem gleichen Weg 2½ Std.
Hütten Rotwandwiesenhütte (1899 m).
Orientierung Markierter Anstieg.
Einstufung Leicht.

332 Via ferrata Zandonella

Sextener Rotwand, 2936 m

Schwierig

Zu den wildesten Winkeln der Sextener Dolomiten gehört das Vallone Popera, mit Hochbrunnerschneid (3046 m), Elferkofel (3092 m) und Sextener Rotwand (2965 m) als Gipfelrahmen. Doch wenn drüben im Fischleinboden der Parkplatz überquillt, viel Betrieb herrscht auf allen Wegen, ist man im Poperatal (fast) allein. Hier sind die Anstiege länger, rauher. Dies gilt auch für die »Ferrata Zandonella«, die eine tolle Überschreitung der Sextener Rotwand (Croda Rossa) ermöglicht. Für den Aufstieg nimmt man mit Vorteil die Südroute, die durch den steilen Canalone 1° verläuft, den Abstieg südöstlich zum Canalone 2°. Durch den kann man dann bequem zum Anstiegsweg »abfahren«; es empfiehlt sich aber, von der Forcella »A« nochmals kurz zu jenem Band anzusteigen, das die Südabstürze der Guglie nahezu horizontal durchzieht: eine »Superstrada« mit faszinierenden Ausblicken auf die Felskulisse des Poperatals!

Wo? Ins Comelico kommt man von Innichen über den Kreuzbergsattel, 26 km bis Pádola. Zwei Kilometer vor dem Ort zweigt rechts die Zufahrt zum Rif. Lunelli ab.
Ausgangspunkt Rif. Lunelli (1568 m), 5 km von der Strada Statale No. 52.
Wegverlauf Rif. Lunelli – Rif. Berti (1950 m) – Vallone Popera – »Ferrata Zandonella« (Südroute) – Sextener Rotwand – »Ferrata Zandonella« (Südostroute) – Canalone 2° oder Cengia delle Guglie – Rif. Berti – Rif. Lunelli.
Gehzeiten Insgesamt 8½ Std.; Rif. Lunelli – Rif. Berti 1¼ Std., Rif. Berti – Sextener Rotwand 3¾ Std., Abstieg über die Südwestroute zum Rif. Berti 2¾ Std., Rif. Berti – Rif. Lunelli ¾ Std. Mit dem Abstecher über das »Guglie-Band« ergibt sich eine Gesamtgehzeit von gut 9 Std.
Orientierung Zustieg CAI-Markierung 101, »Ferrata Zandonella« mit rot-grünen Dreiecken bezeichnet.
Einstufung Schwierig.

333 Alpinisteig

Sentinellascharte, 2717 m

Mittel

Der Klassiker unter allen gesicherten Steigen der Sextener Dolomiten. Wer kennt nicht jenen Schatteriß aus dem Äußeren Loch, Standardsujet in (fast) jedem Dolomitenbuch und -kalender? Natürlich bietet die berühmte »Strada degli Alpini« noch viel mehr, herrliche Aussicht auf die Bergumrahmung des Fischleintals, Einblicke in wilde Felswinkel, ein wenig Kitzel am luftigen Salvezza-Band und schließlich nochmals längere gesicherte Passagen hinter der Elferscharte. Hier stößt man aber auch auf den »Schönheitsfehler« der Route: erhebliche Steinschlaggefahr bei der Querung zur Sentinellascharte, zudem bis in den Sommer hinein harte, abschüssige Altschneefelder. Bei schlechten Bedingungen steigt man deshalb von der Elferscharte mit Vorteil direkt ab ins Fischleintal.

Wo? Von Sexten (1316 m) führt eine gut ausgebaute Straße südlich ins Fischleintal.
Ausgangspunkt Touristenparkplatz (1450 m) am Fischleinboden, 3,5 km von Sexten-Moos.
Wegverlauf Fischleinboden – Zsigmondyhütte (2224 m) – »Alpinisteig« – Elferscharte (2610 m) – Sentinellascharte (2717 m) – Fischleinboden.
Gehzeiten Insgesamt 8¼ Std.; Fischleinboden – Zsigmondyhütte 2½ Std., »Alpinisteig« – Sentinellascharte 3½ Std., Abstieg 2¼ Std.
Hinweise Steigt man von der Elferscharte ab, verkürzt sich die Gesamtgehzeit auf etwa 7 Std. – Kombination mit Steigen an der Sextener Rotwand möglich; siehe 331, 332.
Hütte Zsigmondyhütte (2224 m).

Altbekannter Steig, berühmtes Bild: am »Alpinisteig« in den Sextener Dolomiten.

Orientierung Gut markierte Wege, CAI-Nummern 103, 101, 122.
Einstufung Bis zur Elferscharte leicht, aber teilweise ausgesetzt. Weiterweg und Abstieg mittel, stark von den Verhältnissen abhängig. In der Zsigmondyhütte Zustand erfragen!

334 Via ferrata Roghel
335 Cengia Gabriella
Rifugio Berti – Forcella dei Campanili, 2550 m – Rifugio Carducci

Schwierig/Mittel

Dolomiten total. So könnte man die große Tour in den südöstlichen Sextenern überschreiben: höchster Landschaftgenuß und Klettersteigspaß in einem. Ganz ordentlich gefordert wird man auf der neuen »Ferrata Roghel«, deren Fixseile den Grat zum Valle della Stallata südöstlich der Forcella delle Guglie passieren; das »Cengia Gabriella«, das man über eine lange Sprossenreihe vom Bivacco Battaglione Cadore (2219 m) ansteuert, ist vor allem Aussichtsroute, auf kürzeren Abschnitten gesichert. Am Rifugio Carducci (2297 m) läuft die Route aus; wer in der Hütte (oder jenseits der Forcella Giralba) übernachtet, kann das »Erlebnis Sextener Klettersteige« anderntags am »Alpinisteig« (siehe 333) und auf der »Ferrata Zandonella« (siehe 332) fortsetzen: die Sextener »Eisenrunde« schlechthin.

Wo? Ins Comelico kommt man von Innichen über den Kreuzbergsattel, 26 km bis Pádola. Zwei Kilometer vor dem Ort zweigt rechts die Zufahrt zum Rif. Lunelli ab.
Ausgangspunkt Rif. Lunelli (1568 m), 5 km von der Strada Statale No. 52.
Wegverlauf Rif. Lunelli – Rif. Berti (1950 m) – »Ferrata Roghel – Biv. Battaglione Cadore (2219 m) – »Cengia Gabriella« – Rif. Carducci (2297 m).
Gehzeiten Insgesamt 7½ Std.; Rif. Lunelli – Rif. Berti 1¼ Std., Rif. Berti – Biv. Battaglione Cadore 3¼ Std., »Cengia Gabriella« – Rif. Carducci 3 Std.
Hinweise Abstiegsmöglichkeiten ins Val d'Ansiei und über das Giralbajoch (2431 m) ins Fischleintal, je etwa 2½ Std.
Die alte »Ferrata Roghel« mit ihrer Leiternserie ist nicht mehr begehbar (Bergsturz)!
Hütten Rif. Berti (1950 m). Rif. Carducci (2297 m), bewirtschaftet Ende Juni bis Ende September, Tel. (0435)97136. Rif. Zsigmondy (2224 m, nördlich des Giralbajochs), bewirtschaftet 20. Juni bis Anfang Oktober, Tel. (0474)70358.
Orientierung CAI-Wege 101, 109, 110.
Einstufung »Ferrata Roghel« schwierig, »Cengia Gabriella« mittel.

336 Via ferrata Mazzetta
Passo di Tacco, 2347 m

Mittel

Croda di Tacco (2612 m), Croda da Campo (2712 m) und Monte Aiarnola (2456 m) stehen – je nach Betrachtungsweise – ganz hinten oder ganz vorn in den Sextenern. Jedenfalls dürften sich nur selten Bergsteiger aus deutschen Gefilden in diese (sehr reizvolle) Ecke ganz am Rand der Dolomiten verirren. Dabei besteht ein ordentlich markiertes Wegnetz, das beispielsweise eine Überschreitung des Monte Aiarnola erlaubt, und am Passo di Tacco stößt man sogar auf eine kleine Ferrata. Der Zustieg aus dem Ansieital ist allerdings sehr weit, weshalb man den »Eisenweg« vorteilhaft in eine Runde von Pádola einbezieht. Sie läuft über die beiden Scharten von Ambata (2413 m) und Tacco (2347 m): viel Landschaft, wenig Eisen.

Wo? Pádola ist der Hauptort des Comelico, 26 km von Innichen über den Kreuzbergsattel.
Ausgangspunkt Parkplatz bei den Skiliften am Ortsrand.
Wegverlauf Pádola – Col dei Bagni (1743 m) – Forcella d'Ambata (2413 m) – Biv. Gera (2240 m) – »Ferrata Mazzetta« – Passo di Tacco – Casera Aiarnola (1602 m) – Pádola.
Gehzeiten Insgesamt 7¼ Std.; Pádola – Forcella d'Ambata – Biv. Gera 4 Std., »Ferrata Mazzetta« 1¼ Std., Abstieg nach Pádola 2 Std.
Hütte Biv. Gera (2240 m), Notunterkunft, stets zugänglich.
Orientierung CAI-Wege 151, 126, 152.
Einstufung Mittel.

337 Sentiero Amalio Da Pra
Forcella di San Pietro, 2298 m

Mittel

Wer sich die Mühe macht, auf der schmalen, holperigen Straße 15 Kilometer von Lozzo di Cadore zum Pian de Buoi hinaufzufahren, muß schon einen guten Grund haben. Ob eine schöne Aussicht, die südalpin-üppigen Blumenteppiche und die Polenta im Rifugio Ciareido da genügen? Immerhin gibt es auch noch einen gesicherten Steig, der quer durch die von tiefen Gräben durchfurchte Nordwestflanke des Monte Ciareido (2504 m) läuft und an einigen Stellen gesichert ist – keine große Ferrata, aber eine hübsche Halbtagestour. Damit es zum sportlichen Tagespensum wird, kann man ja auch mit dem Radl über die vielen Serpentinen der ehemaligen Kriegsstraße zu der im Sommer bewirtschafteten Hütte hinaufkurbeln, statt eine Stunde hinter dem Lenkrad zu schwitzen. Ich hab's vor gut zwanzig Jahren getan, mit dem Rennrad allerdings, doch damals gab's weder eine Ferrata am Monte Ciareido noch »Mountainbikes« mit griffigen Stollenreifen.

Wo? Lozzo di Cadore (754 m) liegt im oberen Piavetal, 8 km von Auronzo, 11 km von Pieve di Cadore. Im Ort Abzweigung der Straße zum Pian de Buoi (1825 m), ca. 15 km.
Ausgangspunkt Parkplatz etwa 10 Min. unterhalb vom Rif. Ciareido.
Wegverlauf Rif. Ciareido (1969 m) – Forcella di San Lorenzo (2223 m) – »Sentiero Da Pra« – Forcella San Pietro (2298 m) – Rif. Ciareido.
Gehzeit Für die gesamte Runde 3½ Std.
Hütten Rif. Ciareido (1969 m), Rif. Marmarole (1786 m).
Orientierung Abzweigung zur Forcella di San Lorenzo nur undeutlich markiert, am »Sentiero Da Pra« rote Farbtupfer.
Einstufung Mittel; Steinschlaggefahr, im Frühsommer unangenehme Schneerinnen.

338 Via attrezzata dei Camosci
Forcella dei Baranci, 2099 m

Mittel **A**

Wer einsame Landstriche, rauhe Wege und eine wilde Kulisse liebt, wen gelegentliche Pfadsuche ebensowenig aus dem Gleichgewicht bringt wie endlose Schuttreißen, der gehört in die Marmarole. Und eine gute Gelegenheit, dieses Gebirge am Rand der Dolomiten näher kennenzulernen, bietet der »Gamssteig«: mehr Spur als Weg, kümmerlich markiert, mit ein paar Sicherungen versehen – halt etwas für die vom Aussterben bedrohte Spezies der »Alpenindianer«. Wem's gefällt, für den habe ich nur eine Empfehlung: die »Strada Sanmarchi«, garantiert autofrei.

Wo? Auronzo (866 m) liegt im unteren Ansieital zwischen den Ausläufern der Sextener Dolomiten und der Marmarole, 34 km von Cortina d'Ampezzo. Im Westen des langgestreckten Straßendorfes zweigt die Zufahrt ins Val da Rin ab.
Ausgangspunkt Parkplatz am Straßenende (ca. 1100 m), 4 km von der Strada Statale No. 48.
Wegverlauf Val da Rin – Biv. Fanton (1750 m) – »Via dei Camosci« – Cengia dei Camosci – Forcella dei Baranci – Pomadonna-Kar – Pian delle Ciave – Val da Rin.
Gehzeiten Insgesamt 6½ Std.; Val da Rin – Biv. Fanton 2 Std., »Via dei Camosci« 3 Std., Abstieg ins Tal 1½ Std.
Hütte Biv. Fanton (1750 m), Notunterkunft, stets zugänglich.
Orientierung Zugang zum Bivacco CAI-Markierung 270; an der »Via dei Camosci« nur gelegentlich Farbtupfer. Gleich hinter der Hütte durch eine wilde Schlucht kurz aufwärts, dann links auf das »Gamsband«.
Einstufung Mittel, A. Viel Geröll, leichte Felsen, nur wenige (Drahtseil-)Sicherungen.

339 Sentiero degli Alpini
Forcella Jau de la Tana, 2650 m

Mittel

Von Süden, aus dem Val d'Oten, präsentiert sich die Marmarole als steinerne Phalanx. Den einzigen Zugang vermittelt der schon recht angejahrte »Sentiero degli Alpini«, ein mit mehreren Leitern und Drahtseilen gesicherter Steig. Oben an der Forcella Jau de la Tana öffnet sich der Blick in die Nordflanke des Massivs mit seinen riesigen Karen und Karren, Graten und Gipfeln. Und dahinter, jenseits des Ansieitals, stehen die berühmten Kletterberge der Sextener Dolomiten.

Wo? Calalzo di Cadore (809 m) ist ein Nachbarort von Pieve di Cadore. In das sich hier von Nordwesten öffnende Val d'Oten führt ein ordentliches Sträßchen, bis über Praciadelan hinaus asphaltiert.
Ausgangspunkt Hütten von Praciadelan (1044 m), 5,5 km ab Calalzo. Parkmöglichkeit.
Wegverlauf Praciadelan – Rif. Chiggiato (1911 m) – »Sentiero degli Alpini« – Forcella Jau de la Tana.
Gehzeiten Insgesamt 8½ Std.; Praciadelan – Rif. Chiggiato 2¼ Std., »Sentiero degli Alpini« – Forcella Jau de la Tana 3 Std., Abstieg auf dem gleichen Weg 3¼ Std.
Hinweis Man kann die Tour zum Biv. Tiziano (2246 m) fortsetzen, siehe »Strada Sanmarchi«.
Hütte Rif. Chiggiato (1911 m).
Orientierung CAI-Weg 260.
Einstufung Mittel.

340 Sentiero della Cengia del Doge
Cengia del Doge, ca. 2100 m

Leicht

Auf der Fahrt vom Misurinasee hinab ins Val d'Ansiei hat man die Marmarolegruppe und den Antelao direkt vor sich; bald einmal wird auch der Blick in das tief eingeschnittene Val di San Vito frei. Und da steht es: das »Horn des Dogen« (Corno del Doge), ein Riesenturm, schlank und auffallend gebändert. Quer durch den senkrechten Fels, auf knapp halber Höhe, läuft eine markierte und mit ein paar Drahtseilen gesicherte Pfadspur – eine kleine »Via delle Bocchette« in den östlichen Dolomiten!

Völlig neu trassiert wurde die »Ferrata Tissi«.

Wo? Ins Val di San Vito kommt man vom Ansieital aus; Zufahrt über die Strada Statale No. 48.
Ausgangspunkt Ponte degli Alberi (1134 m) am Eingang ins Val di San Vito; Parkmöglichkeit.
Wegverlauf Ponte degli Alberi – Val di San Vito – Val Grande – »Sentiero della Cengia del Doge« – Val di San Vito – Ponte degli Alberi.
Gehzeiten Insgesamt 5¾ Std.; Ponte degli Alberi – Wegverzweigung Val Grande 3 Std., »Bänderweg« 1 Std., Abstieg zur Ponte degli Alberi 1¾ Std.
Orientierung CAI-Wege 226, 278.
Einstufung Leicht, teilweise recht exponiert.

Die »Strada Sanmarchi«

Eine »Straße« ist sie nicht, die »Strada Sanmarchi«, auch keine Via ferrata, eher schon ein gesicherter Höhenweg, ganz bestimmt aber eine Traumroute. Nicht unbedingt für jene Zeitgenossen, die das schnelle, prickelnde Erlebnis suchen; um die Marmarole kennenzulernen, braucht es vor allem eines: Zeit. Erst nach und nach, Schritt für Schritt, erschließt sich dem Wanderer die ganze Schönheit dieser Landschaft, die den berühmten Gipfeln der Dolomiten so nah, dem großen Trubel so fern ist. Die Straße, die keine ist, läuft quer durch die Marmarole, durch vergessene Karwinkel, über hohe Scharten, immer wieder neue Blickpunkte, andere Perspektiven eröffnend. Seit ein paar Jahren ist sie ordentlich markiert, einige Passagen sind auch gesichert, dennoch ist die »Strada Sanmarchi« weit mehr als eine Ferrata oder ein Wanderweg – eine Traumtour halt.

Für die Zwei-Tage-Tour muß man mit einer Gesamtgehzeit von etwa 18 Stunden rechnen. Aufstieg zum Bivacco Tiziano (2246 m), dann auf der »Strada Sanmarchi« zum Bivacco Musatti (2111 m; Nächtigung) und weiter ins Val Grande, hier Abstieg ins Ansieital. CAI-Markierungen 260, 280, 278, 226.

341 Sentiero ferrato Berti
342 Sentiero Minazio
343 Via ferrata Vandelli
Sorapìs-Runde

Mittel **A**

Der Sorapìs (3205 m) ist weit mehr als ein Berg, ein richtiges Gebirge mit hohen Graten, die den stimmungsvollen Sorapìssee (1923 m) wie Flügel umschließen, mit drei winzigen Gletschern – und einem Höhenweg, auf dem man das Massiv umrunden kann. Er besteht aus drei Teilstücken, die alle mehr oder weniger lange gesicherte Passagen aufweisen. Der »Sentiero Berti« verbindet die einer Mondlandschaft ähnliche Karmulde der Tondi di Sorapìs mit dem Bivacco Slataper (2620 m) über die mächtige Terrasse in der Westwand der Croda Marcora (3154 m); dabei ist ein wilder, steinschlaggefährdeter Kessel zu queren (Leitern). Der »Sentiero Minazio« führt dann, kaum gesichert, auf teilweise latschenbewachsenen Bändern hoch über dem Val di San Vito zum zweiten Biwak (Comici, 2000 m); ein eisenhaltiges Finale bietet schließlich die »Ferrata Vandelli«, über die man zum Rifugio Vandelli am smaragdgrünen Sorapìsee absteigt. Eine große Runde, ein grandioses Dolomitenerlebnis für mehr als nur einen Tag!

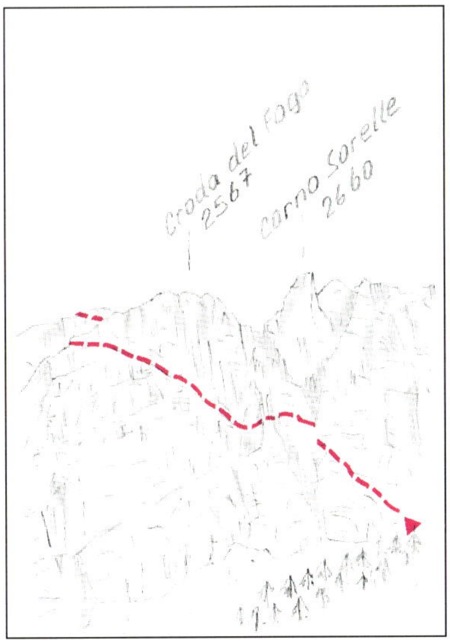

Wo? Der Passo Tre Croci verbindet das Boite- mit dem Ansieital, 8 km von Cortina d'Ampezzo, 26 km von Auronzo.

Ausgangspunkt Passo Tre Croci (1805 m). Großer Parkplatz.

Wegverlauf Passo Tre Croci – Rif. Vandelli (1928 m) – Forcella sora la Cengia del Banco (2416 m) – »Sentiero Berti« – Biv. Slataper (2620 m) – »Sentiero Minazio« – Biv. Comici (2000 m) – »Ferrata Vandelli« – Rif. Vandelli – Passo Tre Croci.

Gehzeiten **1. Tag:** Insgesamt 6¾ Std.; Passo Tre Croci – Rif. Vandelli 1¾ Std., Rif. Vandelli – »Sentiero Berti« – Biv. Slataper 5 Std.
2. Tag: Insgesamt 8 Std.; Biv. Slataper – »Sentiero Minazio« – Biv. Comici 3½ Std., »Ferrata Vandelli« 3 Std., Rif. Vandelli – Passo Tre Croci 1½ Std.

Hinweise Zustiege zur »Sorapìs-Runde« gibt es auch vom Boitetal über das Rif. San Marco (1823 m) und aus dem Val d'Ansiei. – Übernachtung in einer der beiden Biwakschachteln.

Hütten Rif. Vandelli (1928 m); Biv. Slataper (2620 m) und Biv. Comici (2000 m), beides Notunterkünfte, stets zugänglich.

Orientierung Markierte Wege; Einstieg zum »Sentiero Berti« im Kar Tondi di Sorapìs nicht ganz leicht zu finden. CAI-Nummern 215, 242, 247, 243.

Einstufung Mittel, A. Am »Sentiero Berti« erhebliche Steinschlaggefahr.

344 Via ferrata degli Alleghesi
Civetta, 3220 m

Schwierig

Ein großer Gipfel, eine große Ferrata. Da sind Superlative fällig, und wer den ➡

Wo? Das Civettamassiv erhebt sich zwischen dem Tal des Cordévole und dem Zoldano. Den besten Zugang vermittelt ein recht holperiger Fahrweg, der nördlich von Pecol von der Staulanza-Paßstraße abzweigt.

Ausgangspunkt Almgelände an der Forcella d'Alleghe (1816 m), ➡

➡ »Alleghesi-Steig« bei gutem Wetter gegangen ist, wird mir beipflichten: eine der schönsten Eisenrouten zwischen Eisack und Piave! Ausreichend, aber nicht übermäßig gesichert, logisch im Verlauf, spannend und natürlich sehr lang; vom Einstieg bis zum Gipfel sind es immerhin über 800 Höhenmeter. Und wenn man anschließend noch über die »Ferrata Tissi« (siehe 345) absteigt, ist der »Klettersteig-Traum« perfekt.

➡ 3,5 km von der Strada Statale No. 251. Parkmöglichkeit.
Wegverlauf Forcella d'Alleghe – Rif. Coldai (2132 m) – »Sentiero Tivan« – Einstieg (ca. 2450 m) – »Ferrata degli Alleghesi« – Civetta – Rif. Torrani – Normalweg – »Sentiero Tivan« – Rif. Coldai – Forcella d'Alleghe.
Gehzeiten Insgesamt 10 Std.; Forcella d'Alleghe – Rif. Coldai 1 Std., »Sentiero Tivan« – Einstieg 1½ Std., »Ferrata degli Alleghesi« – Civetta 3½ Std., Abstieg zum »Sentiero Tivan« 2½ Std., Rückweg zur Forcella d'Alleghe 1½ Std.
Tip Ein günstiger Ausgangspunkt für die Civetta-Tour, vor allem, wenn man eine Überschreitung plant, ist die Alpe della Grava; siehe 345.
Hinweis Nächtigung in der Coldai-Hütte ratsam.
Hütten Rif. Torrani (2984 m). Rif. Coldai (2132 m), bewirtschaftet 10. Juni bis 20. September, Tel. (04 37) 78 91 60.
Orientierung Einstieg zur Ferrata oberhalb des »Sentiero Tivan« am markanten Ostpfeiler der Punta Civetta.
Einstufung Schwierig, A. Abstieg darf nicht unterschätzt werden (Stellen I); gute Kondition unerläßlich.

345 Via ferrata Attilio Tissi
Rifugio Torrani, 2984 m

Schwierig

Ihr Ruf ist legendär, lange Zeit galt die bereits 1938 angelegte und nach dem Civetta-Pionier benannte »Tissi« als das Maß aller (Klettersteig-)Dinge; immer wieder beschädigte Sicherungen machten ihre Begehung aber zum riskanten Unternehmen (ich kann's bestätigen), was schließlich eine amtlich verfügte Sperrung nach sich zog. Inzwischen gibt es eine »neue« Ferrata, weniger steinschlaggefährdet, aber auch nicht so spektakulär-verwegen im Verlauf. Sie steigt am rechten Rand des Van delle Sasse steil an zu einem Felskessel, gewinnt dann ein markantes Felsband, das an dem Sattel zwischen Civetta und Cima di Tomè (3004 m) ausläuft. Die Route ist fast durchgehend mit Fixseilen gesichert.

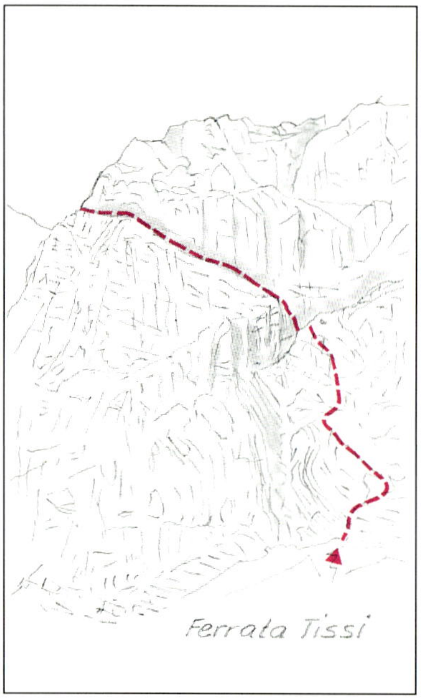

Wo? Die Häuser von Listolade (683 m) liegen am Eingang ins Val Corpassa, 4 km von Agordo, 16 km von Alleghe.
Ausgangspunkt Rif. Trieste (1135 m) im Val Corpassa, 4 km ab Listolade.
Wegverlauf Rif. Trieste – Rif. Vazzoler (1714 m) – Van delle Sasse (Einstieg ca. 2600 m) – »Ferrata Tissi« – Rif. Torrani.
Gehzeiten Insgesamt 11 Std.; Rif. Trieste – Rif. Vazzoler 2 Std., Rif. Vazzoler – Van delle Sasse 3 Std., »Ferrata Tissi« – Rif. Torrani 1½ Std., Abstieg auf dem gleichen Weg 4½ Std.
Hinweise Natürlich wird man bei ordentlichem Wetter den Gipfel der Civetta (3220 m) nicht auslassen; ¾ Std. vom Rif. Torrani auf markierter Geröllspur. Nächtigung im Rif. Vazzoler.
Tip Günstiger Ausgangspunkt für die Civetta-Tour, vor allem bei einer Überschreitung »Tissi-Alleghesi«, ist die Alpe della Grava (1627 m); Zufahrt von Chiesa (1242 m) an der Ostrampe der Duran-Paßstraße, 3,5 km (Fahrverbot ein paar hundert Meter nach der Abzweigung, Zufahrt zur Alm wird aber toleriert). Aufstieg über die Forcella delle Sasse (2476 m) ins Van delle Sasse, Markierung 558, knapp 3 Std. bis zum Einstieg der »Ferrata Tissi«.
Hütte Rif. Torrani (2984 m). Rif. Vazzoler (1714 m), bewirtschaftet 15. Juni bis 20. September, Tel. (04 37) 66 00 08.
Orientierung CAI-Wege 556, 558 ins Van delle Sasse, Einstieg zur »Tissi« nicht zu übersehen.
Einstufung Schwierig.

346 Via ferrata Monte Pelsa – Fiamme Gialle
La Palazza Alta, 2255 m

Schwierig

Das Schild drunten in Cencenighe weist lapidar auf die »Via ferrata« hin, und der Blick hinauf in die hohe, von Grasbändern durchzogene Wand verrät nur wenig mehr. Nicht sichtbar ist aus dieser Froschperspektive die Civetta, die auf dem ➡

Wo? Cencenighe (774 m) liegt im Tal des Cordévole, je 10 km von Alleghe bzw. Agordo.
Ausgangspunkt Bastiani (971 m), winziger Weiler oberhalb von Cencenighe, 3 km. Kleiner Parkplatz. – Nimmt man den Abstieg über die »Direttissima«, empfiehlt es sich, bis Bricol (1097 m) weiterzufahren.
Wegverlauf Bastiani – Einstieg (ca. 1480 m) – »Ferrata Monte Pelsa« – La Palazza Alta – Pian di Pelsa (1954 m) – Forcella di Col Mandro (2032 m) – Col Mandro (1844 m) – Collaz (1031 m) – Bastiani.
Gehzeiten Insgesamt 8¼ Std.; Bastiani – Einstieg 1¾ Std., »Ferrata Monte Pelsa« 3 Std., La Palazza ➡

➡ Sockelfelsen des Monte Pelsa (2413 m) steht und der hier alle Aufmerksamkeit gilt. Sie kommt erst oben am Grat ins Bild, als optisches Finale einer Route, die für mich zu den schönsten in den Dolomiten zählt: rund 700 Höhenmeter, fast durchgehend mit Drahtseilen gesichert, mit einem steilen Auftakt und äußerst luftigem Finale (»Variante difficile«), alles in bestem Schlerndolomit. Der liefert reichlich Tritt und Griff, erlaubt über längere Strecke richtiges Klettern – am sichernden Fixseil. Und nach dem Klettererlebnis noch die große Schau auf der Wanderung hinüber zur Forcella Col Mandro (2032 m) und hinab ins Tal des Cordévole: Civetta, Sella, Marmolada und Pala stehen dabei Parade.

➡ Alta – Forcella di Col Mandro 1½ Std., Abstieg nach Bastiani 2 Std.
Tips Von der Gratsenke nördlich der Palazza Alta führt eine markierte Route extrem steil und ungesichert (Stellen II) zu Tal: nicht empfehlenswert. Weit lohnender ist die markierte Spur, die auf einer riesigen Terrasse unter dem Monte Pelsa zum Col Mandro (1844 m) hinüberläuft, Markierung 571; Gesamtgehzeit etwa 7½ Std.
Orientierung CAI-Wege 562, 560, 567.
Einstufung Schwierig.

347 Via ferrata Costantini

Cima Moiazza Sud, 2878 m

Sehr schwierig

Kenner wissen es: Sie ist die Dolomitenferrata schlechthin, wer »in« sein will, muß sie einfach gemacht haben. Und ein Erlebnis der Sonderklasse ist der Gang durch den sonnenverwöhnten 900-Meter-Südabsturz der Cresta delle Masenade allemal, mit rasanten Passagen gleich zu Beginn und der »Diagonale« auf knapp halber Höhe. An dieser Schlüsselstelle scheidet sich endgültig die Spreu vom Weizen, und wer drüber ist, hat höchste Klettersteigweihen gewonnen. Bis zum Grat bleibt die Route steil, dann wird sie zur grandiosen Aussichtspromenade, und das Tüpfchen aufs »i« bietet dann der Gipfelabstecher – natürlich auch am sichernden, fix verankerten Drahtseil. Schließlich folgt als letzter Höhepunkt der Runde das »Engelsband« (Cengia Angelini), ehe man über mächtige Plattenschüsse in den Van dei Cantoi absteigt.

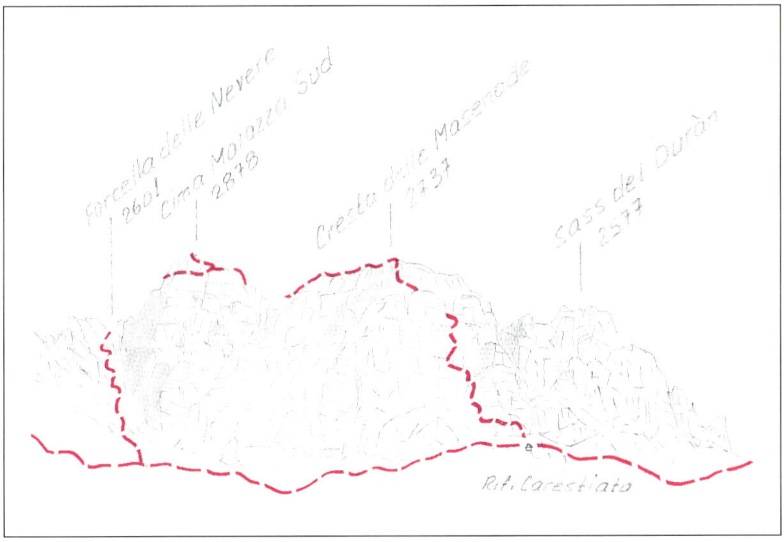

Die Traumroute in den Dolomiten: am »Engelsband« der »Ferrata Costantini«.

Wo? Der Passo Duran (1601 m) verbindet das Tal des Cordévole mit dem Zoldano, 13 km von Agordo, 12 km von Forno di Zoldo.
Ausgangspunkt Paßhöhe; großer Parkplatz beim Rif. San Sebastiano.
Wegverlauf Passo Duran – Rif. Carestiato (1834 m) – »Ferrata Costantini« – Cresta delle Masenade (2737 m) – Cima Moiazza Sud – Cengia Angelini – Forcella delle Nevere (2601 m) – Van dei Cantoi – Rif. Carestiato – Passo Duran.
Gehzeiten Insgesamt 9½ Std.; Passo Duran – Rif. Carestiato 1 Std., »Ferrata Costantini« – Cresta delle Masenade 3½ Std., Cresta delle Masenade – Cima Moiazza Sud 1¾ Std., Abstieg über die Forcella delle Nevere 3¼ Std.
Tip Eine wesentlich leichtere, aber landschaftlich trotzdem sehr lohnende Runde ergibt sich, wenn man vom Van dei Cantoi aufsteigt, über das »Engelsband« zur Forcella delle Masenade (2650 m) quert und dann nördlich durch das Vant della Moiazza zum »Sentiero Angelini« absteigt; insgesamt knapp 9 Std. ab Passo Duran.
Hütten Rif. Carestiato (1834 m). Rif. San Sebastiano am Passo Duran, von Anfang Juni bis Ende Oktober bewirtschaftet, Tel. (0437) 62360. Biv. Moiazza in der Forcella delle Nevere, Notunterkunft, stets zugänglich.
Orientierung Bis auf den Abstieg ins Vant della Moiazza (Variante) gut markierte Steige.
Einstufung Sehr schwierig, anstrengend!

348 Via ferrata Luigi Zacchi
349 Via ferrata Antonio Berti
350 Via ferrata Marmol
Monte Schiara, 2565 m

Schwierig/Mittel

Mit nicht weniger als fünf Vie ferrate auf engstem Raum ist die Schiara ein echtes Klettersteig-Dorado. Und schon beim Anmarsch durch das tief eingeschnittene Valle d'Ardo macht sich angesichts der mächtigen Schiara-Südwand erwartungsfrohe Unruhe bemerkbar, wird der Schritt etwas schneller. Die große, klassische Tour schließt die drei Steige »Zacchi«, »Berti« und »Marmol« ein; Höhepunkt der eisernen Runde über den höchsten Gipfel der kleinen Dolomitengruppe ist der Anstieg auf der »Ferrata Zacchi« mit einigen sehr spektakulären Passagen und der luftigen Querung zur unglaublich schlanken Felsnadel der Gusela als Finale. Nach dem großen Panorama bietet die »Ferrata Marmol«nochmals recht viel Eisen.

Wo? In die Schiara-Gruppe kommt man von Belluno auf ordentlichen Straßen über Bolzano Bellunese (541 m).
Ausgangspunkt Case Bortòt (694 m) am Eingang ins Valle d'Ardo, 7 km von Belluno. Kleiner Parkplatz.
Wegverlauf Case Bortòt – Rif 7° Alpini (1490 m) – »Ferrata Zacchi« – Biv. Bernardina (2320 m) – »Ferrata Berti« – Monte Schiara – Biv. Marmol (2280 m) – »Ferrata Marmol« – Rif. 7° Alpini – Case Bortòt.
Gehzeiten Insgesamt 11¾ Std.; Case Bortòt – Rif. 7° Alpini 2¾ Std., »Ferrata Zacchi« 3½ Std., »Ferrata Berti« 1 Std., Abstieg über die »Ferrata Marmol« zum Rif. 7° Alpini 2½ Std., Rückweg nach Case Bortòt 2 Std.
Hinweis Ohne Übernachtung im Rif. 7° Alpini kaum zu machen. – Kombinationsmöglichkeiten mit der »Ferrata Sperti« (siehe 351) und dem »Sentiero Guardiano« (siehe 352).
Hütten Rif. 7° Alpini (1490 m), bewirtschaftet Mitte Juni bis Ende September, Tel. (0437) 941631. Biv. Bernardina (2320 m), Biv. Marmol (2280 m).
Orientierung Die Wege sind gut markiert, Zugang AV-Nummer 501.
Einstufung »Ferrata Zacchi« schwierig, »Berti-Steig« und »Ferrata Marmol« mittel.

351 Via ferrata Gianangelo Sperti
Forcella della Gusela, ca. 2300 m

Mittel

Der »Sperti-Steig«, der, das stark gegliederte Felsgelände im Westteil der Schiara-Südwand geschickt nutzend, zum Kamm ansteigt und sich dann um die Pale del Balcon (2371 m) und den Nason herumschlängelt, bildet eine Alternativroute zur »Zacchi«: weniger spektakulär im Verlauf, nicht so schwierig, aber landschaftlich sehr reizvoll.

Die jüngste (und kürzeste) Ferrata der Schiara führt auf den Gipfel des Pelf.

Ausgangspunkt Rif. 7° Alpini (1490 m).
Wegverlauf Rif. 7° Alpini – Biv. Sperti (ca. 2050 m) – Forcella Sperti (ca. 2250 m) – Forcella della Gusela.
Gehzeit Gut 4 Std. ab Rif. 7° Alpini.
Hütte Biv. Sperti (ca. 2050 m), Notunterkunft, stets zugänglich.
Orientierung CAI-Markierung 504.
Einstufung Mittel, Steinschlaggefahr unterhalb der Forcella Sperti.

352 Sentiero attrezzato Marino Guardiano
Monte Pelf, 2502 m

Schwierig

Nun hat auch der Pelf, stiller Nachbar der Schiara, seinen Klettersteig, eine kurze, aber rassige Route, auf der man von der Forcella del Marmol (2262 m) rasch zum Gipfelgrat kommt – logische Fortsetzung der »Ferrata Marmol« (siehe 350). Mächtig in die Knie geht dann der Abstieg auf dem alten Normalweg – fast 2000 »Tiefenmeter« hinab ins Valle d'Ardo.

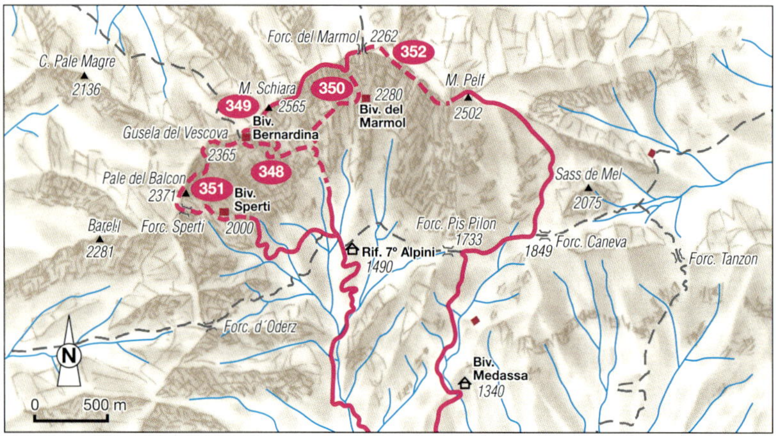

Ausgangspunkt Case Bortòt (694 m), 7 km von Belluno. Kleiner Parkplatz.
Wegverlauf Case Bortòt – Rif. 7° Alpini (1490 m) – »Ferrata Marmol« – Forcella del Marmol (2262 m) – »Sentiero Guardiano« – Monte Pelf – Forcella Caneva (1849 m) – Biv. Medassa (1340 m) – Case Bortòt.
Gehzeiten Insgesamt 11½ Std.; Case Bortòt – Rif. 7° Alpini 2¾ Std., »Ferrata Marmol« – Forcella del Marmol 3½ Std., »Sentiero Guardiano« – Monte Pelf 1¼ Std., Abstieg und Rückweg 4 Std.
Hütten Rif. 7° Alpini (1490 m); Biv. Marmol (2280 m), Biv. Medassa (1340 m), beides Notunterkünfte, stets zugänglich.
Orientierung CAI-Wege 501, 514, 511.
Einstufung Schwierig, kurz.

Im untersten Abschnitt nehmen die »Via Zacchi« und die »Via Marmol« einen gemeinsamen Verlauf. Blick zum Monte Pelf.

Südtirol, Gardasee, Brenta

Südtirol ist Wanderland, ein Traumziel für Bergfreunde – sofern sie keine Ferrataliebhaber sind. Denn deren Revier beginnt eigentlich erst dort, wo Südtirol wieder aufhört: an der Salurner Klause. Daß es zwischen Ortler und Bozen ein paar gesicherte Steige gibt, fällt kaum ins Gewicht, ebensowenig die Tatsache, daß die einzige richtige Ferrata, der »Fennberg-Klettersteig«, fast schon auf Trentiner Boden verläuft. Aber gleich jenseits der Sprach- und Kulturgrenze wird es zunehmend »eisenhaltig«, und die Gardasee-

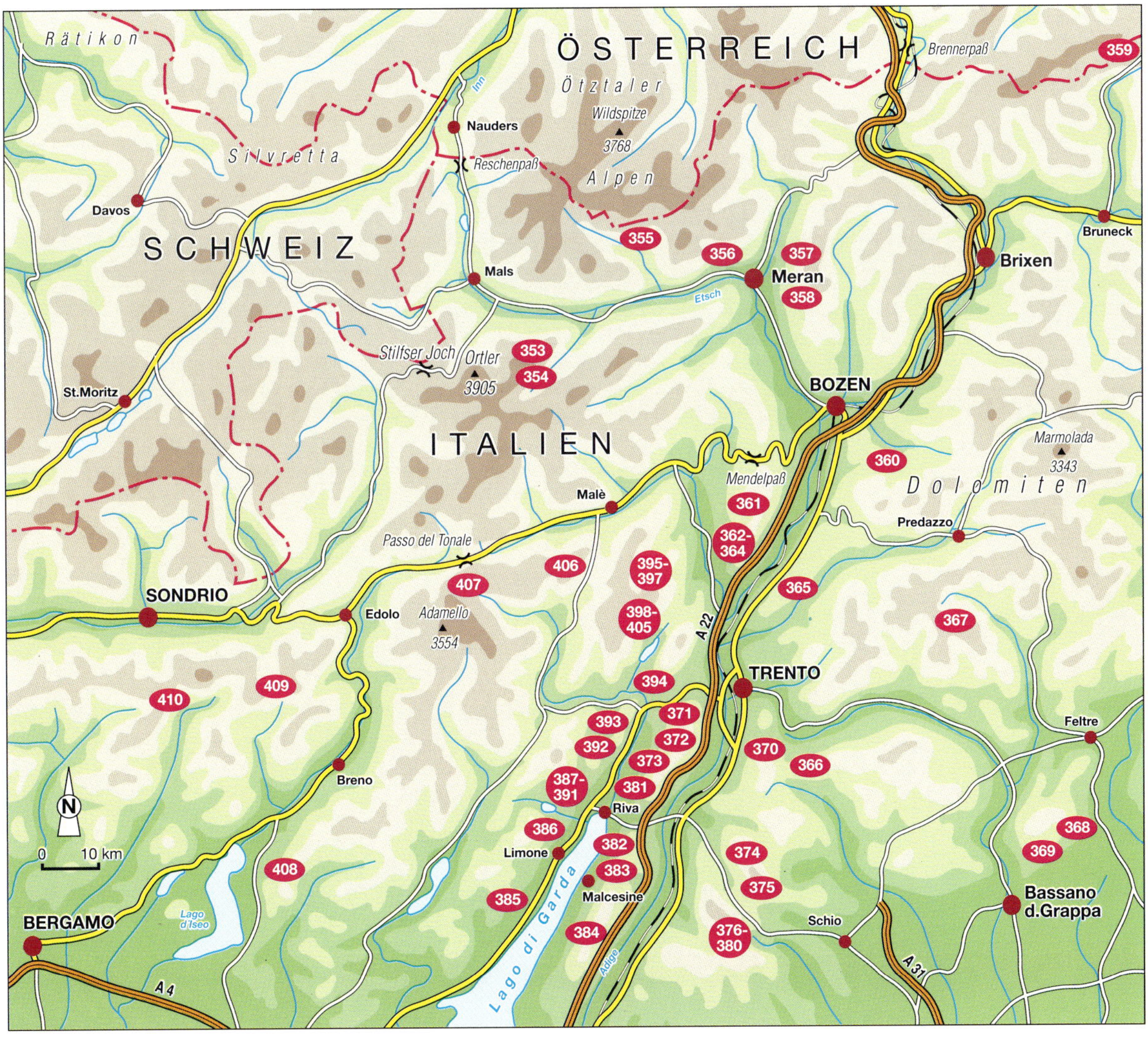

Meine Favoriten

- »Via ferrata Rio Secco« – klein, aber gepfeffert! (365)
- »Sentiero Falcipieri« – etwas für Genießer (375)
- »Susatti« – »Foletti« – »Camminamenti« – nirgends ist der Gardasee schöner (387–389)
- »Ferrata Che Guevara« – was für eine Wand! (393)
- »Via delle Bocchette« – einfach faszinierend, der »Obere Radlerweg« (398–400)

region ist auch längst kein Geheimtip mehr – weder für Surfer noch für Ferratisten. Wenig bekannt sind dagegen die Klettersteige der Monti Lessini.
Berühmt, weit über die Grenzen Italiens hinaus, ist die »Via delle Bocchette«, jener Höhen-, Bänder- und Aussichtsweg, der am Hauptkamm des Brenta-Massivs von Scharte zu Scharte (= bocchetta) läuft: eine Traumroute, mehrfach verzweigt und so zu einer ganzen Tourenwoche einladend. Am westlichen Horizont glitzern dabei die Gletscher von Adamello und Presanella: etwas für Hochtourengeher, aber kein Revier für Klettersteigler, so wenig wie der riesige Gebirgsraum der Bergamasker Alpen – mit Ausnahme der Comer-See-Region. Doch das ist ein anderes Kapitel – das nächste.

Karten und Pläne

Neben den Kompass-Karten, die nicht immer durch besondere Zuverlässigkeit auffallen, gibt es für dieses große Gebiet am Südrand der Alpen vor allem Einzelblätter, die man meist nur vor Ort bekommt. Sehr gut ist natürlich die AV-Karte der Brenta, und LagirAlpina hat eine ordentliche Gardasee-Karte im Maßstab 1:50 000 herausgebracht.
Die Klettersteige der Brenta und der Gardasee-Region sind in Paul Werners »Dolomiten-Klettersteigführer« (Bergverlag Rother) beschrieben. Die Brentawege findet man in den »Dolomiten-Klettersteigen« von Eugen E. Hüsler (Denzel, Innsbruck).

Eine Buchempfehlung

»Gardasee/Verona/Trentino« von Walter Pipke und Ida Pallhuber (DuMont): eine geballte Ladung Kunst und Kultur, der richtige Kontrast zum Landschaftserlebnis.

353 Otto-Erich-Steig
Tschenglser Hochwand, 3375 m

Leicht

Vom Etschtal aus ist er wirklich eine »hohe Wand«, im Gipfelkranz des inneren Zaytals nur einer von zahlreichen Dreitausendern, nicht einmal der höchste. Und nimmt man den Sessellift zur Kanzel, sind es bis zur Tschenglser Hochwand gerade noch knapp 1000 Höhenmeter. Der Anstieg verläuft über den Südgrat; er ist mit Drahtseilen und kurzen Leitern gesichert. Zugang über den Weg zum Zayjoch, Abzweigung bei der ersten Lacke (2886 m) im innersten Kessel des Zaytals. Abstieg auf dem »alten« Weg, der von Südwesten zum Gipfel führt und ordentlich bezeichnet ist.

Wo? Sulden (1906 m) ist ein bekannter Ferienort im Ortlermassiv. Zufahrt vom Obervinschgau über Gomagoi, 20 km von Spondinig. Sessellift zur Kanzel.
Ausgangspunkt Bergstation des Kanzel-Sessellifts (2350 m).
Wegverlauf Kanzel – Düsseldorfer Hütte (2721 m) – »Otto-Erich-Steig« – Tschenglser Hochwand – Normalweg – Düsseldorfer Hütte – Kanzel.
Gehzeiten Insgesamt 6 Std.; Aufstieg 3¾ Std., Abstieg über den »alten« Weg 2¼ Std.
Hütte Düsseldorfer Hütte (Zaytalhütte, 2721 m).
Orientierung Breiter Hüttenweg; »Otto-Erich-Steig« gelb, Normalweg rot bezeichnet.
Einstufung Leicht, am »Erich-Otto-Weg« Drahtseile und drei Eisenleitern.

354 Hoher Angelus, Nordwestgrat
Hoher Angelus, 3521 m

Mittel **A**

Auch am Hohen Angelus hat der Wirt der Düsseldorfer Hütte ein paar Sicherungen angebracht. Die neue Nordwestgratroute ersetzt den alten, stark durch Steinschlag gefährdeten Weg; mit Drahtseilen versehen sind der erste Aufschwung zum Grat sowie eine kurze Querung. Der Rest ist leichte Blockkletterei bis zum firn- ➡

Wo? Sulden (1906 m) ist ein bekannter Ferienort im Ortlermassiv. Zufahrt vom Obervinschgau über Gomagoi, 20 km von Spondinig. Sessellift zur Kanzel.
Ausgangspunkt Bergstation des Kanzel-Sessellifts (2350 m).
Wegverlauf Kanzel – Düsseldorfer Hütte – Nordwestgrat – Hoher Angelus. ➡

➡ bedeckten Gipfelgrat. Oben genießt man ein grandioses Panorama; unmittelbarer Nachbar im Südwesten ist die massige Vertainspitze (3545 m) mit ihrem (arg geschrumpften) Hängegletscher. Übrigens: Obwohl er immer noch in einigen Publikationen herumgeistert, gibt es keinen Klettersteig an der Vertainspitze (Kletterei, III)!

➡

Gehzeiten Insgesamt 7¼ Std.; Kanzel – Düsseldorfer Hütte 1½ Std., Nordwestgrat – Hoher Angelus 2¾ Std., Abstieg auf dem gleichen Weg 3 Std.

Hütte Düsseldorfer Hütte (Zaytalhütte, 2721 m), bewirtschaftet Ende Juni bis Ende September, Tel. (0473) 613115.

Orientierung Nordwestgrat des Hohen Angelus gelb markiert.

Einstufung Mittel, A.

355 Grawand, gesicherter Steig

Grawand, 3251 m

Leicht

Wer mit der »Schnalstaler Gletscherbahn« in hochalpine Regionen hinaufgeschwebt ist, kann sich am felsigen Kamm der Grawand gleich weiterer Drahtseile bedienen. Der Übergang ins Finailjoch ist vor ein paar Jahren gesichert worden: erst am blockigen Grat (Drahtseile) hinüber und hinab in die Scharte, dann durch das malerische Finailtal hinaus zum Vernagt-Stausee (1690 m) und abseits der Straße zurück nach Kurzras.

Wo? Kurzras (2004 m) liegt im innersten Schnalstal, 25 km von Naturns auf guter Straße. Großer Parkplatz bei der Talstation der Seilbahn zur Grawand.

Ausgangspunkt Bergstation (3212 m) am Verbindungsgrat von der Grauen Wand (3202 m) zur Grawand.

Wegverlauf Seilbahnstation – Grawand – Finailjoch (3125 m) – Finailhof – Kurzras.

Gehzeiten Insgesamt 4 Std., Seilbahnstation – Finailjoch ¾ Std., Abstieg zum Finailhof 1¾ Std., Rückweg nach Kurzras 1½ Std.

Orientierung Markierte Wege.

Einstufung Leicht, an der Grawand einige Drahtseilsicherungen.

356 Franz-Huber-Steig

Sattelspitze, 2428 m

Leicht

Viel Aussicht, dazu einige gesicherte, für Gebübte aber problemlose Passagen bietet der »Franz-Huber-Steig«, der das Hochganghaus (1839 m) mit der Lodnerhütte (2259 m) verbindet, dabei die Südflanke des Tschigat (2999 m) quert und, von der Sattelspitze absteigend, ins innerste Zieltal führt: eine einzige Panoramawanderung mit Tiefblicken auf die Kurstadt Meran und in den Vinschgau, Fernsicht bis zu den Dolomiten und zum Cevedale. Es empfiehlt sich allerdings, für die Begehung des Höhenweges eine Nächtigung einzuplanen, am besten in der Lodnerhütte; anderntags kann man dann das Roteck (3337 m) besteigen: noch etwas »Eisen« am Ostgrat und das ganz große Südtiroler Panorama vom Gipfel!

Wo? Algund (376 m), Nachbarort von Meran, liegt unterhalb der Töll in einer sonnigen, windgeschützten Talmulde. Straßenzufahrt nach Vellau (906 m), bis hierher auch Sessellift, der sich als Gondelbahn zur Leiteralm (1522 m) fortsetzt.

Ausgangspunkt Bergstation der Gondelbahn (1485 m) knapp unterhalb der Leiteralm.

Wegverlauf Leiteralm – Hochganghaus (1839 m) – »Franz-Huber-Steig« – Lodnerhütte (2259 m) – Nassereith-Hütte (1560 m) – Tabland (1243 m) – Algund.

Gehzeiten Insgesamt 10 bis 10½ Std.; Leiteralm – Hochganghaus 1¼ Std., Hochganghaus – »Franz-Huber-Steig« – Lodnerhütte 4¾ Std., Lodnerhütte – Nassereithhütte 1½ Std., Nassereithhütte – Tabland – Algund 2½ bis 3 Std.

Tip Von der Lodnerhütte besteigt man in 3½ Std. das Roteck; markiert, einige Sicherungen.

Hütten Hochganghaus (1839 m) unterhalb des Hochgangs (2450 m), Lodnerhütte (2259 m) im innersten Zieltal, bewirtschaftet Mitte Mai bis Ende Oktober; Tel. (0473) 98 22 22.

Orientierung Problemlos, bestens gesicherte Steige; Wegnummern 24, 7B, 8, 26, P.

Einstufung Leicht, als Tagestour ein Schinder.

SÜDTIROL, GARDASEE, BRENTA

357 Großer Ifinger, gesicherter Steig

Großer Ifinger, 2581 m

Leicht

Sein markantes Felsprofil steht hoch über dem Meraner Talkessel – eine Herausforderung für jeden Bergfreund. Entsprechend vielbesucht ist der Gipfel; Wanderer begnügen sich in der Regel allerdings mit dem Kleinen Ifinger (2552 m), der fast ➡

Wo? Meran (325 m), Kurstadt an der Mündung der Passer in die Etsch, ist Ausgangspunkt der Seilschwebebahn in das Ski- und Wandergebiet »Meran 2000«. Zufahrt vom Zentrum über Obermais zur Talstation am Eingang ins Naiftal, 5 km.

Ausgangspunkt Bergstation der Seilbahn am Piffinger Köpfl (2010 m).

Wegverlauf Piffinger Köpfl – Oswaldscharte (2323 m) – Kleiner Ifinger (2552 m) – Großer Ifinger (2581 m).

Gehzeiten Insgesamt 3¼ Std.; Piffinger Köpfl – Großer Ifinger 2 Std., Abstieg auf dem gleichen Weg 1¼ Std.

➡

→ so hoch ist wie der Hauptgipfel und (natürlich) ebenfalls ein tolles Panorama bietet. Der kurze Übergang zum Großen Ifinger führt in felsiges Gelände, ist zwar mit ein paar Drahtseilen gesichert, aber halt kein Wanderpfad mehr.

→
Hütte Meraner Hütte (1960 m) auf der Kirchsteigeralm (liegt nicht am Weg zum Ifinger, Umweg ¾ Std.).

Orientierung Problemlos, gut markierte Wege, AV-Nummern 3, 19.
Einstufung Leicht, kurze gesicherte Passage am Gipfel.

358 Verdinser Plattenspitze, gesicherter Steig

Verdinser Plattenspitze, 2680 m

Leicht

Gipfelnachbar des Ifinger ist die Verdinser Plattenspitze: ein wenig höher, aber viel seltener besucht. Und dies, obwohl es sogar einen gesicherten Gipfelsteig gibt. Der Zugang erfolgt über das St.-Oswald-Kirchlein und die Südwestflanke in eine kleine Scharte; Drahtseile leiten durch eine Rinne zum höchsten Punkt.

Wo? Meran (325 m), Kurstadt an der Mündung der Passer in die Etsch, ist Ausgangspunkt der Seilschwebebahn in das Ski- und Wandergebiet »Meran 2000«. Zufahrt vom Zentrum über Obermais zur Talstation am Eingang ins Naiftal, 5 km.
Ausgangspunkt Bergstation der Seilschwebebahn am Piffinger Köpfl (2010 m).
Wegverlauf Piffinger Köpfl – St.-Oswald-Kirchlein (2185 m) – Verdinser Plattenspitze.
Gehzeiten Insgesamt 4 Std.; Aufstieg 2½ Std., Abstieg auf dem gleichen Weg 1½ Std.
Orientierung Leicht, bis zur Abzweigung Oswaldscharte Wegnummer 19.
Einstufung Leicht, Steinschlaggefahr.

359 Schwarzensteinhütte, gesicherter Zustieg

Schwarzensteinhütte, 2922 m

Leicht

Der Gang über die Trippachschneide (fälschlicherweise oft als »Kamin« bezeichnet) ist für die meisten nur ein Wegstück im Aufstieg zum Dreitausender im Zillertaler Hauptkamm. Manche nehmen auch den »unteren« Weg, der durch das Gletscher- bzw. Geröllbecken des Rotbachkees verläuft. Schöner, weil sehr aussichtsreich, ist die Gratroute, eine teilweise recht luftige Kraxelei. Die Sicherungen sind verläßlich, obwohl schon einigermaßen angejahrt. Und nach einer Nacht auf der Hütte geht's anderntags natürlich auf den Schwarzenstein (3369 m).

Wo? Ins Ahrntal kommt man von Bruneck auf guter Straße, 24 km bis St. Johann (1018 m).
Ausgangspunkte Großstallhof (1216 m), anfahrbar von Luttach über die Brunnbergstraße, oder Stalliler Hof (1472 m), erreichbar von St. Johann über die Rohrbergstraße.
Wegverlauf Stalliler Hof – Daimerhütte (1872 m) – Trippachschneide – Schwarzensteinhütte.
Gehzeiten Insgesamt 7 Std.; Stalliler Hof – Daimerhütte 1¼ Std., Daimerhütte – Schwarzensteinhütte 3 Std., Abstieg über das Rotbachkees 2¾ Std.
Geht man vom Großstallhof aus, erhöht sich die Gesamtgehzeit auf etwa 8 Std.
Hinweis Der Schwarzenstein (3369 m) ist eine leichte Gletschertour, 1½ Std. von der Hütte.
Hütten Daimerhütte (1872 m) im Rotbachtal, Schwarzensteinhütte (2922 m), bewirtschaftet Anfang Juli bis Mitte September; Tel. (0474) 671160.
Orientierung Problemlos, gut markierte Hüttenwege, AV-Nummer 23.
Einstufung Leicht, sofern die Schneide schneefrei ist. Gipfel nur mit Gletscherausrüstung!

360 Leiferer Höhenweg

Brantental, ca. 900 m

Leicht

Kein Steig der Superlative, aber ein hübscher Spaziergang über dem Brantental, quer durch seine felsdurchsetzten Sonnenhänge. Der gut angelegte Steig quert in leichtem Auf und Ab mehrere Rinnen, insgesamt neun etwas ausgesetzte Passagen sind mit Drahtseilen gesichert, und ganz zuletzt öffnet sich der Blick hinab zur Etsch, auf Leifers, das an der Mündung des Brantentals liegt, und hinüber zum Mendelkamm. Einen Schönheitsfehler hat die Runde, den »Hatscher« auf der Talstraße zurück zum Ausgangspunkt. Der läßt sich allerdings vermeiden, wenn man Deutschnofen als Ausgangspunkt wählt und zum »Leiferer Höhenweg« absteigt.

Wo? Leifers (255 m) liegt am Eingang ins Brantental, 7 km südlich von Bozen.
Ausgangspunkt Gh. Thaler (700 m) im Brantental, 4 km von Leifers. Parkplatz.
Wegverlauf Gh. Thaler – »Leiferer Höhenweg« – Brunnerhof – Leifers-Ortsrand – Gh. Thaler (Straße).
Gehzeiten Insgesamt 4½ Std.; Gh. Thaler – »Leiferer Höhenweg« – Brunnerhof 2 Std., Abstieg nach Leifers 1 Std., Straßenwanderung zum Gh. Thaler 1½ Std.
Tip Man kann die Runde auch von Deutschnofen aus machen, mit dem Abstieg zum alten Bergwerk und zum »Leiferer Höhenweg« beginnen und den Rückweg (aufsteigend) über den Breitenberg nehmen. Damit erspart man sich den wenig aufregenden Straßenhatscher, und das Wandern droben am Regglberg ist ohnehin schöner. Markierungen 10, 12.
Orientierung Problemlos, gute bezeichnete Wege; AV-Nummern 12, 11, 5. Beim Abstieg Richtung Leifers hält man sich zuletzt besser an die Straße (Tunnel), die etwas näher am Brantental in den Rückweg mündet.
Einstufung Leicht, auch mit Kindern.

Nie realisiert

Auch so etwas gibt es: Klettersteige, die nie gebaut wurden, Projekte, die – erst einmal publik geworden – bald wieder in einer Schublade verschwanden. Was für einen Riesenwirbel entfachte vor ein paar Jahren das Gerücht um einen »geplanten« Klettersteig über den Kopftörlgrat im Wilden Kaiser!
Einmal lanciert, wurde die Angelegenheit umgehend zum Skandal, die Alpenvereine traten auf den Plan, es hagelte Proteste, die Kitzbüheler AV-Sektion richtete sogar eine Resolution an die Tiroler Landesregierung. Die Dementis folgten auf dem Fuß und am Schluß stellte sich alles als ein Hornberger Schießen heraus ...
Auch der Gantkofel, dessen steil abfallende Felsstirn das Etschtal zwischen Meran und Bozen beherrscht, sollte einen Klettersteig bekommen; er ist nie realisiert worden. Natürlich gab es auch hier Befürworter und kritische Stimmen, doch verlief die Auseinandersetzung nicht so emotionsgeladen, wohl auch deshalb, weil der Gantkofel – im Gegensatz zum Kopftörlgrat – von Kletterern (des Gesteins wegen!) eher gemieden wird.

361 Roënberg-Klettersteig
Roënberg/Monte Roen, 2116 m

Leicht

Der langgestreckte, hohe Mendelkamm, felsige Westflanke des Etschtals von Meran bis über die Salurner Klause hinaus, lockt natürlich viele Ausflügler an. Ganz Bequeme fahren gleich hinauf zum Aussichtsturm am Penegal (1737 m), um hier die große Schau auf das »Land an er Etsch und im Gebirg'« zu genießen. Auch auf den Roënberg kommt man mit wenig Anstrengung; nur gut eine Stunde benötigt ein durchschnittlich trainierter Südtirol-Urlauber von der anfahrbaren Malga Romeno (1768 m) zum Gipfelkreuz, und wer vom Mendelpaß den Sessellift bis Halbweg (1594 m) nimmt, braucht auch nicht viel länger.
Entschieden weiter, schöner aber auch, ist der Aufstieg von Süden. Ein ausgefüllter Bergtag wird's bestimmt, und dazu noch mit zwei gesicherten Steigen, von denen einer horizontal verläuft, der andere steil nach oben. Der »Gemsensteig« führt auf Bändern und quer über Schuttreißen vom Schwarzen Kopf zur Überetscher Hütte. Hier beginnt der ostseitige Klettersteig auf den Roënberg, eine eher harmlose Angelegenheit, mit Drahtseilen und einem einzigen Haken ausreichend gesichert. Beim Abstieg, der erst einmal mehr Höhenwanderung bis hinüber zum Schwarzen Kopf (2030 m) ist, hat man dann ausreichend Muße, das große Panorama zu genießen, ehe der steile Abstieg über die Kanzel nach Graun nochmals Konzentration auf den Weg verlangt. Und wenn ein paar Drahtseile auch noch keine »echte« Ferrata machen – eine interessante Tour war's allemal!

Wo? Der Weiler Graun (823 m) liegt auf einer Anhöhe oberhalb von Kurtatsch (333 m); ordentlich ausgebaute Zufahrt, 6,5 km.
Ausgangspunkt Parkmöglichkeit im Ort oder an der Forststraße zum Grauner Joch, etwa 1 km von der Dorfmitte.
Wegverlauf Graun – Grauner Joch/Passo di Córedo – Wetterkreuz (1868 m) – »Gemsensteig« – Überetscher Hütte (1773 m) – Roënberg – Schwarzer Kopf (2030 m) – Wetterkreuz – Kanzel – Graun.
Gehzeiten Insgesamt 8½ Std.; Graun – Grauner Joch 2¾ Std., Grauner Joch – »Gemsensteig« – Überetscher Hütte 2 Std., Roën-Klettersteig 1 Std., Roënberg – Wetterkreuz ¾ Std., Abstieg über die Kanzel 2 Std.
Hinweis Man kann die Tour auf den Roënberg natürlich auch von der Malga Romeno (1768 m) bzw. vom Mendelpaß (evt. Sessellift) aus starten.
Hütte Überetscher Hütte (1773 m) am Roënberg.
Orientierung Leicht, gut bezeichnete Wege, Hinweistafeln an den Verzweigungen. AV-Nummern 1, 1A, B, 560, 523, 6, 6A.
Einstufung Leicht. Die (wenigen) Sicherungen am »Gemsensteig« sind oft beschädigt – Steinschlaggefahr.

362 Fennberg-Klettersteig
Unterfennberg, 1051 m

Mittel

Sieht man einmal von den Dolomiten ab, gibt es in ganz Südtirol nur eine einzige richtige Ferrata. Und das ist – gut geraten! – der Fennberg-Klettersteig. Mit den ganz großen »Eisenwegen« kann er zwar nicht konkurrieren, doch der fast dreistündige Aufstieg aus dem Etschtal zum Fennberg bietet viel Abwechslung, ein paar ➡

Wo? Margreid (226 m) liegt im Unterland, nahe der Provinz- und Sprachgrenze zum Trentino, 16 km von Kaltern, 8 km von Salurn.
Ausgangspunkt An der Straße Richtung Roverè della Luna, 4 km von Margreid. Parkmöglichkeit neben der Straße.
Wegverlauf Etschtal – Fennberg-Klettersteig – Unterfennberg; Abstieg durch das Höllental nach Roverè della Luna (250 m) oder durch die Fenner Schlucht nach Margreid (226 m).
Gehzeiten Fennberg-Klettersteig 3 Std., Abstieg nach Roverè della Luna bzw. Margreid 1¾ bzw. 1½ Std. Und wer sich nicht auf den ausgestreckten Daumen verläßt, hat dann noch je etwa 4 km in der Asphaltspur ... ➡

SÜDTIROL, GARDASEE, BRENTA

→ steile, ziemlich ausgesetzte Felspassagen, die mit Leitern und Eisenbügeln gangbar gemacht sind, dazu packende Tiefblicke. Und wer nicht nur aufs Eisen guckt, entdeckt links und rechts des Weges so manche botanische Rarität, im Frühling beispielsweise den stark duftenden Diptam (Dictamnus albus); die Behaarte Alpenrose (Rhododendron hirsutum) steigt hier bis zur 500-Meter- Höhenmarke ab. Was für ein Kontrast zum EU-genormten Einerlei drunten im Talboden, Apfelbäumchen, zurechtgestutzt, in schier endlosen Reihen ...

→

Hinweis Im Plattenhof in Unterfennberg gibt's eine gute Brotzeit!
Orientierung Problemlos, gut markierte Wege; AV-Nummern K, 502, 3.
Einstufung Mittel; anspruchsvollste Passage ist der senkrechte Kamin, der den Auftakt zur gesicherten Route macht. Im mittleren Wandteil fast nur Gehgelände.

Am »Fennberg-Klettersteig« wechseln steile, gut gesicherte Passagen immer wieder mit Gehgelände ab.

363 Rocca Piana, Sentiero attrezzato

Rocca Piana, 1873 m

Mittel

Dem Fennberg wendet er seine schönste Seite zu: ein elegantes Felsdreieck, überhaupt nicht »piana«. Daß man den Rocca Piana ganz leicht besteigen kann, über seine »weiche« Rückseite, läßt sich von der Mittelgebirgsterrase aus höchstens erahnen; nicht zu sehen ist natürlich auch die dünne Wegspur, die aus dem Fenner Joch als Gratroute über den Monte Cuc (1809 m) auf den Gipfel führt. Sie ermöglicht seit dem Sommer 1995 eine große Runde ganz im Süden des Mendelkamms, vor einem tollen Panorama, gewürzt mit mehreren gesicherten Stellen beiderseits der markanten Scharte zwischen Monte Cuc und Rocca Piana, wo man fast 200 Meter an Höhe »verliert«. Solches passiert einem dann auch beim Rückweg; der sehr reizvolle Weg rund um das Höllental ist ein einziges Auf und Ab, von der Höhenkote 1217 (Malga Graun) zur Kote 1171 (Oberfennberg).

Wo? Auf den Fennberg kommt man von Kurtatsch (333 m) über eine ordentliche Bergstraße, 12 km.
Ausgangspunkt Oberfennberg (1163 m), an der Abzweigung des »Rhätersteigs« zum Fenner Joch. Parkmöglichkeit an der Straße.
Wegverlauf Oberfennberg – Fenner Joch (1563 m) – Sella d'Arza (1503 m) – Monte Cuc (1809 m) – La Portaza (1643 m) – Rocca Piana – Malga Graun (1217 m) – Unterfennberg (1051 m) – Oberfennberg.
Gehzeiten Insgesamt 8½ Std.; Oberfennberg – Fenner Joch 1 Std., Fenner Joch – Sella d'Arza 1½ Std., Sella d'Arza – Rocca Piana 2 Std., Rocca Piana – Malga Graun 1 Std., Malga Graun – Unterfennberg 2½ Std., Unterfennberg – Oberfennberg ½ Std.
Hinweis Der in manchen Karten noch eingezeichnete Abstieg von der Sella d'Arza zum Verbindungsweg Malga Graun – Fennberg ist aufgelassen.
Hütte Malga Graun (1217 m).
Orientierung Problemlos, sehr gut markierte Wege (Übergang zum Rocca Piana ganz neu).
Einstufung Mittel. Gute Kondition erforderlich.

364 Sentiero attrezzato Burrone-Giovanelli

Baita dei Manzi, 858 m

Leicht

Für den Tourismus entdeckt wurde die wilde Klamm unweit der Nonstalmündung bereits zu Beginn unseres Jahrhunderts; der Burrone-Steig ist eine echte »Antiquität«, Baujahr 1906, jüngst ergänzt durch eine Zustiegsvariante mit zwei steilen Leitern. Und bis auf den heutigen Tag hat der Burrone di Mezzocorona nichts von seiner Anziehungskraft eingebüßt – ein kleines, weitgehend ungefährliches Abenteuer, das man (bei entsprechender Vorsicht) auch mit Kindern wagen darf. Sie werden an der phantastischen Szenerie und an den stiebenden Wassern bestimmt ihre helle Freude haben!

Wo? Mezzocorona (219 m) liegt im Etschtal, ein paar Kilometer südlich der Salurner Klause. Autobahnausfahrt »San Michele all'Adige/ Mezzocorona«.
Ausgangspunkt An der Mündung der Klamm, schmale Zufahrt von der Straße Richtung Mezzolombardo. Parkplatz am Waldrand.
Wegverlauf Mezzocorona – »Burrone-Steig« – Baita dei Manzi; Abstieg westlich (kürzer, aber wenig lohnend) oder östlich über den Weiler Monte (891 m).
Gehzeiten »Burrone-Steig« – Baita dei Manzi 2 Std., Abstieg auf dem Schottersträßchen 1½ Std., Rückweg via Monte 2½ Std. (bei Seilbahnbenützung 1½ Std.).
Hinweis Einkehrmöglichkeit nur in Monte.
Orientierung Problemlos.
Einstufung Leicht, Steinschlaggefahr (Helm)! Für die Leitern der Zustiegsvariante absolute Schwindelfreiheit erforderlich.

Senkrechte Leiter an der Einstiegsvariante zur Burrone-Schlucht.

Der Rocca Piana ist ein markanter Felsgipfel im Süden des Mendelkamms.

365 Via ferrata Rio Secco
Dosson, ca. 620 m

Schwierig

Gut versteckt ist sie, die »Ferrata Rio Secco«, kein großes Schild an der Brennerstraße, aber auch kein Hinweis, daß »sec« meistens nicht stimmt. In doppelter Hinsicht, denn beim kräfteraubenden Gang durch die malerische Klamm fließt immer Wasser. Weniger Geübten treibt die ziemlich verwegene Routenführung leichten Angstschweiß auf die Stirn, im Sommer ist man bereits am Einstieg gut durchgeschwitzt. Und nasse Füße gibt's möglicherweise auch noch, ein paar Spritzer bekommt man am »trockenen Bach« auf jeden Fall ab. Doch das ist ja der Clou dieser Ferrata; ganz ohne, wenn der Rio wirklich »secco« ist, macht das Ganze höchstens halb soviel Spaß, garantiert!

Wo? Die »Ferrata Rio Secco« hat ihren Ausgangspunkt direkt an der Brennerstraße, auf halbem Weg zwischen Salurn und San Michele all'Adige.
Ausgangspunkt Beim Ristorante Cadino (214 m), 6 km von Salurn. Parkmöglichkeit auf dem Terrain der aufgelassenen Tankstelle.
Wegverlauf Cadino – »Ferrata Rio Secco« – Ausstieg am Dosson (ca. 620 m) – Abstiegsweg – Cadino.
Gehzeiten Insgesamt 2½ Std.; Aufstieg 1¾ Std., Rückweg ¾ Std.
Orientierung Problemlos; vor den beiden letzten Aufschwüngen Notausstieg.
Einstufung Schwierig, Fixseile und ganz wenige Haken; bei »Hochwasser« u. U. gefährlich!

366 Sentiero Clemente Chiesa
Albergo Monteróvere, 1255 m

Leicht

Bei der Fahrt durchs Valsugana werden ihn die meisten glatt übersehen, den Einschnitt des Val Scura. Erst kommt der Lago di Caldonazzo ins Bild, dann zieht der Bugfelsen der Cima della Vezzena (1908 m) den Blick auf sich. Dabei verdient das Tal, das eigentlich eine Schlucht, mehr noch erdgeschichtliches Bilderbuch ist, auf jeden Fall einen Besuch. Man braucht aber nicht gleich zum Handbuch für Geologie zu greifen; das Szenario, von der Natur in Jahrtausenden aus der Bergflanke gesägt, läßt sich auch ohne Fachwissen als Fest der Formen und Farben erleben, bunt, bizarr, faszinierend. Den Zugang vermittelt ein markierter, auf einigen Abschnitten gesicherter Steig, und der ist – garantiert! – nicht langweilig. Dieser Meinung waren jedenfalls auch Korbinian (sieben) und Maria (vier), mit denen wir durch diese Zauberwelt gewandert sind …

Wo? Der Lago di Caldonazzo (450 m) liegt etwa 10 km östlich von Trento. Zur Mündung des Val Scura kommt man von der bei Lévico Terme abzweigende Straße, Wegweiser »Lavarone«.
Ausgangspunkt An der ersten Straßenkehre (542 m), ein paar hundert Meter nach dem Albergo »La Vedova«. Parkmöglichkeit an der Straße.
Wegverlauf Straßenkehre – »Sentiero Clemente Chiesa« – Albergo Monteróvere; Abstieg entlang der ehemaligen Kriegsstraße, die Kehren abkürzend.
Gehzeiten Aufstieg 2½ Std., Abstieg 1½ Std.
Orientierung Problemlos; CAI-Markierungen 233, 202.
Einstufung Leicht.

367 Sentiero attrezzato Giulio Gabrielli

Cresta di Socede, 2568 m

Leicht

Geologisch ist sie ein Unikum, die Cima d'Asta (2847 m), deren hoher Gipfelgrat im Panorama vieler Berge des Trentino auffällt: ein Granitmassiv neben der aus Porphyr aufgebauten Lagoraikette, umgeben von Schiefer, dazu mit ein paar Kalkeinsprenkeln. Und der Granit macht die Tour, den »Sentiero Gabrielli zu etwas Besonderem; immerhin steht die Cima d'Asta rund 70 Kilometer südlich des Alpenhauptkamms! Da erwartet man Kalkfelsen, bleichen Dolomit, keine Granitzacken wie an der Cresta di Socede. Weniger aufregend als die Kulisse ist der Steig selbst, gut markiert und mit einigen Drahtseilen versehen. Wer im Rifugio Brentari nächtigt, kann anderntags den großen Gipfel angehen; als Tagespensum sind »Sentiero Gabrielli« und Cima d'Asta etwas viel …

Wo? Zur Cima d'Asta kommt man vom Valsugana über kurvenreiche Bergstrecken, ab Strigno (463 m) oder Grigno (263 m) via Pieve Tesino (871 m).
Ausgangspunkt Malga Sorgazza (1450 m), 10 km von Pieve Tesino. Parkmöglichkeit auf der Alp.
Wegverlauf Malga Sorgazza – Forcella Magna (2117 m) – »Sentiero Gabrielli« – Cresta di Socede (2568 m) – Rif. Brentari (2473 m) – Malga Sorgazza.
Gehzeiten Insgesamt 7 Std.; Malga Sorgazza – Forcella Magna 2¼ Std., »Sentiero Gabrielli« – Rif. Brentari 2¾ Std., Abstieg 2 Std.
Hinweis Vom Rif. Brentari besteigt man auf markiertem Weg in 1¼ Std. die Cima d'Asta. Biwak am Gipfel.
Hütte Rif. Ottone Brentari (2473 m) am Lago di Cima d'Asta.
Orientierung Leicht, gut bezeichnete Wege; CAI-Nummern 326, 327.
Einstufung Leicht.

368 Percorso attrezzato Sass Brusai

Monte Boccaòr, 1532 m

Schwierig

Der erste Eindruck von San Liberale ist eher enttäuschend: ein Talkessel, ein paar Häuser und je nach Jahreszeit grüne oder braune Hänge rundum, dazwischen einige Felsen. Da erwartet auch der Klettersteigler nicht unbedingt Aufregendes – ganz zu Unrecht, wie sich herausstellen soll. Und natürlich kommt der große Gag zum Schluß, als Finale nach etwa 300 ziemlich eisenhaltigen, auch steilen Höhenmetern in gestuftem Felsgelände: eine Hängebrücke, drei Drahtseile, zwei oben zum Festhalten, eines zum Draufstehen – fast wie unter der Zirkuskuppel. Das Netz fehlt allerdings, doch das wird kaum jemanden von dem spektakulären Gang in luftiger Höhe abhalten, oder? Zur Beruhigung: Man kann problemlos auf die Militärstraße, über die das Dreiseil gespannt ist, absteigen.

Da fehlt nur das Zirkuszelt: am Hochseil des »Percorso Sass Brusai«.

Wo? Nach San Liberale kommt man von Bassano del Grappa (128 m) über Crespano del Grappa (301 m), 14 km.
Ausgangspunkt Parkplatz bei San Liberale (589 m).
Wegverlauf San Liberale – Monte Boccaòr – Sella delle Mure (1500 m) – San Liberale.
Gehzeiten Insgesamt 5½ Std.; San Liberale – Einstieg zur Ferrata (ca. 1170 m) 2 Std., »Ferrata Sass Brusai« – Monte Boccaòr 1½ Std., Abstieg über die Sella delle Mure 2 Std.
Tip Ein volles Tagespensum ergibt sich, wenn man beide Klettersteige am Monte Grappa begeht; Gesamtgehzeit etwa 8 Std. Siehe 369.
Orientierung Bietet keine Schwierigkeiten; aufpassen muß man bloß, um die Abzweigung zur Ferrata oberhalb von San Liberale nicht zu übersehen. Klettersteig rot bezeichnet, Abstieg CAI-Nummer 153.
Einstufung Schwierig, nur Drahtseilsicherungen.

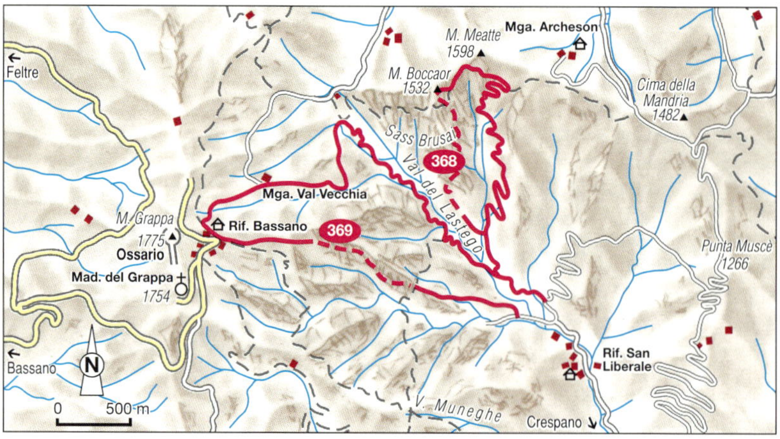

369 Percorso attrezzato Carlo Guzzella

Monte Grappa, 1775 m

Mittel

Ein Weg der großen Kontraste, aus dem Talschluß von San Liberale hinauf zum Gipfel des Monte Grappa, wo einen (bei klarer Sicht) nicht nur ein phantastisches Panorama erwartet, sondern (bei fast jedem Wetter) ein großer Rummel rund um das bombastische Ossario am Gipfel: Nationalismus, rückwärtsgewandt, falsches Pathos. Mir jedenfalls haben die verfallenen Schützengräben am Weg hinauf zum Monte Grappe mehr über das einsame, sinnlose Sterben der Soldaten verraten.

Wo? Nach San Liberale kommt man von Bassano del Grappa (128 m) über Crespano del Grappa (301 m), 14 km.
Ausgangspunkt Parkplatz bei San Liberale (589 m).
Wegverlauf San Liberale – »Percorso Guzzella« – Monte Grappa – Malga Val Vecchia (1542 m) – Pian della Bala (1380 m) – San Liberale.
Gehzeiten Insgesamt 6½ Std.; San Liberale – Einstieg zur Ferrata (ca. 1220 m) 2 Std., »Guzzella-Steig« – Monte Grappa 2 Std., Abstieg 2½ Std.
Hütte Rif. Bassano (1730 m) am Monte Grappa.
Orientierung Leicht; die Wege sind gut bezeichnet, Abstieg CAI-Nummer 151.
Einstufung Mittel, gut 350 Höhenmeter mit fast durchlaufenden Seilsicherungen.

Der »Guzella-Steig« zieht eine recht steile Linie über die zerklüfteten Abstürze des Napon; fest verankerte Drahtseile sichern die Route, die auf den Alpweiden von Prà Gallina (ca. 1600 m) ausläuft. Eine Halbstunde später ist man am Monte Grappa.

370 Sentiero attrezzato Giordano Bertotti

Croce del Chegùl, 1263 m

Leicht

Ein Blick auf die Landkarte macht rasch deutlich, weshalb der Monte Marzola (1738 m) gelegentlich als »Rigi des Trentino« bezeichnet wird: das Panorama, eine gelungene Mischung von nah und fern, mit Tiefblicken auf die Provinzhauptstadt Trento und den Caldonazzo-See. Klettersteigler gucken vor allem hinüber zum Bondone, durch dessen zerklüftete Ostflanke ein beliebter, recht anspruchsvoller Klettersteig läuft, die »Ferrata Degasperi«. Mit ihr kann der »Sentiero Bertotti« nicht konkurrieren; er gehört in die Kategorie der harmlosen gesicherten Steige, überwindet mit zwei Leitern und ein paar

Wo? Der Marzola-Stock erhebt sich südöstlich über Trento; Zufahrt vom Stadtzentrum über Pantè (418 m) und den Passo Cimirlo (733 m).
Ausgangspunkt Etwa 2 km südlich vom Passo Cimirlo, insgesamt 11 km ab Trento. Parkmöglichkeit an der Straße, Hinweistafel »Chegùl«.
Wegverlauf Straße – »Sentiero Bertotti« – Croce del Chegùl – Spiazzo Grande – Rif. Fontana dei Gai (1112 m) – Straße.
Gehzeiten Insgesamt 2¼ Std.; »Sentiero Bertotti« – Croce del Chegùl 1¼ Std., Rückweg/Abstieg 1 Std.
Hinweis Mit einer Überschreitung des Monte Marzola (1738 m) (Abstieg westlich zum Rif. Maranza, 1077 m) erhöht sich die Gesamtgehzeit auf gut 4 Std.
Hütte Rif. Fontana dei Gai (1112 m).
Orientierung Problemlos, ordentlich markierte Wege, »Sentiero Bertotti« mit CAI-Nummer 418.
Einstufung Leicht.

Drahtseilsicherungen die Felsstufe unterhalb des Croce del Chegùl am Nordgrat der Marzola. Der Gipfel ist dann noch etwa eineinhalb Stunden entfernt; aus der Senke zwischen Spiazzo Grande (1326 m) und Doss dei Corvi (1477 m) kann man aber auch über das Rifugio Fontana dei Gai (1112 m) absteigen.

371 Sentiero attrezzato Pero Degasperi

Il Palòn, 2090 m

Schwierig

Wer im Etschtal zwischen Salurn und Rovereto unterwegs ist, kann ihn nicht übersehen, den Hausberg von Trient mit seinem eleganten Profil und dem riesigen Antennenstachel. Der Bondone ist ein Berg der Kontraste, er zeigt unzugängliche Steilflanken, aber auch Wälder und Wiesen, ist neolithische Fundstelle und Blumenwunder, auch Spielwiese für den Homo ludens, verziert mit allerlei Scheußlichkeiten moderner Freizeitarchitektur. An seinen Nordosthängen tummeln sich im Winter – wenn's denn genug Schnee hat – die Skifahrer; die über mächtige Gräben zur Etsch hin abfallende Ostflanke ist ein gutes Revier für Gemsen – und Klettersteigler. Die sind in aller Regel zwar nicht ganz so gut zu Fuß wie die Vierbeiner,

Wo? Den Zugang zum Bondone vermittelt eine serpentinenreiche Höhenstraße, die Trento mit den Ortschaften am Westfuß des Massivs verbindet und ihren Kulminationspunkt (1650 m) am Plateau von Viote hat.
Ausgangspunkt Baita Montesèl (1480 m), 18 km von Trento über Sardagna, Candria (1025 m) und Vaneze. Großer Parkplatz.
Wegverlauf Baita Montesèl – Querung zum Einstieg (ca. 1650 m) – »Sentiero Degasperi« – Palòn-Nordgrat (ca. 1910 m) – Baita Montesèl.
Gehzeiten Insgesamt 4¼ Std.; Baita Montesèl – Einstieg 2 Std., »Sentiero Degasperi« 1½ Std., Abstieg ¾ Std.
Orientierung Problemlos, CAI-Nummer 690.
Einstufung Schwierig.

müssen sich deshalb ans sichernde Seil hängen. Doch wenn man auch noch einen Helm aufsetzt und über etwas einschlägige Erfahrung verfügt, vermittelt der »Sentiero attrezzato Degasperi« ein aufregendes Kraxelvergnügen mit einer langen, aber keineswegs langweiligen Querung zum Auftakt und einer Schlüsselstelle, die vollen Einsatz verlangt. Der Ausstieg erfolgt auf den Nordgrat des Palòn (ca. 1910 m); den Gipfel mit seinen zeitgenössischen »Verzierungen« kann man sich schenken.

372 Via attrezzata Giulio Segata

Dos d'Abramo, 2140 m

Sehr schwierig

Unter Naturfreunden sind die Tre Cime del Bondone vor allem für ihren Blumenreichtum bekannt; Klettersteigler wissen um die 100-Meter-Vertikale am Südabsturz des Dos d'Abramo, eine Ferrata mit Höchstschwierigkeiten. Spektakulär der Auftakt durch ein Felsloch, kräfteraubend die senkrechte Verschneidung im Mittelteil der Route. Nach einer leicht überhängenden Passage steigt man schließlich durch ein zweites Loch auf die Gipfelwiese aus.
Zweifellos gehört die »Segata« in die Kategorie der anspruchsvollen Klettersteige; neben dem straff gespannten Seil wurden nur ganz wenige Eisenstifte gesetzt. Unerschrockenheit und ein kräftiger Bizeps sind hier vonnöten; wer sich überfordert fühlt, kann vor der Verschneidung auf ein bequemes Band aussteigen.

Wo? Den Zugang zum Bondone vermittelt eine serpentinenreiche Höhenstraße, die Trento mit den Ortschaften am Westfuß des Massivs verbindet und ihren Kulminationspunkt (1650 m) am Plateau von Viote hat.
Ausgangspunkt Parkplatz (ca. 1540 m) am Eingang ins Val Mana; Zufahrt von der Bondone-Höhenstraße, Abzweigung südlich vom Rif. Viote.
Wegverlauf Val Mana – Costa dei Cavai – Cornetto-Sattel (ca. 2040 m) – »Ferrata Segata« – Cima Verde (2102 m) – Val Mana.
Gehzeiten Insgesamt 4 Std.; Val Mana – Einstieg 2 Std., »Ferrata Segata« ½ Std., Abstieg über die Cima Verde 1½ Std.
Tips Im Frühsommer ist der Botanische Garten von Viote auf jeden Fall einen Besuch wert!
Wer große Touren mag, kann die »Ferrata Segata« im Zug einer Runde an der zerklüfteten Südostflanke der Tre Cime machen. Ausgangspunkt ist die Häusergruppe Pietra (700 m) oberhalb von Còvolo im Val di Cei; Aufstieg über den (an einigen Stellen gesicherten) »Sentiero del Coraza«, CAI-Nummer 638, Abstieg auf dem »Sentiero dei Sparavei« (Drahtseile), Weg 630. Insgesamt etwa 9 Std.
Orientierung Leicht, die Wege sind gut bezeichnet; CAI-Nummern 607, 636.
Einstufung Sehr schwierig.

Ein Hundertmeter-Kraftakt: die »Via Segata« am Bondonemassiv.

373 Monte Biaìna, gesicherter Steig

Monte Biaìna, 1615 m

Leicht

Kleiner Nachbar des aussichtsberühmten Stivo (2059 m) ist der Monte Biaìna, auch er ein lohnendes Wanderziel. Und vor ein paar Jahren sind am Südabsturz ein paar Drahtseile installiert worden, was die Möglichkeit zu einer hübschen Runde vom Passo di Bordala aus eröffnet. Von dem Gipfelgrat genießt man stimmungsvolle Tiefblicke ins urbanisierte Tal der Etsch (Val Lagarina).

Wo? Zum Passo di Bordala (1253 m) kommt man von Villa Lagarina im Etschtal bzw. von Lóppio an der Strecke Rovereto – Torbole, je etwa 15 km.
Ausgangspunkt Passo di Bordala (1253 m). Parkplatz.
Wegverlauf Passo di Bordala – Rif. Malga Somator (1310 m) – gesicherter Steig – Monte Biaìna – Abstieg über den Nordrücken – Passo di Bordala.
Gehzeiten Insgesamt 2¾ Std.; Passo di Bordala – Rif. Malga Somator – Monte Biaìna 1¾ Std., Abstieg 1 Std.
Hütte Rif. Malga Somator (1310 m).
Orientierung Leicht; Wege markiert, CAI-Nummern 642, 672, 671.
Einstufung Leicht.

374 Sentiero Franco Galli

Corno Battisti, 1761 m

Leicht

Wandern und Bergsteigen am Pasúbio und in den Monti Lessini ist stets auch eine Geschichtslektion: Allenthalben stößt man auf die Spuren des »Grande Guerra«. Die Front verlief vom Gardasee über diese Berge und Täler zum Valsugana. Und auch der »Sentiero Franco Galli« folgt einem alten Kriegsweg aus der Sella di Monte Tráppola über den Südwestgrat zum Gipfel des Corno Battisti. Ein paar Drahtseile sichern die Route. Während des Aufstiegs zeigt sich im Süden der Hauptkamm der Piccole Dolomiti; (über)mächtiger Nachbar ist der Pasúbio-Gipfel (2232 m).

Wo? In die Vallarsa kommt man von Rovereto über die Strada Statale No. 46.
Ausgangspunkt Anghébeni (632 m), ein bescheidener Flecken in der Vallarsa, 16 km von Rovereto. Parkmöglichkeit am Sträßchen ins Valle di Foxi.
Wegverlauf Anghébeni – Val di Grobe – Sella di Monte Tráppola (1410 m) – »Sentiero Galli« – Corno Battisti – Bocchetta di Foxi (1720 m) – Valle di Foxi – Anghébeni.
Gehzeiten Insgesamt 5¾ Std.; Anghébeni – Corno Battisti 3½ Std., Abstieg über die Bocchetta di Foxi 2¼ Std.
Orientierung Leicht, die Wege sind gut markiert; CAI-Nummern 121, 102.
Einstufung Leicht.

Spätherbst am Pasubio; über dem Nebel die Monti Lessini.

375 Sentiero attrezzato Gaetano Falcipieri

Cinque Cime, Cimòn del Soglio Rosso, 2040 m

Leicht

Der Pasúbio (Cima Palon, 2232 m) war ein Angelpunkt der Alpenfront im Ersten Weltkrieg. Um den Gipfel wurde erbittert gekämpft, sogar eine (damals) neue Form des Tötens erprobt: Minenkrieg, im Bergesinnern. Schrecklicher Höhepunkt war die Zündung von 50 Tonnen Sprengstoff unter der italienischen Gipfelstellung. Der ganze Bergstock ist heute noch ein riesiges Ruinenfeld mit Stellungsresten, überzogen von einem Netz allmählich verfallender Wege und Straßen, die dem Nachschub von Mensch und Material an die Front dienten. Ein Relikt aus jener Zeit ist auch die »Strada delle Gallerie«, 6,5 km lang mit Steigungsmaxima von 22 % und 52 (!) Tunnels, zwei davon spiralförmig. Aus unserer Zeit stammt dagegen der »Sentiero delle Cinque Cime«, der mehr oder weniger parallel zum Tunnelweg verläuft, aber fast immer eine Etage höher: über die Gipfel. Fünf sind es, was sich nicht nur im persönlichen Tourenbuch gut macht, sondern vor allem eine abwechslungsreiche, lange Überschreitung, viel Auf und Ab garantiert. Für die Strecke von der Bocchetta Campiglia (1216 m) bis zum Rifugio Papa (1928 m) ist man denn auch gut fünf Stunden (Pausen nicht eingerechnet) unterwegs, mal wandernd, dann wieder am Drahtseil. Und der Rückweg bietet erst noch ein Erlebnis der besonderen Art: die »Strada delle Gallerie«, aber nur mit Taschenlampe!

Wo? Über den Passo Pian delle Fugazze (1162 m) führt die Strada Statale No. 46, 27 km ab Rovereto, 21 km ab Schio. Östlich unterhalb der Scheitelhöhe, bei der Ponte Verde (901 m), zweigt die Straße zum Passo Xomo (1056 m) ab, ca. 8 km vom Passo Pian delle Fugazze.

Ausgangspunkt Passo Xomo (1056 m); Parkmöglichkeit. Weiterfahrt zur Bocchetta Campiglia nicht erlaubt.

Wegverlauf Passo Xomo – Bocchetta Campiglia (1216 m) – »Sentiero Falcipieri-Cinque Cime« – Bella Laita (1881 m) – Cima Cuaro (1939 m) – Monte Forni Alti (2023 m) – Cimòn del Soglio Rosso (2040 m) – Cima dell'Osservatore (2027 m) – Rif. Papa (1928 m) – »Strada delle Gallerie« – Bocchetta Campiglia – Passo Xomo.

Gehzeiten Insgesamt 8½ Std.; Passo Xomo – Bocchetta Campiglia ½ Std., Bocchetta Campiglia – »Sentiero Falcipieri« – Rif. Papa 5½ Std., Abstieg über die »Strada delle Gallerie« 2½ Std.

Hinweise Die »Strada delle Gallerie« war im Sommer 1995 wegen Einsturzgefahr gesperrt. Abstieg alternativ über die »Strada degli Scarubbi«, 2 Std. – Aus den Scharten vor und hinter dem Monte Forni Alti Rückzugsmöglichkeiten auf die »Strada delle Gallerie«.

Hütte Rif. Achille Papa an der Porte del Pasúbio (1928 m).

Orientierung Problemlos, »Sentiero Falcipieri« mit »5C« markiert.

Einstufung Leicht, gute Kondition allerdings erforderlich.

376 Sentiero del Sengio Alto
Monte Cornetto, 1899 m

Leicht

Noch mehr Kriegssteige, dazu ein paar Tunnels, einige mit Drahtseilen gesicherte Passagen, ein schönes Gipfelhorn und eine faszinierende Felskulisse. Genug für einen ganzen Wandertag, zu wenig für »Eisen-Freaks«. Die werden drüben am langgestreckten Südwestgrat der Cima Carega besser bedient; die Überschreitung des Sengio Alto vom Passo di Campogrosso zum Monte Cornetto ist viel mehr Landschaftserlebnis als Ferrata. An Abwechslung fehlt's aber nicht, der Weg läuft über mehrere kleine Scharten am Kamm, verschwindet öfter in einem dunklen Loch, immer wieder bieten sich neue, überraschende Aus- und Einblicke.

Wo? Am Passo Pian delle Fugazze (1162 m), 27 km von Rovereto, zweigen die beiden Straßen zum Passo di Campogrosso (1464 m) ab, je 6 km.
Ausgangspunkt Rifugio Campogrosso (1456 m) am gleichnamigen kleinen Paß.
Wegverlauf Rif. Campogrosso – Sentiero del Sengio Alto – Passo dei Onari (1772 m) – Monte Cornetto – Passo dei Onari – »Sentiero d'arrocamento« (Tunnels) – Malga Boffetal (1435 m) – Rif. Campogrosso.
Gehzeiten Insgesamt 4½ Std.; Rif. Campogrosso – Monte Cornetto 2½ Std., Abstieg westlich zur Malga Boffetal 1 Std., Rückweg 1 Std.
Hinweis Im Frühsommer können die Tunneleingänge durch Altschnee blockiert sein. Helm und Taschenlampe nicht vergessen!
Hütte Rif. Campogrosso (1456 m) am Straßenpaß.
Orientierung Leicht, die Steige sind ordentlich markiert; Wegnummern 14, 46, 13.
Einstufung Leicht.

377 Via ferrata Carlo Campalani
378 Sentiero alpinistico Cesare Battisti
Cima Carega, 2259 m

Mittel

Da es keine Straßenverbindung über die Monti Lessini gibt (sieht man vom »ewigen« Provisorium am Passo Fittanze della Sega einmal ab), liegen die Klettersteige der »Piccole Dolomiti« für den von Norden Anreisenden buchstäblich »hinter den sieben Bergen«. Entsprechend selten ist hier deutsch zu hören, am ehesten noch in Giazza, das eigentlich Ljetzan heißt und eine deutsch-zimbrische Enklave im Hinterland von Verona ist – die letzte der »Dreizehn Kamäun von Bearn« (Dreizehn Gemeinden von Verona). Kleines Museum.
Wer dennoch einen Abstecher in die Monti Lessini wagt, wird bestimmt nicht enttäuscht, bietet diese Gebirgsregion am Südrand der Alpen doch eine Fülle von Tourenmöglichkeiten, ist sie auch für Klettersteigler ein ergiebiges Revier. Recht viel Eisen und noch mehr Landschaft bietet etwa die Runde am langgestreckten Südwestkamm der Cima Carega: rasant der Aufstieg über die »Ferrata Campalani«, ein großes Landschaftserlebnis dann der Abstieg über den Sentiero mit dem Namen des Trentiner Freiheitshelden.

Eine wenig schwierige, landschaftlich aber sehr reizvolle Route: der »Sentiero Battisti«.

Wo? Die Fahrt ins Valle d'Illasi beginnt im berühmten Weißweinrevier um Soave, an der Strada Statale No. 11 bzw. an der Autobahn A 4, Ausfahrt »Verona Est«. Über Tregnago (317 m) kommt man taleinwärts nach Giazza (Ljetzan, 758 m), 28 km.
Ausgangspunkt Rif. Revolto (1336 m), weitere 8 km von Giazza. Parkplatz.
Wegverlauf Rif. Revolto – Passo Pértica (1522 m) – Alpe Campobrun (1761 m) – »Ferrata Campalani« – Cima Carega – »Sentiero Battisti« – Passo Pértica – Rif. Revolto.
Gehzeiten Insgesamt 6¼ Std.; Rif. Revolto – Alpe Campobrun 1½ Std., »Ferrata Campalani« – Cima Carega 1¾ Std., »Sentiero Battisti« – Passo Pértica 2½ Std., Rückweg auf der Straße zum Rif. Revolto ½ Std.
Hinweise Als Ausgangspunkte für Touren in den Monti Lessini kann man (nördlich) auch den Passo di Campogrosso (1464 m) oder (östlich) das anfahrbare Rif. Battisti (1265 m) wählen. Zugang in jedem Fall kompliziert, aber sehr reizvoll. Dies gilt ganz besonders für den »Sentiero del Vaio Scuro« und den »Sentiero Alto del Fumante«, die sich zu einer großen Runde verbinden lassen, ab Rif. Campogrosso etwa 7½ Std., nur für gute Bergsteiger (einige Sicherungen, Stellen I–II).
Hütten Rif. Passo Pértica (1522 m) und Rif. Scalorbi (1767 m) auf der Alpe Campobrun.
Orientierung Problemlos, die Steige sind ordentlich markiert.
Einstufung Mittel, Einstieg zur »Ferrata Campalani« anspruchsvollste Stelle.

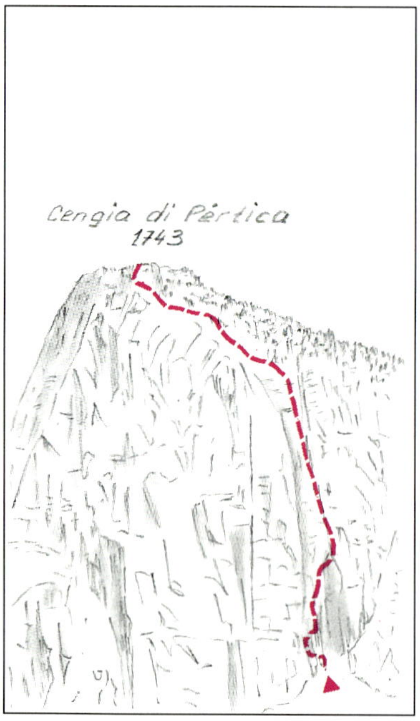

379 Via ferrata Giancarlo Biasin

Cengia di Pértica, 1743 m

Schwierig

Hinauf, senkrecht! So eine richtige »Feuerwehrleiter« ist die »Biasin«, mit Eisenbügeln in die senkrechte Verschneidung an der Südflanke des Cengia di Pértica montiert, eine spektakuläre Turnübung ohne Netz, die neben Gewandtheit absolute Immunität gegen jede Menge Luft unter den Sohlen verlangt. Gut hundert Höhenmeter halten Steilheit und Exposition an, dann lehnt sich der Berg zurück, man kann aufatmen: geschafft!

Wo? Die Fahrt ins Valle d'Illasi beginnt im berühmten Weißweinrevier um Soave, an der Strada Statale No. 11 bzw. an der Autobahn A 4, Ausfahrt »Verona Est«. Über Tregnago (317 m) kommt man taleinwärts nach Giazza (Ljetzan, 758 m), 28 km.
Ausgangspunkt Rif. Revolto (1336 m), 8 km von Giazza. Parkplatz, Weiterfahrt zum Passo Pértica nicht gestattet (Sperrschranke).
Wegverlauf Rif. Revolto – Passo Pértica – »Ferrata Biasin« – Abstieg östlich zur alten Militärstraße – Passo Pértica – Rif. Revolto.
Gehzeiten Insgesamt 2¼ Std. Rif. Revolto – Passo Pértica ¾ Std., »Ferrata Biasin« ¾ Std., Abstieg ¾ Std.
Hinweis Man kann die Tour zur Costa Media und zur Cima Carega (2259 m) fortsetzen und anschließend über den »Sentiero alpinistico Cesare Battisti« absteigen; siehe 378.
Hütte Rif. Passo Pértica (1522 m) am gleichnamigen Paß.
Orientierung Problemlos.
Einstufung Schwierig, sehr exponiert.

380 Via ferrata Angelo Viali

Monte Gramolòn, 1814 m

Mittel

Der Monte Gramolòn dürfte hierzulande etwa so bekannt sein wie der Hirschhörnlkopf in Verona. Es lohnt sich aber schon, den versteckten Winkel in den Monti Lessini kennenzulernen; immerhin führt ein Klettersteig auf den Gipfel, oben hat man eine hübsche Aussicht, und nach dem Abstieg gibt's im Rifugio Bertagnoli zwar keinen bayrischen »Obatzdn«, aber dafür Pasta asciutta und einen guten Roten. Auch nicht zu verachten. – Die recht eisenhaltige Ferrata hat einen kleinen Schönheitsfehler: Sie verläuft teilweise in einer Schlucht, was natürlich erhöhte Steinschlaggefahr bedeutet, vor allem an den Wochenenden, wenn »sportive« Veroneser auf den Leitern und an den Drahtseilen herumturnen. Für Leute mit kräftigem Bizeps gibt's weiter oben als Zugabe noch eine »Direttissima« am dicken Drahtseil (die man aber leicht umgehen kann).

Wo? Ins Valle dei Chiampo kommt man von Arzignano über Chiampo (170 m), bis Fertazza gut ausgebaute Straße, 28 km bis zum Rif. Bertagnoli.
Ausgangspunkt Rif. Bertagnoli (1225 m). Parkplatz.
Wegverlauf Rif. Bertagnoli – »Ferrata Viali« – Monte Gramolòn – Passo delle Ristele (1641 m) – Passo della Scagina (1548 m) – Rif. Bertagnoli.
Gehzeiten Insgesamt 3¼ Std.; Rif. Bertagnoli – »Ferrata Viali« – Monte Gramolòn 2 Std., Abstieg 1¼ Std.
Hütte Rif. Bertagnoli (1225 m).
Orientierung Problemlos, gut bezeichnete Steige.
Einstufung Mittel, Steinschlaggefahr in der Schlucht (Helm)!

381 Via attrezzata Monte Albano

Monte Albano, 560 m

Sehr schwierig

Längst hat er den Status eines Klassikers, der 1976 angelegte »Mori-Steig«, doch die Traverse in den Felsen oberhalb des kleinen Städtchens ist dadurch kein bißchen weniger exponiert, die Tritte sind nicht einen Millimeter größer geworden. Im Gegenteil, durch die zahllosen Begehungen präsentiert sich der Fels teilweise ziemlich speckig, scharfe Kanten sind von zigtausend Schuhsohlen rundpoliert, was die Reibung beim Klettern naturgemäß stark reduziert. Immerhin, die Sicherungen werden gut gewartet, künstliche Tritte entschärfen die beiden 50-Meter-Kamine; das straff gespannte Seil suggeriert Sicherheit. Wer sich überfordert fühlt, kann die Übung auf einem »Sentiero d'emergenza« abbrechen. Höhepunkt der Route ist die »Traversata degli Angeli«, die vom »Zwillingskamin« zur großen Terrasse im Mittelteil der Wand hinüberleitet. Da wird sich schon manch eine/r einen Schutzengel gewünscht haben, der den Blick in die Tiefe ausspart und einen über die winzigen Tritte in sicheres Gelände führt. Beim Abstieg hat man die Wahl zwischen einem bequemen Wanderweg und einer (vergleichsweise) leichten gesicherten Route, die rechts der Ferrata verläuft.

Wo? Mori (204 m) liegt wenige Kilometer westlich der Autobahnausfahrt »Rovereto Sud/Lago di Garda Nord« an der Strecke zum Gardasee.
Ausgangspunkt Mori Vecchio, Parkplätze am Ortsrand.
Wegverlauf Mori – Madonna di Monte Albano (306 m) – »Via attrezzata Monte Albano«, Abstieg westlich über den bequemen »Sentiero rientro« oder östlich auf dem »Rientro attrezzato«, gesichert.
Gehzeiten Insgesamt 3¼ Std.; Mori – Madonna di Monte Albano 20 Min., »Via attrezzata Monte Albano« 2 Std., Abstieg 1 Std.
Orientierung Problemlos.
Einstufung Sehr schwierig.

Zu den bekanntesten Klettersteigen der Gardasee-Region gehört die »Ferrata Monte Albano«.

382 Sentiero attrezzato Corne di Bes

Corna Piana, 1736 m

Leicht

Wer zum Corna Piana pilgert, ist in der Regel Naturfreund, besucht – vorzugsweise Juni/Juli – den »Orto botanico«, ein 50 Hektar großes Areal, auf dem (fast) die gesamte Monte-Baldo-Flora versammelt ist. Den kürzesten Zugang hat man vom Rifugio Graziani (1620 m); schöner ist der Weg von San Valentino (1315 m) herauf. Er schneidet den Felsriegel, der das »flache Horn« wie eine Bauchbinde umzieht, diagonal auf schmalen Bändern (Drahtseile), bis sich schließlich eine Lücke auftut, durch die man auf den weiten Almboden von Bes (1511 m) entsteigt – keine Ferrata, aber ein hübscher (gesicherter) Steig.

Wo? Die Bungalowsiedlung San Valentino (1315 m) am gleichnamigen Paß erreicht man von Mori über Brentonico auf guter Straße, 18 km.
Ausgangspunkt Parkmöglichkeit wenig westlich der Scheitelhöhe bei einem Rastplatz.
Wegverlauf San Valentino – »Sentiero delle Vipere« – Malga Bes (1511 m) – Corna Piana – Bocca del Creer (1617 m) – San Valentino (Straße).
Gehzeiten Insgesamt 2¾ Std.; San Valentino – Corna Piana 1¼ Std., Corna Piana – Bocca del Creer ½ Std., Bocca del Creer – San Valentino 1 Std.
Tip Das ganz große Panorama bietet der Monte Altissimo di Nago (2079 m), 1½ Std. von der Bocca del Creer.
Hütte Rif. Graziani (1620 m) an der Bocca del Creer.
Orientierung Leicht; die Wegmarkierungen am Corna Piana könnten allerdings eine Auffrischung vertragen. CAI-Nummer 650.
Einstufung Leicht.

383 Sentiero attrezzato Gerardo Sega

Prati della Cola, ca. 1200 m

Mittel

Es verhält sich wie bei einer guten Geschichte: Auf die Pointe kommt es an. Und die bietet der »Sentiero Sega« ohne Zweifel, stilgerecht allerdings erst nach einer längeren »Anlaufstrecke«: herauf aus dem innersten Valle dei Molini, dann flach über eine Rampe, bis man vor lauter Bäumen den Wald nicht mehr sehen mag. Und dann taucht er plötzlich auf, ein Höllenschlund, von Titanenhand aus dem Berg geschlagen. Es riecht förmlich nach Steinschlag, ein paar frische Ausbruchnarben hoch oben im Fels verleihen der Szenerie einen apokalyptischen Anstrich: ein »End' der Welt«. Aber kein Wegende, auch wenn man's zunächst nicht glauben mag, der »Sentiero« führt mitten durch die weit überhängende Riesenapsis, auf einer komfortablen Terrasse sogar. Eine Stunde später, der Vertikale entstiegen, ist dann beim Spaziergang hinüber nach Madonna delle Neve ausreichend Gelegenheit, die Route nochmals Revue passieren zu lassen, und drunten im Mühlental riskiert man einen letzten Blick hinauf zu den Felsen – phantastisch!

Listig angelegt: der »Sentiero Sega« am Monte Baldo.

Wo? Von Avio (131 m) führt eine ordentliche Asphaltstraße ins Valle dei Molini.
Ausgangspunkt Brücke über den Aviana-Bach, 3,5 km von Avio. Parkmöglichkeit.
Wegverlauf Valle dei Molini – Preafessa-Wasserfall (ca. 720 m) – »Sentiero Sega« – Prati della Cola – Madonna delle Neve (1082 m) – Aviana-Tal – Valle dei Molini.
Gehzeiten Insgesamt 5½ Std.; Valle dei Molini – Preafessa-Wasserfall 1¼ Std., »Sentiero Sega« – Prati della Cola 1¾ Std., Prati della Cola – Madonna delle Neve 1 Std., Abstieg 1½ Std.
Hinweis Man kann die Runde auch von Madonna delle Neve aus machen, etwa 4 Std., Zufahrt vom Valle dei Molini über den Passo Pozza della Cola (1289 m).
Orientierung Leicht, ordentlich bezeichnete Wege; CAI-Nummern 652, 685.
Einstufung Mittel, Steinschlaggefahr (Helm).

384 Ferrata delle Taccole

Vetta delle Buse, 2155 m

Mittel

Als »Giardino d'Europa« hat man den Monte Baldo bezeichnet, damit auf seinen immensen Blumenreichtum anspielend, ein ebenso schönes wie weitläufiges ➡

Wo? Prada (1005 m) im Südwesten des Monte Baldo erreicht man von der Seeuferstraße aus, 18 km von Torri del Benaco über San Zeno di Montagna (585 m). Talstation des Costabella-Sessellifts.
Ausgangspunkt Liftstation (1815 m) an der Costabella.
Wegverlauf Costabella – Bocchetta di Coal Santo – Passo del Cammino – Forcella delle Pre (2087 m) – Valle ➡

Klettersteige – Himmelsleitern oder Teufelszeug?

Klettersteige, Vie ferrate. Was für ein Thema! Oder vielleicht gar keines, zumindest kein ernstzunehmendes? Für die einen wohl nicht, sie wollen mit dem Teufelszeug nichts zu tun haben; für andere vor allem eines, das sich für Hüttenabende eignet: Klettersteigler-Latein.
Natürlich sind die »Eisenwege« ein Thema, ein überaus kontroverses, man denke nur an die lange Liste entsprechender Veröffentlichungen, an das endlose Hin und Her der Argumente, da gibt's – nach gut deutschem Brauch – »Realos« und »Fundis«, »Puristen«, die den Bergen am liebsten das Mäntelchen der Unberührtheit umhängen würden, und (logisch) die Geschäftemacher – halt gut und schlecht wie im ganz gewöhnlichen Alltag, g'scheit und dumm (das sind in der Regel dann die anderen).
Aber ehrlich: Da hat der Berg gekreißt, und geboren war eine Maus, ein Mäuslein. Ökologisch gesehen zumindest, denn aus den Eisenteilen aller Ferrate zwischen Wien und der (wie oft: wehrhaften) Schweizer Grenze könnte man gerade einen oder zwei Sessellifte basteln. Mit den Umweltschäden kann es also nicht so weit her sein; im Vergleich mit anderen »Sündern« wie Straßen- und Pistenbauern bilden die Vie ferrate eine schlicht zu vernachlässigende Größe, den winzigkleinsten Nagel im Sarg jenes großen europäischen Gebirges, das zu lieben alle behaupten. Zu einfach argumentiert?
Da ist ja noch die »innere Verschandelung«, jene der Bergsteigerseele, die das Tun des dazugehörigen Körpers gerne etwas überhöht begreift, idealistisch zu empfinden gewohnt ist, »Hehres« fühlt und »Großes« durchlebt. Was soll man also von Leuten halten, die über Leitern und mit Hilfe von Drahtseilen auf Berge steigen, alle Regeln der Fairneß mißachten? Ignoranten sind das, die Prusiken möglicherweise für einen Modetanz aus dem Osten halten, das »Dachl« im Gesäuse mit dem Goldenen Dachl in Innsbruck verwechseln, hinter den »Scoiattoli« von Cortina putzige Vierbeiner vermuten und sich vor Brockengespenstern fürchten!
So muß der Berg halt leiden und der Bergsteigergedanke dazu. Kein Wort gegen Wandersleut', auch wenn sie in Massen auftreten (und da wo sie auftreten, gelegentlich kein Gras mehr wächst ...); im Fels, da gelten andere Regeln, werden Mut und Können verlangt, kurzum: ganze Kerls (pardon, meine Damen).

Und nun so was! Seile, Leitern, Eisenklammern, gnadenlos in den Fels getrieben, strade per tutti; wo es zuvor einen stolzen »Vierer« zu meistern galt, genügen auf einmal Schwindelfreiheit und ein kräftiger Bizeps, wo früher zwei oder drei Seilschaften unterwegs waren, tummeln sich Dutzende von »Alpinisten«. Das Ende des Bergsteigens?

→ Wanderrevier ist er ohnehin. Paraglider starten an seinem hohen Kamm, im Winter kann man hier sogar skilaufen, Kletterer allerdings meiden die Gipfelfelsen am Monte Baldo: brüchig, lange Zustiege. Doch für Klettersteigler gibt's jetzt – überflüssigerweise – eine gesicherte Route. Auf die Vetta delle Buse (2155 m), den Ferrata-Gipfel, wandert man vor allem der Aussicht wegen, etwa eine Stunde von der Liftstation an der Costabella für jedermann/frau. Wer zum Drahtseil will, läßt die Vetta erst einmal links liegen, folgt kurz noch dem breiten Gratweg und steigt dann hinab in einen schattigen Karwinkel, wo es – endlich – losgeht: andiamo! Gut hundert Höhenmeter, zwei senkrechte Kamine und ein paar leichte Felsen, dann ist man (wieder) oben auf dem Wiesenbuckel.

→ delle Pre – »Ferrata delle Taccole« – Vetta delle Buse (2155 m) – Costabella.

Gehzeiten Insgesamt 2½ Std.; Costabella – Passo del Cammino – Valle delle Pre 1¼ Std., »Ferrata delle Taccole« ½ Std., Rückweg ¾ Std.

Hinweise Falls der Lift nicht fährt (was sehr oft vorkommt), verlängert sich die Gesamtgehzeit auf gut 6 Std. Da empfiehlt es sich dann, die Tour an der »Strada Graziani« zu beginnen, etwa 1 km oberhalb des Sattels Cavallo di Novezza. Aufstieg über Weg 652 zum Rif. Telegrafo (2147 m), dann südwärts bis zur Forcella delle Pre; insgesamt etwa 5 Std., mit einer Besteigung des höchsten Monte-Baldo-Gipfels (Cima Valdritta, 2218 m) gut 6 Std.

Hütte Rif. Cornetto (1815 m) an der Bergstation des Sesselliftes.

Orientierung Leicht, gut bezeichnete Wege; CAI-Nummer 658.

Einstufung Mittel, neue, gute Sicherungen.

385 Ferrata Spigolo della Bandiera

Rifugio Pirlo, 1165 m

Schwierig

Hütten-Klettersteige gibt's ja mittlerweile schon einige, vorzugsweise mit kurzem Zustieg und möglichst spektakulärem Verlauf. Die Ferrata mit dem wohlklingenden Namen beginnt allerdings nicht hinter dem Rifugio, sie endet bereits vor der Hüttentür: keine 100 Meter an einer Felskante, steil und ziemlich luftig. Doch deswegen wird wohl kaum jemand einen Ausflug zum Rifugio Pirlo unternehmen; mein Tip deshalb: die Gratüberschreitung vom Monte Spino (1513 m) mit einem absoluten Minimum an Sicherungen (ein Drahtseil!), aber einem Maximum an Eindrücken, leichten Kletterstellen – ein garantiert gut ausgefüllter Bergtag! Kürzer, aber ebenfalls sehr dankbar ist die Besteigung des Monte Pizzocolo (1582 m), 1½ Stunden vom Rifugio Pirlo.

Wo? Ins Val di Sur kommt man auf gut ausgebauten Straßen, von Salò über Serniga, von Gardone Riviera via Tresnico, 7 bzw. 5 km bis San Michele (405 m).
Ausgangspunkt Im Val di Sur, gut 3 km von San Michele auf schmalem Fahrweg. Parkmöglichkeiten an der Straße.
Wegverlauf Val di Sur – »Ferrata Spigolo della Bandiera« – Rif. Pirlo (1165 m) – Passo di Spino (1160 m) – Val di Sur.
Gehzeiten Insgesamt 3¾ Std.; Aufstieg 2¼ Std., Abstieg 1½ Std.
Tip Große Runde über den Monte Spino (1513 m), bis zu den Hütten von Gardoncello gut bezeichnete Steige, Rückweg ins Val di Sur nicht ganz leicht zu finden; Kletterstellen I–II, Gesamtgehzeit etwa 8 Std.
Hütte Rif. Giorgio Pirlo (1165 m) am Passo di Spino.
Orientierung Problemlos.
Einstufung Schwierig, aber kurz. Durchlaufendes Drahtseil, jüngst erneuert.

386 Sentiero Tosi

Monte Carone, 1621 m

Leicht

Wege und Stege am obersten Gardasee haben überwiegend »unheilige« Väter; sie stammen fast alle aus dem Ersten Weltkrieg. So auch der »Sentiero Tosi« an der felsigen Südflanke des Monte Carone, für Geübte mehr Wanderweg als Ferrata, aber auf jeden Fall spritziges Finale einer Berg-See-Tour. Und die beginnt man mit Vorteil in Pregásina, bietet dieser Zugang doch mehr Aussicht als der heiße »Schlauch« durch das Val Singol herauf. Dafür muß man die Wege gelegentlich mit einer anderen Spezies von Bergsteigern teilen: Mountainbikern, jene bunten Vögel, die zwar nicht fliegen können, aber trotzdem mitunter recht unsanft landen ... Garantiert keinem Radler begegnet man dann am »Sentiero Tosi«, der durch eine Steilrinne, gut gesichert, zu den (verfallenen) Stellungen am Gipfelgrat des Monte Carone führt. Und oben gibt's dann eine ganz große Rundschau, vom Monte Baldo bis zum Adamello-Massiv.

Wo? Pregásina (532 m) erreicht man von Riva del Garda über die neue Tunnelstrecke, etwa 11 km.
Ausgangspunkt Parkplatz unterhalb der Kirche.
Wegverlauf Pregásina – Passo Rocchetta (1159 m) – Passo Guil (1209 m) – Baita Segala (1250 m) – »Sentiero Tosi« – Monte Carone – Passo Guil – Passo Rocchetta – Pregásina.
Gehzeiten Insgesamt 6¾ Std.; Pregásina – Baita Segala 3 Std., »Sentiero Tosi« 1 Std., Rückweg 2¾ Std.
Hütte Baita Segala (1250 m) südlich unter dem Monte Carone, stets zugänglich.
Ortientierung Größtenteils leicht; beim Abstieg vom Monte Carone in der Scharte vor der Punta di Mois (1374 m) rechts auf Zickzacksteig hinab zur Militästraße, nicht geradeaus weitergehen.
Einstufung Leicht.

387 Sentiero attrezzato Fausto Susatti
388 Sentiero Mario Foletti
389 Sentiero dei Camminamenti

Cima Capi, 909 m; Cima Rocca, 1089 m

Leicht/Mittel

Das engmaschige, erstaunlich gut erhaltene Wegnetz aus dem Ersten Weltkrieg, das den Rocchetta-Stock überzieht, wird längst touristisch genutzt, es ist bestens markiert, einige Steige sind rekonstruiert, andere gesichert, wie etwa der »Sentiero Susatti« und der kurze »Sentiero Foletti«. Beide gehören in die Kategorie der leichteren »Eisenrouten«, und der »Schützengrabenweg« ist auch nicht schwieriger. Bloß eine Taschenlampe braucht's da, denn der »Weg« verläuft zum Teil im, nicht am Berg. Und der 150 Meter lange Hauptstollen unter der Cima Rocca ist wirklich stockdunkel – auch wenn draußen die Sonne scheint. Das düstere Loch kann man allerdings umgehen, über den Gipfel, teilweise ebenfalls am Drahtseil. Die drei Steige lassen sich zu einer abwechslungsreichen Runde verbinden, auf der es, trotz Drahtseilen, Tunnels und Gipfelzacken, nur einen Hauptdarsteller gibt: den Gardasee.

Wo? Riva del Garda (78 m) liegt am oberen Ende des Gardasees.
Ausgangspunkt An der Abzweigung der (gesperrten) Ponalestraße.
Wegverlauf Riva – Ponalestraße – Val Sperone – »Sentiero Susatti« – Cima Capi (909 m) – »Sentiero Foletti« – San Giovanni (858 m) – »Sentiero dei Camminamenti« – Cima Rocca – Bocca Sperone (987 m) – Riva.
Gehzeiten Insgesamt 6½ Std.; Riva – Cima Capi 2¾ Std., Cima Capi – Cima Rocca – Bocca Sperone 1¾ Std., Abstieg nach Riva 2 Std.
Hinweis Natürlich kann man auch die »Via dell'Amicizia« in die Runde am Rocchetta-Massiv einbeziehen; siehe 390.
Hütte Baita San Giovanni (860 m), Selbstversorgerhütte, stets zugänglich.
Orientierung Problemlos, die Wege an der Rocchetta sind bestens markiert, Hinweistafeln an den Verzweigungen; CAI-Nummern 405, 460, 405bis, 404.
Einstufung Leicht, Querung am »Sentiero Foletti« mittel.

Über den Wolken … Wunderwanderwelt am Gardasee.

Die guten Tips für Arco

Arco (86 m) liegt 6 km nördlich vom Gardasee am Fuß eines Burgfelsens.

Anreise Arco besitzt keinen Bahnanschluß; von Norden Anreisende müssen in Trento bzw. Rovereto (Brennerlinie) in den Bus umsteigen. Mit dem Auto erreicht man Arco über die Brenner-Autobahn A 22 (gebührenpflichtig), Ausfahrten »Trento Nord« oder »Rovereto Sud/Lago di Garda«.

Infos Azienda Promozione Turistica Arco, Viale delle Palme, 1, I-38062 Arco; Tel. (0464) 516161, Fax 532353.

Unterkunft Unmittelbar am Rand der hübschen kleinen Altstadt liegt das Hotel Pace, Via Vergolano, 50; Tel. (0464) 516398, Fax 518421. Beliebte Anlaufstelle für Biker und Bergsteiger ist der Campingplatz bei Arco, direkt unter den Kletterfelsen des Colodri. »Camping Arco«, Prabi di Arco; Tel. (0464) 517491.

Essen und Trinken Sehr gut (aber nicht billig) ißt man im »La Lanterna« (Zufahrt vom Camping in Richtung Cengia), Via L. Cecoslovacchi, 30; Tel. (0464) 517013. Eine sehr gute Pizza bekommt man im »Pace« (unterhalb vom Hotel), und nachher treffen sich Biker und Climber zu »caffè e vino« in der Bar Centrale (es gibt auch Weißbier).

Sehenswert Die winzige Altstadt mit der Collegiata, einem monumentalen Renaissancebau, und natürlich der Burgfelsen (Spazierweg). Die Burg wird z. Zt. restauriert, ist deshalb nicht zugänglich.

Busverbindungen Mit den Ortschaften der Umgebung. Wichtig: Fahrkarten gibt es nicht beim Buschauffeur, sondern nur an Verkaufsstellen im Ort, an Automaten und manchmal in einer Bar.

Autovermietung AVIS, Viale Rovereto, 76, 38066 Riva del Garda; Tel. (0464) 552282.

Bergführer Giuseppe Bagattoli, Tel. (0464) 507358 (spricht deutsch).

Radl-Verleih Moser Sport, 38062 Arco, Via Marconi, 15; Tel. (0464) 516251.

Führer »Wanderungen am Gardasee« von Helmut Dumler, erschienen bei Bruckmann, München. Dazu vielleicht noch der Polyglott »Gardasee«.

Landkarten Eine recht genaue Wanderkarte vom See (schönes Kartenbild) bietet LagirAlpina (1:50000), nur leider mit (im Norden) zu kleinem Ausschnitt (vor Ort erhältlich). Als Ergänzung nimmt man die Kompass-Karte »Alto Garda/Val di Ledro« (Blatt 096, 1:35000)

390 Via dell'Amicizia
Cima SAT, 1246 m

Mittel

Ihren Ruf diesseits der Alpen verdanken die Gardasee-Eisenwege zu einem gut Teil dem »Freundschaftsweg«, genauer: den beiden ewig langen Feuerwehrleitern hoch über den Dächern von Riva. Da dürften mittlerweile schon Tausende darübergestiegen sein, manche mit etwas Herzklopfen und leicht zittrigen Beinen. Auch die eine oder andere Freundschaft zwischen ihr und ihm wird auf den zahllosen Sprossen (Hier soll ich hinauf?) möglicherweise ein klein wenig ins Wanken geraten sein. Das tun die Eisenleitern nicht, die sind stabil verankert, die erste senkrecht, wenn auch mit einem Podest auf halber Höhe, die zweite (fast) ohne Ende. Daneben verblassen die hübschen Passagen im obersten Teil der Route leider etwas, unvergeßlich bleiben aber die atemberaubenden Tiefblicke, auch wenn man sie möglicherweise erst auf dem Minigipfelchen mit der (eisernen) Flagge so richtig unbeschwert genießen kann. Ein Hit, die »Amicizia«!

Lustig-luftig: die letzten (Draht-)Seillängen an der »Via dell'Amicizia«.

Wo? Riva del Garda (78 m) liegt am oberen Ende des Gardasees.
Ausgangspunkt An der Hauptstraße Richtung Bréscia, hinter der Altstadt. Parkmöglichkeit längs der Straße.
Wegverlauf Riva – Capanna Barbara (560 m) – »Via dell'Amicizia« – Cima SAT – »Sentèr dei Crazedei« – San Giovanni – Riva.
Gehzeiten Insgesamt 6¼ Std.; Riva – Capanna Barbara 1½ Std., »Via dell'Amicizia« – Cima SAT 2½ Std., Abstieg 2¼ Std.
Hütte Capanna Barbara (560 m), Sommerwirtschaft, aber keine Nächtigung.
Orientierung Problemlos; CAI-Wegnummern 404, 404bis, 418, 402.
Einstufung Mittel, abschnittweise sehr exponiert.

391 Sentiero del Colodri
Il Colodri, 400 m

Mittel

Arco, daß heißt heute vor allem: senkrecht, mindestens! In den Sonnenfelsen über der Sarca tummelt sich an den mit Bohrhaken abgesicherten Routen die Crème der europäischen Kletterszene, in Wettkämpfen wird dann ausgemacht, wer die beste Technik, den längsten Schnauf und die kräftigsten Fingermuskeln besitzt. Bei so viel Können und KönnerInnen geniert man sich fast, über den »Sentiero del Colodri« hinaufzukraxeln, am Drahtseil und mit Hilfe künstlicher Tritte. Ursprünglich war die kleine Ferrata ja auch als bequemer Abstieg für die Climber gedacht, doch mittlerweile haben die Klettersteigler den »Sentiero attrezzato« für sich erobert. Und die nur wenig schwierige Kraxelei vermittelt auf jeden Fall packende Tiefblicke auf eine mediterrane Bilderbuchszenerie: Gardaseelandschaft.

Wo? Arco (86 m) liegt ein paar Kilometer nordöstlich von Riva an der Straße nach Trento.
Ausgangspunkt Campingplatz von Arco-Prabi, am rechten Sarca-Ufer; Zufahrt von der Straßenbrücke. Parkplatz.
Wegverlauf Prabi – »Sentiero del Colodri« – Laghèl – Arco – Prabi.
Gehzeiten Für die ganze Runde 2¼ Std. Man kann natürlich auch über die Ferrata absteigen.
Orientierung Problemlos, die Markierungen sind erst kürzlich erneuert worden.
Einstufung Mittel, gute gesichtert.

392 Sentiero dell'Anglone
Coste dell'Anglone, ca. 510 m

Leicht

Vogelschaubilder vom untersten Sarcatal und ein paar (ganz leichte) gesicherte Passagen bietet diese Runde zwischen Dro und Cengia. Auf- und Abstieg sind gesichert, letzterer weist eine originelle Passage im Rücken eines abgespaltenen Felsens auf, mit zwei Leitern gangbar gemacht.

Wo? Dro (123 m) liegt 5 km nördlich von Arco etwas abseits der Hauptstraße nach Trento.
Ausgangspunkt Jenseits der Sarca, beim (ehemaligen) Albergo »Al Ponte«. Hier Parkmöglichkeit.
Wegverlauf Dro – Coste dell'Anglone – Höhenweg – Cengia – Dro.
Gehzeiten Für die Runde 3 Std.
Orientierung Gut markierte Wege; CAI-Nummern 425, 428bis, 428. Kurz vor Beginn des Abstiegs darf man einen scharfen Rechtsknick des Weges nicht übersehen.
Einstufung Leicht, auch mit Kindern.

393 Via ferrata Ernesto »Che« Guevara

Monte Casale, 1632 m

Mittel

Da müssen schon ein paar Superlative her: der neueste, längste, trockenste(!) und schönste Klettersteig der Gardasee-Region. Wer ist nicht schon vorbeigefahren an der riesigen Mauer, auf dem Weg zum Gardasee, oder hat von der »Pisetta« hinüber- und hinaufgeguckt zu dem Steilprofil, das fast ansatzlos aus dem Talboden aufsteigt, erst steil, dann senkrecht bis zum Kreuz und zur Gipfelwiese mit Fußballfeld-Ausmaßen? Pietramurata heißt das Dorf am Fuß des Monte Casale: »Steinwand«, und das stimmt ganz genau. Wer zu lange hinaufschaut, dem droht nicht nur Genickstarre, der handelt sich auch leicht ein etwas flaues Gefühl in der Magengegend ein. Zu Unrecht. Der Aufstieg ist, bedingt durch den gewaltigen Höhenunterschied des Klettersteigs, zwar sehr anstrengend, aber nur mäßig schwierig, mit viel Geschick in das Steilgelände trassiert und bestens gesichert: eine »Super-Ferrata«! Super ist auch das Gipfelpanorama, vom Alpenhauptkamm zum Alpenrand reichend.

Wo? Pietramurata (254 m) liegt an der Straße Riva – Trento, 13 km nördlich von Arco.

Ausgangspunkt Am nördlichen Ortsende. Parkmöglichkeit an der Strada Statale, gegenüber einer großen Autowerkstatt.

Wegverlauf Pietramurata – »Ferrata Che Guevara« – Monte Casale – Sarche (259 m) – Pietramurata.

Gehzeiten Insgesamt 8¼ Std.; »Ferrata Che Guevara« – Monte Casale 5 Std., Abstieg nach Sarche 2½ Std., Rückweg nach Pietramurata ¾ Std. Alternativ kann man auch über den Busòn (1350 m) direkt nach Pietramurata absteigen: extrem steil, bei Nässe gefährlich (Drahtseile, eine Leiter).

Hütte Rif. Monte Casale »Don Zio« (1610 m).

Orientierung Problemlos, Abstieg CAI-Nummer 427.

Einstufung Mittel, aber nur mit guter Kondition. Kernstück der Route, etwa 600 Höhenmeter, durchgehend mit Fixseilen und Klammern gesichert. Genug Wasser mitnehmen, unterwegs gibt's nur Sonne und Steine!

394 Via attrezzata Rino Pisetta

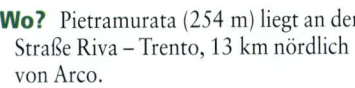

Dain Picol (Monte Garzolè), 971 m

Sehr schwierig

Neben dem Dain Alt (Monte Casale, 1632 m) wirkt der Dain Picol ja recht mickrig, trotz seiner senkrechten Felsstirn, doch ausgefuchste Klettersteigler wissen Bescheid: Die »Pisetta«, 1982 angelegt, ist längst ein Klassiker, den man einfach gemacht haben muß. Keine andere Route am Gardasee stellt vergleichbare Anforderungen. Immerhin, ohne die durchlaufenden Fixseile müßte man hier im V. Grad klettern, und das bei größter Ausgesetztheit. Etwas Klettertechnik oder ein starker Bizeps werden auch auf der Ferrata verlangt, und die »Luft unterm Hintern« ist ohnehin nicht weniger geworden. Die Einstiegswand trennt auch rasch die Spreu vom Weizen, und wer hier Probleme hat, sollte die Einladung zu einem geordneten Rückzug (»Rientro d'emergenza«) nicht ausschlagen. Könnern allerdings bietet die »Pisetta« ein Steilwanderlebnis, das man nicht so rasch vergißt.

Wo? Sarche (259 m) liegt an der Straße zum Gardasee, 19 km von Trento, 22 km von Riva del Garda.

Ausgangspunkt An der großen Straßenkreuzung im Ort. Schautafel, Parkmöglichkeit.

Wegverlauf Sarche – »Via Pisetta« – Dain Picol – Ranzo (746 m) – Sarche.

Gehzeiten Insgesamt 5 Std.; »Via Pisetta« – Dain Picol 3 Std., Abstieg 2 Std.

Einstufung Sehr schwierig, am Abstiegsweg ebenfalls einige gesicherte Passagen.

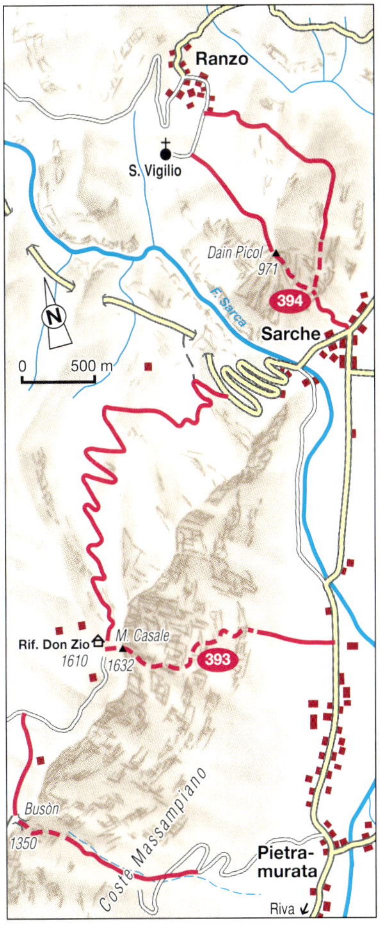

395 Sentiero Gustavo Vidi
Pietra-Grande-Südgrat, 2663 m

Leicht

Der kleine Klettersteig an der Pietra Grande ist, dieser Vergleich sei erlaubt, ein hübsches »Amusegueule«, appetitanregend vor den echten, großen Delikatessen: der »Via delle Bocchette«. Auch hier ein paar Leitern, horizontal verlaufende Bänder, Tief- und Fernblicke, nur halt alles mindestens ein Nummer kleiner. Macht trotzdem Appetit ... Und wer nach Norden schaut, nicht ins Herz der Brenta, hat die ganz große Tour gleich vor sich: den »Sentiero Costanzi« (396).

Wo? Der berühmte Touristenort Madonna di Campiglio (1522 m) liegt zwischen dem Presanellamassiv im Westen und der Brentagruppe im Osten. Anfahrt über die Strada Statale No. 239, 22 km von Malè im Val di Sole. Seilschwebebahn zum Passo del Grostè, Talstation oberhalb der Siedlung Richtung Campo Carlo Magno.
Ausgangspunkt Bergstation (2437 m) der Seilschwebebahn am Passo del Grostè (2446 m).
Wegverlauf Passo del Grostè – »Sentiero Vidi« – Rif. Graffer (2261 m) – Passo del Grostè.
Gehzeiten Für die kleine Runde 2¾ Std.
Hinweis Ohne Seilbahnbenützung erhöht sich die Gehzeit natürlich erheblich; von der Talstation kann man auf einem Sträßchen bis zum Parkplatz Pozza Vecchia (ca. 1780 m) fahren, 3 km.
Hütte Rif. Graffer (2261 m) unterhalb des Passo del Grostè.
Orientierung Leicht, Steige gut bezeichnet; CAI-Nummern 390, 336, 301.
Einstufung Leicht.

396 Sentiero Claudio Costanzi
Cima Sassara, 2892 m

Mittel A

Brentazauber ohne Brentarummel. Auf diese einfache Formel läßt sich das Erlebnis »Costanzi-Weg« bringen. Wenn die zentrale Brenta ihr obligates Augusthoch durchlebt, es auf den Hütten voll und an den Wegen nur selten ruhig ist, freut man sich am »Sentiero Costanzi« über jede Begegnung. Die meiste Zeit ist man ohnehin allein auf der großartigen Route, die, sparsam gesichert, in ständigem Auf und Ab über Gipfel und Scharten am Nordkamm der Brenta läuft, teilweise dem Grat folgend, dann wieder in die steilen, schrofigen Flanken ausweichend. Ein Weg, logisch angelegt, mit einem Minimum an Eisen und einem Höchstmaß an Landschaftsgenuß – einfach Klasse! Gut 8 Stunden lang ist man unterwegs vom Passo del Grostè bis zum Passo di Prà Castron (2505 m), wo man sich dann entscheiden muß: hinab (und zurück nach Madonna di Campiglio) oder weiter am Kamm entlang zum Rifugio Peller.

Wo? Der berühmte Touristenort Madonna di Campiglio (1522 m) liegt zwischen dem Presanella-Massiv im Westen und der Brentagruppe im Osten. Anfahrt über die Strada Statale No. 239, 22 km von Malè im Val di Sole, 31 km von Tione di Trento. Seilschwebebahn zum Passo del Grostè, Talstation etwas oberhalb der Siedlung Richtung Campo Carlo Magno.
Ausgangspunkt Bergstation (2437 m) der Seilschwebebahn am Passo del Grostè (2446 m).
Wegverlauf Passo del Grostè – »Sentiero Vidi« – Bocchetta dei Tre Sassi (2613 m) – »Sentiero Costanzi« – Passo di Prà Castron (2505 m) – Rif. Peller (1990 m) bzw. Campo Carlo Magno (1683 m).
Gehzeiten Insgesamt 11¼ bzw. 12½ Std.; Passo del Grostè – Bocchetta dei Tre Sassi 2¾ Std., Bocchetta dei Tre Sassi – Cima Sassara 2 Std., Cima Sassara – Cima Rocca (2830 m) – Passo di Prà Castron 3½ Std., Weiterweg zum Rif. Peller 3 Std., Abstieg und Rückweg nach Campo Carlo Magno 4¼ Std.
Hütten Biv. Bonvecchio (2780 m) an der Cima Sassara, stets zugänglich. Biv. Prà Castron (2365 m) nordwestlich des gleichnamigen Passes, stets zugänglich. Rif. Peller (1990 m).
Hinweis Rückweg zum Passo del Grostè auch über den »Sentiero delle Palete« möglich; siehe 397.
Orientierung Nicht ganz einfach, gut auf Markierungen achten, auch am Rückweg im Bereich der ehemaligen Malga Scale (1563 m). CAI-Nummern 390, 336, 329, 355.
Einstufung Mittel, A. Nur für gute Bergsteiger, viele (ungesicherte) Stellen I–II.

397 Sentiero delle Palete
Passo delle Palete, 2317 m

Leicht

Nicht oben am Kamm, sondern eine Etage tiefer, in der Ostflanke der Brenta Settentrionale, verläuft der »Sentiero delle Palete«, vom Passo del Grostè (2446 m) bis zum Passo di Prà Castron (2505 m) immerhin auch 7½ Stunden lang. Noch so ein stiller Pfad in einer großen Gebirgskulisse, mehr Wanderweg als Klettersteig. Gesichert sind etwa 100 Höhenmeter in den Ausläufern des Gran de Formenton, vom Val delle Giare hinauf zur Palete-Scharte. Der Rest: Wander-Wunderland Brenta. Und in Verbindung mit dem »Sentiero Costanzi« ergibt sich eine ebenso große wie großartige Zwei-Tage-Runde.

Die berühmten Brentanebel ...

Wegverlauf Passo del Grostè (2446 m) – Val delle Giare (ca. 2150 m) – Passo delle Palete – Livezza Grande (2187 m) – Campo Tuenno (2054 m) – Passo di Prà Castron (2505 m).
Gehzeit 7½ Std.
Hinweis Vor allem in Verbindung mit dem »Sentiero Costanzi« von Interesse, siehe 396.
Orientierung Leicht, gut markierter Weg; CAI-Nummer 306, zuletzt 310.
Einstufung Leicht.

Einsame Berge: am »Sentiero Costanzi« in der nördlichen Brenta.

398 Sentiero Alfredo Benini
399 Sentiero delle Bocchette Alte
400 Sentiero delle Bocchette Centrali

Passo del Grostè – Bocca di Brenta

Leicht/Mittel **A**

Der Traumpfad schlechthin, in den Alpen ohne Gegenstück: die »Via delle Bocchette«, mehr als zehntausend Laufmeter über die legendären Felsbänder der Brenta, von Scharte zu Schärtchen (= Bocchette), an schwindelnden Abgründen entlang, über solide Leitern hinauf oder hinab zur nächsten Promenade, mit großer Aussicht und Einblicken in die verstecktesten Felswinkel der aus Hauptdolomit aufgebauten Gebirgsgruppe. Da ist der Weg das Ziel, die Gipfel sind nur (großartige) Kulisse. Immerhin, zwei von ihnen lassen sich verhältnismäßig leicht von der »Via delle Bocchette« aus besteigen: die Cima Falkner (2988 m) und die Cima Brenta (3151 m), nach der Cima Tosa (3173 m) zweithöchster Punkt des Gebirges.

Die »Via«, in den dreißiger Jahren begonnen, 1972 vollendet, setzt sich aus drei großen Teilstücken zusammen: dem »Sentiero Benini«, der vom Grostè-Paß in die Bocca di Tuckett führt, dann dem »Sentiero delle Bocchette Alte«, dem eigentlichen Kernstück, an der Cima Brenta bis über die 3000-Meter-Höhenkote ansteigend, und schließlich dem »Sentiero delle Bocchette Centrale«, dem ältesten Abschnitt, (fast) jedem Bergsteiger von Kalenderbildern bekannt. An der Bocca di Brenta (2549 m) läuft die »Via« aus. Drahtseile sichern den Weg auf Bändern, steile Auf- und Abstiege sind durch solide Leitern entschärft. »Benini« und »Centrale« dürfen sich schwindelfreie und trittsichere Bergwanderer durchaus zutrauen; mehr alpine Erfahrung verlangt der »Bocchette Alte«. Heikel sind vor allem die Querungen mehrerer Steilrinnen, oft bei beschädigten Sicherungen. Natürlich erlebt man diesen »Schaupfad« der besonderen Art nur selten allein, schon gar nicht im Hochsommer. Da sind auch die Hütten gelegentlich rappelvoll. Am schönsten ist die Brenta im Herbst, wenn die Rifugi bereits zugesperrt haben, die Massen abgezogen sind. Dann entfaltet sie ihren einzigartigen Zauber, im Tal verfärben sich die Lärchen, über den herbstlichen Nebeln ragen die Kalkzacken in den tiefblauen Himmel.

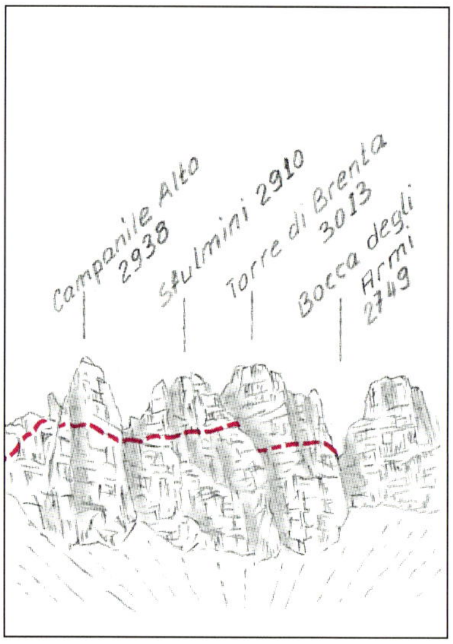

Die schönste »Aussichtspromenade« der Alpen: der »Bocchette-Weg«.

Wo? Der berühmte Touristenort Madonna di Campiglio (1522 m) liegt zwischen dem Presanellamassiv im Westen und der Brentagruppe im Osten. Anfahrt über die Strada Statale No. 239, 22 km von Malè im Val di Sole, 31 km von Tione di Trento. Seilschwebebahn zum Passo del Grostè, Talstation etwas oberhalb der Siedlung Richtung Campo Carlo Magno.

Ausgangspunkt Bergstation (2437 m) der Seilschwebebahn am Passo del Grostè (2446 m).

Wegverlauf »Sentiero Benini«: Passo del Grostè – Bocchetta dei Camosci (2774 m) – Bocca di Tuckett (2649 m). »Sentiero delle Bocchette Alte«: Bocca di Tuckett – Cengia Garbari (ca. 3020 m) – Bocchetta Bassa dei Massodi (2790 m) – Vedretta dei Sfúlmini. »Sentiero delle Bocchette Centrale«: Vedretta dei Sfúlmini – Bocca degli Armi (2749 m) – Bocchetta del Campanile Basso (2620 m) – Bocca di Brenta (2549 m).

Gehzeiten Insgesamt 11 Std.; »Sentiero Benini« 3½ Std., »Sentiero delle Bocchette Alte« 5 Std., »Sentiero delle Bocchette Centrale« 2½ Std.

Hinweise Wer gut drauf ist, kann die einzelnen Teilstrecken der »Via delle Bocchette« auch vom Tal aus machen, Aufstieg ab Rif. Vallesinella jeweils etwa 3½ bis 4 Std. Nach dem 20. September sind die Hütten ohnehin geschlossen (siehe oben).

Hütten im Bereich der »Via delle Bocchette«: Rif. Tuckett (2272 m), Tel. (0465)41226. Rif. Alimonta (2591 m), Tel. (0465)40366. Rif. Pedrotti (2483 m), Tel. (0461) 948115. Rif. Tosa (2442 m). Alle Hütten sind vom 20. Juni bis 20. September bewirtschaftet.

Orientierung Bei gutem Wetter problemlos; die Wege sind ordentlich bezeichnet. Nebel (in der Brenta sehr häufig) kann allerdings die Orientierung erschweren, auch auf den kleinen Gletschern. CAI-Nummer 305.

Einstufung »Sentiero Benini« und »Sentiero delle Bocchette Centrale« leicht, »Sentiero delle Bocchette Alte« mittel, A. Für die Zustiege können im Spätsommer Steigeisen nützlich sein, ebenso auf dem »Bocchette Alte« (Steilrinnen). Sind die Seilsicherungen in diesen Rinnen beschädigt (was öfter vorkommt), ist man um ein kurzes Seil froh.

401 Sentiero SOSAT
Rifugio Tuckett – Rifugio Brentei

Leicht

Ist der Steig über die »Hohen Scharten« (Bocchette alte) unpassierbar (Schnee, Eis), kann man auf den »Sentiero SOSAT« ausweichen, eine leichtere, aber durchaus reizvolle Alternativstrecke. Sie läuft in einem weiten Bogen um den mächtigen Bergstock der Cima Brenta herum, auf Bändern und über Geröllhänge. Kernstück der Route ist eine Schlucht, die man mit Hilfe von Drahtseilen und ein paar Leitern ab- und wieder ansteigend passiert.

... und natürlich die Leitern. Hier am »Sentiero SOSAT«.

Wegverlauf Rif. Tuckett (2272 m) – »Sentiero SOSAT« – Rif. Brentei/Rif. Alimonta.

Gehzeiten Zum Rif. Brentei 2¾ Std., zum Rif. Alimonta 3 Std.

Orientierung Problemlos.

Einstufung Leicht, mit Drahtseilen und Leitern (darunter einer langen, senkrechten Leiter) gesichert.

402 Sentiero Oliva Detassis
Bocchetta Bassa dei Massodi, 2790 m

Mittel

Etwas für angehende Feuerwehrler: Sie können an den senkrechten Leitern des »Detassis-Weges« ihre Eignung für luftige Einsätze testen, kostenlos. Den einen oder andern mag es aber immerhin etwas Überwindung kosten, die gut hundert Meter hohe Mauer anzugehen, und an der »Scala degli Dei« – leicht überhängend – zieht der Rucksack bereits schwer nach außen. Auf der Bocchetta Bassa dei Massodi (2790 m) endet der luftige Spaß, stößt man auf den »Sentiero delle Bocchette Alte«: links oder rechts, hinauf oder hinab?

Wo? Der berühmte Touristenort Madonna di Campiglio (1522 m) liegt zwischen dem Presanellamassiv im Westen und der Brentagruppe im Osten. Anfahrt über die Strada Statale No. 239, 22 km von Malè im Val di Sole, 31 km von Tione di Trento.

Ausgangspunkt Rif. Vallesinella (1513 m), Zufahrt von Madonna di Campiglio 4 km. Parkplatz (im Juli/August oft mehr Parknot).

Wegverlauf Rif. Vallesinella – Rif. Brentei (2182 m) – »Sentiero Detassis« – Bocchetta Bassa dei Massodi.

Gehzeiten Rif. Vallesinella – Rif. Brentei 2¼ Std., Rif. Brentei – Bocchetta Bassa dei Massodi 2 Std.

Hinweis Man wird den »Sentiero Detassis« meistens zusammen mit dem »Sentiero delle Bocchette Alte« begehen, siehe 399.

Hütten Rif. Brentei (2182 m), Rif. Alimonta (2591 m), 10 Min. vom Zustieg zum »Sentiero Detassis«.

Orientierung Problemlos: immer aufwärts, den Leitern nach!

Einstufung Mittel, aber maximal exponiert.

403 Sentiero Brentari
404 Sentiero dell'Ideale
Rif. Brentari – Rif. XII Apostoli

Mittel A

Nicht ganz so spektakulär wie die Steige der zentralen Brenta, dafür von ernst-hochalpinem Charakter sind die beiden Wege »Ideale« und Brentari«, die das Rifugio Pedrotti über drei Scharten (Bocchette) mit dem Rifugio XII Apostoli (2487 m) verbinden. Längere gesicherte Passagen gibt es nur im Bereich der Sella della Tosa (2859 m); dafür läuft die Spur mehrfach über Firn und Eis. Vom kleinen Ambiez-Gletscher kann man südlich zum Rifugio Agostini (2410 m) absteigen, um die Brenta-Tour auf den Leitern des »Castiglioni-Weges« (siehe 405) fortzusetzen.

Ausgangspunkt/Zustiege Siehe 398 bis 402.

Wegverlauf Rif. Pedrotti – Sella della Tosa – Ambiez-Gletscher – Bocca d'Ambiez (2871 m) – Bocca dei Camosci (2784 m) – Rif. XII Apostoli (2487 m).

Gehzeiten Insgesamt 3½ Std.; Rif. Pedrotti – Sella della Tosa 1½ Std., Sella della Tosa – Bocca d'Ambiez 1 Std., Bocca d'Ambiez – Rif. XII Apostoli 1 Std.

Hütten Rif. Pedrotti (2483 m) und Rif. Tosa (2442 m) an der Bocca di Brenta; Rif. XII Apostoli (2487 m).

Orientierung Bei guten Verhältnissen problemlos; CAI-Nummer 304.

Einstufung Mittel, A. Nur für gut ausgerüstete, hochalpin erfahrene Bergsteiger (Steigeisen, Pickel).

405 Sentiero Ettore Castiglioni
Bocca dei Due Denti, 2859 m

Mittel

Bei Klettersteiglern ist der »Castiglioni-Weg« natürlich beliebter als die hochalpine Bocchette-Originalroute »Ideale-Brentari«, vor allem wohl deshalb, weil er ungleich mehr Eisen bietet. Die langen Feuerwehrleitern, über die man von der Agostini-Hütte zur »Scharte der zwei Zähne« hinaufturnt, sind so richtig nach dem Geschmack der »Eisen-Freaks«.

Wegverlauf Rif. Agostini – »Sentiero Castiglioni« – Bocca dei Due Denti – Rif. XII Apostoli
Gehzeiten Insgesamt 2¾ Std.; Rif. Agostini – Bocca dei Due Denti 1¾ Std., Abstieg zum Rif. XII Apostoli 1 Std.
Hütten Rif. Agostini (2410 m) im innersten Val d'Ambiez, Rif. XII Apostoli (2487 m).
Orientierung Problemlos; CAI-Weg 321.
Einstufung Mittel, sehr luftig. Steinschlaggefahr durch Voraussteigende (Helm).

Manche empfinden sie allerdings eher als Relikt aus einer Zeit, in der alpenweit heftig »geschlossert« wurde – auch bei den Kletterern ... In aller Regel ist der »Sentiero Castiglioni« spektakulärer Schlußpunkt der »Via delle Bocchette«.

406 Sentieri Bozzetto
Monte Zeledria, 2426 m

Leicht

Dunkler Granit statt heller Kalk. Madonna di Campiglio bietet beides, im seenreichen Presanella-Massiv jetzt sogar eine Ferrata, natürlich nicht so spektakulär wie die berühmten Bänder- und Leiternwege drüben in der Brenta. Aber gerade der Kontrast zu den Dolomiten macht den Reiz der »Sentieri Bozzetto« aus. Hinter dem Monte Zeledria kann man wahlweise nach Norden zu den Tre Laghi (2557 m) bzw. zum Lago Scuro (2160 m) absteigen oder die Gratüberschreitung bis unter den Monte Nambino (2678 m) fortsetzen und dann südlich zum Lago Seròdoli (2370 m) und hinab nach Madonna di Campiglio wandern.

Wo? Der berühmte Touristenort Madonna di Campiglio (1522 m) liegt zwischen den Presanella-Bergen im Westen und der Brentagruppe im Osten. Anfahrt über die Strada Statale No. 239, 22 km von Malè, 31 km von Tione di Trento. Seilbahn Pradalago.
Ausgangspunkt Bergstation der »Funivia Pradalago« unweit vom Rif. Agostini (2085 m).
Wegverlauf Seilbahnstation – »Sentiero Bozzetto« (Ostgrat) – Monte Zeledria – Westgrat – Lago Seròdoli – Lago Nambino – Madonna di Campiglio.
Gehzeiten Insgesamt 4¾ Std.; »Sentiero Bozzetto« – Monte Zeledria 1 Std., Monte Zeledria – Lago Seròdoli 2 Std., Abstieg nach Madonna di Campiglio 1¾ Std.
Hinweis Für die (Alternativ-)Runde über die Tre Lagi und den Lago Scuro muß man mit einer Gesamtgehzeit von etwa 3 Std. rechnen, sie läßt sich auch noch um die Schleife über den Lago Malghette (1890 m) erweitern.
Hütte Rif. Agostini (2085 m).
Orientierung Problemlos, rote Markierungen.
Einstufung Leicht, Drahtseile und einige Leitern.

407 Sentiero dei Fiori
Corno di Lago Scuro, 3166 m

Mittel A

Mitten in die Hochgebirgsregion von Adamello-Presanella führt der »Blumenweg«. Allerdings wird man hier vergeblich nach den kleinen, bunten Schönheiten der Berge Ausschau halten, verläuft der rekonstruierte Kriegsweg doch in Höhen zwischen 2900 und fast 3200 Metern: Eis und Fels rundum, nur der Blick hinaus ins Val Camonica und ins Val di Sole bringt etwas Grün in die von dunklem Tonalitfels und weißem Firn geprägte Szenerie. Die Route ist ordentlich gesichert, verfallene Brücken wurden durch solide Eisenkonstruktionen ersetzt, die Tunnels (über zwanzig!) ausgeräumt. Am Corno di Lago Scuro steht das Bivacco Amici della Montagna; der Abstieg südwestlich zum Passo di Lago Scuro (2970 m) ist ebenfalls an einigen Stellen mit Drahtseilsicherungen versehen. Einen wenig ansprechenden Kontrast setzen die Liftanlagen und Zweckbauten rund um das (Sommer-)Skigebiet in die erhaben-hochalpine Landschaft. Ein Tip: Man kann den »Sentiero dei Fiori« auch von Ponte di Legno (1257 m) aus angehen: Zufahrt bis zu den Häusern von Sozzine (1318 m), Aufstieg zum Passo del Castellaccio (2963 m; Mark. 44), Abstieg aus dem Passo di Lago Scuro (2970 m) westlich ins Valle Narcanello (Mark. 42): 2000 Steigungsmeter, gut 11 Stunden. Ganz schön weit, aber am Corno di Lago Scuro steht ja eine Biwakschachtel ...

Wo? Der Passo del Tonale (1883 m) verbindet die großen Täler von Camonica und Sole, 41 km von Malè, 30 km von Edolo. Skistation; Seilschwebebahn zum Passo del Paradiso.
Ausgangspunkt Bergstation der Seilschwebebahn (2573 m).
Wegverlauf Passo del Paradiso – Passo del Castellaccio (2963 m) – »Sentiero dei Fiori« – Corno di Lago Scuro.
Gehzeiten Insgesamt 4¾ Std.; Passo del Paradiso – Passo del Castellaccio 1¼ Std., »Sentiero dei Fiori« 1½ Std., Abstieg auf dem gleichen Weg 2 Std.
Hinweis Vom Corno di Lago Scuro kann man auch nach Osten zum Passo del Maroccaro (2975 m) absteigen, markiert.
Orientierung Wenig schwierig, der Steig folgt weitgehend dem Grat.
Einstufung Mittel, Tunnels sind oft vereist, A.

Besser als verwaschene Schriften auf dem Fels!

408 Punta Almana, Sentiero attrezzato

Punta Almana, 1390 m

Leicht

Die Punta Almana gehört zu den schönsten Aussichtswarten der Brescianer Voralpen; Blickfang in der stimmungsvollen Rundschau ist der Lago d'Iseo mit seinem Inselberg. Ein großes Felsabenteuer bietet die Halbtagsrunde allerdings nicht; immerhin sind oberhalb der Forcella di Sale einige Passagen am Aufstieg zur Punta Cabrera gesichert. Der Rest ist dann eine gemütliche Kammwanderung, im Frühling/Frühsommer durch ein Blumenmeer.

Wo? Der Lago d'Iseo (185 m) liegt am Südalpenrand, zwischen dem Comer See im Westen und dem Gardasee im Osten. Zufahrten u.a. von Bergamo und Bréscia.

Ausgangspunkt Von der Ostuferstraße führt ein Serpentinensträßchen hinauf zu den Rustici von Portole (560 m), Abzweigung bei Sale Marasino, 4,5 km.

Wegverlauf Portole – Forcella di Sale (1108 m) – Punta Cabrera (1294 m) – Punta Almana – Croce di Pezzolo (937 m) – Portole.

Gehzeiten Insgesamt 4¼ Std., Aufstieg 2¾ Std., Abstieg 1½ Std.

Orientierung Ordentlich markierte Wege, Überschreitung der Punta Almana ist als Teilstück des »Sentiero delle Tre Valli« blau-weiß bezeichnet.

Einstufung Leicht, im Anstieg zur Punta Cabrera Drahtseilsicherungen.

409 Sentiero della Porta

Monte Visolo, 2369 m

Mittel

Auf der letzten seiner sieben Etappen traversiert der »Sentiero delle Orobie« das Presolana-Massiv. Der Hauptgipfel des markanten Kalkstocks wird dabei östlich umgangen; die Route überquert den Bergstock am Monte Visolo, einem unbedeutenden Nebengipfel, und steigt dann südlich ab zum Giogo della Presolana. Insgesamt eine sehr abwechslungsreiche Tour, die man aber nicht zu früh im Jahr angehen sollte, halten sich in den schattigen Winkeln auf der Nordseite des Pizzo della Presolana (2521 m) Schneereste bis weit in den Sommer hinein. Den Auftakt zur Ferrata macht eine steile Leiternserie; insgesamt ist der »Sentiero della Porta« mit über 500 Meter Drahtseil, mit vielen Eisenbügeln und mehreren Eisenleitern gesichert, ganz im Stil der sechziger Jahre.

Wo? Das Giogo della Presolana (1297 m) verbindet die Täler von Seriana und Scalve, ab Clusone 15 km. Das Dörfchen Cólere (1017 m) liegt im Rücken des Presolana-Stocks, 9 km vom Giogo della Presolana. Sessellifte Plan del Sole – Cima Bianca (2165 m); nur im August täglich in Betrieb.

Ausgangspunkt Cólere (1017 m) oder Bergstation der Lifte (2165 m).

Wegverlauf Cima Bianca (Liftstation, 2165 m) – Rif. Albani (1939 m) – Colle della Guaita (1907 m) – »Sentiero della Porta« – Passo della Porta (2230 m) – Monte Visolo – Giogo della Presolana.

Gehzeiten Insgesamt 6¼ Std.; Cima Bianca – Rif. Albani 1 Std., Rif. Albani – »Sentiero della Porta« – Monte Visolo 3¼ Std., Abstieg zum Giogo della Presolana 2 Std.

Hinweise Von Cólere steigt man in 2½ Std. zum Colle della Guaita auf, Markierung 402. – Busverbindung über das Giogo della Presolana.

Orientierung Leicht, der »Sentiero delle Orobie« ist bestens markiert; CAI-Nummern 401, 316.

Einstufung Mittel; im Frühsommer nur mit Steigeisen und Pickel!

410 Pizzo del Becco, gesicherter Steig

Pizzo del Becco, 2507 m

Leicht

Ziemlich genau im Zentrum der immerhin über 3500 Quadratkilometer großen Bergamasker Alpen steht der Pizzo del Becco. Wer sich also einen ersten Eindruck von diesem ebenso riesigen wie (zumindest bei den deutschsprachigen Bergsteigern) unbekannten Gebirges verschaffen möchte, ist hier richtig: der Blick auf sechs Seen und ein Meer von Gipfeln lohnt den fünfstündigen Aufstieg allemal. Des Klettersteiges wegen braucht man den Umweg über Bergamo nicht zu machen, auch wenn die paar Drahtseile großspurig als »Via ferrata« angepriesen werden. Da gibt's drüben am Comer See interessantere Ziele!

Wo? Ins Valle Brembana kommt man von Bergamo auf der Strada Statale No. 470 über San Pellegrino Terme, den bekannten »Mineralwasser-Ort«. Man kann auch von oben »einsteigen«, über den Passo di San Marco (1985 m), 60 km von Morbegno im untersten Veltlin auf teilweise kurvenreicher Bergstrecke.

Ausgangspunkt Carona (1116 m), oberstes Dorf im Valle Brembana, 28 km von San Pellegrino Terme.

Wegverlauf Carona – Lago Marcio (1841 m) – Rif. Laghi Gemelli (1968 m) – Lago Colombo (2046 m) – Pizzo del Becco.

Gehzeiten Insgesamt 8 Std.; Carona – Rif. Gemelli 2¾ Std., Rif. Laghi Gemelli – Pizzo del Becco 2¼ Std., Abstieg auf dem gleichen Weg 3 Std.

Hinweis Man kann vom Lago Becco (1872 m) auch direkt zum Lago Colombo aufsteigen.

Hütte Rif. Laghi Gemelli (1968 m) an den (aufgestauten) Gemelli-Seen.

Orientierung Leicht, die Wege sind gut bezeichnet; CAI-Nummern 211, 213, 214.

Einstufung Leicht, einige Ketten- und Drahtseilsicherungen.

Jede Menge »Fun« für Klettersteigler bieten die Berge über dem Comer See.

Rund um den Comer See

Muß es unbedingt der Gardasee sein? Der Comer See hat zwar weniger Fläche, aber mehr Tiefe, die Berge rundum sind höher, der südländische Zauber ist weniger stark »germanisiert«, der Espresso besser und das »Gewusel« erträglicher. Natürlich interessieren den Klettersteigler vor allem seine Wege. Davon gibt es am Lario doppelt so viele wie am Gardasee, und die »Rebuzzini« oder die »Ferrata GAMMA« am Dente del Resegone gehören im alpenweiten Vergleich zur absoluten Spitzenklasse. Doch sollte man das Auge hier nicht bloß aufs Eisen richten, gibt es doch viel mehr zu sehen, zu erleben. Und wer erst einmal durch den versteinerten Garten an der Grignetta gekraxelt ist, am »Sentiero del Fiume« nasse Füße bekommen hat oder oben am Grignone nach den Walliser Alpen und dem Monviso Ausschau hielt, der wird ohnehin wiederkommen. Spät im Jahr etwa, wenn die Alpennordseite bereits »Schnee bis in mittlere Lagen« meldet, hier am Comer See der Nordföhn den Dunst hinausbläst in die Poebene und für herrlich klare Sicht bis zum Apennin sorgt.

Karten und Führer

Bei den Karten muß man auf zwei Blätter von Kompass zurückgreifen, »Lago die Como/Lago die Lugano« (91) und »Lecco/Valle Brembana« (105).
Führer über die Region gibt es einige, allerdings fast ausschließlich in italienischer Sprache. Alle Klettersteige der Region sind in dem Büchlein »Ferrate nel Lario e dintorni« von Dante Porta beschrieben (Edizioni Albatros).

Meine Favoriten

- Grignetta – das Dolomitenwunder hoch über dem Comer See (418, 419, 420)
- »Ferrata Gruppo Alpini« – über den Dächern von Lecco (421)

Eine Buchempfehlung

Ein Buch für drei Seen: »Wanderungen an Lago Maggiore und Comer See« von Eugen E. Hüsler, erschienen bei Bruckmann (mit Luganer See).

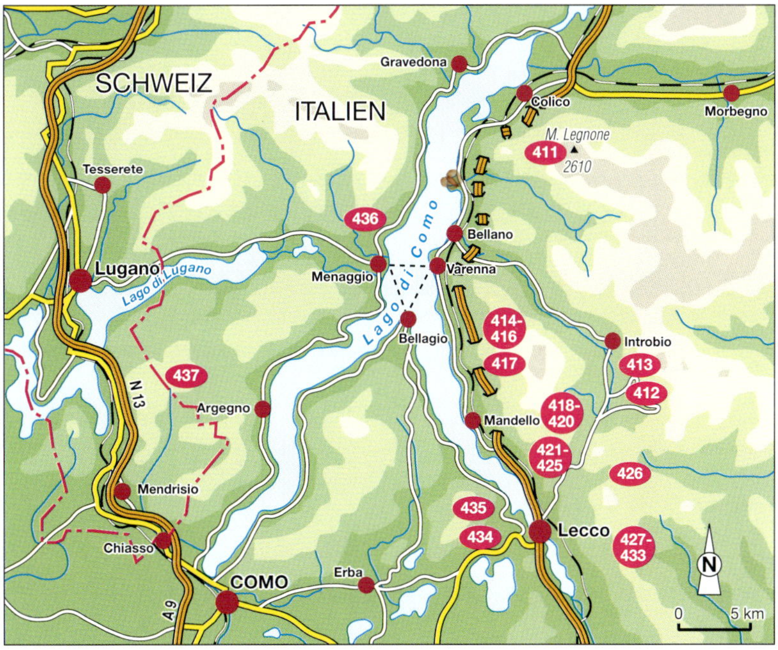

411 Sentiero Colombano
Monte Legnone, 2610 m

Leicht

Die Erbauer des »Colombano-Steigs« müssen von ihrem Werk wenig überzeugt gewesen sein, denn ein paar Jahre nach der Eröffnung präsentiert sich die Route bereits in ziemlich desolatem Zustand. Schade, ist die Route doch recht abwechslungsreich, eine einzige Aussichtspromenade zudem. Zwei Kilometer tiefer der Spiegel des Comer Sees, schroff in den Himmel ragend die Granitzacken der Bergeller Dreitausender im Norden. Nur einen Schönheitsfehler hat der »Sentiero Colombano«: sein Verlauf, nicht hinauf, hinüber, doch wohin? Wer den Legnone von Cólico (218 m) angeht, hat angesichts des gewaltigen Höhenunterschieds wohl kaum Lust auf einen größeren Umweg; für jene, die am Rifugio Roccoli Lorla (1463 m) starten, führt der Weg bergab, weg vom (nahen) Gipfel. Lohnend ist der Abstecher schon, so ein Auf und Ab aber halt nicht jedermanns Sache ... Der »Sentiero Colombano« zweigt knapp oberhalb der Cà da Legn (ca. 2230 m) vom Gipfelweg links ab, quert, allmählich an Höhe verlierend, die zerfurchte Nordwestflanke (lange Ketten, eine Leiter), läuft dann um den ausgeprägten Nordgrat herum und mündet schließlich am Passo Colombano in den Nordanstieg.

Wo? Zum Monte Legnone kommt man am besten durch das Valle Varrone. Gute, aber sehr kurvenreiche Straßen von Dervio (204 m) herauf, über Treménico (739 m) zum Rif. Roccoli Lorla, 18 km.
Ausgangspunkt Sattel (1450 m) zwischen dem Monte Legnoncino (1714 m) und dem langen Westgrat des Legnone. Parkplatz; wenig höher im Wald das Rif. Roccoli Lorla.
Wegverlauf Rif. Roccoli Lorla – Cà da Legn (2146 m) – »Sentiero Colombano« – Passo Colombano (1970 m) – Monte Legnone – Cà da Legn – Rif. Roccoli Lorla.
Gehzeiten Insgesamt 8¼ Std.; Rif. Roccoli Lorla – Cà da Legn 2¼ Std., »Sentiero Colombano« – Passo Colombano 1¾ Std., Passo Colombano – Monte Legnone 2 Std., Abstieg zum Rif. Roccoli Lorla 2¼ Std.
Hinweis Der Wegzeiger an der Abzweigung des »Sentiero Colombano« oberhalb der Cà da Legn ist entfernt worden; der Steig war im Frühsommer 1995 ziemlich vernachlässigt, z. T. beschädigte Ketten, mehrere Muren am Weg. Infos über Wegzustand im Rif. Roccoli Lorla.
Hütten Rif. Roccoli Lorla (1463 m). Cà da Legn (2146 m) am Westgrat des Monte Legnone, stets zugänglich (Stützpunkt an der »Alta via Valsássina«).
Orientierung Etwas Bergerfahrung erforderlich; Westanstieg und Weg vom Passo Colombano gut bezeichnet (rot-weiß, 1 B), Markierungen am »Sentiero Colombano« dürftig.
Einstufung Leicht, abschnittweise steinschlaggefährdet.

412 Ferrata Rebuzzini
Zucco di Pesciola, 2092 m

Sehr schwierig

Eine erste Adresse für Klettersteigler, die »Rebuzzini«, ohne Zweifel, nur: wie kommt man hin? Das ist nicht so ganz einfach, weil der Hinweis »Comer See« hier in die Irre führt. Der Campelli-Bergstock, aus Hauptdolomit aufgebaut, steht nämlich östlich über dem Valsássina, versteckt sich – vom See aus betrachtet – hinter den Grigne. Schaukelt man aber erst einmal mit der Gondelbahn von Barzio hinauf zu den Piani di Bobbio, ist der Weiterweg kaum mehr zu verfehlen: zum Rif. Lecco, wo ein Schild zur Ferrata weist. Am Klettersteig kann man sich dann ohnehin nicht verlaufen; da ist die Wahrscheinlichkeit erheblich größer, daß jemand das Unternehmen vorzeitig abbricht. In weiser Voraussicht haben die Erbauer des Steiges drei »Fluchtwege« angelegt; wer sich überfordert fühlt, braucht so nicht über die Ferrata abzusteigen. Kernstück der Route ist die »placca«, ein 80-Meter-Turm, gespickt mit mächtigen Überhängen. Die bleiben zwar links, doch der steile Gang durch diese Mauer hat es trotzdem in sich, verlangt einen starken Bizeps und ein solides Nervenkostüm. Nahe der Senkrechten arbeitet man sich aufwärts bis zu dem großen Band, das die ganze Wand durchzieht. Der Weiterweg, vorbei an den »Torri« und über ein paar Felsstufen zum Gipfel, ist dann fast nur noch Zugabe, Finale in einer fotogenen Felskulisse.
Die »Ferrata Domenico Rebuzzini«, 1982 von der CAI-Sektion Melzo angelegt, ist hervorragend gesichert: Drahtseile, ein paar wenige künstliche Tritte und – etwas ungewohnt, rund um den Comer See aber üblich – solide Ketten.

Wo? Ins Valsássina kommt man von der am Ostufer des Comer Sees verlaufenden Tunnel-Autobahn, Ausfahrt »Bellano«, bzw. von Lecco über den Colle Balisio (723 m), 26 bzw. 16 km bis Barzio (769 m).
Ausgangspunkt Talstation (ca. 840 m) der Gondelbahn zu den Piani di Bobbio (1662 m). Außerhalb der Sommersaison nur stark reduzierter Fahrplan.
Wegverlauf Piani di Bobbio – Rif. Lecco (1779 m) – »Sentiero degli Stradini« – »Ferrata Rebuzzini« – Zucco di Pesciola (2092 m), Abstieg durch den Canalone dei Camosci zum Rif. Lecco.
Gehzeiten Insgesamt 3¾ Std.; Piani di Bobbio – »Ferrata Rebuzzini« – Zucco di Pesciola 2¾ Std., Abstieg zur Gondelbahn 1 Std.
Wenn die Bahn nicht fährt, muß man zu Fuß von Barzio aufsteigen: 2½ Std. auf breitem Weg.
Hinweis Alternativ kann man auch über die »Ferrata Minonzio« absteigen; siehe 413.
Hütten Rif. Lecco (1779 m) und Rif. Ratti, beide auf den Piani di Bobbio.
Orientierung Leicht, ordentlich bezeichnete Wege.
Einstufung Sehr schwierig, aber bestens gesichert.

413 Ferrata Minonzio
Zuccone Campelli, 2159 m

Mittel

Für jene, die der Variante »Drahtseil vertikal« nicht viel abgewinnen können, ➡

Wo? Ins Valsássina kommt man von der am Ostufer des Comer Sees verlaufenden Tunnel-Autobahn, Ausfahrt »Bellano«, bzw. von Lecco über den Colle Balisio (723 m), 26 bzw. 16 km bis Barzio (769 m).
Ausgangspunkt Talstation (ca. 840 m) der Gondelbahn zu den ➡

→ gibt es seit kurzem in den Campelli eine abwechslungsreiche gesicherte Route, die, das Gelände geschickt nutzend, auf den höchsten Zacken der kleinen, isoliert aus dem Grün der umliegenden Almen aufragenden Dolomitgruppe führt. Sie nutzt die bequemen Bänder in der Ostflanke des Zucco Barbisino (2152 m), steuert dann aus dem hintersten Karwinkel durch eine steile Felsrinne den Verbindungsgrat (ca. 2120 m) zum Zuccone Campelli an, wo das recht aufregende Finale der Route mit einer steilen 20-Meter-Wand beginnt. Der Gipfel bietet ein großes Panorama, hinein in den Alpeninnenbogen, hinaus in die Tiefebene.

→ Piani di Bobbio (1662 m). Außerhalb der Sommersaison nur stark reduzierter Fahrplan.

Wegverlauf Piani di Bobbio – Rif. Lecco – »Ferrata Minonzio« – Zuccone Campelli – Valle dei Camosci – Piani di Bobbio.

Gehzeiten Insgesamt 3½ Std.; Piani di Bobbio – »Ferrata Minonzio« – Zuccone Campelli 2½ Std., Abstieg durch das Valle dei Camosci 1 Std. Wenn die Bahn nicht fährt, muß man zu Fuß von Barzio aufsteigen: 2½ Std. auf breitem Weg.

Hinweis Normaler Abstiegsweg durch das Valle dei Camosci; eine aussichtsreiche Alternative bildet die (markierte) Überschreitung des Zucco Barbesino. Ferner kann man auch über die Scharte an der Corna Grande (2089 m) zu den Piani di Bobbio zurückwandern (etwas weiter).

Hütten Rif. Lecco (1779 m) und Rif. Ratti, beide auf den Piani di Bobbio.

Orientierung Nicht ganz einfach; beim Rif. Lecco an einem Stein Inschrift »Cresta Barbisino«. Den rotweißen Markierungen folgend in eine Senke (ca. 1900 m) am breiten Kamm, dann rechts (gelbe Tupfer) zum Klettersteig.

Einstufung Mittel, gute Sicherungen.

Jüngster Klettersteig am Comer See ist die »Ferrata Minonzio«.

414 Via ferrata CAI Mandello

Grignone, 2409 m

Mittel

In Garmisch gibt es zwar keinen See, aber der Vergleich ist dennoch hilfreich: Um 2200 Meter überragt die Zugspitze den bayrischen Ferienort, und genau so hoch steht der Grignone über dem Ufer des Comer Sees, das bei gerade der halben Horizontaldistanz! Doch keine Bange, man muß nicht gleich am Wasser starten, ein kurvenreiches Asphaltband, ausgehend von Varenna (220 m), reduziert die Steigung auf erträgliche 1200 Meter. Wer trotzdem am See, drunten in Mandello (214 m) losgehen mag, wird eine Übernachtung im Rifugio Bietti (1715 m) oder gleich am Gipfel, in der Brioschi-Hütte einplanen. Zwischen den beiden Refugien liegen 700 Höhenmeter – und die »Ferrata CAI-Mandello«, ein Klettersteig der soliden Mittelklasse mit viel Aussicht, ein paar hübschen, auch luftigen Steilpassagen. Er mündet an der Bocchetta di Releccio (2260 m) in den vielbegangenen Kammweg, der den Nord- und den Südgipfel der Grigne verbindet. Den Abstieg nimmt man in der Regel über die verkarstete, nur mäßig steile Nordflanke.

Wo? Varenna (202 m) liegt am Ostufer des Comer Sees, 21 km von Lecco, 43 km von Chiavenna, 4 km von Menaggio (mit der Ferry, der Autofähre).

Ausgangspunkt Rif. Cainallo (1241 m), erreichbar auf guter Straße von Varenna über Esino Lario (816 m), 18,5 km. Parkplatz bei den Liften.

Wegverlauf Rif. Cainallo – Bocchetta di Prada (1634 m) – Rif. Bietti (1715 m) – »Ferrata CAI Mandello« – Grignone – Rif. Bogani (1816 m) – Rif. Cainallo.

Gehzeiten Insgesamt 7 Std.; Rif. Cainallo – Rif. Bietti 1½ Std., Rif. Bietti – »Ferrata CAI Mandello« – Grignone 3 Std., Grignone – Rif. Bogani – Rif. Cainallo 2½ Std.

Hütten Rif. Bietti (1715 m), Rif. Brioschi (2403 m), Rif. Bogani (1816 m).

Orientierung Leicht, durchweg gut markierte Steige. Wegnummern 25, 24, 15.

Einstufung Mittel.

415 Zucco di Sileggio, Via ferrata

Zucco di Sileggio, 1365 m

Mittel

Ein kurzweiliger Weg zur großen Aussicht, mit steilem Finish. So läßt sich die Besteigung des »Zucco« über seinen Südgrat charakterisieren – eine abwechslungsreiche Tour aus den Kastanienwäldern des Valle Meria herauf über die Wiesen zum felsigen Gipfelaufschwung. Da sorgen dann zwei senkrechte Leitern, solide verankert, aber doch immerhin gut 20 Meter hoch, für etwas Nervenkitzel, und oben staunt man über die Klasse-Aussicht, ist der kleine Berg mit einem Mal ganz groß!

Wo? Mandello del Lario (214 m) liegt am Ostufer des Comer Sees, 10 km von Lecco, 31 km von Cólico.

Ausgangspunkt Der Weiler Sonvico (386 m) über dem Eingang ins Valle Meria, 3 km von der Uferstraße. Parkplatz vor dem Ort.

Wegverlauf Sonvico – Santa Maria (664 m) – Zucco di Tura (1051 m) – Zucco di Sileggio – Bocchetta di Verdascia (1267 m) – Valle Meria – Sonvico.

Gehzeiten Insgesamt 5¼ Std.; Sonvico – Santa Maria ¾ Std., Santa Maria – Zucco di Sileggio 2½ Std., Abstieg 2 Std.

Hinweis Das verzweigte Wegnetz rund um den Zucco di Sileggio ermöglicht verschiedene Rundwanderungen, mit und ohne Eisen.

Orientierung Leicht, die Steige sind gut bezeichnet; Wegnummern 15, 17A, 17.

Einstufung Mittel.

Dolomitenzauber über dem Comer See: an der »Direttissima«.

416 Sentiero del Fiume
Valle di Era, 800 m

Leicht

Der Name sagt es: Wasser spielt an diesem Weg die Hauptrolle, man wandert am und im Wasser, bestaunt die stiebenden und gischtenden Kaskaden, balanciert auf Steinen zwischen Gumpen und Rinnsalen, kraxelt über abschüssige Grasflanken – stets das Rauschen des Wassers im Ohr. Einige Passagen sind mit Ketten gesichert, was in diesem Fall zwar eher nebensächlich ist, aber das »Abenteuerliche« dieses Weges unterstreicht. Beim Rückweg auf dem alten Almweg, der hoch über dem wilden Graben verläuft, kann man dann hinabgucken in den wilden Graben des »Fiume«; vielleicht sind die Füße bereits wieder trocken ...

Wo? Mandello del Lario (214 m) liegt am Ostufer des Comer Sees, 10 km von Lecco, 31 km von Cólico.
Ausgangspunkt Der Weiler Sonvico (386 m) über dem Eingang ins Valle Meria, 3 km von der Uferstraße. Parkplatz vor dem Ort.
Wegverlauf Sonvico – »Sentiero del Fiume« – Valle di Era (800 m) – Santa Maria – Sonvico.
Gehzeiten Insgesamt 3¼ Std.; »Sentiero del Fiume« 2 Std., Abstieg 1¼ Std.
Tip Läßt sich gut mit einer Besteigung des Zucco di Sileggio verbinden; siehe 415.
Orientierung Problemlos, Wegnummern 15B, 15.
Einstufung Leicht. Zwei, drei ungesicherte, exponierte Passagen (Kinder ans kurze Seil).

417 Ferrata Val Cassina
Bocchetta di Val Cassina, 1823 m

Leicht

Das markante Felsdreieck über dem innersten Valle Meria gibt die Richtung an, ohne eigentliches Tourenziel zu sein: senkrechter Fels, Revier für Spitzenkönner der Zunft. Nicht sichtbar vom Tal aus ist die enge Schlucht im Rücken des Sasso Cavallo (1920 m), über die der Vebindungsweg zwischen der Elisa- und der Bietti-Hütte geht: ein kurzer Klettersteig, schon etwas angejahrt und ziemlich steinschlaggefährdet. Er ist Kernstück einer Runde über dem Valle Meria, die zwar nicht auf den großen Gipfel (Grignone, 2409 m) führt, aber dennoch eine Vielzahl schönster Landschaftseindrücke beschert. Und selbst notorische Gipfelstürmer müssen nicht leer ausgehen; aus der Bocchetta di Val Cassina (Bocchetta di Sengg, 1823 m) leitet ein markiertes Weglein über den vergleichsweisen zahmen Rücken auf den »Pferdestein«, der mit einer großen, stimmungsvollen Rundschau aufwartet.

Wo? Mandello del Lario (214 m) liegt am Ostufer des Comer Sees, 10 km von Lecco, 31 km von Cólico.
Ausgangspunkt Rongio (397 m), Ortsteil von Mandello über der Mündung des Valle Meria, 3 km von der Uferstraße. Kleiner Parkplatz.
Wegverlauf Rongio – Rif. Elisa (1518 m) – »Ferrata Val Cassina« – Bocchetta Val Cassina (1823 m) – Rif. Bietti (1715 m) – La Gardata (1043 m) – Valle Meria – Rongio.
Gehzeiten Insgesamt 8¼ Std.; Rongio – Rif. Elisa 3¾ Std., Rif. Elisa – »Ferrata Val Cassina« – Rif. Bietti 2 Std., Rif. Bietti – La Gardata 1½ Std., Gardata – Rongio 1½ Std.
Hinweis Vom Rif. Elisa kann man auch zum Gipfel des Grignone (2409 m) aufsteigen; am »Sentiero I Chignoli« gibt es sogar ein paar kurze gesicherte Passagen.
Hütten Rif. Elisa (1518 m), Rif. Bietti (1715 m).
Orientierung Problemlos, ordentlich markierte Steige; Wegnummern 14, 16, 15, 18.
Einstufung Leicht, Steinschlaggefahr im Canalone (Helm).

Tracciolino – der andere Weg

Was andernorts als Sensation gepriesen würde, ist im Val Codera nicht einmal einen Hinweis wert. Doch in diesem Bilderbuchtal in den südöstlichen Bergeller Bergen ist einiges anders: Es gibt ein Dorf, Codera, aber keine Straße (und die Einwohner wollen auch keine). So kommt man »per pedes«, was den Vorteil hat, daß zum Schauen genug Zeit bleibt. Und wer auf der zweistündigen Wanderung nach Codera aufpaßt, entdeckt bald einmal an der gegenüberliegenden, überwiegend felsigen Talflanke eine nur gelegentlich unterbrochene horizontale Linie: der »Tracciolino«, eigentlich ein moderner Waalweg, der – immerhin etwa 15 Kilometer lang – das Coderatal mit dem benachbarten Valle dei Ratti verbindet, nur minimalstes Gefälle ausweist, dabei mehrere tiefe Gräben quert und durch fast senkrechte Felsflanken läuft – die wohl ungewöhnlichste Promenade in den Alpen, bequem breit und, wo erforderlich, mit einem soliden Geländer versehen, also gesichert. Wiederholt verschwindet der »Tracciolino« auch im Berg; der längste der zahlreichen Tunnels mißt immerhin rund 400 Meter! Ganz besonders kühn trassiert ist der Weg in den zerklüfteten Westabstürzen der Cima di Provinaccio; er endet schließlich an der Staumauer eines Speicherbeckens hinter den wenigen Häusern von Càsten.

Der ganz andere Steig, auch gesichert: am »Tracciolino«.

Die Tour in Stichworten: Ausgangspunkt ist Novate Mezzola (212 m) am gleichnamigen See, wenige Kilometer nördlich vom Lago di Como. Hinweis »Val Codera«; Wanderweg bis etwa eine Halbstunde über Codera hinaus, dann bei einer Bachfassung zum Beginn des »Tracciolino«. Abstieg von Càsten (markiert) nach Verceia. Gesamtgehzeit etwa 8 Std. Viel Spaß!

418 Direttissima
419 Sentiero Cecilia
420 Cresta Sinigaglia
Grignetta, 2177 m

Leicht

Dolomitenzauber über dem Comer See! Ein Wald aus Stein, so bizarr, daß man gleich an ein Spielbergsches Hollywood-Märchen denkt. Und viel Spaß ist garantiert auf den gesicherten Steigen, die sich durch diese phantastische Kulisse schlängeln, zwischen hundert Türmen und Zacken hindurch, über enge Scharten, durch steile Rinnen bis hinauf zum Gipfel, zur Grignetta, wo man dann ein ganz großes Panorama genießt, das an klaren Tagen mitunter bis zum Monviso und zum Apennin reicht. Am nördlichen Horizont stehen die Drei- und Viertausender Parade, vom Montblanc bis zum Ortler. Und tief drunten, oft im Dunst mehr zu erahnen als wirklich sichtbar, der Alpenfjord des Comer Sees.

Die Runde an der Grignetta (Grigna Meridionale, 2177 m) ist ein Erlebnis der besonderen Art, da vergißt man vor lauter Schauen und Staunen fast schon, daß einiges an Eisen geboten wird. Zahlreiche Passagen an der »Direttissima« (die das genaue Gegenteil von einem direkten Weg ist), am Steig mit dem Mädchennamen und am Südostgrat (Cresta Sinigaglia) sind gesichert, nie schwierig, aber immer wieder überraschend, auch im Verlauf. Und meines Wissens ist die »Direttissima« der einzige Klettersteig überhaupt, wo eine große Fahr(!)verbotstafel vor einem Verhauer warnt ...

Wo? Das Sport- und Erholungsgebiet der Piani Resinelli (1280 m) erreicht man von Lecco über Ballabio (661 m) auf gut ausgebauten Straßen, 16 km.

Ausgangspunkt Großer Parkplatz am Ende der Steigung auf den Piani Resinelli. Die Zufahrt zum Rif. Porta ist wenig oberhalb der Abzweigung durch eine Schranke abgesperrt.

Wegverlauf Piani Resinelli – Rif. Porta (1425 m) – »Direttissima« – »Sentiero Cecilia« – Grignetta – Cresta Sinigaglia – Rif. Porta – Piani Resinelli.

Gehzeiten Insgesamt 5½ Std.; Piani Resinelli – Rif. Porta ½ Std., »Direttissima« 1½ Std., »Sentiero Cecilia« – Grignetta 1½ Std., Abstieg über den Sinigaglia-Grat 2 Std.

Tip Von der Wegverzweigung knapp vor dem Colle Valsecchi kann man alternativ auch über die Bocchetta del Giardino (2004 m) zur Grignetta aufsteigen, ebenfalls mit einigen gesicherten Passagen; etwa 1 Std.

Hütten Rif. Porta (1425 m) oberhalb der Piani Resinelli. Biv. Ferrario (2177 m) am Gipfel der Grignetta, stets zugänglich.

Orientierung Wenig schwierig; Abzweigungen sind mit Wegweisern versehen, die Steige insgesamt gut markiert; Wegnummern 8, 11, 10, 1.

Einstufung Leicht.

421 Ferrata Gruppo Alpini
Corno Medale, 1028 m

Schwierig **S**

Als Klettergarten ist er eindeutig zu groß, der Corno Medale, wenn seine Südwand auch direkt über der Stadt aufragt, mit »Straßenanschluß« sozusagen. In der City gibt es bestimmt viele Computer-Arbeitsplätze mit Blick auf die Wand. Gut 500 Meter hoch ist sie, und zahlreiche Stars der Szene wie Bonatti, Cassin und Casati haben in dem Steilfels Routen der gehobenen Klasse eröffnet. Als schwierig ist auch die »Ferrata Gruppo Alpini« einzustufen; sie tastet sich ebenfalls an die Vertikale heran, doch das durchlaufende Drahtseil, fix verankert, und dazu ein paar Griff- bzw. Tritteisen machen aus der V-er Führe einen (fast) idealen Klettersteig. Wer's gerne luftig mag, ist hier richtig, wird allerdings bedauern, daß nach etwa 200 genußvollen Klettermetern die Route aus der Wand in »gemischtes« Gelände ausweicht – aus der Superferrata wird ein durchschnittlicher Klettersteig. Oben genießt man dann den Blick auf die Dächer von Lecco. Zum See hin zeichnet sich der kleine historische Stadtkern ab, nach Süden hin dominieren grau und schwarz: die Areale der Schwerindustrie. Nicht unbedingt ein schöner Anblick; da gefällt die breite, von mehreren markanten Pfeilern gestützte Felsfront des Resegone (1875 m) schon eher: noch ein Revier für Ferrata-Freaks.

Elegante Routenführung zeichnet die »Ferrata Gruppo Alpini« am Corno Medale aus.

Wo? Die alte »Eisenstadt« Lecco (214 m) liegt unmittelbar am Abfluß des Comer Sees.
Ausgangspunkt Rancio (371 m), Vorort von Lecco, knapp 3 km vom Stadtzentrum (Bus).
Wegverlauf Rancio – »Ferrata Gruppo Alpini« – Corno Medale; Abstieg ostseitig (steil, aber direkt) zum Rif. Corno Medale (528 m), westlich über die Cappella San Martino.
Gehzeiten Insgesamt 3½ bzw. 4½ Std., je nach Abstieg; Rancio – »Ferrata Gruppo Alpini« – Corno Medale 2½ Std., Abstieg zum Rif. Corno Medale 1 Std., Rückweg via San Martino 2 Std.
Hütte Rif. Corno Medale (528 m).
Orientierung Leicht, gut bezeichnete Wege; Abzweig zur Ferrata am Weg nach San Martino. Wegnummern 52, 56.
Einstufung Schwierig, S.

422 Sentiero dei Tecett
423 Sentiero dei Pizzetti
424 Sentiero della Val Verde
425 Sentiero G. E. R.
Monte Coltignone, 1473 m

Leicht

Das verzweigte Wegnetz in den Flanken des Coltignone-Stocks lädt zu Wanderungen zwischen Stadt, See und Gipfel ein. Und das felsdurchsetzte Gelände sorgt dabei immer wieder für ein paar »eiserne« Einlagen, beispielsweise am »Sentiero dei Pizzetti«, einem hübschen, auf kürzerem Abschnitt gesicherten Anstieg von Lecco hinauf zum ehemaligen Bergklösterchen von San Martino (772 m). Das beliebte Ausflugsziel erreicht man auch über den mit ein paar Ketten ausgestatteten »Sentiero dei Tecett«. Für den Weiterweg Richtung Monte Coltignone bieten sich dann der steile Anstieg durch das Val Verde oder der »Sentiero G. E. R.« an. Letzterer hat seinen Ausgangspunkt eine Etage höher, im Rücken des Corno Medale (1028 m); er steigt nach längerer Querung durch eine steile Rinne, dann über Felsrippen und Wiesen hinauf zum Gipfel. Kein Vergleich natürlich mit der luftig-verwegenen »Ferrata Gruppo Alpini« (siehe 421), aber dennoch lohnend, vor allem für Wandertage im Frühling (Blumen!) oder spät im Herbst (Aussicht!).

Wo? Die alte »Eisenstadt« Lecco (214 m) liegt unmittelbar am Abfluß des Comer Sees.
Ausgangspunkte Rancio (371 m), Vorort von Lecco, knapp 3 km vom Stadtzentrum. – Der Einstieg zum »Sentiero dei Tecett« befindet sich unweit vom Ristoro di Pradello; etwas umständliche Anfahrt über die Schnellstraße Richtung Mandello.
Wegverlauf (Vorschlag) Rancio – »Sentiero dei Pizzetti« – San Martino (772 m) – »Sentiero della Val Verde« – Forcellino (1287 m) – Monte Coltignone – »Sentiero G. E. R.« – Cappella San Martino – Rancio.
Gehzeiten Insgesamt 6¼ Std.; Rancio – San Martino 1½ Std., San Martino – Val Verde – Monte Coltignone 2¾ Std., Abstieg über den »Sentiero G. E. R« nach Rancio 2 Std.
Hütte Rif. Piazza (772 m) beim ehemaligen Bergklösterchen San Martino; an Wochenenden geöffnet (keine Nächtigung).
Orientierung Leicht, gut bezeichnete Steige; Wegnummern 53, 52, 54, 56.
Einstufungen Leicht.

426 Ferrata Monte Due Mani
Forcola, 1308 m

Schwierig

Keine Ahnung, ob sich der CAI Ballabio von dem Namen inspirieren ließ; jedenfalls braucht man auf der Route, die dem gestuften Südgrat des Bergstocks folgt, beide Hände. Und gute Nerven, sind einige Passagen trotz solider Drahtseile und Ketten doch recht anspruchsvoll. Wer überfordert ist, kann fast überall auf den parallel (und in Sichtweite) verlaufenden Wanderweg aussteigen. Witzig oder blöd? Mir hat die Kulisse jedenfalls besser gefallen als die Ferrata, und auch die Erbauer schienen mit dem Ergebnis nicht so ganz zufrieden zu sein, fehlt doch seit Jahren jeder Hinweis auf den Klettersteig …

Wo? Ballabio (661 m) liegt 8 km nördlich von Lecco an der Straße ins Valsássina. Am Ortseingang zweigt rechts die Zufahrt nach Morterone ab.
Ausgangspunkt Bei Kilometer 5 der Straße Richtung Morterone in einer markanten Linkskurve (910 m). Nur beschränkte Parkmöglichkeiten.
Wegverlauf Val Boazzo – Klettersteig – Forcola (1308 m), Abstieg auf dem (steilen) Wanderweg.
Gehzeiten Insgesamt 3 Std.; Aufstieg über die Ferrata zur Forcola etwa 2 Std., Abstieg zur Straße knapp 1 Std.
Hinweis Natürlich lockt der Hauptgipfel (1667 m) des Bergstocks, gut 1 Std. auf markiertem Gratweg (Stellen I).
Orientierung Zugang und Einstieg nicht bezeichnet: von der Straße auf guter Spur über einen steilen Wiesenhang kurz aufwärts zu einer Weggabelung, hier links zum ersten Aufschwung (ca. 970 m). Weiterweg dann problemlos.
Einstufung Schwierig; man kann aber jederzeit auskneifen.

Alle Hände voll zu tun hat man an der »Ferrata Monte Due Mani«.

427 Via ferrata GAMMA al Pizzo d'Erna
Pizzo d'Erna, 1362 m

Mittel

Wo? Die alte »Eisenstadt« Lecco (214 m) liegt unmittelbar am Abfluß des Comer Sees.
Ausgangspunkt Talstation der »Funivia del Pizzo d'Erna« (603 m), kurvenreiche Zufahrt von der Stadtmitte (auch Bus). Großer Parkplatz.
Wegverlauf Seilbahnstation – »Ferrata GAMMA« – Pizzo d'Erna – Piani d'Erna (1291 m) – Rif. Stoppani (890 m) – Seilbahn.
Gehzeiten Insgesamt 4 Std.; Aufstieg über die Ferrata 2¾ Std.; Abstieg via Rif. Stoppani 1¼ Std.
Tip Am Pizzo d'Erna oben ist man dem Resegone bereits ziemlich nahe; warum nicht gleich hinauf, auf einer der (gesicherten) Routen?
Orientierung Leicht; am Weg zum Rif. Stoppani stößt man nach etwa einer Viertelstunde auf die Abzweigung zum Klettersteig. Wegnummern 1, 22, 7.
Einstufung Mittel, viel Eisen.

Fast alle, die hinaufwollen zum Pizzo d'Erna, hängen sich ans Drahtseil. Ausflügler nehmen die große Seilbahn, und die Klettersteigler wissen, daß es am felsigen Südwestgrat eine sehr eisenhaltige Ferrata gibt: Drahtseile, Ketten und nicht weniger als 22 Leitern – wohl ein Rekord! – reduzieren das Felsgelände teilweise zur reinen Kulisse, machen aus Bergsteigern (schwindelfreie) Feuerwehrleute. Luftig ist die Route, und einige Passagen verlangen ganzen Einsatz, etwa das 15-Meter-Einstiegswandl sowie eine Querung, bei der man sich gehörig strecken muß, um das »rettende« Eisen zu erreichen. Wer nach dem steilen Auftakt überfordert ist, kann über einen »Sentiero d'emergenza« (Rettungsweg) nach rechts zum Rifugio Stoppani (890 m) auskneifen; bei einem Glas Rotwein findet das etwas angeschlagene Nervenkostüm dann leicht wieder zu gewohnter Stabilität zurück …

428 Via ferrata del Cinquantenario
429 Ferrata De Franco Silvano
430 Sentiero Carlo Villa
Resegone, 1875 m

Leicht

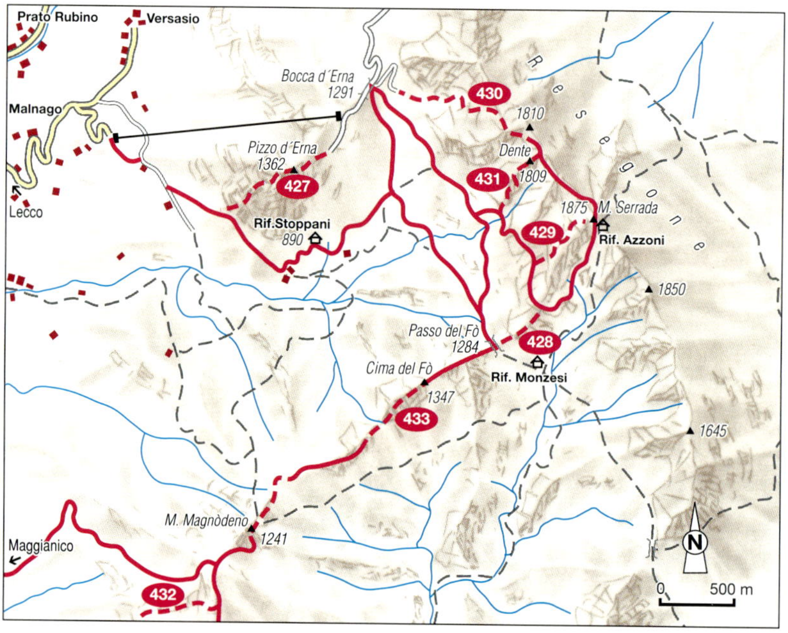

Mit seiner breiten, von mächtigen Felspfeilern gestützten Front ist er – mehr noch als die Grigne – der Kulissenberg von Lecco schlechthin. Und natürlich ein überaus beliebtes Tourenziel. Oben am riesigen Gipfelkreuz trifft sich ein buntgemischtes Völkchen: Wanderer, Klettersteigler und solche, die das Seil gleich selber mitnehmen. Wer von Norden oder Osten kommt, braucht höchstens etwas Ausdauer, die gesicherten Steige an der Westflanke sind mit Ausnahme der »Ferrata GAMMA« (siehe 431) nur mäßig schwierig; zudem lassen sie sich leicht zu einer abwechslungsreichen Runde verbinden. Am meisten Eisen bietet der kurze »Jubiläumsweg« (»Cinquantenario«) vom Passo del Fò herauf, seine Fortsetzung ist eher gesichertes Steiglein als echte Ferrata, und der Weg durch den Canalone Bobbio bloß mit ein paar wenigen Ketten versehen. Trotzdem macht die Runde am Resegone viel Spaß; da sind faszinierende Aus- und Tiefblicke, hinaus in die Poebene, hinunter auf Lecco und seine Seen, tief hinein in den Alpeninnenbogen. Und wer ein Auge dafür hat, dem werden auch die kleinen bunten Sehenswürdigkeiten am Weg nicht entgehen: Blumenpracht, südalpin.

Wo? Lecco (214 m), gut 50 000 Einwohner, liegt unmittelbar am Abfluß des Comer Sees.
Ausgangspunkt Bergstation der »Funivia del Pizzo d'Erna« (1330 m). Zur Talstation (609 m) kommt man vom Stadtzentrum über eine kurvenreiche Zufahrt (Bus). Großer Parkplatz.
Wegverlauf Piani d'Erna – Passo del Fò (1284 m) – »Via ferrata del Cinquantenario« – »Ferrata De Franco Silvano« – Resegone – »Sentiero Carlo Villa« – Bocca d'Erna (1291 m) – Seilbahnstation.
Gehzeiten Insgesamt 4½ bzw. 5¾ Std.; Piani d'Erna – Passo del Fò – Resegone 3 Std., Abstieg über den »Sentiero Villa« zu den Piani d'Erna 1½ Std., zur Talstation der Seilbahn 2¾ Std.
Hinweis Außerhalb der Saison verkehrt die »Funivia« nur an Wochenenden regelmäßig.
Hütte Rif. Azzoni (1860 m) am Gipfel des Resegone.
Orientierung Leicht, die Steige sind ordentlich markiert. Wegnummern 7, 12, 10.
Einstufung Leicht; Steinschlaggefahr, vor allem durch Voraus- bzw. Nachsteigende!

431 Ferrata GAMMA al Dente del Resegone
Dente del Resegone, 1809 m

Sehr schwierig

Der Super-Klettersteig am Resegone: fester Fels, eine ideale Route, maximale Exposition, gute Sicherungen. Die Ferrata GAMMA (nicht zu verwechseln mit der »GAMMA« am Pizzo d'Erna) hat ihren Ausgangspunkt am Normalweg zum Resegone, wenig oberhalb des Crocifisso am Pian delle Betulle (1280 m); sie führt über die Südostkante des »Zahns«, wobei die Steilaufschwünge immer wieder von leichterem Gelände unterbrochen werden, Querungen auf Wandstellen folgen. Schlüsselstelle ist eine trittlose Platte, senkrecht und überaus luftig. Durch einen langen Kamin gewinnt man schließlich den Ausstieg; ein letztes Drahtseil leitet zum grasigen, abgeflachten Kopf des Dente del Resegone. Und für den Weg zurück (ins Tal) hat man dann die Wahl: 428, 429 oder 430?

Wo? Lecco (214 m) liegt unmittelbar am Abfluß des Comer Sees.
Ausgangspunkt Bergstation der »Funivia del Pizzo d'Erna« (1330 m). Zur Talstation (609 m) kommt man vom Stadtzentrum über eine kurvenreiche Zufahrt (Bus). Großer Parkplatz.
Wegverlauf Piani d'Erna – Val Comera – Crocifisso (1280 m) – »Ferrata GAMMA« – Dente del Resegone – »Sentiero Carlo Villa« – Piani d'Erna.
Gehzeiten Insgesamt 4¼ Std.; Piani d'Erna – Crocifisso 1 Std., Klettersteig 2 Std., Abstieg auf dem »Sentiero Carlo Villa« 1¼ Std. Geht man von der Talstation der Seilbahn aus, erhöht sich die Gesamtgehzeit auf 7¼ Std.
Orientierung Leicht, gut markierte Steige; Wegnummern 1, 10.
Einstufung Sehr schwierig; Höhenunterschied an der Ferrata knapp 500 m.

Schroffe Berge am Südalpenrand: Dente del Resegone, Monte Coltignone und Grignetta-Ausläufer.

432 Via attrezzata Ghislanzoni

433 Cresta della Cima Fò

Monte Magnòdeno, 1241 m; Cima del Fò, 1347 m

Mittel

Falls Klettersteigler auch mal Buße tun müssen, bietet sich hierzu die »Via attrezzata Ghislanzoni« an, vorzugsweise an einem Hochsommertag, wenn die Luft im Talkessel von Lecco »steht«, das Thermometer die 30-Grad-Marke weit hinter sich gelassen hat... Aber auch bei weniger extremen äußeren Bedingungen kommt an der Ferrata kaum Freude auf; der ziemlich dilettantisch angelegte Steig zwängt sich im Unterholz über ein paar recht mickrige Felsen in der Westflanke des Monte Magnòdeno. Einmal am Grat angelangt, wartet – man glaubt's kaum – noch eine Steigerung: drei, vier Felsen, die isoliert im grasigen Gipfelhang stehen, sind mit Drahtseilen überspannt ... Überspannt, oder?
Etwas versöhnlich stimmt dann die Aussicht vom Gipfel, der Blick in die Felsfront des Resegone, hinaus in die Ebene. Und dann sind da noch die zahllosen bunten Tupfer am Monte Magnòdeno: die Flora, von der selbst Kenner schwärmen. Der Übergang zum Passo del Fò ist abschnittweise ebenfalls gesichert (Ketten, Drahtseile), mit einigen exponierten Passagen.

Wo? Lecco (214 m) mit seinen gut 50000 Einwohnern liegt unmittelbar am Abfluß des Comer Sees.
Ausgangspunkt Der Vorort Maggianico im Süden der Stadt, über dem Ostufer des Lago di Garlate. Hinauf zur Kirche, dann etwa 200 m rechts und bei einer Kapelle wieder links aufwärts zur Mündung des Val Braula (ca. 290 m).
Wegverlauf Maggianico – »Via Ghislanzoni« – Monte Magnòdeno – Cima del Fò (1347 m) – Passo del Fò (1284 m) – Campo di Boi (679 m) – Germanedo – Maggianico.
Gehzeiten Insgesamt 7 Std.; Maggianico – Klettersteig – Monte Magnòdeno 3 Std., Monte Magnòdeno – Passo del Fò 1¼ Std., Abstieg nach Germanedo 2 Std., Germanedo – Maggianico (Straßen) ¾ Std.
Hütten Biv. Magnòdeno am Gipfel des Monte Magnòdeno, stets zugänglich. Rif. Alpinisti Monzesi (1176 m) östlich unter dem Passo del Fò.
Orientierung Hat man den Weganfang erst einmal gefunden (auf gepflastertem Weg neben dem Bach aufwärts), ist die weitere Orientierung problemlos; Wegnummern 28, 23, 25A, 27.
Einstufung »Via Ghislanzoni« mittel (mit Varianten »difficile«), zwei Felsen am Gipfelaufbau des Monte Magnòdeno schwierig, Cresta della Cima Fò mittel.

434 Ferrata Trentennale OSA

Corno Rat, 906 m; Corno Orientale di Canzo, 1232 m

Schwierig

Einen Schönheitspreis wird Valmadrera (234 m) wohl nie bekommen; steigt man aber hinauf zu den Höhen um die Corni di Canzo (1371 m), so ändert sich das Bild sehr schnell. Und wenn – was oft vorkommt – ein Dunstschleier über dem Comer See liegt, verliert man das wenig ansprechende Konglomerat von Fabriken, Wohnsilos und Straßen bald einmal aus dem Blickfeld. Dafür kommen die Felsen allmählich näher, die zerfurchten Südabstürze des Monte Moregallo (1276 m) und natürlich die »Hörner« von Canzo. Leicht übersieht man dabei den Felsbuckel des Corno Rat (906 m), der über dem Val del Gatton aus dem Wald guckt. Er ist die »pièce de résistance« der »Ferrata Trentennale OSA«, ein nahezu senkrechter Aufschwung, mit Ketten und Drahtseilen sowie ein paar wenigen Tritteisen gangbar gemacht und gesichert. Der Weiterweg zum östlichen der drei Corni di Canzo bietet dann, obwohl ebenfalls mit einigen Klettersteigeinlagen, keine vergleichbaren Schwierigkeiten mehr.

Wo? Der Industrieort Valmadrera (234 m) liegt gegenüber von Lecco am Abfluß des Comer Sees.
Ausgangspunkt Belvedere, Wohngebiet über der Stadt, erreichbar von der Ortsmitte über ein paar Straßenkehren. Kleiner Parkplatz (ca. 310 m).
Wegverlauf Belvedere – San Tomaso (576 m) – »Ferrata Trentennale OSA« – Corno Rat – Corno Orientale di Canzo – Bocchetta di Sambrosera (1110 m) – Valle di San Antonio – Belvedere.
Gehzeiten Insgesamt 4½ Std.; Belvedere – San Tomaso ¾ Std., San Tomaso – Corno di Canzo 2¼ Std., Abstieg durch das Valle di San Antonio 1½ Std.
Tip An der Bocchetta di Sambrosera kann man die Überschreitung des Monte Moregallo (1276 m) anhängen, am Aufstieg ein paar Ketten. Sehr lohnend, von der Scharte bis Valmadrera etwa 2¾ Std.
Hinweis Zwischenabstieg vom Corno Rat möglich (markiert).
Orientierung Leicht, gut markierte Wege; Nummern 3, 7.
Einstufung Schwierig.

435 Via ferrata del Venticinquennale

Corni di Canzo, 1371 m

Mittel

Noch ein »Jubiläumsweg«, etwas weniger anspruchsvoll als jener auf das »kleine« Horn, aber recht lohnend. Das liegt nicht nur an der Route, die gleich nach dem Einstieg mit einer etwas kniffligen Passage aufwartet; vom Gipfel genießt man eine stimmungsvolle Rundschau in Blau, Weiß, Grün und Grau. Über den Comer See ➡

Wo? Valbrona (490 m) liegt an der Straße von Asso nach Onno am Comer See. Im Ort zweigt eine Asphaltstraße hinauf zu den Wochenendhäuschen im Bereich der Alpe Oneda (719 m) ab.
Ausgangspunkt Parkplatz vor Sperrschranken, 2,5 km von Valbrona.
Wegverlauf Alpe Oneda – Rif. SEV – Westgrat – »Ferrata Venticin- ➡

Kraxeln am Saum der Alpen: die »Ferrata del Venticinquennale« an den Corni di Canzo.

➡ geht der Blick bis hinauf zum Alpenhauptkamm mit seinen firnbedeckten Dreitausendern, fast einen Kilometer tiefer liegt das waldumsäumte Tälchen von Valbrona, im Osten stehen die Kalkmauern von Grigne und Resegone.
Die »Venticinquennale« verläuft über den Westgrat des Corno Occidentale (1371 m); Schlüsselstelle ist eine fast senkrechte, trittlose Platte, die man mit viel Armzug am fixen Drahtseil meistert. In leichterem Gelände quert die Route dann zu einer gut 10 Meter hohen Leiter; durch eine Steilrinne läuft sie schließlich zum Gipfelgrat aus.

➡ quennale« – Rif. SEV – Alpe Oneda.
Gehzeiten Insgesamt 4 Std.; Alpe Oneda – Corno Occidentale 2¾ Std., Abstieg 1¼ Std.
Tip Ein ganz kleiner »Seitensprung« führt hinüber zum Corno Centrale (1371 m), 15 Min. hin und zurück aus der Scharte zwischen den beiden »großen« Hörnern.
Hütte Rif. SEV (1225 m) nördlich unter den Corni di Canzo.

Orientierung Leicht, bis zum Rif. SEV hat man einen Güterweg; Querung unter den Felsen zum Ansatz des Westgrates markiert.
Einstufung Mittel.

436 Ferrata del Centenario
Monte Grona, 1736 m

Schwierig S

Parallelen zum Klettersteig am Monte Due Mani (siehe 426) sind augenfällig: hier wie dort ein Grat, an dem Steilaufschwünge mit flachen Passagen abwechseln, Fels und Gras, dazu die Möglichkeit, auf einen parallel verlaufenden Wanderweg auszuscheren. Und doch, welch ein Unterschied! Was an der »Ferrata del Centenario« (für Geübte) zum echten Vergnügen wird, bleibt drüben am Monte Due Mani in Ansätzen stecken, der Routenverlauf wirkt dort gesucht. Und dann, sozusagen als Sahnehäubchen, die Aussicht vom Monte Grona auf tausend Gipfel und hinab auf die beiden Seen von Como und Lugano. Die 1985 eröffnete Ferrata folgt dem Südgrat über insgesamt vier Türme. Eigentliche Schlüsselstelle ist der dritte Turm, fast 15 Meter nahe der Vertikalen, und für ganz Unerschrockene (mit starken Oberarmen) gibt's sogar eine »Variante difficile«.

Wo? Menaggio (203 m) ist ein bekannter Ferienort am Westufer des Comer Sees, 34 km von Como, 27 km von Lugano.
Ausgangspunkt Monti di Breglia (996 m), auf guter Asphaltstraße von Menaggio über Breglia (749 m), knapp 10 km. Parkplatz am Ortseingang von Breglia, beschränkte Parkmöglichkeiten auch in Monti di Breglia.
Wegverlauf Breglia – Monti di Breglia – Rif. Menaggio (1380 m) – »Ferrata del Centenario« – Monte Grona – Rif. Menaggio – Monti di Breglia – Breglia.
Gehzeiten Insgesamt 5 bis 5¾ Std.; Breglia – Rif. Menaggio 1¾ Std., »Ferrata Centenario« – Monte Grona 2 Std., Abstieg (je nach Wegwahl) 1¼ bis 2 Std. Startet man in Monti di Breglia, verkürzt sich die Gesamtgehzeit um knapp 1 Std.
Hütte Rif. Menaggio (1380 m) am Monte Grona.

Orientierung Problemlos, alles gut markiert. Beim Abstieg hat man die Wahl zwischen der »Direttissima« (kurz, steil), dem Weg über die Forcoletta (1611 m) und dem »Sentiero Panoramico« (am schönsten, aber etwas weiter).
Einstufung Schwierig, S. Nur Drahtseilsicherungen.

437 Ferrata Monte Generoso
Monte Generoso, 1701 m

Leicht

Um es gleich vorwegzunehmen: Der Ferrata wegen braucht niemand auf den »Rigi der Südschweiz« zu steigen (bzw. zu fahren). Drei Leitern, ein paar Ketten und schließlich eine Brücke – das ist ein bißchen dürftig. Ganz im Gegensatz zur Gipfelschau, die dem Berg ja auch den Vergleich mit dem Innerschweizer Berg eingetragen hat. Eine weitere Parallele zum Rigi ist die Zahnradbahn, deren Schienen erst knapp unterhalb des Gipfels enden. Entsprechend still ist es auf den (langen, steilen) Wegen von Rovio herauf, bequemer kommt man über italienisches Gebiet zum Generoso: keine 500 Höhenmeter von der Bocca d'Orimento (1275 m), Ferrata inklusive.

Wo? Das Generoso-Massiv erhebt sich zwischen dem Luganer See und dem Südwestarm des Lario. Von Capolago führt eine Zahnradbahn auf den Berg (Generoso Vetta, 1601 m); von Osten kommt man auf ordentlichen Straßen von Argegno über das Intelvi bis zur Bocca d'Orimento.
Ausgangspunkte Generoso Vetta (1601 m), Endstation der Zahnradbahn. Bocca d'Orimento (1725 m), 8,5 km von Casasco d'Intelvi. Beschränkte Parkmöglichkeit am Paß.
Wegverlauf Generoso – »Sentiero alto« – Ferrata – Monte Generoso – Generoso Vetta.
Bocca d'Orimento – »Sentiero alto« – Ferrata – Monte Generoso – »Sentiero basso« – Bocca d'Orimento.

Gehzeiten Ab Generoso Vetta 1 Std. Bocca d'Orimento – Ferrata – Monte Generoso 1¾ Std., Abstieg über den »Sentiero basso« 1 Std.; insgesamt 2¾ Std.
Orientierung Problemlos. Der »Sentiero alto« verläuft auf italienischem Gebiet knapp unterhalb des Grates; Einstieg zur Ferrata am Felsfuß des Baraghetto (1659 m).
Einstufung Leicht, die (kurzen) Leitern am Baraghetto, dem Nordgipfel des Generoso, sind senkrecht.

Endlich! Im Spätsommer 1993 wurde die erste Ferrata der Schweiz eröffnet, der »Tälli-Klettersteig«.

Die Schweiz

Da kommt der (Klettersteig-)Chronist ins Stocken, sucht er nach einer Lupe: mehr als 25 000 Quadratkilometer Gebirge – und gerade fünf (!) gesicherte Steige, davon zwei ordentliche Vie ferrate. Eigentlich Grund genug, wieder einmal über das berühmte eidgenössische Sonderzüglein zu lamentieren – doch immerhin gilt es anzumerken, daß die beiden gesicherten Steige in der Sustenregion und im Diablerets-Massiv brandneu sind. Und vielleicht werden es ja noch mehr; wie's geht, haben die Franzosen vorgemacht ... Gesicherte Passagen an Hüttenzugängen kennt man im Lande Tells schon seit langem, und die Hanfseile am Normalweg zum berühmtesten Alpengipfel hängen auch nicht erst seit gestern im Fels. Ich wage aber dennoch die Prognose, daß es – im Gegensatz zu allen anderen Alpenländern – auch in Zukunft bei einigen Klettersteigen bleiben wird – ein Boom ist nicht zu erwarten.

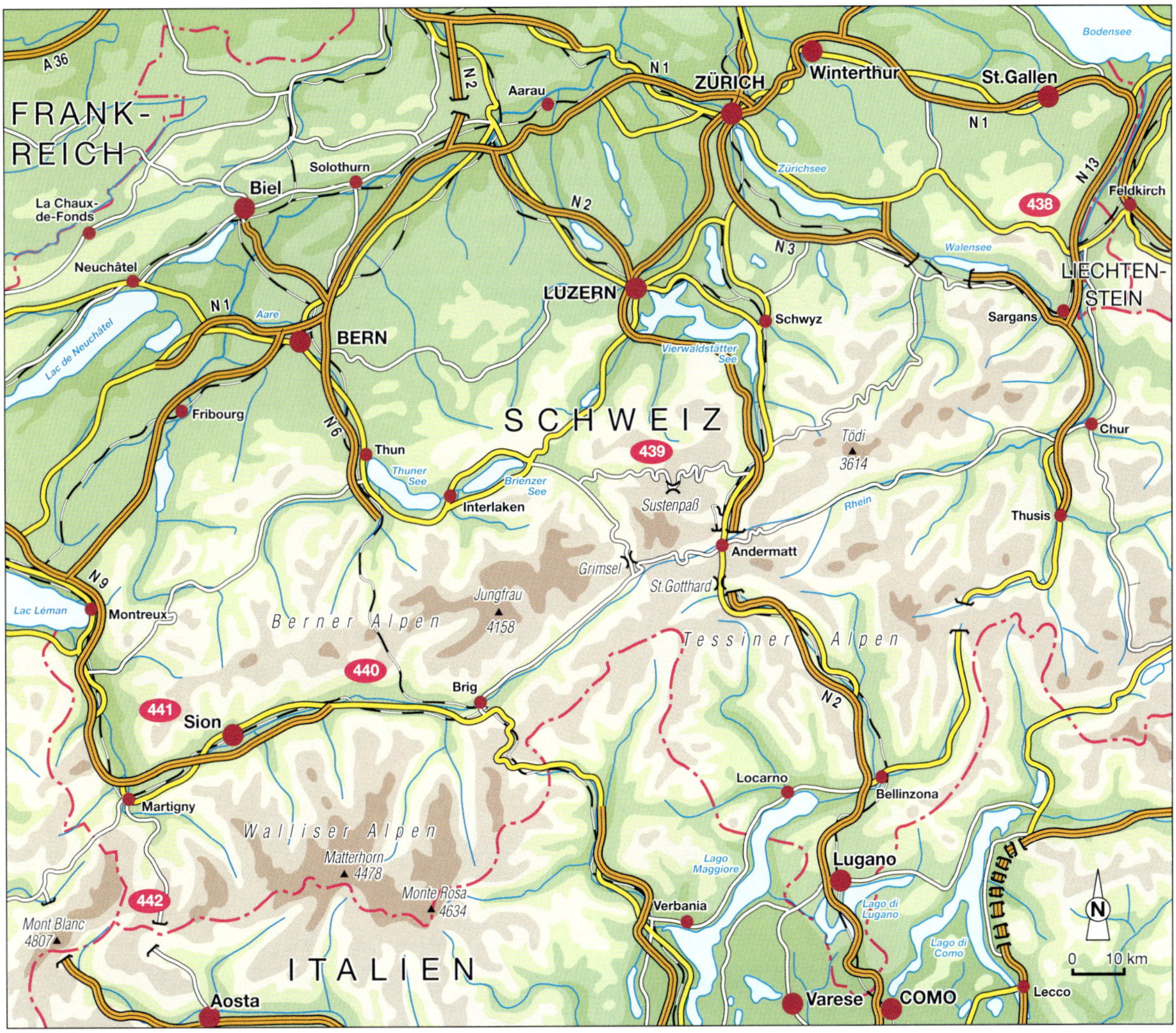

438 Lisengrat
Säntis, 2501 m

Leicht

Mit dem Baujahr 1904 ist er ein echter Veteran, ein sehr beliebter dazu, gilt der »Lisengrat« doch als schönster Weg auf den berühmten Aussichtsberg. Der allerdings mußte sich in den vergangenen Jahrzehnten viel gefallen lassen, die futuristischen Anlagen der Telecom weisen bereits ins nächste Jahrhundert, und die von der Schwägalp heraufziehende Seilbahn sorgt auch nicht gerade für Ruhe rund um den Gipfel. Keinen Abbruch tut das dem großen Alpenpanorama – nur das Wetter muß halt mitspielen …

Wo? Der Säntis gehört je zur Hälfte den Kantonen St. Gallen und Appenzell-Innerrhoden. Talort im Westen ist Unterwasser (906 m), im Nordosten Appenzell (785 m).
Ausgangspunkte Thurwis (1207 m), etwa 4 km von Unterwasser. – Wasserauen (868 m), 7 km von Appenzell. Parkplatz bei der Talstation der Ebenalp-Seilbahn.
Wegverlauf Thurwis – Rotsteinpaß (2120 m) – Lisengrat – Säntis – Chlingen (1662 m) – Thurwis. Wasserauen – Seealpsee (1141 m) – Meglisalp (1517 m) – Rotsteinpaß (2011 m) – Lisengrat – Säntis – Rossegg – Seealpsee – Wasserauen.
Gehzeiten **Ab Thurwis:** Insgesamt 7$\frac{3}{4}$ Std.; Thurwis – Rotsteinpaß 3 Std., Lisengrat – Säntis 2 Std., Abstieg via Chlingen 2$\frac{3}{4}$ Std.
Ab Wasserauen: Insgesamt 9$\frac{1}{2}$ Std.; Wasserauen – Rotsteinpaß 4 Std., Lisengrat – Säntis 2 Std., Abstieg via Rossegg 3$\frac{1}{2}$ Std.
Hütten Meglisalp (1517 m), Rotsteinpaß (2120 m), Säntisgipfel.
Orientierung Bestens markierte und ausgeschilderte Bergwege.
Einstufung Leicht.

439 Tälli-Klettersteig
Horlauipfeiler, ca. 2530 m

Mittel

Die langgestreckte Felsfront der Gadmerflue ist seit langem als Kletterrevier bekannt; seit 1993 gibt es hier die erste waschechte Ferrata der Schweiz. Die Route, hervorragend abgesichert, läuft vom Alpligerstöckli (2067 m) in einer Diagonale über steile Felsen, Bänder, Risse und Pfeiler auf die rückseitige Abdachung des Horlauipfeilers: eine landschaftlich sehr reizvolle Route mit herrlichem Hochalpenblick, teilweise recht exponiert, aber nur von mittlerer Schwierigkeit.

Natürlich ist der »Tälli« optimal gesichert – Schweizer Präzisionsarbeit …

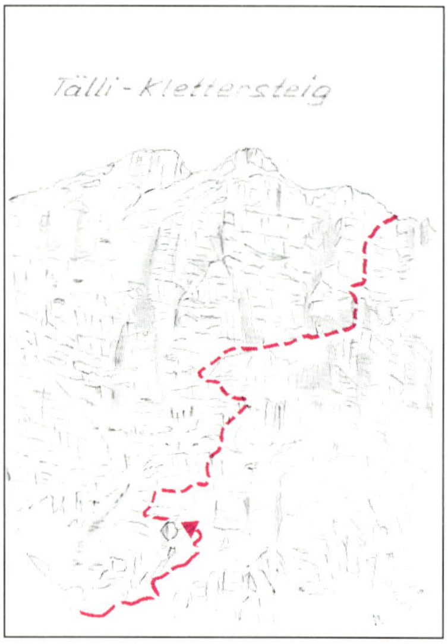

Wo? Ins Gadmer Tal kommt man über die Sustenpaßstraße, 12 km von Innertkirchen, 34 km von Wassen bis Gadmen. Zwischen Furen und Gadmen zweigt das 4 km lange Privatsträßchen zur Birchlauialp (1597 m) ab. Maut bezahlt man auf der Alp.
Ausgangspunkt Parkplatz Lägerrain (ca. 1600 m).
Wegverlauf Lägerrain – Tällihütte (1717 m) – Alpligerstöckli (2067 m) – »Tälli-Klettersteig« – Horlauipfeiler – Abstieg zum Engstlenweg (ca. 1920 m) – Sätteli (2120 m) – Tällihütte – Lägerrain.
Gehzeiten Insgesamt 7 Std.; Lägerrain – Tällihütte 20 Min., Tällihütte – Einstieg 1 Std., »Tälli-Klettersteig« 2$\frac{1}{2}$ Std., Rückweg und Abstieg ca. 3 Std.
Hütte Tällihütte (1717 m).
Orientierung Problemlos, markierte Wege.
Einstufung Mittel, die schwierigsten Passagen befinden sich am Anfang des Steiges. Im Frühsommer am Alpligerstöckli steiles Schneefeld.

440 Albinenleitern
Albinen, 1274 m

Leicht

Hier wird der Klettersteigler unversehens zum Historiker: die »Leitern« gibt's nämlich schon seit ein paar Jahrhunderten; sie überwinden eine markante Felsstufe über dem Lochwald und bilden das »hölzerne« Kernstück einer ebenso aussichtsreichen wie gemütlichen Wanderung. Mein Vorschlag: frühmorgens mit dem Postbus nach Leukerbad, dann über die Leitern nach Albinen (1274 m) und anschließend vor dem großen Panorama der Walliser Alpen hinab nach Leuk (731 m). Und da kommen dann die historisch Interessierten wieder auf ihre Kosten: das winzige Städtchen besteht fast nur aus alten Gemäuern (u.a. spätgotische Pfarrkirche) und die Ringackerkapelle, die etwas unterhalb in den Weinbergen steht, gilt als ein Juwel der Barockkunst.

Wo? Leukerbad (1402 m), berühmter Thermalkurort am Fuß des Gemmipasses, 16 km von Susten bzw. Leuk im Rhonetal. Busverbindung.
Wegverlauf Leukerbad – »Albinenleitern« (1498 m) – Albinen (1274 m) – Leuk (731 m).
Gehzeit Insgesamt 3$\frac{1}{4}$ Std.
Hinweis Einen ähnlich »historischen« Leiternsteig gibt es jenseits der Dalaschlucht zwischen Varen und Inden (»Varner Leitern«).
Orientierung Bestens markierte Wege.
Einstufung Leicht.

Made in Switzerland

Endlich! Noch vor der Jahrtausendwende, aber immerhin über zwei Jahrhunderte nach der »Geburtsstunde« des Alpinismus hat die Schweiz, gemeinhin Bollwerk des Traditionellen und Neuerungen gegenüber zuverlässig skeptisch, ihren ersten Klettersteig. Und daß gerade die Berner, denen im Land Tells der Ruf anhängt, nicht unbedingt die Schnellsten zu sein, hier vorgeprescht sind, macht das »Wunder« komplett. Noch erstaunlicher allerdings war das Echo in der Fachpresse: Gelassenheit statt Aufregung, ein paar Leserbriefe. Und dem Vernehmen nach soll sogar ein Minister (in der Schweiz: Bundesrat) den »Tälli-Klettersteig« begangen, ihm sozusagen zu höchstamtlichem Segen verholfen haben ... Der »Tälli-Klettersteig« ist mit zehn Leitern, über 100 Stahlstiften und 1200 Meter Drahtseil optimal gesichert und erfreut sich auch großer Beliebtheit. Und die nächste »Ferrata«, Made in Switzerland?

441 Klettersteig Col de Prapioz

Col de Prapioz, 2848 m

Mittel **A**

Der Blick von Les Diablerets in das große Felshalbrund des Creux de Champ erinnert mich ein wenig an den berühmten Cirque de Gavarnie. Die (Kalk-)Felsen sind ebenfalls deutlich geschichtet, ein paar Wasserfälle stürzen vom darüberliegenden Eis herab, das im Sommet des Diablerets (3210 m) gipfelt. Anders als in den Pyrenäen gibt's hier aber eine Seilschwebebahn, die vom Col du Pillon (1546 m) hinaufzieht zum Sex Rouge (2940 m). Und unweit der Bergstation, in der Firnsenke des Col de Prapioz, läuft auch der neue Klettersteig aus. Zufall? Immerhin eine Möglichkeit, nach dem langen Anstieg bequem wieder ins Tal hinabzukommen. Bei immerhin gut 1800 Höhenmetern doch recht verlockend, oder?

Die neue Ferrata führt, das Terrain optimal nutzend (Bänder), über den Felsriegel oberhalb des Refuge de Pierredar hinauf zum Glacier de Prapioz, den man, schräg ansteigend, zur obersten Barriere hin quert. Eine Reihe von Leitern hilft über dieses letzte Hindernis hinweg; am Col de Prapioz muß man sich dann entscheiden: links geht's zur Seilbahnstation, rechts zum Gipfel der Diablerets (3210 m).

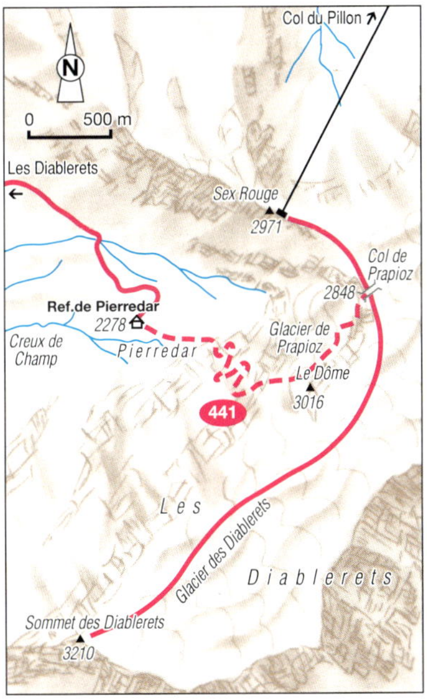

Wo? Les Diablerets (1151 m) liegt am Col du Pillon, 19 km von Aigle, 22 km von Gstaad.

Ausgangspunkt Talboden am Eingang zum Creux de Champ (1183 m).

Wegverlauf Les Diablerets – Ref. de Pierredar (2278 m) – Klettersteig – Col de Prapioz (2848 m) – Sex Rouge (2940 m).

Gehzeiten Insgesamt 6½ Std.; Les Diablerets – Ref. de Pierredar 3½ Std., Klettersteig – Col de Prapioz 2½ Std., Col de Prapioz – Sex Rouge ½ Std.

Hinweise Vom Col de Prapioz besteigt man in 1½ Std. den Sommet des Diablerets (3210 m). Leichte Gletschertour.
Letzte Talfahrt vom Sex Rouge um 16.40 Uhr; Postbus nach Les Diablerets (zu Fuß 1 Std.).

Orientierung Bei guten Verhältnissen problemlos; Vorsicht bei Nebel.

Einstufung Mittel, A. Die Route ist mit Fixseilen und ein paar Leitern hervorragend gesichert. Gletscherausrüstung für den Glacier de Prapioz (Spalten!) und evtl. Aufstieg zum Sommet des Diablerets.

442 Klettersteig Grande Chenalette

Grande Chenalette, 2889 m

Leicht

Die Drahtseile des Liftes zur »Kleinen« Chenalette (2789 m) sind außer Dienst gestellt, also steigt man zu Fuß hinauf zu dem Aussichtspunkt. Gleich dahinter tauchen andere Eisenteile auf: die Sicherungen der »Mini-Ferrata« auf die Grande Chenalette. Der Abstecher beschert einen phantastischen Hochalpen-Rundblick.

Wo? Der Große Sankt Bernhard (Col du Grand Saint-Bernard, 2469 m) ist ein altberühmter, seit Römerzeiten genutzter Übergang vom Wallis ins Aostatal, 44 km von Martigny, 34 km von Aosta.

Ausgangspunkt Hospiz auf der Schweizer Seite des Passes. Parkplatz.

Wegverlauf Col du Grand Saint-Bernard – Petite Chenalette (2789 m) – Klettersteig – Grande Chenalette.

Gehzeit 2¾ Std. hin und zurück.

Hinweis Ist man schon einmal am Paß, empfiehlt sich ein Besuch des Hospiz-Museums, nicht nur des legendären Barry wegen.

Orientierung Mangelhaft markiert.

Einstufung Leicht.

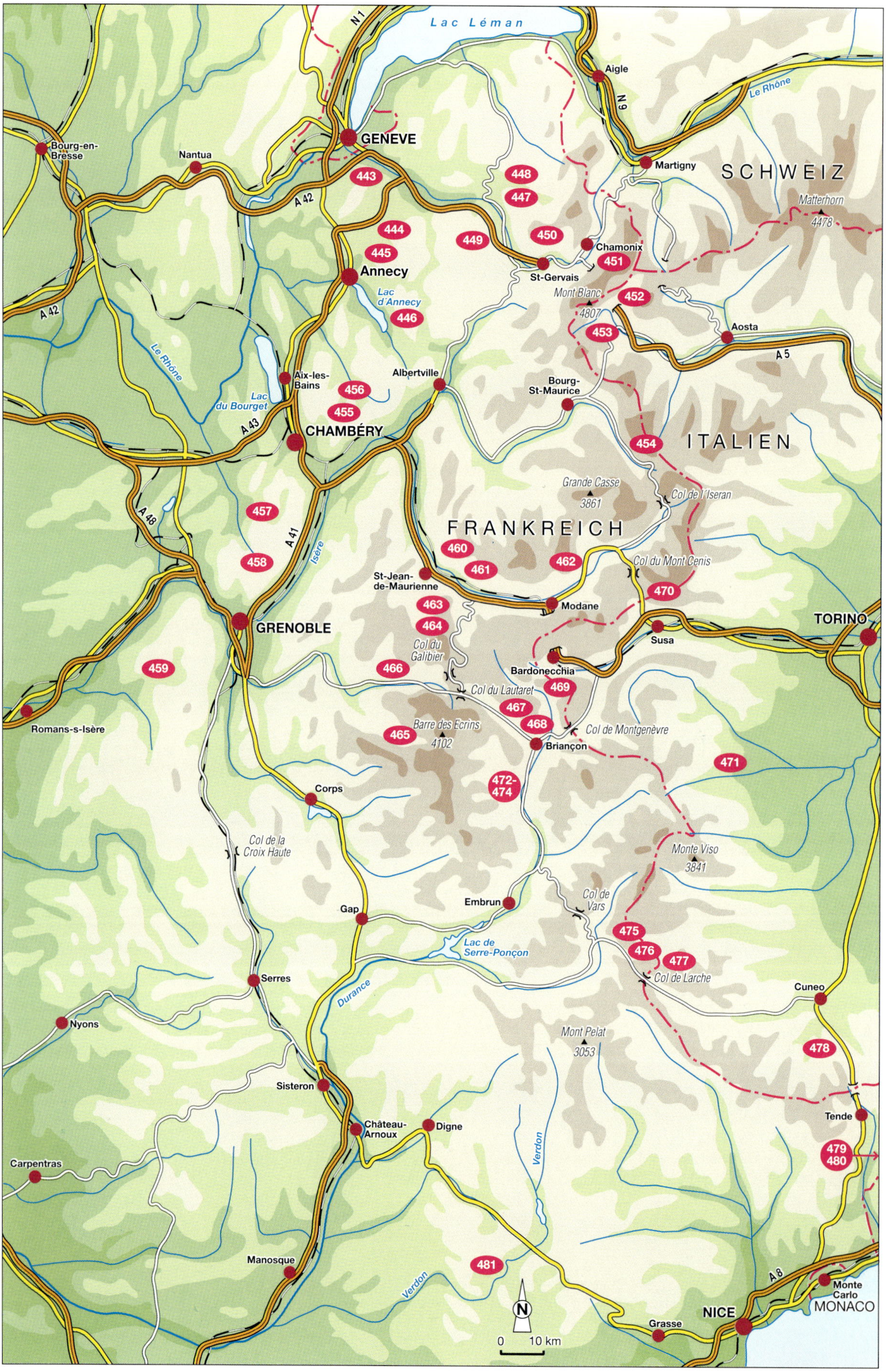
Lac Léman
GENEVE
Aigle
Martigny
SCHWEIZ
Matterhorn 4478
Bourg-en-Bresse
Nantua
Chamonix
St-Gervais
Annecy
Lac d'Annecy
Mont Blanc 4807
Aosta
Aix-les-Bains
Lac du Bourget
Albertville
Bourg-St-Maurice
CHAMBÉRY
ITALIEN
Grande Casse 3861
Col de l'Iseran
FRANKREICH
Col du Mont Cenis
St-Jean-de-Maurienne
Modane
GRENOBLE
Susa
TORINO
Col du Galibier
Bardonecchia
Romans-s-Isère
Col du Lautaret
Barre des Ecrins 4102
Col de Montgenèvre
Briançon
Corps
Col de la Croix Haute
Monte Viso 3841
Embrun
Col de Vars
Gap
Lac de Serre-Ponçon
Serres
Col de Larche
Cuneo
Nyons
Mont Pelat 3053
Sisteron
Château-Arnoux
Digne
Tende
Carpentras
Manosque
Monte Carlo
MONACO
NICE
Grasse
0 10 km
443 444 445 446 447 448 449 450 451 452 453 454 455 456 457 458 459 460 461 462 463 464 465 466 467 468 469 470 471 472-474 475 476 477 478 479 480 481

Die Westalpen

Vive la Révolution! Keine Angst, hier wird niemand um einen Kopf kürzer gemacht, diese Revolution ist absolut friedlich, ganz im Gegensatz zu jener vor gut zwei Jahrhunderten. Doch eine Bastion ist gefallen, der Virus verbreitet sich in Windeseile, erfaßt ganze Talschaften: Klettersteig-Boom in den französischen Westalpen.

Waren bis vor kurzem lediglich ein paar gesicherte Gipfelanstiege, vor allem in den vielbesuchten Bergen Savoyens, zu verzeichnen, so sprießen die Sportklettersteige nunmehr wie Pilze aus dem (felsigen) Boden: das Briançonnais machte den Anfang, die Maurienne zog erst jüngst – dafür um so fulminanter – nach. Mittlerweile gibt es bereits weit über ein Dutzend reinrassiger »Vie ferrate«, aufwendig gesichert und mit einem unübersehbaren Hang zum Spektakulären. Was sich in der Kletterszene bereits seit längerem abzeichnet, vollziehen die Franzosen nun auch im Bereich der Klettersteige: kurzer Zustieg, möglichst viel »action« unterwegs.

Fast könnte man darüber die großen Landschaften vergessen. Allerdings nicht am neuen, abschnittweise gesicherten Höhenweg rund um das Mer de Glace: Mont Blanc pur. Und auch die »Ferrata de l'Aiguillette du Lauzet« ist weniger »sportif« als Genußtour vor einer großen Kulisse.

»La Révolution française«: Sportklettersteige, ganz neu in Frankreich.

Meine Favoriten

- »Sentiero attrezzato Mont Chétif« – Promenade vor der Viertausender-Parade (453)
- »Via ferrata du Diable« – Spektakel, aber originell (462)
- »Ferrata de l'Aiguillette du Lauzet« – der leichteste und schönste Klettersteig des Briançonnais (467)
- »Ferrata de Freissinières« – sonniger Kletter(steig)garten (474)
- »Ferrata de l'Aiguille de Luce« – große Kulisse, steile Route (475)

Karten und Führer

Gute Dienste leisten die 50000er Karten von Didier Richard, die es für fast das gesamte französische Alpengebiet gibt; Blätter 2, 3, 4, 7, 8, 10, 11, 12. Am genauesten sind die Karten der Serie »Top 25« des IGN. Die Klettersteige der französischen Alpen beschreibt Gérard Papandréou in seinen »70 Via ferrata« (allerdings nur bis Stand 1994), Verlag Didier Richard (Neuauflage mit 120 Steigen geplant).

Eine Buchempfehlung

Viel Wissenswertes über die Westalpen vermittelt Henning Böhme in seinen »Weitwanderwegen zwischen Montblanc und Monte Viso« (Bruckmann-Verlag).

443 Vires Büttikofer

Mont Salève, ca. 950 m

Mittel

Wo? Der Salève (1379 m) liegt unmittelbar vor den Toren Genfs. Eine Seilschwebebahn (1097 m) und eine kurvenreiche Höhenstraße erschließen den Bergstock; Zufahrten über Veyrier, Collonges-sous-Salève (550 m) und St-Julien-en-Genevois.
Ausgangspunkt An der Straße von Collonges hinauf nach La Croisette (Salève, 1175 m). Parkplatz beim Restaurant »Le Refuge«, zwischen Le Combe und Le Coin (ca. 650 m).
Wegverlauf Parkplatz – Roche Fendue – »Vires Büttikofer« – Parkplatz.
Gehzeit Etwa 2 Std. für die Runde.
Orientierung Das verzweigte Wegnetz in der Nordwestflanke des Salève ist ordentlich markiert.
Einstufung Mittel.

Obowohl auf französischem Boden stehend, war der Salève (1379 m) stets Hausberg der Genfer. Wer das Musée des Beaux-Arts in der Calvinstadt besucht, bekommt sogar eine historische Ansicht des Berges zu Gesicht; Konrad Wirz malte ihn 1444 als Hintergrund zum »wunderbaren Fischzug«. Daß der Salève dann viel später, allerdings auch schon vor einem Jahrhundert, mit seiner markant gebänderten Nordwestflanke zum Trainingsgelände vor allem der Genfer Bergsteiger avancierte, verwundert kaum; erstaunlich ist dagegen, daß bereits im letzten Jahrhundert mehrere Routen, vor allem schmale Felsbänder (vires), mit Eisen leichter begehbar gemacht wurden. Sie sind längst verfallen, doch bestehen Pläne, einige dieser »antiquités« zu restaurieren. Gesicherte Wegpassagen gibt es in der felsigen Nordwestflanke des Salève bereits, etwa in der Grande Gorge, am »Sentier des Etournelles« oder am »Sentier des Etiollets«. Fast wie an einer richtigen Ferrata fühlt man sich auf den »Vires Büttikofer«: senkrechter Fels, fix verankerte Drahtseile, Eisenbügel – und etwas Nervenkitzel.

444 Pas du Roc, gesicherter Weg

Champ Laitier, 1354 m

Leicht

Wo? Thorens-Glières (670 m) liegt am Westfuß der Montagne de Sous-Dine, ein paar Kilometer von der Autobahn A 41, 20 km ab La Roche-sur-Foron.
Ausgangspunkt An der Straße zum Plateau des Glières, knapp vor der Brücke (947 m) oberhalb von Nant Sec.
Wegverlauf Brücke – Pas du Roc – Champ Laitier.
Gehzeiten Insgesamt 2¼ Std.; Straße – Champ Laitier 1½ Std., Abstieg auf dem gleichen Weg ¾ Std.
Hinweis Von Champ Laitier aus gibt es einen markierten Weg auf die Montagne de Sous-Dine (2004 m), etwa 2 Std.
Tip Das Schloß von Glières kann man besichtigen; April bis Oktober Sa./So., Juli bis Mitte September Mo.–So. geöffnet.
Orientierung Leicht.
Einstufung Leicht, ein paar Ketten.

Historischen Reminiszenzen begegnet man allenthalben auf diesem Weg in die Montagne de Sous-Dine: Über dem Taleingang thront das Château de Glières, der Weg stammt aus dem Jahr 1830, wurde damals als Zugang zu den Almen von Champ Laitier angelegt, und vor einem halben Jahrhundert befand sich auf dem benachbarten Plateau des Glières das savoyische Zentrum der Résistance. Tempi passati! Der Zweite Weltkrieg ist Geschichte, und die Gegenwart hat auch in Frankreich die Almwirtschaft längst eingeholt, aus den meisten Bauern Arbeiter gemacht. Geblieben ist ein hübscher Weg über die Felsbarriere am Pas de Roc: zwei Naturbrücken, ein Wasserfall und ein künstliches, aus dem senkrechten Fels geschlagenes Band (Kettensicherung) – genug für einen halben Wandertag.

Savoyische Berge- und Seenlandschaft. Auf einige der Gipfel zwischen Annecy und Chambéry führen kleine gesicherte Steige.

445 Sentier du Grand Montoir
Tête du Parmelan, 1856 m

Leicht

So wie der Semnoz (1699 m) der »Radlberg« von Annecy ist, der Mont Veyrier (1291 m) einst der »Seilbahngipfel« war (Betrieb seit Jahren eingestellt), so ist der Parmelan der Wanderberg im Nahbereich des hübschen savoyischen Städtchens. Und ein veritables Belvedere dazu, obwohl der niedrigere Mont Veyrier den Blick auf den schönsten Voralpensee Frankreichs, den Lac d'Annecy, stark einschränkt. Rundum gibt es aber genug zu sehen, im Norden etwa den größten Alpensee überhaupt, den Lac Léman, und natürlich den höchsten Gipfel der Alpen, den Montblanc (4807 m). Lauter Superlative. Mit denen kann der Anstieg nicht aufwarten; die steile Felsstirn des Parmelan weckt da zuviel Hoffnungen. Immerhin, ein luftiges Band und ein paar Drahtseile am Grand Montoir sorgen für (ganz leichte) Spannung. Doch was soll's, auch ein Tag mit wenig »Eisen« kann viel Spaß bereiten.

Wo? Annecy (448 m) liegt am Nordufer seines Sees, etwa auf halbem Weg von Genf nach Chambéry.

Ausgangspunkt La Blonnière oberhalb von Dingy-St-Clair; Parkmöglichkeit im Ort oder am Straßenende (ca. 1030 m), 18 km von Annecy.

Wegverlauf La Bonnière – Le Grand Montoir – Tête du Parmelan – Ref. C. Dunand (1830 m) – Col du Pertuis (1563 m) – La Bonnière.

Gehzeiten Insgesamt 5¼ Std.; La Bonnière – Tête du Parmelan 2½ Std., Tête du Parmelan – Col du Pertuis 1¾ Std., Abstieg nach La Bonnière 1 Std.

Hütte Ref. C. Dunand (1830 m) am Gipfelplateau.

Orientierung Leicht, gut markierte Wege.

Einstufung Leicht.

446 La Tournette, gesicherter Steig
La Tournette, 2352 m

Leicht

Im Südosten des Lac d'Annecy steht der höchste (und schönste) Gipfel der Region: die Tournette, mit ihren ausladenden Graten, kleinen Tälern und Karwinkeln fast schon ein kleines Gebirge. Sie ist berühmt für ihr großes Panorama, auch für eine besonders reiche Flora, und auf den Bändern der Tournette kann man mit etwas Glück Steinböcke beobachten. Dazu gibt's am Gipfelaufbau eine Mini-Ferrata (zwei Leitern, Drahtseile), und auch beim Abstieg helfen Fixseile über ein paar Felsstufen.

Wo? Zur Tournette kommt man über die teilweise schmale und kurvenreiche D 42, von Annecy über den Col de la Forclaz 23 km, von Faverges 13 km bis Montmin.

Ausgangspunkt Montmin (1060 m), winziger Flecken im Tal des Nant. Parkmöglichkeit auf dem Place de l'Eglise.

Wegverlauf Montmin – Pointe des Frêtes (2019 m) – Pas de Bajulaz – La Tournette – Ref. de la Tournette (1774 m) – Chalet de l'Aulp (1424 m) – Montmin.

Gehzeiten Insgesamt 7 Std.; Montmin – Pointe des Frêtes 3 Std., Pointe des Frêtes – La Tournette 1½ Std., Abstieg über das Ref. de la Tournette 2½ Std.

Hütte Ref. de la Tournette (1774 m).

Orientierung Leicht, markierte, vielbegangene Wege.

Einstfung Leicht.

447 Tête de Lassy, gesicherter Steig

Tête de Lassy, 1689 m

Mittel

Blickfang im Arvetal hinter Magland ist die Cascade de l'Arpenaz, die bei Luzier über eine 260 Meter hohe Felsstufe herabstiebt – vor allem im Frühsommer ein tolles Naturschauspiel. Viel Natur kann man auch eine oder zwei Etagen höher genießen, am Weg über Le Lançoir zum Tête de Lassy. Dabei werden jede Menge Aus- und Tiefblicke geboten, dazu ein paar gesicherte Passagen: am langen, steilen Band von Lançoir (Drahtseile) und am »Kopf« von Lassy (Aluleiter, Ketten, Drahtseile). Im Rücken des Gipfels steht das (unbewirtschaftete) Refuge de Véran (1587 m); beim Abstieg folgt man dem breiten Güterweg, der die Felsrampe von Lançoir südlich umgeht. Zuletzt auf einem markierten Wanderweg hinunter nach Luzier.

Wo? Ins Tal der Arve kommt man von Genf über die »Autoroute Blanche«, Ausfahrt hinter Cluses.
Ausgangspunkt Parkplatz bei der Cascade de l'Arpenaz (523 m), beschilderte Abzweigung an der N205.
Wegverlauf Parkplatz – Le Lançoir – Tête de Lassy – Ref. de Véran (1587 m) – Luzier – Parkplatz.
Gehzeiten Insgesamt 5¾ Std.; Parkplatz – Tête de Lassy 3½ Std., Abstieg nach Luzier 2¼ Std.
Hinweis Nicht versäumen sollte man den kleinen Abstecher zur Cascade de l'Arpenaz.
Hütte Ref. de Véran (1587 m).
Orientierung Nicht ganz einfach, teilweise nur spärlich markierte Wege. Etwas Orientierungssinn und eine gute Karte unerläßlich!
Einstufung Mittel.

448 Crêtes de Flaine, gesicherter Steig

Pointe de Véret, 2122 m

Leicht

Nach Flaine (1650 m), einer Skistation »aus der Retorte«, in den sechziger Jahren nach Plänen des US-amerikanischen Architekten Marcel Breuer aufgebaut, kommen vor allem die Wintersportler. Im Sommer bietet die Region gute Wandermöglichkeiten und – an den Crêtes de Flaine – sogar einen kleinen gesicherten Steig. Er folgt dem felsigen Kamm vom Col de Pierre Carrée östlich bis zum Pointe de Véret: eine hübsche Gratwanderung, gut markiert und an den ausgesetzten Stellen mit Ketten und Drahtseilen gesichert. Einziger Schönheitsfehler: die vielen Drahtseile und Liftmasten rundum.

Wo? Flaine (1650 m) liegt über dem oberen Arvetal, Zufahrt von Cluses über Arâches (1020 m) und Les Carroz-d'Arâches, 24 km.
Ausgangspunkt Talstation (1747 m) des Skilifts von Vernant, 5,5 km vor Flaine. Parkplatz.
Wegverlauf Parkplatz – Col de la Pierre Carrée – Crêtes de Flaine – Pointe de Véret – Lac de Vernant (1838 m) – Parkplatz.
Gehzeiten Für die Runde 2½ Std.
Orientierung Problemlos, Wege markiert.
Einstufung Leicht.

449 Passage du Saix

Pointe d'Areu, 2462 m

Leicht A

Sie steht etwas im Schatten der Pointe Percée (2752 m), dem höchsten Gipfel in der langgestreckten Aravis-Kette. Das stört aber kaum, ist die Areu-Tour doch ein sehr lohnendes Unternehmen, mit einer längeren gesicherten Passage und einem Panorama, das sich ebenfalls sehen lassen kann. Und dazu kommen die phantastischen Tiefblicke, fast zwei Kilometer hinab in den Boden des Arvetals. Schlüsselstelle des Aufstiegs ist die »Passage du Saix«, die den Zugang zu den Montagne de Chérente ermöglicht.

Wo? Magland liegt im Tal der Arve, 6,5 km hinter Cluses. Im Ort bzw. im benachbarten Gravin (519 m) zweigen kleine Sträßchen ab, die zu den Häusern an der westlichen Talflanke hinaufziehen.
Ausgangspunkt Les Ranziers (ca. 880 m) oberhalb von Gravin. Parkmöglichkeiten an der Straße. Forststraße zu den Chalets de Mont Ferron gesperrt.
Wegverlauf Les Ranziers – Chalets de Mont Ferron – Passage du Saix – Pointe d'Areu.
Gehzeiten Insgesamt 9 Std.; Aufstieg 5¼ Std., Abstieg auf dem gleichen Weg 3¾ Std.
Orientierung Bis zu den Montagne de Chérente als G.R. 96 gut markiert, Weiterweg nicht ganz einfach zu finden (Steinmännchen).
Einstufung Leicht, A. Einige leichte Kletterstellen (I) oberhalb der »Passage du Saix«, Gipfelgrat recht luftig.

450 Passage du Dérochoir

Le Marteau, 2289 m

Leicht

Der Berg hat Profil, ohne Zweifel, und seinem Namen (»Hammer«) macht er alle Ehre: ein gewaltiger Überhang, senkrechter Fels bis zum flachen Gipfelplateau. Daß der Weg herauf vom Plateau d'Assy in felsiges Gelände führt, überrascht da ➡

Wo? Den Talkessel von St-Gervais-les-Bains erreicht man über die »Autoroute Blanche« (A40). Nördlich führt eine kurvenreiche, aber gut ausgebaute Straße hinauf zum Plateau d'Assy.
Ausgangspunkt Station de Plaine Joux (1337 m), knapp 20 km von St-Gervais. Parkplatz.
Wegverlauf Plaine Joux – Chalets d'Ayères (1637 m) – Passage du Dérochoir – Le Marteau.
Gehzeiten Insgesamt 6 Std.; Aufstieg 3¾ Std., Abstieg auf dem gleichen Weg 2¼ Std.
Hinweis Am Plateau d'Assy verdient die Kirche Notre-Dame-de-Toute- ➡

Aussichtsberg mit Klettersteig: der Mont Chétif vor dem Mont-Blanc-Massiv.

➡ nicht; beim Anstieg zur Passage du Dérochoir (2220 m) gilt es, eine steile Felsrampe, die in eine Verschneidung mündet, zu meistern. Doch keine Angst, fixe Seile entschärfen diese Passage, und ist man erst einmal am Rand der Rochers de Fiz, kann man gemütlich zum Marteau hinüberwandern. Ein echter »Hammer« ist schließlich der Blick nach Südwesten, auf den höchsten Alpengipfel und seine Gletscher.

➡

Grâce einen Besuch; an der Ausstattung des eigenwillig-modernen Baus (Novarina, 1950) wirkten u. a. Léger, Chagall, Braque und Matisse mit.

Orientierung Problemlos, gut bezeichnete Wege.

Einstufung Leicht.

Et l'année prochaine – und nächstes Jahr?

Es wird weiter gebohrt, gehämmert, gebaut, nicht nur in den Französischen Alpen, aber da halt besonders eifrig. Zahlreiche Projekte in Savoyen, im Briançonnais und im Vercors stehen vor ihrer Verwirklichung – Ferrata-Boom à la Française.

Savoyen

- »Via ferrata du Pas de l'Ours« am Mont Charvin (2409 m; Araviskette).
- »Via ferrata de la Tovière«, bei Val d'Isère, gegenüber der (jüngst eröffneten) »Ferrata des Plates de la Daille«.
- »Via ferrata du Rosuel« bei Peisey-Nancroix (Tarentaise), 1996?
- »Via ferrata du Mont Chevrier« (2038 m) bei Pralognan-la-Vanoise (Tarentaise), 1996?
- »Via ferrata du Mont Galgan (924 m) bei Moûtiers (Tarentaise), 1996?
- »Via ferrata de l'Oullaz« bei St-Jean-de-Maurienne (Maurienne), 1996 oder 1997.
- »Via ferrata du Télégraphe«, eine große Route, im obersten Teil sehr exponiert (900 m Höhenunterschied). In der Maurienne, von St-Michel zum Fort du Télégraphe, 1996 oder 1997.
- In Valloire ist eine Verlängerung der Ferrata am Felsen von St-Pierre geplant.

Dauphiné

- Gorges de la Bourne (Vercors).
- Grands Goulets (Vercors).

Hautes Alpes

- Massif du Lasseron, an der Straße von Cervières zum Col d'Izoard (Briançonnais).
- Tenailles de Montbrison (südwestlich von Briançon).

451 Mer de Glace, Höhenweg

Refuge de la Charpoua – Refuge de Leschaux – Refuge de Requin

Leicht **A**

Leitern, Drahtseile, richtiges »Klettersteig-Feeling« über dem Mer de Glace, dunkler Granit, zersplitterte Grate, dazwischen Eisströme, weiß und grau – was für eine Kulisse, was für ein Erlebnis! Drei Tage kann man das alles genießen auf der Runde um den größten Eisstrom des Mont Blanc, von Hütte zu Hütte, denn seit jüngstem sind die fünf Rifugien im Bereich des Mer de Glace durch einen Höhenweg verbunden. Etwa die halbe Wegstrecke führt über flache (aber spaltenreiche) Gletscher, größere Abschnitte verlaufen in felsigem Gelände, über Bänder, Aufschwünge. Die sind bestens gesichert, wie auch die Hüttenzustiege; die gesamte Runde ist markiert, mit Stangen auf dem Mer de Glace, sonst durch Steinmännchen. Klettern muß man auf dieser Runde nicht, doch sollte man schon etwas Hochgebirgserfahrung mitbringen – und natürlich die entsprechende Ausrüstung.

Wo? Chamonix (1037 m) liegt im obersten Arvetal, 40 km von Martigny, 20 km von St-Gervais-les-Bains. Im Ort, am Gare de Montenvers, steigt man in den Zug nach Montenvers.

Ausgangspunkt Le Montenvers (1913 m), Endstation der Zahnradbahn zum Mer de Glace.

Wegverlauf/Gehzeiten **1. Etappe:** Montenvers – Mer de Glace – Les Echelets – Glacier de la Charpoua – Ref. de la Charpoua (2841 m; 3½ Std.) – »Point Vallot« – Tête du Courvecle (2735 m) – Ref. du Courvecle (2687 m), insgesamt 7 bis 8 Std.
2. Etappe: Ref. Courvecle – Les Egralets – Ref. de Leschaux (2431 m) – Glacier de Leschaux – Glacier du Tacul – Ref. de Requin (2516 m), insgesamt 6 bis 7 Std.
3. Etappe: Ref. de Requin – Ref. de l'Envers des Aiguilles (2523 m) – Le Montenvers, insgesamt etwa 5 Std.

Hinweise Man kann natürlich auch einzelne Abschnitte der großen Runde als Tagestouren machen, z. B. zum Ref. de Charpoua (6 Std. hin und zurück) oder zum Ref. de l'Envers des Aiguilles (5 Std. hin und zurück).

Hütten Ref. de la Charpoua (2841 m), Ref. du Courvecle (2687 m), Ref. de Leschaux (2431 m), Ref. de Requin (2516 m), Ref. de l'Envers des Aiguilles (2523 m).

Orientierung Bei guter Sicht leicht, bei Schlechtwetter (Nebel, Regen usw.) ist jeder Gletscher gefährlich!

Einstufung Gesicherte Passagen leicht; insgesamt handelt es sich um eine hochalpine Unternehmung, Gletscherausrüstung, A.

452 Bivacco Borelli, Via ferrata

Bivacco Borelli, 2316 m

Mittel

Da empfiehlt es sich, erst einmal hinaufzugucken, bevor man losgeht, hinauf zu dem schartigen Zackenprofil, das links über dem Glacier de la Brevna in den Himmel ragt: der Peuterey-Grat, eine der ganz großen Kletterrouten der Alpen, auf der ganzen Länge erstmals 1934 von A. Goettner, F. Krobath und L. Schmaderer begangen. Als Stützpunkt für Touren in dem herrlich festen Granit dient das Bivacco Borelli (Refuge de la Noire), zu dem man aus dem Val Veny in etwa drei Stunden aufsteigt, über eine echte Ferrata, mit Leitern und Drahtseilen bestens gesichert. So was spricht sich natürlich bei den »Eisen-Freaks« herum, und folglich begegnet man auf der steilen Route auch Klettersteiglern, die den luftigen Gang und die große Kulisse an der Südflanke des höchsten Alpengipfels genießen.

Wo? Courmayeur (1228 m), das italienische Pendant zu Chamonix, liegt im hintersten Aostatal, 35 km von Aosta, 20 km von Chamonix (durch den gebührenpflichtigen Mont-Blanc-Tunnel).
Ausgangspunkt Im Val Veny, bei den Häusern von Peuterey (1507 m), 6,5 km von Courmayeur. Camping, Parkplatz.
Wegverlauf Peuterey – Klettersteig – Biv. Borelli.
Gehzeiten Insgesamt 4¾ Std.; Aufstieg 2¾ Std., Abstieg 2 Std.
Hütte Biv. Borelli (2316 m), unbewirtschaftet, stets zugänglich.
Orientierung Problemlos.
Einstufung Mittel.

453 Mont Chétif, Sentiero attrezzato

Mont Chétif, 2343 m

Leicht

Natürlich ist es kein Zufall, daß der Mont Chétif gerade 1986 zu seinem gesicherten Steig kam: da jährte sich die Erstbesteigung des Mont Blanc zum zweihundertsten Mal. Und das war den Bergführern aus Courmayeur Grund genug, dem Panoramaberg über dem untersten Val Veny Ketten anzulegen. Die wiederum helfen auch weniger Geübten, mehr oder weniger problemlos alle felsigen Passagen zu meistern. Der geschickt angelegte Pfad folgt dem Ostgrat des Mont Chétif, steigt von einer Aussichtskanzel zur nächsten, zeigt Courmayeur aus der Vogelperspektive und die Parade der Viertausender. Besonders dankbar ist die Tour im Frühsommer, wenn in den Flanken des Berges die ebenso üppige wie artenreiche Flora ihren Farbenzauber entfaltet, und später im Jahr, nachdem der erste Schneefall die dreckigen Gletscherzungen frisch geweißelt hat. Oben gibt's das ganz große Panorama, zeitlos schön, aber gleichzeitig einen Vormarsch (des Menschen) und einen Rückzug (der Gletscher) dokumentierend: viel Beton und Asphalt in den Tälern, Skischneisen und Lifte rundum. Dafür hat sich der Glacier du Miage bereits hinter die Aiguilles Rouges du Brouillard verzogen, und die Zunge des Glacier de la Brevna hängt hoch über dem Val Veny. Ewigkeiten sind halt auch in den Alpen relativ …

Wo? Courmayeur (1228 m), das italienische Pendant zu Chamonix, liegt im hintersten Aostatal, 35 km von Aosta, 20 km von Chamonix (durch den gebührenpflichtigen Mont-Blanc-Tunnel).
Ausgangspunkt Beim Eisstadion im Ortsteil La Villette (1198 m). Parkplatz.
Wegverlauf La Villette – »Sentiero attrezzato« – Mont Chétif – Pra Neiron – Dolonne (1212 m) – La Villette.
Gehzeiten Insgesamt 5¾ Std.; Aufstieg 3½ Std., Abstieg über Pra Neiron 2¼ Std.
Orientierung Leicht, bis auf Zugang gelb markiert, Abstieg teilweise auf Fahrwegen.
Einstufung Leicht.

Mit verkeilten Eisen ist die Rinne hinauf zum Croix du Nivolet leichter begehbar gemacht.

454 Via ferrata des Plates de la Daille

Plates de la Daille, 2155 m

Schwierig **S**

Val-d'Isère, stets auf der Höhe der (touristischen) Zeit, hat seine erste Ferrata (die zweite soll demnächst folgen): ein steiler, aber bestens gesicherter Sportklettersteig in den Felsen über der Klamm von La Daille, gleich vor der Fremdenstadt. Die Route beginnt recht zahm, doch dann steigern sich die Schwierigkeiten allmählich, ein erster Überhang verlangt vollen Einsatz (auch der Armmuskeln), eine extrem luftige Passage samt zweitem Überhang bildet das spektakuläre Finale.

Wo? Der berühmte Ferienort Val-d'Isère (1816 m) liegt am Oberlauf der Isère, 31 km von Bourg-St-Maurice.
Ausgangspunkt Häusergruppe La Daille (1795 m) nördlich des Ortes an der Talstraße.
Wegverlauf La Daille – Ferrata – Plates de la Daille – Abstiegsweg – La Daille.
Gehzeiten Insgesamt 3 Std.; Klettersteig 2¼ Std., Abstieg ¾ Std.
Orientierung Problemlos; markierter, bequemer Abstiegsweg.
Einstufung Schwierig, S.

455 Croix du Nivolet, gesicherter Steig

Croix du Nivolet, 1547 m

Leicht

Zweifellos den schönsten Blick auf die urbanisierte Talebene von Chambéry und zum Lac du Bourget genießt man vom Croix du Nivolet. Da lohnt sich der kurze, wenig anstrengende Weg zum (kleinen) Gipfel und (riesigen) Kreuz allemal. Ausgangspunkt ist Le Sire (1413 m), beliebter Startplatz für Paraglider. Man nimmt aber nicht den bequemen Kammweg, sondern fädelt bei den Chalets du Sire (ca. 1520 m) in den westseitigen Hangweg ein, der unterhalb der Felsen des Mont du Nivolet nach Süden läuft, zuletzt mit freier Sicht auf die Bergketten der Chartreuse. Über den steilen »Pas de l'Echelle« (eigentlich ein Kamin, in den Eisensprossen verankert sind) steigt man hinauf zum abgeflachten Oströcken des Berges; wenige Minuten später sind Gipfel und Panoramablick gewonnen.

Wo? Auf den Mont Revard kommt man von Aix-les-Bains oder von Chambéry über den Col de Plainpalais (1173 m) auf guten Bergstraßen.
Ausgangspunkt Le Sire (1413 m), 2,5 km von der Mont-Revard-Ringstraße, Abzweigung in der Sportstation La Féclaz (1319 m). Parkplatz am Straßenende.
Wegverlauf Le Sire – Chalets du Sire (ca. 1520 m) – Hangweg – Pas de l'Echelle – Croix du Nivolet – Chalets du Sire – Le Sire.

Gehzeiten Insgesamt 3 Std.; Le Sire – Croix du Nivolet 1¾ Std., Rückweg am Kamm 1¼ Std.
Orientierung Wenig schwierig. Aufpassen muß man lediglich bei den Chalets du Sire, daß man (absteigend) in den gelb-blau markierten Hangweg einfädelt. Der Aufstieg zum Pas de l'Echelle beginnt auf einer Wiese unter dem Croix du Nivolet (freistehende Tanne).
Einstufung Leicht.

456 Mont Margeriaz, gesicherter Steig

Mont Margeriaz, 1845 m

Mittel

Der Blick auf den (großen) See wird zwar durch den bewaldeten Rücken des Mont Revard versperrt, nicht aber die Sicht auf die Hochalpen und ins breite Tal der Isére. Der Aufstieg vom Col de Plainpalais ist kurz, steil und führt zuletzt über leichte Felsen, vorbei an einer tiefen Grotte (»Golet de l'Agneau«). Nach kurzer Kraxelei entsteigt man der Wand zum Gipfel. Beim Klettersteig handelt es sich um ein echt »antikes« Stück, teilweise sind die Verankerungen beschädigt – also Vorsicht!

Wo? Zum Col de Plainpalais kommt man von Chambéry über die gut ausgebaute D912, 17 km.
Ausgangspunkt Col de Plainpalais (1173 m), Parkmöglichkeit gegenüber vom Paßhotel.
Wegverlauf Col de Plainpalais – gesicherter Steig – Mont Margeriaz.

Gehzeiten Insgesamt 4 Std.; Aufstieg 2½ Std., Abstieg 1½ Std.
Orientierung Aufstieg leicht zu finden, markiert; Abstieg über Chalets des Carres nur spärlich bezeichnet.
Einstufung Mittel.

457 Grand Som, gesicherter Ostanstieg

Grand Som, 2026 m

Leicht

Echte Klettersteige gibt's im Chartreuse-Massiv (noch) keine, aber ein paar Gipfelwege mit gesicherten Passagen. Wie am Grand Som, der aufgrund seiner zentralen Lage den besten Überblick über das Kalkmassiv bietet, vom Mont Granier (1933 m) im Norden bis zur Chamechaude (2082 m) im Süden: heller Fels rundum, horizontal geschichtet, über den waldreichen Tälern stehend: Das macht Appetit, auch ohne Drahtseile und Leitern.

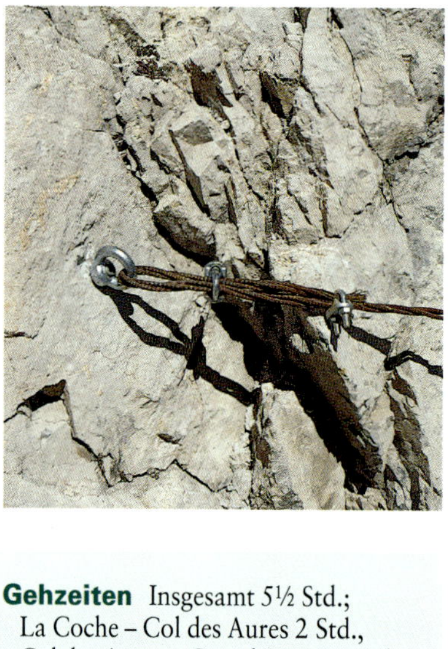

Alt und neu: Ob's hält?

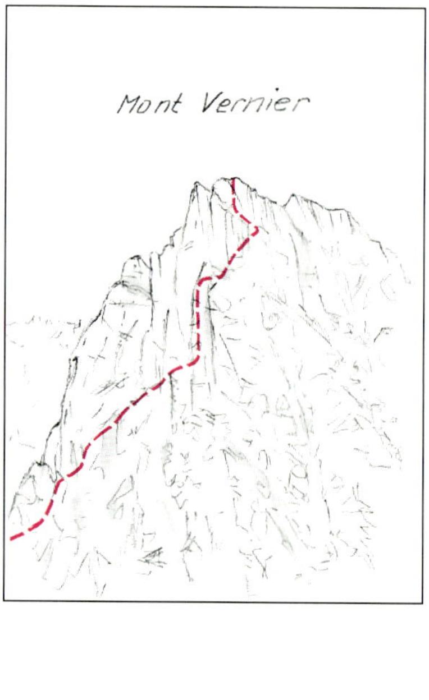

Wo? Zum Col du Cucheron (1139 m) kommt man von Chambéry über den Col du Granier (1134 m), von Grenoble über den Col de Porte (1326 m), 33 bzw. 36 km.
Ausgangspunkt Knapp 2 km südlich der Paßhöhe, bei den Häusern von La Coche (ca. 950 m).
Wegverlauf La Coche – Col des Aures (1631 m) – Le Racapé – Grand Som.

Gehzeiten Insgesamt 5½ Std.; La Coche – Col des Aures 2 Std., Col des Aures – Grand Som 1½ Std., Abstieg auf dem gleichen Weg 2 Std.
Orientierung Markierte Wege.
Einstufung Leicht, die felsige Passage im Bereich von Le Racapé ist gut gesichert (Drahtseile, Tritteisen).

458 Chamechaude, gesicherter Steig
Chamechaude, 2082 m

Mittel

Die Chamechaude zeigt das fürs Chartreuse-Massiv typische Profil einer Sahnetorte, vielschichtig, auf grünem Untergrund. Und die Gipfelwege gleichen sich ebenfalls: meist hat man zum Anfang einen Waldpfad, dann geht's steiler hinauf zum Felsfuß, wo die Spur zielsicher eine »Schwachstelle« in der Felsbarriere anpeilt, eine Rinne oder einen Kamin, wie an der Chamechaude: die Brèche Arnaud, mit Drahtseilen entschärft. Recht anspruchsvoll ist die Schlüsselstelle trotzdem, da muß man ordentlich zupacken.

Wo? Le Sappey-en-Chartreuse (1015 m) liegt an der Straße von Grenoble zum Col de Porte, 14 km.
Ausgangspunkt Oberhalb des Dorfes, bei den Häusern von Le Churut (1099 m).
Wegverlauf Le Churut – Habert de Chamechaude (1570 m) – Brèche Arnaud – Chamechaude – Source des Bachassons (1630 m) – Habert de Chamechaude – Le Churut.
Gehzeiten Insgesamt 5¼ Std.; Aufstieg 3 Std., Abstieg 2¼ Std.
Orientierung Ordentlich markierte Wege.
Einstufung Mittel, Brèche Arnaud steil, spärlich gesichert.

459 Via Ferrata de Presles
Falaises de Presles, 901 m

Berühmt ist das Vercors vor allem für seine Schluchten und Höhlen wie die Gorges de la Bourne oder die Grottes de Choranche: Naturwunder. Und hoch in den Felsen über der Bourne gibt es seit jüngstem noch eine Sehenswürdigkeit: die erste Ferrata der Region. Sie folgt einem markanten Horizontalband in den Falaises de Presles, bietet dabei faszinierende Aus- und Tiefblicke.

Wo? Ins Tal der Bourne kommt man über Pont-en-Royans, 18 km von Romans-sur-Isère. Östlich des malerischen Städtchens zweigt die Zufahrt nach Presles (863 m) ab.
Ausgangspunkt Am Ende der Steigung, knapp 9 km von Pont-en-Royans.
Gehzeit Für den Klettersteig mit Rückweg über das Plateau etwa 3 Std.
Tip Nicht versäumen sollte man eine Besichtigung der Grottes de Choranche.
Einstufung Sicherungsart unbekannt, ebenso Schwierigkeit.

460 Via ferrata Pontamafrey
Mont Vernier, ca. 780 m

Sehr schwierig **S**

Beim ersten Hingucken denkt man an eine im Freien installierte moderne Eisenplastik, abstrakt natürlich, ehe das Auge, den Bügeln, Seilen, Haken und frei aufgehängten Leitern folgend, bei der großen, über der Schlucht schwebenden Passerelle hängenbleibt: eine Via ferrata. Und der Aufstieg über die irrwitzige Konstruktion macht sogar Spaß, ist auch nicht besonders schwierig, erst nach längerer Rechtsquerung und einem Zwischenabstieg, an dem man die Übung abbrechen kann, macht die Route ernst: 200 Höhenmeter nahe der Vertikale, über Pfeiler, Platten, Verschneidungen laufend, kosten nicht nur Kraft, da braucht's, trotz besten Sicherungen, auch ein solides Nervenkostüm.

Baugerüst oder Klettersteig: die »Ferrata de Pontamafrey«.

Wo? Pontamafrey (476 m) liegt in der Maurienne, auf halber Strecke zwischen La Chambre und St-Jean-de-Maurienne. Anfahrt von Chambéry über die Autobahn A 43.
Ausgangspunkt An der ersten Linkskurve der Serpentinenstraße nach Montvernier; Hinweistafel, Parkmöglichkeit.
Wegverlauf Pontamafrey – Passerelle – Querung – »Bastion« – Mont Vernier; Abstieg über Wanderweg.
Gehzeiten Für die ganze Runde 3 bis 3½ Std.
Orientierung Problemlos.
Einstufung »Passerelle« schwierig, »Bastion« sehr schwierig, äußerst ausgesetzt, S!

DIE WESTALPEN

461 Via ferrata de la Croix des Têtes

Refuge-Bivouac de Bonnant, 1700 m

Mittel A

Das hohe, elegante Felsdreieck des Croix des Têtes (2492 m) ist auf der Fahrt durch das Tal des Arc nicht zu übersehen; gleich hinter St-Jean-de-Maurienne kommt es links ins Blickfeld: alpine Ouvertüre auf dem Weg zu den vergletscherten Dreitausendern der Vanoise und der Grajischen Alpen. Bei der kletternden Bergsteigerzunft genießt der Kalkzacken einen hervorragenden Ruf; als Stützpunkt für Touren in den oberen Schwierigkeitsgraden dient das kleine Refuge am Fuß der Westwand. Früher war der Zugang bereits eine Klettertour; seit 1989 ist er als Klettersteig ausgebaut, gesichert mit Drahtseilen und einem Dutzend Leitern. Die Ferrata weist einige sehr exponierte, originelle Passagen auf. Eine lange, etwas heikle Traverse (Drahtseile) macht den Auftakt, die luftige Leiternfolge bildet das Kernstück der recht anspruchsvollen Route.

Wo? St-Julien-Mont-Denis (654 m) liegt etwas abseits der Route Nationale 6, wenige Kilometer hinter St-Jean-de-Maurienne.
Ausgangspunkt La Raie (780 m), Häusergruppe oberhalb von St-Julien. Parkplatz.
Wegverlauf La Raie – La Parraz (ca. 1500 m) – »Ferrata de la Croix des Têtes« – Refuge de Bonnant.
Gehzeiten Insgesamt 5 Std., Aufstieg 3 Std., Abstieg 2 Std.

Tip Die Tour gewinnt noch erheblich, wenn man sie mit einer Besteigung des Crêt de la Pare (2193 m) verbindet: Aufstieg über einen steilen Hang zum Grat, dann links am Kammrücken entlang und schließlich in vielen Serpentinen hinab zum Anstiegsweg; mit Ferrata etwa 7½ Std.
Orientierung Leicht, Anstieg zur Ferrata gut markiert.
Einstufung Mittel, A.

462 Via ferrata du Diable

Fort Victor-Emmanuel, 1354 m

Schwierig S

Was für ein Clou! Man tritt hinaus auf die Terrasse, schaut leicht schaudernd hinab in den Grund der Arc-Schlucht, hinüber zu dem fast senkrechten Felsabsturz, den die mächtige Feste Victor-Emmanuel krönt – und entdeckt mitten in der Wand ein paar bunte Punkte: Klettersteigler.
Originell ist sie allemal, die »Ferrata du Diable«, ungewöhnlich, aber sehr spektakulär das Szenario mit den Festungsanlagen aus jener Zeit, als in der Maurienne noch die savoyischen Herzöge regierten und Frankreich der mißtrauisch beäugte Nachbar war. Damals wurde auch die »Pont du Diable« erbaut, eine Hängebrücke, die den Fluß in schwindelnder Höhe überspannt. Ganz neu ist dafür die Ferrata: Baujahr 1995. Sie quert erst von der Aussichtsterrasse hinüber zur »Teufelsbrücke«, steigt dann hinauf zur Victor-Emmanuel-Feste, die man gleich entert: ein höchst luftiger Felsgang, hervorragend gesichert. Neben Trittbügeln und (plastikummantelten) Drahtseilen ist die Route zusätzlich mit Griffeisen ausgestattet, angesichts der schon fast atemberaubenden Exposition kein Luxus.

Wo? Die Festungswerke von Esseillon sperren das Tal des Arc zwischen Modane und Bramans, 6 km von dem Grenzstädtchen.
Ausgangspunkt Parkplatz beim Fort Marie-Thérèse (1260 m).
Wegverlauf Fort Marie-Thérèse – Pont du Diable – Fort Victor-Emmanuel, Abstieg im Wald zur »Teufelsbrücke« und auf breitem Weg zurück zum Parkplatz.
Gehzeit Für die ganze Runde 1½ Std.

Hinweis Die Route soll noch 1996 um »La descente aux Enfers« und eine Hängebrücke über den Arc verlängert werden, samt Gegenanstieg zum Ausgangspunkt.
Orientierung Absolut problemlos; Einstieg zum zweiten Teil der »Ferrata du Diable« durch ein schmuckes »Gartentörl« gleich jenseits der »Teufelsbrücke«.
Einstufung Schwierig, außergewöhnlich exponierter Verlauf, S.

463 Ferrata de Poingt Ravier

Poingt Ravier, 1660 m

Leicht S

Gegensätze, eisern. Valloire bietet sie an seinen beiden »Dorffelsen«: ein gemütlicher Klettersteig in der Felsflanke unterhalb des Weilers Poingt Ravier und eine Extremroute am Rocher St-Pierre. Die »Ferrata de Poingt Ravier« ist gerade richtig für Anfänger, die sich hier ans Steigen auf Eisen und den Blick in die Tiefe gewöhnen können. Und im obersten Viertel der Route gibt's dann eine direkte Variante: etwas steiler, hervorragend gesichert.

Wo? Der beliebte Ferienort Valloire (1401 m) liegt an der Galibier-Paßstraße, 17 km von St-Michel-de-Maurienne, 52 km von Briançon.
Ausgangspunkt An der Brücke über die Valloirette Parkplatz und zwei große Ferrata-Schautafeln. Den Einstieg zum Poingt-Ravier-Steig erreicht man in wenigen Minuten auf der breiten Straße, die links des Bachs talauswärts führt.
Wegverlauf Aufstieg über die Ferrata, Abstieg von Poingt Ravier (1644 m) nach Valloire über ein paar Kehren oder (schöner) auf dem »Sentier éco-sylve« (Naturlehrpfad) in einem nördlich ausholenden Bogen.
Gehzeiten Ferrata de Poingt Ravier 1 Std., Abstieg ½ bis 1 Std.
Orientierung Problemlos.
Einstufung Leicht, S

Teuflisch ausgesetzt: an der »Ferrata du Diable« in der Maurienne.

464 Via ferrata de St-Pierre
Rocher de St-Pierre, 1582 m

Sehr schwierig **S**

Der erste Eindruck täuscht, zeigt einen ziemlich harmlos wirkenden Felsen mit Kapelle und Kreuz oben, einem Weglein unten, der den Eingang nach Valloire »bewacht«. Bei genauerem Hingucken entdeckt man dann bald ein paar »Installationen«: die »Ferrata de St-Pierre«. Und die hat es wirklich in sich, wie man spätestens an der »Vollgas-Passage« feststellt: senkrecht bis leicht überhängend, trotz bester Sicherungen kräfte- und nervenzehrend. Etwas leichter der Mittelabschnitt mit einer Leiter und nahezu vertikalen Sprossenreihen, spektakulär dann der Zugang zu einer soliden, über einen Felsspalt gespannten Hängebrücke: Von der Gipfelwiese steigt man direkt in einen überhängenden Felsen ein. Wer da nicht eine leichte Gänsehaut bekommt! Als Zugabe nochmals – logisch – senkrecht an einem Pfeiler abwärts, statt direkt zum (nahen) Ausstieg. Just for fun!

An der »Vollgas-Passage« der »Ferrata St-Pierre«.

Wo? Der beliebte Ferienort Valloire (1401 m) liegt an der Galibier-Paßstraße, 17 km von St-Michel-de-Maurienne, 52 km von Briançon.
Ausgangspunkt An der Brücke über die Valloirette Parkplatz und zwei große Ferrata-Schautafeln. Gleich jenseits der Brücke rechts Hinweis auf den Klettersteig.
Wegverlauf Aufstieg über die Ferrata, Abstieg auf bequemen Wegen entweder im Rücken des Kletterfelsens oder am Fuß der Wand. Man kann die Turnerei unterwegs dreimal abbrechen: vor der »Vollgas-Passage« (pleins gaz), vor der Leiter (échelle) und am Kreuz (croix).
Gehzeiten Für die Runde 1½ bis 2 Std.
Orientierung Problemlos.
Einstufung Sehr schwierig, S. Extrem ausgesetzte, teilweise überhängende Passagen; Klettergarten.

Rechte Seite: Der Col du Galibier trennt die (grün-weißen) Savoyer Alpen von den Wüstenlandschaften der Provenzalischen Alpen.

465 Tête de la Maye, gesicherter Steig
Tête de la Maye, 2518 m

Leicht

Eines der schönsten Belvédère in den französischen Hochalpen! Im Panorama stehen viele große Gipfel des Pelvoux-Massivs: Les Bans (3669 m), L'Ailefroide (3954 m), Barre des Ecrins (4102 m), La Grande Ruine (3728 m) und natürlich die Meije (3982 m), die sich über dem hintersten Etançon-Tal aufbaut. Erstbesteiger der Ailefroide, der Barre des Ecrins und des (vom Tête de la Maye aus nicht sichtbaren) Mont Pelvoux (3943 m) war der Engländer William Coolidge; nach ihm ist auch ein Gipfel benannt (Pic Coolidge, 3775 m). Einem anderen Pionier, dem Wiener Emil Zsigmondy, brachten diese Berge kein Glück; er stürzte in der Südwand der Meije zu Tode. Sein Grab findet sich auf dem kleinen Friedhof von La Bérarde.
Die Besteigung des »Kopfs« ist, trotz gelegentlicher Sicherungen, mehr Wanderung als Klettersteig-Tour. Doch wer nach La Bérarde kommt, hat ohnehin eher die »richtigen« Berge im Sinn. Und für einen ersten Überblick gibt es keine passendere Tour als die auf den Tête de la Maye.

Wo? Das winzige Bergsteigerdorf La Bérarde (1713 m) im hintersten Valle du Vénéon erreicht man auf teilweise schmaler, aber asphaltierter Straße, 31 km von Le Bourg-d'Oisans.
Ausgangspunkt Ortseingang von La Bérarde, unmittelbar vor der Straßenbrücke.
Wegverlauf Erst taleinwärts Richtung Ref. du Châtelleret, nach etwa 20 Min. links und in vielen Kehren über den felsigen Rücken zum Gipfel.
Gehzeiten Insgesamt 4 Std.; Aufstieg 2½ Std., Abstieg auf dem gleichen Weg 1½ Std.
Orientierung Problemlos, vielbegangene Wege.
Einstufung Leicht.

466 Via ferrata du Grand Clot
Plateau d'Emparis, 2157 m

La Grave (1481 m) war einst ein winziges Bergnest am Fuß der Meije (3982 m). Doch die Zeit bleibt nicht stehen; heute führt eine große Seilbahn hinauf bis in die Region des »ewigen Schnees«, und in den Felsen über der Combe de Malaval wird geklopft und gehämmert: für eine Via ferrata. Sie läuft über einen markanten Pfeiler, benützt dann teilweise alte Wege, die einst im Zusammenhang mit dem Bergbau in der Gegend angelegt wurden. Und glänzendes Gegenüber ist die Meije, »la reine du Dauphiné«.

Wo? La Grave (1481 m) liegt an der Straße zum Col du Lautaret (2057 m), 28 km von Bourg-d'Oisans, 39 km von Briançon.
Ausgangspunkt Camping »Grand Clot« (1328 m), knapp 3 km westlich des Ortes.
Wegverlauf Grand Clot – »Ferrata du Grand Clot« – Plateau d'Emparis – Le Chazelet (1804 m) – La Grave.
Gehzeit Insgesamt 6 Std. (geschätzt).
Einstufung Schwierig? Die Route wird im Sommer 1996 eröffnet.

Die guten Tips für das Briançonnais

Briançon (1321 m), die höchstgelegene Stadt Europas mit über 300 Sonnentagen (sagt die Eigenwerbung) liegt im obersten Durancetal unweit des Col de Montgenèvre (1850 m).

Anreise Mit der Bahn über Grenoble – Gap, mit dem Auto am besten von Genf via Chambéry und St-Michel-de-Maurienne (hier endet die Autobahn), dann über den Col du Galibier (2642 m).

Infos Office du Tourisme, F-05100 Briançon, 1, place du Temple; Tel. 92210850, Fax 92205645.

Unterkunft Für Klettersteigler eine gute Adresse ist »Aux 5 saisons« im Vallée de Freissinières (26 km südwestlich von Briançon); Tel. 92209440. Der Besitzer hat die erste Ferrata im Briançonnais gebaut! Macht auch Führungen.

»L'Auberge Ensoleillée« in Villeneuve-La Salle, gut 10 km nordwestlich von Briançon an der N 91. Kleines Familienhotel im alten Ortskern, gute regionale Küche; Tel. 92247404.

»Gîte d'étape des Boussards« an der Straße zum Col du Lautaret. Richtig für alle, die einfach reisen, aber eine sympathisch-saubere Unterkunft suchen; Tel. 92247642.

Camping »Serre-Chevalier« in Chantemerle, 6 km nordwestlich von Briançon; Tel. 92240114.

Sehenswert Die Altstadt mit ihrem mächtigen Festungsgürtel, unter Vauban (17./18. Jh.) angelegt. Führungen, Infos im Office du Tourisme.

Busverbindungen In die Täler der Umgebung, Abfahrt beim Bahnhof der SNCF in der Unterstadt (Ville-Basse).

Autovermietung Hertz, 47, avenue Général de Gaulle; Tel. 92202074.

Bergführer Bureau des Guides, Central Parc; Tel. 92201573.

Bergrettung PGHM, Tel. 92211042.

Wetter Tel. 92202040.

Radl-Verleih: Patrick Sport, 16, avenue Vauban; Tel. 92212632.

Führer Polyglott »Französische Alpen«, Polyglott-Verlag, München. Reiseführer.

»Ecrins-Queyras«, Les Guides IGN (in französisch, bekommt man vor Ort). Viele aktuelle Infos, Sport, Sport, Sport ...

»70 Via Ferrata« von Gérard Papandréou (darunter knapp ein Dutzend aus den Französischen Alpen), Didier-Richard 1994.

Landkarten »Evian-Annecy-Briançon« (1:200000), Michelin, Blatt 89 (für die Anreise, zur Orientierung).

»Massifs du Queyras & Haute Ubaye« (1:50000), Editions Didier-Richard, Blatt 10 (mit eingezeichneten Wanderrouten).

Am genauesten sind natürlich die 25000er Karten des IGN.

Eine gute Auswahl bietet die Librairie Roubaud, 5, Grande Rue (in der Altstadt); Tel. 92212295.

467 Via ferrata de l'Aiguillette du Lauzet

Aiguillette du Lauzet, 2611 m

Mittel

Die Kulisse erinnert stark an Dolomitenbilder. Da dominiert die Vertikale, Kalkzacken ragen hoch in den Himmel, jenseits des Guisanetals blinken die Gletscher des Pelvoux-Massivs. Und die gesicherte Route, mit Baujahr 1991 bereits eine der älteren in der Region, hält den Vergleich mit berühmten Vorbildern in den »Bleichen Bergen« leicht aus. Der Auftakt ist zwar eher diskret, doch dann gewinnt die Ferrata rasch an Rasse und Klasse. Ein fast senkrechtes Wandl, bestens gesichert, zwei Querungen, die an Ausgesetztheit nichts zu wünschen übriglassen, und ein enger »Boîte de lettre« (Rucksack runter, Bauch einziehen!), zu dem man unter mächtigen Überhängen absteigt, sind Passagen, die auch hohen Ansprüchen gerecht werden. Ein mit Eisen gespickter Pfeiler leitet schließlich in leichteres Gelände, eine Zickzackspur in den Rücken des (Neben-)Gipfels; ein paar Minuten noch und man ist oben, genießt das Licht des Südens und den Blick auf die Berge des Briançonnais.

Wo? Le Monêtier-les-Bains (1470 m) liegt an der Straße zum Col du Lautaret (2057 m), etwa auf halber Strecke zwischen Briançon und der Paßhöhe.
Ausgangspunkt Le Pont de l'Alpe (1710 m) oberhalb vom Weiler Le Lauzet, 6 km von Le Monêtier. Parkplatz an der N 91. Große Hinweistafel.
Wegverlauf Pont de l'Alpe – Alpe du Lauzet (1940 m) – Klettersteig – Aiguillette du Lauzet, Abstieg zum Chemin du Roi oder über den Col de l'Aiguillette (2534 m).
Gehzeiten Insgesamt 6 Std.; Pont de l'Alpe – Alpe du Lauzet ¾ Std., Klettersteig – Aiguillette du Lauzet 3 Std., Abstieg 2¼ Std.
Hütte Alpe du Lauzet (1940 m).
Orientierung Leicht, Wegzeiger zum Einstieg oberhalb der Alpe du Lauzet.
Einstufung Mittel, einige sehr luftige Passagen.

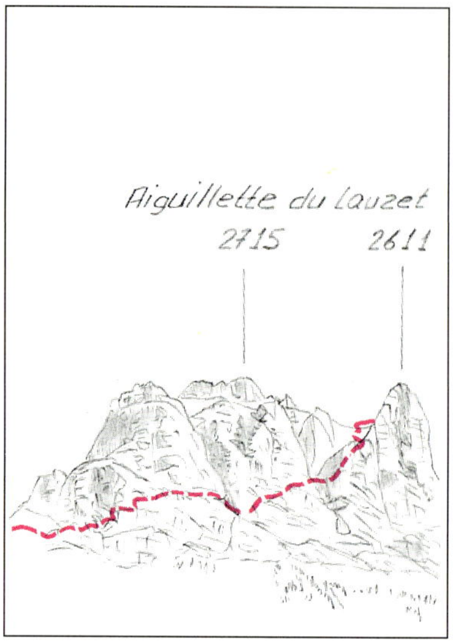

Ein richtiger alpiner Klettersteig, ganz untypisch für das Briançonnais, ist die »Ferrata de l'Aiguillette du Lauzet«.

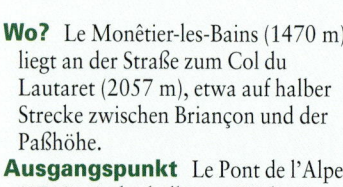

468 Via ferrata de la Croix de Toulouse

Croix de Toulouse, 1976 m

Schwierig **S**

Nicht umsonst steht oben am Croix de Toulouse eine »table d'orientation«; die Aussicht von diesem südlichsten Punkt der Crêtes de Peyrolle kann sich wirklich sehen lassen. Blickfang ist – neben dem Gipfelpanorama – natürlich Briançon mit seiner mauerumgürteten Altstadt und dem Festungskranz. Und die »höchstgelegene Stadt Europas«, die »über 300 Sonnentagen im Jahr« verzeichnet (Eigenwerbung), ist auch auf den endlosen Klammerreihen der neuen Ferrata fast ständig im Bild, allerdings nur, wenn man einen Blick in die Tiefe riskiert. Die wächst, bedingt durch den vertikalen Verlauf der Route, ganz rasch an; Konzentration beim Hochsteigen und Sichern ist also besonders wichtig. Felsberührung hat man auf der ersten Hälfte der Ferrata kaum: Die Füße stehen auf soliden Eisenbügeln, die Hände greifen ebenfalls zum Eisen. Besonderer Gag der Route ist die »Passerelle du Président«, die einen tiefen Felsspalt überspannt.

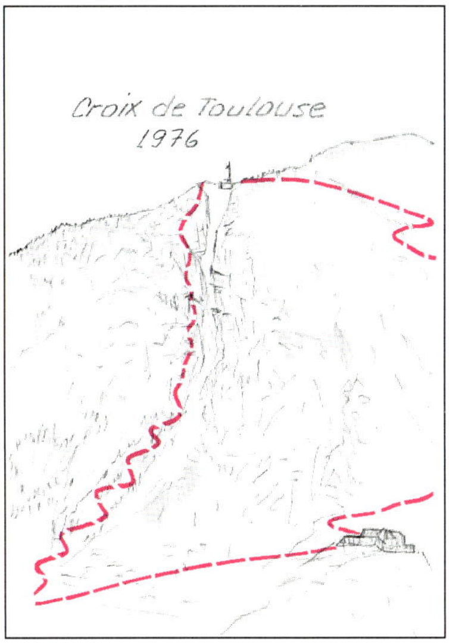

Wo? Briançon (1326 m) liegt im obersten Durance-Tal, an der Paßstraße über den Col de Montgenèvre.
Ausgangspunkt Champ de Mars, großer (Park-)Platz bei der Altstadt, unmittelbar an der Straße nach Italien.
Wegverlauf Über den asphaltierten Chemin des Salettes kurz aufwärts, vorbei an einer großen Info-Tafel, dann im Zickzack schattig zum Einstieg (ca. 1590 m), Ausstieg zum Croix de Toulouse, Abstieg östlich auf breitem Weg in bequemen Schleifen, vorbei am alten Fort des Sallettes.
Gehzeiten Insgesamt 3½ Std.; Zustieg 40 Min., Ferrata 1½ Std., Abstieg 1¼ Std.
Orientierung Problemlos.
Einstufung Schwierig, S. Feuerwehrübung!

469 Ferrata degli Alpini

Punta Charra, 2844 m

Leicht

Einen Grenzgang besonderer Art vermittelt die Besteigung der Punta Charra (Sommet du Charra): Militärwege dies- und jenseits der Grenze, teilweise in jüngster Zeit restauriert. Kriegsstraßen überziehen die Flanken der Selletta (2265 m) und der Punta della Mulattiera (2467 m); aus dem Passo della Mulattiera läuft ein 1940 angelegter Pfad, sanft ansteigend, durch die Nordabstürze der Punta Charra hinüber zum Col de la Grande Hoche – keine echte Ferrata, aber immerhin ein recht luftiger Gang über tiefen Abgründen, mit herrlicher Sicht auf die Berge rund um Bardonécchia. Dicke Drahtseile sichern am bequem breiten Weg; beim Gipfelgang über den langgestreckten, blockigen Ostgrat hat man dann lediglich noch blaue Punkte als Wegweiser.

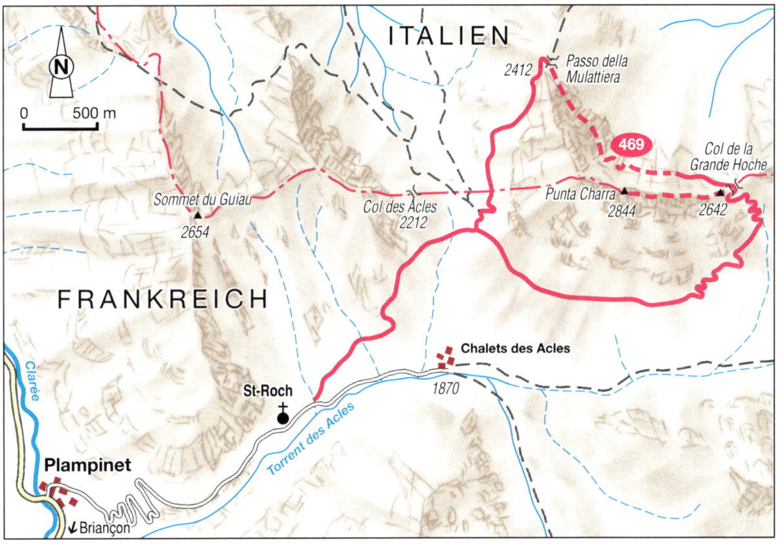

Gar nicht markiert ist der Abstieg und Rückweg durch die Südhänge des Bergstocks, doch kann man die meist deutliche Spur kaum verlieren.

Wo? Ins Vallée de la Clarée führt von Briançon eine ordentliche Straße, Abzweigung an der zum Col de Montgenèvre führenden N 94, 14,5 km bis Plampinet (1482 m). Hier zweigt das geschotterte Sträßchen zu den Chalets des Acles (1870 m) ab, 4 km.
Ausgangspunkt Bei dem Marterl von St-Roch (1846 m) zweigt der Weg hinauf zum Col des Acles (2212 m) ab. Parkmöglichkeit an der Straße.
Wegverlauf Val des Acles – Col des Acles – Passo della Mulattiera (2412 m) – »Ferrata degli Alpini« – Col de la Grande Hoche (Passo della Sanità, 2629 m) – Punta Charra – Col de la Grande Hoche – Südweg – Col des Acles – Val des Acles.
Gehzeiten Insgesamt 5¼ Std.; Val des Acles – Passo della Mulattiera 1½ Std., Passo della Mulattiera – Punta Charra 1½ Std., Punta Charra – Val des Acles 2¼ Std.
Startet man in Plampinet zu der Tour, erhöht sich die Gesamtgehzeit auf etwa 7 Std.
Orientierung Bis in den Col des Acles ist der Aufstieg als Teilstück des G.R. 56 deutlich rot-weiß markiert; Weiterweg zum Passo della Mulattiera breiter Saumpfad, dann gelegentlich blaue Markierungen bis zum Gipfel. Weg durch die Südhänge der Punta Charra bis auf einige wenige Steinmännchen unmarkiert.
Einstufung Leicht; in der Nordwand der Punta Charra Steinschlag nicht auszuschließen (Helm).

Zu den schönsten Aussichtsgipfeln der Alpen zählt ohne Zweifel die Rocciamelone (3538 m).

470 Rocciamelone, gesicherter Steig

Rocciamelone, 3538 m

Leicht

Der Berg hat Format – und Geschichte. Die machte ein gewisser Bonifacio Rotario, als er am 1. September des Jahres 1358 die Rocciamelone bestieg. Noch vor Beginn der Neuzeit entstand die erste Kapelle am Gipfel, und in diesem Jahrhundert wollte man dem Riesen, der Susa um immerhin drei Kilometer überragt, mit einer Seilschwebebahn zu Leibe rücken.

7764 Meter lang hätte sie werden sollen, bei einem Höhenunterschied von 2899 Metern! Es blieb bei der Idee, und deshalb hängen heute die einzigen Seile in den Felsen unter dem Gipfel, bei guten äußeren Bedingungen (kein Eis oder Schnee) ziemlich überflüssig. Sie locken kaum jemand auf den Berg; für regen Besuch sorgt vor allem das (zu Recht) berühmte Panorama, das von immenser Weite und beachtlicher Tiefe ist (siehe oben), an klaren Herbsttagen bis in die Bernina reicht und große Teile der Westalpen inklusive fast aller Viertausender umfaßt. Daß man diese Schau nach nur gerade vierstündigem Anstieg genießen darf, gehört ebenso zu den Pluspunkten der Rocciamelone wie die bewirtschaftete Hütte auf halber Wegstrecke. Am Gipfel gibt's dann neben der Aussicht eine riesige Madonnenstatue und eine (erheblich kleinere) Büste des Königs Viktor Emanuel II. zu bewundern; das (gut eingerichtete) Biwak neben der Kapelle ist stets zugänglich.

Wo? Susa (503 m), malerisches Kleinstädtchen im Tal der Dora Riparia, am Südfuß der Mont-Cenis-Paßstraße, erreicht man von Turin über die Autobahn A 32, etwa 50 km.
Ausgangspunkt La Riposa (2205 m), Endpunkt eines schmalen, aber größtenteils asphaltierten Bergsträßchens, das sich von Susa an den Südhängen der Rocciamelone zu den Almen hinaufwindet, 20 km, zuletzt etwas rauh. Parkplatz.
Wegverlauf La Riposa – Rif. Cà d'Asti (2854 m) – Rocciamelone.
Gehzeiten Insgesamt 5¾ Std.; La Riposa – Rif. Cà d'Asti 1¾ Std., Rif. Cà d'Asti – Rocciamelone 2 Std., Abstieg auf dem gleichen Weg 2 Std.
Orientierung Problemlos, vielbegangener Weg in offenem Gelände.
Einstufung Leicht.

471 Bars d'la Tajola, Sentiero attrezzato

Bars d'la Tajola, 1219 m

Leicht

Wer nun gleich an Café und Apéro denkt, liegt natürlich falsch; der Ausdruck »bar« hat keltische Wurzeln und bedeutet soviel wie »blanker Fels«. Das paßt schon besser, verrät aber noch nicht, daß es an den Felsen von Tajola (Tagliola) einen Klettersteig gibt. Er läuft an der Südostflanke des Monte Castelós (1410 m) über luftige Bänder, stets gut gesichert und mit packenden Tiefblicken – keine große Ferrata, aber ein hübscher Abstecher auf die Höhen über dem Val Péllice, das nicht nur mit einer sehenswerten Bergkulisse aufwartet, sondern auch eine ungewöhnliche Geschichte besitzt. Hier fanden die Waldenser, eine um 1200 gegründete religiöse Erneuerungsbewegung, die sich im Lauf der Jahrhunderte immer wieder Verfolgungen ausgesetzt sah, bis heute eine Heimat (Museum in Torre Péllice).

Wo? Ins Val Péllice kommt man von Pinerolo, das südwestlich von Turin am Fuß der Alpen liegt, 15 km bis Torre Péllice.
Ausgangspunkt Die Häuser von Servera (645 m), etwas abseits der Talstraße (Zufahrt, 2 km vom Ortszentrum Torre Péllice via Coppieri. Parkmöglichkeit an der Straße.
Wegverlauf Servera – Casa Campás (1016 m) – Già Baudin (1170 m) – Bars d'la Tajola.
Gehzeiten Insgesamt 3¼ Std.; Aufstieg 2 Std., Abstieg auf dem gleichen Weg 1¼ Std.
Orientierung Leicht, CAI-Markierung 132.
Einstufung Leicht, einige Passagen sehr exponiert.

472 Via ferrata des Vigneaux, Voie du Colombier
473 Via ferrata des Vigneaux, Voie des Balmes

Falaise de la Balme, 1629 m

Mittel/Schwierig **S**

Wer in Frankreich auf Klettersteig-Tour ist, kommt an den beiden Eisenwegen am Eingang in die Vallouise nicht vorbei. Schon allein deshalb, weil ihr Bau 1991 den Boom so richtig auslöste; mittlerweile versuchen sich jedes Jahr über 5000 »Grimpeurs« an den steilen Routen in der Falaise de la Balme: fast 400 Höhenmeter, steil bis senkrecht, Nervenkitzel inklusive. Beide Vie ferrate sind bestens gesichert, die »Voie du Colombier« bietet, obwohl teilweise ebenfalls sehr luftig angelegt, nur mittlere Schwierigkeiten, wogegen die »Voie des Balmes« in einigen Passagen »ruhig Blut und entschlossenen Armzug« verlangt. Langes Zögern hilft da ebensowenig wie der Blick in die Tiefe, auf die Dächer (und den Friedhof!) von Vigneaux ...

Wo? Les Vigneaux (1113 m) liegt an der Mündung zur Vallouise, Zufahrten von L'Argentière-la-Bessée bzw. Prelles, 5 bzw. 8 km von der N 94.

Ausgangspunkt Östlich von Vigneaux, an der D 4 Richtung Prelles. Parkmöglichkeit an der Abzweigung einer Forstpiste (1114 m); große Info-Tafel.

Wegverlauf Zickzackweg zum Einstieg (ca. 1240 m), Verzweigung auf knapp halber Wandhöhe (Tafel): links geht die »Voie du Colombier«, rechts die (schwierigere) »Voie des Balmes« ab, Ausstieg (1629 m) zu einer Forstpiste; Abstieg über die Straße oder (kürzer) auf einem Zickzackweglein.

Gehzeiten »Voie du Colombier« 1½ Std., mit Abstieg 2½ Std. »Voie des Balmes« 2¼ Std., mit Abstieg 3¼ Std.

Orientierung Problemlos.

Einstufung »Voie du Colombier« mittel, aber mit exponierten Passagen. »Voie des Balmes« schwierig, sehr steil und luftig. S.

Hier begann der französische Klettersteig-Boom: an der »Ferrata des Vigneaux«.

474 Via ferrata de Freissinières

Clot du Puy, ca. 1635 m

Schwierig **S**

Daß es gerade im Jahr 1968 war, als in Paris die französische Jugend rebellierte, mag Zufall sein: eine »revolutionäre« Tat ist der Bau des ersten richtigen Klettersteigs in Frankreich allemal gewesen. Und die Route – vor ein paar Jahren erheblich verlängert – erfreut sich großer Beliebtheit; sie vermittelt eine abwechslungsreiche Kraxelei im Steilfels, mit äußerst exponierten Passagen im zweiten Teil. Höhe gewinnt man auf der »Ferrata de Freissinières« nur wenig (knapp 200 m), dafür um so packendere Eindrücke, etwa auf der »traverse minérale gazeuse«, an der »dalle au surplomb« (luftige Querung unter großen Überhängen), auf dem »vire à quartz« (quarzhaltiges Gestein) und schließlich beim Finale, das extrem ausgesetzt über glatte Felsen zum Ausstieg (1635 m) führt. Wem's unterwegs zuviel wird, der kann am Beginn der großen Terrasse in der Wandmitte absteigen (Drahtseile).

Wo? Das Dörfchen Freissinières (1181 m) liegt in einem Seitental der Durance, 6,5 km von der N 94 (Abzweigung bei La Roche-de-Rame).

Ausgangspunkt Oberhalb von Freissinières, bei den Häusern von Les Houdouls. Zufahrt auf einem kurvenreichen Sträßchen (Hinweistafel »Les Roberts«) bis zu einer Linkskehre (1333 m). Beschränkte Parkmöglichkeit, große Hinweistafel.

Wegverlauf Auf gutem Weg zum Einstieg (ca. 1440 m) – Zwischenabstieg nach dem ersten Abschnitt – Ausstieg (ca. 1635 m) am Clot du Puy – Waldsattel (ca. 1630 m), Abstieg auf bequemem, breitem Pfad zum Wandfuß.

Gehzeiten Große Runde 3½ Std., kleine Runde (nur erster Teil der Ferrata) 2 Std.

Orientierung Problemlos.

Einstufung Schwierig, S.

475 Via ferrata de l'Aiguille de Luce

Aiguille de Luce, 2218 m

Schwierig **S**

St-Ours, ein winziger Flecken am Sonnenhang oberhalb der Straße zum Col de Larche, markiert zur Zeit den südlichsten Punkt der französischen »Ferrata-Geographie«. In den Rochers de St-Ours gibt es gleich zwei Eisenwege, einen eher gemütlichen (siehe 476) und einen Klettersteig der Spitzenklasse. Er bietet auf 200 Höhenmetern alles, was sich »Ferrata-Freaks« wünschen: anspruchsvolle Routenführung, viel Luft unter den Sohlen, gute Sicherungen. Und am (kurzen) Zustieg wird kaum jemand außer Atem geraten, im oberen Teil des Klettersteigs schon eher. Da gibt es für besonders Sportliche sogar eine »Variante difficile«. Am Gipfel stellt man dann allerdings fest, daß die Aiguille de Luce wenig mehr als ein vergleichsweise kleiner Zacken an den Rochers de St-Ours (Tête des Bréquets, 3079 m) ist. Doch das tut dem Vergnügen keinen Abbruch, zumal der Abstieg über die »Ferrata de l'Ourson« nochmals recht viel Eisen bietet.

Wo? St-Ours (1775 m) erreicht man aus dem Ubaye über die Straße zum Col de Larche. Hinter Meyronnes (1526 m) zweigt links die schmale, aber asphaltierte Zufahrt zu dem Weiler ab, 2,7 km.
Ausgangspunkt St-Ours (1775 m), Parkplatz. Große Hinweistafel auf die beiden Ferrate.
Wegverlauf Erst auf Schottersträßchen, dann (abkürzend) den gelben Markierungen folgend, hinauf zum Einstieg (ca. 2020 m). Am Endpunkt des Fahrweges nochmals Schautafel, Hinweis »Ferrata«. Vom Gipfel, teilweise mit Drahtseilsicherungen, hinab und querend zu einer Verzweigung: rechts über die »Ferrata de l'Ourson« zum Einstieg, geradeaus in einem weit nach Süden ausholenden Bogen, ebenfalls mit gesicherten Passagen, hinab zum Felsfuß.
Gehzeiten Insgesamt 3½ Std.; Aufstieg 2 Std., Abstieg 1½ Std.
Orientierung Leicht.
Einstufung Schwierig, S. Notabstieg nach etwa einem Drittel des gesicherten Anstiegs nach links auf eine Schuttreiße.

476 Via ferrata de l'Ourson

Aiguille de Luce, 2218 m

Mittel

Der »schiefe Turm« über St-Ours läßt sich nicht nur in der »Direttissima« nehmen; einen weniger anspruchsvollen Zugang vermittelt die »Ferrata de l'Ourson«: nicht so spektakulär, aber dennoch lohnend. Der Anstieg verläuft rechts der »Ferrata de l'Aiguille de Luce« über stark gegliederte Felsen, mündet in einen Querweg und leitet über (gesicherte) Bänder und leichte Felsen von hinten auf den Zacken. Und beim Abstieg folgt man dem Querweg, der rechts der markanten Schlucht zum Felsfuß hinableitet, auch er nochmals mit ein paar Drahtseilsicherungen.

Wo? St-Ours (1775 m) erreicht man aus dem Ubaye über die Straße zum Col de Larche. Hinter Meyronnes (1528 m) zweigt links die schmale, aber asphaltierte Zufahrt zu dem Weiler ab, 2,7 km.
Ausgangspunkt St-Ours (1775 m), Parkplatz. Große Hinweistafel auf die beiden Ferrate.
Wegverlauf Erst auf Schottersträßchen, dann (abkürzend) den gelben Markierungen folgend hinauf zum Einstieg (ca. 1990 m). Über die Ferrata zum Querweg, dann links, teilweise mit Drahtseilsicherungen, zum Gipfel der Aiguille de Luce. Zurück zur Verzweigung, dann mit Gegensteigung durch das Kar von La Courge und über eine (gesicherte) Felsstufe abwärts. Zuletzt in steilen Kehren zum Einstieg.
Gehzeiten Insgesamt 4½ Std. Aufstieg 2¼ Std., Abstieg 2¼ Std.
Einstufung Mittel.

477 Monte Scaletta, gesicherter Steig

Monte Scaletta, 2840 m

Leicht

Wer durch das Ubaye hinauffährt zum Grenzpaß von Larche (1991 m), kann die mächtigen Festungen an den steilen Berghängen links wie rechts nicht übersehen: Relikte aus einer – gar nicht so fernen – Vergangenheit, als sich europäische Staaten noch mißtrauisch oder gar feindselig gegenüberstanden. Und aus jener Zeit stammt auch der Weg über den ➡

Wo? Der Col de Larche (Colle della Maddalena, 1991 m) verbindet das Ubaye mit dem Tal der Stura di Demonte, 33 km von Barcelonnette, 67 km von Cúneo.
Ausgangspunkt Knapp 1 km westlich der Paßhöhe an der D 900. Parkplatz etwas oberhalb der Straße.
Wegverlauf Col de Larche – Vallon de l'Orrenaye – Col de Feuillas (2749 m) – Casermetta Feuillas (ca. 2600 m) – Colle della Scaletta (2614 m) – Monte Scaletta (2840 m) – Laghi di Roburent – Col de Ruburent (2502 m) – Vallon de l'Orrenaye – Col de Larche.
Gehzeiten Insgesamt 8 Std.; Col de Larche – Col de Feuillas 2½ Std., Col de Feuillas – Monte Scaletta 2¾ Std., Rückweg über den Col de Ruburent 2¾ Std. Etwas kürzer – und weniger mühsam – wird die Tour, wenn man den direkten Aufstieg vom Col de ➡

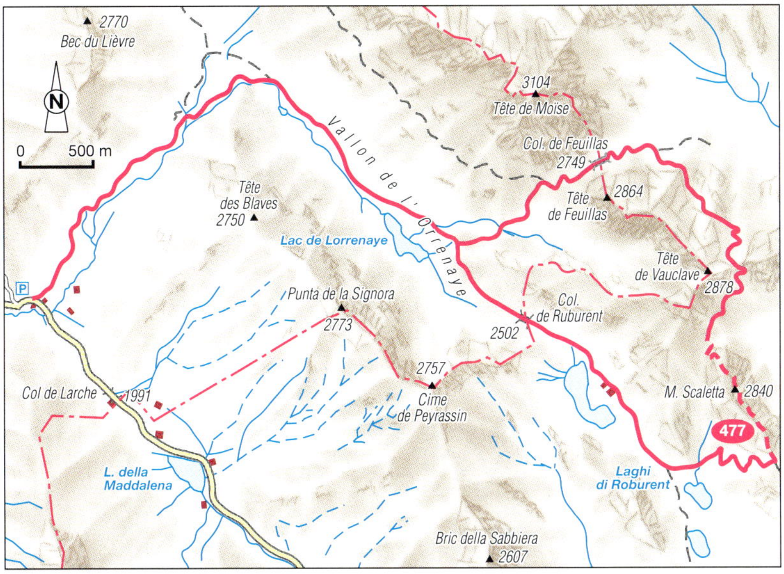

Klettern unter südlichem Himmel an der »Ferrata de l'Aiguille de Luce«.

➡ Monte Scaletta, von italienischen Pionieren angelegt, teilweise aus dem Fels gesprengt, mittlerweile auf einer Passage gesichert. Nicht viel »Eisen«, aber umso mehr Landschaft, ein paar bezaubernde Bergseen, eine bunt-felsige Kulisse und über allem der südliche Himmel. Da paßt es auch ganz gut, daß die Tour in Frankreich beginnt, ihr Ziel in der italienischen Nachbarschaft liegt – wandern grenzenlos.

➡ Ruburent zum Colle della Scaletta wählt; Gesamtgehzeit dann 7 Std.

Orientierung Weg durch den Vallon de l'Orrenaye nicht zu verfehlen, gelb markiert. Aufstieg zum Col Feuillas erst unmarkiert, dann mit rot-blauen Bezeichnungen. Sie gehören zum »Sentiero Roberto Cavallero«, einer erst jüngst angelegten und markierten 5-Tage-Trekkingtour über dem oberen Valle Maira. Ihm folgt man über den Gipfel bis zur Abzweigung des Weges hinab zu dem Laghi di Roburent.

Einstufung Leicht, am Grat des Monte Scaletta Drahtseilsicherungen. Die ganze Runde setzte alpine Erfahrung und Ausdauer voraus. Im Anstieg zum Gipfel längerer Tunnel (Taschenlampe nützlich).

478 Croce Moler, gesicherter Steig

Croce Moler, 989 m

Mittel	A

Ein wenig kraxeln, teilweise am Drahtseil, und zum Schluß ein hübscher Tiefblick auf Vernante: das bietet die Mini-Ferrata am Croce Moler. Die letzten 30 Meter zum großen Kreuz sind allerdings ungesichert, Schwierigkeitsgrad II in festem Fels – nichts für Ungeübte!

Wo? Vernante (785 m) liegt an der Tenda-Straße (und -Bahn), knapp 20 km südlich von Cúneo.

Ausgangspunkt Am Eingang ins Val Grande. Parkmöglichkeit an der Straße.

Wegverlauf Auf- und Abstieg über den gesicherten Steig.

Gehzeit Insgesamt 1¼ Std.; Aufstieg ¾ Std., Abstieg ½ Std.

Orientierung Leicht, rote Markierungen.

Einstufung Mittel, A, Stellen (ungesichert) II.

479 Via ferrata Rolando Albertini

Rocce di Costabella, 1010 m

Mittel	S

Palestre di Frabosa heißen die bizarren Felsen in der Nähe von Frabosa Soprana: keine richtigen Gipfel, aber fester, kristalliner Fels, der zum Klettern einlädt. Und die Sektion Mondovi des CAI hat auch zahlreiche Routen mit Fixhaken versehen und sogar eine kleine Ferrata angelegt, über die man die Rocce di Costabella besteigen kann.

Wo? Frabosa Soprana (891 m), das an der Nordabdachung der Ligurischen Alpen liegt, erreicht man von Cúneo bzw. Mondovi auf guten Straßen, 32 bzw. 16 km.

Ausgangspunkt Ortsteil Serro (856 m); Parkmöglichkeit am Anfang der Via del Biale.

Wegverlauf Erst durch die Via del Biale, dann auf Weg entlang eines Bächleins zum Fuß der Felsen. Aufstieg über die Ferrata, Abstieg durch eine der mit Gras und Büschen bewachsene Rinne.

Gehzeiten Insgesamt 1 Std.

Orientierung Leicht, da man von Anfang an Sichtverbindung mit dem Ziel hat.

Einstufung Mittel, S.

Typisch für die Südalpen Frankreichs: die Casse Déserte am Col d'Izoard.

480 Sentiero degli Alpini

Passo di Fonte Dragurina, 1810 m

Leicht

Bei Mountainbikern gilt das oberste Royatal mit seinem verzweigten Netz alter Militärstraßen längst als Dorado. Wanderern begegnet man vor allem auf der »Alta via dei Monti Liguri«, die dem Grenzkamm bis hinauf zum Monte Saccarello (2200 m) folgt. Im Bereich des Monte Toraggio (Mont Torrage, 1973 m) und des Monte Pietravecchia (Mont Peïrevieille, 2038 m) weicht die gut markierte Route auf französischen Boden aus; auf der italienischen Seite verläuft der »Sentiero degli Alpini«, zwischen 1936 und 1938 von Genietruppen angelegt. Er wurde abschnittweise aus den steilen Felsflanken des Monte Pietravecchia und des Monte Toraggio gesprengt und bietet entsprechend spektakuläre Eindrücke. Drahtseile sichern den überwiegend komfortabel breiten Weg; eine große Schau über die Seealpen bietet der Gipfel des »alten Steins«, der sich von Norden über ein Militärsträßchen leicht besteigen läßt. Besonders dankbar ist die Rundwanderung im Frühsommer, wenn die ebenso üppige wie artenreiche Vegetation in voller Blüte steht.

Wo? Zum Colla Melosa kommt man von der Riviera auf zwar kurvenreicher, aber ordentlicher Bergstraße, 43 km ab Ventimiglia über Dolceacqua (51 m), Pigna (281 m) und den Colla Langan (1127 m).
Ausgangspunkt Colla Melosa (1540 m), kleiner Straßensattel oberhalb des Stausees von Tenarda. Parkplatz beim Rif. Allavena.
Wegverlauf Colla Melosa – Straßenkehre (ca. 1670 m) – »Sentiero degli Alpini« – Vallone dell'Incisa – Passo di Fonte Dragurina (1810 m) – »Alta via dei Monti Liguri« – Gola dell'Incisa (1865 m) – Passo della Valletta (1918 m) – Colla Melosa.
Gehzeiten Insgesamt 5 Std.; Colla Melosa – Passo di Fonte Dragurina 3 Std., Rückweg auf der »Alta via« 2 Std.
Orientierung Problemlos.
Einstufung Leicht.

481 Grand Canyon du Verdon, Sentier de l'Imbut – Sentier Vidal

Corniche Sublime, 802 m

Leicht

Das Landschaftswunder des Grand Canyon du Verdon – immerhin die größte Schlucht Europas – braucht wohl nicht weiter vorgestellt zu werden. Daß man hier aber nicht nur gucken, fotografieren und herumfahren kann, daß es neben dem Fluß (zum Kajakfahren) und den senkrechten Felsen (für Extremkletterer) auch ein paar (gesicherte) Wege gibt, ist wohl nicht überall bekannt. Als Klassiker schlechthin gilt der »Sentier Martel«, breit ausgebaut mit längeren Tunnels und ein paar gesicherten Abschnitten (Chalet de la Maine – Point Sublime ca. 5 Std.; Taschenlampe und Wasser mitnehmen!). Packende Bilder der gigantischen Klamm mit ihren über 500 Meter hohen Felsflanken vermitteln auch der »Imbut-« und der »Vidal-Weg«, die sich zu einer Runde mit Ausgangs- und Endpunkt an der südlichen Aussichtsstraße, der Corniche Sublime, verbinden lassen. Einige Passagen sind gesichert (Drahtseile, Leitern); viel eindrucksvoller ist allerdings die Kulisse, akustisch untermalt vom Rauschen des Flusses, dem Summen und Zirpen unzähliger Insekten.

Wo? Der Grand Canyon du Verdon, gut 20 Kilometer lang, liegt im Hinterland der Côte d'Azur. Man erreicht ihn von Grasse oder Digne über die »Route Napoléon« und gut ausgebaute Departementsstraßen, 60 km bis Comps-sur-Artuby, 54 km bis Castellane.
Ausgangspunkt Auberge des Cavaliers (802 m) an der Corniche Sublime, 21 km von Comps-sur-Artuby, 39 km von Castellane. Parkplatz.
Wegverlauf Les Cavaliers – Abstieg zum Verdon – Passerelle de l'Estellier (555 m) – »Sentier de l'Imbut« – »Sentier Vidal« – Corniche Sublime – Les Cavaliers.
Gehzeit Ganze Runde 4½ Std.
Orientierung Problemlos, ordentlich markierte Wege.
Einstufung Leicht, einige ausgesetzte Passagen

DIE WESTALPEN

Register

Das Register enthält die Namen der Klettersteige, der angesprochenen Berggipfel, der Hütten, markanter Wegpunkte und der Ausgangspunkte. Klettersteige sind wie im Text gekennzeichnet: rot für Klettersteige bzw. Vie Ferrate, blau für gesicherte Steige.